三门峡市财政志

（2001—2010）

三门峡市财政志编纂委员会 编

方志出版社
Publishing House of Local Records

《三门峡市财政志（2001—2010）》编纂委员会

主　　任：翟海燕

副 主 任：程明波　李清凌　张　翀　李红伟

委　　员：（按姓氏笔画为序）

于　瑾　于东洋　马宏亮　卫金鸽　王永刚　王　杰

王桂亮　王晓东　代伟锋　白春民　史玉峰　朱志军

朱建仓　刘　兵　刘存杰　闫　琰　孙建平　孙琳琳

杜世谋　李　严　李　强　李　静　李红伟　李清凌

杨忠民　何慧明　张万强　张龙霞　张成云　张向军

张宇辉　张进学　张　旻　张莎莎　张　翀　尚克新

郑　青　姚　舜　茹　燕　赵江波　赵红娟　赵晋萍

胡丽丽　贾　月　高琳娜　郭旬波　黄文洲　黄新灵

常俊峰　康平森　韩青芳　韩建忠　程明波　滑芙蓉

撖文丽　翟海燕　魏成军

《三门峡市财政志（2001—2010）》编辑人员

主　　编：李红伟

副 主 编：张莎莎

通　　纂：李少民

编　　辑：李少民　贾文杰

《三门峡市财政志（2001—2010）》供稿人员名单

市财政局供稿人员：

办 公 室：朱志军

行 政 科：朱志军

人 事 科：王静静

综 合 科：杜世谋

预 算 科：张宇辉

国 库 科：曹　华

行政政法科：伍　勇

教育事业科：于　瑾

科技文化事业科：魏成军

经济建设科：李云飞

农业农村二科：郭旬波

社会保障科：郭旬波

政府采购监督管理科：王科伟

税政条法科：马根民

企 业 科：张小红

地方金融科：于　瑾

对外经济合作科：王志豪

会 计 科：杨忠民

行政事业资产管理科：朱建仓

非税收入管理科：吕玉玺

财政监督科：张小红

机关党委：魏成军　郭旬波

财政国库集中支付中心：王成博

财政投资评审中心：李宝珠

财政数据中心：高琳娜

财政科研所：李少民

注册会计师协会秘书处：王晓东

三门峡财会培训中心：杨亚文

财经投资公司：王　辉

财经学校：姚光勤

县（市、区）财政局供稿人员：

湖滨区财政局：张　斌

义马市财政局：王　凯

渑池县财政局：吴伟群

陕州区财政局：杨文明

灵宝市财政局：亢建宁

卢氏县财政局：许　斌

开发区财政局：张晓伟

产业集聚区财政局：王枫婉

2004年5月19日，河南省委副书记、纪委书记李清林（右一）考察三门峡市财政国库集中支付中心

2006年10月10日，河南省财政厅厅长李贵基（左二）在三门峡市市长李文慧（左一）、市财政局局长高战荣（中）陪同下深入开曼铝业（三门峡）有限公司调研

2001年11月19日，财政部财政科研所所长、研究员、博士生导师贾康到三门峡举办公共财政支出改革讲座

2002年11月15—16日，河南省财政厅副厅长范立新（左三）考察三门峡市财政支出管理制度改革工作

2003年11月12日，河南省财政厅巡视员张鹤喜（前排右一）在三门峡市委常委、常务副市长苏新华（前排右二）陪同下指导乡村财务管理体制改革工作

2006年4月26日，三门峡市市长李文慧（中）现场查看惠农补贴发放情况

2007年2月7日，三门峡市领导与市财政局先进集体代表、先进工作者合影

2010年12月10日，三门峡市财政局局长、党组副书记宋东（中）深入基层指导财政工作

2010年8月6日，三门峡市财政局党组书记、副局长范社民（中）深入卢氏县灾区考察指导救灾工作

2010年11月23日，三门峡市财政局党组成员、副局长翟海燕（中）深入卢氏县帮扶村检查指导工作

2001年3月27日，三门峡市委、市政府召开全市农村税费改革工作会议，农村税费改革全面启动

2002年11月18日，三门峡市财政局举办三门峡市政府采购法规电视知识竞赛

2003年11月12日，三门峡市政府召开三门峡市乡村财务管理体制改革工作会议，全面启动财务管理体制改革工作

2004年9月27日，三门峡市财政局开展职工技能比赛

2005年5月20日，三门峡市财政部门向农民发放种粮补贴存款折，图为种粮补贴存款折发放点现场

2005年6月8日，三门峡市财政局召开三门峡市财政税收收入分析会

2005年9月23日，卢氏县“两免一补”资金发放仪式举行

2006年3月14日，三门峡市交口乡南梁村农民在感恩碑前载歌载舞

2007年5月13日，三门峡市财政局组织参加第十六届海峡两岸珠心算通信比赛三门峡赛区比赛

2007年7月27日，三门峡市财政局召开全市财政工作暨财政系统先进集体先进工作者表彰大会

2007年8月22日，三门峡市财政局举行中央国家机关出差和会议定点饭店签约仪式

2007年9月12日，三门峡市财政局举办第三届三门峡市会计知识大赛

2008年4月24日，村民查看粮食直补公示榜

2008年9月6日，三门峡市财政局组织2008年会计专业技术资格考试

2009年10月26日，三门峡市政府召开全市财税工作座谈会

① 2010年2月4日，三门峡市财政局召开市财政局2009年度工作总结暨表彰大会

② 2010年8月3日，三门峡市召开三门峡市强农惠农专项资金清理和检查汇报会

③ 2010年8月6日，三门峡市财政局向卢氏县文峪乡灾区捐献救灾物资

2010年11月30日，三门峡市召开市直机关所属企业脱钩改制工作动员大会

三门峡文博体育中心

虢国博物馆

上阳苑公园

甘棠苑钟鼓楼

天鹅湖景区南门

① 移民搬迁工程

② 农村人畜饮水工程，图为九龙洞引水工程布点

③ 村村通工程

④ 便民桥工程

2005年5月17日，三门峡市财政局组织全体干部职工到市群艺馆参观“西柏坡精神”展览

2005年7月1日，三门峡市财政局召开表彰暨保持先进性教育活动总结大会

2005年9月7日，三门峡市财政局领导与市财经学校教职工欢庆第二十一个教师节

2006年1月17日，三门峡市财政局举办三门峡市财政系统迎新春联欢会

2006年6月7日，三门峡市财政局组织干部职工开展外展训练

2006年5月26日，三门峡市财政系统2006文体活动年暨『契税杯』羽毛球比赛开幕式举行

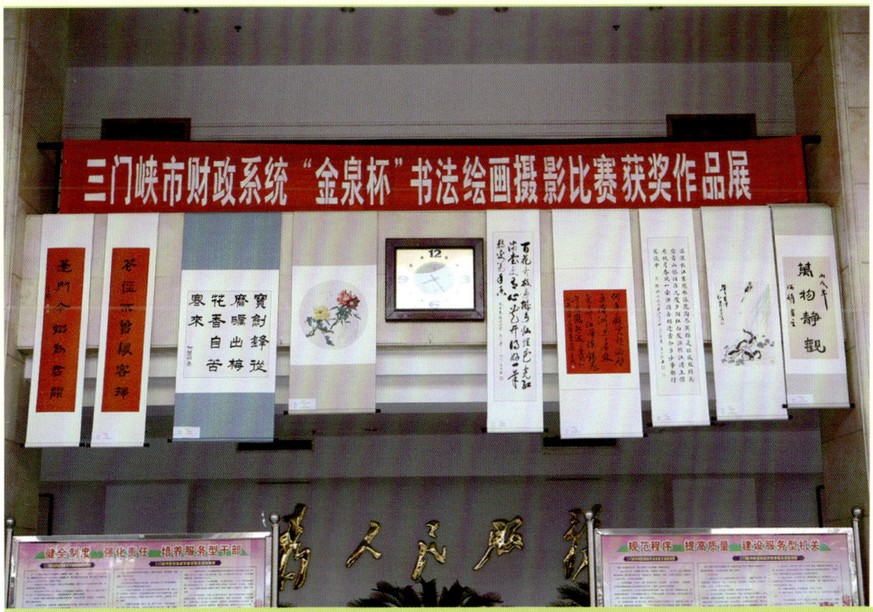

2006年12月14日，三门峡市财政局举办三门峡市财政系统"金泉杯"书法绘画摄影比赛获奖作品展

2007年6月27日，三门峡市财政局组织新党员入党宣誓

2007年11月6日，三门峡市团委书记许胜高（中）为市财政国库集中支付中心获共青团中央颁发的"青年文明号"揭牌

2008年5月8日，迎奥运三门峡市财政系统第二届球类运动会暨“财经投资杯”篮球比赛开幕式举行

2008年5月22日，三门峡市财政局组织干部职工为汶川地震灾区献爱心捐款

2009年9月24日，三门峡市财政局举办庆祝中华人民共和国成立60周年“我爱我的祖国”主题演讲比赛

2009年9月27日，三门峡市财政局第二党支部举办庆祝新中国成立60周年红歌比赛

2009年9月28日，三门峡市财政局代表队演出的《时代变迁》在市迎国庆60周年文明单位文艺展演（总决赛）中获优秀奖

2010年3月5日，三门峡市财政局在市直机关“庆三八”女职工健身活动日中获奖

2010年4月22日，三门峡市财政局干部职工为玉树地震灾区捐款

序 言

《三门峡市财政志(2001—2010)》经过数载艰辛编纂,逐级审核,终于定稿成书。这是三门峡市财政部门继《三门峡市财政志(1949—1990)》和《三门峡市财政志(1991—2000)》出版后的又一部专业性志书。本志书的出版发行,为社会各界认识和了解三门峡市财政工作提供了又一个窗口,为各级领导决策、地方财政管理、财经理论研究等提供了又一部翔实的借鉴和参考史料。

本志书以财政体制、财政收支、财政改革与管理、机关建设等为重点,以科学、严谨、客观的态度,对三门峡市财政改革与发展进行了全景式的总结与阐述,全面记载了2001—2010年三门峡市财政事业走过的历程与取得的重要成就。

这十年,三门峡市地方财政一般预算收入从2001年的83170万元增加到2010年的497358万元,增长4.98倍,年均递增21.98%,实现了财政收入的稳步快速增长;全市一般预算支出由2001年的129870万元增加到2010年的952553万元,增长6.33倍,年均递增24.7%,为全市经济社会发展提供了强力支撑。

这十年,三门峡市财政系统以2001年农村税费改革启动为标志,以财政支出管理改革为重点,相继开展了部门预算、非税收入、国库集中支付、投资评审、政府采购等一系列改革,搭建起“金财工程”建设平台,提高了财政资金配置、使用和管理效率,基本实现了财政管理由计划经济模式下的传统型、单一型、被动型、粗放型向市场经济条件下的创新型、统筹型、主动型、科学型方向的转变,进一步强化了财政资金的规范使用和透明管理。

这十年,三门峡市财政工作以深化改革为突破口,全面提升财政管理水平。细化预算编制,实施政府收支分类改革,建立跨年度预算平衡机制;加强预算支出管理,建立预算执行动态监控体系,不断完善覆盖财政资金运行全过程的监督机制;加强财源建设,推动产业升级,增强财政发展后劲;发挥财政资金的导向作用,积极深化投融资体制改革。随着各项管理方式的不断创新和深入推进,财政管理逐步迈入精细化、科学化、规范化轨道。

这十年,三门峡市财政部门紧紧围绕三门峡市委、市政府各个阶段工作部署和财政工作重心,以机关党建、精神文明建设、日常政务管理、机关后勤服务等方面的工作为抓手,着力打造出一支"政治可靠、思想坚定、作风优良、技术全面、服务一流"的财政干部队伍,三门峡市财政局和7个县(市、区)财政局于2008年底前全部跨入省级文明单位行列,较好地全方位发挥了财政部门的职能作用,为三门峡市经济社会的全面发展作出了积极贡献。

这十年,三门峡市财政部门高度重视党建工作,全面加强党的执政能力建设,不断提高财政干部的政治素质和党性修养,加强基层组织建设,深入开展各项专题教育。在市财政局党组领导下,市县财政部门工会、共青团、妇联等积极发挥自身优势,深入开展丰富多彩的活动,促进了各级财政部门凝聚力和向心力的不断提升。

值本志书付梓印刷之际,我谨代表市财政局党组向长期以来关心、支持三门峡市财政工作的各级领导和社会各界人士表示崇高的敬意!向对本志书编纂工作给予指导和帮助的各位领导、专家、学者和相关部门表示衷心的感谢!向为本志书编纂付出艰辛劳动的财政系统各部门及全体编纂人员表示诚挚的祝贺和问候!同时,寄语全市广大财政工作者继续发扬成绩,戒骄戒躁,以更加饱满的热情,更加昂扬的斗志,更加务实的作风,与时俱进,开拓创新,扎实做好各项财政工作,为三门峡市全力实现资源型城市向创新型城市蝶变、加快建强省际区域中心城市贡献强劲财政力量!

三门峡市财政局党组书记　局长　翟海燕

2024年7月28日

凡 例

一、本志以马克思列宁主义、毛泽东思想、邓小平理论、“三个代表”重要思想、科学发展观、习近平新时代中国特色社会主义思想为指导，坚持辩证唯物主义和历史唯物主义的立场、观点和方法。以继承历史、反映现实、服务当代和有益后世为宗旨，以中华人民共和国宪法、法律、法规和中华人民共和国国务院《地方志工作条例》(国务院令第 467 号)为遵循，实事求是、全面系统地记载断限期内三门峡市财政发展史实。

二、本志在《三门峡市财政志(1949—1990)》和《三门峡市财政志(1991—2000)》基础上续写，上限为 2001 年 1 月 1 日，下限为 2010 年 12 月 31 日。为体现事物的完整性和连续性，个别资料记载有所延伸。

三、本志以三门峡市财政系统改革与发展工作为记述范围，以市本级为主、县(市、区)为辅。所辖县(市、区)中，三门峡产业集聚区于 2010 年列入县(市、区)管理序列。

四、本志采取章、节、目结构，按财政职能分类设章，综合运用述、记、志、图、表、录等体裁，以志为主，事以类聚，横排门类，纵述史实；图片、序、概述集于卷首，正文设财政体制、财政收入、财政支出、财政改革、财政管理等 13 章，卷尾设附录。

五、本志所用数据以统计部门公布的数据和市财政每年年终决算经市人大批准的报告为准。

六、本志人物入选对象为 2001 年 1 月 1 日至 2010 年 12 月 31 日市本级财政部门及所属单位副处级以上领导干部，以职务及任职时间先后排序。

七、本志采用现代规范书面语体文,行文力求准确、朴实、简洁、流畅、合乎语法。

八、本志数字、标点符号用法分别采用国家标准《出版物上数字用法》(GB/T 15835—2011)、《标点符号用法》(GB/T 15834—2011),计量单位采用国家技术监督局1993年12月发布的《量和单位》系列国家标准。

九、本志记述采用第三人称,部分地方对一些需要说明的内容采用了括注。

十、本志一律使用公元纪年。

十一、本志资料来源于市县财政部门档案、年鉴、报表、报刊、书籍、文献以及调查采访实录等。

目 录

概 述

2001—2010 年,面对错综复杂的经济形势和艰巨繁重的改革发展任务,三门峡市财政部门紧紧围绕市委、市政府中心工作,坚持以改革为动力,以体制机制创新为重点,以促进经济社会发展为目标,努力探索生财、聚财、理财之道,认真落实"稳增长、促改革、调结构、惠民生"等政策措施,持续深化财政改革,不断优化支出结构,财政改革逐步深化,体制机制不断完善,财政管理日趋规范,财经秩序明显好转,财政保障和调控能力进一步增强,为全市经济社会持续、健康、快速发展作出了积极贡献。

一、不断完善财政体制,各级政府当家理财积极性显著提高

进入 21 世纪,三门峡市按照国家财政体制改革的总体方向,不断深化财政体制改革。2001—2003 年,是中国财政体制改革的新旧交替阶段。为保证新旧体制的顺利过渡,三门峡市一方面继续执行分税制财政体制,巩固既有改革成果;另一方面根据新体制精神,将主要税种下划各县(市、区)管理,充分调动了各级政府当家理财的积极性,有力促进了全市经济社会持续健康发展。2004 年 3 月,根据《三门峡市人民政府关于调整市与县(市、区)财政管理体制的通知》(三政〔2004〕9 号)精神,三门峡市逐步对市县财政体制进行调整:一是根据上级要求,打破按企业隶属关系划分收入的做法,实现按属地原则划分财政收入,扩大县级理财空间,形成市、县两级共同抓收入促增长新的税收机制。二是根据省级财政体制调整情况,进一步调整市级与县级财政体制。2005 年起,逐步扩大县级负责征收的资源税、耕地占用税、房产税等 7 项市、县两级共享收入的分成比例和对出口退税负担机制作出调整,2006 年进一步完善县级财政管理体制,彻底解决税收混级混库及县(市、区)间竞相争抢税源的问题。三是根据省级财政体制调整情况,重新界定市与县(市、区)税收收入范围、事权划分、收入分成及体制的结算。四是认真落实《河南省人民政府关于完善省与市县财政体制的通知》(豫政〔2009〕32 号)精神,继续扩大部分税种市、县分成中县级所占比例,加大对资源类税收的调控,实施激励性财政政策,调动县级抓收入的积极性,不断壮大县级财力。

2000 年,三门峡印发《三门峡市人民政府关于加强县乡财政建设的通知》(三政〔2000〕59 号),就进一步规范县、乡财政管理体制作出新的规定。2003 年、2004 年、2007 年、2008 年又先后对乡镇财政体制作出调整,逐步形成较完善的财权与事权相匹配的乡级财政管理体制。

随着市、县、乡级财政体制的不断改革与调整,三门峡市初步建立了适应市场经济要求和本地特点的财政管理体制。各级政府当家理财的积极性显著提高,县级财力不断加强,县级财力差异逐步缩小,全市基本公共服务均等化水平逐步提高,增收节支激励机制和县对乡的保障机制逐步形成。

二、大力培植财源,地方财政实力不断增强

2001—2010 年,随着改革开放和经济建设的不断深入,三门峡市紧紧依托资源优势,牢牢把握"调结构、促转型、增效益"主线,通过新上一批重点项目、做大做强一批大型企业、扩大固定资产投资规模和产业集聚区集中建设,培育出能源、铝工业、黄金、煤化工及林果业加工五大支柱产业,形成新的规模化、集约化产业体系,其产品销售占全市规模以上工业销售收入的 80% 以上,成为地方财政的主体财源。

县域经济在三门峡经济发展中占有至关重要的地位,全市超过六成的生产总值(63.2%)、七成的人口(72.6%)及八成的面积(81.4%)都在县域。2001—2010年,三门峡市在资金、政策、项目、税收等方面不断加大对县级财源建设的支持力度,各县(市、区)依托各自资源、产业优势,大力发展县域经济,促使财政收入规模不断增长、财力日渐壮大,从而为经济社会又好又快发展提供了财力保障。2005年,全市5个县(市)一般性地方财政收入全部超亿元,其中灵宝、渑池一般预算收入超过3亿元,义马、陕县超过2亿元,卢氏县超过1亿元;渑池、灵宝、义马3个县(市)同时进入全省县(市)经济综合实力20强。

2001—2010年,三门峡市财政部门围绕重大项目建设、产业集聚区建设、扩大对外开放三项重点工作,充分发挥市场机制作用,加快推进经济结构调整、产业升级换代进程。在财政资金使用管理上,逐步变长期以来的直接控制为间接调控,积极运用贴息、垫息、税收、担保等方式,充分发挥财政资金“四两拨千斤”的作用。加大政府融资力度,吸引带动民间资金、信贷资金等社会资金支持经济结构转型和企业发展。在资金调控方向上,注意往节能减排、生态整治、平台搭建、体系完善和机制创新等方面加力,往支持民生和经济的关键领域倾斜,为市场经济主体创造良好的发展环境。

2001—2010年,三门峡市财政部门围绕建立社会主义市场经济体制改革目标,大力支持国有企业改制,转换经营机制,改革企业财务管理制度,规范企业财务行为,为企业注入发展生机,提升其市场的整体竞争能力。在支持国企改革方面,重点支持了现代企业制度试点、重点企业生产经营、企业扭亏增效、下岗职工再就业等工作,扩大了企业经营自主权,完善了企业内部财务制度,优化了国有企业的经济布局,提高了市场竞争力。市级政府融资平台与各金融机构加强合作,加大融资力度,为加快全市经济发展提供资金保障。同时,不断完善中小企业信用担保体系,疏通融资渠道,5个县(市)均成立了中小企业信用担保机构,有效缓解了中小企业融资难问题,为其健康发展提供了资金支持。

三、强化税收征管,确保财政收入稳定增长

2001—2010年,三门峡市财税部门坚持把组织收入放在突出位置,多策并举,积极应对,建立收入分析快速反应机制,依法强化税收征管,认真落实国家各项财税政策,加大税收稽查力度,严厉打击偷逃骗税,保证了财政收入的持续稳定快速增长。2010年,三门峡市地方财政一般预算收入完成497358万元,是2001年83170万元的5.98倍,年均递增21.98%;10年累计完成地方财政一般预算收入2325177万元,是1991—2000年437515万元的5.31倍。财政收入的稳定增长,为全市经济社会又好又快发展提供了有力保障。

四、优化支出结构,构建和谐财政

2001—2010年,随着三门峡市社会经济建设和各项事业持续快速发展,全市财政支出规模不断扩大。2010年,三门峡市一般预算支出达到952553万元,是2001年129870万元的7.3倍,年均递增24.78%。与此同时,三门峡市财政部门不断调整和优化支出结构,统筹安排预算内外资金,千方百计筹措资金,集中财力办大事、实事。在保证经济建设需要的同时,积极向“三农”、民生等社会发展相对薄弱的领域倾斜,不断建立和完善保障、改善民生的长效机制。

2010年,全市各级财政支农投入达21390万元,是2001年的2090万元的10.23倍。在加大支农投入的同时,不断调整支农资金使用方向,探索实施整合使用支农资金办法,集中财力支持发展现代农业;认真落实支农惠农政策,兑付粮食直补和综合补贴、农作物良种补贴、农机购置补贴、退耕还林粮食和现金补助,确保国家惠农政策落实到位;加快农村道路交通、环境生态、水土保持、危房改造、易地搬迁、医疗卫生、人畜饮水、居民用电、广播电视、沼气等基础设施建设,全力支持新农村建设,改善农村生产生活条件,促进农民增产增收。

2001—2010年,三门峡市各级财政本着“保证重点、有保有压”原则,调整优化支出结构,财政向民生领域的投入逐年增加,着力改善教育、就业、最低生活保障、住房、城市基础设施和环境保护等一系列民生问题。不断完善以财政拨款为主、多渠道筹措经费的体制，大力支持公共文化设施建设、全民健身和精神文明建设等工作；支持医疗卫生事业发展，推行新型农村合作医疗，改善农村道路交通、公共卫生条件；城市居民基本医疗保险试点工作稳步推进，城市社区卫生服务条件得到明显改善；社会保障投入不断增加，支持以城市居民最低生活保障、农村特困群众生活救助等社会救助体系建设，覆盖城乡的社会保障制度框架基本形成，保障性住房建设投入力度不断加大，公共文化事业加快发展。投入快速增长、覆盖范围逐步扩大、注重制度创新的财政民生保障机制日益健全。

五、深化财政改革，提升财政管理效能

2001—2010年，三门峡市财政部门按照国家财政改革总体部署，紧紧围绕公共财政体系建设主线，以2001年农村税费改革启动为标志，以财政支出管理改革为重点，相继开展了部门预算、非税收入、国库集中支付、投资评审、政府采购等一系列改革，搭建起“金财工程”建设平台。通过这些改革，基本实现了财政资金的规范使用和透明管理，提高了财政资金配置、使用和管理效率，实现财政思路由计划经济模式下的传统型、单一型、被动型、粗放型向市场经济条件下的创新型、统筹型、主动型、科学型方向的转变。

部门预算改革。2000年，根据《国务院关于编制2001年中央预算和地方预算的通知》（国发〔2000〕27号），按照市委、市政府“积极稳妥、逐步推进”的原则，三门峡首先在市级试行部门预算编制制度改革。2002年，三门峡市本级部门预算通过计算机局域网编制，使部门预算数据录入、审核、上报和汇总工作更加规范，预算编制工作质量和效率进一步提高；2005年，完善公用经费综合定额标准和细化项目，最大限度地避免了财政资金的二次分配，同时实行预算内外财政性资金收支预算统编，提高预算内外财力统筹使用效率，增强了预算编制的完整性；2006年，在编制2007年市级部门预算的基础上，建立部门2008年、2009年预算项目库，实行项目滚动管理，体现了预算资金从“重分配”向“重管理”的转变。2007年，全面启动政府收支分类改革试点工作，初步建立了新的财政收支统计体系。

现代国库管理制度改革。2002年1月，按照中央及河南省改革精神，三门峡市在市级实施“以国库单一账户体系为基础、资金缴拨以国库集中收付为主要形式”的财政国库管理制度改革。2003年，现代国库管理制度改革在全市范围内全面铺开，大大提高了财政资金的运行效率和透明度。

乡财县管制度改革。2003年，三门峡市在义马启动“乡财县管”改革试点。2004年，“乡财县管”改革在全市铺开，76个乡镇全部完成了账户清理、财务交接、数据初始化、集中核算、单位建账等基础性工作，1352个行政村的会计业务全部由乡镇财政所代理，2578名会计人员身份全部转变为报账员。

政府采购制度改革。2000年，根据国家和财政部有关文件精神，三门峡市按照《中华人民共和国政府采购法》规定，通过实施政府采购专家库、政府采购社会公开制、编制政府采购预算、政府采购制度管理体系、政府采购“管办分离”机制及监督机制等一系列措施办法，全面推行政府采购制度改革。至2010年，三门峡市级政府采购中心累计开展政府采购活动992次，累计完成采购预算43180万元，完成采购金额38160万元，节约资金5020万元，节资率11.6%。

此外，在完成以上改革的同时，还开展了国有资产管理制度改革、投资评审制度改革、非税收入管理改革和“金财工程”建设，财政管理科学化、规范化、精细化水平得到大幅提升。

六、加强财政监督，规范财经秩序

2001—2010年，三门峡市财政部门牢固树立财政法治观念，全面推进依法理财进程，先后出台《关于加强对局属单位财务监督管理意见的通知》《三门峡市财政专项资金监督管理办法》《关于进一步落实〈财政部门内部监督检查暂行办法〉的意见》《三门峡市财政专户管理办法》《三门峡市财政经费管理办法》《内部财务管理监督考核办法》等文件，并先后开展了财税政策执行和财务收支情况检查、社会保障资金和再就业资金检查、惠农及扶贫政策资金检查、会计业务监督检查、乡镇财务管理工作检查、非税收入监督检查等一系列财政监督检查,对理财行为进行全面规范,并结合“阳光财政”工程,推进财政信息公开、科学民主决策、社会公众监督和绩效考评制度,基本实现了由“靠人理财”向“靠机制理财”转变、由“人治财政”向“法治财政”转变,逐步形成了专项监督与日常管理并重、事前事中事后相结合、预算编制执行监督三位一体的涵盖财政资金运行全过程的财政监督机制。财政部门主动接受外部监督,配合审计部门实施专门监督,自觉接受人大依法监督和政协民主监督,依靠制度加强内部监督,同时建立起财政与社会公众沟通的信息渠道,积极打造科学、民主、公开、透明的“阳光财政”。

七、打造一流队伍,争创一流业绩

2001—2010年,三门峡市财政部门紧紧围绕市委、市政府各个阶段工作部署和财政工作重心,以机关党建、精神文明建设、日常政务管理、机关后勤服务等方面的工作为抓手,以“创建一流机关、打造一流队伍、争创一流业绩”为总目标,大力发扬开拓进取、顽强拼搏、敢打硬仗、勇于奉献精神,着力打造出一支“政治可靠、思想坚定、作风优良、技术全面、服务一流”的财政干部队伍,较好地服务了全市经济工作,为三门峡市经济社会的全面发展作出了积极贡献。至2010年末,全市财政系统共有干部职工1319人,其中在职研究生学历24人,本科学历566人,大专学历691人,分别占总人数的1.8%、42.91%和52.39%。在干部队伍学历、年龄结构不断改善的同时,专业知识结构更趋合理,财会、管理、法律类专业人才比重增加,平均年龄下降,财政干部队伍更富朝气与活力。同时,采取请进来、走出去等多种方式,对干部进行财经理论、专业技能、职业道德等方面的全方位培养,财政干部政治、业务和综合素质不断得到提升,十年间获得国家、省、市一系列表彰奖励,全面展现了财政部门和财政干部队伍的良好形象。与此同时,三门峡市财政部门始终坚持将业务工作、文明创建、廉政建设一同部署、一同推进、一同考核,组织开展一系列创建活动,充分调动了广大干部职工参与文明单位创建活动的积极性,激发了全体财政干部职工干事创业的热情,有力促进了创建工作高质、高效、有序开展。至2008年12月20日,三门峡市财政局和7个县(市、区)财政局全部被评为省级文明单位。

2001—2010年,三门峡市财政部门在市委、市政府的正确领导下,凭借创建和巩固省级文明单位的东风,不断深化财政改革,狠抓增收节支,强化财政监督,有力地推动了各项财政事业的蓬勃发展,连年被市委、市政府授予目标管理先进单位、优秀单位、立功单位和特别贡献奖单位称号。开拓进取、顽强拼搏的财政人用其智慧和汗水,为三门峡的经济建设添上了浓墨重彩的一笔。

第一章　财政体制

2001—2010 年,三门峡市的财政体制改革大致分为分税制财政改革后的发展和延伸阶段(2001—2003 年)和新一轮的市与县财政体制改革阶段(2004—2010 年)。随着财政体制的不断改革与调整,基本建立起了适应市场经济要求和三门峡特点的财政管理体制。一是极大地调动了县级政府增收节支的积极性,实现了财政收入的持续稳定增长;二是财力适度下沉,县级财力不断加强;三是县级的财力差异逐步缩小,全市基本公共服务均等化水平逐步提高;四是乡镇财政体制不断完善,增收节支激励机制和县对乡的保障机制逐步形成。

第一节　河南省对三门峡市的财政体制

一、分税制财政体制

2001 年,三门峡市继续实行 1994 年确定的分税制财政体制。根据 1994 年中央对河南确定的财政体制,按照"存量不动、增量微调、平稳过渡、减少震动"的原则,确定了省对市(地)的分税制财政体制。省级财政固定收入包括:八大烟厂增值税 25% 部分、金融保险营业税、省属企业所得税、利润和计划亏损补助、其他收入等。省与市固定比例分成收入包括:土地使用税、耕地占用税、土地增值税和固定资产投资方向调节税。市级财政固定收入包括:增值税 25% 部分、营业税(不含金融保险营业税)、地方企业所得税、利润及计划亏损补贴、个人所得税、证券交易税 50% 部分、遗产税、外商投资企业及外国企业所得税、城市维护建设税、车船使用和牌照税、房产税、屠宰税、资源税、印花税、农业税、农业特产税、契税、市级国有资产经营收益、排污费、教育费附加收入等专项收入及其他收入。

二、2002 年所得税改革

2001 年 12 月 31 日,国务院发布《关于印发所得税收入分享改革方案的通知》(国发〔2001〕37 号),自 2002 年 1 月 1 日起,在全国实行所得税改革。2002 年,河南省财政厅、省国家税务局、省地方税务局、中国人民银行郑州中心支行联合下发《关于所得税收入分享改革后有关预算管理问题的通知》(豫财预〔2002〕5 号),将企业所得税和个人所得税的预算级次予以重新规定:(1)铁路运输、国家邮政、中国工商银行、中国农业银行、中国银行、中国建设银行、国家开发银行、中国农业发展银行、中国进出口银行以及海洋石油天然气企业缴纳的企业所得税(包括滞纳金、罚款收入)全部为中央收入,上缴中央财政。(2)除本条第一款规定之外的企业所得税和个人所得税(包括滞纳金、罚款收入)为中央与地方共享收入,按比例分别上缴中央财政和地方财政。具体比例为:2002 年中央、地方各分享 50%;2003 年中央分享 60%,地方分享 40%;2004 年及以后年度的分享比例另定。(3)所得税地方分享部分省与市划分办法是:①中央在豫企业和跨省经营、集中汇缴企业所得税以及对储蓄存款利息征收的个人所得税地方部分全部作为省级收入;②金融、证券、保险、信托、信用社及非银行金融机构企业所得税地方部分为省级收入;③跨省辖市经营的河南高速公路发展有限责任公司、河南中原高速公路股份有限公司所得税地方部分为省级收入;④省属企业所得税地方部分为省级收入,省属企事业单位与中央单位共同投资的股份制、联营企业所得税地方部分为省级收入,市县与中央共同投资的股份制、联营企业所得税地方部分为市县收入,省与市县共同投资的股份制、联营企业所得税地方部分分别按省、市股份和投资比重划分为省级收入和市县收入;⑤除第④条外,市县企业的所得税和个人所得税收入仍为市县收入。

根据上述文件精神,省核定三门峡市所得税收入基数为27935万元。从2003年开始,核定三门峡市每年所得税返还基数16762万元,其中:市本级3588万元,义马市408万元,灵宝市5085万元,渑池县5493万元,陕县1098万元,卢氏县327万元,湖滨区763万元。

三、省对市县财政体制调整

2004年,根据国务院《关于完善省以下财政管理体制有关问题的意见》(国发〔2002〕26号)文件精神,河南省人民政府发布《关于调整省与市财政管理体制的通知》(豫政〔2004〕3号),从2004年1月1日起,对市县进行财政管理体制调整:(1)省级营业税除省投资的跨市经营企业外,全部下划所在市县;省级企业所得税除重点企业、特殊行业、跨省经营集中纳税企业和跨市经营企业外,其他企业所得税全部下划所在市县;省级个人所得税全部下划所在市县;省级土地增值税、城镇土地使用税和耕地占用税全部下划市县;固定资产投资方向调节税清欠收入全部作为市县收入;省级不再集中市县法院诉讼费收入。(2)除耕地占用税和省级集中市县的诉讼费外,其他省级下划收入以2003年为基数,市县定额上缴省级。耕地占用税按1994—2003年的10年平均数作为下划基数,市县定额上缴省级。市县诉讼费不再上解省级。体制调整后市县营业税、企业所得税和个人所得税比2003年收入基数增加部分,省级分成20%。(3)市县营业税、企业所得税和个人所得税收入基数包括市县完成的收入基数和省级下划的收入基数。今后市县营业税、企业所得税和个人所得税完成数低于2003年收入基数的,省将相应调减其收入基数。(4)其他省与市收入划分和税收返还计算办法仍按现行体制规定执行。

1994年分税制财政体制改革以来,中国出口退税全部由中央财政负担。2004年起,建立中央和地方共同负担出口退税的新机制,即以2003年出口退税实退指标为基数,基数内退税由中央财政负担,超基数部分由中央和地方按75%∶25%的比例共同负担。

2005年,国家进一步调整和完善了中央与地方出口退税负担机制:一是降低地方分担比例。原核定各地的出口退税基数不变,基数内退税全部由中央财政负担,超基数部分由中央和地方按原75%∶25%比例分担改为按92.5%∶7.5%比例分担。二是改由中央统一退库,地方按比例应负担部分年终专项上解。2007年,省确定三门峡市出口退税基数为5586万元,三门峡市出口退税专项上解694万元。其中:市本级55万元,义马市166万元,灵宝市337万元,渑池县18万元,陕县6万元,湖滨区41万元,开发区71万元。

2009年10月15日,根据《河南省人民政府关于完善省与市县财政体制的通知》(豫政〔2009〕32号)精神,河南省财政厅下发《关于完善省与市县体制有关基数核定问题的通知》(豫财办预〔2009〕183号),就市县有关收入增量上解、市县消费税和增值税税收返还、增加市县一般转移支付补助基数等问题作出具体规定。

关于市县有关收入增量上解:根据《河南省人民政府关于调整省与市财政管理体制的通知》(豫政〔2004〕3号)精神,市县营业税、企业所得税、个人所得税比2003年增收部分,上解省级20%。为统一简化结算办法,上述“三税”增量上解以2008年为基数,从2009年起固定上解省财政;从2009年起,市县增值税、营业税、企业所得税、个人所得税、耕地占用税、资源税、罚没收入和社会抚养费比收入基数增收部分,按规定比例上解省财政,年终单独结算。其中:市县增值税、营业税、企业所得税、个人所得税、资源税、罚没收入和社会抚养费收入基数按2008年决算数确定;市县耕地占用税收入基数按2007—2008年两年加权平均数确定(2007年权重为1/3,2008年权重为2/3)。企业所得税增量上解比例为15%,资源税增量上解比例为30%,增值税、营业税、个人所得税、耕地占用税、罚没收入和社会抚养费增量上解比例均为20%。增量上解按收入项目分别考核，以后年度实际收入低于收入基数时，当年不上解，也不再调整收入基数。

关于市县消费税和增值税税收返还：从2009年起，市县消费税和增值税税收返还增长按上划中央"两税"增长率的比例1∶0.3系数确定。

关于增加市县一般转移支付补助基数：按2008年省对市县一般性转移支付方案测算结果，从2009年起，困难县（市、区）基本支出缺口和省辖市本级补助列入转移支付基数。从2010年起，省补助县（市）农村低保、五保户供养、贫困县公检法干警服装经费、农村义务教育公用经费省级补助、农村新型合作医疗省级补助等项目并入补助基数。

地税收入增量上解、出口退税超基数增量上解、矿产资源补偿费收入结算等仍按现行办法办理。

2009年，省财政核定三门峡市（含县级）一般性转移支付基数性补助16428万元；2010年起，核定三门峡市（含县级）一般性转移支付基数性补助23092万元。

是年，按照《河南省人民政府关于完善省与市县财政体制的通知》（豫政〔2009〕32号）文件精神，河南省进一步完善与市县分税制体制：一是改革增值税分配政策，市县增值税收入（地方留成部分）以2008年为基数，增量部分省级分成20%。二是增加企业所得税市县留成，市县企业所得税收入（地方留成部分）增量部分省级分成比例从20%调整为15%。三是加大对资源类税收的调控，市县资源税以2008年为基数，增量部分省级集中30%。市县耕地占用税收入以2007—2008年两年加权平均数确定（2007年权重为1/3，2008年权重为2/3），增量部分省级集中20%。四是调整非税收入分配政策，罚没收入和行政事业性收费中的社会抚养费以2008年为基数，增量部分省级集中20%。五是提高市县"两税"返还增长比例系数，市县消费税和增值税税收返还增长与上划中央消费税和增值税增长率的比例系数从1∶0.15提高到1∶0.3。

四、省直管县财政体制

2002年，河南省进行"省直管县"财政体制试点。"省直管县"体制是指省、市、县行政管理关系由现行的"省—市—县"三级体制转变为"省—市、县"二级体制，对县的管理由"省管市—市管县"模式变为省替代市，实行"省管县"模式，其内容包括人事、财政、计划、项目审批等原由市管理的所有方面。

2009年，河南省人民政府下发《关于完善省与市县财政体制的通知》（豫政〔2009〕32号），卢氏县被纳入省直管县范围。

（一）财政预算管理体制

省直管县实行省财政计划单列，财政体制由省财政直接核定，财政结算与省财政直接办理。省直管县的财政预算、决算直接报送省财政，同时抄报所属省辖市财政汇总；省辖市财政在上报财政预、决算时，以"其中"形式将省直管县单独列出。省直管县申报财政补助资金，直接上报省财政厅，同时抄报省辖市财政局。省财政批复决算、安排转移支付、下达追加和追减指标以及单独结算事项，由省财政直接核定下达到省直管县，同时在所属省辖市下以"其中"形式将直管县单独列出。

（二）预算收入划分

省直管县区域内财政收入除中央和省级分成外，原则上全部留归县级。省辖市原集中省直管县区域内的收入，由省辖市和省直管县按照"确保既得利益"的原则，合理商定市级收入基数，从2009年起，省直管县定额上解省财政，由省财政补助到省辖市。

（三）财政结算

按照"存量不动、确保既得利益"的原则，核定省直管县各项体制结算基数。省直管县对所属省辖市本级财政的基数性上解，以2008年为基数专项上解省级，由省财政专项补助所属省辖市；省辖市对省直管县的基数性补助和追加专款，以2008年为基数专项上解省级，由省财政直接补助到直管县。

以2008年为基数，核定省直管县上划中央"两税"完成数和税收返还基数；从2009年起省财政对省直管县税收返还增量按各县上划中央"两税"增长率的1∶0.3系数返还。以2008年为基数，核定省直管县增值税、企业所得税、个人所得税、资源税、罚没收入和社会抚养费收入基数；以2007—2008年两年加权平均数确定（2007年权重为1/3，2008年权重为2/3）核定省直管县耕地占用税收入基数,以后年度实际收入超过收入基数部分,按规定比例上解省财政,年终单独结算。

结算方面的基数性补助(含追加专款部分)和上解,由省直管县财政与所属省辖市财政充分协商,协商一致的部分省财政予以认可,有异议的部分由省财政厅核定。因国家财税政策变化省财政调整对下结算事项时,相应调整省辖市和省直管县的结算数。

(四)收入和现金管理

省直管县区域内的各项税收由省直管县国税部门和地税部门征收,按照规定的收入级次直接缴入当地国库。省直管县国库应在月度终了后1日内,将各类收入报表加盖公章后以邮政快递方式寄到省财政厅(国库处)。现金管理体制随财政结算体制变化相应调整,省财政直接核定省直管县现金留成比例并向各县调度现金,同时抄送所属省辖市财政国库。省直管县财政收支旬报、月报,应按编报要求直接报送省财政厅,同时抄送所属省辖市财政。

(五)预算外收入管理

预算外收入分成、解缴和补助比照上述办法执行,省直管县预算外收入原上解省辖市部分全部留归县级。

(六)政府债务划转

省直管县财政通过省辖市财政举借的各项政府债务(包括外国政府和国际金融组织借款、国债转贷、化解金融风险专项借款、粮食风险基金专项借款和农业综合开发借款),经双方核对确认后,上报省财政厅,办理债务划转手续。今后由省直管县按借款协议直接归还省财政,因拖欠借款本息需扣款时,由省财政直接核定到省直管县。

(七)省辖市与省直管县补助、上解处理

为便于发挥省辖市对所辖县(市、区)财政工作的指导、支持和监督职责,对省辖市委托县(市)承办的事项,或省辖市要求县(市)办理的事项,以及省辖市明确由市与县(市)共同负担的事项,根据责、权、利一致的原则,省辖市对县(市)给予补助时,也应对辖区内的省直管县同等对待。补助通知在下达省直管县的同时抄报省财政厅,作为省与市县结算依据。补助资金在省直管县财政总决算报表中列入"省辖市补助计划单列县(市)收入"科目。因政策调整等特殊原因需由省直管县上解省辖市的资金,省辖市应在省财政厅审核同意后再下达省直管县,同时抄报省财政厅作为年终结算依据。上解资金在省直管县财政总决算报表中列入"计划单列县(市)上解省辖市支出"科目。

第二节 三门峡市对县(市、区)财政体制

一、体制的沿革

2001年9月4日,中共三门峡市委、三门峡市人民政府印发《关于全面推行财政支出管理制度改革的意见》(三发〔2001〕25号),明确了财政支出管理制度改革的指导思想、改革目标、改革的基本内容和相关措施。改革以"公开公正、规范透明、高效服务"为基本目标,通过全面推进部门预算、国库集中收付、政府采购、会计委派等改革,逐步建立一个结构合理、管理规范、约束有力、讲求效益、适应社会主义市场经济发展要求的财政支出管理机制,促进全市经济和各项社会事业的健康发展。

2004年3月20日,根据《三门峡市人民政府关于调整市与县(市、区)财政管理体制的通知》(三政〔2004〕9号)精神,三门峡市财政局印发《关于核定市与县(市、区)体制调整基数的通知》(三财预〔2004〕24号),对相关体制调整问题作出规定。从2004年起,省级部分营业税、企业所得税和全部个人所得税、城镇土地使用税、土地增值税,省市级耕地占用税下划县(市、区);下划收入中耕地占用税以1994—2003年10年平均数为基数,其他以2003年实际完成数为基数,从2004年起,县(市、区)财政按市下划收入基数定额上解市级;县(市、区)营业税、企业所得税、个人所得税、耕地占用税、城镇土地使用税、土地增值税、资源税、房产税8个税种

比2003年收入基数增收部分,市级分成30%,市分成的收入增量县(市、区)财政年终专项上解;2003年县(市、区)营业税、企业所得税、个人所得税、耕地占用税、城镇土地使用税、土地增值税6个税种基数包括县(市、区)完成的收入基数和市级下划的收入基数,均按实际完成数计算。

体制调整后,市对各县(市、区)营业税、企业所得税、个人所得税、耕地占用税、城镇土地使用税、土地增值税分别进行考核。如果县(市、区)2004年及以后年度营业税、企业所得税、个人所得税、耕地占用税、城镇土地使用税、土地增值税完成数达不到市核定的收入基数,相应扣减县(市、区)6个税种收入基数。

2005年6月28日,三门峡市人民政府办公室印发《关于加强契税征管工作的通知》(三政办〔2005〕39号),要求各县(市、区)人民政府、开发区管理委员会、市人民政府有关部门,严格贯彻执行《中华人民共和国契税暂行条例》(国务院令〔1997〕第244号)、《河南省契税实施办法》(省政府令〔1999〕第50号)、《河南省政府办公厅关于加强契税征管工作的通知》(豫政办〔2004〕96号)精神,切实加大契税征管力度。一是认真清理自行出台的各类违规减免契税的政策,凡是与国家法律、法规相违背的各类地方性契税优惠政策,一律停止执行。二是各级财政部门要认真履行契税征收管理职能,实行对契税的直接征收,严禁财政征收机关以外的任何部门代收契税。三是各级契税征收机关要加快建立同房地产交易相配套的征管机制,健全与同级土地和房地产管理部门办证、征管相对接的网络,实行定期对账、稽核制度。四是各级契税征收机关要积极协助土地和房地产部门逐步建立健全规范的土地、房地产交易机制,并帮助其改善必要的房地产交易设施条件,所需经费列入同级财政部门预算。五是各级政府要进一步规范房地产交易程序。按照属地管理原则,一个城市规划区内只能由一个房地产交易机构发放房地产证。六是各部门单位要积极配合契税征收机关工作。按照有关规定,向同级契税征收机关提供土地、房地产交易等有关资料,做到资源共享,协助征收机关依法征收契税。七是各集资建房单位要主动代办契税。八是各级政府要切实加强对契税征管工作的领导,成立市契税征管工作领导小组,积极做好契税征收、房地产管理和有关执法部门的协调工作。对故意隐匿、偷逃契税的单位和个人,要通过媒体曝光、银行扣款、工资代扣等形式,促使其缴税。对偷逃契税情节严重的,将移交司法机关处理。

2005年12月12日,三门峡市财政局、市国家税务局、中国人民银行三门峡市中心支行印发《关于出口退税负担机制调整后有关预算管理问题的通知》(三财预〔2005〕874号)。主要内容:一是从2005年1月1日(以审批退税日期为准,下同)起,各县(市、区)出口货物退增值税(含出口货物"免、抵"增值税税额)中属于基数部分的退税额,继续由中央财政负担;超基数部分的退税额,由中央和地方原按75%:25%比例分担改按92.5%:7.5%比例分担。2005年度各县(市、区)出口退税基数按三门峡市财政局《关于各县(市、区)出口退税基数核定的通知》(三财预〔2005〕137号)核定数执行。以后年度各县(市、区)出口退税基数仍采取动态核定办法,即县(市、区)出口退税基数根据上年该县(市、区)实际出口退税额占全市实际出口退税额比重和全市出口退税基数总额核定。对当年县(市、区)出口退税实际数低于市核定基数的,年终结算时,按实际退税数调整县(市、区)出口退税基数。二是从2005年1月1日起,出口货物退增值税按下列方式办理:自2005年9月1日,由国库退付的出口货物退增值税统一从中央库款中退付;"免、抵"的增值税按75%:25%比例分别调增中央和地方"免抵调增增值税",并按"免、抵"税额调减中央"免抵调增增值税",同时将免抵调增增值税的25%部分由中央国库划入地方国库。三是出口货物退增值税由分级退付改为统一从中央库款退付后,各县(市、区)出口退税超基数按比例应负担部分,由县(市、区)财政在年终专项上解市财政,并相应取消市对各县(市、区)出口退税基数返还补助。四是为反映出口退税变化情况,将对《2005年政府预算收支科目》《2006年政府预算收支科目》作相应调整。

2005年12月29日,为确保市与县(市、区)财政体制调整方案顺利实施,做好体制调整后财政收入预算管理工作,根据《河南省人民政府关于调整省与市财政管理体制的通知》(豫政〔2004〕3号)和《三门峡市人民政府关于调整市与县(市、区)财政管理体制的通知》(三政〔2004〕9号)精神,三门峡市财政局印发《关于市与县(市、区)财政体制调整后市级收入管理有关问题的通知》(三财预〔2005〕910号),对跨县(市、区)经营企业收入作出界定:金渠金矿所属子公司及全资控股公司、文峪金矿及其所属企业、老鸦岔金矿企业所得税地方部分,华阳发电有限公司(含二期)、开曼铝业有限公司所有税费,河南高速公路发展有限责任公司三门峡分公司营业税及其他流转税,义马气化厂及其所属或联营合作合资企业、义马煤业集团有限责任公司2004年1月1日后开工投产的独立核算或联营合作合资企业所得税地方部分,均明确为市级收入。本通知自2005年1月1日起执行。

2006年2月5日,三门峡市财政局《关于印发〈2005年市与县(市、区)财政年终结算办法〉的通知》(三财预〔2006〕115号),就税收返还增量系数确定、税收增量分成上解的结算,体制结算补助或上解,农村税费改革转移支付,取消农业特产税、降低农业税税率、取消农业税转移支付,革命老区转移支付补助,缓解县乡财政困难转移支付补助,矿产资源补偿费收入分成,县(市、区)拖欠世界银行贷款的本金、利息、滞纳金偿还,国债转贷资金还本付息,下划收入基数上解及市对营业税、企业所得税、个人所得税、耕地占用税、城镇土地使用税、土地增值税、资源税、房产税增量分成上解的结算等问题,相应作出具体的规定。

2006年3月7日,根据《三门峡市人民政府关于调整市与湖滨区财政管理体制的通知》(三政〔2005〕76号)精神,三门峡市财政局印发《关于核定市与湖滨区财政体制调整基数的通知》(三财预〔2006〕142号),就核定市与湖滨区财政体制调整基数问题明确如下:一是从2006年起,市区范围内(除开发区外)的市级建筑安装营业税(除市政府财政投资的基础设施重点建设项目外)及随征部分收入、印花税、城镇土地使用税、土地增值税、资源税、房产税、车船使用和牌照税7个税种,收入划湖滨区。湖滨区对上述税种以2003—2005年3年收入平均数为基数,定额上解市级。经核定,湖滨区定额上解基数为2500万元。二是从2006年起,湖滨区营业税、企业所得税、个人所得税、耕地占用税、城镇土地使用税、土地增值税、资源税、房产税8个税种以2005年比2003年收入基数增加部分的30%为基数,定额上解市级。经核定,湖滨区定额上解基数为559万元。根据《关于核定市与县(市、区)体制调整基数的通知》(三财预〔2004〕24号)文件规定的省级下划收入基数370万元,仍实行定额上解。三是从2006年起,以湖滨区营业税、企业所得税、个人所得税、耕地占用税、印花税、城镇土地使用税、土地增值税、资源税、房产税、车船使用和牌照税2005年收入为基数(包括湖滨区上述10个税种收入完成数和市级下划7个税种收入基数),收入增加部分市级分成30%,湖滨区年终专项上解。经核定,湖滨区2005年收入基数为8305万元(其中:营业税4538万元,企业所得税380万元,个人所得税630万元,耕地占用税62万元,印花税267万元,城镇土地使用税655万元,土地增值税103万元,资源税141万元,房产税1447万元,车船使用和牌照税82万元)。四是体制调整后,市对湖滨区营业税、企业所得税、个人所得税、耕地占用税、印花税、城镇土地使用税、土地增值税、资源税、房产税、车船使用和牌照税分别进行考核。如果2006年及以后年度上述税种完成数达不到市核定的收入基数,相应扣减收入基数。

2006年,经三门峡市委、市政府研究,在省体制框架的基础上,市对县(市、区)的财政管理体制作了适当调整。具体内容为:对省返还的消费税及增值税收入增量15%部分,市本级留5%,返还县(市、区)10%。2007年,三门峡市消费税及增值税返还基数为18822万元,按照比例市本级留8342万元,返还义马1359万元、灵宝1719万元、渑池4013万元、陕县1974万元、卢氏924万元、湖滨区469万元、开发区22万元。

2008年3月31日,三门峡市财政局、市国家税务局、市地方税务局、中国人民银行三门峡市中心支行转发《河南省财政厅河南省国家税务局河南省地方税务局中国人民银行郑州中心支行关于转发《财政部国家税务总局中国人民银行〈关于印发跨省市总分机构企业所得税分配及预算管理暂行办法的通知〉的通知》(三财预〔2008〕133号),要求县(市、区)严格按照财政部 国家税务总局 中国人民银行关于印发《跨省市总分机构企业所得税分配及预算管理暂行办法》的通知(财预〔2008〕10号)执行。

2009年11月27日,根据《河南省人民政府关于完善省与市县财政体制的通知》(豫政〔2009〕32号)、《河南省财政厅关于完善省与市县体制有关基数核定问题的通知》(豫财办预〔2009〕183号)、《三门峡市人民政府关于调整市与县(市、区)财政管理体制的通知》(三政〔2004〕9号)、《三门峡市人民政府关于调整市与湖滨区财政体制的通知》(三政〔2005〕76号)等精神,三门峡市财政局印发《关于重新明确市与县(市、区)财政体制有关基数核定问题的通知》(三财预〔2009〕817号),将有关基数核定问题重新明确。

1. 关于县(市、区)有关收入增量上解问题。为统一简化结算办法,湖滨区营业税、企业所得税、个人所得税、耕地占用税、印花税、城镇土地使用税、土地增值税、资源税、房产税、车船税10个税种,其他县(市、区)营业税、企业所得税、个人所得税、耕地占用税、城镇土地使用税、土地增值税、资源税、房产税8个税种增量上解以2008年为基数,从2009年起固定上解市财政。2009年,湖滨区增值税、营业税、企业所得税、个人所得税、耕地占用税、印花税、城镇土地使用税、土地增值税、资源税、房产税、车船税、罚没收入、社会抚养费的增收部分,其他县(市、区)增值税、营业税、企业所得税、个人所得税、耕地占用税、城镇土地使用税、土地增值税、资源税、房产税、罚没收入、社会抚养费的增收部分,按规定比例上解市财政,年终单独结算。其中,县(市、区)增值税、营业税、企业所得税、个人所得税、印花税、城镇土地使用税、土地增值税、资源税、房产税、车船税、罚没收入、社会抚养费收入基数按2008年决算数确定。县(市、区)耕地占用税收入基数按2007—2008年两年加权平均数确定(2007年权重为1/3,2008年权重为2/3)。企业所得税增量上解比例为15%,增值税、营业税、个人所得税、耕地占用税、罚没收入、社会抚养费增量上解比例为20%,印花税、城镇土地使用税、土地增值税、资源税、房产税、车船税增量上解比例为30%。增量上解按收入项目分别考核,以后年度实际收入低于收入基数时,当年不上解,也不再调整收入基数。

2. 县(市、区)关于消费税和增值税税收返还问题。从2009年起,县(市、区)消费税和增值税税收返还增长率按上划中央消费税和增值税增长率的1 ∶ 0.3系数确定。

3. 关于增加县(市、区)一般转移支付补助基数问题。从2009年起,困难县基本支出缺口列入转移支付基数。从2010年起,农村低保、五保户供养、贫困县公检法干警服装经费、农村义务教育公用经费省级补助、农村新型合作医疗省级补助等项目并入补助基数。

4. 关于归并简化结算事项问题。为进一步简化结算手续,在《关于重新核定财政体制结算数的通知》(三财预〔2005〕793号)核定的财政体制结算数的基础上,将近年发生的各县(市、区)上解或补助并入财政体制结算数,从2009年起定额上解。

5. 关于省直管县卢氏县体制基数核定问题。从2009年起,卢氏县由省财政直管,有关体制基数待核定后另行下达。

6. 其他问题。地税收入增量上解、出口退税超基数增量上解、矿产资源补偿费收入结算等仍按现行办法处理。

2010年1月4日,根据《中共三门峡市委 三门峡市人民政府关于进一步加快三门峡产业集聚区(工业园)建设发展的决定》(三发〔2009〕21号)和《三门峡市委办公室市政府办公室关于进一步加快三门峡产业集聚区(工业园)建设发展的实施意见》(三办〔2009〕27号)精神,三门峡市财政局印发《关于明确市与工业园财政管理体制的通知》(三财预〔2010〕90号),明确规定:从2010年1月1日起,对工业园区实行"收入分成、自收自支、自求平衡、滚动发展"的财政管理体制。一是市级重点企业开曼(三门峡)铝业有限公司、大唐三门峡发电有限责任公司、三门峡华阳发电有限责任公司及其联营、合作经营的所有税费,工业园区内市级以上财政投资项目形成的财政收入,明确为市级收入。工业园成立后所上项目形成的地方财政收入,20%上缴市财政,80%留工业园。各县(市、区)招商引资项目入驻工业园，财税分成按照市委、市政府规定执行。工业园范围内除市级固定收入和各级分成收入外的其他各项地方收入为工业园收入。设立工业园财政专户，分级核算，以收定支，定期结算。二是工业园列入县（市、区）序列，享受县（市、区）管理权限。根据市与县（市、区）政府事权的划分，工业园财政主要承担工业园政权机构运转经费及辖区内的各项经济、社会事业发展支出，包括一般公共服务、公共安全、教育、科学技术、文化体育与传媒、社会保障和就业、社会保险基金支出、医疗卫生、环境保护、城乡社区事务、农林水事务、交通运输、采掘电力信息等事务，粮油物资储备管理等事务，金融监管等事务支出，地震灾后恢复重建支出，国债还本付息支出，预备费，其他支出，转移性支出等一般预算支出和各项基金支出。三是工业园区内现有18个行政村和陕县原种场及其他相关管理事务所涉及的经费划解，由有关县（市、区）上划市级，市级再补助到工业园。四是上级下达三门峡市涉及工业园的专款和转移支付补助，由市财政根据有关计算标准从相关县（市、区）分解后，直接下达工业园。各类政策性配套项目，市财政按照对其他与县（市、区）比例，承担工业园的市级配套责任。五是根据《河南省人民政府关于完善省与市县财政体制的通知》（豫政〔2009〕32号）和《三门峡市人民政府关于调整市与县（市、区）财政管理体制的通知》（三政〔2004〕9号）精神，工业园在涉及中央、省、市有关税种分成，增值税、消费税税收返还，有关收入增量上解，地税收入增量上解，耕地占用税契税征收经费上解，出口退税超基数上解，矿产资源补偿费上解，筹集对四川省江油市恢复重建资金等方面，执行与县（市、区）相同的政策。六是以2009年收入为基数，增值税、营业税、企业所得税、个人所得税、耕地占用税、城镇土地使用税、土地增值税、资源税、房产税、罚没收入、社会抚养费的增收部分，按规定比例上解市财政，年终单独结算。企业所得税增量上解比例为15%，增值税、营业税、个人所得税、耕地占用税、罚没收入、社会抚养费增量上解比例为20%，城镇土地使用税、土地增值税、资源税、房产税增量上解比例为30%。增量上解按收入项目分别考核，以后年度实际收入低于收入基数时，当年不上解，也不再调整收入基数。

二、市与县（市、区）收支划分

（一）收入划分

1. 市级收入

市与县（市、区）在收入上基本遵循属地管理原则。2004年省下划的相关收入均下划县（市、区），市与县（市、区）没有实行收入上的分享。

属于市级收入的范围：城市规划区范围内市级及市级以上投资项目的所有税费；城市规划区范围外市级及市级以上重点企业，主要是金渠金矿所属子公司及全资控股公司、文峪金矿及其所属企业、老鸦岔金矿企业所得税地方部分。

2005年，为进一步规范市与县（市、区）之间的财政分配关系，防止税收流失，根据《河南省人民政府关于调整省与市财政管理体制的通知》（豫政〔2004〕3号）和《三门峡市人民政府关于调整市与县（市、区）财政管理体制的通知》（三政〔2004〕9号）精神，对市与县（市、区）财政管理现行体制进行了调整。一是明确跨县（市、区）经营企业收入归属问题。金渠金矿所属子公司及全资控股公司、豫西轴承厂、文峪金矿、老鸦岔金矿企业所得税地方部分；华阳发电有限公司（含二期）、开曼铝业集团有限公司所有税费；义马气化厂及其所属企业、义马煤业集团有限责任公司所属独立核算企业所得税地方部分，明确为市级收入。二是市对湖滨区下划7个税种。市区范围内（开发区除外）的市级建筑安装营业税、资源税、房产税、印花税、城镇土地使用税、土地增值税、车船使用和牌照税等7个税种，以2003—2005年收入平均数为基数，收入全部下划湖滨区。收入下划后，下划基数定额上解。从2006年起，增量部分市级分成30%。三是2005年12月，进一步界定市级收入。跨县（市、区）经营企业华阳发电有限公司、大唐三门峡发电有限责任公司、开曼铝业有限公司所有税费；义马气化厂及其所属企业、义马煤业集团有限责任公司2004年1月1日后开工投产的独立核算企业所得税地方部分，明确为市级收入。四是从2006年起，原属市级收入的市区范围内（除开发区外）的市级建筑安装营业税（除市政府财政投资的基础设施重点建设项目外）及随征部分收入、印花税、城镇土地使用税、土地增值税、资源税、房产税、车船使用和牌照税7个税种，收入下划湖滨区。五是高速公路及铁路等跨区域实施的重大项目的地方税收，除中央、省明确收入级次外，均为市级收入。六是税收返还。对省返还的消费税及增值税收入增量15%部分，市级留5%，返还县(市、区)10%。

2. 县(市)级收入

县(市)管辖区内，除省级企业所得税(主要是义煤集团)和市级明确为重点企业外的所有税费，均为县(市)级收入。

3. 区级收入

(1)湖滨区

为进一步规范财政分配关系，从2006年起，对市与湖滨区财政管理体制进行了调整。市区范围内(除开发区外)的市级建筑安装营业税(除市政府财政投资的基础设施重点建设项目外)及随征部分收入、印花税、城镇土地使用税、土地增值税、资源税、房产税、车船使用和牌照税等7个税种，收入下划湖滨区。调整后，核定湖滨区定额上解3059万元。从当年起，原属市级收入的市区范围内(除开发区外)的市级建筑安装营业税(除市政府财政投资的基础设施重点建设项目外)及随征部分收入、印花税、城镇土地使用税、土地增值税、资源税、房产税、车船使用和牌照税等7个税种，调整为湖滨区收入。以湖滨区营业税、企业所得税、个人所得税、耕地占用税、印花税、城镇土地使用税、土地增值税、资源税、房产税、车船使用和牌照税2005年收入为基数(包括湖滨区上述10个税种收入完成数和市级下划7个税种收入基数)，收入增加部分市级分成30%，湖滨区年终专项上解。

(2)开发区

开发区1998年实行独立财政体制，管理与其他县(市)相同。开发区管辖区内，除省级和市级明确为重点企业外的所有税费，均为区级收入。

(3)工业园

按照市与工业园财政管理体制规定，2010年起实行“收入分成、自收自支、自求平衡、滚动发展”的财政管理体制，工业园成立后所上项目形成的地方财政收入，20%上缴市财政，80%留工业园。为了支持产业集聚区发展，壮大产业集聚区经济指标规模，园区内除市级重点企业外，其他项目形成的财政收入，全部反映为工业园级收入，年终通过结算划入市级财政。

(二)结算分成收入

1. 市本级与区分成

营业税、企业所得税、个人所得税、耕地占用税、城镇土地使用税、土地增值税、资源税、房产税、印花税、车船使用和牌照税10个税种比2005年基数增加部分，市本级与区按3 ： 7比例分成。

2. 市本级与县(市)分成

营业税、企业所得税、个人所得税、耕地占用税、城镇土地使用税、土地增值税、资源税、房产税8个税种比2005年基数增加部分，市本级与县(市)按3 ： 7比例分成。

(三)支出事权划分

根据市与县(市、区)政府事权的划分，分别承担政府机关运转所需经费以及本地区社会发展事业支出。

1. 市对县级一般转移支付

按照省对市县转移支付管理办法，上级对三门峡市的转移支付，是由省财政厅直接计算并明确分配到各县(市、区)。三门峡市严格按上级规定及时下达并足额配套。按照“取之于县(市、区)用之于县(市、区)”的原则，市级通过营业税等8个税种收入增量分成增加的财力，全部用于对县(市、区)的改善民生投入及“省、市十件实事”的配套投入。

2. 按照财权与事权相统一原则，市与县(市、区)各自承担行政管辖区内的一般公共服务、国防、公共安全、教育、科学技术、文化体育与传媒、社会保障和就业、社会保险基金支出，医疗卫生、节能环保、城乡社区事务支出，农林水事务、交通运输资源勘探电力信息等事务、商业服务业等事务、金融监管等事务支出，国土资源气象等事务支出，住房保障支出，粮油物资管理事务、储备事务支出，预备费、国债还本付息支出，其他支出、转移性支出等项目支出。需要说明的是，至2010年，湖滨区不承担城建、环卫等支出，工业园区不承担教育支出。

(四)体制的结算

1. 返还性补助

(1)增值税和消费税税收返还。严格执行市县增值税和消费税税收返还增长与上划中央“两税”增长率1 ： 0.3的比例系数，把返还基数全额返还县(市、区)，市级不再集中。

(2)所得税收入分享改革，中央与地方按“六四”比例分享。以2001年为基数,对地方净上划中央的所得税定额返还地方。省核定三门峡市所得税收入基数为27935万元,省对三门峡市每年所得税返还基数16762万元部分,严格按照省财政厅核定数,市不集中县(市、区)财力。

(3)成品油价格和税费改革返还基数。2009年,《河南省财政厅关于下达市县成品油价格和税费改革公路养路费等“六费”收入返还基数的通知》核定,三门峡市公路养路费、公路客货运附加费、公路运输管理费、航道养护费、水路运输管理费等收入返还基数2462万元,用于原通过上述收费收入安排的人员支出以及公路养护和建设、公路运输和站场建设与养护、航道养护和水路管理等方面的支出。其中,用于运管所人员经费783万元,农村公路管理处人员及公用经费1180万元,海事局水上安全检查、应急救助、业务培训等16万元,养路费征稽处经费补助10万元,客运市场治理费等100万元,农村公路项目管理费、路政管理费、超限治理费、养护费等373万元。

2. 专项结算上解

(1)体制结算上解。为进一步简化结算手续,根据《河南省人民政府关于完善省与市县财政体制的通知》(豫政〔2009〕32号)、《河南省财政厅关于完善省与市县体制有关基数核定问题的通知》(豫财办预〔2009〕183号)和《三门峡市人民政府关于调整市与县(市、区)财政管理体制的通知》(三政〔2004〕9号)、《三门峡市人民政府关于调整市与湖滨区财政体制的通知》(三政〔2005〕76号)等精神,在三门峡市《关于重新核定财政体制结算数的通知》(三财预〔2005〕793号)核定的财政体制结算数的基础上,将近几年发生的各县(市、区)上解或补助并入财政体制结算数,从2009年起定额上解。合并后三门峡市体制结算上解省财政17517万元,其中,市级负担2337万元,县(市、区)上解市级45178万元(其中:湖滨区6736万元、义马市4630万元、灵宝市14102万元、渑池县9385万元、陕县8164万元、卢氏县1410万元、开发区751元)。市级通过体制集中县(市、区)29998万元。

(2)地税经费增量上解。按照2009年上解基数和2010年当年地税收入增量计算确定,增量上解比例为2.5%。2010年三门峡市上解省级地税经费增量6879万元。

(3)收入增量上解。2004—2008年,各县(市、区)营业税、企业所得税、个人所得税、耕地占用税、印花税、城镇土地使用税、土地增值税、资源税8种税以2004年核定基数增量的30%上解市级财政。

2009年,在省财政核定财政体制有关基数的基础上,三门峡市重新明确了市与县(市、区)财政体制的有关基数。以2008年为基数,企业所得税增量上解比例为15%,增值税、营业税、个人所得税、耕地占用税、罚没收入、社会抚养费增量上解比例为20%,资源税为30%,均全额上解省级,市级不再集中。印花税(湖滨区)、城镇土地使用税、土地增值税、房产税、车船税(湖滨区)等税种仍按照原体制增量上解比例30%执行。

三、转移支付及差别化资金配套政策

(一)上级对三门峡市县(市、区)各项转移支付补助情况

自1994年分税制财政管理体制改革以来,随着中央财力的增强和宏观调控能力的提高,在立足国情的基础上,适当借鉴国际经验,逐步建立并完善了中央对地方转移支付制度。中央对地方转移支付由财力性转移支付和专项转移支付构成。其中,财力性转移支付主要包括均衡地区间财力差距的一般性转移支付、民族地区转移支付以及作为国家减收增支政策配套措施的调整工资转移支付、农村税费改革转移支付等。

1. 2001—2010年转移支付情况(见表1)

三门峡市严格执行河南省对市县的转移支付办法,上级各项转移支付资金均全额、及时拨付各县(市、区)。2001—2010年,三门峡市收到上级税收返还17.2亿元,所得税基数返还14.8亿元,专项拨款补助98.5亿元,一般转移支付补助25.4亿元,农村税费改革转移支付补助10.9亿元,取消农业特产税、降低农业税率转移支付补助2.2亿元,调整工资转移支付补助27.2亿元,缓解县乡财政困难转移支付补助4.4亿元,农村义务教育补助收入4.6亿元,各项结算补助8.5亿元,其他补助1.5亿元。

2001—2010 年三门峡市上级补助收入资金情况表

表 1　　　　单位:万元

年份	合计	税收返还	所得税基数返还	成品油价格和税费改革税收返还收入	专项拨款补助	一般转移支付补助	农村税费改革转移支付补助	取消农业特产税降低农业税率转移支付补助	调整工资转移支付补助	缓解县乡财政困难转移支付补助	农村义务教育补助收入	各项结算补助	其他补助
2001	52432	14700			20274				12827			3186	1445
2002	89342	14799	13968		27545	5300	8430		14701			2181	2418
2003	98658	15141	16762		30891	4784	8341		16461			4383	1895
2004	129660	16904	16762		49306	10403	8341	4942	18221			1635	3146
2005	158438	16708	16762		63729	16365	8341	8380	18221	4073		3924	1935
2006	180267	17509	16762		63467	23533	8366	8380	29376	8352		4372	150
2007	239252	18822	16762		94179	30554	16783		40531	9444	3344	7242	1591
2008	323739	19494	16762		152783	51413	16768		40531	9204	5734	10000	1050
2009	425359	18460	16762	2462	229663	47413	16768		40531	12504	16066	23380	1350
2010	458770	19448	16762	2462	252972	63819	16768		40531	90	20894	24949	75
合计	2155917	171985	148064	4924	984809	253584	108906	21702	271931	43667	46038	85252	15055

2. 转移支付资金管理

为加强转移支付资金管理,保证乡镇机构和村级组织正常运转及农村义务教育经费的正常需要,巩固农村税费改革成果,确保农民负担不反弹,河南省财政厅、三门峡市财政局加大对县(市、区)进行农村税费改革专项转移支付补助,并对人均财力较低的县(市)给予一般转移支付补助。根据河南省人民政府办公厅《关于加强转移支付资金管理的通知》(豫政办〔2002〕71 号)精神,作出三项规定:一是要加强转移支付资金使用的监管,严禁挤占、截留、挪用,确保转移支付资金按规定用途及时、足额拨付到位。二是当年下达的转移支付资金除民兵训练费和赤补村缓经费缺口的资金外。其余资金要全部用于农村义务教育经费的正常需要和乡镇机构的正常运转,一般转移支付资金要首先进入工资专户。优先保证教师和干部工资的发放,不得发生新的拖欠,要全面推行财政统一发放工资工作,机构改革后编制内财政全额供给的行政事业单位人员要全部纳入财政统发工资范围,实行银行代发工资,由代发银行直接将工资卡、存折或现金及时发放到教师干部个人手中,确保工资及时足额发放。税费改革转移支付资金要纳入县乡财政体制调整范围,统筹安排,对税费改革后村级经费有缺口的,县乡政府要从省下达农村税费改革专项转移支付资金中予以补助,其中 1500 人以上、农业税附加不足 2.5 万元的村补到 2.5 万元,1500 人以下、农业税附加不足 2.3 万元的村补到2.3万元,确保中央及省、市规定的各项农村税费改革政策不折不扣地落实到基层和农户。三是财政与审计、监察部门将加强对转移支付资金使用管理情况的监督检查,并建立举报制度,凡发现违背中央和省、市农村税费改革政策规定,继续乱收费,加重农民负担,以及截留挪用转移支付资金的,一经查实,从严追究有关人员的责任,并相应扣减有关县(市、区)的转移支付资金。

(二)差别化资金配套政策

2007 年,根据国家、省有关项目资金的配套政策,按照“事权与财权相统一,责任与权利相一致”的原则,在综合考虑各县(市、区)财力水平差异的基础上,三门峡市对县(市、区)实行差别化资金配套政策。规定:对中央和省财政政策明确规定需要市财政对县(市、区)项目进行资金配套的,按照政策规定的标准执行。对中央和省财政政策以及市政府确定需要市财政对县(市、区)项目进行适当资金配套的,按照各县(市、区)人均财力水平分类分档确定资金配套标准:人均财力达到或超过县(市、区)级人均财力水平的县(市、区),市财政资金不再配套;人均财力达不到县(市、区)级人均财力水平,但是达到县(市、区)级人均财力水平 70% 以上的县(市、区),市财政给予 30% ~40% 适当资金配套;人均财力达不到县(市、区)级人均财力水平 70% 的县(市、区),市财政给予 50% ~60% 适当资金配套。对以县(市、区)为主办理的项目,市政府按照差别化资金配套政策实行一事一议。

第三节　三门峡市对乡镇的财政体制

一、三门峡市县乡财政体制改革与完善

2000 年 10 月 24 日,根据《河南省人民政府关于加强县乡财政建设的通知》(豫政〔2000〕56 号)精神,三门峡市发布《三门峡市人民政府关于加强县乡财政建设的通知》(三政〔2000〕59 号),就进一步规范县乡财政管理体制、县(市、区)代乡镇专户代发教师工资、切实加强县乡财政管理、分类处置乡镇政府债务、加强县乡财源建设等问题作出具体规定。按照分税制财政体制的基本要求和规范统一的原则,取消现行县(市、区)对乡镇“上解递增”“补助递域”“增长分成”等体制形式,全市县(市、区)对乡镇统一实行“划分税种、核定收支、定额上解(或补助),增收全留、短收自补、自求平衡”的财政管理体制;各县(市、区)要合理划分县、乡财政收入范围,确定收入基数。原则上在乡镇范围内适于乡镇征管的收入均要划为乡镇级固定收入。收入基数要根据乡镇现有税源状况和近几年财政收入情况据实核定,不得脱离实际硬性提高乡镇财政收

入基数；按照财权、事权一致和“分灶吃饭”的原则，合理划分县、乡支出范围，确定乡镇支出基数。县（市、区）财政原则上主要承担县（市、区）直政权机关运转和事关全县（市、区）经济社会事业发展的支出；乡镇财政主要承担乡镇政府正常运转和事关乡镇经济社会事业发展的支出。乡镇支出基数要按照量财办事的原则核定，人员经费、公用经费要严格按编制核定，超编人员不得供给经费。乡镇“双减”中明确清退的原由财政供给经费的人员开支，在核定支出基数时应予扣除；乡镇收支基数核定后，收入大于支出的，乡镇可对县（市、区）定额上解。支出大于收入的，县（市、区）对乡镇要定额补助。县（市、区）对乡镇体制基数确定后，不得在体制以外强行集中乡镇财政预算内外财力。实行农村税费改革后，各地可按照乡镇财力变化情况，重新调整乡镇收支基数。

2003 年，三门峡在全市 76 个乡镇推行了“划分收入、核定支出、定额上解（或补助）、增收全留、自求平衡”的财政管理体制。在具体执行中，由各县（市、区）根据各自情况划分乡镇的具体收支范围。

2004 年，根据《河南省人民政府关于调整省与市财政管理体制的通知》（豫政〔2004〕3 号）精神，各县（市、区）按照“划分收入级次、核定收支范围、定额上解（或补助）、增量适当调整、实现自求平衡”原则，制定相应税收奖励政策，对乡镇财政体制作出适当调整。

2007 年，三门峡市对乡镇实行“划分收入、核定收支、定额上解（或补助）、增收全留、短收自负、自求平衡”的财政体制。将乡镇所属企业缴纳企业所得税地方部分，增值税 25% 地方部分，营业税、个人所得税地方部分，资源税、房产税、印花税、车船使用税、城镇土地使用税等工商税收入划为乡镇固定收入，对收入基数大于支出基数的乡镇实行定额上解，收入基数小于支出基数的乡镇给予定额补助。对营业税、企业所得税、个人所得税、资源税、房产税、城镇土地使用税、土地增值税、耕地占用税 8 个税种的基数进行调整，超基数部分按比例专项上解县级财政。

2008 年，三门峡市对乡镇实行“划分收入级次、核定收支范围、定额上解（或补助）、增量适当调整、实现自求平衡”的乡级财政管理体制。对各乡镇实行统一政策标准，工商税收按 2006 年和 2007 年乡镇收入平均数计算，烟叶税按 2006 年和 2007 年收入平均数的 60% 核定，行政性收费按政策规定核定。

二、“乡财县管”改革

“乡财县管”是指在乡镇政府管理财政的法律主体地位不变、财政资金所有权和使用权不变、乡镇享有的债权及负担的债务不变的前提下，按照“县管乡用、集中核算、级权不变”的原则，实行一级政府一级预算管理。县级财政部门在预算编制、账户统设、集中收付、采购统办和票据统管等方面，对乡镇财政进行管理和监督，帮助乡镇财政提高管理水平。

2003 年 3 月，根据国务院《关于做好 2004 年深化农村税费改革试点工作的通知》（国发〔2004〕21 号）和全省财政工作会议精神，三门峡市启动“乡财县管”财政改革。改革确定义马市为试点，成立隶属于财政部门的“乡镇村财务服务中心”，将乡镇直行政事业单位、行政村组的所有资金，全部纳入乡镇村财务服务中心核算、监管。11 月，三门峡市政府在义马市组织召开“乡财县管”改革现场会，要求在全市范围内推行乡镇村会计集中核算工作，采用大网络管理模式，由市财政局统一管理服务器，使用统一的核算软件，达到“规范程序，权钱分离；网络监控，集中管理；专业服务，公开透明；相互制约，关口前移”的目标。年底前，全市大部分乡镇完成改革前期工作，进入试运营阶段。

2004 年，按照三门峡市委、市政府全面完成“乡财县管”改革的要求，三门峡市人民政府办公室下发《关于全面推行乡镇村财务管理体制改革的通知》（三政〔2004〕54 号），进一步明确改革的指导思想、基本原则、组织领导及机构设置，纳入“乡镇村财务服务中心”集中核算的单位、形式和内容、运作方式等核心问题，实行以乡镇为独立核算主体，实行预算编制、账户设置、收付方式、采购办理、票据管理集中统一的财政管理方式，由县（市、区）财政局直接管理，并监督乡镇财政收支。至 6 月底，全市76个乡镇均完成了账户清理、财务交接、数据初始化、集中核算、单位建账工作,931个行政事业单位、1359个行政村、11281个村民小组完成账户清理、财务移交,其间共清理账户984个,移交资金8569万元。至年底,“乡财县管”在全市76个乡镇全面推行。三门峡市“乡财县管”改革成果受到省财政厅及社会各界的一致好评,先后有省内外多家财政部门前来考察、交流,河南人民广播电台、《中国财经报》等多家新闻媒体也进行了专题报道。

“乡财县管”改革使全市财政管理水平上了一个台阶,社会经济效益明显:集中核算强化了对资金使用过程的监督,从源头上预防和遏制了各种腐败现象的滋生;进一步理顺了关系,解决了长期存在的农村财务多头管理问题;初步形成了基层财权的监督制约机制,会计信息质量明显提高;改变了过去因财务问题而引发的群众上访现象,农村社会秩序明显好转;精减了大量村组财务人员,每年可减轻农民负担200余万元。

2006年,渑池县作为河南省唯一代表,参加了财政部在安徽合肥召开的“乡财县管”软件讨论会,就渑池县的“乡财县管”改革经验予以交流,其经验做法在全国产生积极影响。

第二章　财政收入

2001—2010 年,三门峡市地方财政一般预算收入从 2001 年的 83170 万元增加到 2010 年的 497358 万元,增长 4.98 倍,年均递增 21.98%。本章从税收收入、政府性基金和非税收入三个方面综合反映三门峡市 2001—2010 年财政收入整体情况,并对其各自的概念、征收范围、征收对象以及政策调整变化方面作较为详尽的记述。

第一节　税收收入

一、流转税类

(一)增值税

1. 增值税概念

凡在中华人民共和国境内销售货物或提供加工、修理修配劳务以及进口货物的单位和个人,为增值税纳税义务人。指定范围内的货物税率为 13%,其他货物和提供加工、修理修配劳务的税率为 17%,出口货物税率为零。

2. 增值税征管政策

2001—2010 年,三门峡市按照 1994 年 1 月 1 日起在全国实行并于 2008 年 12 月修订的《中华人民共和国增值税暂行条例》及其实施细则进行增值税的征收和管理。

增值税 75% 入中央级国库,25% 入地方级国库。

3. 增值税入库情况

2001—2010 年,三门峡市增值税地方级入库 46.6 亿元,占同期地方一般预算收入 232.5 亿元的 20%,年均征收 4.7 亿元。市本级增值税入库 12.8 亿元,占同期市本级财政收入 52 亿元的 24.6%。

(二)营业税

1. 营业税概念

营业税是对在我国境内提供应税劳务、转让无形资产和销售不动产的行为为课税对象所征收的一种税。

2. 营业税征管政策

2001—2010 年,三门峡市征收营业税的依据,是按照国务院 1993 年 12 月颁布并于 2008 年 12 月修订的《中华人民共和国营业税暂行条例》及其实施细则规定执行的。该条例规定,凡在中国境内从事交通运输、建筑安装、金融保险、邮电通信、文化体育、娱乐服务业的单位和个人都是营业税的纳税义务人。按行业类别,营业税设有交通运输业、建筑业、金融保险业、邮电通信业、文化体育业、娱乐业、服务业、转让无形资产、销售不动产 9 个税目。交通运输业、建筑业、邮电通信业、文化体育业税率为 3%;服务业、转让无形资产、销售不动产及金融保险业税率为 5%;娱乐业税率为 5% ~20%。

2001 年 8 月,财政部和国家税务总局下发《关于不征收营业税的收费(基金)项目名单(第四批)的通知》(财税〔2001〕144 号),32 项行政事业性收费不再征收营业税。

2002 年 8 月,财政部和国家税务总局再次公布 75 项不征收营业税的收费(基金)名单。是年 12 月,财政部和国家税务总局又发出通知,对无形资产、不动产投资人入股参与利润分配、共担风险的行为和股权转让不再征收营业税。营业税100%入地方级国库。

3. 营业税入库情况

2001—2010年,三门峡市营业税累计入库40.6亿元,占同期地方一般预算收入232.5亿元的17.5%,年均征收4.1亿元。市本级营业税累计入库8.9亿元,占同期市本级财政收入52亿元的17.1%。

二、所得税类

(一)企业所得税

企业所得税是指对我国内资企业和经营单位的生产经营所得和其他所得征收的一种税。2001—2007年,三门峡市企业所得税的征收按照国务院1994年颁布的《中华人民共和国企业所得税暂行条例》执行。纳税人的应纳税所得额为年度收入总额减去准予扣除项目后的余额,税率为33%。外商和外国企业按照国家1991年7月颁布的《外商投资企业和外国企业所得税法》规定,实行30%和20%两档税率。

2007年3月,第十届全国人大五次会议通过《中华人民共和国企业所得税法》,自2008年1月1日起施行。新修订的企业所得税法对内外资企业统一适用25%的税率,对于符合条件的小微企业,按照20%的税率征收;对于国家重点扶持的高新企业,按照15%的税率征收。

企业所得税、外商企业所得税和外国企业所得税60%入中央级国库、40%入地方级国库。

2001—2010年,全市企业所得税地方级部分入库19.4亿元,占同期地方一般预算收入232.5亿元的8.3%,年均征收1.9亿元。市本级营业税累计入库5.4亿元,占同期市本级财政收入52亿元的10.4%。

(二)个人所得税

个人所得税是调整征税机关与自然人(居民、非居民)之间在个人所得税的征收与管理过程中所发生的社会关系的法律规范的总称。

2001—2005年,三门峡市个人所得税的征收,按照1994年1月1日实施的《中华人民共和国个人所得税法》规定的标准执行。

1. 工资、薪金所得适用6级超额累进税率,按每月所得超过800元的数额,确定所适用的税率。超过部分不足500元的税率为5%,4万元以上的税率为30%。

2. 个体工商户的生产、经营所得和对企事业单位的承包经营、承租经营所得,适用于5% ~35%的超额累进税率。

3. 稿酬所得适用税率为20%,并按照应纳税额减征30%。

4. 劳务报酬所得按20%的税率征收,对劳务报酬所得一次性收入畸高的,可以实行加成征收。

5. 特许权使用费所得,利息、股息、红利所得,财产租赁所得,财产转让所得,偶然所得和其他所得,适用20%的税率。

2005年10月,十届全国人大常委会第十八次会议通过《关于修改中华人民共和国个人所得税法的决定》,规定“工资、薪金所得,以每个月的收入额扣除1600元后的余额,为纳税所得额”。修改后的《中华人民共和国个人所得税法》自2006年1月1日起执行,个人所得税收入60%入中央级金库,40%入地方级金库。

2001—2010年,三门峡市个人所得税地方级部分入库19.4亿元,占同期地方一般预算收入232.5亿元的8.3%,年均征收1.9亿元。市本级个人所得税累计入库5.4亿元,占同期市本级财政收入52亿元的10.4%。

三、资源税和财产税类

(一)资源税

资源税是为了调节资源优劣、开发难易、交通条件好坏等形成的级差收入所征收的税种。资源税的纳税义务人是从事原油、天然气、煤炭、金属矿产品及其他非金属矿产品资源开发的单位和个人。

2001—2010年,三门峡市执行的是1993年国务院颁布的《中华人民共和国资源税暂行条例》及其实施细则。该条例规定的税目是原油、天然气、煤炭、其他非金属矿原矿、黑色金属矿原矿、有色金属矿原矿、盐7种,并适用不同的定额税率。1998年4月,国家税务总局印发《中华人民共和国资源税代扣代缴管理办法》。

2001—2010年,三门峡市资源税累计征收入库16.8亿元,占同期地方一般预算收入232.5亿元的7.2%,年均征收1.7亿元。

(二)城镇土地使用税

城镇土地使用税是针对城市和县城占有国家和集体土地的单位和个人,按使用土地面积定额征收的一种税。2001年至2007年6月,三门峡市按照国务院颁布的《中华人民共和国城镇土地使用税暂行条例》进行城镇土地使用税的征收。市区、县城、建制镇和工矿区内的单位和个人为纳税义务人。城镇土地使用税采用定额税率,每平方米的年应纳税额为:市区0.4~8元,县城、建制镇、工矿区为0.2~4元。

2007年7月1日起,三门峡市根据新修订的《中华人民共和国城镇土地使用税暂行条例》和《河南省城镇土地使用税实施办法》有关规定,对三门峡市城镇土地使用税等级范围和适用税额进行调整。

2001—2010年,三门峡市城镇土地使用税累计入库6.4亿元,占同期地方一般预算收入232.5亿元的2.8%,年均征收6000万元。市本级城镇土地使用税累计入库6518万元,占同期市本级财政收入52亿元的1.3%。

(三)土地增值税

土地增值税是为了加强土地管理、规范房地产市场交易秩序、合理调节土地增值收益、维护国家权益而征收的一种税。

2001—2010年,三门峡市执行的是1993年国务院颁布的《中华人民共和国土地增值税暂行条例》和1995年颁布的《中华人民共和国土地增值税暂行条例实施细则》。

土地增值税的纳税义务人是转让国有土地使用权、地上建筑物及其附着物(以下简称转让房地产)并取得收入的单位和个人。纳税人转让房地产取得的收入减除相应的扣除项目金额后的余额,为增值额。纳税义务人转让房地产所取得的收入,包括货币收入、实物收入和其他收入。土地增值税实行四级超率累进税率:增值额未超过扣除金额50%的部分,税率为30%;增值额超过扣除项目金额50%、未超过扣除金额100%的部分,税率为40%;增值额超过扣除项目金额100%、未超过扣除金额200%的部分,税率为50%;增值额超过扣除项目金额200%的部分,税率为60%。

2006年底,国家税务总局下发了《关于房地产开发企业土地增值税清算管理有关问题的通知》,要求各地从2007年2月1日起,开展房地产开发企业土地增值税清算,国家正式向房地产开发企业征收30%~60%的土地增值税。

2001—2010年,三门峡市土地增值税累计入库9438万元,占同期地方一般预算收入232.5亿元的0.4%,年均征收944万元。市本级城镇土地使用税累计入库1158万元,占同期市本级财政收入52亿元的0.2%。

(四)房产税

2001—2010年,三门峡市按照国务院1986年颁布的《中华人民共和国房产税暂行条例》规定进行房产税征收。房产税在城市、县城、建制镇和工矿区征收。纳税义务人为产权所有人、经营管理单位、承典人、房产代管人或者使用人、房产税依据房产原值一次减除10%~30%后的余值计算缴纳。房产税的税率,依照房产余值计算缴纳的,税率为1.2%;依照房产租金收入计算缴纳的,税率为12%。

下列房产免纳房产税:国家机关、人民团体、军队自用的房产;由国家财政部门拨付事业经费单位自用的房产;宗教庙宇、公园、名胜古迹自用的房产;个人所有非营业用的房产;经财政部批准免税的其他房产。

2001—2010年,三门峡市房产税累计入库4.9亿元,占同期地方一般预算收入232.5亿元的2.1%,年均征收4900万元。市本级房产税累计入库1.3亿元,占同期市本级财政收入52亿元的2.5%。

四、农业税收

(一)农业税

2001年10月,按照河南省财政厅《做好农业税收公示工作的要求》,三门峡市公示了农业税的内容、纳税事项的方式和时间。农业税的内容包括:每个纳税农户的农业税计税土地面积,应交纳的农业税正税税额、附加税额,农业税计税价格,应缴纳的金额,应减免的正税税额、附加税额及金额,每个纳税农户农业特产品的种植面积、产量、计税价格、税率、计税金额及应征收的附加税额,当地农业税征收机关认为应当公示的其他纳税事项。纳税事项的公示方式:凡省财政厅规定的公示内容,各地农业税征收机关必须以村民小组为单位,将公示的内容加盖征收机关公章张榜公布,并辅以广播等其他公示形式;其他纳税事项的公示方式由当地农业税征收机关自定。时间为农业税、农业特产税在纳税通知书告知纳税人的前3天。

2002年,依据全国农村税费改革精神,河南省将农业税税率调整为7%,三门峡市依此标准执行。

2004年5月9日,河南省人民政府发布降低农业税率的通告,将2004年全省农业税税率由2002年的7%下调到4%,农业税附加随农业税同步降低。降低农业税税率3个百分点后,全市减征2575万元,农民人均减负16.1元。

2005年5月30日,河南省人民政府下发通知,从2005年起,全省免征农业税及其附加费。6月8日,河南省人民政府办公厅下发《关于免征农业税后村级经费保障问题的通知》,规定免征农业税收后原由农业税附加提供的村级经费改由财政补助。当年,三门峡市按照省政府的统一部署,对全市40余万户农民全面免征农业税,全市共回收农业税完税证920561份,其中手工票670915份、微机票249646份;共减征农业税3176万元(其中,正税2647万元、附加529万元),全市农民户均减负79.3元,人均减负20元,圆满地完成了农业税免征工作,广大农民在上年基础上再次减负增收3500万元,真正实现了种地零税负。

2001—2004年,全市农业税收入分别完成1060万元、3365万元、4440万元、2591万元,同比分别增长-32%、217.5%、31.9%、-41.6%。

(二)农业特产税

1996年,依照国务院《关于对农业特产收入征收农业税的规定》、财政部《关于农业特产税收具体事项的通知》和河南省人民政府《河南省农业特产税征收办法》,对从事农业特产品(不含烟叶、牲畜产品)生产的单位和个人及凡从事收购烟叶、茶叶、银耳、黑木耳、水产品(不含水生植物)、原竹、生漆、天然树脂、牲畜产品的单位和个人,应按收购金额和规定的税率缴纳农业特产税。

2002年,河南省实施农村税费改革,撤销除烟叶特产税以外的所有农业特产税。

2006年4月28日,国务院公布《中华人民共和国烟叶税暂行条例》,规定烟叶税由税务部门负责征收,三门峡市财政部门停止征收烟叶特产税。

2001—2006年,全市农业特产税分别完成3881万元、3942万元、5210万元、3688万元、5656万元、149万元,同比分别增长-46.3%、1.6%、32.2%、-29.2%、53.4%、-97.4%。

(三)耕地占用税

耕地占用税是国家对占用耕地建房或者从事其他非农业建设的单位和个人,依据实际占用耕地面积、按照规定税额一次性征收的一种税,属行为税范畴。

2004年9月,河南省财政厅印发《耕地占用税减免管理办法》,规定从2004年10月1日起,申报耕地占用税减免的纳税人应在用地申请获得批准后30日内,向批准其占用耕地的土地管理机关同级的征收机关提出减免申报。国务院和国土资源部批准占用的耕地或占用耕地超过1000亩(含1000亩)的,由省级征收机关办理减免税手续。

2009年,根据《中华人民共和国耕地占用税暂行条例》及有关规定,省政府印发《河南省耕地占用税暂行条例实施办法》,自2009年6月1日起实行,1989年文件同时废止。该办法规定,耕地占用税以纳税人实际占用的耕地面积为计税依据,按照规定的适用税额一次性征收,三门峡市适用税额为每平方米31元。

2001—2005年，全市耕地占用税分别完成659万元、520万元、551万元、908万元、780万元，同比分别增长-31.2%、-21.1%、6%、64.7%、-14.1%；2006—2010年，全市耕地占用税分别完成3247万元、4838万元、9101万元、10715万元、17206万元，同比分别增长316.3%、49%、88.1%、17.7%、60.6%。

（四）烟叶税

在中华人民共和国境内收购烟叶（指晾晒烟叶、烤烟叶）的单位为烟叶税的纳税人，依法缴纳烟叶税。烟叶税是以纳税人收购烟叶的收购金额为计税依据征收的一种税。

2004年6月，根据《中共中央 国务院关于促进农民增加收入若干政策的意见》（中发〔2004〕1号），财政部、国家税务总局下发《关于取消除烟叶外的农业特产农业税有关问题的通知》（财税〔2004〕120号），规定从2004年起，除对烟叶暂保留征收农业特产农业税外，取消对其他农业特产品征收的农业特产农业税。

2005年12月29日，十届全国人大常委会第十九次会议决定，《农业税条例》自2006年1月1日起废止。至此，对烟叶征收农业特产农业税失去了法律依据。为了保持政策的连续性，充分兼顾地方利益和有利于烟叶产区的可持续发展，2006年4月28日，国务院公布了《中华人民共和国烟叶税暂行条例》开征烟叶税取代原烟叶特产农业税。

2006—2010年，三门峡市累计征收烟叶税37310万元。其中，2006年征收5958万元，2007年征收4459万元，2008年征收8685万元，2009年征收10014万元，2010年征收8194万元。

（五）契 税

契税是指国家在不动产（土地、房屋）权属发生转移变动时，就当事人所订契约按产价的一定比例向新业主（产权承受人）征收的一次性税收。契税除与其他税收有相同的性质和作用外，还具有其自身的特征：（1）征收契税的宗旨是保障不动产所有人的合法权益。通过征税，契税征收机关便以政府名义发给契证，作为合法的产权凭证，政府即承担保证产权的责任。因此，契税又带有规费性质，这是契税不同于其他税收的主要特点。（2）纳税人是产权承受人。当发生房屋买卖、典当、赠与或交换行为时，按转移变动的价值，对产权承受人可征一次性契税。（3）契税采用比例税率，即在房屋产权发生转移变动行为时，对纳税人依一定比例的税率征收。

2000年7月至2004年9月，按照财政部、国家税务总局印发的《关于调整房地产市场若干税收政策的通知》要求，凡是1999年8月1日以后（含8月1日）签订房屋购买合同的，即个人购买自用普通住宅，暂减半征收契税；1999年8月1日以前已经签订购房合同的，仍按原政策执行。2002年7月15日，三门峡市人民政府办公室《关于印发三门峡市财政局职能配置、内设机构和人员编制规定的通知》（三政办〔2002〕87号）批复，成立三门峡市契税征收管理所，人员编制4名，其中科级领导职数1名，规格相当于正科级，经费财政全额预算管理。其主要职责是：负责宣传国家、省、市有关契税征收管理的法规、政策；普查、稽查市区契税税源；依法征收市区契税；负责契税财务、文书、档案管理工作。

2004年9月，河南省财政厅印发《耕地占用税契税减免管理办法》，规定从2004年10月1日起，契税纳税人应在土地、房屋权属转移合同生效10日内，向土地、房屋所在地征收机关提出减免申报，计税金额在1亿元以上（含1亿元）的，由省级征收机关办理减免手续；市、县两级征收机关办理的计税金额在1500万元（含1500万元）以上的契税减免，应在办理减免手续完毕之日起30日内报省级征收机关备案；县（市、区）征收机关办理的计税金额在200万元（含200万元）以上的契税减免，应在办理减免手续完毕之日起30日内报市级征收机关备案。10月14日，为加强契税征收管理，规范征收行为，河南省财政厅发文要求各地建立健全契税征管档案。是年11月，河南省财政厅转发国家税务总局《关于征收机关直接征收契税的通知》，凡在市级房地产管理部门办理房屋、土地权属转移的由市级农税征收机关负责征收契税,凡在县级房地产管理部门办理房屋、土地权属转移的由县级农税征收机关负责征收契税;不允许将上级房地产管理部门办理房屋、土地权属转移的职权委托给下级农税机关。征收机关的税款由征收机关直接解缴入库,不得暂存在其他部门。

2005年,根据河南省人民政府办公厅《关于加强契税征管工作的通知》(豫政办〔2004〕96号)精神,为进一步规范房地产交易行为,保护产权人合法权益,切实减轻群众负担,三门峡市人民政府发布《三门峡市人民政府办公室关于加强契税征管工作的通知》(三政办〔2005〕39号),加强契税征收。规定凡是个人购买的自用普通住宅,于2004年12月1日至2005年6月30日缴纳契税的,一律按2%的税率缴纳;从2005年7月1日起,凡土地、房屋权属转移者,自权属转移合同签订之日起60日内为缴税申报缴纳期限,逾期按日万分之五加征滞纳金;对于不缴纳契税的,房屋再上市交易时,应视为"白契",除补缴应缴纳契税外,另加征滞纳金。

2005年6月30日,三门峡市召开全市契税征管工作会议,传达贯彻6月24日召开的全省契税工作座谈会精神,安排部署全市契税征管工作。各县(市、区)主管财税工作的领导和财政、农税部门的负责人,市契税征管工作领导小组成员单位的领导,以及市直各单位负责人和财务负责人参加会议。省财政厅农税局局长韩伟到会并讲话,市委常委、常务副市长苏新华到会并讲话。

2007年9月7日,河南省财政厅发出通知,要求追缴应税房地产未缴纳的契税。办理土地使用权转让、"二手房"买卖的纳税人应向征收机关提供二手房地产权属转移的完税凭证,凡不能提供完税凭证的,一律视同"白契",按照本次房地产交易价格向卖方追缴应纳契税。

2008年3月,财政部、国家税务总局印发《关于廉租住房经济适用住房和住房租赁有关税收政策的通知》,规定对个人购买经济适用住房,在法定税率基础上减半征收契税。

是年10月,根据财政部、国家税务总局《关于调整房地产交易环节税收政策的通知》及河南省财政厅要求,三门峡市对2008年11月1日以前首次购买90平方米以下普通住房的,按1%征收契税,并在开具完税证时,在备注栏加注;2008年11月1日前应税未税的房产交易,按原政策执行。

2010年5月,财政部、国家税务总局印发《关于城市和国有工矿棚户区改造项目有关税收优惠政策的通知》,规定个人首次购买90平方米以下改造安置住房,可按1%的税率计征契税;购买超过90平方米,但符合普通住房标准的改造安置住房,按法定税率减半计征契税。

是年9月,财政部、国家税务总局、住房和城乡建设部印发《关于调整房地产交易环节契税个人所得税优惠政策的通知》,自2010年10月1日起执行。通知规定:对个人购买普通住房,且该住房属于家庭(成员范围包括购房人、配偶以及未成年子女)唯一住房的,减半征收契税。对个人购买90平方米及以下普通住房,且该住房属于家庭唯一住房的,减按1%税率征收契税。

2011年1月4日,按照《河南省财政厅 河南省地方税务局关于耕地占用税和契税征管职能划转的公告》(2010年第1号)第一条"自2011年1月1日起,河南省耕地占用税、契税由河南省地方税务机关负责征收管理"之要求,三门峡市契税征收管理所正式撤销。

2001—2010年,三门峡市累计征收契税90895万元,分年度分别完成288万元、774万元、652万元、1475万元、5030万元、6809万元、7789万元、14918万元、22537万元、30623万元。

五、其他税收

其他税收包括城市维护建设税、车船使用税、印花税、屠宰税(2003年停征)、其他税收收入。

(一)城市建设维护税

城市建设维护税是指对缴纳增值税、消费税和营业税的单位和个人,以其实际缴纳的"三税"税额为计税依据所征收的、用于城镇维护建设方面的一种特定目的税。

2001—2010 年，三门峡市按照国务院 1985 年颁布的《中华人民共和国城市维护建设税暂行条例》及 1994 年国家税务总局下发的税制改革通知，进行城市维护建设税的征收管理。1985 年颁发的《城市维护建设税收暂行条例》规定：凡缴纳产品税、增值税、营业税的单位和个人，都是城市维护建设税的纳税义务人。城市维护建设税，以纳税义务人实际缴纳的产品税、增值税、营业税税额为计税依据，分别与产品税、增值税、营业税同时缴纳。城市维护建设税税率如下：纳税人所在地在市区的，税率为 7%；纳税人所在地在县城、建制镇的，税率为 5%；纳税人所在地不在市区、县城或建制镇的，税率为 1%。1994 年 3 月 14 日，国家税务总局下发通知，从 1994 年 1 月 1 日起，城市维护建设税暂按原税率和新颁布的增值税、消费税、营业税三税为计税依据计算征收。1997 年 12 月 27 日，财政部和国家税务总局就出口货物计征城市维护建设税问题明确规定：从 1997 年 1 月 1 日起，供货企业在向出口企业和外贸企业销售出口产品时，以增值税当期销项税额抵扣当期进项税额后的余额为计税依据计征城市维护建设税。2003 年 11 月 10 日，财政部、国家税务总局下发通知，取消"对个别确有困难的，可由省、自治区、直辖市人民政府酌情予以减免照顾"的规定，强调除国务院另有规定外，各级财政、税务机关不得自行审批决定减免城市维护建设税。

2001—2010 年，三门峡市城市维护建设税累计入库 11.5 亿元，占同期地方一般预算收入 232.5 亿元的 4.9%，年均征收 11500 万元。市本级城市维护建设税累计入库 3 亿元，占同期市本级财政收入 52 亿元的 5.8%。

（二）车船使用税

2001—2005 年，三门峡市按照国务院 1986 年颁布的《中华人民共和国车船使用税暂行条例》征收车船使用税。车船使用税的纳税义务人是中华人民共和国境内拥有并且使用车船的单位和个人。适用税额按照类别实施不同的税额标准。

2006 年，国务院重新修订《中华人民共和国车船使用税暂行条例》，并由财政部、国家税务总局下发实施细则。车船税的使用税额，依照《车船税目税额表》执行，载客汽车为每辆 60～660 元征收；载货汽车按自重每吨 16～120 元征收；三轮汽车低速货车按自重每吨 24～120 元征收；摩托车按每辆 36～180元征收；船舶按净吨位每吨 3～6 元征收；拖船和非机动驳船分别按船舶税额的 50% 计征。

2001—2010 年，三门峡市车船使用税累计征收 8784 万元。

（三）印花税

印花税是对经济活动和经济交往中订立、领受具有法律效力的凭证的行为所征收的一种税。因采用在应税凭证上粘贴印花税票作为完税的标志而得名。印花税的纳税人包括在中国境内设立、领受规定的经济凭证的企业、行政单位、事业单位、军事单位、社会团体、其他单位、个体工商户和其他个人。2001—2010 年，三门峡市征收印花税是按照财政部 1988 年 9 月发布的《中华人民共和国印花税暂行条例实施细则》执行的。该细则规定对合同或者具有合同性质的凭证、产权转移书据、营业账簿、权利许可证照征收印花税。印花税的税目共有 13 种，税率根据纳税凭证性质分为比例税率和定额税率两种。比例税率一般为 3‰～5‰；定额税率按账簿、证照每件 5 元贴花。

2001—2010 年，三门峡市印花税累计入库 1.8 亿元。其中市本级印花税累计征收 3562 万元。

（四）屠宰税（2003 年起停）

屠宰税是指国家对猪、菜牛、菜羊等几种牲畜在发生屠宰行为时，向屠宰单位和个人所征收的一种税。屠宰税的征税范围主要是屠宰生猪、菜羊、菜牛等 3 种牲畜以及马、驴、骡、骆驼等 4 种牲畜，因老、弱、病、残失去耕作能力或运输能力，经批准宰杀的，也属于屠宰税的征税范围。屠宰税原则上按牲畜宰杀后实际重量从价计征。为了简化纳税手续，可采用定额税的形式，实行按头定额征收。屠宰税种属于地方税种，由地方负责征收。

2001—2003 年，三门峡市按照《中华人民共和国屠宰税暂行条例》规定征收屠宰税，2003 年 1 月

1日起,按照国家规定,三门峡市停止征收屠宰税。

2001—2002年,三门峡市累计征收屠宰税881万元。

(五)其他税收收入

其他税收主要包括固定资产投资方向调节税。

固定资产投资方向调节税是对我国境内用各种资金进行固定资产投资的单位和个人,按其投资额征收的一种税。开征固定资产投资方向调节税的目的,在于贯彻国家产业政策,控制投资规模,引导投资方向,改善投资结构,加强重点建设,促进国民经济持续、稳定、协调地发展。固定资产投资方向调节税的纳税义务人为我国境内用各种资金进行固定资产投资的单位和个人,计税依据为纳税人实际完成的固定资产投资额,实行差别税率,税率分为0%、5%、15%、30%四档。固定资产投资方向调节税由纳税人按固定资产计划投资额预缴,项目竣工后,按实际完成的固定资产投资额清算,多退少补。

2001—2010年,三门峡市按照1991年国务院颁布的《中华人民共和国固定资产投资方向调节税暂行条例》(国务院令第82号)和国家税务总局颁发的《中华人民共和国固定资产投资方向调节税暂行条例实施细则》(国税发〔1991〕113号)进行固定资产投资方向调节税的征收。

1999年,为了鼓励投资、扩大内需、促进经济发展,中共中央、国务院决定从2000年起,停止征收固定资产投资方向调节税。三门峡市由于停征前存在应缴未缴的税款,停征后进行了清算和催缴,故在2002年、2003年、2004年,仍然有固定资产投资方向调节税款缴库。

2002—2004年,三门峡市累计征收固定资产投资方向调节税117万元。其中市本级征收104万元。

第二节　非税收入

一、行政事业性收费收入

行政事业性收费是指国家机关、事业单位、代行政府职能的社会团体及其他组织根据法律、行政法规、地方性法规等有关规定,依据国务院规定程序批准,在向公民、法人提供特定公共服务过程中,按照成本补偿和非营利性原则向特定服务对象收取的费用。

2008年,财政部、国家发展和改革委员会联合印发《关于公布取消和停止征收100项行政事业性收费项目的通知》,要求自2009年1月1日起,在全国统一取消和停止征收100项行政事业性收费。

2001—2010年,三门峡市完成行政事业性收费收入130106万元。分年度完成情况是:2001年完成1542万元,同比下降57%;2002年完成3303万元,同比增长114.2%;2003年完成3979万元,同比增长20.5%;2004年完成6720万元,同比增长63.5%;2005年完成10937万元,同比增长62.8%;2006年完成10852万元,同比下降0.8%;2007年完成15839万元,同比增长46%;2008年完成15225万元,同比下降3.9%;2009年完成25243万元,同比增长65.7%;2010年完成36466万元,同比增长44.5%。

2001—2010年,三门峡市本级完成行政事业性收费收入51926万元。分年度完成收入情况是:2001年完成223万元,同比下降66.9%;2002年完成1558万元,同比增长568.7%;2003年完成2338万元,同比增长50.1%;2004年完成2336万元,同比基本持平;2005年完成2367万元,同比增长1.3%;2006年完成3523万元,同比增长48.8%;2007年完成2441万元,同比下降30.7%;2008年完成6143万元,同比增长151.7%;2009年完成10318万元,同比增长68%;2010年完成20679万元,同比增长100.4%。

二、专项收入

专项收入,是指根据特定需要由国务院批准或者经国务院授权由财政部批准,设置、征集和纳入预算管理、有专门用途的收入,包括排污费收入、水资源费收入、教育费附加收入、矿产资源补偿费收入等。

2001—2010年,三门峡市共完成专项收入113367万元。分年度完成情况是:2001年完成3297万元,同比下降18.1%;2002年完成4255万元,同比增长29.1%;2003年完成4340万元,同比增长2%;2004年完成6593万元,同比增长51.9%;2005年完成8429万元,同比增长27.8%;2006年完成11284万元,同比增长33.9%;2007年完成14127万元,同比增长25.2%;2008年完成17395万元,同比增长23.1%;2009年完成20360万元,同比增长17%;2010年完成23287万元,同比增长14.4%。

2001—2010年,三门峡市本级共完成专项收入35782万元。分年度完成情况是:2001年完成1267万元,同比下降19.7%;2002年完成1645万元,同比增长29.8%;2003年完成1605万元,同比下降2.4%;2004年完成2281万元,同比增长42.1%;2005年完成2382万元,同比增长4.4%;2006年完成3895万元,同比增长63.5%;2007年完成4631万元,同比增长18.9%;2008年完成5751万元,同比增长24.2%;2009年完成5439万元,同比下降5.4%;2010年完成6886万元,同比增长26.6%。

第三节　政府性基金

政府性基金是指根据相关法律法规,在规定的时间内向特定对象收取资金,并用于公共事业发展。政府性基金资金项目主要有土地出让金、民航机场管理建设费、民航基础设施建设基金、港口建设费、铁路建设基金、电力建设基金、三峡工程建设基金、公路建设基金、养路费、车辆购置附加费、农村教育费附加等。

政府性基金资金的重要来源是土地出让金。政府性基金的预算级次划分为三等,分别为中央与地方共享基金收入、中央基金预算收入和地方基金预算收入。根据《中华人民共和国预算法》相关规定,政府性基金在编制财政预算时,必须采用单独编列办法,预算的内容包括每一年的基金收入和基金支出数额。

一、城市公用事业附加

城市公用事业附加是指随公用事业单位收取公用事业费所征收的附加费。征收范围限于城市,主要项目包括工业用电、工业用水、公共汽车、民用自来水、民用照明用电、电话、煤气、轮渡等附加。2007年,三门峡市城市公用事业附加收入1637万元,支出1556万元,其中市本级城市公用事业附加收入399万元,支出60万元。2008年,三门峡市城市公用事业附加收入2436万元,支出502万元,其中市本级城市公用事业附加收入154万元,支出95万元。2009年,三门峡市城市公用事业附加收入2285万元,支出2037万元,其中市本级城市公用事业附加收入1008万元,支出40万元。2010年,三门峡市城市公用事业附加收入2010万元,支出1767万元,其中市本级城市公用事业附加收入500万元,支出1202万元。

二、国有土地使用权出让金

国有土地使用权出让金是指政府将土地使用权出让给土地使用者,并向受让人收取的政府放弃若干年土地使用权的全部货币或其他物品及权利折合成货币的补偿。具体涵盖:国土资源管理部门依法出租国有土地向承租者收取的土地租金收入,出租划拨土地上的房屋应当上缴的土地收益,土地使用者以划拨方式取得国有土地使用权,依法向市、县人民政府缴纳的土地补偿费、安置补助费、地上附着物和青苗补偿费、拆迁补偿费等费用(不含征地管理费),一并纳入国有土地出让金收入管理。

(一)国有土地出让金征收

2001—2010年,三门峡市政府国有土地有偿使用收入457816万元,支出444044万元,其中市本级政府国有土地有偿使用收入163797万元,支出80956万元。分年度情况为:

2001年,三门峡市政府国有土地有偿使用收入4692万元,支出1667万元,其中市本级政府国有土地有偿使用收入1816万元,支出904万元。

2002年,三门峡市政府国有土地有偿使用收入1033万元,支出1626万元,其中市本级政府国有土地有偿使用收入619万元,支出129万元。

2003年,三门峡市政府国有土地有偿使用收入3141万元,支出3920万元,其中市本级政府国有土地有偿使用收入1407万元,支出1806万元。

2004年,三门峡市政府国有土地有偿使用收入6906万元,支出7764万元,其中市本级政府国有土地有偿使用收入2920万元,支出3187万元。

2005年,三门峡市政府国有土地有偿使用收入8143万元,支出6779万元,其中市本级政府国有土地有偿使用收入2047万元,支出1012万元。

2006年,三门峡市政府国有土地有偿使用收入10722万元,支出10395万元,其中市本级政府国有土地有偿使用收入2076万元,支出663万元。

2007年,三门峡市国有土地使用权出让金收入63149万元,支出60059万元,其中市本级国有土地使用权出让金收入35639万元,支出15347万元。

2008年,三门峡市国有土地使用权出让金收入99853万元,支出92768万元,其中市本级国有土地使用权出让金收入25419万元,支出20487万元。

2009年,三门峡市国有土地使用权出让金收入105262元,支出122609万元,其中市本级国有土地使用权出让金收入49078元,支出16391万元。

2010年,三门峡市国有土地使用权出让金收入154915万元,支出136457万元,其中市本级国有土地使用权出让金收入42776万元,支出21030万元。

(二)国有土地出让金管理

2005年,三门峡市实行土地管理"五统一"要求(统一规划、统一征用、统一开发、统一出让、统一管理),市区(湖滨区、开发区)范围内的国有土地出让金,全部缴入市财政专户,从而避免了多头供地造成土地收入的流失。对经营性用地实行招、拍、挂出让,严禁私买私卖,提高了土地出让的透明度,实现了土地的增值和土地出让金的增加。同时,市县财政部门全部设立土地收入专户,用于土地收入的归集、清算,土地出让合同在市县财政部门备案,有效纠正了土地出让金减、免、缓的错误做法。实行土地出让金"票款分离"和"收支两条线"管理制度,有效地遏制了截留资金现象的发生;对土地补偿性费用实行直接支付办法,堵塞了有关部门加大结算费用、层层截留挪用补偿费用的漏洞。

2005年,改革传统的土地储备方式"收购—清算—出让",即政府收购土地、签订收购合同—用财政资金或银行贷款支付补偿费用—出让土地、政府收取土地出让金,确保土地增值,增加财政收入。当年,在财政资金紧张、银行贷款难、收购成本加大的情况下,市财政部门与土地收购开发中心通过对被收购单位的调查、摸底、协商,提出了"收购—出让—清算"这一新的土地储备方式,即政府收购土地、签订收购合同—出让土地、收取土地出让金—用缴纳的土地出让金支付被收购单位的补偿费用。5月份,市土地收购开发中心与湖滨区教体局签订了被收购土地补偿性费用136万元的土地收购合同,随即以挂牌方式将土地出让给大地房地产开发公司,获得土地出让金397万元,财政以直接支付方式将补偿性费用136万元支付给湖滨区教体局,在没动用财政资金和银行贷款情况下,财政获土地出让纯收益261万元。当年,共收购土地3宗,缴入专户土地出让金704万元,清算244万元,净收益460万元。

2007年,三门峡市创新土地储备方式,改变传统的"收购—补偿—出让"土地储备方式为"收购—出让—补偿",即政府收购土地、签订收购合同—出让土地、收取土地出让金—用缴纳的土地出让金支付被收购单位的补偿费用,对清算的补偿性费用实行直接支付。当年,采用这一新的土地储备方式收购土地25宗701亩,完成出让12宗165亩,收取出让金13018万元,支付补偿性费用4573万元,财政获土地纯收益8445万元。财政获得土地纯收益的累积,有力地支持了重点工程建设。当年,通过土地补偿、拆迁补偿和城市建设支出,财政先后拨付资金17864万元,用于上阳苑景区、工业园区、虢国西路、上官路、甘棠路、七海货场等一批重点项目和基础设施建设。

2009年,为进一步规范土地出让收支管理,三门峡市财政部门一是制定并出台《三门峡市国有土地使用权出让收支管理办法》,将市区范围内的土地出让收支全部纳入市级土地基金预算管理,理顺了市县的土地出让收支管理体制,规范了全市的土地出让收支管理行为。二是保持市级土地收入收缴系统顺利运行,使土地收入收缴工作进一步规范化。三是积极配合市土地开发中心推进甘棠路两侧土地开发工程,增加土地收益。该工程总投资3680万元,开发土地200亩,可获土地收入14547万元,实现土地净收益10867万元。四是建立土地收购储备基金制度,按照5%比例从缴入地方国库的土地出让收入中计提国有土地收益基金,当年共计提878万元,累计计提2025万元。五是按照土地收支管理规定,及时拨付工业园区征地和拆迁补偿等资金2717万元,累计拨付11386万元,有力支持工业园区基础设施建设。六是检查2007年以来拨付国有土地出让金中职工安置专项经费5家单位,涉及资金2709万元。检查结果显示,5家单位均能按要求合理使用安置专项经费。

2010年,三门峡市继续强化土地出让收支管理。一是依据《三门峡市国有土地使用权出让收支管理办法》,认真编制土地基金收支预算。通过预算编制,强化了预算管理和预算约束,提高了土地出让资金收支管理水平。全年土地基金收支预算执行情况良好,收入完成42729万元,支出完成29201万元。二是积极推进土地收购储备开发工作。根据全市土地利用规划,积极安排(预借)市级土地储备开发资金5000万元,并通过市土地储备开发管理中心,向洛阳银行融资2亿元,收购三门峡南站周围及迎宾大道两侧土地,以加大土地储备规模,增加市级土地收入来源。同时,还出台了市级土地储备开发资金的管理办法,进一步完善了程序,加强了监管力度。当年,共出让国有土地26宗,完成纯收益12706万元。

三、国有土地收益基金

国有土地收益基金是指按照一定比例(一般不低于1.5%)从国有土地使用权出让收入提取的专项政府性基金。国有土地收益基金是一种准公益性基金,其持有人是地方政府,资金来源是地方政府的土地出让收入和财政拨款。

土地收益基金是为完善土地储备制度、避免地方政府"寅吃卯粮"的短期行为、以对土地开发和使用进行长远规划而设立的专项政府性基金。它由地方政府持有,主要来自地方政府的土地出让收入,由商业银行或资产管理机构作为基金管理人,以商业银行等金融机构为托管人,由土地储备中心统一管理。

(一)国有土地收益基金征收

《国有土地收益基金管理暂行办法》自2007年起实施。2008年,三门峡市国有土地收益基金收入3568万元,支出1721万元,其中市本级国有土地收益基金收入1118万元,支出1500万元。2009年,三门峡市国有土地收益基金收入3640万元,支出3362万元,其中市本级国有土地收益基金收入295万元,支出861万元。2010年,三门峡市国有土地收益基金收入2763万元,支出377万元,其中市本级国有土地收益基金收入2315万元,支出377万元。

(二)国有土地收益基金管理

2005年,三门峡市强化对土地收益基金的管理,进一步明确市国土、房管两个代征部门的征收范围,避免重复征收;以管理土地租赁合同为切入点,督促被征收单位履行土地收益租金缴纳义务;认真贯彻落实河南省财政厅《关于修订土地收益租金专用票据的通知》(豫财办综〔2005〕39号),停用旧票据,启用新版票据;对市、县土地收益租金代征情况开展不定期稽查,确保应收尽收,对违反土地政策随意减免造成土地收入流失的单位和个人,按照《财政违法行为处罚处分条例》予以处理;召开国土、房管两个代征部门座谈会,总结交流经验,分析存在问题,研究对策措施。通过以上措施,使全市全年土地收益租金完成214万元。

2007年1月1日,根据河南省财政厅 河南省国土资源厅转发《财政部 国土资源部关于落实规范土地收支管理文件等有关问题的通知》(豫财办综〔2007〕69号)中关于"土地收支纳入预算管理"的规定,三门峡市财政部门首次编制了2007年土地基金收支预算,将土地补偿费、企业改制职工安置费等编列预算,实现了土地收支的制度化、规范化管理。同时,市财政综合部门与国库部门密切配合,清理了财政专户土地收入,按单位分科目核对土地收入专户滚存数,为实现土地收入直接缴库作准备。8月8日,三门峡市召开国家投资土地开放整理项目管理工作会议,安排国家投资土地开展整理项目的检查、监督、汇报工作。12月1日,全市土地收入收缴系统开始运行,标志着市县现行财政土地清算专户核算制度的结束和土地出让收入直接入库的开始,从而使国有土地使用权受让人能在规定的时间内将应缴地方国库的土地出让收入就地及时足额缴入地方国库,实现了土地收入的直接缴库。

2009年,三门峡市进一步加强土地出让收支管理工作。一是根据《三门峡市国有土地使用权出让收支管理办法》,在充分分析、论证和调查研究本地房地产市场形势的基础上,准确预测市区地价变动趋势,编制市本级年度土地基金收支预算,强化预算管理和土地出让资金管理。二是加强全市土地整理项目资金管理。按照河南省财政厅、省国土资源厅要求,对2007年以来国家投资和地方安排的土地整理项目进展和资金的落实、拨付、使用情况进行了拉网式检查,共检查土地整理项目9个,对发现的问题及时进行整改。同时,对当年国家投资拉动内需的土地整理项目资金,及时予以拨付,确保了省委、省政府"拉内需、保增长"政策的落实。三是向土地开发储备机构注入土地储备开发资金1500万元,用于征地、拆迁补偿及土地开发费用的及时清算,有力地支持了土地储备开发和出让工作。当年,共出让国有土地35宗,完成出让金收入49494万元,实现净收益6862万元。四是积极推进城中村改造工作,全年共返还湖滨区、开发区城中村改造资金3.41亿元,完成拆迁面积700余亩。

四、农业土地开发资金

农业土地开发资金是将部分土地出让金用于农业土地开发,以解决农业开发的资金不足问题。根据《财政部 国土资源部关于印发〈用于农业土地开发的土地出让金使用管理办法〉的通知》(财建〔2004〕174号),土地出让金用于农业土地开发的比例,由各省、自治区、直辖市及计划单列市人民政府根据不同情况,按各市(地、州、盟)、县(市、旗)不低于土地出让平均纯收益的15%确定,并将其中不超过30%的资金集中到各省、自治区、直辖市及计划单列市使用。

(一)农业土地开发资金征收

《河南省土地专项资金管理暂行办法》自2008年起实施。2008年,三门峡市农业土地开发资金收入3090万元,支出2023万元,其中市本级农业土地有偿使用收入710万元,支出0万元。2009年,三门峡市农业土地开发资金收入1521万元,支出992万元,其中市本级农业土地有偿使用收入460万元,支出602万元。2010年,三门峡市农业土地开发资金收入2113万元,支出957万元,其中市本级农业土地有偿使用收入171万元,支出684万元。

(二)农业土地开发资金管理

2005年,三门峡市加强对农业土地开发资金的管理,确保土地出让金专户资金优先足额划入用于农业土地开发资金专账,专项用于农业土地开发。2006年,三门峡市依据河南省财政厅、国土资源厅和省人行《关于印发河南省用于农业土地开发的土地出让金收缴使用管理办法的通知》(豫财综〔2003〕103号),严格按照土地出让协议确定的土地出让面积和财政部规定的30%比例,优先足额从土地出让金专户资金划入农业土地开发资金专户,专项用于农业土地开发。

五、政府住房基金

根据财政部《关于加强政府非税收入管理的通知》《关于加强住房公积金财政监督管理的通知》《关于贯彻落实国务院关于解决城市低收入家庭住房困难若干意见的通知》《关于保障性安居工程资金使用管理有关问题的通知》等文件精神,三门峡市于2002年11月起征收政府住房基金。政府住房基金收入是住房公积金增值收益(住房公积金业务收入和业务支出的差额)扣除60%的贷款风险准备金后,全额上缴财政管理的基金,主要用于住房公积金管理费用,余额作为城市廉租住房建设的补充资金。

2002—2010年,三门峡市累计征收政府住房基金2884万元。其中,2002年20万元,2003年50万元,2004年93万元,2005年79万元,2006年129万元,2007年175万元,2008年315万元,2009年707万元,2010年1316万元。

2001—2010 年三门峡市一般预算收入完成情况表

表 2

单位：万元

项　目	2001 年		2002 年		2003 年		2004 年		2005 年		2006 年		2007 年		2008 年		2009 年		2010 年	
	当年完成	同比±%	当年完成	同比±%	当年完成	同比±%	当年完成	同比±%	当年完成	同比±%	当年完成	同比±%	当年完成	同比±%	当年完成	同比±%	当年完成	同比±%	当年完成	同比±%
一般预算收入合计	83170	3.8	78203	17.1	87675	16.8	120591	32.4	166300	39.5	216330	30.1	293586	35.7	366956	25	415008	13.1	497358	19.8
增值税	15621	7.7	17055	9.2	19785	16	23774	27.9	35258	41.3	46533	32	69923	50.3	86542	23.8	70140	-19	81822	16.7
营业税	13886	22.7	13698	-1.4	16394	19.7	24083	22.2	29569	22.8	37741	27.6	45969	21.8	57135	24.3	72782	27.4	94269	29.5
企业所得税	23293	56.6	10151	-12.8	9073	11.7	11723	24.2	12862	9.7	17198	33.7	27769	61.5	32159	15.8	21670	-32.6	28487	31.5
企业所得税退税	-26	30							0		0		0		0		0		0	
个人所得税	9489	36	5623	18.5	5093	13.2	8050	18	9339	16	10391	11.3	12972	24.8	12013	-7.4	10417	-13.3	16684	60.2
资源税	2337	9.8	2988	27.9	3074	2.9	4179	35.9	9851	135.7	17584	78.5	26846	52.7	35217	31.2	28150	-20.1	37755	34.1
固定资产投资方向调节税			5		13	160	99	661.5	0		0		0		0		0		0	
城市维护建设税	3846	-8.9	4843	25.9	5306	9.6	7028	32.5	8941	27.2	10951	22.5	15061	37.5	17003	12.9	18810	10.6	23229	23.5
房产税	2194	9.3	3279	49.5	3700	12.8	4742	28.2	4531	-4.4	4908	8.3	5123	4.4	5770	12.6	7491	29.8	7824	4.4
印花税	382	19.4	553	44.8	680	23	994	46.2	1264	27.2	1978	56.5	2365	19.6	2745	16.1	3374	22.9	4097	21.4
城镇土地使用税	333	18.9	454	36.3	482	6.2	1653	71.7	2387	44.4	2416	1.2	4727	95.7	12043	154.8	19430	61.3	19802	1.9
土地增值税			3		6	100	151	1272.7	429	184.1	200	-53.4	761	280.5	1645	116.2	1882	14.4	4361	131.7
车船使用和牌照税	223	4.7	222	-0.4	297	33.8	319	7.4	388	21.6	635	63.7	713	12.3	1151	61.4	2381	106.9	2455	3.1
屠宰税	645	1.4	236	-63.4				0	0		0		0		0		0		0	
筵席税									0		0		0		0		0		0	
农业税	1060	-32	3365	217.5	4440	31.9	2591	2.1	0		0		0		0		0		0	
农业特产税	3881	-46.3	3942	1.6	5210	32.2	3688	-29.2	5656	53.4	149	-97.4	0		0		0		0	
烟叶税									0		5958		4459	-25.2	8685	94.8	10014	15.3	8194	-18.2
耕地占用税	659	-31.2	520	-21.1	551	6	908	-15.7	780	-14.1	3247	316.3	4838	49	9101	88.1	10715	17.7	17206	60.6
契　税	288	-57.4	774	168.8	652	-15.8	1475	126.2	5030	241	6809	35.4	7789	14.4	14918	91.5	22537	51.1	30623	35.9
国有资产经营收益	238	-57.5	717	201.3	887	23.7	5473	517	8820	61.2	13805	56.5	0		0		0		0	
国有企业计划亏损补贴	-4744	182.5	-1632	-65.6	-2091	28.1	-735	-64.8	-467	-36.5	-749	60.4	0		0		0		0	
行政性收费收入	1542	-57	3303	114.2	3979	20.5	6720	63.5	10937	62.8	10852	-0.8	15839	46	15225	-3.9	25234	65.7	36466	44.5
罚没收入	4513	-14.1	3758	-16.7	5588	48.7	6744	20.7	10269	52.3	13549	31.9	15060	11.2	19795	31.4	14457	-27	17811	23.2
海域场地矿区使用费收入	2	-75	22	1000				0	0		0		0		0		0		0	
专项收入	3297	-18.1	4255	29.1	4340	2	6593	51.9	8429	27.8	11284	33.9	14127	25.2	17395	23.1	20360	17	23287	14.4
国有资本经营收入													16876		11765	-30.3	32897	179.6	27047	-17.8
国有资源(资产)有偿使用收入													1212		6391	427.3	12506	95.7	15329	22.6
其他收入	211	-49	69	-67.3	216	213	339	56.9	2027	497.9	891	-56	1157	29.9	258	-77.7	9761	3683.3	610	-93.8

说明：收入增长比例已根据政策变化、财政体制调整等因素进行了同口径调整。

2001—2010 年三门峡市一般预算收入分级完成情况表

表 3

单位:万元

项目	2001 年		2002 年		2003 年		2004 年		2005 年		2006 年		2007 年		2008 年		2009 年		2010 年	
	当年完成	同比±%	当年完成	同比±%	当年完成	同比±%	当年完成	同比±%	当年完成	同比±%	当年完成	同比±%	当年完成	同比±%	当年完成	同比±%	当年完成	同比±%	当年完成	同比±%
全市合计	83170	3.8	78203	17.1	87675	16.8	120591	32.4	166300	39.5	216330	30.1	293586	35.7	366956	25	415008	13.1	497358	19.8
市级	21404	10.1	22570	26.6	24996	14.1	32231	20.7	36285	11.2	44139	21.6	70008	58.6	80158	14.5	88012	9.8	100278	13.9
湖滨区	5131	11.8	4832	6.3	5674	20.9	7148	21.8	9383	27.2	15249	62.5	18870	23.7	24618	30.5	27728	12.6	33888	22.2
义马市	5132	7.6	5931	23.4	7168	22.5	11534	49.5	20515	77.9	25408	23.9	32516	28	41018	26.1	50188	22.4	60829	21.2
灵宝市	18621	-3.6	15562	10.8	17049	16.4	22688	31.1	30118	38	40518	34.5	54488	34.5	70018	28.5	77718	11	90000	15.8
渑池县	16734	7.8	13236	11.7	15150	23	22688	49	35118	57	46380	32.1	61068	31.7	76518	25.3	85078	11.2	101588	19.4
陕县	9657	15.5	8998	16.2	9993	15.4	15015	41.9	22135	52.4	29007	31	38217	31.8	50018	30.9	57217	14.4	69028	20.6
卢氏县	5238	-27.1	5774	18.6	6243	9.6	7207	15.6	10038	47.4	12116	20.7	14069	16.1	18600	32.2	22066	18.6	28169	27.7
开发区	1253	27	1300	18.4	1402	10.2	2080	41.7	2708	29.7	3513	29.7	4350	23.8	6008	38.1	7001	16.5	8508	21.5
产业集聚区	0	0	0	0	0	0	0	0	0	0	0	0	0	0	0	0	0	0	5070	

第三章　财政支出

2001—2010 年,三门峡市财政支出坚持“保工资、保运转、保稳定、促发展”“量入为出、总量平衡、略有结余”“实事求是、统筹兼顾、突出重点”等原则,按照公共财政框架的要求,不断优化财政支出结构,调整支出方向,从过去重点投向生产性和竞争性领域转向民生领域,财政支出的公共性、保障性特征得到进一步体现。全市一般预算支出由 2001 年的 129870 万元增加到 2010 年的 952553 万元(含上级专款和上年结转等支出),增长 6.33 倍,年均递增 24.78%。

第一节　经济建设支出

一、基本建设支出

基本建设支出是指财政部门根据国家批准的基本建设投资计划,从财政专户中核拨的用于部门和单位基本建设的支出。部门和单位用预算外资金安排的基本建设投资,要先经财政部门审查其资金来源,然后按国家规定程序报计划部门纳入基本建设投资计划,按计划部门确定的投资计划和工程进度,由财政部门从财政专户分期拨付资金。基本建设支出按照资金投向可划分为:生产性支出(包括工业建设、建筑业建设、农林水利气象建设、地区资料勘探建设、运输邮电建设、商业和物资供应建设等支出);非生产性支出(包括住宅、文教卫生、科学研究和综合技术服务事业、公用生活服务事业以及机关团体等房屋建设支出)。

2001 年,三门峡市本级基本建设支出 2965 万元,同比增长 26.2%;争取地方国债资金 7082 万元(其中国债补助资金 6782 万元,国债转贷资金 300 万元),成功启动亚洲开发银行贷款豫西农业综合开发项目。

2002 年,三门峡市本级基本建设支出 1315 万元,同比下降 55.5%。当年,支持了涧河治理、湖滨广场、三门峡广场等一批城市建设项目,为创建文明城市、文明景区、争创全国优秀旅游城市奠定了坚实基础。

2003 年,三门峡市本级基本建设支出 1385 万元,同比增长 5.3%。当年,支持了快速通道和市区至大坝沿黄公路,建设路、和平路和九孔桥改造,以及涧河三期治理和污水处理厂等工程建设。

2004 年,三门峡市本级基本建设支出 7463 万元,为年预算的 100%,同比增长 438.8%。市本级安排 9 个城建项目,分别是苍龙大坝项目、青龙大坝征地及绿化、上阳大桥项目、大岭路改造项目、经一路改造项目、春秋路改造项目、经二路、经三路和宾馆支路小修项目,双龙桥项目,甘棠坝大修项目。当年,争取中央、省基本建设资金 10073 万元(其中国债补助资金 8285 万元,基建拨款 631 万元,中央预算内拨款 1115 万元,省财政专项及省配套资金 42 万元);与国家开发银行首批 7.5 亿元的合作额度成功签约,为进一步加快城市基础设施建设、改善投资环境创造了良好条件。

2005 年,三门峡市本级基本建设支出 2685 万元,为年预算的 100%,同比减少 64%;争取上级基本建设资金 10790.23 万元。当年,市本级共安排 10 个城建项目,分别是苍龙大坝、涧南公园、涧河四期、大岭南路、甘棠路、文化路、五原路、创建园林城市绿化达标提升项目、虢国植物园二期项目。

2006 年,三门峡市本级基本建设支出 2101 万元,同比下降 21.8%。市本级基本建设支出主要用于湖滨广场、快速通道南侧拆迁补偿、涧南给排水、城市引水工程、涧南公园设施完善、园林城市绿化规划、园林城市达标提升、三门峡广场养护管理、虢国公园二期 9 个城市基础项目建设。利用国家开发银行资金 24500 万元,安排茅津北路修建、甘棠路修建、虢国路修建、永兴街修建、五原路修建、市政亮化、涧河南岸暨白天鹅生态区综合治理、陕州故城遗址生态综合治理、上村至会兴沟生态综合治理、银桥沟生态综合治理 10 个国家开发银行资金配套项目。当年,利用国家开发银行资金 1.183 亿元用于涧河治理四期、城市道路修建、城市绿化等项目;争取上级补助资金 1600 万元,用于农村客运站、56 个乡镇汽车站、300 个招呼站建设。

2007 年,三门峡市本级投入资金 13443.39 万元(其中国家开发银行贷款 7128 万元),共安排城建续建项目 21 个(其中:国家开发银行贷款项目 11 个,财政安排项目 10 个)、新建项目 1 个。国家开发银行贷款项目分别是城市引水工程、甘棠路新建工程、五原路新建工程、永兴街新建工程、虢国西路新建工程、茅津路新建工程、涧河四期项目、上村至会兴沟生态综合治理、银桥沟生态综合治理、涧河两岸暨白天鹅生态区治理、陕州故城遗址生态综合治理。财政安排项目分别是黄河路截污工程、涧南给排水工程、创建园林城市达标提升项目、火车站广场维修工程、污水处理厂配套管网项目、湖滨广场设施拆除修复项目、归还工程欠款项目、新增绿地亮化养护、规划管理信息系统建设项目等。新建项目是环城北路工程,为国家开发银行贷款项目。

2008 年,三门峡市本级新建城建园林项目 7 个,其中列入市级“十件实事”项目 6 个,财政共安排资金 15917 万元,累计拨付 4897.97 万元。项目分别为:郑西高速铁路新客站建设及广场建设项目,新建大岭路涧河立交桥项目,黄河西路改造项目,建设路、六峰路、文明路、河堤北路等道路电力线路下落项目,2008 年园林达标提升项目,群众文体活动中心工程,经二路等路灯改造项目。续建城建园林项目 2 个,财政安排资金 3199 万元,累计拨付 690.82 万元,国家开发银行贷款资金拨付 1993 万元。项目分别为天鹅湖湿地公园建设项目,城市引水工程。

2009 年,三门峡市本级安排城建园林项目资金 73419 万元,新建、续建城建园林建设项目共计 34 个,其中,新建城建园林项目 23 个,财政安排资金 27608 万元,使用银行贷款安排资金 10250 万元,主要项目有郑西高速铁路新客站站房工程、郑西高速铁路新客站广场建设、检验检疫局、海关办事处、铝工业检测中心、崤山路改造工程、台上区集中供热、迎宾大道、虢国公园二期后续工程、涧河公园两岸改造提升项目等;续建项目 11 个,财政安排资金 16681 万元,使用银行贷款安排资金 18880 万元,主要项目有群众文体活动中心、大岭路涧河立交桥、黄河西路建设、天鹅湖湿地公园建设等。

2010 年,三门峡市本级新建城建园林项目 15 个,续建城建园林项目 6 个。主要项目有群众文体活动中心、天鹅湖湿地公园、郑西高速铁路新客站站房工程、郑西高速铁路新客站广场建设、检验检疫局、海关办事处、铝工业检测中心建设、南环路新建工程、涧南路南北三路工程、贺站路新建工程、上官路续建工程、跑驾路新建工程、银杏园征地、涧河 209 桥东漫水桥工程等。

二、环境保护支出

环境保护支出是指为维护环境质量而支付的污染控制费用及因污染造成的社会损害费用的总和,包括污染治理费用(防治、消除污染所支付的各种治理费用)、环境管理费用(环境保护业务费、环境监测费用等)、社会损害费用(因环境受到污染及生态平衡遭到破坏而对社会造成的各种经济损失)、环境保护费用(保持生态平衡所投入的各种物化劳动和活劳动支出)。

2005 年,根据《河南省排污费征收使用管理办法》(省政府令〔2003〕第 78 号)、《河南省排污费资金收缴使用管理办法》(豫财建〔2003〕143 号)和河南省财政厅、省环境保护局联合制定的《2005 年度省级环境保护专项资金项目申报指南》精神,三门峡市成功申报环境保护专项资金项目 2 个资金额 596 万元,其中三门峡市天顺肉牛养殖有限公司废物及污水无害化处理项目当年获批100万元。

2007年，新的政府收支分类财政体制预算支出科目中新列环境保护费支出项目。当年，三门峡市本级环境保护费支出2641万元，市财政争取上级补助环境保护专项资金4800.5万元，地质矿产及黄金专项资金7575.9万元，能源节约利用资金4500.77万元，地质环境治理及矿产资源保护等9个项目资金3560万元，用于环境质量和能源保护。

2008年，三门峡市本级环境保护费支出6460万元，同比增长144.6%。当年，市财政争取中央财政矿山地质环境治理专项资金588万元、省尾矿库治理专项资金6045万元、国家重点农村环境保护专项资金370万元、省级环境保护专项资金480万元、中央环境保护专项资金4800.5万元，用于环境保护与治理项目。

2009年，三门峡市本级环境保护费支出15530万元，同比增长140.4%。当年，市财政争取环境保护类中央财政资金7121万元、矿山环境治理类资金18997万元，实施环境保护与治理项目。

2010年，三门峡市本级环境保护费支出8092万元，同比下降47.9%。当年，市财政争取国家环境保护类资金7121万元，矿山环境治理类资金18997万元，用于污染综合整治、村镇绿化、矿山治理等。同时，申报地质环境治理和地质遗迹保护项目15个，争取探矿权采矿权使用费和价款资金13334万元；申报矿产资源节约与综合利用项目10个，争取矿产资源补偿费资金4800万元；申报清洁生产能源示范项目1个，争取资金1200万元。

三、节能减排支出

节能减排支出是指政府直接用于节约物质资源和能量资源、减少废弃物和环境有害物（包括三废和噪声等）排放的支出。

2005年，三门峡市排污费专项支出599.58万元。2007年，三门峡市财政部门以争创环境保护模范城市为重点，安排创模经费30万元、治理资金600万元、能源节约利用资金3917万元，争取中央财政城镇污水处理设施配套管网建设以奖代补资金4238.5万元、能源节约利用资金4500.77万元、重点节能工程循环经济建设项目资金4240万元，用于城市污水处理、节能降耗、节能减排。2008年，三门峡市财政安排节能减排奖励资金1000万元；淘汰落后产能中央奖励资金项目8个资金1.17亿元、中央财政城镇污水处理设施配套管网建设以奖代补资金4933万元，用于城市污水处理。2009年争取中央财政城镇污水处理设施配套管网建设以奖代补资金6432万元，用于城市污水处理。2010年，三门峡市争取国家节能减排、产业技术研究与开发、石油价格补贴等项目资金18486万元；申报淘汰落后产能项目2个，争取中央财政奖励资金263万元，用于淘汰落后产能；争取中央财政城镇污水处理设施配套管网建设以奖代补资金1925万元，用于城市污水处理。

四、企业挖潜改造支出

企业挖潜改造资金系指社会主义国家由国家预算拨款，用于企业挖潜、革新和改造方面支出的资金统称。其具体内容包括：增加或配齐企业生产能力所需的部分固定资产；改进、革新产品工艺流程，对单台或部分设备进行技术革新；采用新技术、新工艺、新设备代替或改造原有的技术装备；通过挖潜、革新、改造，增加产量，提高质量，降低消耗，挖掘企业内部潜力，提高企业经济效益。

2001年，三门峡市企业挖潜改造支出5443万元，为年预算的93.2%，同比下降32.9%；市本级挖潜改造支出1185万元，与上年基本持平，主要是增加安排了财政支持工业结构调整资金。

2002年，三门峡市企业挖潜改造支出5746万元，为年预算的92%，同比增长5.6%；市本级企业挖潜改造支出502万元，为年预算的50.1%，同比下降57.6%。

2003年，三门峡市企业挖潜改造支出3093万元，为年预算的92%，同比下降46.2%；市本级企业挖潜改造支出383万元，为年预算的100%，同比下降23.7%。

2004年，三门峡市企业挖潜改造支出6057万元，为年预算的92%，同比增长95.8%；市本级企业挖潜改造支出2000万元，为年预算的100%，同比增长422.2%。当年，三门峡市运用贴息等手段支持经济结构战略性调整，筹措贴息资金1224万元，支持金渠集团、天元铝业、湖滨果汁、河洛中密度板等重点企业进行技术创新，带动企业投资6.1

亿元,推动了传统产业升级。

2005年,三门峡市企业挖潜改造支出2918万元,为年预算的100%,同比下降51.8%;由于财力紧张,市本级预算没有安排企业挖潜改造资金。当年,经过逐级申报,省下达三门峡市工业经济结构调整和高新技术产业化项目4个,扶持资金923万元。

2006年,三门峡市企业挖潜改造支出2263万元,为年预算的100%,同比下降22.4%;市本级企业挖潜改造支出502万元,为年预算的50.1%。

2007年,新的政府收支分类财政体制预算支出科目中取消企业挖潜改造支出项目。

2010年,三门峡市争取中央补助资金1680万元,实施工业结构调整项目7个;争取中央补助资金1744万元,实施重点产业振兴与技术改造项目3个。

第二节　农林水支出

2007年以前,为支持农林水扶贫等事业发展,设有农业支出、林业支出、水利和气象支出、支援不发达地区支出等类级科目。2007年政府收支分类改革后,设置农林水事务类级科目,反映政府农林水事务支出。下设农业、林业、水利、扶贫、农业综合开发、其他农林水事务支出等款级科目。

一、农业支出

农业支出是2003年合并原支援农村生产支出和原农林水利气象等部门的事业费下农垦事业费、农场事业费、农业事业费、畜牧事业费、农机事业费而设置的类级科目。2007年政府收支分类改革后,农业支出成为农林水支出类级科目下的款级科目,主要反映财政用于种植、畜牧、水产、农机、农垦、农场、农业产业化经营组织、乡镇企业等方面的支出。

2001—2004年,全市财政支援农村生产支出分别完成4610万元、5232万元、7753万元、8580万元,同比分别增长-9%、13.5%、48.2%、10.7%,重点用于农业基础设施、农业结构调整、农业产业化、农业社会化服务、粮食直补、退耕还林、农机补贴、良种补贴、中小企业发展和农村劳动力转移培训等。其中,2004年新增教育、卫生、文化等专项支出2682万元主要用于农村:大力支持“村村通”工程,市县两级筹集资金3000万元,修建道路273公里,解决了119个行政村行路难问题;筹集资金380万元,支持农村安全饮水工程;投入资金300万元,建立了比较完善的农业信息服务网络。通过一系列涉农财政政策的实施,加上粮价回升等因素,极大地调动了广大农民投入农业生产的积极性,全市粮食总产达到47万吨,创历史新高;农民收入大幅增加,农民人均纯收入8年来首次实现两位数增长,并超过城镇居民收入增幅,政策导向作用得到较好发挥。

2005—2006年,全市财政农业支出分别完成10933万元、13695万元,同比分别增长27.4%、25.3%。其中:2006年向农民发放直接补贴资金3979万元,补贴总金额为上年的3倍;市级安排50万元在渑池县、卢氏县和湖滨区实施农机具购置补贴,带动农民投入资金332万元,购置农机具432台(套);继续在灵宝市和渑池县实施优质专用小麦良种补贴,补贴资金430万元。

二、林业支出

林业支出类级科目主要反映原林业事业费。2007年政府收支分类改革后,林业支出成为农林水支出类级科目下的款级科目。

2007年6月,省财政厅、林业厅印发《河南省森林生态效益补偿基金管理办法》,规定河南省建立森林生态效益补偿基金,其补偿对象为公益林的所有者或经营者。平均标准为每年每亩5元,其中4.75元为基层支出,用于公益林营造、抚育、保护和管理;0.25元为省级支出,由省财政部门列支,用于省林业主管部门组织开展公益林管护情况检查验收、资源监测、跨辖区重要地段开设防火隔离带以及重点林区道路维护。基层支出包括护林员劳务开支和公益林建设开支两部分,公益林所有者或经营者为国有林场等国有林业单位的,护林员劳务开支每年每亩 3 ~4 元;公益林所有者或经营者为村(组)集体或集体林场的,用于护林的劳务开支一般不低于每年每亩 3 元;公益林所有者或经营者为个人且由个人负责管护的,基层支出 4.75 元全部支付给个人。

2003 年全市财政林业支出完成 4972 万元;2004 年全市财政林业支出完成 16332 万元,比上年增长 228.5%;2005 年全市财政林业支出完成 12765 万元,比上年下降 21.8%;2006 年全市财政林业支出完成 12764 万元,与上年持平。

三、水利和气象支出

水利和气象支出类级科目主要包括水利、气象和南水北调的事业费支出。2007 年政府收支分类改革后,水利支出成为农林水支出类级科目下的款级科目,气象支出在 201 类"一般公共服务"下的第 22 款"气象事务"中反映。

2003—2006 年,全市水利和气象支出分别完成 3076 万元、4023 万元、7551 万元、7079 万元;自 2004 年起,分别比上年增长 30.8%、87.7%、-6.3%。

四、农林水事务支出

农林水事务支出,分设 7 项:农业、林业、水利、南水北调、扶贫、农业综合开发和其他农林水事务支出。

2007—2010 年,全市农林水事务支出分别完成 45299 万元、75425 万元、87916 万元、103265 万元。自 2008 年起,分别比上年增长 66.5%、16.6%、17.5%。

五、"南水北调工程基金"征缴管理

"南水北调"是党中央、国务院为缓解我国北方水资源紧张状况,落实科学发展观,保持经济社会可持续发展,全面建设小康社会,实现社会主义现代化建设的重大战略决策。

2005 年 5 月,河南省人民政府分配三门峡市南水北调基金征收任务为 5200 万元,分 6 年完成,除 2005 年完成 700 万元征收任务外,以后每年征收上缴 900 万元,任务相当艰巨。为按时足额完成 2006 年全市南水北调基金征收任务,三门峡市财政局等相关部门吃透政策,摸清底子,协作配合,明确任务,采取措施,经过多方努力,当年圆满完成 900 万元基金上缴任务。

2007 年,三门峡市财政部门多次深入南水北调基金征收部门,摸清水资源费及南水北调基金征收、使用管理情况,了解和解决存在问题,为顺利完成南水北调基金征收任务奠定基础。牵头与市非税局、水利局多次召开会议,讨论基金征收工作,并将省政府分配征缴任务以市政府目标形式进行考核,切实把南水北调基金征收任务落到实处。同时要求各县(市、区)以后年度水资源费要优先用于安排上缴南水北调工程基金;凡不能按时间进度完成上缴任务的,一律不得安排水资源费支出,对不能完成上缴任务的县(市、区),差额部分由当地财力抵顶。由于措施得力,各县(市、区)积极行动,南水北调基金征收任务得到了较好的落实,并被评为全省先进单位。

六、农业综合开发

2001—2010 年,三门峡市农业综合开发项目的实施,很大程度上消除了长期制约项目区农业发展的障碍性因素,为农业可持续发展奠定了基础。

2002 年,三门峡市农业综合开发分别在卢氏县潘河乡,灵宝市苏村乡、尹庄镇,陕县东凡乡,渑池县果园、西村乡实施,共投入开发资金 1679 万元,其中:中央投入 541 万元,省财政投入 233 万元,市财政配套 120 万元,县财政配套 123 万元,项目区群众自筹 662 万元。

2004 年,三门峡市农业综合开发项目涉及灵宝市阳店镇、天地生态科技有限责任公司、陕县张汴乡、渑池县西村乡共 3 个县(市)、3 个乡(镇、公司)、17 个行政村、2.62 万人。计划改造中低产田 1.54 万亩,建设 2000 亩优质杜仲籽示范园项目 1 个,项目总投资 1420 万元,其中土地治理项目投资 972 万元,多种经营项目投资 448 万元。

2005 年,三门峡市财政部门根据省财政厅和省农业综合开发办的要求,组织有关部门和人员深入各农业开发县(市),对农业综合开发项目进行反复筛选论证,争取到农业综合开发土地治理项目 2 万亩,多种经营项目 2 个,涉及资金 2299 万元,4 个项目县(市)全面完成了项目主体工程。

2006 年,三门峡市农业综合开发涉及灵宝市阳

平镇、帅华牧业有限责任公司，陕县张汴乡，卢氏县官坡镇，渑池县仁村乡、仰韶生化有限责任公司，三门峡市湖滨果汁饮品有限责任公司共4个县(市)、7个乡镇公司、16个行政村、3.46万人，耕地面积4.43万亩。改造中低产田2万亩，建成一般产业化经营项目1个，贷款贴息项目2个。

2008年，三门峡市实施农业综合开发项目共计7个，其中土地治理项目3个，产业化经营项目4个。土地治理项目为灵宝市西闫乡、陕县菜园乡、渑池县段村乡，开发任务为1.5万亩。产业化经营项目为卢氏县万亩桑蚕基地项目、陕县500亩绿色苹果基地项目、渑池县肉牛育肥项目和渑池仰韶生化贴息项目。当年，三门峡市农业综合开发共完成投资3085.59万元，其中财政资金1297万元。共新建提灌站2座，新打机电井5眼，修复配套5眼，架设输变电线路6.45公里，衬砌渠道49.63公里，全市地埋管道37.56公里，修筑田间机耕路15.78公里，建成2000头肉牛育肥场1座、万亩桑蚕基地1处、500亩绿色苹果基地1处。

2009年，三门峡市财政部门组织对上年度农业综合开发资金使用管理情况进行了全面检查。通过检查，三门峡市农业综合开发项目建设全面完成省下达的投资计划任务。在农业综合开发资金管理上也积累了经验，包括严格执行国家和省有关农业综合开发资金管理方面的制度，全面实行县级财政报账制，资金实行专户储存、专账核算、专人管理；针对农业综合开发项目建设的特点和工程进度、工程程序、工程计划、工程建设实施方案，组织有关部门和人员，不定期、不定时到项目实施单位检查资金的拨付、管理、使用情况，发现问题及时纠正和处理；为了按期归还上级到期的有偿资金，对有偿资金的拨出分别采取担保、财产抵押、公证等措施，规避了风险，提高了资金安全性；多方协调、保证配套；落实自筹、保障实施；对农业综合开发项目严格实行“四制”，即项目工程实行招投标制、工程建设执行监理制、工程物资实行政府采购制、工程资金实行报账制。同时，通过检查也暴露了在资金管理上存在的问题，包括部分项目建设速度慢，不能及时报账，影响了资金的报账进度；农业综合开发大宗物资购置尚未全面纳入政府采购；多家项目单位账务管理不够规范等。

第三节　社会文教费支出

一、教育事业费支出

(一)正常事业费支出

2001—2010年，三门峡市累计支出教育事业费80.56亿元，年均递增率为22.59%。

2001年，三门峡市一般预算教育支出完成27821万元，比上年增长22.7%。县级政府设立教师工资专户，财政收入和各项补助首先保证编制内教师工资及时足额发放。

2002年，三门峡市一般预算教育支出完成33166万元，比上年增长19.2%。根据《国务院关于基础教育改革与发展的决定》及省政府办公厅印发《关于实行农村中小学教师工资县(市)级统一管理的通知》，要求从2002年1月1日起，原则上2000年12月31日前在县(市)教育行政主管部门人事管理档案中注册的农村中小学国家正式教职工、离退休正式教职工(含按政策规定已办理退养手续的教师)工资实行县(市)级统一管理。实行农村中小学教师工资县(市)级统一管理的人员必须经县(市)人事、编制、教育、财政、纪检等部门重新共同审核，逐乡镇、逐校核实到人。

2003年，三门峡市一般预算教育支出完成35385万元，比上年增长6.7%。当年，向上级争取教育资金12937.7万元，其中省、市财力投入11981万元，教育费附加支出956.7万元。

2004年，三门峡市一般预算教育支出完成40852万元，比上年增长15.5%。当年，三门峡市进一步建立完善“保工资、保运转、保安全”的农村义务教育经费保障机制。从当年1月起，全面落实农村中小学教师工资上划县级管理，实行财政统一发放，各级财政部门优先将中小学教师工资全额纳入本级财政预算，不得留有缺口。保证教师工资不低于当地国家公务员的平均水平，并通过银行直接划拨到教师个人工资账户。当年，市本级实施了第二实验幼儿园基建、三门峡职业技术学院改善办学条件建设等工程项目。

2005年，三门峡市一般预算教育支出完成52746万元，较上年增长29.1%。当年，安排教育费附加支出509万元，积极向上争取教育专项拨款补助1534.9万元，确保了教育事业健康稳定发展。当年，完成了对市实验中学综合楼工程结算、市七中花池及校舍装修改造工程预算、市第二实验小学供电工程预算及市实验中学、市三中、市第二实验小学及市第二实验幼儿园基建欠款等项目的考核工作，并尝试性引进了政府采购机制。

2006年，三门峡市一般预算教育支出完成63017万元，比上年增长19.5%。当年，市财政安排资金1299万元，完成市东风小学、第三实验小学教学楼建设；安排资金142万元，解决市一高图书实验楼基建欠账问题；安排资金130万元，用于市直学校校舍维修和桌椅板凳购置。

2007年，三门峡市一般预算教育支出完成97958万元，比上年增长55.4%。市财政按年生均公用经费小学160元、初中250元标准落实免杂费资金4789.4万元，由各级政府财政部门直接拨付各个学校。当年，市财政预算安排1000万元，对市四中（原水电十一局中学）教学楼进行改造重建；安排资金100万元，用于东风小学操场建设；安排教育支出101万元，用于市直各学校校舍维修和课桌凳购置。当年，市财政局通过实地考察，厘清核实了市直中小学校取暖欠费数字，并通过国家开发银行贷款116.1万元，解决了各学校2005—2006年的采暖欠费问题。

2008年，三门峡市一般预算教育支出完成125686万元，比上年增长28.3%。全市共落实城市义务教育免杂费资金739.8万元，全部下达各有关学校，64701名城市中小学生享受政策资助（其中：小学生40343人，初中生24287人，特教生71人）。当年，市财政安排资金1800万元，改善市直学校办学条件，其中台下新建阳光小学投入1000万元，市四中重建改造投入800万元；安排资金600万元，集中解决市直学校校舍维修、图书设备购置、课桌椅更新等。

2009年，三门峡市一般预算教育支出完成147905万元，比上年增长17.7%。全市落实下达各县（市、区）中央、省、市三级公用经费补助资金11713.7万元，受益学生达21.6万人。共落实城市义务教育免杂费资金1456万元，享受到政策资助的城市中小学生66059名（其中：小学生41266人，初中生24774人，特教学生19人）。全年下达各县（市、区）寄宿生生活费补助资金1848.7万元，覆盖学生2.8万人。当年，市财政投入168.9万元用于第三实验小学操场建设，筹措资金332.8万元用于市四中教学楼实验楼改造及操场建设，筹措资金101.8万元对实验小学等5所学校校舍进行修缮改造，筹措资金190万元用于市直中小学“班班通”建设。

2010年，三门峡市一般预算教育支出完成181116万元，比上年增长22.5%。全市共安排义务教育免杂费和公用经费补助资金10440万元（争取省转移支付及专款8363万元），受益学生达24.4万人（其中农村学生17.7万人，城市学生6.7万人）。当年，市财政安排资金4800万元，重点用于建设市外国语高中，并对市七中、市育才小学进行了改造。

（二）“两免一补”政策实施

2004年，三门峡市启动实施“两免一补”政策。当年，全市共筹集资金359万元，对农村部分家庭经济困难中小学生实行免课本费、免杂费和补助寄宿生活费，直接受益学生达8.5万人次。

2005年，三门峡市进一步扩大“两免一补”范围。全市发放春季“两免一补”资金834万元，其中向63390名学生发放“两免”资金615万元，为全市农村在校生人数的21.7%；向21935名学生发放“一补”资金219万元，为全市农村贫困寄宿生人数的84%。按照全省统一部署，秋季全市“两免一补”的资助范围进一步扩大。国家扶贫开发工作重点县——卢氏县“两免”资助对象扩大到农村义务教育阶段父母均为农民的学生，其他县（市、区）“两免”资助对象仍为农村义务教育阶段贫困家庭学生。“一补”资助对象为“两免”资助范围内的贫困寄宿生,享受每天每人1元生活补助,资助面约为80%。秋季全市有9.2万名农村中小学生享受“两免一补”政策,比春季增加2.9万人,其中19756名贫困寄宿生享受到“一补”政策。秋季中央、省、市、县四级财政共投入“两免一补”资金1191万元,比春季增加357万元。其中卢氏县4.6万名中小学生全部享受“两免”政策,4351名中小学生享受“一补”政策,“两免一补”资金总量达530万元,占全市的44.5%。12月27日,河南省财政厅、省教育厅联合发布文件,对三门峡市“两免一补”工作予以通报表彰,并奖励资金400万元。

2006年,三门峡市春季落实“两免一补”资金1191.11万元(中央及省级补助707.3万元,市级财政配套230.8万元,县级财政安排253.01万元),91889名学生受益,比2005年秋季提高1.03个百分点。24274名贫困家庭寄宿生享受“一补”,覆盖面达100%。秋季全市落实“两免一补”资金1316.72万元(中央及省级补助762.8万元,市级财政配套242.9万元,县级财政安排311.02万元),94175名学生受益,比春季增加2286名,提高2.4个百分点。27190名贫困家庭寄宿生享受“一补”,覆盖面达100%。当年,在全省“两免一补”工作综合评比中,三门峡市获得一等奖,奖励“以奖代补”专项资金200万元。

2007年,三门峡市落实农村义务教育经费6541.6万元。其中发放“两免”资金4440.3万元,49.8万名学生受益;发放生活补助资金1015.3万元,5.4万名困难家庭住宿生受益。市财政投入5354.8万元,用于市区12所接收进城务工农村家庭子女享受同城市学生同等的“一费制”教育费用。当年,“两免一补”工作在全省评比中获得“以奖代补”资金500万元,连续三年获得该项工作最高奖励。

2008年,全市春秋两季共落实农村义务教育阶段免课本费补助资金3313万元(其中小学1591万元,初中1722万元),覆盖学生26.2万人(其中小学16.8万人,初中9.4万人),保证了每一个农村义务教育阶段学生都能享受到免费教科书。春秋两季共落实农村义务教育阶段公用经费补助资金10254.2万元(其中小学5204万元,初中5050.2万元),覆盖学生26.1万人(其中小学16.7万人,初中9.4万人)。春秋两季共落实寄宿生生活补助1836.1万元,覆盖学生2.8万人。

2009年,按照国家对部分课程教科书循环使用规定,全年下达三门峡市免教科书资金2675.8万元(国家课程部分2484.8万元,地方课程部分191万元)。市财政均在每学期开学前将上述款项分别下达各县(市、区),要求实行专户管理、分账核算、集中支付、封闭运行。全市共落实免课本费补助资金2333万元,覆盖学生21.6万人。按照中央和省要求,全面提高农村中小学生均公用经费标准,即小学生每年330元/生,初中生每年500元/生,并按生均30元安排冬季取暖费。同时,提高农村贫困家庭寄宿生生活费补助标准为小学生每天2元/生,初中生每天3元/生。全年下达各县(市、区)农村贫困家庭寄宿生生活费补助资金1847.6万元,受益学生2.8万人。

2010年,国家提高农村中小学生均公用经费标准,即小学生每年430元/生,初中生每年630元/生。全市共安排义务教育免杂费资金10440万元(其中省转移支付资金及专款8363万元),受益学生24.4万人(其中农村学生17.7万人)。争取上级免教科书资金1927.4万元,其中农村受益学生17万人。发放农村困难家庭寄宿生生活费补助1702.8万元,受惠学生2.17万人。

(三)农村中小学危房改造

从2003年底至2005年11月,三门峡市农村中小学危房改造工程累计投入资金9093.73万元,改造完工项目学校518所,完成危房改造面积237996平方米。由于领导重视,措施得力,三门峡市提前一年完成农村中小学“危改”任务。

2006年,三门峡市人民政府下达全市农村中小学54946平方米危房改造目标任务。市财政多渠道筹措“危改”经费1110万元,配合教育部门完成159所农村中小学校危房改造,面积58196平方米,超额完成市政府下达的目标任务。

2007年,三门峡市财政局按照上级要求,认真制定本地区农村中小学校舍维修改造方案,配合教育部门审核确定项目学校，合理分配农村中小学校舍维修改造专项资金预算1110万元，并按要求汇总上报省教育厅、省财政厅。当年，政策调整后，农村义务教育阶段中小学校舍维修改造的测算单价标准，从每平方米300元提高到350元，提高标准所需资金185万元也于年底前下达各县（市、区）。

2010年，三门峡市财政安排经常性专项资金1208万元（其中争取省以上专项补助资金951万元），用于全市农村义务教育阶段中小学校舍维修改造、防震加固，全年共完成校舍维修面积22515平方米。继续实施校舍安全工程，各级财政共投入资金7063万元，其中争取省补助资金2263万元，新建和改建校舍159138平方米。

（四）中等职业教育国家助学金

2006年，中央财政设立中等职业教育国家助学金，用于中等职业学校特困家庭学生生活补助，标准为每年1000元/生。12月，在接到国家、省有关文件精神后，三门峡市财政、教育部门积极筹措安排资金185.2万元，拨付全市17所中等职业学校，资助学生1852人，约占全市中等职业教育在校生人数的8%。当年，市财政安排困难学生救济资金60万元，11月底前将救济资金全部下达落实到各学校，并加强监督落实，确保资金发放到每一位需要救助的学生手中。

2007年5月，国务院出台《关于建立健全普通本科高校高等职业学校和中等职业学校家庭经济困难学生资助政策体系的意见》（国发〔2007〕3号），规定中等职业学校国家助学金资助标准为每生每年1500元，用于资助所有全日制在校农村学生和城市家庭经济困难学生。按照上级文件要求，中等职业教育国家助学金资金中央和地方按6∶4比例分担，地方分担部分由省、市或县按3∶7比例分担。市以下分担部分，按照学校现行管理体制和财政隶属关系，市属中等职业学校由市财政负担，县（市）属中等职业学校由县（市）财政负担。当年，全市共发放中等职业学校国家助学金1085.5万元，1173名在校生受益。

2009年，为加快职业教育发展，三门峡市按照省政府要求，从秋季起对中等职业学校涉农专业学生和农村家庭经济困难学生实行免学费政策。当年，各级财政投入资金3422.2万元，资助学生42290人次，确保中等职业学校困难家庭子女顺利完成学业。

2010年，全市共发放中等职业学校免学费资金1187.7万元，受惠学生6010人；发放中等职业学校国家助学金2196万元，资助学生20411人。

（五）农村中小学课桌椅更新配置

2007年，省级财政安排6亿元资金，进一步改善农村中小学办学条件。其中安排三门峡市1018万元，用于农村中小学课桌椅更新配置。此项工作从4月开始，经过报送方案、省级审批、招标采购、确定供应商，最后按照合同要求分县（市、区）分批供货。截至10月底，全市各县（市、区）更新课桌凳全部验收交付使用。更新配置资金通过市级财政专户，将扣除质保金后的货款直接支付供应商，减少了中间环节，避免了资金的停滞、截留，提高了资金的使用效益。

二、科技三项费用及科学技术支出

科技三项费用是指国家为支持科技事业发展而设立的新产品试制费、中间试验费和重大科研项目补助费。科学技术支出反映科学事业费，类下设置自然科学、社会科学、科学技术普及及其他4个款级科目。

2001—2010年，三门峡市财政部门在“科技兴国”“科技兴市”的战略思想指导下，不断加大科技投入，规范科技经费管理，发挥科技引领作用，增强科技自主创新能力。

2001—2006年科技三项费用和科学支出累计为13546万元，其中科技三项费用支出11445万元，科学支出2101万元。2007年政府收支分类改革后，所有涉及科学类支出全部列入科学技术预算科目。2007—2010年全市科学技术累计支出45501万元。

2001—2004年，三门峡市科技三项费用支出分别为1105万元、1220万元、1405万元、1080万元；科学支出分别为343万元、228万元、272万元、244万元，主要用于支持制造业信息化、高新技术研究开发、苹果生产、农产品深加工等支柱产业关键技术开发项目。

2005年，三门峡市科技三项费用与科学支出

2822万元,同比增长37.4%;市本级科技三项费用与科学支出460万元,同比增长14.8%。当年,市财政积极向省争取科技三项费用273.5万元,用于工业、农业、制造业信息化等科技攻关项目建设。当年,主要用于支持制造业信息化、高新技术研究开发和农业支柱产业关键技术开发项目,以及科技攻关和科技兴农活动。

2006年,三门峡市科技三项费用与科学支出4097万元,同比增长45.2%;市本级科技三项费用与科学支出683万元,同比增长48.5%。主要用于支持全市工业、农业、制造业信息化、高新技术研究开发、苹果生产、农产品深加工等支柱产业关键技术攻关项目。

2007年,新的财政体制预算支出科目中将科技三项费和科学支出项目合并设立为科学技术支出科目。当年,三门峡市科学技术支出6495万元,其中市本级科学技术支出926万元。当年,争取上级新技术出口产品技改贷款贴息和研发资助等扶持资金2275万元,用于新技术出口产品技术改造和新产品研发。当年,针对以前年度管理中存在的问题,市财政局与市科技局联合下发了《三门峡市关于2008年科技计划项目申报管理有关要求的通知》,在立项、经费预算、经费开支范围、监督检查等方面作了严格的规定,要求建立严格的立项评审和预算评审机制,对项目实施过程和结果的监督检查做出明确要求,特别是对历年来项目过碎、"撒胡椒面"、重复低效立项等现象给予了坚决制止。

2008年,三门峡市完成科学技术支出10738万元,其中:市级财政安排科技专项经费578万元,科普经费58万元,先后对三门峡市酶制剂厂年产5000吨深层液体发酵高比活复合酶项目、三门峡市农科所食用菌育种条件建设和园林科研所自控日光温室系统和义马气化厂、灵宝金源矿业等重点项目进行了扶持。

2009年,三门峡市完成科学技术支出12007万元,其中市级财政安排科技专项经费613万元,科普经费64万元,对三门峡市林业科学研究所承担的工厂化育苗设备的购置与安装项目和灵宝金源矿业等重点项目进行了扶持。

2010年,三门峡市完成科学技术支出16261万元,其中安排市级科技经费1126万元。当年优先支持由企业主导创新的产学研合作项目、国内科研院所落户三门峡市的重大科技合作项目及市内企业与国内外院所共建的产学研联合体项目,推动重大合作项目的省级重大科技成果转化。至年底,全市已有高新技术企业6家,其中4个企业科技研发项目获得省科技成果转化资金支持。建成企业技术研发中心16个、工程技术研究中心12个、企业院士工作站3个、博士后科研工作站2个。当年,市财政部门积极配合市科技部门向上申报各类科技项目24个,其中18个项目获得经费支持1080万元。

三、文化广播电视体育事业费支出

2001—2010年,三门峡市文化体育与传媒共支出108410万元。其中,2001—2006年文体广播事业费支出47257万元,2007—2010年文化体育与传媒支出61153万元。

2001—2005年,三门峡市文体广播事业费支出分别为3994万元、5138万元、6834万元、7912万元、10265万元,按照国家有关政策规定和领导批示,逐年加大对文体广播事业的投入力度,加强专项经费管理,促进文体广播事业等事业发展;进一步加强文物保护专项补助资金管理,增加对文物保护的投入。

2006年,文体广播事业费支出13114万元,较上年增长27.8%。其中,市级财政安排10万元配套资金,落实20户以上已通电自然村收听收看广播电视目标;安排虢国车马坑陈列馆房屋修缮费13万元;市博物馆公厕建设费5万元。当年,争取省级财政资金对县级文化馆和图书馆建设补助专项资金30万元,用于卢氏县"两馆"建设;争取乡村特色文化活动经费63万元,用于各县(市、区)乡村文化设施建设;争取省级补助64万元,用于中央一套广播无线发射系统设备更新;争取省级财政补助28万元,其中10万元用于市档案局办公楼修缮,18万元用于档案抢救和补助费用;争取省级财政补助59万元,用于全市"科普惠农"建设经费;争取体彩公益金返还50万元,用于市体育场馆建设。

2007年,根据政府收支分类改革后新的预算编制体系,三门峡市财政安排文化体育与传媒支出

7438万元。当年,争取中央补助资金111.7万元、省级补助资金22.4万元,用于三门峡市农村文化信息资源共享工程建设。获中央补助25万元、省级补助10万元、市级财政落实配套资金10万元,确保“农村电影放映工程”的顺利实施。当年,三门峡市豫剧团排演的大型古装剧《虢都遗恨》进入2006—2007年度国家舞台艺术精品工程初选剧目。8月,市财政追加经费30万元用于《虢都遗恨》剧目的深精加工,以保证国家专家组的顺利验收,借文化平台提高三门峡的知名度。

2008年,三门峡市财政安排文化体育与传媒支出15519万元,较上年增长108.6%。当年,预算安排专项资金60万元,完成237个20户以上通电自然村广播电视“村村通”建设工程。年初,市财政部门结合实际,对“农村电影放映工程”所需资金进行测算,积极申请中央、省级补助资金,并安排30万元配套资金。同时,要求各县(市、区)按照比例足额安排配套资金。全市农村共放映电影15316场次,补贴资金165万元,基本实现“一个月一个村放一场公益电影”目标。安排资金112万元用于全民健身、训练比赛及奥运会经费等。向上争取“丝绸之路申遗”专项补助150万元,用于世界文化遗产“丝绸之路:长安—天山廊道路网”唯一一条道路遗址——河南省三门峡市境内的崤函古道石壕段遗址的保护。争取省级文物保护和抢救补助经费65万元,对三门峡市博物馆、虢国博物馆、陕县安国寺、渑池县八路军兵站旧址、卢氏县城隍庙等文物单位给予保护和抢救维修。争取到国家重点档案抢救和保护补助费23万元,为陕县专员公署旧址、渑池县委旧址、渑池县人民民主政府旧址、灵宝县委旧址4个档案项目成功申报国家重点档案项目提供了物质保证。新增经费10万元,对重点档案进行抢救和保护。在市级财力紧张的情况下,追加市档案馆专项经费4万元,用于解决房屋维修;追加市地震局专项经费10万元,用于落实“十五”数字地震网络项目建设。当年,三门峡市实施行政村文化信息资源共享与农村党员干部远程教育基层点共建工程,将省级购置共享工程设备款35万元全部下达各县(市、区),由各县(市、区)根据当地实际,按每个“共建工程”0.6万元标准,自行组织政府采购,建成农村远程教育中心200个。

2009年,三门峡市财政安排文化体育与传媒支出22944万元,较上年增长47.8%。当年,争取中央补助文化体育与传媒事业发展专项资金270万元,用于全市图书馆、体育馆、广播电台、电视台等单位基础设施维修改造与设备购置;安排资金29.6万元,在全市范围内组织72场“送文化下乡”演出活动,进一步丰富了农村群众文化生活。市级安排33万元配套资金,并要求各县(市、区)按照比例足额安排配套资金,继续落实“一个月一个村放一场公益电影”的目标。安排资金115万元,用于全民健身、训练比赛及六运会经费等;落实国家重点档案抢救和保护补助费51万元,用于档案事业费。

2010年,三门峡市财政安排文化体育与传媒支出15252万元,较上年下降33.5%。当年,安排市直文化和新闻出版系统预算资金153万元,用于支持文化单位日常经费及文化市场执法检查、“扫黄打非”、文化产业、群众文化活动、文物普查和保护等专项经费支出;安排市科协科普活动经费50万元,用于科普知识下乡活动经费;安排“舞台艺术送农民”活动经费26.5万元,下乡演出71场次、覆盖43个乡镇;安排资金90万元,用于广播电视“村村通”建设;在巩固完善已建广播电视“村村通”工程基础上,补贴资金34.1万元,完成20户以上已通电视自村广播电视“村村通”工程47个;安排“农村电影工程”资金243.6万元,在全市1015个行政村放映公益电影12180场次;投入资金876万元,推进“农家书屋”和乡镇综合文化站建设,建成“农家书屋”438个;落实专项补助资金140万元,为14个乡镇综合文化站购置了设备;安排文物保护经费86万元,推动文化遗产保护工作,丰富和充实了全市旅游景点的文化内涵;安排资金117万元,用于全民健身、运动会训练参赛经费以及全市体彩园工程和豫西体育走廊建设经费。当年,三门峡市博物馆、灵宝市博物馆、渑池县博物馆、渑池八路军兵站纪念馆实行完全免费开放。

四、计划生育事业费支出

2005年,结合上级财政计划生育投入体制改革和三门峡市计划生育“三到位”工作目标,市财政除了正常安排计划生育事业费,还向上级争取计划生育专项拨款补助268.1万元。按照省里要求,市财政局联合市人口和计划生育委员会,建立全市农村部分计划生育家庭奖励扶助制度,加大对计划生育家庭扶助力度,使计划生育事业费在计划生育和妇幼健康保障方面发挥出最大的社会效益。当年,全市筹集资金113.9万元,对农村夫妇年满60周岁以上的计划生育家庭进行奖励扶助。

2006年,在收支矛盾日益突出、硬性支出缺口较大的情况下,压缩其他开支,按人均1.5元标准足额安排市本级计划生育事业费333万元,确保计划生育经费投入到位。根据国家政策,向全市2662个计划生育家庭奖励扶助对象发放独生子女光荣证及奖励扶助金156.72万元。当年,三门峡市财政局获"全国农村计划生育家庭奖励扶助制度"和"少生快富"工程试点工作先进单位称号。

2007年,三门峡市财政按人均1.6元标准,足额安排市本级计划生育事业费352万元。其中,用于市计生委二级机构人员工资及公用经费73万元和项目支出279万元。预算执行过程中,按照省、市政策要求,当年人均计划生育投入由1.6元调增至1.8元,市财政及时追加预算44万元,确保计划生育经费投入的足额到位。此外,还向上级争取计划生育事业费426.6万元,较上年增加44.7万元。

2008年,三门峡市财政按人均2.1元标准足额安排市本级计划生育事业费462万元,用于"四项手术"配套、独生子女父母奖励、乡所建设补助、农村部分计划生育家庭奖励扶助等支出。市县两级财政共安排资金107万元,对55~59岁扶助对象实施计划生育扶助奖励。

2009年,在财政收支矛盾突出、硬性支出缺口较大的情况下,三门峡市计划生育事业费仍达到人均2.45元,高于当年目标人均2.4元的标准。

2010年,三门峡市财政按人均2.7元标准安排计划生育事业费618万元,其中用于项目支出522万元。投入资金23万元,为乡镇卫生与计生服务中心购置设备,提升乡镇卫生与计生服务中心的技术水平和综合服务能力;投入资金64万元,对农村年满55~59周岁的计划生育夫妇按人均300元/年的标准予以奖励扶助。

第四节　行政运转支出

一、行政经费支出

行政经费支出是行政单位在业务活动中发生的各项支出。属于财政支出要素的重要一项。包括为开展业务活动发生的所有支出,如工资及福利费、公务活动费用、设备的修缮费等;经费支出的来源主要是财政或上级部门的拨款,拨入经费之间有着某种对应关系;经费支出需要单独核算,并向财政或上级部门单独列报;经费支出的开支范围和开支标准都有具体规定,行政单位必须按规定的范围和标准办理支出。

(一)差旅费

1.住宿费

2001年1月至2008年3月,三门峡市出差人员的住宿费按照市财政局1996年5月1日印发的《关于三门峡市直机关、事业单位工作人员差旅费开支的规定》(三财行事字〔1996〕2号)标准执行:三门峡市对出差人员的住宿费实行限额凭据报销的办法,按职务级别及出差地点,实行不同的报销标准,其中正、副处长及相当职务以下人员均按一般地区每人每天40元(县级以下)或每人每天50元(市、地以上),深圳、珠海、汕头和海南等特殊地区每人每天70元,按出差的实际住宿天数计算报销。实际住宿费超过规定的限额标准部分,不予报销。由接待单位免费接待或住在亲友家,无住宿费收据的,不予报销。2008年4月1日,三门峡市重新修订了差旅费规定,出差人员的住宿费实行规定等级标准内凭据报销,按出差实际住宿天数计算,超出规定等级标准的部分由个人负担。出差人员无住宿发票的,一律不予报销住宿费。住宿费规定报销标准为:正市长、副市长及相当职务人员,住宿标准 300 元,其余人员 150 元。

2. 交通费

2001 年 1 月至 2008 年 3 月,三门峡市出差人员的交通费按照三门峡市财政局 1996 年 5 月 1 日印发的《关于三门峡市直机关、事业单位工作人员差旅费开支的规定》(三财行事字〔1996〕2 号)执行:三门峡市对出差人员的交通费开支标准,按照职务等级选择乘坐火车、轮船、飞机等交通工具的等级,乘坐其他交通工具据实报销,其他交通工具不包括出租小汽车。从严控制出差人员乘坐飞机,出差路途较远或出差任务紧急的,经单位厅(局)领导、基层处(局)级单位领导批准方可乘坐飞机。乘坐火车符合规定可买卧铺票而不买卧铺票的,按本人实际乘坐的火车硬席座位票价(另外加收的空调费用不计入座位票价之内)的下列比例计发给个人补助费:乘坐火车慢车和直快列车的,分别按慢车和直快车硬席座位票价的 60% 计发;乘坐特快列车的,按特快列车硬席座位票价的 50% 计发;乘坐新型空调列车和新型空调直达特快列车的(均扣除另外加收的空调费用),分别按新型空调特快列车和新型空调直达列车硬席座位票价的 30% 计发。符合乘坐火车软席卧铺条件的,如果改乘硬席位,也按上述规定的硬席座位票价的比例计发。2008 年 4 月 1 日,根据三门峡市重新修订的差旅费规定,出差人员按照规定等级乘坐交通工具,凭据报销城市间交通费,超支部分自理。出差路途较远或出差任务紧急的,经单位主要领导批准可乘坐飞机。副市长以上以及相当职务人员出差,因工作需要,随行一人可以乘坐火车软席或轮船二等舱、飞机普通舱。往返机场的专线客车费用、民航机场管理建设费和航空旅客人身意外伤害保险费(限每人每次一份),凭据报销。乘坐火车,从当日晚 8 时至次日晨 7 时乘车 6 小时以上的,或连续乘车超过 12 小时的,可购同席卧铺票。符合规定而未购买卧铺票的,按本人实际乘坐火车硬座票价的 80% 给予补助。可以乘坐软卧而改乘硬卧的,不再给予补助。工作人员出差可以乘坐全列软席列车。全列软席列车设有二等软座的,副局(处)长及以上人员,可以乘坐一等软座,凭票报销;科级及以下人员可以乘坐二等软座,凭票报销。乘坐全列软席列车,从当日晚 8 时至次日晨 7 时乘车 6 小时以上的,或连续乘车超过 12 小时的,可以乘坐软卧。符合乘坐软卧规定而改乘软座的,按本人乘坐软座票价的 40% 给予补助。

3. 市内交通费

2001 年 1 月至 2008 年 3 月,三门峡市出差人员的市内交通费按照三门峡市财政局 1996 年 5 月 1 日印发的《关于三门峡市直机关、事业单位工作人员差旅费开支的规定》(三财行事字〔1996〕2 号)执行:三门峡市对出差期间的市内交通费实行包干办法,按出差的自然(日历)天数计算。工作人员出差期间,不分职务,在外省及本省市、地以上城市(不含郑州市),每人每天发市内交通费 3 元,包干使用,不再凭据报销市内交通费。2008 年 4 月 1 日,根据三门峡市重新修订的差旅费规定,出差人员的市内交通费按出差自然(日历)天数,实行定额包干。包干标准为:市属各县(市、区)每人每天 10 元,市外每人每天 20 元。出差人员由所在单位、接待单位或相关单位免费提供交通工具的,应如实申报,单位不再发放市内交通费。

4. 伙食补助费

2001 年 1 月至 2008 年 3 月,三门峡市出差人员的伙食补助费按照三门峡市财政局 1996 年 5 月 1 日印发的《关于三门峡市直机关、事业单位工作人员差旅费开支的规定》(三财行事字〔1996〕2 号)执行:三门峡市对出差期间的伙食补助费实行包干办法,按出差的自然(日历)天数计算。不分途中和住勤,每人每天补助标准为:到省外出差的,一般地区 15 元,特殊地区 20 元(指深圳、珠海、厦门、汕头市和海南省,下同),按在特殊地区的实际住宿天数计发伙食补助费,在途期间按一般地区标准计发伙食补助费。在省内出差的不分市、地、县每人每天补助 10 元。夜间乘坐长途汽车、轮船最低一级舱位(统舱)超过 6 小时的,每人每夜按此标准,加发一天伙食补助费。到基层单位实(见)习、工作锻炼(含挂职带工资锻炼)支援工作、各种工作队(包括扶贫、社教、救灾、支持建设小康村、整建党、整顿后进村领导班子等工作队(组)、防疫、医疗队以及从事课题实验和现场设计等人员，在基层工作时间在6个月(含6个月)以内的，其伙食补助费每人每天4元；在基层工作时间在6个月以上的，6个月以上时间每人每天补助24元。为鼓励出差人员乘坐火车，不乘飞机，以节约开支，并鉴于在途期间伙食费用较高等原因，在途期间，连续乘车超过12小时(含12小时)的，可凭车票每满12个小时，加发20元伙食补助费。出差人员在飞机、舰艇上工作，必须吃空勤灶、舰艇灶的，除个人负担2元外，差额部分可凭证明回所在单位报销。2008年4月1日，根据三门峡市重新修订的差旅费规定，出差人员的伙食补助费按出差自然(日历)天数实行定额包干。包干标准为：市属各县(市、区)出差每人每天20元；省内市外出差每人每天30元，省外出差每人每天50元。为鼓励出差人员乘坐火车，节约支出，出差人员连续乘车超过12小时(含12小时)的，可凭车票每满12小时加发50元伙食补助费。

(二)会议费

2001—2010年，三门峡市市级会议费管理按照三门峡市财政局1998年5月3日印发的《三门峡市市级会议费管理办法》(三财行事字〔1998〕第9号)文件中的具体规定执行。

1. 严格会议审批制度。市直各部门原则上一年只召开一次全市性工作会议，会议只开到县一级，不扩大到乡一级。会议采用分口审批的办法，按隶属关系，分别由市委办公室和市政府办公室审核。各部门召开全市性工作会议，必须在预定会期15天之前，将会议的内容、时间、地点、规模等按隶属关系报市委办公室或市政府办公室审核。经批准召开的会议，分别由两个办公室签发“会议通知单”，否则财政部门不予核拨经费。

2. 实行会议费人和限额包干。根据会议类别，对会议伙食费和住宿费采用包干管理的办法，其他经费视情况另行核定。市级一类会议(中共三门峡市代表大会、市人代会、市政协全会、市劳模会)，会议经费由财政部门按照批准的会议天数，代表人数和工作人员数(工作人员含警卫人员，控制在代表人数的20%以内)每人每天会议食宿费包干限额为110元(含与会代表自缴部分每人每天5元)；市区内代表、委员不安排食宿，每人每天发给30元生活费(免收自缴部分)；市委、市政府的重要会议，参照一类会议限额标准执行。市级二类会议即市直各部、委、办、局召开的一年一次的全市性工作会议，每人每天会议食宿费包干限额为105元(含与会代表自缴部分每人每天5元)，工作人员控制在与会代表人数的15%以内。实行与会代表缴费制度，凡在会议食宿的代表和工作人员，每人每天缴纳伙食费5元(无工资收入者和农民代表除外)。其他会议，即市直各单位召开的本系统业务会议及各种协会、学会等会议，其经费财政一律不予负担，由单位自行解决。

3. 实行会议接待单位动态定点管理。以服务优质、价格合理、经费节约为原则，选择一批中档宾馆、招待所作为市级会议定点单位。要认真执行会议限额标准，严格会议结算制度，保证会议开好。财政部门每年组织市直单位对会议定点接待单位进行评议，并根据评议结果实行接待单位动态定点管理。

4. 严格会议结算制度。为便于会议经费的管理与考核，会议费采用逐次结算的办法。会议定点接待单位要按照会议实际支出情况，出具会议伙食费、住宿费、场租费等分项开支发票作为会议承办单位财务部门核销依据。对不合要求的发票，单位财务部门不得核销；对非会议支出，会议承办单位不得在会议费中列支，也不得以任何方式转嫁给下属单位；对于弄虚作假者，财政部门要相应扣减单位经费。

5. 改革会议餐饮制度。针对会议实行的大桌饭存在着费时、价高、不卫生及浪费等弊端，本着节约、卫生的原则，自发文之日起，在会议定点接待单位实行自助餐方式。

6. 加强会议费支出管理。一是严格控制会议时间和规模。凡能通过发文、登报或电话会议可以解决问题的就不召开会议；必开不可的会议，会议时间除有国家规定的以外，一般应控制在一天(净会议时间)以内，会议代表人数一般应控制在每县(市、区)三人(含司机)以内，几个单位联合召开会议的，原则上一个相关单位只能派一人参加会议，一个县只限带一辆车，会议驻地代表一律不安排食宿；除符合规定比例的会议工作人员外，对超规定人数参加会议者和非会议人员驻会者，费用一律自理。二是各类会议均不得租住宾馆、招待所准备会议材料和做会前筹备工作；除市委、市政府批准召开的现场会外，其他会议不得到基层召开；会议期间不得巧立名目，借开会之机用公款大吃大喝，不得组织游览和与会议无关的参观活动，不得以任何名义发放礼品和纪念品。三是经批准的表彰活动，原则上不召开会议，可通过报纸、广播、电视等新闻媒介或发文进行表彰，先进材料印文下发。四是严禁召开和承办“片会”。根据河南省委、省政府《关于认真贯彻〈中共中央办公厅、国务院办公厅关于严格控制党政机关召开“片会”的通知〉的通知》精神，市直各部门不得召开、承办纯属轮流做东的“片会”，也不得派人赴外地参加此类会议。五是赴外地（含到县）参加会议，除通知明文规定食宿自理的会议以外，与会人员除来回途中按差旅费规定报销和领取补助外，不得再回单位报销和领取会议期间的住勤补助（含市内交通费）。六是对承办上级部门召开的会议，原则上谁开会，谁拿钱，市级财政不予弥补，所形成的支出也不得在单位正常经费中列支。七是实行会议支出情况反馈制度，主办会议单位，要在会后20日内将“市级单位会议费支出情况反馈表”据实填报后报市财政局。

二、专项行政经费支出

专项行政经费支出是指上级财政及市级财政为促进事业发展，保障中央、省和市安排的重要项目、政策的有效落实，以及为提高贫困县（市、区）政法部门保障水平而安排的各种专项经费。对专项行政经费，各级财政必须专款专用，不得截留、挪用，并接受上级财政及主管部门的监督检查。三门峡市行政单位专项经费主要包括公检法系统专项经费、特殊疑难信访问题专项资金、旅游建设项目专项资金、化解社会矛盾专项资金等。

（一）公检法系统专项经费

1. 政法补助专款管理

政法补助专款是为帮助贫困地区提高公安部门、检察院、法院、司法行政部门的经费保障水平，实现地区间政法部门工作环境和工作条件的基本平衡，由中央、省、市三级财政对基层公检法司机关的专项转移支付经费，包括装备购置专款和维修专款。1998年起，中央、省开始对三门峡市有关贫困县（市、区）给予政法专款补助。2001年起，实行每三年一个规划期的项目补助专款管理，截至2010年底已圆满执行近三个规划期。三门峡市财政局根据省财政下达的各县（市、区）预分配数额，组织各县（市、区）编报装备、维修专款项目规划，经河南省财政厅、财政部批复后，积极落实市级配套资金。为保证三门峡市政法补助经费的专款专用，提高资金的使用效益，三门峡市财政局将各级政法装备专款及时拨付各县（市、区），属于市本级的直接转入市财政局资金专户，委托由各政法部门自行按照政府采购法相关规定采购；项目实施完成，对各政法部门提供的中标通知书、供货合同、发票复印件、验收单核对无误后，由财政部门直接将装备购置资金支付给供应商，最大限度地防止腐败行为的发生，保证资金的安全。政法维修专款以指标文件形式拨到基层政法机关，由基层政法机关按照规划的维修项目落实执行，市级财政部门及相关部门将不定期予以督查核实。由于三门峡市政法补助专款管理的严谨细致，三门峡市财政局连续6年被河南省财政厅评为“政法补助专款项目管理先进单位”。1998—2010年，上级共补助三门峡市基层政法机关政法补助专款99121万元。其中：1998年210万元，1999年256万元，2000年1985万元，2001年2566万元，2002年10456万元，2003年10456万元，2004年10456万元，2005年10456万元，2006年10456万元，2007年10456万元，2008年10456万元，2009年10456万元，2010年10456万元。

2. 办案补助专款管理

办案补助专款主要是上级对基层公检法机关办案经费的补助，1998—2010年，上级共补助三门峡市基层公检法机关办案专款53505.5万元。其中：1998—2000年补助1225.5万元，2001—2005年补助26140万元，2006—2010年补助26140万元。办案补助专款的及时拨付，缓解了三门峡市基层公检法司机关办案经费紧张的矛盾，提高了大案、要案的侦破率。

3. 贫困县干警服装经费管理

2004年,为加强全市公安机关人民警察服装及标志经费管理,保障公安机关人民警察服装的供应,根据河南省财政厅、省公安厅《关于全省公安民警服装及标志经费管理问题的通知》(豫财行〔2004〕250号)规定,三门峡市公安民警警服及标志经费,实行分级负担、统一管理。即市本级公安民警服装及标志经费由市财政解决,国家级贫困县卢氏县公安民警服装及标志经费由省财政解决,其他县(市、区)公安民警服装及标志经费,由本县(市、区)级财政解决。2005年起,贫困县法院、检察院编制内人员服装及标志经费同公安系统一样,统一由省财政负担。

4. 政法机关公用经费保障

2005年11月,三门峡市财政局根据财政部《关于进一步做好公安派出所经费保障工作的通知》精神,三门峡市公安派出所公用经费按在编人员计算,标准按照高于一般行政机关3倍计算。公用经费尽量向派出所倾斜,每个派出所每年公用经费总额不低于5万元,凡达不到的,从省转移支付资金中安排补足,已达到标准的不得减少。

为贯彻中共中央转发《中央政法委员会关于深化司法体制和工作机制改革若干问题的意见》(中发〔2008〕19号)和《中共中央办公厅、国务院办公厅印发〈关于加强政法经费保障工作的意见〉的通知》(厅字〔2009〕32号)精神,为建立"明确责任、分类负担、收支脱钩、全额保障"的政法经费保障体制,完善分项目、分区域、分部门的政法经费保障政策,充分发挥政法经费使用效益,进一步提高政法经费保障水平,根据财政部关于印发《政法经费分类保障办法(试行)的通知》(财行〔2009〕209号)有关规定,河南省制定了《河南省政法经费分类保障办法(试行)》,人民法院、人民检察院、公安机关、司法行政机关是政法经费的使用单位。

政法经费是指由各级财政安排的用于市、县(市、区)政法机关的人员经费、日常运行公用经费、办案(业务)经费和业务装备经费。政法机关的各项经费按有关规定由同级财政予以保障。根据政法机关特点,各级财政部门按照国家有关规定及该保障办法分别承担市、县(市、区)政法经费的相关保障责任,确保政法机关履行职能的需要。

人员经费是指用于政法机关的各项工资福利支出及对个人和家庭的补助支出。根据政法机关工作特点,政法机关公用经费划分为日常运行公用经费和办案(业务)经费两类。日常运行公用经费,主要是指维持政法机关正常运转所需的各项开支。县级政法机关日常运行公用经费,由县级财政按照省级财政部门会同省级政法部门制定的基层政法机关日常运行公用经费保障标准予以保障。市级政法机关日常运行公用经费,由市级财政根据当地经济社会发展状况、本级财力水平以及政法机关上年实际支出水平等情况予以保障。

办案(业务)经费的保障范围按照财政部与中央各政法机关确定的办案(业务)费开支范围执行。县级政法机关办案(业务)经费按照省级制定的基层办案(业务)经费标准,由中央、省级和县级财政共同予以保障。市级政法机关办案(业务)经费,除维稳任务重及经济困难的市级政法机关办案(业务)经费由中央、省级和市级财政共同负担外,原则上由同级财政予以保障。

政法经费的管理与使用。各级财政部门和政法机关按照分工负责、通力合作、密切配合的原则,共同做好政法经费管理工作,确保分项目、分区域、分部门的政法经费分类保障政策的有效实施。各级财政部门应当按照国家有关规定及本办法制定政法经费保障政策,做好政法经费保障工作,及时分配、下达和拨付财政资金,加强资金监管和政府采购动态跟踪管理,监督检查政法经费保障政策落实及资金使用情况。市、县级财政按照本办法规定的政法经费保障机制,负责保障同级政法机关的人员经费和日常运行公用经费,保证政法机关正常运转;负责落实应由本级承担的办案(业务)经费和业务装备经费;按照规定的用途将中央和省级财政安排的政法转移支付资金纳入各级政法机关部门预算;组织开展政法业务装备的政府采购工作;会同政法部门组织开展基层政法机关基础数据统计、上报工作;督促同级政法机关按照规定用途使用各项资金,组织开展本级政法经费绩效考评工作,及时向省级财政部门报告政法经费保障和管理使用情况。

2008年,三门峡市按照上述办法,公用经费标准按照在编在职人员每人每年不低于1.6万元安排,财力不允许的,可三年执行到位。截至2010年底,三门峡市6个基层公安机关中,保障标准最高的义马市每人每年2.45万元,最低的卢氏县每人每年1.6万元,全部达到保障标准;6个基层检察院中,标准最高的义马市每人每年2.56万元,最低的卢氏县每人每年1.6万元,全部达到保障标准;6个基层法院中,经费保障标准最高的灵宝市每人每年2.1万元,最低的卢氏县每人每年1.5万元,全部达到保障标准;6个基层司法机关中,经费保障标准最高的义马市每人每年1.8万元,最低的卢氏县每人每年1.5万元,也全部达到保障标准。

2006年,三门峡市财政拨付全市政法机关公用经费15322万元;2007年拨付18522万元,比上年增长20.9%;2008年拨付21334万元,比上年增长15.2%;2009拨付23089万元,比上年增加8.2%;2010年拨付27674万元,比上年增加19.8%。

5.涉法涉诉救助资金

为切实做好涉法涉诉信访案件当事人特殊困难的救助工作,促进疑难案件的解决,保障人民群众合法权益,维护社会公平正义,体现司法为民宗旨,三门峡市财政局从2006年起,每年安排司法救助资金20万元,用于救助涉法涉诉信访案件当事人的特殊困难。该项资金实行专户管理、封闭运行,专款专用、滚存使用。2006年救助8起涉法涉诉案件,拨付救助资金13万元;2007年救助7起,拨付救助资金15万元;2008年救助6起,拨付救助资金11万元;2009年救助9起,拨付救助资金16万元;2010年救助8起,拨付救助资金14万元。

6.法律援助经费

法律援助经费主要是为了解决法律援助机构承办法律援助事项及开展法律援助工作的必要费用支出。2005年起,根据《三门峡市法律援助经费管理暂行办法》,法律援助经费主要用于法律援助专职人员办案成本费、办案定额补贴、超过核定义务量承办案件的法律服务费用补贴、仲裁费用和鉴定费用、印制法律援助业务文书费用、法律援助接待咨询、档案管理、宣传、培训理论调研费用及表彰奖励费用等。三门峡市法律援助案件定额补助标准为:在三门峡市区及所属县内办案的,刑事法律援助案件每件补助400元;民事、行政、刑事自诉和非诉讼法律援助案件补助500元。在河南省辖市内跨县(市)办案的,刑事法律援助案件每件补助500元;民事、行政、刑事自诉和非诉讼法律援助案件每件补助600元;跨省辖市办案的,每件补助800元;跨省办案的,每件补助1000元;律师超过核定义务量承办案件的法律服务费用补贴,按照每件办案定额补贴标准再增加补助人民币200元。2005—2010年,三门峡市基层司法机关法律援助办案经费各级支出补助420万元。

(二)特殊疑难信访问题专项资金

为了贯彻落实中央决策部署,推进化解信访突出问题,河南省财政厅和省信访局制定了《解决特殊疑难信访问题专项资金管理暂行办法》(豫财行〔2010〕12号),对特殊疑难信访问题专项资金作出具体规定:一是建立信访专项资金,旨在积极推动解决长期积累、久拖未决、难以划分责任主体的特殊疑难信访问题,特别是事关民生的“无头案”“钉子案”“骨头案”等特殊疑难信访个案实施适度救助。二是解决特殊疑难信访问题,要坚持属地管理、分级负担,谁主管、谁负责,依法、及时、就地解决问题与疏导教育相结合原则。三是信访专项资金使用坚持专款专用的原则,就是信访专项资金应专项用于解决特殊疑难信访个案,不得挤占和挪用,尤其不得用于部门的日常运行和自身建设。严格使用范围,对确属特殊疑难信访个案且当事人生活确有实际困难的,才能给予救助,解决其基本生活保障。确保“案结事了”,要把信访专项资金的使用与落实政策、化解矛盾、疏导教育等多种措施相结合,确保每使用一次专项资金就必须结案一件,每结一案都要有责任人签字,对“案结事了”息诉息访负责。加强内部监督,信访专项资金使用应按照“谁用谁负责”的原则,建立科学的决策程序和严格的监管制度,加强内部监督。四是主要解决的范围是难以划分和落实责任主体,长期积累、久拖未决的信访个案,解决诉求合理,但没有明确规定或客观条件不具备,一时难以解决的信访个案。解决跨地区、跨部门、跨行业和人事分离、人户分离、人事户分离等涉及多个责任主体的信访个案。解决诉求,解决问题的客观依据缺失,但信访人生活确有实际困难,且属于民政部门救济范围之外或救济措施难以落实的信访个案。五是信访资金主要以市、县为主筹集,中央、省财政根据各地区社会发展和财政状况予以适度补助。中央、省补助资金的分配原则是:公平、规范、实效,充分调动地方积极性。在兼顾公平的前提下,重点支持财政比较困难的地区。对中央补助资金采用"因素计算法"进行分配,主要根据各地特殊疑难信访问题数量、信访总量的大小、总人口的多少,并综合考虑各地经济社会发展状况,考虑各因素的权重,确定补助各地的资金数量,中央、省补助资金,按照中央、省、市、县1∶1∶1∶2的比例进行配套,省直管县补助资金的市级配套部门由省财政统一安排,确保每解决一案,使用中央补助资金的比例不得超过20%。2010年上级拨付三门峡市198万元,市财政配套99万元,全部资金的80%下拨各县(市、区)使用,解决了长期积累、久拖未决、难以划分责任主体的特殊疑难信访问题,有力地维护了三门峡市经济社会的稳定。

(三)旅游建设项目专项资金

为进一步发挥旅游奖励资金的引导、带动作用,鼓励各县(市、区)和旅游企业积极开拓入境和国内旅游市场,全面繁荣三门峡市旅游经济,根据《河南省人民政府关于应对金融危机进一步促进经济平稳较快增长的通知》(豫政〔2009〕30号)及《河南省财政厅、河南省旅游局〈关于印发河南省旅游奖励资金管理暂行办法〉的通知》(豫财办行〔2009〕110号)精神,依据旅游产业发展需要及财政预算管理的有关规定,结合实际情况,制定了《三门峡市旅游奖励资金管理暂行办法》,旅游奖励资金由市级财政统筹安排。旅游奖励资金属于财政专项资金,必须专款专用。旅游奖励资金实行奖励项目申报管理:外地旅行社向三门峡市输送客源,当年度人数累计达到1500人次(含1500人次)的,奖励1万元,在此基础上,每增加1人,奖励10元;累计达到2000人次的,奖励3万元,在此基础上,每增加1人奖励15元;组织海外旅游包机一次奖励组团旅行社3万元,组织国内旅游包机一次奖励组团旅行社2万元。组织旅游专列一次奖励组团旅行社1.5万元,组织旅游大巴团队一次奖励组团旅行社1万元。三门峡市自联地接旅行社:年接待外地游客累计达到600人次(含600人次)的市内旅行社,奖励5000元,在此基础上,每增加1人,奖励8元;累计达到1000人次的,奖励1万元,在此基础上,每增加1人奖励10元;累计达到1500人次的,奖励2万元,在此基础上,每增加1人奖励15元。在此办法的激励下,三门峡市的主要景点如函谷关、豫西大峡谷、三门峡大坝游客剧增,2010年比2009年来峡人数增长235%。同时新建了黄河公园、白天鹅城市湿地公园、仰韶大峡谷等具有带动作用旅游景点。2009年,三门峡市财政投入奖励资金215万元,2010年投入360万元。国家旅游发展基金补助地方项目经费,此项资金简称旅游专项资金,是国家补助中西部地区旅游景区基础设施、公共服务设施建设及完善的项目经费,由中央财政通过专项转移支付,具有宏观导向性和激励性。该项资金的拨付方式是先由市、县财政局、市旅游局对申报项目进行审查、筛选后报河南省财政厅、旅游局批准,下达补助经费。2004年三门峡市财政拨付上级旅游专项资金65万元,用于甘山森林公园和仰韶大峡谷改造建设;2007年拨付20万元用于仰韶大峡谷建设;2008年拨付80万元用于陕州公园等景区建设;2007—2009年拨付250万元用于天鹅湖国家城市湿地公园建设。

(四)化解社会矛盾专项资金

为加大处理社会矛盾的力度,切实缓和、化解重大群体性事件,最大限度增加和谐因素,进一步规范化解社会矛盾专项资金管理,根据财政部《行政单位财务规则》和三门峡市委、市政府《关于加快和谐社会建设的意见》(三发〔2007〕8号)等文件精神,结合三门峡市实际,市财政部门制定了《化解社会矛盾专项资金管理办法》。

办法明确指出：一是化解决社会矛盾专项资金是专项用于化解社会矛盾、促进社会和谐的具有特定用途的专项资金。二是专项资金管理使用的基本原则是：量入为出，收支平衡；突出重点，合理使用；注重资金社会效益。三是财政、审计等部门应加强对专项资金的管理和监督，确保资金使用的透明度和合法性、公正性，切实防止资金滥用。凡违反办法，致使专项资金遭受损失的，应视其具体情况，对相关责任人给予行政纪律处分；情节严重的，相关责任人应承担相应民事赔偿责任；触犯法律的，应追究其刑事责任。四是专项资金的筹集和管理。专项资金的筹集采取多种形式，主要由财政拨款和接受社会捐款两种形式。财政拨款资金：根据中共三门峡市委、市政府《关于加快和谐社会建设的意见》（三发〔2007〕8号）精神，市财政安排的用于处理社会矛盾的专项资金。社会捐助：根据有关规定，从社会资金募集的各种处理社会矛盾的专项资金。五是专项资金由三门峡市化解社会矛盾专项资金管理使用领导小组负责管理和审批；财政部门设立专户，负责资金的审核拨付和财务监督。专项资金当年结余，结转下年作为专项资金安排的组成部分。六是专项资金的用途：诉求合理但难于确定责任单位的个人信访案件；对全市社会矛盾调研、协调、督办的工作经费以及和谐社会建设方面的奖励经费。七是专项资金的审批和使用。专项资金的使用，必须严格按照该办法及有关财经制度履行资金审批手续。专项资金的具体使用部门应当确保资金使用的真实性和公允性，防止资金被占用或挪用，并采取有效措施避免他人利用专项资金获取不正当利益。专项资金使用审批程序：市委、市政府需使用化解社会矛盾专项资金解决问题的，由财政部门根据有关规定直接支付。按照办法第八条规定使用专项资金时，5万元以下的，由具体使用部门写出书面报告，报领导小组组长审批后由市财政部门拨付；5万～10万元的，由具体使用部门写出书面报告，领导小组集体研究并经领导小组组长签字后，由市财政部门拨付；超过10万元的，经领导小组集体研究后，报市委、市政府批准，凡涉法涉诉案（事）件当事人因特殊困难需要救助的，按照涉法涉诉有关救助资金管理办法执行；用于"全市社会矛盾调研、协调、督办方面的工作经费"原则上不能超过专项资金收入总额的15%。对上述所有资金的支付，凡能够直接支付的，由财政部门直接支付。从2007年开始，每年财政安排专项资金223万元，2007—2010年共支出专项资金403万元，有效地化解了社会矛盾。

第五节　社会保障支出

社会保障制度是保障社会成员基本生活的重要手段，社会保障支出是财政一般预算支出的重要组成部分。2001—2010年，三门峡市财政部门先后建立和完善了城乡低保制度、养老保险制度、医疗保险制度、失业保险制度、就业再就业扶持、新型农村合作医疗、基本公共卫生服务等一系列社会保障制度，基本实现了三门峡社会保障网络的全覆盖。

一、抚恤和社会福利救济费支出

（一）救灾资金

从2001年起，三门峡市本级财政每年安排专项资金，解决受灾群众的生产生活问题。2001—2010年，共筹集资金1000余万元，用于解决受灾群众春荒期间救灾粮救济和冬令期间棉衣、棉被的购置。

（二）就业再就业扶持

2001—2010年，三门峡市筹措再就业资金3.2亿元，主要用于落实国有企业下岗职工补助资金、开发公益性岗位、安排"40""50"人员、落实农民工技能培训、企业小额担保贷款政策等。

（三）城乡低保制度

1. 城镇低保

1999年，国务院颁布《城市居民最低生活保障条例》(国务院令第271号),在全国实行城镇居民最低生活保障制度。三门峡市按照"先推广,后完善"的办法,逐步建立和完善了城市居民最低生活保障制度,即在职人员、下岗人员以及退休人员在分别领取工资、最低工资、基本生活费及退休金后,其家庭月人均收入低于最低生活保障标准的困难户,均可纳入城市居民最低生活保障体系。实施过程中,针对制度存在的问题,三门峡市做了进一步的完善和补充,先后下发了《关于进一步加强城市居民最低生活保障的意见》《三门峡市城市居民最低生活保障实施办法》等文件,对家庭收入审核、低保资金使用原则、专户管理、补助标准、社会化发放等方面作出明确规定,进行规范管理。经过不断的改革实践,三门峡市城市居民最低生活保障制度取得了明显成效,低保对象由2001年的9000余人增加到2010年的4.7万人,低保标准由2001年的每月标准120元提高到2010年的210元,财政投入由2001年的1025万元增加到2010年的8500万元。

2. 农村低保

农村税费改革后,国家开始建立和完善农村最低生活保障制度,2004年开始在全国推开。农村居民最低生活保障制度(简称"农村低保")是政府对家庭人均收入低于当地最低生活保障标准的农村贫困居民,按照保障标准进行差额救助的新型社会救助制度,是对农村特困户救助制度的完善和发展,是健全社会保障体制的重大举措。2005年,渑池县、义马市农村低保试点工作取得全面成功。2006年7月1日,根据三门峡市《农村最低生活保障暂行办法》精神,农村低保制度在三门峡市全面推行,农村低保对象每人每月最低补助标准不低于20元,其中省10元,市3元,其余由县级自筹。2006—2010年,全市农村低保对象由4万人增加到9万人,低保标准由2006年的924元/年提高到2010年的1320元/年,财政投入由2006年的2495万元增加到2010年的6877万元。

(四)五保供养

五保供养中的"五保"是指"保吃、保住、保穿、保医、保葬"。全省取消农业税后,为切实保障五保对象基本生活,实现省政府提出的规范五保管理和"应保尽保"的要求,三门峡市根据国务院《农村五保供养工作条例》和省政府《河南省农村五保工作办法》规定,对符合既无劳动能力也无生活来源且无法定扶养义务人或虽有法定扶养义务人但扶养义务人无抚养能力的老年人、残疾人和未成年人的五保供养对象,进行逐村逐户调查,确保所有符合五保条件的都纳入五保范围。五保对象的认定,严格按照个人申请、村民代表会评议、村民委员会申报、乡镇政府审核、县级民政部门核准的程序进行。各县(市、区)按要求建立五保对象台账,并将全市符合五保供养条件对象人员的基本情况录入电脑,建立数据库,做到随时掌握每位五保对象的基本情况。对集中供养的五保对象,与负责供养的养老院签订入院协议,明确相关责任和义务;对分散供养的五保对象,则由村委会或受委托的扶养人和五保对象签订供养协议,约定各自的权利和义务,落实服务责任和帮扶措施。同时,三门峡市民政局和市财政局联合下发《关于进一步加强和规范农村五保供养工作的通知》(三民救〔2004〕12号),对五保供养标准的制定、经费的落实作出了明确规定,三门峡市五保供养经费从2005年起全部纳入财政预算。供养标准由集中供养不低于1200元/人·月、分散供养不低于1000元/人·月提高到2010年的集中供养不低于2000元/人·月、分散供养不低于1200元/人·月,财政投入也由2002年的240万元提高到2010年的1328万元。

二、社会保障补助支出

(一)社会保险基金管理

1998年以前,三门峡市企业职工养老保险基金、失业保险基金、工伤保险基金、生育保险基金、城镇职工居民医疗保险基金的管理,全部由劳动部门的社会保险经办机构具体实施。为确保基金安全和保值增值,根据河南省财政厅《企业职工基本养老保险基金实行收支两条线管理暂行规定》(豫财社字〔1998〕6号)精神,从1999年开始,三门峡市先后将企业职工基本养老基金、企业职工基本医疗基金、失业保险基金、工伤保险基金、生育保险基金纳入财政专户管理,实行收支两条线,社会保险基金的社会化发放率达到100%。

2001—2010年三门峡市企业职工基本养老保险基金收支统计表

表4　　单位:万元

年　份	基金收入	基金支出	基金结余
2001	13197	13074	16161
2002	14162	16529	18776
2003	17279	18152	22514
2004	20984	19278	28842
2005	25641	23998	35612
2006	36211	30704	48405
2007	39727	39702	56659
2008	48161	49971	60844
2009	61443	62770	62451
2010	75607	76480	68409
合　计	352412	350658	418673

(二)城镇职工医疗保险

2000年,根据国务院《关于建立城镇职工基本医疗保险制度的决定》(国发〔1998〕44号)精神,三门峡市财政局积极配合劳动部门,对全市所有行政事业单位公费医疗情况进行调查摸底,出台《三门峡市城镇职工基本医疗保险暂行办法》,2000年5月1日起执行。

2001—2010年三门峡市城镇职工医疗保险情况表

表5

年　份	参保人数(万人)	基金收入(万元)	基金支出(万元)	基金结余(万元)	享受人次(人次)
2001	18.90	3824	1522	2590	10215
2002	19.45	6862	3891	5561	13560
2003	19.45	8623	6141	8043	19548
2004	21.22	10701	7933	10811	24516
2005	22.28	11477	9250	13038	25014
2006	26.63	14574	9816	17796	26741
2007	27.37	23119	16651	24264	28754
2008	28.56	27420	19283	32401	29012
2009	29.02	26236	19157	39481	30125
2010	30.51	45178	27247	57182	31054
合　计		178014	120891	211167	238539

（三）城镇居民医疗保险

2007年7月10日，国务院《关于开展城镇居民基本医疗保险试点的指导意见》（国发〔2007〕20号）颁布，标志着继1998年开始实施的城镇职工基本医疗保险制度和2003年启动的新型农村合作医疗制度之后，全国的“全民医保”又迈出了坚实的一步。为更好地落实国务院精神，三门峡市出台《关于印发三门峡市城镇居民基本医疗保险暂行办法和大额医疗费补充保险暂行办法的通知》（三政〔2008〕30号），决定全市城镇居民医疗保险工作于2008年6月1日正式实施。2008年，城镇居民医疗保险基金收入2618万元，其中基本医疗保险费收入850万元，财政补助1768万元。基金支出257万元，全部用于基本医疗支付。当年，全市城镇居民医疗保险参保22.5万人。

2009年，城镇居民医疗保险基金收入3825万元，其中个人缴费465万元，财政补助3360万元。基金支出3380万元，全部用于基本医疗支付。当年全市参保24.4万人。

2010年，城镇居民医疗保险基金收入3683万元，其中个人缴费671万元，财政补助3012万元。基金支出2819万元，全部用于基本医疗支付。当年全市参保29万人。

（四）新型农村社会养老保险

按照加快适应覆盖城乡居民的社会保障体系的要求，逐步解决农村居民老有所养问题，国务院决定从2009年起开展新型农村社会养老保险（简称“新农保”）试点。2010年，三门峡市先后在卢氏县和灵宝市启动新农保试点工作。新农保试点工作的基本原则是“保基本、广覆盖、有弹性、可持续”：一是从农村实际出发，低水平起步，筹资标准和待遇标准要与当地经济发展和各方面承受能力相适应；二是个人家庭、集体、政府合理分担责任，权利与义务相适应；三是政府主导和农民自愿相结合，引导农村居民普遍参保；四是中央确定基本原则和基本政策，地方制定具体办法，对参保居民实行属地管理。参保范围：年满16周岁（不含在校学生），未参加城镇职工基本养老保险的农村居民，可以在户籍地自愿参加新农保。新农保基金由个人缴费、集体补助、政府补助构成。养老金待遇由基础养老金和个人账户养老金组成，支付终身。年满60周岁，不用缴费，可以按月领取基础养老金。新农保基金纳入社会保障金财政专户，实行收支两条线管理，单独记账核算，按有关规定实现保值增值。2010年底，三门峡市参保人员达到53万人。

（五）困难企业军转干部生活补助

为切实解决三门峡市部分困难企业军队转业干部生活困难问题，依据省、市相关文件要求，从2003年起，市财政以借款形式与困难企业主管部门签订借款协议，着力解决军转干部生活困难问题。补助标准：从2002年9月起，每人每月生活费500元；2003年7月起，每人每月补贴医疗费50元，用于军转干部医疗缴费。2004年3月，生活费调至每人每月826元，医疗费补助标准不变。2005年4月，在岗企业军转干部生活困难补助金调整为每人每月942元，企业退休军转干部退休金标准为826元，退休金差额部分由财政负担。2006年7月，在岗企业军转干部生活补助调整为每人每月1137元，企业退休军转干部退休金补助标准不变。2008年1月，在岗企业军转干部生活补助调整为每人每月1381元，企业退休军转干部退休金调整为每人每月856元，差额部分由财政负担。2008年10月，在岗企业军转干部生活补助标准调整为每人每月1982元，企业退休军转干部退休金调整为每人每月957元，差额部分由财政负担。2010年1月，在岗企业军转干部生活补助标准调整为每人每月2224元，退休企业军转干部退休金调整为1890元，差额部分由财政负担。医疗费标准调整为每人每月98元。2003—2010年，财政共拨付困难企业军转干部生活补助资金3000余万元。

（六）新型农村合作医疗

新型农村合作医疗（简称“新农合”）制度是由政府组织、引导、支持，农民自愿参加，个人、集体和政府多方筹资，以大病统筹为主的农民医疗互助共济制度。新农合重点解决农民患大病而出现的因病致贫、因病返贫问题，是中国社会保障体系中覆盖面积广、受益人口最多的一种基本医疗保障制度。

2003年,卢氏县被确定为全省首批农村新型合作医疗试点县。2003—2005年,该县为参合农民支付医疗资金1421万元,受益农民26万人次。

2006年,三门峡市新型农村合作医疗试点由卢氏县扩大到陕县和灵宝市,试点县(市)的农村人口每人每年财政补贴标准由20元提高到40元。2007年,新型农村合作医疗制度在全市全面铺开。财政部门在资金管理上采取"筹钱不管钱,管钱不用钱,用钱不见钱"的封闭运行模式,加强资金的跟踪问效和监督检查力度,确保不发生截留、挪用、挤占现象,充分发挥资金的使用效益,新型农村合作医疗试点工作取得了显著成效。

2006—2010年,全市新农合参保人数由2006年的105.8万人增加到2010年的154.6万人,财政投入由2006年的4200万元增加到2010年的18552万元。

(七)基本公共卫生服务

实施国家确定的基本公共卫生服务项目,是对城乡居民健康问题实施干预措施、减少主要健康危险因素、有效预防和控制传染病及慢性病、保障城乡居民获得最基本最有效的公共卫生服务、缩小城乡居民基本公共卫生服务差距、使城乡居民逐步享有均等化的基本公共卫生服务。2010年起,三门峡市在全市全面启动城乡基本公共卫生项目,积极探索农村医疗机构提供公共卫生服务项目运行机制。基本公共卫生服务项目主要包括以下9项:建立居民健康档案、健康教育、预防接种、传染病防治、儿童保健、孕产妇保健、老年人保健、慢性病管理、重大精神疾病管理。基本公共卫生服务项目,主要是通过城市社区服务中心站、乡镇卫生院、村卫生室等城乡基层医疗机构免费为辖区居民提供。经费标准按单位服务综合成本核定。

2010年,全市人均基本公共卫生服务经费为15元,其中,中央、省、市、县四级财政分别负担9元、3元、1元、2元。各级财政投入基本公共卫生资金3236万元。

第六节 其他财政支出

一、流通部门事业费支出

2001年,三门峡市流通部门事业费支出261万元,同比增长10.6%。主要用于消化粮食新增财务挂账、扶持"菜篮子""米袋子"工程、加强政策性粮油实物动态监管和清理核查供销社财务挂账。

2002年,三门峡市流通部门事业费支出260万元,同比下降0.38%。主要用于扶持"菜篮子""米袋子"工程和开展粮食流通体制改革执法检查工作,确保粮改政策全面贯彻落实。

2003年,三门峡市流通部门事业费支出410万元,同比增长57.7%。主要用于扶持"菜篮子""米袋子"工程、粮食企业及中小企业国际市场开拓等。

2004年,三门峡市流通部门事业费支出682万元,同比增长66.3%。主要用于扶持"菜篮子""米袋子"工程、支持中小企业国际市场开拓,保障欧洲投资贸易洽谈会、河南广东经济技术合作项目推介会经费等。

2005年,三门峡市流通部门事业费支出685万元,同比增长0.44%。主要是扶持"菜篮子""米袋子"工程,用于副食品风险资金、粮食购销企业改革补助、超储粮补贴,解决粮食购销企业"老粮"问题等。

2006年,三门峡市流通部门事业费支出933万元,同比增长36.2%。主要用于扶持"菜篮子""米袋子"工程、保障第十二届国家投资洽谈会、散装水泥专项经费等。

2007年,政府收支分类改革后,将流通部门事业费支出调整为商业流通事务支出,是工业商业金融等事务类级科目下的款级科目。当年,三门峡市商业流通事务支出575.4万元,加大对猪肉等副食品价格调控力度,稳定市场供应,确保"菜篮子""米袋子"工程顺利实施。初步建成全市农户信息数据库,“农户基础信息”“承包土地情况”“种粮情况”等30余项主要指标录入数据库,为制定农村工作政策提供可靠依据。

2008年,三门峡市商业流通事务支出661.7万元,同比增长15%。2—11月,拨付补助资金595万元,用于家电下乡试点阶段资金补助,全市累计销售家电下乡产品22038台(部),销售总金额3055.8万元。拨付屠宰环节病害猪无害化处理补贴资金14.2万元,拨付三门峡市商务局平抑春节猪肉价格补贴52.5万元。

2009年,三门峡市商业流通事务支出3882.7万元,同比增长4.87倍。其中兑付家电下乡产品补贴资金1562.7万元,兑付率99.3%,推动全市销售家电下乡产品68391台(部);兑付汽车摩托车下乡和汽车以旧换新补贴资金2070万元,兑付率99.3%,推动汽车摩托车下乡和汽车以旧换新产品14401辆,销售金额近10亿元;拨付服务业发展引导资金100万元,支持三门峡市物流业信息中心项目建设。拨付市场监管公共服务体系建设项目资金150万元。

2010年,三门峡市商业流通事务支出8609万元,同比增长1.27倍。其中,兑付家电下乡补贴资金4376万元,推动全市销售家电下乡产品151390台(部);兑付汽车摩托车下乡和汽车以旧换新补贴资金3835万元,兑付率100%,推动汽车摩托车下乡和汽车以旧换新产品26665辆,销售金额近10亿元。此外,还用于支持“万村千乡”市场工程农家店建设、新农村现代服务网络补助、服务业发展、市场监管与放心肉公共服务体系建设、农产品农超对接和农产品现代流通网络建设等。

二、政策性补贴支出

2002年,三门峡市开展粮食政策性补贴资金核查工作。核查重点是“甲子粮”“五〇六粮”,国家及地方专项储备粮油1992—1999年发生的各种费用、补贴使用情况等。当年,完成1991年政策性粮食挂账目标任务,争取省级补助款571万元。

2003年,三门峡市政策性补贴支出情况:拨付粮食风险基金包干补助资金897万元,国有粮食购销企业改革补助资金600万元,农民种粮补贴资金596万元,“甲子粮”“五〇六”储备粮油销售清算费用60万元,水库移民购粮补贴款59.2万元。

2004年,三门峡市进一步落实相关政策措施,继续深化粮食购销市场化改革,完善对农民的直接补贴机制,继续做好政策性补贴工作。拨付农民种粮补贴资金1323万元,筹措粮食风险基金569万元。根据市场粮食供求情况和省政府有关政策,积极稳妥处理粮食企业的“老粮”“老账”问题。

2005年,三门峡市政策性补贴支出情况:拨付种粮直接补贴资金1333万元,涉及84个乡镇、农场1328个行政村11414个村民组,受益农户399388户;拨付退耕还林粮食补助资金7167万元,涉及69个乡镇,受益农户104753户。

2006年,国家扩大对种粮农民直接补贴范围,在2005年补贴基础上新增化肥等农资涨价因素的综合补贴。当年,三门峡市拨付种粮直接补贴资金3979万元,拨付退耕还林粮食补助资金6046万元。在补助资金发放过程中,严格执行“四到户”“六不准”规定,确保资金安全和使用效益。

2007年,三门峡市通过“一折通”发放种粮直接补贴资金6808万元,亩均补贴标准35.49元,同比增长71.1%;按林业部门验收的合格面积43万亩,发放退耕还林粮食补助资金6933万元,做到应发尽发。当年,完成1992年、1998年、2003年、2005年的粮食政策性财务挂账汇总工作,明确存量,摸清家底,圆满完成粮食政策性财务挂账年度任务。

2008年,三门峡市通过“一折通”发放种粮直接补贴资金14637.15万元,同比增长115%,亩均补贴标准76.23元;拨付粮食政策性财务挂账利息883万元、民族特需商品生产补助资金25万元。

是年,三门峡市积极实施开放带动战略,支持市商务局组织企业参加国内各项经济贸易活动。其中:拨付豫港投资贸易洽谈会经费78万元,河南—浙江经济技术合作洽谈会经费7万元,三门峡—厦门经济合作洽谈会经费50万元,天津经济技术洽谈会经费5万元,上海产业转移项目对接洽谈会经费10.8万元,第十五届国家投资贸易洽谈会经费 78 万元。

2009 年,三门峡市粮食直接补贴面积 192 万亩,发放补贴资金 14636 万元,亩均补贴标准 76.23 元。拨付猪肉储备资金 10 万元,粮食政策性财务挂账利息 931 万元。

2010 年,三门峡市粮食直接补贴面积 159 万亩,发放补贴资金 12184 万元,亩均补贴标准 76.63 元,补贴农户 30.72 万户。

三、金融监管等事务支出

2007 年政府收支分类改革后,在工业商业金融等事务类级科目下设置金融业款级科目,反映金融保险业方面的支出,2010 年调整为金融监管等事务支出类级科目。

2000 年,根据中国人民银行济南分行公告,撤销三门峡市信托投资公司,组建"三门峡市信托国有资产管理公司"。三门峡市编制委员会下发《关于组建"三门峡市信托国有资产管理公司"的通知》(三编字〔2000〕19 号),核定该机构为正县级自收自支事业单位,编制 12 名,县级领导职数 3 名(一正二副),公司归市财政局管理,实行企业化管理,主要负责原三门峡市信托投资公司债权债务的处理及国有资产的管理。当年市财政拨付公司经费支出 30 万元。

2002 年,三门峡市认真落实《河南省下岗失业人员从事微利项目小额担保贷款财政贴息资金管理办法》,规定自 2002 年起,凡符合要求的下岗失业人员自谋职业、自主创业或合伙经营与组织起来就业的,其自筹资金不足部分,在贷款担保机构承诺担保的前提下,持劳动保障部门核发的"再就业优惠证",向商业银行或其分支机构申请,由商业银行或其分支机构发放下岗失业人员小额担保贷款。

2003 年,为规范下岗失业人员从事微利项目小额贷款财政贴息资金的管理,提高资金使用效益,三门峡市认真落实河南省财政厅财政贴息资金管理办法,对贴息资金的管理、清算,贴息贷款的申请和贴息资金审核、拨付等问题作出明确规定。

2004 年,三门峡市加强地方金融企业财务和资产监管工作,积极防范和化解金融风险。一是按照河南省财政厅统一部署,认真做好地方金融企业国有资产产权登记工作,加强国有资产管理,维护国家权益。二是继续加强对中央专项借款的监督管理,确保专款专用;调动一切积极因素,加大金融风险单位的资产清收变现力度,减轻地方财政压力;实行收支两条线管理,保证资金正常运作。三是根据中国人民银行郑州中心支行、河南省财政厅、河南省劳动和社会保障厅《关于进一步推进下岗失业人员小额担保贷款工作的通知》(郑银发〔2004〕144 号)要求,各级财政部门安排专项资金用于扩大下岗失业人员小额担保贷款基金规模,让更多的下岗失业人员享受到国家优惠政策。同时,安排专项资金用于贷款贴息和弥补担保基金贷款损失,充分发挥财政资金的杠杆作用,消除金融机构后顾之忧。当年,省财政厅下达三门峡市微利项目小额担保贷款财政贴息专项资金 20 万元。四是做好城市信用社账务剥离工作。受三门峡市人民政府委托,市财政局对城市信用社重组前资产剥离情况进行为期 3 个多月的认真核实、查对,并拿出具体确认意见,报经市政府同意,确认重组前亏损 6167 万元、资产损失 16024 万元,重组后财政注入资金及债权 10347 万元、收回老资产 4752.38 万元,对企业重组前后的有关债务、资产等实施分离,减轻企业负担,调动企业积极性,以提高企业经济效益。当年,经市政府同意,拨付执行"信阳信托案"执行费用 5 万元。

2005 年,三门峡市继续加强地方金融企业财务管理,支持农村信用社改革。一是做好下岗失业人员小额贷款财政贴息工作,用足用好政策,促进下岗失业人员再就业,拨付小额担保贷款贴息资金 14 万元。二是配合有关部门加大农村信用社清收不良贷款力度,逐步降低不良贷款比重;认真落实财政增资扩股分红补贴政策,支持农村信用社增资扩股,加快农信社改革步伐。当年,农村信用社实现增资扩股额 11208 万元,其中渑池县 295 万元,陕县 1541 万元,灵宝市 916 万元,卢氏县 4479 万元,湖滨区 1789 万元,义马市 2188 万元。

2006 年,三门峡市进一步加强地方金融企业财务管理,防范化解地方金融风险。一是积极探索财政风险预警机制,构建合理的财政规模和结构,建立科学的预警指标体系,缓解地方金融贷款进入还款期给地方财政预算安排带来的压力。二是拨付小额财政担保贷款贴息资金120万元,加快下岗失业人员再就业系统工程建设步伐。三是根据《河南省农村信用社增资扩股分红补贴资金使用管理暂行办法》(豫财办〔2005〕30号)要求,拨付2006年农村信用社增资扩股补贴资金107万元。

2007年,三门峡市金融监管等事务支出1001.58万元。积极做好地方金融企业国有资产产权登记工作,在促进城市信用社改革发展中,实现国有资产保值增值。继续用好小额贷款贴息政策,拨付小额财政担保贷款贴息资金850万元,扶持更多的失业下岗人员再就业。为更好支持解决"三农"问题,根据河南省财政厅《河南省能繁母猪保险保费补贴管理暂行办法实施细则》(豫财办金〔2007〕67号),遵循"政府引导、市场运作、广泛参与、协同推进"原则,按照中央财政负担50%、地方财政负担30%、养猪户负担20%比例,积极宣传、落实和推行能繁母猪保险补贴政策。当年,省财政厅拨付三门峡市能繁母猪保险补贴资金165.8万元。

2008年,三门峡市金融监管等事务支出3895.71万元。为促进中小企业信用担保机构和信用担保行业健康发展,缓解中小企业融资难问题,河南省财政厅拨付三门峡市支持县级中小企业信用担保体系建设省级补助资金3036万元,用以补充国有资本金。启动政策性农业保险试点工作,试点品类为烟叶、肉鸡、奶牛,完善农业保险补贴机制,构建市场化农业风险保险体系;继续做好能繁母猪保险补贴工作,稳定扩大保险覆盖面,拨付能繁母猪财政保险补贴资金190.18万元。进一步做好小额担保贷款财政贴息工作,市财政累计发放小额担保贷款1729笔,担保基金规模达到2703.8万元;拨付小额担保贷款贴息资金669.53万元,帮助下岗失业人员开拓就业门路,带动更多下岗失业人员实现就业和再就业。

2009年,三门峡市金融监管等事务支出911.79万元。3月底以前,完成以财政为依托的全市中小企业信用担保体系建设工作,初步搭建起融资平台,引导各类金融机构投放贷款,缓解中小企业贷款难问题,促使经济又好又快发展。加快构建政策性农业保险和再保险体系,全面实施能繁母猪、奶牛、玉米等农业保险保费补贴政策,确保保费补贴及时到位,减少自然灾害对养殖业和种植业的影响,促进农业生产健康发展。当年,三门峡市财政拨付各种补贴资金264.21万元(其中:能繁母猪51.53万元,奶牛11.42万元,玉米201.26万元)。进一步做好小额担保贷款财政贴息工作,拨付小额担保贷款财政贴息资金647.58万元,帮助下岗失业人员开拓就业门路,带动更多的下岗失业人员实现就业和再就业。

2010年,三门峡市金融监管等事务支出1152.76万元。为继续做好农业保险试点工作、进一步落实能繁母猪(奶牛、玉米)等农业保险保费补贴政策、加强对农业保险工作的领导,三门峡市人民政府发文成立三门峡市农业保险工作领导小组,具体制定并组织实施全市农业保险方案和计划,监督指导各县(市、区)和相关部门做好农业保险工作,在深入调查研究基础上,协调解决农业保险工作中存在的问题。当年,市财政部门拨付各种农业保险补贴资金88.86万元,服务农业生产及保险领域;拨付县域金融机构涉农贷款增量奖励资金214.8万元,支持农村金融服务业。发放下岗失业人员小额财政担保贷款1820笔,财政贴息849.1万元,促成2万下岗失业人员再就业和自主创业。

2001—2010 年三门峡市一般预算支出完成情况表

表 6　　　　　　　　　　　　　　　　　　　　　　单位：万元

项　　目	2001 年		2002 年		2003 年		2004 年		2005 年		2006 年		2007 年		2008 年		2009 年		2010 年	
	当年完成	同比±%	当年完成	同比±%	当年完成	同比±%	当年完成	同比±%	当年完成	同比±%	当年完成	同比±%	当年完成	同比±%	当年完成	同比±%	当年完成	同比±%	当年完成	同比±%
一般预算支出合计	129600	10.8	166551	28.5	184513	10.8	232907	26.2	315676	35.5	377435	19.6	512502	35.8	653823	27.6	856571	31	952553	11.2
一般公共服务													91704		116321	26.8	136500	17.3	161606	18.4
外　交													0		0		0		0	
国　防													21		0	－100	28		251	796.4
公共安全													32959		42693	29.5	51807	21.3	58934	13.8
教　育													97958		125686	28.3	147905	17.7	181116	22.5
科学技术													6495		10738	65.3	12007	11.8	16261	35.4
文化体育与传媒													7438		15519	108.6	22944	47.8	15252	－33.5
社会保障和就业													67779		59515	－12.2	83752	40.7	93523	11.7
医疗卫生													26974		39096	44.9	68871	76.2	58918	－14.5
环境保护													21862		45958	110.2	51584	12.2	39654	－23.1
城乡社区事务													39184		48314	23.3	78602	62.7	40330	－48.7
农林水事务													45299		75425	66.5	87916	16.6	103625	17.9
交通运输													7062		18654	164.1	46371	148.6	57190	23.3
工业商业金融等事务													25835		24682	－4.5	0	－100	0	
基本建设支出	6571	126.8	9076	38.1	13294	46.5	19099	43.7	27426	43.6	19924	－27.4	0	－100	0		0		0	
企业挖潜改造资金	5443	－32.9	5746	5.6	3093	－46.2	6057	95.8	2918	－51.8	2263	－22.4	0	－100	0		0		0	
地质勘探费							100		840	740	915	8.9	0	－100	0		0		0	
科技三项费用	1105	3.7	1220	10.4	1405	15.2	1810	28.8	2338	29.2	3567	52.6	0	－100	0		0		0	
流动资金									0		0		0		0		0		0	
农业支出					7753		8580	10.7	10933	27.4	13695	25.3	0	－100	0		0		0	
林业支出					4972		16332	228.5	12765	－21.8	12764	0	0	－100	0		0		0	
水利和气象支出					3076		4203	36.6	7551	79.7	7079	－6.3	0	－100	0		0		0	
支援农村生产支出	4610	－9	5232	13.5		－100			0		0		0		0		0		0	
农业综合开发支出	253	－40.5	295	16.6		－100			0		0		0		0		0		0	
农林水利气象等部门的事业费	6513	－6.9	14119	116.8		－100			0		0		0		0		0		0	
工业交通等部门的事业费	657	43.4	534	－18.7	971	81.8	2093	115.6	2596	24	5296	104	0	－100	0		0		0	
流通部门事业费	261	10.6	260	－0.4	410	57.7	682	66.3	685	0.4	933	36.2	0	－100	0		0		0	
文体广播事业费	3994	12.7	5138	28.6	6834	33	7912	15.8	10265	29.7	13114	27.8	0	－100	0		0		0	

续表 6

项目	2001 年		2002 年		2003 年		2004 年		2005 年		2006 年		2007 年		2008 年		2009 年		2010 年	
	当年完成	同比±%	当年完成	同比±%	当年完成	同比±%	当年完成	同比±%	当年完成	同比±%	当年完成	同比±%	当年完成	同比±%	当年完成	同比±%	当年完成	同比±%	当年完成	同比±%
教育支出	27821	22.7	33166	19.2	35385	6.7	40852	15.5	52746	29.1	63017	19.5	0	-100	0		0		0	
科学支出	343	20.4	228	-33.5	272	19.3	244	-10.3	484	98.4	530		0		0		0		0	
医疗卫生支出	4964	13.3	6207	25	7938	27.9	8491	7	10673	25.7	16118	51	0	-100	0		0		0	
其他部门的事业费	5631	3	8205	45.7	8857	7.9	10563	19.3	12803	21.2	15217	18.9	0	-100	0		0		0	
抚恤和社会福利救济费	2967	15.3	4596	54.9	6563	42.8	6655	1.4	8018	20.5	11932	48.8	0	-100	0		0		0	
行政事业单位离退休支出	2809	20.5	3459	23.1	5107	47.6	6716	31.5	7706	14.7	12505	62.3	0	-100	0		0		0	
社会保障补助支出	4872	-1.3	8920	83.1	8806	-1.3	10679	21.3	11783	10.3	18651	58.3	0	-100	0		0		0	
国防支出									0		0		0		0		0		0	
行政管理费	15326	14.3	19263	25.7	22574	17.2	25781	14.2	35138	36.3	43375	23.4	0	-100	0		0		0	
外交外事支出			13		5	-61.5		-100	0		0		0		0		0		0	
武装警察部队支出									0		0		0		0		0		0	
公检法司支出	9519	12.1	11552	21.4	13968	20.9	15875	13.7	22262	40.2	25407	14.1	0	-100	0		0		0	
城市维护费	8934	15.8	11053	23.7	13364	20.9	12314	-7.9	24053	95.3	21112	-12.2	0	-100	0		0		0	
政策性补贴支出	1319	48.7	787	-40.3	201	-74.5	607	202	1098	80.9	3404	210	0	-100	0		0		0	
支援不发达地区支出	525	-48.3	540	2.9	605	12	558	-7.8	860	54.1	589	-31.5	0	-100	0		0		0	
海域开发建设和场地使用费支出		-100							0		0		0		0		0		0	
车辆税费支出							33		2504	7487.9	6098	143.5	0	-100	0		0		0	
债务利息支出									0		0		0		0		0		0	
专项支出	3474	-1.3	3831	10.3	4117	7.5	5728	39.1	12503	118.3	12520	0.1	0	-100	0		0		0	
采掘电力信息等事务																	14572		0	-100
粮油物资储备管理等事务																	13697		3356	-75.5
金融监管支出																	2611		271	-89.6
资源勘探电力信息等事务																			14957	
商业服务业等事务																			13069	
地震灾后恢复重建支出																			367	
国土资源气象等事务																			19415	
住房保障支出																			28609	
国债还本付息支出																			188	
其他支出	11689	12.1	13111	12.2	14943	14	20943	40.2	34728	65.8	47410	36.5	41932	-11.6	31222	-25.5	37404	19.8	45661	22.1

表 7

2001—2010 年三门峡市一般预算支出分级完成情况表

单位：万元

项　目	2001 年		2002 年		2003 年		2004 年		2005 年		2006 年		2007 年		2008 年		2009 年		2010 年	
	当年完成	同比±%	当年完成	同比±%	当年完成	同比±%	当年完成	同比±%	当年完成	同比±%	当年完成	同比±%	当年完成	同比±%	当年完成	同比±%	当年完成	同比±%	当年完成	同比±%
全市合计	129600	10.8	166551	28.5	184513	10.8	232907	26.2	315676	35.5	377435	19.6	512502	35.8	653823	27.6	856571	31	952553	11.2
市　级	40706	8.5	46221	13.5	53209	15.1	65645	23.4	72955	11.1	91637	25.6	129628	41.5	151314	16.7	222046	46.7	248214	11.8
湖滨区	6361	-2.6	9705	52.6	11109	14.5	13066	17.6	15496	18.6	18932	22.2	25901	36.8	30472	17.6	41285	35.5	48858	18.3
义马市	7592	22.2	8891	17.1	10619	19.4	15604	46.9	36100	131.4	32691	-9.4	41484	26.9	56497	36.2	76902	36.1	76219	-0.9
灵宝市	22891	13.7	32202	40.7	34713	7.8	41892	20.7	57095	36.3	73543	28.8	99293	35	138990	40	158010	13.7	186793	18.2
渑池县	22621	14.2	26805	18.5	30905	15.3	39011	26.2	53084	36.1	66837	25.9	88633	32.6	116545	31.5	136978	17.5	149616	9.2
陕　县	16227	21	22714	40	21049	-7.3	29635	40.8	41630	40.5	48745	17.1	68780	41.1	88826	29.1	115966	30.6	115457	-0.4
卢氏县	11785	-5.4	18428	56.4	20392	10.7	25394	24.5	36187	42.5	41320	14.2	54086	30.9	64928	20	96859	49.2	108658	12.2
开发区	1417	61	1585	11.9	2517	58.8	2660	5.7	3129	17.6	3730	19.2	4697	25.9	6251	33.1	8525	36.4	10511	23.3
产业集聚区	0	0	0	0	0	0	0	0	0	0	0	0	0	0	0	0	0		8227	

第四章 财政改革

2001—2010 年,三门峡市财政部门按照国家财政改革总体部署,紧紧围绕公共财政体系建设主线,以 2001 年农村税费改革启动为标志,以财政支出管理改革为重点,相继开展了部门预算、非税收入、国库集中支付、投资评审、政府采购等一系列改革,搭建起"金财工程"建设平台。通过这些改革,基本实现了财政资金的规范使用和透明管理,提高了财政资金配置、使用和管理效率,实现财政思路由计划经济模式下的传统型、单一型、被动型、粗放型向市场经济条件下的创新型、统筹型、主动型、科学型方向的转变。

第一节 财政收支改革

一、部门预算改革

编制部门预算是预算编制改革的基本内容,通过实行部门预算,实现预算内外统管的综合财政预算,使预算编制、预算资金分配和预算管理更加规范化、科学化和法治化,为实行国库集中收付制度创造条件。

(一)部门预算改革的总体进展情况

1. 三门峡市本级的部门预算改革总体情况

2000 年,根据《国务院关于编制 2001 年中央预算和地方预算的通知》(国发〔2000〕27 号)和《财政部关于编制 2001 年中央部门预算的通知》以及河南省财政工作会议精神,按照三门峡市委、市政府的要求,本着积极稳妥、逐步推进的原则,进行部门预算编制制度改革。

2002 年,为推进部门预算改革的需要,财政部向全国各地推广部门预算编制软件。当年三门峡市财政本级部门预算通过计算机局域网编制,使三门峡市的部门预算编制改革工作跨上了新台阶,部门预算数据录入、审核、上报和汇总工作更加规范,预算数据的填报也更加直观、简洁、高效,细化了预算管理,提高了预算编制工作质量和效率。2005 年,三门峡市财政局根据财力的增长,完善公用经费综合定额标准,包括水电费、车辆燃修费补助以及中小学生均公用经费标准;同时细化项目支出编制,尤其是农业支出、科技三项费用等原待分配支出尽可能落实到具体单位、具体项目,最大限度地避免了财政资金的二次分配。同时实行预算内外财政性资金的收支预算统编,提高预算内外财力统筹使用效率,确保部门预算的科学合理编制。

2006 年,三门峡市财政局持续深化部门预算改革。按照建立公共财政框架的要求,于 4 月初即安排部署 2007 年市级部门预算,并进一步创新工作思路,要求在编制 2007 年市级部门预算的基础上,建立部门 2008 年和 2009 年部门预算项目库,实行项目滚动管理。同时,为推进县(市、区)编制预算的科学、高效,提高整体编制水平,开展了部门预算编制软件培训,对各县(市、区)统一推广使用软件工作提出了要求。

2007 年,三门峡市财政部门全面启动政府收支分类改革试点工作,初步建立了新的财政收支统计体系。进一步完善部门预算,充分利用清理规范津贴补贴的工作成果,提高了财政预算统筹安排各项资金的能力和财政的保障能力,增强了预算编制的完整性。深化项目预算分配的可行性论证与绩效考评改革,建立部门预算项目库,实行项目滚动管理,体现了预算资金从"重分配"向"重管理"的转变。建立县级预算编制审查制度。对县(市、区)2007年预算进行审查,督促各级将机关事业单位职工工资和地方津补贴所需资金全额列入预算,有效防止新的拖欠,保障教育、科技、农业三项支出按法定增长的要求。进一步完善财政体制,明确界定跨县(市、区)经营企业收入,有效防止了财政收入流失。

2008年,三门峡市财政部门持续深化项目预算分配的可行性论证与绩效考评改革。当年的项目支出的安排,充分利用了上年度绩效评价的效果,对一些不必要的经费和没有充分政策依据及资金使用效益不高的项目进行了删减压缩,进一步体现了预算资金从"重分配"向"重管理"的转变。强化精细化预算管理,完善了部门预算编制规程和预算编制办法、程序及各项政策,考虑经济发展环境和三门峡市市级情况等因素,修订了部门预算公用经费定额。将国家级和省级文明单位奖励经费列入年度预算,推动了全市精神文明创建工作的深入开展。

2009年,三门峡市财政部门在部门预算的编制过程中,引入了项目库管理制度。在项目支出的安排上,充分利用了上年度绩效评价的效果,对一次性经费和没有充分政策依据及资金使用效益不高的项目进行了删减压缩,同时按照厉行节约八项要求,从严审核各部门2010年部门预算公用经费。

2010年,三门峡市财政部门在当年的部门预算编制过程中,将各单位的各项收入纳入预算,提高了财政预算统筹安排各项资金的能力和财政的保障能力,增强了预算编制的完整性。

2. 各县(市、区)部门预算改革情况

2001年,三门峡市湖滨区率先实施部门预算改革,至2004年底,全市7个县(市、区)级部门(单位)全部完成部门预算编制改革。随着财政管理改革的需要,为强化预算约束,提高财政预算整体管理水平,增强预算编制透明度,按照全省的工作部署,三门峡市财政局积极推进县(市、区)级部门预算改革,加强对县(市、区)预算编制的指导,提高县(市、区)预算编制管理水平。至2010年底,全市8个县(市、区)已全部使用部门预算编制应用软件系统。

(二)部门预算改革的主要内容

1. 分别编制基本支出预算和项目支出预算

2005年9月26日,为进一步完善市级预算管理,强化预算约束,根据《中华人民共和国预算法》《中华人民共和国预算法实施条例》《河南省预算监督条例》等相关法规,三门峡市财政局对原《三门峡市市级财政预算管理办法(暂行)》重新修订完善,制定《三门峡市市级财政预算管理办法》(三财预〔2005〕537号),自2005年10月1日执行。同时制定《三门峡市本级项目支出预算管理办法(试行)》和《三门峡市本级项目库管理规定(试行)》等配套文件,将部门预算按照基本支出预算和项目支出预算分别编制:对维持行政事业单位机构正常运转、完成日常工作任务而安排支出编制基本支出预算,其内容包括人员经费和日常公用经费两部分。对行政事业单位在基本支出之外为完成其特定行政任务和事业发展目标所发生的支出,如基建项目、专项业务项目以及大型修缮、大型购置、大型会议和其他项目编制项目支出预算。

2. 深化"收支两条线"改革,实现综合财政预算

三门峡市财政局在部门预算编制改革中努力做到预算内外资金统一编制预算、统一管理、统筹安排、综合平衡。将单位的所有收入如财政拨款、预算外资金、事业收入、事业单位经营收入、其他收入、上年结余以及安排的各项支出,全面完整地纳入部门预算统一管理,在预算之外不再保留收支项目。根据国务院和河南省政府有关文件要求,2003年,三门峡市继续将公安、法院、环保、计划生育等执法部门的行政事业性收费收入全部上缴市级国库,同时由财政预算保障其执法必需的开支。

2003—2010年,三门峡市本级对市直行政和全额供养事业单位未纳入预算的行政事业性收费收入实行收支脱钩管理,全部上缴市财政专户,同时由市财政按照编制综合财政预算的原则,比照预算内支出标准和定额,统筹安排预算必需的开支。

2010年,根据《河南省财政厅关于按预算外资金管理的收入纳入预算管理的通知》(豫财预〔2010〕163号)精神,三门峡市决定,从2011年1月1日起,全市按预算外资金管理的收入(不含教育收费)全部纳入一般预算管理。

3. 细化预算编制,改进预算编制方法

从2000年开始,根据国务院的指示,财政部决

定改变传统的预算编制方法,要求各部门统一实行新的预算编制方法,编制独立完整的部门预算。三门峡市财政部门严格按照中央实行新的预算编制方法的精神,将部门预算改革细化到基层预算单位,要求各部门、单位对申报项目预算进行充分的可行性论证和严格审核,并按照轻重缓急进行排序,结合当年财力状况,优先安排急需、可行的项目。项目支出部门预算要细化到单位和项目,同时彻底改变多年来安排到预算单位一般性项目经费基数的做法,根据部门的职能和任务要求以及现有公共资源的配置情况,在调整了日常公用经费支出定额的基础上,逐项重新确定项目支出预算,按照"有保有压、确保重点"的原则统筹安排。

4. 建立部门预算的数据库管理

为保证部门预算改革效果,三门峡市财政局加快推进部门预算编制信息化改革,通过计算机局域网编制市本级部门预算,采用数据库集中管理C/S模式,为系统地进行预算数据的分析、跨年度横向比较提供了方便。数据库管理的实施,预算网络的运用,使财政部门与各预算部门之间预算编制信息的交流成为现实,从而为定员定额的合理制定和项目库的滚动管理创造了有利条件。

(1)加强项目库建设,推进项目预算精细化管理

加强项目库建设和管理,完善项目信息,规范信息填报,做好入库项目的审核、论证、立项、遴选及排序工作,建立严格的市级备选项目库审核机制。一是建立单位、部门、财政三层项目库排序制度。市直各部门和单位要对所有申请预算安排支出事项的政策依据、年度资金需求、资金筹集渠道、分级负担比例等进行全面梳理,按照各类事项政策要求的急缓程度、比较效益高低以及与民生关联度等进行排序;在此基础上市财政根据全市经济社会发展大局和市级财力状况,对各部门提出的预算建议计划进行审核排序,按照轻重缓急和比较效益统筹兼顾、依次安排。二是控制各部门项目支出申报建议规模。三是细化项目申报内容。从编制2011年部门预算起,市直各部门和单位所申报项目必须明确项目的具体实施计划和时间进度,对跨年度项目要根据项目进度分年安排,提高项目预算编制的科学性和可操作性。四是建立项目库与预算编制、执行相结合的机制,实现所有财政安排项目从项目库中选择,对未纳入市级项目库的项目,市财政将不予安排。

(2)加强结余结转资金管理,提高财政资金使用效率

有专项结余的部门,安排延续项目要先消化专项结余,结合专项结余情况提出经费需求;新增项目支出,要优先动用净结余资金安排。

(3)推进预算绩效管理,提高公共服务质量

预算安排以绩效目标和结果为导向,以绩效的监控、评价、问责和公开为手段,将评价结果与安排以后年度预算有机结合,针对性地完善制度、严格预算执行,及时调整和优化财政预算报市财政局审核。市财政局审核、汇总和综合平衡后,提出市级部门预算(草案),报市政府审定后提请市人代会审查批准。

(4)实行"两上两下"的编制程序

"一上"指市直部门和单位按照《项目支出办法》和《项目库规定》中的程序和要求申报项目预算。市直部门对申报项目要进行严格的可行性研究和评审,并按照部门和单位的行政工作任务或事业发展目标提出项目的具体目标和实施计划;在对申报项目的支出预算进行认真的测算后,按项目的实际需求填写市直部门项目申报文本;按照预算内外资金统筹考虑的要求,对所报项目按轻重缓急进行合理排序后,纳入部门项目库并向市财政局申报项目支出预算。"一下"指市财政局对部门申报的项目及其排序进行审核,结合财力情况按照轻重缓急原则遴选后,纳入财政局项目库并下达项目预算控制数。"二上"指市直部门和单位按照财政局下达的项目预算控制数正式编制本部门预算。"二下"指财政部门对部门(单位)编制预算再次进行审核、综合平衡后,汇总编制综合预算方案报市政府常务会议、市委常委会审查论证,最后经市人代会审议批准,下达执行。

二、国库集中支付改革

(一)国库集中支付改革概况

1. 三门峡市国库集中支付改革的背景

2001年以前,三门峡市实行的是传统的国库管理制度,主要涉及财政预算执行中的资金收、支两个方面。财政资金按照资金性质实行内部科(室)分口拨付、分散开户、分散管理,由预算科先行拨付到内部开设的各科(室)资金账户,再由各资金管理

科(室)安排支出。各预算单位开设基本账户,接收财政拨款,自行列支。三门峡市的财政性资金缴拨方式主要是通过征收机关和预算单位设立多重账户分散进行。

随着公共财政管理体制的建立和发展,这种在传统体制下形成的国库管理方式的弊端越来越突出,主要表现在:一是重复和分散设置账户,不仅导致财政收支活动透明度不高,难以实施有效的管理和监督,而且造成财政性资金拨款环节多、周转速度慢、使用效率低;二是大量财政性资金滞留在各预算单位,不仅削弱政府的资金调控能力,造成财政资源的浪费,而且由于财政资金使用缺乏事前监督和外部监督,截留、挤占、挪用等问题时有发生,甚至出现腐败现象,而政府的许多重大项目却因为资金短缺不能如期建设;三是财政收支信息反馈迟缓,会计信息质量不高,难以及时为预算编制、执行情况分析和政府决策、宏观调控提供准确依据;四是财政性资金征管有漏洞,退库不规范,财政收入流失问题和各种形式的收入"过渡户"屡禁不止。

为了切实解决上述问题,加强财政收支管理监督,增强政府宏观调控能力,从制度上防范腐败现象的发生,根据国务院办公厅《关于财政国库管理制度改革方案有关问题的通知》(国办函〔2001〕18号)和财政部、中国人民银行《财政国库管理制度改革试点方案》(财库〔2001〕24 号)及河南省人民政府办公厅《关于做好财政国库管理制度改革工作的通知》(豫政办〔2001〕132 号)、河南省财政厅《关于贯彻落实全国财政国库工作会议精神,积极推进国库管理制度改革的通知》(豫财库〔2002〕19 号)文件精神,2001 年底,三门峡市开始对现行的财政国库管理制度进行改革,目标是逐步建立和完善以国库单一账户体系为基础、资金缴拨以国库集中收付为主要形式的现代国库管理制度。

2. 三门峡市财政国库集中支付改革情况

(1)动员准备阶段

①调研考察:2001 年 9 月,河南省委、省政府在焦作召开全省财政国库管理制度改革会议,要求各省辖市从 2002 年 1 月 1 日起,实施以国库单一账户体系为基础、资金缴拨以国库集中收付为主要形式的现代国库管理制度。会后,三门峡市委、市政府立即进行了研究,并组织财政部门到运城、焦作、沙市等地就财政国库管理制度改革工作参观学习,并对三门峡市的改革方案和具体操作措施反复研究,为该项工作的实施和推进做了充分准备。

②全面动员:2001 年 12 月 31 日,三门峡市委、市政府召开市级财政国库管理制度改革动员大会,市四大班子领导、市直单位一把手和分管财务领导参加会议。会议决定:从 2002 年 1 月起,在市直行政事业单位实行以国库单一账户体系为基础、资金缴拨以国库集中收付为主要形式的现代国库管理制度,要求各单位统一思想,统一认识,无条件搞好这次改革。会议同时决定,自 2002 年 1 月 15 日起,四大班子所有办公室全部取消所有银行账户,将资金和资产全部移交新成立的三门峡市财政国库集中支付(会计核算)中心管理,全面接受财务监督。

(2)组织实施阶段

①机构、职能和范围。2002 年 3 月,三门峡市财政国库集中支付中心成立,招录工作人员 30 名。支付中心主要职能:履行集中支付职能,专门负责办理财政直接支付和财政授权支付。履行会计集中核算职能,对预算单位的财务收支进行全面会计监督和会计核算。经市委常委会研究决定,市直行政机关和财政全供事业单位收支业务全部纳入财政国库集中支付管理。

②全面开展对市直行政机关、全供事业单位账户清理和资产、资金移交工作。取消账户,移交资产、资金是财政国库管理制度改革的前提和基础。根据市委、市政府要求,市直行政机关、全供事业单位于 2002 年 3 月底前全部取消在金融机构开设的所有银行账户,完成向财政部门资产、资金移交工作。纪委、监察部门联合财政、审计、人民银行组成联合小组,对资产、资金移交进行全过程监督检查,严禁利用改革之机转移、挪用、隐匿资产、资金;严禁另设账户存放资金;严禁巧立名目突击花钱、滥发奖金、补贴和实物;严禁变相处理国有资产用于职工福利。对有令不行、有禁不止、弄虚作假、欺上瞒下者,严肃追究有关人员及主要领导责任直至刑事责任。

为加快市级财政国库管理制度改革步伐,市政府决定将各单位的账户清理和资产、资金移交进度与单位公用经费挂钩,实行"早交早拨、晚交晚拨、不交不拨"的原则。2002 年 3 月 31 日以后,预算单位没有将原银行账户和库存现金余额划转国库集中支付中心在代理银行为其开设的自有资金账户,或不能提供原有银行账户撤销证明的,市财政局将从4月1日起,停止拨付其所有公用经费(包括预算内外资金),并收回已划入财政国库集中支付中心在代理银行为其开设的自有资金账户上的财政资金。同时,组织财政、审计等部门对银行账户和库存现金清理移交情况进行专项核查,对查出的问题按照市纪委、市监察局《关于对财政支出管理制度改革加强监督检查的实施意见》严肃处理。

③细化预算编制,全面推行部门预算制度。预算编制改革是财政国库管理制度改革的前提和基础,逐步使所有财政资金的支付建立在明晰的预算基础上,为顺利实施国库单一账户创造条件。一是改革预算编制原则,实行零基预算,细化预算编制。对各类支出取消"基数加增长"的预算编制方法,按照年度所有因素和事项的轻重缓急程度,重新测算每一项支出需要。对工资性支出和公用经费,按照标准编制预算;对项目支出,实行专家评审和领导集体研究基础上的主管领导分工负责制,年度预算编制到具体项目。二是改革预算编制方法,实行部门预算。以部门为依托,构筑宏观的预算编制管理体系,保证部门预算的完整性;取消中间环节和二次分配,将预算直接编制批复到部门和单位;部门预算要从基层单位编起,主管部门负责审核、汇总、分析所属基层会计单位的收支预算建议计划并报财政部门审核。三是实行综合财政预算,统筹安排政府可支配财力。把单位、部门专户储存的预算外资金、其他自筹资金和政府性基金、一般预算资金全部作为预算安排对象,统一汇编到综合预算中统筹安排使用,从根本上解决预算内外资金安排使用中的"两张皮"问题,保证经济和社会发展对资金的需要,提高财政宏观调控能力。

④制定政策文件,有序推进财政国库管理制度改革。三门峡市委、市政府及市纪委、市监察局等先后出台了《中共三门峡市委 三门峡市人民政府关于全面推行财政支出管理制度改革的意见》(三发〔2001〕25号)、《三门峡市人民政府关于印发三门峡市市级财政国库管理制度改革试行方案的通知》(三政〔2001〕74号)、《中共三门峡市纪委 三门峡市监察局关于对全市财政支出管理制度改革加强监督检查的实施意见》(三纪文〔2001〕33号)、《三门峡市人民政府办公室关于实行财政国库管理制度改革有关问题的通知》(三政办〔2001〕58号)、《中共三门峡市委办公室 三门峡市人民政府办公室关于确定市直行政事业单位公用经费定额的通知》(三办〔2001〕46号)、《三门峡市人民政府办公室转发市财政局关于市直行政事业单位报账员管理规定的通知》(三政办〔2002〕72号)等一系列文件,市财政局也先后印发《三门峡市市级预算资金拨付管理暂行办法》(三财字〔2002〕12号)、《关于编制2002年市级部门预算的通知》(三财预字〔2001〕130号)等规范性文件,从部门预算编制和预算资金拨付方面作出明确规定,为财政国库管理制度改革的顺利进行奠定了基础。

⑤建立财政管理信息系统和国库管理操作系统。主要包括预算编制系统和预算执行管理系统、非税收入征收管理系统、国库现金管理系统、国库收支总分类账系统、债务管理系统。通过上述管理系统的实施,确保了各项财政收支在国库单一账户体系中的高效、安全运行。

(3)深化改革阶段

随着财政国库制度改革的不断深入,财政部要求各地财政部门不得代理预算单位会计核算职能。三门峡市财政国库集中支付中心于2010年10月将代理预算单位的会计核算职能退回原单位,仅履行财政直接支付和授权支付职能。具体为支付中心审核票据的真实性和合法性、办理完支付业务后,将票据退还预算单位自行会计核算,为以后实行授权支付电子化改革奠定了基础。

3.统发工资

2000年,为进一步规范财政统一发放工资工作,财政部、人事部、中央机构编制委员会办公室联合出台《行政单位财政统一发放工资暂行办法》(财行〔2000〕1号),在全国各地行政单位推行。2001年,三门峡市本级财政全供单位工资统发制度全面推行。具体步骤:先行政单位,后事业单位,最后为财政供给单位,由三门峡市财政局在三门峡工商银行和三门峡建设银行开设"财政工资专户"。统发方式为:支付中心支付部根据行政审批中心人事和财政窗口的工资审批手续,办理单位职工工资变动明细单,支付中心会计部根据工资清单办理直接支付业务,将工资款项拨付到工商银行和建设银行工资代发户,代理银行按照财政部门工资发放汇总清单中实发工资数额,将工资分解发放到个人工资账户,各单位根据财政部门加盖印鉴的直接支付凭证，按照有关会计规定登记入账。

2005年，市本级完成工资统发额13421万元，统发单位165个7774人；2006年，完成工资统发额14905万元，统发单位171个8428人；2007年，完成工资统发额25610万元，统发单位173个9525人；2008年，完成工资统发额27972万元，统发单位179个9842人；2009年，完成工资统发额32331万元，统发单位181个10001人；2010年，完成工资统发额34491万元，统发单位202个11189人。

（二）国库集中支付业务

2002年3月，根据三门峡市机构编制委员会《关于成立三门峡市财政国库集中支付（会计核算）中心的通知》（三编〔2002〕4号），三门峡市财政国库集中支付中心正式揭牌，按照业务程序设立办公室、会计一部、会计二部、会计三部、资金支付部、稽核部6个内部机构，人员依照公务员序列管理，业务按照国库集中支付的要求，开展对三门峡市本级237家行政和全额供养事业单位预算内外资金的集中支付和162家行政和全额供养事业单位的代理会计核算工作。

三门峡市财政国库集中支付中心成立后，在其职责范围内，管理财政直接支付账户、授权支付账户和单位自有资金账户，统一受理预算单位用款申请，根据预算指标和用款计划，在用款额度内办理财政直接支付和财政授权支付业务；负责代理行政和全额供养事业单位的会计核算工作；负责预算单位工资统一发放工作；进行财政资金直接支付和授权支付的总会计核算，建立会计信息系统，及时提供国库集中支付信息。

1. 建立国库单一账户体系

（1）清理账户，归集资金。至2002年3月底，三门峡市财政局取消市直所有行政和全额供养事业单位的银行账户，集中由财政部门建立国库单一账户体系，将所有财政性资金全部纳入国库单一账户体系管理。经过全面清理移交，237个行政和全额供养事业单位银行账户全部撤销，单位资金进入自有资金账户，市直预算单位全部实行国库集中支付。

（2）规范支付程序。三门峡市财政国库集中支付中心成立后，采用财政直接支付和财政授权支付的资金支付方式。大额支出由财政部门通过国库单一账户体系直接支付，其中属于工资性的支出直接拨付个人工资账户；属于采购性的支出直接拨付供货商账户；属于转移性的支出直接拨付用款单位账户；自有资金支出由财政部门授权预算单位通过国库单一账户体系在财政监管下自行支付。

2. 财政国库集中支付业务开展情况

2003—2010年，三门峡市财政国库集中支付中心累计办理财政预算资金支付业务86.09亿元。其中：直接支付业务48.66亿元，授权支付业务37.43亿元。平均每天审核原始凭证约3000张，审核支付资金538万元，核算记账凭证300张。

2003—2010年三门峡市财政国库集中支付中心财政预算资金支付业务情况表

表8 单位：亿元

年度	直接支付	直接支付所占比重	授权支付	授权支付所占比重	支付总额	增长率
2003	2.79	53.24%	2.45	46.76%	5.24	
2004	3.54	57.50%	2.61	42.50%	6.15	17.37%
2005	4.00	57.64%	2.94	42.36%	6.94	12.85%
2006	4.77	51.29%	4.53	48.71%	9.3	34.01%
2007	5.86	49.70%	5.93	50.30%	11.79	26.77%
2008	7.25	58.00%	5.25	42.00%	12.5	6.02%
2009	9.46	59.84%	6.35	40.16%	15.81	26.48%
2010	10.99	59.86%	7.37	40.14%	18.36	16.13%

(1)强化技能学习,提高业务素质。为尽快适应业务,支付中心采取专题培训、职工自学、闭卷考试等形式,组织全体员工认真学习《新编预算会计》《预算会计制度讲解》《财务开支标准制度手册》《财政国库管理制度改革资料汇编》《行政政法财务工作手册》等多种业务书籍,提高技能。2003 年 9 月,支付中心"会计基础工作规范化单位"和计算机替代手工记账技能通过市财政局审核验收,会计人员职业技能、职业道德得到了全面提升,内部会计管理制度逐步实现规范化。

(2)加强业务审核,确保资金安全。采取严密的稽核制度,首先各会计部与支付部每日核对,然后稽核部次日再次稽核,发现问题及时纠正再行日结,确保差错率控制在千分之一以内。中心还通过拒付理由书的形式,规范会计支出行为,将拒付理由当面告知报账单位。2004 年实施当年下达拒付理由通知单 67 份,既区分了预算单位和支付中心的会计责任,同时也进一步规范了预算单位会计核算工作。在工程建设和政府采购支出等财政直接支付资金拨付方面,严把资金支付关,认真审核预算单位中标通知书、合同和发票等财务手续,在支付合法、合规的前提下,将款项及时支付给工程承建单位和政府采购供应商,确保了资金安全。

3. 内部管理和制度建设

(1)建章立制。为建立有效的管理机制,确保服务规范化、标准化,支付中心先后制定了《窗口服务承诺》《岗位职责》《票据使用规范》《业务操作规范》《日常行为规范》《岗位职责奖惩办法》《首问责任制》《文明用语》并转发了《工作人员守则》《进驻事项授权书》《办事指南》等规章制度,对工作机制、工作纪律、岗位设置、工作流程等作出具体明确的规定。在全面落实"首问负责制""一次告知制""直接办理制""限时办结制""明确答复制""投诉受理制""责任追究制""AB 岗位制"等方面严格要求,努力提高服务质量和服务效率。

(2)接受社会监督。为完善市级财政国库管理制度改革的外部监督机制,促进集中支付工作的规范化,提高工作效率和服务质量,自 2003 年起,支付中心聘请市纪检委和市直有关单位财务科长 7 位同志为支付中心外部监督员。市直各单位对财政国库集中支付中心在工作程序、工作效率、服务态度、服务质量等方面的意见,可以直接向监督员反映。

2003 年,支付中心采取向预算单位发放调查问卷的形式征求意见,针对国库集中支付中心运行以来,在为各预算单位服务过程中的一些情况进行收集,共发出调查问卷 160 份,实际收回 144 份,回收率 90%,满意率 100%。

4. 国库集中支付改革成效

(1)政府宏观调控能力显著增强。实行财政国库集中支付制度以后,市直预算内外资金得到了有效集中,政府和财政部门掌握了所有财政性资金,解决了在转移支付制度不完善的情况下,地方财政收入季节性不均或财政收入季节性与支出均衡性之间存在的矛盾,实现了由粗放型管理向集约型管理的转变。同时,预算单位银行账户撤销以后,使原来分散在各个部门的闲散和沉淀资金集中起来,市级财政调控能力显著提高,增强了政府防范和化解突发性财政风险的能力,确保了干部、教师工资和社会保障、抢险救灾及各项重点工程等所需的资金的及时拨付,有效促进了经济发展和社会稳定。2002 年,市级财政国库月末平均存款达 5500 万元,比改革前的 2001 年增长 79%。

(2)节约了财政资金,提高了使用效益。实行部门预算和国库集中支付以后,所有财政资金全部纳入财政国库统一开设的资金账户,构筑起财政资金高效运行的"直通车"和"安全网",解决了多年来财政管理中存在的财力分散、体外循环、运行不畅等问题,从而确保财政部门合理调度资金,减少周转资金占用量,提高了资金使用效益。同时,通过改变财政资金的拨付渠道,加强对资金使用情况的监督,有效节约了财政支出。

(3)发挥了从源头上预防和治理腐败的作用。一是有效实现了"权""钱"分离,使财政资金来龙去脉一清二楚,铲除了腐败产生的土壤。实行国库集中支付、代理会计核算、部门预算和政府采购制度以后,实现了领导干部与其支配资金的分离,市本级绝大部分资金都通过国库集中支付中心直达职工个人或商品(劳务)供应商,使财政资金运行于"阳光"之下,增强了支出的透明度。二是在"权""钱"之间设立了中间机构,强化了对各级干部资金支配权的有效监督。在原会计分散核算的制度下,各部门(单位)资金分散管理、分户储存,"小金库""乱收费"现象难以控制,会计监督机制形同虚设。

实行国库集中支付、代理会计核算及政府采购制度之后，在干部与其支配资金之间设了一道监督关卡，堵塞了领导干部以权谋私的通道。单位的每笔开支，都要在支付中心先“过关”，符合规定准予通行，不符合规定不予核拨，除了事后监督外，事前、事中监督也得到了落实。三是大吃大喝、铺张浪费等现象得到了有效遏制。国库集中支付制度要求，各单位在资金使用方面必须经过国库集中支付中心进行合规性审核，符合规定的准予报账，不符合规定的不予支付。改革第一年，国库集中支付中心拒付单位各种不合理支出400余笔，总金额150余万元，有效制约了各单位花钱大手大脚、公款大吃大喝、超标准办福利等铺张浪费行为。

（4）推动了其他财政支出改革。财政国库管理制度改革的顺利进行，进一步推进了部门预算、政府采购、收支两条线等项改革工作。财政国库集中支付，要求部门预算必须细化，推动了部门预算编制向纵深发展，凡是政府采购目录规定的支出，未经政府采购，一律不予支付，确保了政府采购规范化运作。改革第一年，共进行政府采购223次，总金额15261万元，节约资金1891万元；取消各预算单位银行账户，杜绝了截留、挪用预算内外收入现象，保证了财政性资金的及时足额入库，促进了收支两条线工作。

（5）节省了人力资源，提高了工作效率。财政国库集中支付中心30名工作人员，承担了市直200多个行政事业单位、80多个建设项目的财政集中支付和会计集中核算，保证了财政支出和会计信息的及时反馈，提高了会计核算信息的全面性和准确性，为各级领导决策提供了可靠依据。

通过多年不懈努力，三门峡市财政国库集中支付改革取得了显著成效，得到了社会各界的充分肯定。省政府、省纪检委、省财政厅、省人行和三门峡市四大班子都给予了高度评价，并被树为河南省国库集中支付制度改革的典范，在全省推广。省内外先后有50余家财政同行前来观摩、学习。2003年2月12日，常务副省长王明义到中心考察时，亲笔题词“集中支付好”。《中原焦点》《内部参考》《河南日报》《三门峡日报》等多家新闻媒体也作了报道。截至2010年底，三门峡市财政国库集中支付中心先后获共青团中央“青年文明号”、全国总工会“女职工建功立业标兵岗”、“河南省财政系统先进集体”、省级“青年文明号”、市级“青年文明号”和“青年突击队”称号，被评为市级“三八红旗集体”“文明服务示范窗口”单位；并先后8人次被授予市级“劳动模范”“优秀共产党员”“十佳业务能手”“十佳岗位青年能手标兵”“第三届优秀青年卫士”“青年岗位能手”“三八红旗手”“优秀共青团员”等称号。

第二节　农村税费改革

一、农村税费改革

农村税费改革与农村综合改革是中国特殊历史条件下一次重大农村制度变革。农村税费改革是继家庭联产承包责任制之后，又一次农村重大制度变革，减轻了农民负担，促进了农业增产、农民增收和农村繁荣。从2002年3月27日国务院办公厅印发《关于做好2002年扩大农村税费改革试点工作的通知》（国办发〔2002〕25号），到2006年全国取消农业税，标志着农村税费改革取得重要成果，并由此转入农村综合改革阶段，解决农村上层建筑与经济基础不相适应的一些深层次问题，促进了农村各项体制机制的变革与创新，是一次重大的制度创新和社会变革。

农村税费改革是减轻农民负担、规范农村收费行为和深化农村改革的重大举措，其主要内容包括：调整农业税政策，合并、简化税费，取消农村教育集资政策。对乡镇政府机构进行改革，建立新的农村义务教育财政体制，增加对部分经济落后地区的财政转移支付等。2000年中央明确提出对农村税费制度进行改革，并从2001年开始，逐步在部分省市进行试点、推广。2002年3月，河南省召开农村税费改革工作会议，安排部署全省农村税费改革工作。

2001年，三门峡市委、市政府成立农村税费改革领导小组及其办公室，办公室设在市财政局，开始对全市基础情况进行调研，制定改革实施方案，筹备农村税费改革各项工作。

2002年，三门峡市人民政府根据《中共中央、国务院关于进行农村税费改革试点的通知》和《河南省农村税费改革试行方案》，结合三门峡市实际，制定了《三门峡市农村税费改革方案》，并上报河南省政府批准后实施。方案的具体内容是：取消乡统筹、农村教育集资和屠宰税；逐步取消统一规定的"两工"；调整农业税政策；调整农业特产税政策；调整村提留征收使用方式；调整农业税附加费。方案提出了6项要求：

1. 规范农村收费管理，对涉及农民的收费进行全面清理。各县（市、区）、各部门无权设立涉及农民负担的行政事业性收费和政府性基金、集资，凡自行出台的收费、集资要一律取消。取消涉及农民负担的各种摊派和达标升级活动，取消各种不利于控制和减轻农民负担的干部考核制度和考核指标。对农村经营服务性收费进行整顿，建立规范的管理制度，根据服务质量、数量和成本费用从轻收费。严禁强行服务、强行收费、强行以资代劳。对村内兴办集体生产公益事业筹资，要制定专门管理办法。

2. 精减乡镇机构，压缩财政供给人员。县级政府要做好现有乡镇、村撤并和财政负担人员的清理工作，根据《河南省乡镇机构改革方案》（豫文〔2001〕174号）和《河南省撤并乡镇工作实施意见》（豫办〔2001〕37号）的规定，合理核定乡镇编制数额，确定内设机构和人员编制，乡镇党政领导干部实行交叉任职，事业单位人员编制实行总量控制。主管部门要从大局出发，不得要求上下业务对口，不得干预下级的机构设置与人员编制。在保证村级组织正常运转的前提下，采取村干部交叉任职等办法，精简村组干部。按照规定核定村组干部人数和补贴标准，压缩非生产性支出，严格核定村级办公费开支标准，制定村级订阅报刊支出限额，村级不准支出招待费。

3. 精减和优化教师队伍，合理配置教育资源，保障义务教育投入。研究制定科学合理的农村中小学教职工与学生人数比例或教职工与班级比例，并据此核定中小学教职工编制，严格按编制配备教职工，清退不合格人员和代课教师，对超编人员进行转岗分流。按合理规模、提高质量的原则，对农村中小学进行布局调整。实行农村中小学教师工资县级统一发放，建立工资专户，确保编制内教师工资及时发放。切实安排好农村中小学危房改造、校舍建设等资金。

4. 完善县、乡财政管理体制，管好、用好转移支付资金。按照"财权与事权相统一"的原则，赋予乡镇与其承担事权相一致的财权。农村税费改革后，要合理调整县乡财政体制，新增加的农业税收入，首先用于教师、乡镇编制内供给人员经费、公用经费、农村义务教育的投入和乡村两级组织的正常运转等必不可少的支出。各县（市、区）因政策因素而减少的财力，上级财政按照农村税费改革后的财力缺口、对农业税的依赖程度、农村人口、农村中小学人数等相关因素测算安排转移支付资金补助。转移支付资金，重点用于教师工资，专户发放；同时要严格各项资金管理，强化乡镇财政预算约束，提高乡镇财政运行质量。

5. 加强农业税征收管理工作。各县（市、区）要根据农村税费改革的各项政策，按照税收征管法规，依率征税、依法减免，方便广大纳税人。认真执行农业税社会减免和灾歉减免的有关规定，严格审批手续。教育广大农民增强纳税意识，强化税收征管，确保税收足额征收。纳税人在规定的时间不履行纳税义务，不缴、少缴或抗缴农业税应纳税款及附加的，征收机关应当追缴。

6. 妥善处理好农民拖欠税费及乡村债务等遗留问题。农村税费改革前农民拖欠的税费，税费改革期间不得清收，由市有关部门按照省有关规定制定处理办法。对乡村债务，要慎重处理，区别对待。乡镇政府由于修路、建校、兴办公益事业形成的债务，不能转嫁给农民。对于那些与农民生产有直接关系、农民从中受益、由农民直接承借的债务，如农业综合开发项目、平原打井项目等，还应该由农民承担，具体办法按照省制定的规定执行。

二、改革方案实施

从2002年4月开始，三门峡市正式实施《三门峡市农村税费改革方案》。

（一）取消乡统筹、农村教育集资和屠宰税

按照《三门峡市农村税费改革方案》实施办法，三门峡各县（市、区）正式取消乡统筹和农村教育集资等专门面向农民征收的行政事业性收费和政府性基金、集资，乡统筹费开支的乡村两级九年制义务教育、计划生育、优抚和民兵训练支出及中小学

危房改造资金,纳入各级财政预算安排;村级道路建设资金由村民大会民主协商解决,乡级道路建设资金由政府负责安排;农村卫生医疗事业逐步实行有偿服务,政府适当补助。同时,取消屠宰税及随同屠宰税征收的其他收费。

(二)逐步取消统一规定的“两工”

各县(市、区)开始逐步取消统一规定的“两工”(含劳动积累工和义务工,以下简称“两工”)。保留的“两工”主要用于在建工程,不得再上新的项目。除遇到特大防洪、抗旱等紧急任务,并经县级以上人民政府批准可临时动用农村劳动力外,任何地方和部门均不得无偿动用农村劳动力。“两工”必须以劳为主,不得以资代劳,收取钱物(长期在外务工人员,本人自愿可以资代劳)。市直各部门安排的项目,一般不得要求县(市、区)配套。

(三)调整农业税政策

1.核定农业税计税土地面积。农民承包土地从事农业生产的,计税土地面积以第二轮承包用于农业生产的土地面积为依据;其他单位和个人从事农业生产的,计税土地面积为实际用于农业生产的土地面积。经县级以上人民政府批准占(征)用的计税土地并已办理耕地占用税完税手续的,不再作为农业税计税土地。因水冲沙压、退耕还林以及其他原因减少的农业税计税土地,要及时核减。妥善解决历史上遗留下来的农业税有税无地和有地无税的问题。按以上原则计税土地面积核定后,要以村、组为单位进行张榜公布,接受群众监督。群众如有异议,征收机关重新核实。重新核定的结果,要由征收机关和纳税人共同认可,对纳税人无正当理由拒绝签字的,征收机关有权核定,并再次张榜公布。计税土地面积发生增减变化,农业税应当及时进行调整。各级农业税征收机关要建立农业税计税土地面积档案,实行动态管理。

2.合理确定农业税常年产量。农业税常年产量以1998年前5年粮食作物的平均产量确定,核定的各类土地的常年产量以村、组为单位进行张榜公布,广泛征求意见,接受群众监督。村与村之间常年产量差别较大的,乡镇政府可作适当调整;乡镇与乡镇之间常年产量差别较大的,县(市、区)政府可作适当调整。对种植农业特产品及其他经济作物的农业税计税土地,比照同等相邻的种植粮食作物土地核定常年产量,常年产量一经确定,要保持长期稳定。

3.确定农业税税率。改革后农业税实行比例税率,全市统一执行7%税率。国有农场改革后税率按不超过改革前实际税赋水平核定。

4.农业税计税主粮价格,按省规定为每公斤1.14元。

5.各县(市、区)农业税的计税土地、常年产量、税率和农业税征收任务,经省农村税费改革领导小组批准后,逐级落实到纳税人。

6.农村税费改革后,以村民小组为计算单位,农民负担应低于农村税费改革前的负担水平;因特殊原因,个别地方不低于税费改革前负担水平的,必须报经河南省农村税费改革领导小组办公室批准。

7.农业税减免分社会贫困减免和灾歉减免,减免政策基本不变。各县(市、区)按农业税正税总额的2%用于社会贫困减免;省级从农业税正税总额中集中适当数额用于全省灾歉减免。

(四)调整农业特产税政策

三门峡市在调整农业税政策的同时,一并调整农业特产税政策。按照农业税和农业特产税不重复交叉征收的原则,对在农业税计税土地上生产的农业特产品,原则上只征收农业税,不再征收农业特产税。需要征收农业特产税的,必须报经省农村税费改革领导小组批准,方可征收农业特产税,但不得再征收农业税。同时保留烟叶等品种在收购环节征收农业特产税。对在非农业税计税土地上生产的农业特产品,继续征收农业特产税。

(五)调整村提留征收使用方式

各县(市、区)一并调整村提留征收使用方式。调整后,村干部报酬、“五保”户供养费和村委会办公经费,除原由集体经营收入开支的仍继续保留外,凡由农民上缴村提留开支的,采用农业税附加方式统一收取(不含国有农场、监狱、行政事业单位、部队、学校、寺庙)。农业税附加比例为农业税正税的20%。

(六)调整农业税附加

各县(市、区)一并调整农业税附加。农业税及其附加原则上征收代金,按亩以货币计税,分夏秋两季统一由财政部门负责征收。征收代金或征收实物及夏秋两季的征收比例由县级人民政府确定。粮食部门要优先接收农业税实物,及时结算价款,不得拒收、限收和压级压价。

农业税附加属于集体资金，实行统一管理，乡管村用。由乡镇经济管理部门对其使用情况实施监督，村内兴办其他集体生产公益事业所需资金，不再固定向农民收取，采取“一事一议”的办法，由村民大会民主讨论决定，实行村务公开、村民监督和上级审计。村内“一事一议”的集体生产公益事业筹资实行上限控制，每人每年最高不超过15元。原由乡村集体经济组织负担农业税、乡统筹和村提留的，农村税费改革后，按统一的农业税政策执行，任务落实到户、通知到户，结算到乡村集体经济组织。

三、降低农业税税率

(一)税率下调

2004年5月11日，根据中共中央1号文件精神和《财政部、农业部、国家税务总局关于2004年降低农业税税率和在部分粮食主产区进行免征农业税改革试点有关问题的通知》(财税〔2004〕77号)的有关规定，河南省政府决定，河南省农业税税率由原来核定的7%，下调到4%，降低3个百分点；农业税附加随农业税正税同步降低。

三门峡市委、市政府召开专题会议积极落实上级精神，决定：三门峡市农业税税率由2002年农村税费改革时核定的7%下调到4%，降低3个百分点；农业税附加随农业税正税同时降低。据测算，仅此一项政策，三门峡市共减轻农民负担2575万元，其中农业税正税2146万元，农业税附加429万元。会议还传达了相关配套政策：调整农业特产税政策，全面取消烟叶以外的农业特产税；非农业税计税面积上的农业产品，不征收农业特产税，也不改征农业税；改农业税夏秋两季征收为夏季一次征收；农业税仍征收代金，实行“定时、定点、定额”的“三定”征收方式。会议要求各县(市、区)切实做好降低农业税税率工作，按时制定上报降低农业税税率实施方案。会后，三门峡市委、市政府成立降低农业税税率工作办公室，开展降低农业税税率工作；同时成立督导组，分赴各县(市、区)督导工作。

(二)降低农业税税率落实到户

2004年5月17日，河南省财政厅印发《关于加强2004年农业税征管工作的通知》(豫财农税〔2004〕13号)，要求以村、组为单位公示降低农业税税率落实到户情况。乡镇财政所按照每个农户农村税费改革政策卡上的数据，测算出该户降低农业税税率后应缴纳的农业税税额，以村、组为单位用微机打印后，在村干部的协助下，由乡镇农税专管员负责逐村张贴；不允许委托村干部张贴，也不允许村干部转抄；公示时间不得少于10天，在得到农民认可后，将农业税纳税通知书下达到农户。为严格执行河南省财政厅通知精神，三门峡市各县(市、区)将公示降低农业税税率落实到户，将测算出的每户降低农业税税率后应缴纳的农业税税额张贴公示，得到农户认可后下达农业税纳税通知书到各户。

四、农业税免征及村级经费单列

(一)农业税及其附加免征

2005年2月，按照河南省财政厅部署，三门峡市开始收缴封存农业税税收票证，同时要求各县(市、区)对农业税票证的领用、作废、上缴、损失和损毁数量、号码进行登记和核对，认真填写《农业税收票款结报手册》、农业税收票证分类出纳账、农业税收票证缴销报告单。

是年5月，三门峡市按照河南省人民政府发布的《关于免征农业税的通知》(豫政〔2005〕26号)精神，从2005年夏收起对全市40余万户农民免征农业税3176万元，其中正税2647万元，附加529万元，全市农民户均减负79.3元，人均减负20元。各县(市、区)因免征农业税减少的地方财政收入，由中央和省财政全额给予补助。建立村级经费保障和管理体制，以县为单位，确定村组干部补助范围和补助标准，在税费改革转移支付中单列村级经费，专账管理、专款专用、计算到乡、落实到村。

(二)村级经费单列

2005年6月8日，河南省人民政府办公厅发文《关于免征农业税后村级经费保障问题的通知》(豫政办〔2005〕46号)。通知要求：免征农业税后，村组经费的来源主要是财政转移支付资金和村集体经济收入。村级经费实行以县为主管理体制，县级人民政府要合理制定村、组干部和办公经费补助标准，将村级经费核定到乡，乡核定到村。村、组干部补助要核定到人，办公经费要核定到村。村、组干部补助标准要与当地农民人均纯收入相适应，各县村干部补助原则上不超过当地农民人均纯收入的80%，组干部年均补助原则上不超过当地农民人均纯收入的30%，办公经费不超过村组干部补助总额的40%。

是年6月20日，河南省财政厅依据河南省人民政府办公厅《关于免征农业税后村级经费保障问题的通知》，发出内部明电，要求以县为单位上报村级经费收支计划。三门峡市各县（市、区）人民政府各自制定了村组干部补助及办公经费标准，各县（市、区）财政局按照明电要求，及时编制村级经费收支计划，经三门峡市财政局汇总上报，河南省财政厅批复三门峡市村级经费补助。三门峡市财政局按计划及时将补助经费分解到各县（市、区），由各县（市、区）拨付到乡、村。

2006年，根据河南省财政厅《关于下达2006年一般性转移支付资金的通知》（豫财办预〔2006〕150号）精神，河南省财政厅按每村提高2000元标准，增加村级经费补助。是年，三门峡市财政部门在村级经费管理方面，一是建立村级经费年度的预算和决算制度，将村级经费的财政补助部分纳入各级政府财政预算和决算管理，保证村级经费的现金调度，严格村级经费的拨付和管理使用。在安排村级经费时，结合村组机构改革情况，确定干部职数和工资标准及财政补助的村级经费数量，基本保证村级工作运转。二是对村组干部的工资部分，实行"工资折"管理，严禁挤占、挪用、抵扣干部工资。三是对村级的办公经费，制定经费开支管理办法，严格开支标准和审批制度。四是对上年的村级经费进行检查，发现问题，及时纠正。问题严重的，在全市通报。五是管好用好农村税费改革综合监管信息系统，并设立举报箱，实行举报制度，便于群众监督。由于采取了一系列村级经费管理办法，从而保证了村级经费的正确使用，稳定了农村干部队伍，进一步巩固了农村政权。

2008年，根据《河南省财政厅关于下达村级经费补助的通知》（豫财办预〔2008〕159号）精神，从2008年起，省财政厅补助村级经费标准按村均3万元进行安排；对以前年度已安排的村级预算村均不够3万元标准按差额进行补贴。

第三节 政府采购改革

2000年4月，根据国家和财政部有关文件精神，经三门峡市编制委员会批准，成立三门峡市政府采购办公室。其主要职责：负责贯彻执行国家制定的政府采购政策、法规及条例；根据国家有关政策法规，制定全市政府采购管理办法，建立全市政府采购体系并组织实施和监督执行；编制全市政府采购的预算和采购目录并负责支付工作；审批社会中介机构取得政府采购业务的资格；审批进入政府采购市场的供应商资格，并对其进行监督和管理；负责政府采购中的质疑和仲裁工作，处理政府采购中的投诉事项及其他有关工作。

一、政府采购管理

2000年9月，三门峡市政府成立以市委常委、常务副市长为组长，财政、审计、监察、卫生等部门主要负责人为成员的三门峡市政府采购工作领导小组。领导小组下设办公室，办公室设在市财政局。政府采购工作领导小组办公室积极组织和参与有关部门开展的招、投标活动，以采购工作促进机构建设，逐步完善政府采购管理体制。

（一）建立政府采购专家库

2001年，为充分体现政府采购公开、公平、公正的原则，三门峡市共建立汽车、锅炉、印刷、电脑、装饰、煤炭6类各方面专家库包含3大类专家30人，采取公开招标与谈判性采购及询价采购相结合的办法，不断扩大采购范围，开拓新的采购领域。

2003年，根据财政部、监察部《政府采购评审专家管理办法》（财库〔2003〕119号）要求，按照"统一条件、分级管理、随机抽取、管用分离"的原则，三门峡市财政局政府采购管理办公室先后在《三门峡日报》、三门峡市人民政府公众信息网等媒体上发布聘请政府采购评审专家的公告，扩建三门峡市政府采购评审专家库。

2005年，依照《政府采购评审专家管理办法》要求，通过下发文件，并在报纸上发布公告，进行广泛宣传，公开征集政府采购评审专家，经过推荐或自我推荐，并针对要求进行了认真筛选，至年底已建立起涵盖货物、工程和服务三大类近400人的专家评委库。

2007年,为配合全省电子化政府采购工作,按照"统一建库,属地审核,分级管理,资源共享"的原则,三门峡市积极开展了电子化政府采购专家库建设工作。年底,三门峡市电子化政府采购专家库按技术、经济和法律三大类,分建筑、机械、园林、城建、测控、环保、勘测、化工、电器、交通、农业等16个专业,共登记专家326人。电子化政府采购专家库的建设为进一步加强评标专家的监督管理、保证评标活动的公平公正和提高评标质量提供了保障。

截至2010年底,三门峡市政府采购专家库共有机电设备、工程机械、土建、园林绿化、采暖通风、建筑装修、计算机等26类各方面专家246名。同时,加强对采购评审活动管理,规范评审专家执业行为,优化专家结构,不断提高政府采购工作质量。

(二)推行政府采购社会公开制

一是推行信息公开制。2000—2010年,三门峡市对货物、工程和服务政府采购项目的所有相关信息,都必须在中国政府采购网、河南省政府采购网、三门峡市政府网及三门峡市财政局网等政府采购指定媒体上公开发布采购信息,确保政府采购活动公开、透明。二是推行公开招标制。凡申报的采购项目,都坚持以公开招标为主。对一些紧急采购项目或情况特殊的采购项目,确需变更采购方式的,按照从严掌握的原则,要求采购单位提出书面申请,同时要求即使是改变采购方式的采购项目仍要在网上公开采购信息。三是推行集中采购制。在所有政府采购活动中,尽量不批复分散采购项目,保证采购活动的相对集中,既利于监督监管,又利于发挥政府采购的规模效益。

(三)编制政府采购预算

2004年,为进一步增强预算单位开展政府采购活动的计划性,不断扩大政府采购范围,同时便于审计、监察等部门有针对性地开展监督工作,三门峡市实施政府采购预算编制工作,在市财政局预算科等有关科(室)的密切配合下,完成了政府采购预算编制。是年,三门峡市直单位政府采购预算金额10132万元,市政府采购管理办公室6月之前以正式文件批复到市直单位执行。同时,还指导县级财政部门编制政府采购预算,不断提高政府采购预算占财政总预算的比重,为全面深化政府采购改革奠定坚实基础。

(四)简化办事程序

2005年,三门峡市财政部门在不断扩大政府采购的覆盖面,完善采购制度的基础上,还积极打造政府采购"绿色通道",简化办事程序,提高采购效率:对于零星货物的采购,实行定点采购制度,对公务用车和办公机具,实行协议供货制度。实行一次招标、多次采购,经过公开招标,市级共确定了13家汽车协议供应商、20家办公机具协议供应商和8家办公耗材定点供应商。规定凡单位购买限额以内的办公设备和办公耗材实行协议定点采购,在供货期内,采购单位可以按照规定范围和程序自主选择供应商和货物,节约了招标和采购成本,同时也满足了采购者需求的及时性。2008年,制定了定点维修管理办法,对公务用车、办公机具和汽车维修实行协议供货和定点维修制度。

(五)小汽车定编管理

2003年,通过公开招标确定三门峡市区12家汽车维修厂家为市直公务用车的定点维修企业,规范了公务用车维修的管理,降低了汽车维修成本。

2005年,在对全市小汽车定编证进行重新审核的基础上,着重从基础管理入手,加强对行政事业单位车辆编制的管理工作,继续严把审批关,坚持"五不批"制度,即小汽车超编的不批;超标的不批;资金来源不合理的不批;不纳入政府采购的不批;没有专(兼)职采购管理人员的不批。对未超编的单位需要更换新车时,必须将现有车辆过户出去,持定编证,在审核下超编的情况下方可同意购买新车,并对新购车辆认真登记,逐车核对,建档入库,防止定编后新的车辆超编现象的发生。

2006—2010年,在车辆定编管理方面,认真落实中央、省关于党政机关配备小汽车有关规定,严格党政机关小汽车审批制度,在汽车编制审批方面,按照单位人员编制、工作职能和领导职数,坚持做到小汽车超编制的不批、超标准的不批、资金来源不合理的不批、不纳入政府采购的不批,并逐车建档入库,规范管理,防止定编后新的车辆超编现象发生。

(六)建立政府采购制度管理体系

为使政府采购真正成为"阳光采购",切实做到依法行政、有章可循、规范运作，根据《中华人民共和国政府采购法》及财政部、河南省财政厅下发的有关法规制度，2000 年起，三门峡市先后制定下发了《关于印发三门峡市行政事业单位政府采购实施意见的通知》《三门峡市市级政府采购工作程序》，制定了《三门峡市政府采购工作程序（试行）》《三门峡市政府采购资金管理办法》《三门峡市政府采购目录》等一系列规章制度，对政府采购行为、计划编报、审批及资金的划拨与支付、资金节余及违规处理等作出了明确的规定。

2008 年，为进一步推进依法办事、规范操作，充分体现政府采购"阳光工程"的优势，三门峡市财政局在以前各项管理规章制度基础上，新制定《行政事业单位办公设备及耗材协议供货制度》和《行政事业单位汽车定点维修制度》，通过抓各项管理制度的落实，进一步规范政府采购行为，力争做到"三个满意"：一是让政府满意。通过政府采购活动，节约了财政资金，提高了资金使用效益，同时促进了廉政建设。二是让采购单位满意。通过政府采购活动，可以购买到物美价廉的商品或超值的服务。三是让企业满意。通过政府采购活动，可以提高企业的知名度和竞争力，促进企业的发展。

2009 年，三门峡市财政局及时修订三门峡市政府集中采购目录和限额标准，促使政府采购做到应采尽采；加强对县级政府采购监管考核，从政府采购执行规模、采购资金集中支付、采购预算节支率、采购批次招标方式比重、采购法规宣传方面，做好督导和考核工作。三门峡市政府采购工作由最初的货物采购转向货物、工程、服务并举，协调发展；由原来的预算资金转向预算资金、预算外资金、自筹资金全面管理，政府采购资金总量和采购规模逐年保持持续快速增长的态势。

二、建立政府采购"管办分离"机制

2003 年 5 月 13 日，按照《中华人民共和国政府采购法》和财政部关于"管采分离、职能分设、政事分开"的要求，三门峡市成立"三门峡市政府采购中心"，负责全市预算单位经申请批准的工程、货物和服务等政府采购项目招标投标的具体实施，实现了管理、采购、使用的"三分离"。具体程序：采购单位填报政府采购计划申报表，政府采购管理办公室审核资金来源和支出计划，采购中心实施招标采购，选定供应商。财政部门、供应商和购买主体三者之间的分离，明确了各自职责，从体制上增强了政府采购的科学性，从源头上增强了政府采购的规范性和严密性，彰显了政府采购的"阳光"效用，抑制了腐败现象的产生。截至 2010 年底，三门峡市下辖 6 个县（市、区）财政部门均成立了政府采购管理办公室。

三、建立政府采购工作监督机制

（一）实行政府采购严格把关制度

2001—2010 年，三门峡市财政部门在政府采购工作中，始终坚持把"公开、公平、公正"原则贯穿到政府采购的各个环节，采取"公开招标信息、公开招标程序、公开招标文件、公开评标标准、公开评标过程、公开中标结果"六公开，使采购工作真正成为"阳光采购"。为使每项采购活动都能规范运作，消除"幕后交易"，遏制腐败产生，对政府采购活动坚持严把五关：一是严把采购方式关。对采购规模大的项目，先组织有关专家论证项目的技术或施工特点，审查资金落实情况，再确定具体的采购方式；对规模小、数量少的项目，必须遵循"多方询价、集中对比、重点谈判"的方法进行采购。二是严把采购信息审查关。坚持采购信息发布审查制度，确定专人负责审查采购信息有无歧视性条件、是否存在技术壁垒和排斥潜在投标人的情况。三是严把评委选聘关。在政府采购办的现场监督下，由采购单位代表在评标专家库中随机抽取评委，对与招标人有利害关系的评委，实行回避制度。四是严把采购程序和采购结果监督关。凡是大的招标活动，都邀请纪检部门和公证部门对采购全过程进行监督和公证。五是严把资金结算关。采购活动完毕后，政府采购办将根据采购合同和采购单位出具的验收单，签批《政府采购资金拨付申请单》，由财政国库集中支付中心将采购资金直接拨付给供应商。

（二）完善政府采购监督检查机制

2005 年，为贯彻落实《中华人民共和国政府采购法》，严肃政府采购法纪，推进政府采购制度改革进一步深化和政府采购工作向前发展，根据全省政府采购专项检查工作会议要求，三门峡市财政部门在全市范围内开展了政府采购执法检查工作。为确保专项检查工作的顺利开展，三门峡市成立了由反腐败抓源头工作领导小组办公室、监察局、财政局、审计局及联合组成的专项检查工作办公室,抽调业务骨干,明确工作职责,拟定检查方案,采取自查自纠和重点抽查相结合的办法,对市直单位和县(市、区)的政府采购执法情况进行部署和检查。全市应参加政府采购的单位全部进行了自查,并对165个单位进行了重点检查,被检查的政府采购金额达15000万元,占全市政府采购金额的53%,对查出的问题,要求被查单位认真整改。通过政府采购专项检查,进一步宣传了《中华人民共和国政府采购法》,不断完善政府采购制度,规范政府采购行为,改进政府采购工作,也使社会各界对政府采购工作提高了认识,增强了意识。

2008年5月,为进一步贯彻落实《中华人民共和国政府采购法》、推动和深化政府采购制度改革,三门峡市财政局、市监察局、市审计局联合开展了全市范围内政府采购执行情况专项检查。此次专项检查依据《中华人民共和国政府采购法》及财政部第18、19号令等法规制度,对全市各级采购人、采购代理机构2006年和2007年政府采购执行情况进行检查。同时,成立14个政府采购执行情况专项检查小组,分赴6个县(市、区),对182个单位进行了重点监督检查,对检查中发现的问题进行归类整理,并及时下发整改通知书,要求各单位结合自身实际情况,围绕存在的问题,制定切实可行的整改措施,确保整改效果。

(三)开展治理政府采购领域商业贿赂专项工作

治理政府采购领域商业贿赂专项工作是财政工作和廉政建设工作的重点之一。2006年,三门峡市财政局成立治理商业贿赂领导小组及办公室,明确工作职责,充实办公人员,并制定详细的工作实施方案,确定了财政系统治理商业贿赂专项工作的总体目标和主要任务,明确了治理商业贿赂工作阶段划分和时间要求。及时召开全市财政系统治理商业贿赂工作动员会,及时传达贯彻中央、省和市治理商业贿赂工作会议精神,深入学习有关治理商业贿赂的法律法规,提高了工作人员查处商业贿赂案件的能力和水平。设立治理政府采购领域商业贿赂举报箱,公布举报电话和电子信箱,形成多层次的监督体系,为发现和排查商业贿赂案件提供线索。同时,认真开展自查自纠,明确自查自纠的主要目标、查纠范围和治理重点,摸清政府采购、产权交易及有关社会中介组织中商业贿赂的主要手段和表现形式,掌握发生问题的岗位、环节、特点和规律,深入查找政府采购监管方面存在的错误观念、薄弱环节、制度缺陷及违规行为。针对不足,不断完善内部管理制度,强化约束监督机制,提高政府采购当事人依法采购、依法监管意识,增强其抵制商业贿赂的能力,自觉抵御商业贿赂侵袭。

2007年,根据三门峡市治理商业贿赂领导小组办公室《关于组织开展不正当交易行为自查自纠工作"回头看"的通知》,组织开展了治理商业贿赂"回头看"工作,进一步促进了政府采购活动的规范运作。

(四)畅通投诉渠道

一是公布投诉电话和投诉信箱,为各采购当事人参与政府采购保护合法权益开辟途径,搭建平台。二是建立健全供应商投诉制度,发挥供应商的监督作用。三是认真对待供应商质疑投诉,要做好耐心解释、认真调查核实并及时给予答复,以不断改进工作方法、促进政府采购行为规范运作。

(五)推行政府采购廉洁自律承诺制

凡是参加三门峡市政府采购活动的供应商,在投标工作开始前,必须就廉洁自律等作出承诺,违背承诺的供应商将被列入三门峡市政府采购黑名单。

(六)建立供应商不良行为记录机制

为规范政府采购行为、打击政府采购领域的商业贿赂,三门峡市政府采购管理办公室实行供应商不良行为记录制度。对在政府采购活动中查出的有违法行为的,列入三门峡市政府采购不良行为记录名单,1~3年不得参加三门峡市政府采购活动。

四、政府采购中心建设

2003年5月13日,按照《中华人民共和国政府采购法》的要求,三门峡市成立政府采购服务中心,其性质为自收自支的事业单位,隶属于市财政局管理,规格为正科级,编制8名(从会计公司事业编制中划入),其中主任1名,副主任2名。政府采购中心按照《中华人民共和国政府采购法》《中华人民共和国招标投标法》的有关规定,接受采购人的委托,在市政府采购办等部门的监督下,执行政府采购任务。按照规定,采购办、采购中心的有关人员均不作为评委参与评标、定标活动。此项举措为各项采购活动的规范化开展提供了制度保障。

（一）认真贯彻执行《中华人民共和国政府采购法》

三门峡市政府采购中心成立之始，按照《中华人民共和国政府采购法》和《中华人民共和国招标投标法》规定，严格把控政府采购职权范围：凡是由三门峡市财政投资（含中央、省补）纳入政府采购目录的设备、建筑工程、大批量办公用品等项目，由采购单位委托三门峡市政府采购中心通过公开招投标集中采购。将工程项目纳入政府采购范围，同时将市财政拨款投资的项目（含中央、省补）一并纳入政府采购，拓宽了政府采购业务范围，使三门峡市政府采购活动快速稳步展开。

（二）规范采购评标行为，提升精细化管理水平

2003—2010年，在政府采购实践活动中，三门峡市政府采购中心不断完善工程项目招标、评标办法，科学合理地确定评标指标体系和分值标准，加强评标现场监督和合同履行情况的监督。一是细化评标原则，规范评标标准。坚持科学评标，量化、细化分值，减少打分受评委主观因素的影响，增强评标的可比性，使评标工作更加科学、合理，保证优秀的供应商进入政府采购市场。事先公开评标办法，每次招标采购，单位领导和项目负责人，均要根据项目特点，制定符合不同采购需求的评标办法，并将评标办法在招标采购文件和开标现场予以公布，使供应商投标更有针对性。参与评标评委的严格管理：对每次参加评标的评委，都要求其填写《专家纪律保证书》，恪守职业道德，确保评比的结果科学、合理、公正。二是压实主体责任，规范政府采购操作。强化落实主任分管制度和项目负责人制度，分管主任负总责，项目负责人对项目进行全过程组织实施，按照法律规定和内部规章制度，每个环节均签字盖章落实责任，做到“步步有落实，责任明确到人”。三是密切部门配合，发挥联动作用。进一步加强与各部门的沟通和协作，及时通报情况，按时提供采购报表，加强采购工作的计划性。严格项目投资预算的评审工作，项目施工图预算经财政投资评审中心审核确认后，方可进入招标程序。坚持信息公开、广泛发布、引入充分的竞争机制，消除串标、围标等现象，确保招标效果。四是落实四个公开，打造“阳光采购”。以强化管理为重点，坚持政府采购程序公开、信息公开、招标办法和招标活动公开及采购结果公开“四个公开”的原则，保证了各项采购工作依法依规顺利开展并取得了较好的经济效益和社会效益。

（三）政府采购活动

2003年5月至2010年底，三门峡市政府采购中心累计开展政府采购活动992次，累计采购预算43180万元，采购金额38160万元，节约资金5020万元，节资率11.6%。

2003年5—12月，三门峡市政府采购中心累计完成政府采购63项，采购金额2068万元，节约资金339万元，节资率14.1%。

2004年，三门峡市政府采购中心累计完成政府采购221项，采购金额3851万元，比上年增长86%，节约财政资金323万元，节资率7.8%。其中，市政工程政府采购工作取得重大突破，凡使用财政性资金的工程项目全部纳入政府采购。

2005年，三门峡市政府采购中心共完成政府采购284项，采购金额3300万元，节约资金300万元，节资率8.5%。此外，通过公开招标顺利完成2005年度公务用车协议供货、2005年行政事业单位办公自动化设备、电器及家具协议供货及2005年度办公耗材协议供货三项采购，为单位自主选择商品或服务提供了更大的空间，兼顾了“效益”和“效率”。

2006年，三门峡市政府采购中心共完成政府采购112项，采购金额5060万元，节约资金656万元，节资率11.5%。

2007年，三门峡市政府采购中心共完成政府采购87项，采购金额6598万元，节约资金1141万元，节资率14.7%。

2008年，三门峡市政府采购中心共完成政府采购109项，采购金额7017万元，节约资金1041万元，节资率12.8%。

2009年，三门峡市政府采购中心共完成政府采购69项，采购金额5103万元，节约资金810万元，节资率13.7%。

2010年，三门峡市政府采购中心共完成政府采购47项，采购金额5109万元，节约资金410万元，节资率7.4%。

第四节 财政投资评审改革

一、投资评审机构建设

(一)投资评审机构建立

三门峡市财政投资评审中心成立于2002年7月15日,挂三门峡市预算评审委员会牌子,规格相当于正科级,人员编制3名,经费实行财政全额预算管理。其主要职责:承担财政性投资项目的可行性评估、论证的技术性、服务性工作;负责财政性投资项目的工程概算审核及预(结)算、竣工决算审查和工程价款结算;负责财政性投资项目招标、标底审查和经济效益后评价工作;受上级财政部门委托,承担中央或省在三门峡市建设项目工程预结算审核工作。

(二)投资评审制度建设

2005年,为了推动财政投资评审业务逐步走向规范化、科学化,三门峡市财政投资评审中心相继制定了《内部评审程序》《评审人员行为规则》《评审质量管理制度》《评审项目稽核制度》《评审项目复核制度》《评审人员廉政建设制度》《评审人员回避制度》《评审人员保密制度》《市级财政投资评审操作规程》等相关制度,对评审工作程序进行规范,对工作人员、评审专家进行约束和管理。

2007年1月,三门峡市财政投资评审中心制定并实施了《三门峡市财政投资评审中心外聘人员聘用管理办法》,对聘用人员在聘用原则、要求、工作职责、工资待遇、考核奖励、个人所得税、福利、续聘及解聘等方面进一步规范,严格实行年度考核办法,优留劣汰,聘用合同一年一签。

2010年,对涉及工程结算结果的材料价格、工程量等有争议的问题,坚持由建设方、施工方、监理方和评审中心多方公开、公平、公正协商,共同确定结算依据。在中介机构管理方面,针对部分委托项目金额较大,按原招标费率结算导致委托费用较高问题,三门峡市财政投资评审中心积极与中介评审机构协商,实行一事一议、协商确定合理的定价办法。

(三)加强财政投资评审队伍建设

2005年,为不断提高评审队伍整体素质,三门峡市财政投资评审中心委托三门峡市基本建设标准定额管理站对评审人员开展工程量清单计价规范及对长期聘用人员开展PKPM等工程造价专业软件操作等业务培训,支持注册造价工程师赴郑州接受继续教育。

2006年,为贯彻落实《财政部关于印发〈财政投资评审质量控制办法(试行)〉的通知》精神,三门峡市财政投资评审中心采取了以下措施:加强业务学习,提升队伍整体素质;对于标底编制,实行工作人员单一责任和重要工程拆分评审、拆分密封;实行回避制度,评审人员与被评审项目单位有直接关系,或有可能影响评审公正性的应当回避;对审核金额超过30万元的预、结算评审项目,实行二级复核制;加强中介机构监管,对于委托评审项目,在不影响评审代理机构独立开展工作的前提下,重点对评审报告、项目取费、政策运用及材料价格等方面认定进行监管。

2008年,三门峡市财政投资评审中心在进人、选人方面,设定了较高的门槛,要求聘用人员必须具备多年实践工作经验并具有中、高级技术职称。在工作方面,对技术人员实行工资与业绩挂钩,充分调动其工作积极性,提高评审效率;根据工作需要建立专家库,从技术力量、专业门类、人才结构上更好地满足评审工作业务需要。在学习方面,组织评审人员通过理论、业务学习系统掌握专业技术知识,通过“审、帮、带”促使评审人员掌握多门技术和工作方法,适应各类项目的评审工作。当年所有项目评审全部使用工程造价软件,部分工程还用专业软件计算工程量,大大提高了工作效率。同年12

月份，为了尽快掌握新的清单计价方法，更好地开展工作，评审中心选派评审人员参加三门峡市基本建设标准定额管理站举办的新定额交底会议暨新定额培训，邀请神机妙算软件公司对评审人员就清单计价软件操作与运用进行培训。

2009 年，针对财政改革中所遇到的新技术、新专业、新标准等问题，三门峡市财政投资评审中心分期分批派人参加由三门峡市基本建设标准定额管理站、河南省财政厅投资评审中心组织的评审业务培训，进一步提高了工作人员业务水平，为各项评审业务开展提供了可靠保证。

（四）县（市、区）财政投资评审机构建立

2002 年，陕县财政投资评审中心成立，人员编制 10 名，财政全额拨款事业单位。

2007 年，渑池、义马、卢氏三县（市）财政投资评审中心相继成立，人员编制均为 5 名，全部为财政全额拨款事业单位。同年，开发区财政投资评审业务由区财政局经建科代管并开展工作。

二、财政投资评审成果

2004 年 10 月，三门峡市财政投资评审中心首次开展财政投资项目评审工作。当年评审项目 15 个，送审额 1116.7 万元，审定额 960.5 万元，审减 156.2 万元，审减率 13.99%。所审项目主要是市政工程、城市绿化等，编制标的均为暗标。

2005 年，评审工程预、结算项目 43 个，送审额 2846.4 万元，审定额 2202.5 万元，审减 643.9 万元，审减率 22.62%。

2006 年，评审项目 119 个，送审额 37041 万元，审定额 30091 万元，审减 6950 万元，审减率 18.76%。

2007 年，评审项目 87 个，送审额 20102 万元，审定额 15349.9 万元，审减 4752.1 万元，审减率 23.64%。当年，首次将土地开发整理项目纳入评审。至此，评审业务已涉及土建、安装、市政、交通、水利、绿化、土地整理等各个领域。

2008 年，评审项目 79 个，送审额 30225.8 万元，审定额 23932.8 万元，审减 6293 万元，审减率 20.82%。

2009 年，评审项目 88 个，送审额 48497.9 万元，审定额 45059.4 万元，审减 3438.5 万元，审减率 7.09%。当年，所有标的均由暗标改作明标。

2010 年，评审项目 107 个，送审额 12.3 亿元，审定额 10.9 亿元，审减 1.4 亿元，审减率 11.81%。

2004—2010 年三门峡市本级评审情况表

表 9

年　份	项目个数（个）	送审金额（万元）	审定数（万元）	审减数（万元）	审减率（%）
2004	15	1116.7	960.5	156.2	13.99
2005	43	2846.4	2202.5	643.9	22.62
2006	119	37041	30091	6950	18.76
2007	87	20102	15349.9	4752.1	23.64
2008	79	30225.8	23932.8	6293	20.82
2009	88	48497.9	45059.4	3438.5	7.09
2010	107	123074.3	108539.2	14535.1	11.81
合　计	538	262904.1	226135.3	36768.8	13.99

2004—2010 年三门峡全市评审情况表

表 10

年　份	项目个数(个)	送审金额(万元)	审定数(万元)	审减数(万元)	审减率(%)
2004	15	1116.7	960.5	156.2	13.99
2005	85	17407.1	13469.6	3937.5	22.62
2006	119	37041	30195.81	6845.19	18.48
2007	122	25936.4	20961.81	4974.59	19.18
2008	105	34286.4	27545.68	6740.72	19.66
2009	200	78729.8	71980.9	6748.9	8.57
2010	297	192682.7	169862.8	22819.9	11.84
合　计	943	387200.1	334977.1	52223	13.49

第五节　“金财工程”建设

2002 年初,国务院决定将财政部规划建设的“政府财政管理信息系统”定名为“金财工程”,列为国家电子政务建设 12 个重点工程之一。当年 7 月,三门峡市财政局成立财政信息管理中心,正式启动“金财工程”建设。

2005 年 7 月,成立三门峡市财政局“金财工程”建设领导小组,负责对三门峡市财政信息化建设的领导、规划和组织实施。截至 2010 年底,三门峡市财政系统市、县、乡三级广域网已经形成,市、县财政部门局域网全部完成,财、税、库横向联网覆盖税务、人民银行、各商业银行及部分预算单位,财政网络平台实现纵向贯通和横向互联;全市大集中建设模式得到河南省财政厅的充分肯定,并在全省财政系统推广。财政国库集中支付、部门预算管理、非税收入管理、工资统一发放等一系列软件的实施推行,极大地提高了财政管理能力和管理水平。乡镇国库集中支付、农村“三资”管理系统的实施,使基层财政管理更加规范科学。“金财工程”的建设推进,强化了资金的监管力度,为财政资金安全、高效运行起到了有力支撑作用。三门峡市财政局“金财工程”建设工作一直走在全省前列,先后被河南省财政厅评为 2005 年度、2007 年度、2008 年度、2009 年度、2010 年度河南省“金财工程”建设先进单位。

一、财政业务应用系统建设

2001—2010 年,根据“金财工程”一期建设规划,结合三门峡实际,建成并投入使用了预算管理系统、国库集中支付系统及预算执行系统、非税收入管理系统、财政工资统一发放系统、乡财县管系统、财税库联网系统、农村“三资”管理系统、惠农资金“一卡通”管理信息系统、“金财工程”应用支撑平台及其他市级财政业务等应用系统,基本实现了以预算管理为源头、以国库集中收付为预算执行主线的系统框架,为财政改革的顺利推进和财政事业的健康发展提供了有力的技术支撑。

(一)预算管理系统

2004 年底,三门峡市财政局采用太极华青部门预算编制审核系统 V4.0 版本,为市本级部门及本辖区各级预算单位编报预算、财政局各业务科审核部门预算提供技术支撑和应用服务。通过财政部门预算编制审核系统,各级预算单位编制预算、层层上报汇总,市财政局各主管业务科按照职责分工和权限,利用业务专网同步进行部门预算审核、管理和批复,预算编制的规范化和精细化程度逐年提高。截至 2010 年末,市本级已有 372 个部门、单位纳入预算编制系统,全市部门预算改革取得较快进展。

(二)国库集中支付系统及预算执行系统

2003年底,三门峡市财政局以及7个县(市、区)全部安装启用了国库集中支付管理软件,采用北京兴财开发的国库支付系统。2004年底,对支付系统进行升级,安装启用了地方版国库集中支付系统T版,成为河南省试点单位之一。2007年,根据河南省财政厅要求,三门峡市财政局将系统升级为全省统一的预算执行系统。该系统涵盖了预算指标、用款计划、集中支付、汇总清算、政府采购、公务卡支出和资金动态监控等管理功能,还包括账户管理、总预算会计账务、支付中心账务、预算单位会计核算、综合查询分析、督查督办等管理模块。市级预算内外资金均纳入了该系统管理,372家改革单位通过该系统办理财政资金的支付和清算,确保了各项财政专项资金的快速下达,及时拨付。实践证明,该系统在推进财政国库支付改革、创新财政支出模式、提高资金拨付效率、强化资金监管方面发挥了重要作用。

(三)非税收入管理系统

三门峡市财政局使用的非税收入管理系统为河南省非税收入管理系统V2.0(以下简称"非税2.0")。功能上涵盖了非税收入项目管理、征收管理、银行代收管理、票据管理、账务管理、统计分析等。该系统的运行,对促进落实"收支两条线"管理,推动票款分离、罚缴分离,规范政府收费、罚款等行政执法行为提供了有力的技术支撑,较好实现了"以票控费、银行代收、网络监管、资金直达财政"的管理要求,为加强财政票据管理、落实收费政策、强化财政监督、堵塞征管漏洞提供了技术支持。

(四)财政工资统一发放系统

2001年1月,三门峡市财政局推行了工资统一发放系统。系统采用"编办核编、人事核数、财政核拨、银行代发"的管理模式,保证工资发放及时准确。该系统既有效防止财政资金被占用,又能保证个人经费足额、及时发到个人手中,同时还减少了中间环节,减轻了部门、单位财务人员的工作量,有效地防止了各单位随意增员、截留挪用资金行为。截至2010年,全市共有5.73万人纳入工资统发业务系统,月支付工资1.217亿元。

(五)乡财县管系统

2006年,三门峡市财政局指导全市各县(市、区)实行乡财县管改革,加大了对乡镇财政资金尤其是涉农资金的监管力度,既减少了成本提高了效率,又便于监督确保资金安全,促进了县乡财政的规范管理。

(六)财、税、库联网系统

2005年,三门峡市财政局建设了财、税、库联网系统并投入使用。系统采用单点接入的方式,与市人民银行联网,接收全市每日税收收入信息。2010年平台实施后,市财政局对接收数据进行解析整理后存储到应用支撑平台,并通过财政内网将相关数据逐级分发到各县(市、区)。县(市、区)收到后写入本级平台数据库,实现税收收入电子缴库、税收收入信息查询统计和总预算会计系统自动记账。

(七)农村"三资"管理系统

2008年,三门峡市纪检委依托三门峡市财政局已建成的市、县、乡三级网络,在全市各乡镇建立"三资"代理服务中心,全面推行了农村"三资"管理系统,将农村集体资金、资产、资源数据统一交于代理服务中心管理,统一上报,集中存放,统一支出,实现了农村"三资"管理方式的根本转变,解决了农村集体"三资"管理中存在的一些突出问题。通过"三资"管理系统,还可以查询全市62个乡镇、14个街道办事处、1342个行政村、近万个村民小组的每笔记账凭证、会计账簿、经费收支情况、固定资产变动情况和农村集体资源利用情况。这一改革措施,对维护农村和谐稳定发展,保障农民群众合法权益,具有十分重要的意义。

(八)"金财工程"应用支撑平台建设

2010年,三门峡市财政局推出"金财工程"支撑平台实施方案,组织采购相关设备,升级整合业务系统,梳理、规范业务流程。7月顺利完成八大系统接入平台工作,实现了省、市、县三级财政部门的贯通,初步建立了财政业务规范、数据分析快捷、电子化监督到位的一体化管理格局,为三门峡市财政收支数据的即时监控、综合利用、决策分析提供了有力的技术支撑。

(九)惠农资金"一卡通"管理信息系统

2010年,三门峡市财政局以财政专网为依托,启动全省统一的惠农资金"一卡通"管理信息系统,构建网络互联、信息共享、安全稳定的省、市、县、乡四级财政惠农补贴资金管理平台,实现各项惠农补贴资金的集中整合。通过"一卡通"存折(卡),将各项惠农补贴资金安全、及时、足额发放到每个农户手中,切实改变惠农补贴资金多头管理、多头发放的局面,有效解决资金发放成本高、效率低、监管难等问题,切实保障惠农强农政策落到实处。

(十)其他市级财政业务应用系统

2001—2010年,三门峡市财政局还先后推广了行政事业资产信息管理、乡镇集中核算、农村"三资"管理、村财乡管等业务系统,实现了市本级财政业务应用系统的全面覆盖。

(十一)县(市、区)业务应用系统

2001—2010年,在推进市级财政信息化建设的同时,三门峡市财政局积极规划、指导全市各县(市、区)财政局开展财政信息化建设,建立相应的财政业务应用系统。

三门峡市财政信息化建设始终按照"五统一"原则,业务部署采用以市财政局为中心的大集中模式。2006年,7个县(市、区)统一安装了工资统发系统和部门预算系统;2007年,安装了北京兴财开发的国库集中支付网络版;2010年,集中安装预算管理、预算执行系统,有效规范了县(市、区)财政业务行为,大大推进了县(市、区)财政改革,加快了财政信息化步伐。

二、财政信息网络系统建设

2001—2010年,三门峡市财政系统市、县、乡三级广域网已经形成,市、县财政部门局域网全部完成,财、税、库横向联网以及覆盖税务、人民银行、各商业银行、各预算单位的市级财政城域网相继投入运行,全市财政网络平台实现纵向贯通和横向互联,网络安全及信息安全保障体系建立。

(一)财政网络通信平台

2000年3月,全省财政信息暨计算机网络工作会议召开以后,三门峡市财政局立即启动网络建设工作。2000年6月新办公楼落成并交付使用,局域网的综合布线也已完成,程控电话启用。在此基础上,2000年7月市财政局向电信公司(局)申请了一条DDN专线,先期上了外网。2000年9月,在外网开通的基础上,开始筹划内网建设。2005年4月,增加一条移动线路,实现无线网络办公,使办公自动化迈上新台阶。

(二)财政网络建设

2000年9月,三门峡市财政局网络建设全面启动,以一个大网络体系进行设计的实行财政信息交换大集中的形式,将所有的财政数据全部汇集到市级财政再分县(市、区)建立数据库,统一管理,资源共享。

2003年,三门峡市财政系统网络建设大的框架基本形成,已经完成了"一上、三纵、二横"的网络体系,城域网的规划亦初步形成,3条宽带干线连接到各县(市、区)和乡镇。即:第一条100MB光路到各县(市、区),再从各县(市、区)分成2MB到乡级财政所;第二条10MB光路到县级财政局和国库支付中心;第三条2MB光路连接外网(Internet),支持办公系统和上外网(Internet)。市级各单位可以通过城域网的接口,用2MB直接和财政相连,形成网络体系,完成财政全部业务的通信和数据交换。

2006年,经过几年的努力,已初步建成上通财政部,横通全省各市,下通县、乡的纵向网络,并在横向上与各级预算单位、国税局、地税局、人民银行国库、各商业银行等部门实现了互联互通。

三门峡市财政网络建设按照大网络体系进行设计,始终按照"金财工程五统一"的原则进行规划,并在坚持原则的基础上有所突破。主要体现在6个方面:一是网络建设由市财政信息中心统一规划设计;二是统一配备硬件设备,统一品牌,统一型号;三是统一组网形式,不搞五花八门、各自为政;四是统一软件支持,从部门预算、国库集中支付、工资统发、非税监管、村财乡管、乡财县管和办公系统,全部由市信息中心统一考察论证后选用;五是统一管理,统一分配IP,上下一盘棋,分配网络的使用权限(包括县级财政国库集中支付中心工作人员的管理权限、分工和流程);六是统一分配网络资源。

(三)县(市、区)财政网络

2003年,在开展县级国库集中支付工作的同时,三门峡市财政局指导7个县(市、区)开通财政网络,并顺利开展了工作。2004年,完成了全市76个乡镇财政网络建设。2005年,对全市76个乡镇的网络进行整合,重新分配IP,实现了省、市、县、乡四级财政网络的连通。2009年,全市推行河南版预算执行系统。在此基础上,制定网络改造优化方案并组织实施,集中采购服务器和网络安全设备,针对存在的问题进行督促整改,保证了市、县级财政网络与信息系统安全运行和县(市、区)财政业务系统集中实施与应用。

三、财政办公自动化应用建设

2001—2010 年，三门峡市财政局相继开通了内、外网网站、办公自动化系统平台、短信平台系统、视频会议、文件传输系统等办公应用系统，提升了财政系统的交流沟通能力，实现了财政信息资源共享，节约了办公成本，提高了工作效率。

（一）外网网站应用

2005 年，三门峡市财政局在互联网上正式开通“三门峡市财政局”外网网站，设置新闻动态、法律法规、会计之家、财经风采等栏目，成为宣传财经政策、服务社会公众、展示财政风貌的重要窗口。

（二）内网网站应用

2008 年，三门峡市财政局建立内网网站“三门峡财政信息网”窗口开设政务公开、财政法规、财政动态、“金财工程”、学习园地、“三资”公示等栏目。同时，根据财政业务工作需要，不断丰富和完善网络各种服务功能，成为三门峡市财政系统信息发布、交流、资源共享及办公的平台。其中“三资”公示栏目与农村“三资”管理系统数据接口的对接，直接提取数据库数据，页面公示的“三资”信息可以实时更新，更大程度地展现了内网网站的交互功能。

（三）办公自动化系统平台

2000 年 9 月，在外网开通的基础上，市财政信息中心开始筹划内网建设，搞办公自动化系统。在内网的建设上，通过向省财政厅信息中心专家悉心请教和借鉴引进外省、外地（市）先进经验及办公自动化软件的基础上，依靠自身力量进行软件开发，建成了操作简便、功能多样、实用性强的局域网。

2003 年，引进了现代化办公软件（FOAS2000），这一办公自动系统能够高效规范办公及公文运转程序，大幅度提高工作效率。在实现办公自动化过程中，实行“双轨制”即按以往方式送一套，网上走一套，循序渐进，使财政系统工作人员逐步熟悉和掌握网络知识，再通过强化培训，完全实行现代化无纸办公。

2005 年，借鉴其他地（市）经验，更换“金和网络”协同办公平台。该平台继承了老系统行政办公业务，并实现移动化办公、流程可视化、网上文档中心等功能，整个工作流程化、自动化，把以前的人找事，改变为现在的事找人，环环相扣，相互驱动。“金和网络”协同办公平台的优势：相关领导可通过平台对工作进程了然于胸，随时监控员工的工作进度；通过网络寻呼功能，跨地域交流比电话更方便，更节省费用，通过手机短信功能可以轻松联结身在四方的每一个同事；日常办公产生的数据自动记录到系统中，可以方便地查找想要的东西，不用担心数据丢失。该平台的建成投入使用，大大地提升了机关办事效率，增强了用户体验度。

（四）财政办公服务系统

2001—2010 年，三门峡市财政局建成并使用了视频会议系统、短信平台系统、文件传输系统。

1. 视频会议系统

2003 年 9 月，三门峡市财政视频会议正式开通运行。利用财政内网开启市级财政视频会议系统，之后又与全省财政视频会议系统成功对接，实现了财政系统异地远程视频会议、学习培训等功能。

2. 短信平台系统

2005 年 10 月，开通三门峡财政短信平台，实现了全市财政系统工作信息按组（群）发送等快捷信息传递功能，广泛应用于文件接收、会议通知、廉政提醒、信息沟通等工作领域，提高了工作效能。

3. 文件传输系统

2005 年 7 月，建成全市财政文件传输系统并正式投入使用。该系统与省财政厅、县（市、区）财政互通互联，应用于财政报表、文件、通知等电子信息资料的快速传递，实现了省、市、县财政系统办公文件的远程传输功能。

4. 办公自动化应用培训

在财政信息化推进过程中，三门峡市财政局认真抓好财政干部职工的信息技术和应用培训工作。2001—2010 年，组织了多期操作系统、公文处理、网络基础知识、网站信息发布、信息网络安全等应用操作技术培训，大大提高了财政职工的信息技术应用能力。

四、财政网络安全系统建设

在信息化建设工作之初，三门峡市财政局就高度重视计算机及网络安全工作，以财政网络信息安全制度为保障，将安全管理与技术防范相结合，建立了三门峡财政网络运行维护体系和信息安全保障体系，不断加强网络及信息安全工作。

（一）建设财政网络安全保障体系

2005 年 6 月，三门峡市财政系统计算机网络安全保密工作领导小组制定了《三门峡市财政计算机网络管理制度》《三门峡市财政网络安全管理制度》

《三门峡市财政网络安全应急调度制度》等规章制度,并在信息化建设过程中,加强领导,完善制度,建立信息系统及网络安全管理的长效机制。

2001—2010 年,不断更新网络安全设备,完善全市财政系统安全保障体系建设,构建安全管理平台,部署包括防病毒网关、入侵检测、漏洞扫描、防火墙、安全审计、流量管控、防 DDOS 攻击、客户端管理、认证与授权在内的综合防范体系,确保网络、系统和数据安全。

(二)加强财政安全管理

三门峡市财政局将所有的计算机及移动存储介质分为非涉密计算机、非涉密移动存储介质及涉密计算机、涉密移动存储介质两大类,并采取一机一表的方式,把所有的计算机都详细登记造册。尤其对各科(室)及所属单位联入财政内网的计算机加强统一管理,严禁涉密计算机联入互联网、私自安装其他软件、内外网机器互连等行为,并为每个联入财政内网的科(室)统一配备涉密 U 盘,统一编号,专人管理。

在网络的规划和建设中,市财政局始终把网络安全规划和安全设备的采购列入优先考虑范围,先后购买了东软 NetEye、天融信、联想网御等各个型号和档次的防火墙及启明星辰天清汉马网关,NDS 绿盟网络入侵检测系统、启明星辰天镜脆弱性扫描与管理系统等网络安全硬件设备。同时,在市局及各县(市、区)业务内网中统一安装了趋势网络防病毒软件。以上措施,有效地防止了各类网络攻击行为,修补了网络漏洞,保障了整个网络得以安全稳定运行。

(三)财政系统异地容灾备份

三门峡市财政局根据自身特殊网络要求,财政信息化从建设之初就选择了与之相适应的数据大集中模式。市财政机房为全市财政系统唯一的数据中心、安全中心和基础环境支撑平台,是全市财政工作网络数据的心脏和中枢。随着信息化建设迅速发展,财政核心应用系统全部在网上运行,尤其随着财政应用一体化系统及平台的全面上线运行,对财政数据的安全性、业务运行的可靠性、网络系统的可用性提出了更高要求。如果发生数据丢失,轻则影响业务的开展,重则将使整个系统瘫痪。为此,市财政信息中心开展调研,多方论证,优化实施方案,最终确定依托省财政厅优势资源及财政专网,基于云平台建立异地灾备中心的实施方案,实现数据按日、按周、按月的全范围异地存储,并支持数据实时备份和定时备份。

(四)财政网络安全大检查

三门峡市财政局对网络安全、计算机保密工作进行严格要求和管理。2005 年 6 月,成立了以主管局长为组长的计算机保密工作专项检查领导小组。同年 5 月中旬,市财政信息中心会同省财政厅计算机安全方面专家、市广电工程技术人员及部分县(市、区)信息中心人员,组织对各县(市、区)进行了网络安全、计算机保密工作大检查。检查组深入乡镇财政核算中心,结合检查指导、传授安全防范、应急处理、财政业务、系统软件操作等方面知识,取得良好效果。2008 年 11 月,根据三门峡市保密委员会要求,组织各县(市、区)财政信息中心再次对财政网络安全工作进行检查,采取边检查、边学习、边总结的方法,使各级财政人员网络安全意识不断增强。

(五)网络安全审计系统

2008 年,市财政信息中心安装了一套网络安全审计系统,可以有效地阻断大型网络游戏、联众游戏、QQ 游戏,能有效阻止众多色情、暴力等网站,很大程度上净化了局域网环境。

(六)运维管理系统建设

2010 年,在应用支撑平台实施的基础上,进行运维管理系统建设。通过细化运维管理机制,完善运维服务流程,提高应对故障的统计、分析和实时监控能力,实现对网络系统、计算系统、安全系统、应用系统、业务数据的有效管理和即时监控,保证了财政网络的安全平稳运行。

(七)财政网络安全应急处理机制

互联网时代,三门峡市财政局特别注重构建网络安全应急调度制度,制定出一套较完备的应急预案,随时应对可能发生的各种紧急情况。2001—2010 年,面对多次紧急停电现象,市财政信息管理中心适时启动应急预案紧急处理服务器、网络、供电等设备,保证了财政网络系统和业务数据安全。确保来电后及时恢复业务系统运行和各项财政网上业务正常开展。之后,在工作实践中不断修改、完善应急预案,持续提高机房、网络及信息安全的保障能力。

第五章　财政管理

2001—2010 年,三门峡市财政工作以深化改革为突破口,全面提升财政管理水平。细化预算编制,实施政府收支分类改革,按经济分类编制部门预算,实施中期财政规划,建立跨年度预算平衡机制。加强预算支出管理,严格预算执行,深化国库集中收付制度改革,建立预算执行动态监控体系,实施国库支付电子化改革,推进预算绩效管理和预决算公开及政府采购制度,完善财政投资评审制度。将非税收入纳入财政统一管理,非税收入管理逐步走向规范。强化财政监督,建立健全覆盖财政资金运行全过程的监督机制。加强财源建设,推动产业升级,增强财政发展后劲。发挥财政资金的导向作用,积极深化投融资体制改革。随着各项管理方式的不断创新和深入推进,财政管理逐步迈入精细化、科学化、规范化轨道。

第一节　预算和国库管理

一、预算管理

(一)预算编制

2001 年,三门峡市财政预算编制的指导思想和基本原则是:落实积极的财政政策,支持国有企业深化改革和高新技术产业化,促进国民经济持续稳定发展;加强税收征管,依法治税,确保财政收入的稳定增长;按照建立公共财政框架的要求,调整支出结构,压缩一般性支出,保证重点支出的需要,提高财政对社会公共支出的保障能力;统筹安排预算外资金,增强政府宏观调控能力,确保财政收支平衡。2001 年度,三门峡市四届人大一次会议审议通过的地方财政一般预算收入代编预算为 87800 万元,后经各县(市、区)人民代表大会批准并报市人大备案的全市地方财政一般预算收入预算为 86505 万元,年度执行中县级人大常委会批准调减收入预算 3468 万元,农业税因灾省调减 653 万元,调整后一般收入预算为 82384 万元。执行结果,地方财政一般预算收入完成 83170 万元,为年预算的 101%,比上年增长 3.8%。全市一般预算支出代编预算为 109000 万元,后经各县(市、区)人代会批准,逐级汇总后的全市财政一般预算支出预算为 102772 万元。执行中加上上级专项追加 20274 万元、上年结转 5029 万元、动用上年结余 2553 万元,调入资金 3508 万元,超收安排 786 万元等,调整后的一般支出预算为 139987 万元。执行结果,全年财政一般预算支出累计完成 129600 万元,为调整后年预算(下同)的 92.8%,比上年增长 110.8%。

2002 年,三门峡市财政预算编制的指导思想和基本原则是:坚持“一要吃饭、二要建设”精神,继续贯彻落实积极的财政政策,大力支持社会保障制度建设,支持城市基础设施建设,支持国企改革;坚持“有进有退、有保有压”,优化支出结构,优先安排支农教育、科技等重点支出;坚持“依法行政,依法理财”,强化税收征管,确保财政收入稳定增长;坚持“讲求效益,量入为出”,保证财政收支平衡。本年度,全市地方财政收入完成 82941 万元,按可比口径比上年增长 17.8%,其中一般预算收入完成 78203 万元,比上年下降 5.9%;基金预算收入完成 4738 万元,比上年下降 42.3%。全市地方财政支出累计完成 166551 万元,比上年增长 28.5%。

2003 年,三门峡市财政预算编制的指导思想和基本原则是:以党的十六大、十六届三中全会精神和全面建设小康社会的战略目标为核心,认真贯彻党中央、国务院关于财政工作的各项方针政策,全面落实市委四届二次、三次全会精神,努力克服"非典"的不利影响,继续深化财政支出管理制度改革,巩固农村税费改革成果,依法加强税收征管,狠抓增收节支,强化财政监督,围绕市政府下达的工作目标,创造性地开展工作,为促进全市经济和各项社会事业发展作出了积极的贡献。2003年度全市一般预算收入完成87675万元,为调整后年预算的106.4%,比上年增长12.1%,增收9472万元。全市一般预算支出累计完成184513万元,为年预算的97.2%,比上年增长10.8%。

2004年,三门峡市财政预算编制的指导思想和基本原则是:积极稳妥安排收入计划,确保一般预算收入与国民经济同步增长;优先安排国家规定的工资、社会保障和再就业支出;继续落实积极的财政政策,大力支持城市基础设施和农村建设,大力支持企业改革改制;优化支出结构,确保教育、科学、农业等支出按法定要求增长;不断提高资金使用效益,确保财政收支平衡。2004年度全市地方财政收入完成131977万元,比上年增长34.7%,其中全市一般预算收入完成120591万元,比上年增长37.5%。全市财政支出232907万元,其中一般预算支出完成232907万元,比上年增长26.2%。

2005年1月30日,三门峡市财政局下发《关于印发〈2004年市与县(市、区)财政年终结算办法〉的通知》(三财预〔2005〕113号),对财政年终结算相关问题作出明确规定。各县(市、区)应按市财政局《关于转发河南省财政厅〈关于编制2004年财政决算(草案)的通知〉的通知》(三财库〔2004〕18号)要求,认真做好分税制体制税收返还收入、所得税基数返还、出口退税基数返还及专项结算事项的结算工作,并于1月31日前,将有关结算资料报送市财政局。凡逾期未报的,一律转至下年度办理。

2005年9月26日,三门峡市财政局印发《三门峡市市级预算管理办法》,对加强市级预算编制、预算执行、预算调整、预算决算、预算监督等方面作出具体规定,确保财政量力而行、收支平衡。当年财政预算编制的指导思想和基本原则:努力提高财政收入占国内生产总值的比重和税收收入占一般预算收入的比重,确保财政预算的正常运行;坚持"发展为了人民、发展依靠人民、发展成果由人民共享"原则,切实解决好人民群众最关心、最直接、最现实的利益问题;优先安排国家规定的工资、社会保障和再就业支出。加大财政支农力度,促进社会主义新农村建设;继续筹措资金,大力支持城市基础设施建设;坚决压缩一般性支出,优化支出结构,大力支持工业结构调整、自主创新和企业改制;确保教育、科学、农业等支出按法定要求增长,确保文化、卫生等重点支出需要;制止铺张浪费,不断提高资金使用效益,确保财政收支平衡。2005年度全市财政总收入完成236097万元,其中一般预算收入完成166300万元,为年预算的122.6%,比上年增加45709万元,增长37.9%。全市财政支出339269万元,为年预算的96.6%,比上年增加87925万元,增长35%。其中:经各级人大批准的2004年全市一般预算支出194156万元。执行中加上上级追加、超收安排和上年结转,调整后全市支出预算为318990万元,实际支出315670万元,为调整预算的99%,比上年增长35.5%。

2006年,三门峡市财政预算安排的指导思想和基本原则是:以邓小平理论和"三个代表"重要思想为指导,认真贯彻中央、省委经济工作会议和市委四届六次全会精神,围绕全面建设小康社会和跻身中原崛起第一梯队的战略目标,以科学发展观为统领,狠抓增收节支,依法加强税收和非税收入征管,积极组织收入,不断壮大财政实力;调整和优化财政支出结构,保障"三农"、社会保障、公共卫生、教育、科技、生态和环境保护等重点支出需要;深化公共财政改革,加强财政财务管理,进一步提高财政资金使用效益。2006年度,全市财政总收入完成397951万元,其中一般预算收入年初各级人大批准的预算为187162万元,实际完成216330万元,为年预算的115.6%,比上年增加50030万元,增长30.1%。全市基金预算收入16227万元,为年预算的180%,比上年增长12.2%。全市财政支出410040万元,为年预算的152.8%,比上年增加70765万元,增长20.8%。其中:经各级人大批准的全市一般预算支出253576万元。执行中,加上上级追加、超收安排和上年结转,调整后全市支出预算为380538万元,实际支出377435万元,为调整预算的99.2%,比上年增长19.6%。全市基金预算支出32604万元,为年预算的82.7%,比上年增长38.2%。

2007年,三门峡市财政预算编制的指导思想和基本原则是:以邓小平理论和“三个代表”重要思想为指导,全面贯彻中央、省委经济工作会议和市五次党代会精神,肩负起“再造一个三门峡,跻身中原崛起第一梯队”的历史重任,认真落实科学发展观,狠抓增收节支,依法加强收入征管,不断壮大财政实力,调整和优化财政支出结构,坚持与国民经济和社会发展计划相一致、依法组织收入、确保重点支出、法定支出和与财力相适应原则,把更多的资金投向公共服务领域,支持社会发展和解决民生问题;深化改革,完善制度,着力提高财政资金使用的规范性、安全性和有效性,促进经济又好又快发展,为全面建设小康社会、构建和谐社会提供财政支持。2007年度,全市一般预算收入完成293586万元,为年预算的118.8%,比上年增长35.7%,增收77256万元。全市一般预算支出完成512502万元。全市一般预算收入完成293586万元,加上中央及省各项补助236635万元、预算外调入资金4290万元、上年结余结转6307万元,减去上解省支出24252万元,调出资金60万元,全市收入总计516506万元。全市实际下达支出预算515114万元,实际完成支出512502万元,为调整预算的99.5%,比上年增长35.8%,比上年增支135067万元,完成支出预算进度和增加额均创历史最高水平。预算执行中,严格按预算控制支出,坚持均衡支出,确保重点支出。筹措落实省、市“十件实事”资金5亿元,比上年增加1.5亿元,让群众更多地享受到了经济发展成果。全市基金预算收入78492万元,比上年增长383.7%;基金预算支出93017万元,比上年增长185.3%。

2008年,三门峡市财政预算编制的指导思想和基本原则是:以邓小平理论和“三个代表”重要思想为指导,深入贯彻科学发展观,认真落实党的十七大精神和市委五届四次全会精神,继续贯彻稳健的财政政策,坚持与国民经济和社会发展计划相一致、依法组织收入、确保重点支出、法定支出和与财力相适应原则,坚持增收节支、统筹兼顾、留有余地的原则,科学理财、民主理财、依法理财,发挥财政调控职能,促进经济发展方式转变;优化财政支出结构,保障和改善民生;深化财政改革,完善公共财政体系;加强财政科学管理,提高财政管理绩效,促进经济社会又好又快发展。2008年度,全市一般预算收入完成366956万元,为年预算的108.4%,比上年增长25%,增收73370万元,总量在全省继续保持第九位,增长速度居全省第三位。税收占一般预算收入的比重达到80.7%,比上年提高2.6个百分点,名列全省第1位。全市一般预算支出653823万元,比上年增支141326万元,增长27.6%。

2009年,三门峡市财政预算编制的指导思想和基本原则是:全面落实科学发展观,贯彻落实积极的财政政策,紧紧围绕市委、市政府确定的工作重点和财政改革目标,进一步调整和优化财政支出结构,重点向民生和社会事业倾斜,统筹安排政府财力,努力保障“三农”、教育、社会保障、就业、科学、文化、公共卫生、生态和环境保护、公共安全等重点支出需要。继续推进预算编制改革和制度创新,完善预算决策和管理制度,努力实现预算编制的科学、规范、精细和透明,促使全市经济又好又快发展和社会各项事业全面进步。2009年度,全市地方财政总收入完成681106万元,其中一般预算收入完成415008万元(12月底电月报数,下同),比上年增长13.1%,增收48052万元;上缴中央税收266098万元。一般预算收入总量在全省继续保持第9位,增长速度居全省第6位。税收占一般预算收入的比重为72.2%。全市地方财政支出完成1013956万元,比上年增长27.8%。其中一般预算支出完成855597万元。全市一般预算收入415008万元,加上上级各项补助42549万元,政府债券转贷20707万元,调入资金19651万元,上年结转使用4321万元,动用上年结余8980万元,减去上解省支出28689万元,调出资金147万元,全市收入总计86240万元。全市下达支出预算862603万元,实际完成支出856571万元,为调整预算的99.2%,比上年增长31%,增支202748万元。

2010年,三门峡市财政预算编制的指导思想和基本原则是:以邓小平理论、“三个代表”重要思想和科学发展观为指导,紧紧围绕市委的工作部署和财政改革目标,继续落实好积极的财政政策,以保发展、保民生、保稳定为总体要求,进一步调整和优化财源结构,不断壮大财政实力;统筹安排政府财力,继续从严控制一般性支出,调整支出结构,重点向改善民生和社会事业发展倾斜。不断增加公共财政投入;推进财政科学化、精细化管理,促进全市经济社会平稳较快发展,为建设开放、魅力、富裕、和谐三门峡,跻身中原崛起第一梯队作出积极贡献。2010 年度,全市地方一般预算收入完成 497358 万元,为调整后预算的 106.2%,比上年增加 82350 万元,增长 19.8%。其中税收收入 376807 万元,增长 25.7%。地方一般预算收入加上上划中央"四税"后,财政总收入 817213 万元,增长 21.3%。全市基金预算收入完成 166627 万元,为调整后预算的 178%,比上年增加 49633 万元,增长 42.4%。基金预算收入比年初预算和上年完成数增加较多,主要原因是土地有偿使用收入完成 54914 万元,为调整后预算的 175.4%,比上年增加 49652 万元,增长 47.2%。全市一般预算支出 952553 万元(含上级专款和上年结转等支出),比上年增加 95982 万元,增长11.2%。年初全市各级人代会批准的支出预算合计 582640 万元,执行中加上上级补助、发行地方政府债券、动用上年结余结转、调入资金等,调整后支出预算为 961195 万元。全年实际支出数为调整预算数的 99.1%。当年,全市基金预算支出 177391 万元,完成预算的 79.7%,比上年增加 19032 万元,增长 12%。其中,土地有偿用支出 136976 万元,比上年增加 14367 万元,增长11.7%。

(二)预算管理及收支平衡

1.财政预算管理

2001 年 9 月 3 日,三门峡市财政局印发《关于编制 2002 年市级部门预算的通知》(三财预字〔2001〕130 号),明确了 2002 年市级部门预算编制的指导思想和原则、编制内容、具体要求及需要注意的几个问题。

2001 年 12 月 3 日,三门峡市委常委、常务副市长赵继祥带领市财政局班子成员奔赴山西省运城市学习财政支出管理制度改革先进经验,并主持召开市财政局领导班子座谈会,就财政支出管理制度改革工作提出具体要求。

2002 年 3 月 15 日,三门峡市财政局印发《三门峡市市级预算资金拨付管理局内操作规程》(三财字〔2002〕11 号),明确了市级预算资金拨付管理内容、管理职责、资金审核拨付及监督管理方面的内容。

同日,市财政局印发《三门峡市市级预算资金拨付管理暂行办法》(三财字〔2002〕12 号),对市级收入收缴程序、市级部门预算的下达与调整、市级预算资金年度分月用款计划的编报及审批、财政国库集中支付中心报账程序、监督管理方面提出明确要求。

2005 年,为进一步规范市级预算管理,强化预算约束,依照《中华人民共和国预算法》《中华人民共和国预算法实施条例》《河南省预算监督条例》等法规,三门峡市财政局根据新形势下财政预算管理工作特点,对 1996 年版《三门峡市市级预算管理(暂行)办法》进行完善,制定出新的《三门峡市市级预算管理办法》,就预算的编制、执行、调整、决算及监督作出具体的规定。

2006 年 1 月 5 日,三门峡市人民政府印发《关于编制 2006 年财政预算的通知》(三政〔2006〕2 号),就编制 2006 年财政预算的指导思想、财政收入安排及政策要点、财政支出安排及政策要点及进一步做好 2006 年预算的编报作出具体规定。

2006 年 2 月 5 日,三门峡市财政局印发《2005 年市与县(市、区)财政年终结算办法》的通知(三财预〔2006〕115 号),就 2005 年市与县(市、区)财政分税制体制税收返还的结算、所得税基数返还的结算、专项结算等年终结算事项相关问题作出具体的规定。

2006 年 9 月 26 日,三门峡市财政局《关于印发〈三门峡市市级预算管理办法〉的通知》(三财预〔2005〕第 537 号)指出:为进一步规范市级预算管理,强化预算约束,根据《中华人民共和国预算法》《中华人民共和国预算法实施条例》和《河南省预算监督条例》等有关法规,对原《三门峡市市级预算管理办法(暂行)重新修订、完善,制定出《三门峡市市级预算管理办法》,从 2005 年 10 月 1 日起执行。办法共 7 章 34 条,分为总则、预算编制、预算执行、预算调整、决算、预算监督、附则,并根据各自职能作出具体规定。

2008 年,三门峡市财政局印发《三门峡市市级部门预算编制操作规程》(三财预〔2008〕542 号),规定市级部门预算编制要严格按照"准备""一上""一下""二上""二下"五个阶段进行。

2009 年 3 月 2 日,三门峡市财政局发布《关于印发 2008 年市与县(市、区)财政年终结算办法》的通知(三财预〔2009〕130 号),就分税制体制税收返还收入的结算、所得税收入分享的结算、专项结算事项等问题作出具体规定。

2010年2月10日，三门峡市财政局发布《关于印发2009年市与县(市、区)财政年终结算办法》的通知(三财预〔2010〕127号)，就返还性收入的结算、一般性转移支付事项的结算、各类上解项目的结算、部分调整事项的结算、对新增直管县(市)的结算等问题作出具体规定。

2. 财政收支平衡

2001—2010年，三门峡市各级财政部门逐步推行部门预算、政府收支分类、国库集中收付、县乡村财务管理等体制，坚持综合预算编制原则，提高财政预算统筹安排各项资金的能力和财政的保障能力，增强预算编制的完整性，强化预算约束，从而保证各项改革稳定发展、财政预算收支平衡。

为确保年度财政收入任务圆满完成，三门峡市财政局先后完善、制定《市级预算资金审拨和支付管理局内操作规程》《市级预算管理办法》《加强市级非税收入预算管理办法》等文件，为科学实施财政预算收支管理提供依据。在预算收入管理实施过程中：一是认真测算，分解落实收入任务。将收入任务逐项分解到国税、地税、财政部门和各县(市、区)，对财政部门承担的任务分解到各征收单位。二是实行重点税源监控。深入各县(市、区)、重点企业开展税源分析，掌握重点税源的产业、行业分布及增减变化情况，实行税收监控，确保收入均衡入库，应收尽收。三是狠抓薄弱环节。分析薄弱环节，寻找增收因素，确保收入增长。四是及时掌握收入进度，督导县(市、区)完善增收机制，深入县(市、区)督导收入任务，完善征管措施，确保各县(市、区)财政收入有较大幅度的增长。在预算支出管理实施过程中：一是实事求是地向上级反映困难，千方百计争取政策、资金支持。二是调整优化支出结构，确保法定支出和重点支出。三是科学合理安排超收财力。超收财力向城镇困难群体、重点支出、“十件实事”、农村教育、医疗等方面倾斜。四是配合国库、行政政法、教科文、农业、社保、经建、金贸等有关科(室)，千方百计确保均衡支出。

为调动县(市、区)政府加快经济发展、增加财政收入、优化收入结构、加强收支均衡管理的积极性，保障法定重点支出和津贴补贴发放，完善缓解县乡财政困难转移支付激励约束机制，三门峡市财政局严格按照《河南省人民政府关于完善省与市县财政体制的通知》(豫政〔2009〕32号)、《三门峡市人民政府关于调整市与县(市、区)财政管理体制的通知》(三政〔2004〕9号)和《关于市与县(市、区)财政体制调整后市级收入管理有关问题的通知》(三财预〔2005〕910号)精神，完善预算管理办法，提高县级财政管理水平。一是建立县级预算编制审查制度。根据省财政厅的要求，对县(市、区)预算编制进行审查，督促各级预算部门将机关事业单位职工工资和地方津补贴所需资金全额列入预算，有效防止了新拖欠的出现，保障了教育、科技、农业三项支出按法定增长。二是深化县级部门预算改革。及时召开部门预算培训会议，进一步完善和推进部门预算改革，督促各县(市、区)积极落实《财政部关于完善和推进地方部门预算改革的意见》，全面推广部门预算编制应用软件，促进了各县(市、区)部门预算制度的完善。三是健全财政供养人员信息库。加强与编制部门、人事部门的沟通协作，实行行政事业单位“编制实名制”，强化了编制和预算管理约束机制。四是修订完善了预算管理综合考评办法。对省、市财政部门布置的重要工作完成情况及县(市、区)日常预算管理工作实行量化指标考核，努力提高县级预算管理的精细化水平。

2000年以后，由于县级全面推行了财政国库管理制度改革、上年结转项目较多等原因，造成县级财政资金短缺，年度支出“前低后高”的问题突出。为了加快县级财政支出进度，均衡全市支出，市财政部门采取多项措施，加大对各县(市、区)的现金调度力度，保证县级重点支出需要。仅2005年，市财政累计向各县(市、区)下拨资金126550万元，其中工资补助14300万元，社保、救灾、国债等专项资金34375万元，为加快财政支出进度和保障县乡社会稳定发挥了重要作用。

(三)政府收支分类改革

政府收支分类是财政预算管理的一项重要基础工作，直接关系到财政预算管理的透明度，关系到财政预算管理的科学化和规范化。新的政府收支分类主要包括三个方面的内容：收入分类、支出功能分类和支出经济分类。按照国务院全面实施政府收支分类改革的精神和河南省财政厅的要求，2006年3月，三门峡市启动政府收支分类改革，并于5月末按期向河南省财政厅上报了三门峡市2006年新的政府收支分类科目预算表。

为确保收支分类改革和模拟编制预算工作的

圆满完成,主要采取三项措施:一是明确分工,加强领导和协调。制定《三门峡市政府收支分类改革总体实施方案》,成立领导小组和预算编制、预算执行、技术保障等工作小组,以加强领导和协调处理收支分类改革方案介绍、新旧科目转换培训、预算模拟编制及执行、预算编制和执行软件的升级改造工作。二是认真组织,开展多层次业务培训。对市直各部门和单位的财务人员及县(市、区)预算编制人员、预算执行人员、技术保障人员进行了连续多期的政府收支分类改革业务集中培训。针对预算编制、预算执行及技术保障联系性较强的现状,先后组织了综合培训、分口、分部门培训和二级预算单位的培训,培训主要内容是向预算单位阐明政府收支分类改革工作的重要意义、讲解2007年新的科目设置情况,以及利用新的预算科目转换2006年部门预算、预算执行新旧科目的数据转换等。此次业务培训工作直接延伸到市直二级单位。三是明确工作任务,狠抓工作落实。各级财政部门严格按照预算编制程序,由基层预算单位逐级逐部门编制,层层审核、汇总、对比,及时研究、处理和解决在编制过程中遇到的问题,确保了预算编制的效率和质量。四是数据转换。为确保政府收支分类改革前后预算编制工作的平稳衔接,保持2007年改革后与上年数据的可比性,三门峡市各县(市、区)、市直各基层预算单位严格按照平衡口径不变、管理模式不变和编制方法不变的原则,对新老科目预算进行了认真、细致的转换工作。同时,从安全和稳妥的角度考虑,在增加工作量的前提下,2006年的预算在按新科目编制和执行的同时,同步作出一套老科目的预算数据,以作备查和备忘。三门峡市财政局和各县(市、区)财政局有关人员认真对照新旧科目,逐单位、逐项目仔细加以审核,发现问题,及时讨论研究解决办法,顺利完成了新科目体系与现行预算管理方式的衔接,保证了整个预算数据转换的顺利完成。

(四)决算

财政决算是预算的延伸和结果,是国民经济和社会发展的综合反映,是衡量财政管理水平的重要标志。

1.财政总决算

财政总决算是指经法定程序批准的年度财政预算执行结果的会计报告,由财政决算报表和文字说明两部分构成。三门峡市财政总决算包括市本级决算和县(市、区)财政决算。

2001—2010年,三门峡市财政局在编制本级及汇总审核县(市、区)财政总决算的过程中,涉及内容多、政策性强、工作量大。为此,每年在编制总决算前期,都要召开全市决算布置会议,向县(市、区)财政局、相关业务科(室)传达省财政厅决算编制的要求,部署全市财政决算编制工作。在总结上一年全市财政总决算编审工作的基础上,要求局相关业务科(室)及县(市、区)财政局,按照时间节点要求报送财政总决算简表及全套报表。针对上年度报表编审中发现的易错问题、上级财政部门新的预算编制、预算执行以及会计核算政策变化情况进行培训,强调财政总决算报表要符合新政策的调整变化情况,确保财政总决算符合真实性、准确性、完整性、及时性编制原则。

2001—2010年,随着财政各项改革措施的不断推进和新制度、新政策不断出台,财政总决算报表也在不断地发生变化,到2010年财政总决算报表共计6大类24张。财政总决算报表,是年度财政预算执行的全面详细的反映和总结,主要有基础信息表、一般预算部分的收入和支出明细表、转移性收支情况表、收入预算变动情况表、支出预算变动及结余结转情况表;政府性基金预算部分收支及结余情况表、转移性收支情况表、收入预算变动情况表、支出预算变动情况表;国有资本经营预算部分的收支情况表、转移性收支情况表;预算外财政专户资金部分的收支情况表、转移性收支情况表;政府性收支及资产负债情况部分预算资金年终资产负债表、预算外资金年终资产负债表、五项主要社会保险基金收支情况表;补充资料部分的乡镇一般预算收支情况表、乡镇政府性基金收支情况表、乡镇国有资金经营预算收支情况表、乡镇预算外财政专户收支情况表、乡镇基本情况表基本数字表及主要经济指标情况表等24张报表。

决算报表编制后的审核汇总。财政总决算报表根据预算编制情况、上下级结算情况、财政总预算会计账务情况、社保基金预决算情况、国有资本经营预决算情况、政府债务余额及限额情况等为主要数据来源进行编制,决算会审人员在确保各县(市、区)上报数据真实、完整、准确以及上下级结算和现金调拨数字核对一致的基础上,进行全市报表的汇总审核，最终达到全市财政总决算编制的真实、准确、完整、及时，确保全市数据与省厅提供的结算数据核对无误。

财政决算审核批复。根据《中华人民共和国预算法》及相关文件要求，三门峡市财政总决算批复数据自市人大会议审议批准后20个工作日内对外公开，一般公共预算收支及转移支付收支、政府性基金预算收支及转移支付收支、国有资本经营预算收支、社会保险基金预算收支等情况全部予以公开。

2. 部门决算

2004年部门决算

(1)汇编户数和机构情况

①汇编户数。2004年，全市共录入行政事业单位决算报表955户，较上年增加179户，主要是各县(市、区)实行国库集中支付核算后，往年合并填报的单位，当年分户填报。还有部分县(市)部门决算录入级次发生变化，由原来的汇总录入改为单户上报以及部分国有企业改制，厂办子弟学校上划教委管理列入编报范围所致。按隶属关系划分，地(市)级单位204户，县级单位675户，乡镇级76户。按单位性质划分，总户数中行政单位323户，事业单位632户(其中经费自理事业单位30户)。

②机构情况。2004年末，全市独立核算机构2973个，较上年减少63个。其中行政机构427个，较上年增加11个；事业机构2546个，较上年减少52个；社团机构6个。

(2)收支情况

①收入情况。全市行政事业单位收入318116万元，比上年增加63735万元，增长25.4%。其中，基本建设资金收入19275万元，占收入构成的6.2%；行政事业类收入295705万元，占收入构成的93.8%。行政事业类收入中，财政拨款收入251344万元(含基金18437万元)，比上年增加59565万元，增长31.1%；行政单位预算外资金收入8892万元，上级补助收入1342万元，事业收入45301万元(其中预算外资金收入19093万元)。

②支出情况。全市行政事业单位支出总计309109万元，较上年增加56258万元，增长22.5%。其中：基本建设类支出17426万元，占支出总额的5.7%；行政事业类支出288544万元，占支出总额的94.3%。行政事业类支出中，基本支出224691万元，比上年增加28057万元，增长14.3%；项目支出61332万元，比上年增加12261万元，增长25%；上缴上级支出659万元；对附属单位补助支出694万元；事业单位经营支出459万元。

(3)人员情况

2004年末，全市职工总人数75618人，较上年增加2283人，增长3%。财政负担供养人数71817人，较上年增加1697人，增长2.4%。其中，在职人数59152人，财政供养人员56793人；离退休人员14979人，财政供养离退休人员14890人。

(4)资产负债情况

2004年末，全市行政事业单位资产合计356635万元，较上年增加28320万元，增长8.6%。负债合计72840万元，较上年增加10992万元，增长17.1%。净资产合计2833027万元，较上年增加18171万元，增长6.9%。

全市行政事业单位资产总额中固定资产252159万元，较上年增加7389万元，增长3%。固定资产占全部资产总额的70.9%；其中房屋建筑物153962万元，占固定资产的61.1%；专用设备36393万元，占14.4%；一般设备中的车辆原值25066万元，占固定资产总额的9.9%(其中小轿车1613辆，价值20273万元)，平均车辆单价12.5万元。

2005年部门决算

(1)汇编户数和结构情况

①汇编户数。2005年，全市共录入行政事业单位决算报表1085户，较上年净增加43户。增长的主要原因是：机构改革以及国有企业改制，厂办子弟学校上划教委管理列入编报范围所致。按隶属关系划分：地市级单位209户，县级单位812户，乡镇级64户。按单位性质划分：总户数中行政单位399户，事业单位686户(其中经费自理事业单位23户)。

②机构情况。2005年末，全市独立核算机构1926个，其中行政机构413个，事业机构1513个，较上年减少1047个。

(2)收支情况

2005年，全市行政事业单位总收入415310万元，总支出410146万元，年末结余16455万元。其中基本建设资金结余913万元，行政事业类收支结余15542万元。

①收入情况。全市行政事业单位总收入415310万元,比上年增加97194万元,增长23.4%。其中:基本建设资金收入26139万元,占收入构成的6.9%;行政事业类收入389171万元,占收入构成的93.1%。行政事业类收入中,财政拨款收入313481万元(含基金23599万元),比上年增加81235万元,增长34.9%;行政单位预算外资金收入7411万元;上级补助收入1594万元;事业收入58149万元(其中事业单位预算外资金收入24300万元)。

②支出情况。全市行政事业单位支出总计410146万元,比上年增加101037万元,增幅24.6%。其中,基本建设类支出26470万元,占支出总额的6.5%;行政事业类支出383676万元,占支出总额的93.5%。行政事业类支出中,其中基本支出277352万元,比上年增加51260万元,增长22.8%;项目支出104588万元,比上年增加43705万元,增长71.2%;上缴上级支出385万元;对附属单位补助支出532元;事业单位经营支出111万元。行政事业类基本支出中用于人员支出91176万元,用于公用支出158120万元,用于对个人和家庭补助支出28056万元,三者之比为1∶1.7∶0.3。人员支出中工资总额83130万元,比上年增加15149万元,增长21%。行政事业类支出中财政拨款支出情况:2005年全市财政拨款支出309650万元,较上年增加79692万元,增长34.6%。其中财政拨款支出中基本支出209914万元,项目支出99736万元。

(3)人员情况

2005年末,全市职工总人数78542人,较上年增加2924人,增长3.7%,财政负担供养人数74261人,较上年增加2434人,增长3.4%。其中在职人数61634人,财政供养在职人员57536人(含工人和长期聘用人员91人);离退休人员16719人,财政供养离退休人员16634人。

(4)资产负债情况

2005年末,全市行政事业单位资产合计421950万元,较上年增加65314万元,增长15.5%。负债合计90283万元,较上年增加17443万元,增长19.%。净资产合计331523万元,较上年增加48496万元,增长14.6%。全市行政事业单位资产总额中年末固定资产原值293727万元,较上年增加41377万元,增长16.3%,占全部资产总额的69.7%。其中房屋建筑物172780万元,专用设备46419万元,一般设备52010万元(车辆原值28374万元,占固定资产总额的9.6%,其中小轿车1753辆,原值23144万元,平均车辆单价13.2万元)。

2006年部门决算

(1)汇编户数和机构情况

①汇编户数。2006年,全市共录入行政事业单位决算报表1101户,较上年净增16户。主要是国库集中支付改革新分设单位及国有企业改制、厂办子弟学校上划教委管理等列入编报范围所致。按隶属关系划分:地(市)级单位211户,县级单位826户,乡镇级64户。按单位性质划分:总户数中行政单位399户,事业单位702户。

②机构情况。2005年末,全市独立核算机构1914个,其中行政机构413个,事业机构1501个。

(2)收支情况

①收入情况。全市行政事业单位总收入490746万元,比上年增加75436万元,增长18.2%。其中,基本建设资金收入20363万元,占收入构成的4.2%;行政事业类收入470615万元,占收入构成的95.8%。行政事业类收入中,财政拨款收入390116万元(含基金32605万元),比上年增加76635万元,增长24.4%;行政单位预算外资金收入7795万元;上级补助收入2229万元;事业收入59863万元(其中事业单位预算外资金收入23509万元)。

②支出情况。全市行政事业单位支出总计488819万元,较上年增加78672万元,增长19.2%。其中:基本建设类支出20709万元,占支出总额的4.2%;行政事业类支出468341万元,占支出总额的95.8%。行政事业类支出中,基本支出356380万元,比上年增加79028万元,增长28.5%;项目支出110384万元,比上年增加5796万元,增长5.6%;上缴上级支出372万元;对附属单位补助支出748万元;事业单位经营支出225万元。

行政事业类基本支出中用于人员支出101010万元,用于公用支出214807万元,用于对个人和家庭补助支出40563万元,三者之比为2.5∶5.3∶1。人员支出中工资总额92604万元,比上年增加9474万元,增长11.3%。

行政事业类支出中财政拨款支出情况:2006年

全市财政拨款支出388153万元，较上年增加78503万元，增长25.4%。其中财政拨款支出中基本支出283239万元，项目支出104913万元。

（3）人员情况

2006年末，全市职工总人数80056人，较上年增加1514人，增长1.9%；财政负担供养人数76326人，较上年增加2065人，增长2.8%。其中在职人数62703人，财政供养在职人员59172人（含工人和长期聘用人员68人）；离退休人员17200人，财政供养离退休人员17154人。

（4）资产负债情况

2006年末，全市行政事业单位资产合计469248万元，较上年增加47298万元，增长11.2%。负债合计106289万元，较上年增加16006万元，增长17.7%。净资产合计362681万元，较上年增加31158万元，增长9.4%。

全市行政事业单位资产总额中，年末固定资产原值323121万元，较上年增加29394万元，增长10%，占全部资产总额的68.9%。其中房屋建筑物184649万元；专用设备51622万元；一般设备58475万元（车辆原值31476万元，占固定资产总额的9.7%，其中小轿车1986辆，原值25697万元，平均车辆单价12.9万元）。

2007年部门决算

（1）汇编户数和机构情况

①汇编户数。2007年，全市共录入行政事业单位决算报表1121户，较上年净增加20户。主要是国库集中支付独立核算新分设单位及厂办子弟学校上划教委管理等列入编报范围所致。按隶属关系划分：地（市）级单位215户，县级单位842户，乡镇级64户；按单位性质划分，总户数中行政单位352户，事业单位705户，乡镇汇总64户。

②机构情况。2007年末，全市独立核算机构1966个，其中行政机构522个，事业机构1444个。

（2）收支情况

2007年，部门决算汇总行政事业单位总收入515315万元，总支出499861万元，年末结余30143万元（其中基本支出结余20759万元，项目支出结余9385万元）。

①收入情况。2007年部门决算编报行政事业单位总收入515315万元，比上年增加24569万元，增长5%。从收入构成看：财政拨款收入410726万元，比上年增加20610万元，增长6%，在收入构成中所占比重为80%；行政单位预算外资金收入12536万元，比上年增加4741万元，增长61%，在收入构成中所占比重为3%；事业收入72386万元，比上年增加12523万元，增长21%，在收入构成中所占比重为14%。收入构成中，其他收入11653万元；上级补助收入7798万元；经营收入77万元。

②支出情况。2007年部门决算汇总行政事业单位支出总计499861万元，较上年增加11042万元，增幅3.8%。支出按功能分类：一般公共服务支出89534万元，国防支出20万元，公共安全支出33365万元，教育支出115447万元，科学技术支出4633万元，文化体育传媒支出9383万元，社会保障和就业支出47237万元，医疗卫生支出59665万元，环境保护支出11168万元，城乡社区事务支出39594万元，农林水事务支出36750万元，交通运输支出20961万元，工业商业等金融事务支出15743万元，其他支出16362万元。支出按经济分类：基本支出和项目支出499148万元，上缴上级支出417万元，经营支出76万元，对附属单位补助支出221万元。

行政事业类基本支出中用于人员工资福利支出147914万元，用于商品服务支出178570万元，用于个人和家庭补助支出73821万元。人员工资福利支出比上年增加55310万元，增长60%。

（3）人员情况

2007年末，全市职工总人数81497人，较上年增加1441人，增长2%。财政负担供养人数78500人，较上年增加了2174人，增长3%。其中：在职人数63204人，财政供养在职人员60430人；离退休人员17445人，财政供养离退休人员17356人。

（4）资产负债情况

2007年末，全市行政事业单位资产合计560457万元，较上年增加91209万元，增长20%。负债合计123413万元，较上年增加17124万元，增长17%。净资产合计436884万元，较上年增加74163万元，增长19%。

全市行政事业单位资产总额中，年末固定资产原值389457万元，较上年增加66336万元，增长21%，占全部资产总额的70%。其中：房屋建筑物195885万元，交通运输设备35714万元，占固定资产总额的9.2%（其中小轿车2076辆，原值26532

万元),平均车辆单价12.8万元。

2008年部门决算

(1)汇编户数和机构情况

①汇编户数。2008年,全市共录入行政事业单位决算报表1140户,较上年净增加20户,主要是新成立教育机构及部门下属单位分立单独核算列入编报范围所致。按报表类型划分:单户表1045户,事业单位汇总录入31户,乡镇汇总录入64户;按隶属关系划分,地市级单位224户,县级单位852户,乡镇级64户。按单位性质划分,总户数中行政单位367户,事业单位773户。

②机构情况。2008年末,全市独立核算机构1874个,其中行政机构583个,事业机构1291个。

(2)收支情况

2008年部门决算汇总行政事业单位总收入625870万元,总支出615225万元,年末结余36215万元,其中,基本支出结余20769万元,项目支出结余16137万元。

①收入情况。2008年,部门决算编报行政事业单位总收入625870万元,比上年增加110555万元,增长21.4%。从收入构成看,其中财政拨款收入512945万元,比上年增加102219万元,增长2.4%,其在收入构成中所占比重为81.9%;行政单位预算外资金收入8900万元,比上年减少3636万元,其在收入构成中所占比重为1.4%;事业收入86353万元,比上年增加13937万元,增长19.3%,其在收入构成中所占比重为13.8%;收入构成中其他收入13362万元;上级补助收入4321万元。

②支出情况。2008年部门决算汇总行政事业单位支出总计615225万元,较上年增加115364万元,增幅23%。支出按功能分类看:一般公共服务支出105647万元,公共安全支出42038万元,教育支出142875万元,科学技术支出8044万元,文化体育传媒支出15712万元,社会保障和就业支出39218万元,医疗卫生支出76568万元,环境保护支出14845万元,城乡社区事务支出63389万元,农林水事务支出52362万元,交通运输支出26122万元,工业商业等金融事务支出14691万元,其他支出13713万元。支出按经济分类看:基本支出473391万元,项目支出140779万元,上缴上级支出217万元,经营支出694万元,对附属单位补助支出143万元。

行政事业类基本支出中用于人员工资福利支出155034万元,用于商品服务支出224227万元,用于对个人和家庭补助支出70398万元。人员工资福利支出比上年增加7120万元,增长5%。

(3)人员情况

2008年末,全市职工总人数83083人,较上年增加1586人,增长2%。财政负担供养人数78004人,较上年增加了724人,增长1%。其中:在职人数64690人,财政供养在职人员59994人;离退休人员17763人,财政供养离退休人员17529人。

(4)资产负债情况

2008年末,全市行政事业单位资产合计629225万元,较上年增加67794万元,增长12%。负债合计139336万元,较上年增加13091万元,增长11%。净资产合计478809万元,较上年增加43804万元,增长11%。

全市行政事业单位资产总额中年末固定资产原值422383万元,较上年增加32390万元,增长9%,占全部资产总额的67%。其中,房屋建筑物221607万元,占固定资产总额的52%,交通运输设备39087万元,占固定资产总额的9%(其中小轿车2177辆,原值29898万元,平均车辆单价13.7万元)。

2009年部门决算

(1)汇编户数和机构情况

①汇编户数。2009年,全市共录入行政事业单位决算报表1159户,较上年净增加19户,主要是新成立单位如三门峡市阳光小学,三门峡涧河公园管理处,三门峡市天鹅湖国家城市湿地公园管理处,三门峡市国土资源执法监察支队等单位以及县区主管部门下属单位分立单独核算列入编报范围所致。按报表类型划分,单户表1065户,事业单位汇总录入30户,乡镇汇总录入64户;按隶属关系划分,地市级单位224户,县级单位852户。按单位性质划分,其中行政单位355户,事业单位740户,乡镇级64户。

②机构情况。2009年末,全市独立核算机构1885个,其中行政机构591个,事业机构1294个。

(2)收支情况

2009年部门决算汇总行政事业单位总收入704134万元,总支出677698万元(此收支均不包括拨付企业及财政专户的代列资金,以下口径相同),

年末结余 57703 万元。其中基本支出结余 31823 万元,项目支出结余 27404 万元。

①收入情况。2009 年,部门决算编报行政事业单位总收入 704134 万元,比上年增加 78264 万元,增长 11.1%。从收入构成看,其中财政拨款收入 532632 万元,比上年增加 65434 万元,增长 14.2%,其在收入构成中所占比重为 81.9%;预算外资金收入 34421 万元,比上年减少 4763 万元,其在收入构成中所占比重为 4.8%;事业收入 67518 万元,比上年增加 11488 万元,增长 20.5%,其在收入构成中所占比重为 9.6%;收入构成中其他收入 14570 万元;上级补助收入 3268 万元。

②支出情况。2009 年部门决算汇总行政事业单位支出总计 677698 万元,较上年增加 62473 万元,增幅 9.2%。支出按功能分类看:一般公共服务支出 128094 万元,公共安全支出 44845 万元,教育支出 157746 万元,科学技术支出 7532 万元,文化体育传媒支出 12879 万元,社会保障和就业支出 48148 万元,医疗卫生支出 93937 万元,环境保护支出 9765 万元,城乡社区事务支出 79572 万元,农林水事务支出 44811 万元,交通运输支出 25791 万元,采掘电力信息等事务 9150 万元,粮油物资储备管理等事务支出 5167 万元,其他支出 10261 万元。支出按经济分类看:基本建设和项目支出 676052 万元,工资福利支出 190782 万元,商品和服务支出 273864 万元,对个人家庭补助支出 87481 万元,基本建设支出 6402 万元,其他资本性支出 106735 万元,上缴上级支出 31 万元,经营支出 833 万元,对附属单位补助支出 782 万元。

(3)人员情况

2009 年末,全市职工总人数 84058 人,较上年增加 975 人,增长 1.2%。财政负担供养人数 80291 人,较上年增加了 2284 人,增长 2.9%。其中在职人数 65258 人,财政供养在职人员 61919 人;离退休人员 18063 人,财政供养离退休人员 17795 人。

(4)资产负债情况

2009 年末,全市行政事业单位资产合计 727597 万元,较上年增加 98373 万元,增长 13.5%。负债合计 179395 万元,较上年增加 40059 万元,增长 5.5%。净资产合计 547890 万元,较上年增加 64854 万元,增长 13.4%。全市行政事业单位资产总额中年末固定资产原值 471188 万元,较上年增加 48804 万元,增长 11.6%,占全部资产总额的 64.8%。其中,房屋建筑物 238948 万元,增长 50.7%,占固定资产总额的 52%,汽车价值 42232 万元(其中小轿车 2463 辆,原值平均车辆单价 13.1 万元)。

2010 年部门决算

(1)汇编户数和机构情况

①汇编户数。汇编范围的独立核算单位共 1146 户,比上年净减少 13 户。独立报送单户报表的单位 1252 个,占单位总数的 92%,事业单位汇总录入 30 户,占单位总数的 3%。乡镇汇总单位汇录入 64 户,占单位总数的 5%。按单位性质划分:行政单位 354 户,占单位总数的 31%。事业单位 738 户,占单位总数的 64%。乡镇汇总录入 64 户,占单位总数的 5%。按预算管理级次划分:隶属关系为地市级的 222 户,占单位总数的 19%;隶属关系为县(市、区)级的和乡镇级的 924 户,占单位总数的 81%。

②机构情况。全市独立核算机构 1860 个,其中行政单位 534 个,事业单位 1326 个。

(2)收支情况

①收入情况。2010 年部门决算编报行政事业单位总收入 585366 万元。其中:一般预算收入 615405 万元,基金预算收入 42533 万元,预算外收入 27428 万元。

②支出情况。2010 年总决算报表财政支出数 1167804 万元。其中:一般预算支出 952553 万元,基金预算支出 177390 万元,预算外支出 37861 万元。

(五)其他预算管理

1. 国有土地使用权收支预算管理

2013 年 12 月 31 日,三门峡市人民政府发布《关于印发三门峡市建设征用土地地上附着物补偿标准的通知》(三政〔2013〕66 号),对建设征用土地地上附着建筑物类(含八个类别)、果树类、林木类(含两个类别)、青苗类的赔偿标准作出相应具体的规定,依据补偿标准据实清点结算补偿。同时废止《三门峡市人民政府关于印发三门峡市国家建设征用土地地上附着物补偿标准的通知》(三政〔2010〕47 号)。

2008 年 9 月 20 日,按照国务院《关于加强土地调控有关问题的通知》(国发〔2006〕31 号)、《关于规范国有土地使用权出让收支管理的通知》(国办发〔2006〕100号)和《河南省财政厅河南省国土资源厅中国人民银行郑州中心支行关于贯彻〈国有土地使用权出让收支管理办法〉的通知》(豫财办综〔2007〕33号)精神,三门峡市人民政府发布《关于印发三门峡市国有土地使用权出让收支管理办法的通知》(三政〔2008〕38号),将国有土地使用权出让总价款全额纳入地方预算,缴入地方国库,实行"收支两条线"管理。按照规定,取得的土地出让总价款,首先要足额安排支付土地补偿费、安置补助费、地上附着物和青苗补偿费、拆迁补偿费以及补助被征地农民社会保障所需资金的不足,其余资金用于逐步提高农业土地开发和农村基础设施建设的比重,以及用于廉租住房建设和完善国有土地使用功能的配套设施建设。三门峡市将政府以出让等方式配置国有土地使用权取得的土地价款,纳入地方基金预算管理,支出一律通过地方基金预算从土地出让收入中安排,实行"收支两条线"管理,确保专款专用。

2. 纳入预算的行政性收费及罚没收入管理

2001年,根据河南省财政厅和省高级人民法院联合下发的《关于对诉讼费"收支两条线"工作进行检查的通知》(豫财行〔2001〕140号)精神,在全市范围开展法院诉讼费专项检查。同时,在市直单位开展落实"收支两条线"规定专项检查,共清理收费、罚没项目1744个,撤销16个;清理票据161种,废止违规票据28种;清理账户2629个,撤销违规账户343个,取消收入过渡账户379个;清理应实行罚没分离项目1022个,实行罚没分离项目1021个;清理应实行票据分离项目1212个,实行票据分离项目1201个;追缴违纪资金50余万元。当年,全面落实"收支两条线"规定,积极推行"单位开票、银行代收、财政统管"的票款分离管理体制,按照国家银行账户管理规定,做好银行账户设立和使用管理工作。7—10月,共清理整顿19个部门110个单位开设的269个银行账户,撤销银行账户11个。

根据河南省财政厅、中国人民银行郑州中心支行《关于转发财政部、中国人民银行关于公安等部门收费收入纳入预算管理的通知》精神,从2002年1月1日始,三门峡市辖区内公安、法院、环保、计划生育等执法部门的收费收入纳入预算管理,收入全额上缴国库。

2003年,三门峡市印发《三门峡市市级非税收入"银行代收、财政监管"管理办法》,2004年1月1日正式开通市本级非税收入网络监管系统。至2004年底,市级纳入政府非税收入监管系统管理的执收、执罚单位188个,执收、执罚项目579项,实现了对非税收入的动态管理。

2005年8月1日,为了进一步加强行政性收费(指纳入预算的行政性收费)、罚没收入"收支两条线"管理,全面落实河南省财政厅《关于进一步加强行政性收费、罚没收入预算管理的通知》(豫财预〔1997〕621号)精神,三门峡市人民政府发布《关于印发《市行政服务中心收费项目目录》的通知》(三政〔2005〕42号),对行政性收费收入、罚没收入的管理与缴纳,行政性收费收入、罚没收入的票据管理,行政性收费收入、罚没收入的适用预算科目及缴款办法,执收执罚单位补助支出管理,执收执罚单位补助支出预算核定,执收执罚单位预算的执行,各执收执罚单位决算编报以及各级财政部门应加强对各单位行政性收费、罚没收入收支的监督管理等事项作出了详细规定。同时结合三门峡市实际,对罚没票据的管理和赃物、罚没物的管理进行了补充通知。

2007年,三门峡市非税收入监管系统中安装、开通交警罚没异地代收系统。进一步规范非税收入解缴程序,防止随意占压、挪用财政性资金。当年,市直行政事业单位的房租收入纳入财政预算管理。行政事业单位的房租收入全额上缴国库,纳入财政预算,统筹安排使用。

2008年,三门峡市财政局对交警罚款异地代收系统升级。启用新的代收系统后,交警罚款异地代收资金将集中进入省级公用账户,实现财政部门、公安交警部门实时对账,异地代收资金自动拆分,及时划入各地(市)财政专户。7月1日至9月30日,按照市政府的要求,由市监察局、财政局、审计局联合组织了对市直行政事业单位政府非税收入的专项检查,确保市本级单位的房屋租赁收入、广告收入及国有资产处置收入全部纳入财政管理。

2010年,三门峡市财政局进一步加强对市直行政事业单位资产收益的监管。完善行政事业单位国有资产收益征收实施办法,并会同局机关有关业务科(室)对市直行政事业单位的资产进行清查登记造册,基本摸清了行政事业单位资产的家底,确保资产收益收入及时足额上缴财政。

2001—2010 年，三门峡市加强对纳入预算管理行政性收费专用票据使用的管理，使票据管理工作逐步实现规范化。

2001 年，行政性收费票据统一归口市财政部门管理。当年 5 月，启用河南省行政事业性收费（基金）票据准用证，同时停止使用票据购用证；7 月 1 日全面启用新版“河南省行政事业性收费基金票据”和新的“河南省财政厅票据监制章”，且实现票据管理的规范化、电子化。

2003 年，重新修订《票据准用证核发制度》《收费及罚没票据购领制度》《票据核销与销毁制度》《票据稽查制度》《票据仓库管理制度》，加强对票据领购、使用、核销等各个环节的监管，使票据管理工作更加规范。10 月 1 日全面停止使用旧版罚没专用票据，全市共清理、回收手工票据 2188 本，定额票据 1139 本，微机票据 87604 份，集中封存上缴省财政厅统一销毁。本年度起全市行政、事业性收费票据不再实行年度审验，票据审验转为日常性工作。

2007 年，按省财政厅统一安排，启用新版票据准用证。三门峡市财政局结合对全市用票单位票据准用证的更换，对用票单位的收费项目进行了一次全面清查。

2009 年，根据《河南省财政票据管理暂行办法》规定，财政票据由省财政厅统一印制改为由省财政厅和各省辖市财政局分别印制。

二、国库管理

财政国库管理（以下简称国库管理）是政府预算执行中的重要环节，也是政府预算管理的基础。随着财政改革的不断深入，财政国库管理方式发生了很大的变化，并不断完善管理内容，以适应社会经济发展的需要，更好发挥财政职能。国库管理包括国库集中收付改革、公务卡结算方式改革、资金拨付改革等。

1989 年 12 月，财政部、中国人民银行修订《中华人民共和国国家金库条例实施细则》（财预字〔1989〕68 号），明确国库的管理职责、权限和预算收入的收纳、划分、留解及库款的支拨、国库会计的核算等内容。修订版细则从 1990 年起执行。

1994 年 3 月 22 日，八届全国人大二次会议通过的《中华人民共和国预算法》，对组织预算收入、预算编制及批准、资金拨付、决算编制及批复等做出相关规定，同时将国库管理作为预算执行工作中的一项管理制度加以明确。2002 年以前，三门峡市市级国库管理工作由市财政局预算科负责。

2001 年 3 月 15 日，国务院办公厅印发《关于财政国库管理制度改革方案有关问题的通知》（国办函〔2001〕18 号）。同月，财政部、中国人民银行印发《财政国库管理制度改革试点方案》（财库〔2001〕24 号），正式实施财政国库管理制度改革，将传统的财政资金银行账户管理体系和资金缴拨方式改革为建立国库管理、账户管理、财政总预算会计管理制度等内容。

（一）国库集中收付制度改革

1985 年，国务院印发《中华人民共和国国家金库条例》（国发〔1985〕96 号），规定国库负责办理国家预算资金的收入和支出，中国人民银行具体负责管理国库，一级财政设立一级国库，各级国库库款的支配权，按照国家财政体制的规定，分别属于同级财政机关。建立以国库单一账户体系为基础、资金缴拨以国库集中收付为主要形式的财政国库管理制度。

2001 年 12 月，根据财政部、中国人民银行《财政国库管理制度改革试点方案》（财库〔2001〕24 号）、《河南省市县财政国库管理制度改革方案》及《中共三门峡市委、三门峡市人民政府关于全面推行财政支出管理制度改革的意见》，三门峡市人民政府召开市级财政国库管理改革动员大会，正式实施市本级国库集中收付制度改革。按照规定，从 2002 年 1 月 1 日起，三门峡市在市级全面实施以国库单一账户体系为基础、资金缴拨以国库集中收付为主要形式的财政国库管理制度改革。一是统一清理和取消市直所有行政单位和全额供养事业单位银行账号，代理单位会计核算，规范财政资金的使用行为，切断产生腐败的源头；二是全面实行部门预算，规范财政收入和财政支出收缴及拨付程序，体现财政分配的公正性和透明性；三是积极推进政府采购制度，扩大政府采购范围，提高商品采购的透明度，有效地节约了财政资金；四是实现和扩大财政资金直接支付范围，工资及政府采购资金直接拨付到个人和供应商账户，有效地保证了干部和教师工资的按时足额发放，减少了资金拨付环节；五是提高财政资金的使用效益，缓解财政支付和资金调度的压力，缩短资金在单位的滞留时间，提高了政府的宏观调控能力。

2002年6月12日,三门峡市人民政府办公室转发市财政局《关于市直行政事业单位报账员管理规定的通知》(三政办〔2002〕72号),明确了市直行政事业单位报账员的岗位职责、岗位资格和工作要求,以及确定或调整报账员的程序。根据市政府统一部署,市财政局积极推进财政支出管理制度改革,并结合市级财政国库集中支付中心会计核算的实际情况,进一步规范市直行政事业单位会计核算业务,保障了财政资金的安全正常运转。同时,根据财政部《会计基础工作规范》有关要求,对各预算单位报账员的岗位职责、岗位资格、工作要求及报账员的确定或调整程序,作出了详细规定。

2003年,财政部印发《关于深化地方财政国库管理制度改革有关问题的意见》,要求2003年全国省级都要实施财政国库管理制度改革试点,要有一半左右的地(市)实施财政国库管理制度改革试点;2004年地(市)级都要实施财政国库管理制度改革试点,县级大多数都要实施财政国库管理制度改革试点;2005年各级财政部门要全面推行和完善财政国库管理制度改革。

(二)资金拨付改革

2004年,三门峡市财政局印发《三门峡市市级预算资金审拨和支付管理局内操作规程》,按照预算编制、执行、监督三分离原则,结合工作实际,深化财政国库管理制度改革,逐步规范财政预算资金审拨和支付程序的要求,进一步明确局内各职能科(室)职责。该规程自2005年1月1日起执行,原操作规程同时废止。

(三)财政总预算会计

财政总预算会计是各级政府财政核算、反映、监督政府一般公共预算资金、政府性基金预算资金、国有资本经营预算资金、社会保险基金预算资金以及财政专户管理资金、专用基金和代管资金等资金活动的专业会计。

2000年前,三门峡市总预算会计执行财政部1997年修订的《财政总预算会计制度》(财预字〔1997〕287号)。

2001—2010年,按照财政部《财政国库管理制度改革试点会计核算暂行办法》(财库〔2001〕54号)有关规定,通过财政国库支付执行机构直接支付资金和财政国库支付执行机构每日报来的按部门分"类""款""项"汇总的《预算支出结算清单》,与中国人民银行划款凭证核对无误后,列报预算支出;再将各代理银行汇总的预算单位零余额账户授权支付数,与中国人民银行汇总划款凭证及财政国库支付执行机构按"类""款""项"汇总的《预算支出结算清单》核对无误后,列报预算支出。

2002年,财政部印发《财政国库管理制度改革试点会计核算暂行办法补充规定》(财库〔2002〕39号),停止执行《财政国库管理制度改革试点会计核算暂行办法》中有关小额现金账户会计核算内容。

2003年,财政部印发《地方财政实施财政国库管理制度改革年终预算结余资金会计处理的暂行规定》(财库〔2003〕126号),要求财政总预算会计核算仍然实行收付实现制,仅对地方财政实施财政国库管理制度改革试点形成的年终预算结余资金的财政总预算会计,按照规定实行个别事项的权责发生制账务处理。各地财政部门对采取权责发生制账务处理的有关事项,应当在财政决算报表编制说明中作出专门说明。

2006年,财政部印发《关于政府收支分类改革后财政总预算会计预算外资金财政专户会计核算问题的通知》(财库〔2006〕25号),明确财政总预算会计中调整的部分事项。基金预算结余科目下应列入基金预算收入的最低一级科目,逐一反映各项基金的结余;一般预算收入科目下应列类、款、项、目科目,分设相应的明细账;基金预算收入科目下应列项、目科目,分设相应明细账;基金预算支出科目下应列类、款、项科目,分设相应明细账;预算外资金财政专户会计取消净资产类、收入类、支出类相关会计科目;增设净资产类"预算外结余"科目、收入类"一般预算外收入"科目、支出类"一般预算外支出"科目。

2010年,财政部印发《关于将按预算外资金管理收入纳入预算管理的通知》(财预〔2010〕88号),要求从2011年1月1日起,未纳入预算并实行财政专户管理的资金会计核算执行《财政总预算会计制度》。同时对《财政总预算会计制度》作出相应的调整,增设3个会计科目(净资产类"财政专户管理资金结余"科目、收入类"财政专户管理资金收入"科目、支出类"财政专户管理资金支出"科目)。调整102科目"其他财政存款"的使用说明,在其包括的具体核算内容中增加未纳入预算并实行财政专户管理的资金存款。《预算外资金财政专户会计核算制度》及其他有关预算外资金会计核算规定同时废止,原预算外资金会计科目核算事项,使用调整后的《财政总预算会计制度》中有关会计科目进行核算。会计报表增设财政专户管理资金分部门收支情况表和财政专户管理资金分科目收支情况表。

第二节 财务管理

一、行政政法财务管理

(一)职能演变

1996年,三门峡市财政局行政事业财务科履行对市直行政、政法、教育、科学、文化、卫生、体育、社会保障等系统的财务收支管理职能,对各系统以局为单位、对局属的独立核算单位进行财务收支管理。年初,审核各局(委)、单位的预算编制,汇总、编制市直行政事业单位预算,并根据预算按时间进度拨付经费;年末,按河南省财政厅要求布置行政事业单位的决算,审核、编制市直行政事业单位决算。在预算执行期间,按照行政事业单位会计制度对各局(委)、单位的财务收支进行监督管理;按照上级财政部门和市委、市政府的部署,对各局(委)、单位进行财务收支检查和专项检查。

三门峡市财政局行政事业财务科向下延伸至县(市、区)财政局,负责指导各县(市、区)财政局的行政事业财务股(科)履行管理职能,并审核、汇总编制县(市、区)的行政事业预算、决算。对县(市、区)行政事业预算执行情况进行监督管理,按照上级财政部门和市委、市政府的部署,组织对县(市、区)行政事业的财务收支检查和专项检查。

1997年8月,三门峡市财政局机构改革,成立社会保障科,将行政事业财务科的卫生、社会保障系统的财务收支管理职能划归社会保障科。

2002年4月,三门峡市财政局成立教科文科,将行政事业科的教育、科学、文化、文物、体育等系统的财务收支管理职能划归教科文科,将部分事业单位的财务收支管理职能分别划归经济建设科和金融贸易科。

2002年7月,根据《三门峡市人民政府办公室印发三门峡市财政局职能配置、内设机构和人员编制规定的通知》(三政办〔2002〕87号)精神,成立行政政法科,其职能为:负责全市行政、执法部门的资产和财务管理,提出经费开支标准和定额建议,拟定财务管理办法,并对执行情况进行监督;审核分管单位的年度财务决算;组织评估、研究提出财政支持的项目,并监督项目资金的使用情况。

(二)财务管理方式

1. 财政专户管理

2001—2010年,三门峡市财政局在预算执行中对各局(委)、单位的财务管理通过资金收、支两个方面进行。对有收入的局(委)和单位,按照收入的性质分别缴入财政专户。属于预算外的收入直接缴入财政局预算外资金管理局设立的预算外财政专户;属于预算内的收入按照政府基金、行政事业收费分别缴入财政预算专户和行政事业科财务专户,并按照规定征收政府调控基金。支出则根据预算安排,按照时间进度,通过专户拨付到各预算单位的基本账户。对预算安排的资金,由预算科拨付到各预算单位的基本账户自行列支,行政事业财务科进行监督管理。

2. 事业单位财务管理

2001—2010年,三门峡市财政局根据财政部颁布的《事业单位财务规则》《事业单位会计准则》《事业单位会计制度》相关规定,对事业单位实行“核定收支、定额或定项补助、超支不补、结余留用、收入上缴”的预算管理办法,对事业单位的预算内、预算外收支实行统一管理。

3. 部门预算管理

2000年,三门峡市财政局在逐步实行“零基预算法”的基础上,为科学地使用财政资金,选择部分行政事业部门和预算单位进行“部门预算”编制试点,从2001年开始,按照“部门预算”的要求编制年度预算。

2003年,三门峡市实行部门预算改革,行政政法科按照改革要求,指导行政机关和政法系统的预算单位编制部门预算。预算细化为基本支出预算和项目支出预算,对预算内和预算外的资金统一编制预算、统一管理、统筹安排。

4. 统发工资

2001年6月,三门峡市政府批转了市财政局在市直机关实行财政统一发放工资的报告。财政国库集中支付中心根据单位申报的经过市人事局核定的人员编制、工资发放标准和各预算单位提供的银行账户,将工资款项拨付到相对应的银行,由银行按照工资发放汇总清单将工资划转到个人的工资卡上,并根据清单所列代扣款项分别将个人所得税、社会保障费和住房公积金划入财政指定账户。实行财政统一发放工资,既减轻了单位财会人员提取、发放工资的劳动强度,又减少现金的流通,保证工资能快捷地发放到个人手中。

5. 财务管理改革

2001年,三门峡市实行政府采购制度改革,凡达到政府采购标准的行政事业单位采购项目,均通过市财政局政府采购中心进行管理。

2002年,三门峡市政府下发《关于深化收支两条线改革,进一步加强财政管理的通知》,对行政事业单位预算外收入采取纳入预算管理、实行收支脱钩管理、收支两条线管理三种形式,对财政全供有预算外资金收入的行政事业单位全部实行收支脱钩管理。

2003年1月1日,三门峡市财政局实行国库集中支付制度改革,行政政法科对市委、市政府行政机关和政法系统的财务收支,全部通过国库支付中心设立的财政专户划转。

二、科技文化财务管理

(一)绩效评价和政府采购管理

2001—2010年,三门峡市县两级财政、科技、文化等部门通力合作,采取各种有效措施,启动科技文化财政资金使用绩效评价工作,促使各级科技文化部门财政专项资金监督管理逐步走向制度化、规范化。从2003年起,市财政部门在严格按预算程序审批下达市直科技文化部门财政专项资金时,凡是涉及政府采购的专项资金,原则上要经过政府采购或经市政府采购办公室同意,才予以审拨项目资金。上级支持的建设项目也实行集中采购、公开招标,同时实施工程监理制度。

(二)业务培训

2001—2010年,三门峡市财政局把加强业务培训作为提高科技文化财务管理水平的基础性工作来抓。针对财政制度改革及机构改革单位财务人员变动较大的实际情况,先后举办多期财务规则、会计制度等业务培训和召开座谈会,为加强科技文化财务管理、提高资金使用效益奠定了良好基础。

(三)科技资金管理

2007年政府收支分类改革后,所有涉及科学类支出全部列入科学技术预算科目,并对其实行分级合同式管理,实施跟踪问效和项目全过程管理。针对以前年度管理中存在的问题,市财政局与科技局联合下发《三门峡市关于2008年科技计划项目申报管理有关要求的通知》,在立项、经费预算、经费开支范围及监督检查等方面作了规定,要求建立严格的立项评审和预算评审机制,对项目实施过程和结果的监督检查作出明确要求,对历年来项目过碎、"撒胡椒面"、重复低效立项等现象予以制止。

(四)"文化强省"政策调研

2007年,根据河南省委、省政府要求,三门峡市财政局组织开展"文化强省"政策大型调研活动,基本摸清了全市2000—2006年"文化强省"建设政策落实的总体情况。从市、县级财政对文化基础设施、文化事业、文化产业、文化体制改革的投入情况,财政对文化事业投入政策落实情况,近年来财政支持文化事业发展取得的主要成效以及财政支持文化事业发展存在的问题等方面,写出了较高质量的调研报告,供上级领导部门决策参考。

(五)部门预算规范管理

一是加强专项资金管理,强化财政监督。为消除科技文化部门项目支出方面的一些无序现象,市财政局对已纳入预算或预算调整的支出项目,不管是新增的还是延续的,全部实行项目进度跟踪问效制度。对小型基本建设项目实施政府采购的做法,及时拨付项目资金并根据采购结果管理项目资金。2005年,在财政投资评审中心的配合下,完成了对市博物馆文物仓库加固维修工程预算、市博物馆围墙改造工程预算等项目的考核工作,并尝试性引进了政府采购机制。二是积极推进财政国库管理体制改革和预算管理体制改革,进一步细化部门预算。认真做好科技文化系统预算单位2004年度决算报表的审核、汇总上报工作。严格审核申报科技文化部门2005年度项目支出预算建议数,按要求申报科技文化部门2006年度项目支出等部门预算资料。三是及时办理科技文化系统项目支出的审核工作。争取按进度拨付资金，对年初预算中安排的项目支出做到早确定早下达，努力实现当年安排的项目支出当年发挥效益。四是认真做好全市科技文化部门一般预算支出执行情况分析，更好地为领导决策提供依据。及时掌握预算执行过程中存在的问题，进一步提高预算执行情况分析的时效性和准确性，确保上报统计数据的真实性、科学性。同时，编制市直科技文化部门分单位支出预算执行情况月报表，随时掌握工作进度，做到心中有数。

（六）规范财务管理

2001—2010年，部门预算在市、县两级相继推行。从2001年起，市直科技文化部门所有单位均按照部门预算要求编制预算。2002年，义马市、陕县、卢氏县、开发区进行了部门预算改革。2003年，灵宝市、渑池县也实行了部门预算，市直科技文化部门所有单位都按照基本支出、项目支出编制部门预算，使部门经常性支出与事业发展支出得以区分，财政资金分配也进一步透明、公开、公正，为贯彻"一是吃饭，二是还账，三要建设"方针奠定了基础。同时，按照上级要求，对科技文化部门的行政性收费和预算外资金实行收支两条线管理，实行收入全部缴入国库或财政专户、支出按照需要由预算安排的预算管理体制，改变了以往部门行政性收费和预算外资金收支挂钩的管理方式，根据实际情况核定收支预算，真正实现综合预算管理，增强了预算约束力。

从2002年1月起，三门峡市对市直科技文化部门行政机关及全供事业单位的银行账户予以全面清理，所有财政性资金均纳入市级财政国库集中支付中心统一管理，并由国库支付中心代理行政机关及全供事业单位会计核算，确保科技文化部门财政资金的安全、及时、准确支付与清算。

2002年7月，三门峡市县级财政国库管理制度改革在全省率先启动，7个县（市、区）全部建立了规范的国库集中支付制度和会计核算体系，从而使全市科技文化财政管理水平跃上了一个新的台阶，也从源头上预防和治理了财政资金在使用过程中的违纪行为和腐败现象，有效促进了科技文化部门的党风廉政建设工作。

三、教育事业财务管理

2002年6月，三门峡市财政局设立教科文科，将原行政事业科履行的教育、科技、文化、体育、计划生育等部门的财务管理职责划归教科文科。

（一）确保中小学教师工资及时足额发放

2001—2010年，三门峡市财政部门严格按照《中华人民共和国教育法》关于"教师的平均工资水平应当不低于或者高于国家公务员的平均工资水平，并逐步提高"之规定，在年度预算安排时，优先把教师工资足额列入财政预算，不留缺口。

2001年，按照《河南省人民政府办公厅关于实行农村中小学教师工资县（市）级统一管理的通知》（豫政办〔2001〕109号）要求，三门峡市将农村中小学教师工资及离退休费全部收归县级统一管理，实行财政统发、银行代发，每月由各县（市、区）财政国库集中支付中心直接打入教职工个人工资账户，减少中间环节，杜绝积压挪用，保证了广大农村教职工的合法权益。

2006年，为巩固农村中小学教职工工资改革成果，市财政会同教育部门实施工资发放月报制度，按月汇集上报农村中小学教职工工资发放情况，及时掌握动态，解决问题，确保教师工资按时足额发放。

2007年，三门峡市建立农村中小学教职工工资发放长效机制。各级财政部门在优化财政支出结构的同时，把教师工资放在支出安排的最优先位置，把农村教师工资按时足额发放问题列入各级政府重要工作日程，进一步完善财政统发、银行代发工资管理办法。同时，市财政部门还根据省财政厅要求，继续执行农村中小学教职工工资发放月报制度，完善监督机制，确保全市都能执行统一标准，按时足额发放教师工资，以提高教职工的教学积极性，保证了教师队伍和教学秩序的稳定。当年，全市财政供给农村中小学教职工人数达17770人，编内发放工资总额29841.6万元，没有拖欠工资现象发生。当年4月，继公务员工资制度改革之后，在上级尚未出台事业单位工资改革相关政策的情况下，三门峡市财政投入资金728万元，暂按在编教师月人均300元标准补助，启动对市直中小学教师进行适当补助工作。执行时间从2006年12月份起，5月底前市直教育系统教职工1896人新增补助部分，已全部打入教师个人工资卡中。

（二）建立农村义务教育经费保障机制

2006年，为全面落实国务院、河南省人民政府关于深化农村义务教育经费保障机制改革的方针政策,三门峡市印发《关于做好2006年春季农村义务教育“两免一补”工作的通知》《三门峡市2006年秋季城镇义务教育“两免一补”实施方案》《农村义务教育“两免一补”工作考评办法》,进一步明确资助对象、标准程序和相关要求。为确保“两免一补”工作的顺利实施,还制定了相关配套措施:一是成立“三门峡市农村义务教育‘两免一补’办公室”和“‘两免一补’工作联席办公会议制度”,负责对各县(市、区)农村义务教育经费保障机制改革工作进行指导协调和监督检查,审核、汇总、上报各县(市、区)实施方案,全面掌握资金安排、校舍维修、学校运转等数据情况;二是对全市“两免一补”各级财政负担资金情况进行测算,为领导决策提供参考依据;三是建立“两免一补”资金专户,加强监督管理,确保专款专用;四是坚持“三日报”制度,掌握各县(市、区)工作动态,及时发现、处理存在问题。

是年,为保证“两免一补”工作效果,市财政部门实行县级干部包县工作联系制度,将工作任务分解落实到人,列入年度责任目标考核。同时,采取“以会代训”形式,组织对各县(市、区)财政、教育部门主管“两免一补”工作的人员进行业务培训。为扩大工作效果,还通过广播、电视、报纸、网络等各种媒介向社会公众广泛宣传国家“两免一补”政策,并在全市范围内开展了“‘两免一补’助学子,上学不忘党恩情”有奖征文活动,将部分优秀征文编纂成书,由三门峡市委副书记、市长李文慧题写书名《托起明天的太阳》。

由于“两免一补”工作落实到位,2005—2007年,三门峡市连续获得全省“两免一补”工作表彰,获得“以奖代补”专项资金1100万元(2005年400万元、2006年200万元、2007年500万元)。

(三)农村中小学财务管理

2006年,按照农村义务教育“以县为主”、经费“校财局管”的管理体制,三门峡市财政与市教育部门联合下发《关于确保农村义务教育经费投入加强财政预算管理的通知》,进一步完善农村中小学校预算编制制度,为下一步全面实施预算编制打下良好基础。同时,按照“一费制”“收支两条线”及农村中小学经费实行“校财局管”规定,要求各县(市、区)学校所收学费全部上缴县级财政专户,实行统一管理。县级财政部门分设专账,根据各个学校年度预算和用款计划,及时办理拨款手续,确保农村中小学正常运转。

是年,根据《河南省财政厅关于建立我省农村中小学预算内公用经费落实情况季报制度的通知》要求,三门峡市建立农村中小学预算内公用经费落实情况季报制度,要求各县(市、区)于每季度末10日前上报农村中小学预算内公用经费落实情况,并按时间要求及时上报省厅教科文处。

2007年,为更好地落实《中华人民共和国义务教育法》,三门峡市财政与教育部门联合下发《关于确保农村义务教育经费投入,加强财政预算管理的通知》,进一步建立健全农村中小学校预算编制制度,强化义务教育经费保障的法律地位,确保全市农村中小学教学的正常运转。当年,在继续按省定标准落实预算内公用经费的基础上,市财政在财力紧张情况下,仍大幅提高免杂费补助标准,并结合预算外资金的统筹使用,使市直中小学预算内公用经费达到省定最高限额。

2010年,三门峡市财政部门通过实地考察、调研,查看单位会计报表账簿、审核支出凭证等方式,对教育系统各单位的经费支出报告进行严格审核,查找管理漏洞,减少不必要支出,节约了财政资金。当年,各级财政通过严格审核业务部门的年度预算,检查非税收入执行情况确保应收尽收并督促及时缴入国库或纳入财政专户管理,从而保证预算的顺利实施。

(四)治理教育乱收费

2003年,针对教育乱收费涉及面广、社会关注程度高、群众反映问题多等热点问题,三门峡市人民政府制定了八项治理措施:一是建立由纠风、财政、物价、审计、新闻出版、教育等部门组成的治理教育乱收费联席会议制度,下设办公室,具体负责治理工作。二是坚持以治理农村中小学收费为重点,落实“一费制”。三是严格执行公办高中招收择校生的“三限制政策”。四是认真落实收费公示制度。要求各级、各类学校在醒目位置采用公示栏、公告牌、公示墙等方式公示收费项目、标准、依据、范围、减免政策和投诉、举报电话等,收费项目、标准有变化的,应及时更新。五是向学生免费配发收费明白册。凡是学校收取的每项费用,无论数目多少,都要填写在收费明白册上,接受家长监督。六是在三门峡人民广播电台开辟行风热线栏目。市教育局领导每月16日在行风热线上听取群众的各种投诉,并现场回答群众提出的有关问题。对群众反映的问题,组织人员及时检查、落实、纠正。七是制定中小学收费"十不准":不准擅自增加收费项目,提高收费标准;不准搭车收取任何费用;不准举办以收费为目的的特长班、补习班;不准编、印、推销教辅资料及出版物;不准强行要求学生统一着装;不准强制学生参加各种保险、卫生防疫;不准要求学生参加以收费为目的的各类竞赛、评奖;不准向学生推销商品、明信片、有价证券;不准以任何理由向学生罚款;不准强行向学生集资、借款。八是加大监督、查处违纪案件力度。当年"八项措施"落实情况:受理群众举报案件31起,查处违纪案件17起,清退违规收费185.69万元;清理中小学辅助读物1916册,价值9300元;对11名违纪责任人予以党纪、政纪处分。

(五)规范项目资金管理

2005年,三门峡市财政部门认真做好教育系统部门预算规范管理工作,努力提高财政资金使用效益。一是加强专项资金管理,强化财政监督。为消除教育部门项目支出方面的一些无序现象,对已纳入预算或预算调整的支出项目,不管是新增的还是延续的,全部实行项目进度跟踪问效制度,对小型基本建设项目实施政府采购的做法,及时拨付项目资金并根据采购结果管理项目资金。当年,完成了对三门峡市实验中学综合楼工程结算、市七中花池及校舍装修改造工程预算、市第二实验小学供电工程预算及市实验中学、市三中、市第二实验小学及市第二实验幼儿园基建欠款等6个项目的考核工作,并尝试性引进了政府采购机制。二是及时办理教育系统项目建设支出审核工作,按进度拨付资金,对年初预算安排的项目支出早确定早下达,基本实现当年项目支出当年发挥效益。

2006年,市财政委托项目评审中心对教育系统5家项目单位的工程项目进行评审,大大压缩了各项开支,提高了财政资金使用效益。

(六)部门预算和政府收支分类改革

2005年,按照上级统一部署,三门峡市财政部门进一步加强预算管理,细化部门预算。在认真做好教育系统预算单位2004年度决算报表的审核、汇总上报工作基础上,严格审核申报2005年度项目支出预算建议数,并按要求申报2006年项目支出等预算资料。同时,按照建立公共财政框架的要求,编制2007年市级部门预算,并在此基础上,建立2008年、2009年预算项目库,实行项目滚动管理。

2006年2月,根据河南省财政厅《关于转发〈财政部关于印发政府收支分类改革方案的通知〉的通知》(豫财办会〔2006〕32号)精神,从2007年1月1日起,三门峡市全面实施政府收支分类改革,执行新的政府收支分类科目。改革后的政府收支分类体系由"收入分类""支出功能分类""支出经济分类"三部分组成。为保证政府收支分类改革的顺利实施,市财政部门分批组织对市属行政事业单位和各县(市、区)相关业务人员予以培训,完成新旧科目的衔接转换,采用新的政府收支科目,编制2007年度部门预算。

(七)开展教育资金监督检查

2006年,三门峡市认真督查省定农村中小学生均公用经费标准和预算内生均公用经费拨款标准落实情况。按照省定标准,全市预算内农村中小学生均公用经费小学生每年由10元/生提高到20元/生、初中生每年由15元/生提高到30元/生。当年,全市应安排农村中小学预算内公用经费707.6万元,实际共安排715.4万元(省级补助315万元,县级安排400.4万元)。县(市、区)均按照要求使用公用经费,没有发生挪作其他开支和用于平衡财政预算现象。同时,对于学校的收费收入也作出明确规定,只能用于公用经费支出,而不得用作奖金补贴及平衡预算支出。

2007年4月,市财政局印发《三门峡市财政局关于对教育文化上级补助专项资金拨付使用情况进行检查的通知》,组织对上级补助各县(市、区)的各类教育专项资金拨付使用情况进行深入细致的检查。在各县(市、区)自查基础上,财政部门重点对2004—2006年中小学布局调整专项资金的分配使用及2007年春季免杂费资金、免课本费资金和免杂费资金结余部分、中小学预算内公用经费的安排使用等项资金进行检查。从检查的结果看,各县(市、区)都能够正确使用省、市补助专项资金,足额安排县级配套资金。

2010年,三门峡市财政部门继续加强教育专项经费的监督检查,对全市教育经费的使用、中等职业学校免学费政策落实情况和国家助学金发放情况、市直学校专项经费使用情况进行了检查,针对发现的问题提出整改要求,规范了各级各类学校的财务管理工作。

是年,进一步完善中、高等职业院校助学金发放工作,健全学校承诺制度和学籍卡核对制度,并通过不定期督查和专项检查,确保工作的严肃、公平、公正性,确保助学资金能够及时发放到真正需要资助者的手中。

(八)企业中小学划归社会资金管理

2004年,按照上级关于企业举办学校移交地方政府管理的有关精神,三门峡市顺利接收市属企业学校4所、铁路学校2所,陕县政府同时顺利接收铁路学校2所。为减缓因接收企业学校对财政造成的压力,财政部门按照市政府有关政策规定,收取相关企业补助资金957万元,用于过渡期内移交学校办学经费的补充。

2005年,根据《河南省财政厅关于义马煤业(集团)有限责任公司自办中小学移交三门峡市管理有关财政问题的批复》(豫财办企〔2005〕131号)精神,市财政下发《三门峡市财政部门关于义马煤业(集团)有限责任公司自办中小学移交当地管理有关财政问题的批复》,同意义煤集团所属12所学校连同教职工全部移交三门峡市(渑池、陕县、义马),实行属地管理。根据测算,移交学校每年补助基数为2248万元,三年过渡期内义煤集团分别承担80%、60%、40%,其余部分由省级财政补助。

2009—2010年,三门峡市财政拨付资金2565万元、5130万元,分别用于省属煤炭企业自办中小学接收县(市)的经费补助。

四、经济建设财务管理

经济建设财务管理是财政经济管理的重要一环。进入21世纪,三门峡市财政经济建设财务管理工作紧紧围绕科学发展主题和转变经济发展方式主线,在支持经济结构调整、深入推进节能减排与生态建设、筑牢农业产业根基、提升农村发展环境与保障改善民生等方面取得显著成效。

(一)工程预决算资金审查

2004年,为降低工程造价、节约建设资金,三门峡市财政局按照《工程预决算审查操作规程》,采取委托审查、财政抽查监督等形式,严格工程项目资金管理。一是严把政策关,确保各项支出的真实合理。对资料残缺、建设单位和施工企业提不出确凿根据的工程项目资金一律不认可,不予拨付资金;对建设和施工企业违反政策规定签订的合同,则认为是无效条款。二是提前介入工程项目。由于工程施工的特殊性,有些工程作业过程一旦覆盖,将很难核定其真实性。为更好地了解掌握工程情况,财政部门通过与建设单位沟通,让相关工程审核人员提前介入,掌握第一手资料,严格过程监督管理,避免虚假签单、多报工程量等情况发生,确保项目资金使用的合理性。三是积极协助中介机构做好预决算审查工作。当年,审核城建预算项目5个,城建预、决(结)算项目23个(其中结算审核项目10个),上报造价9465.5万元,审定造价8248.69万元,审减造价1216.81万元,审减率为12.86%;编制标的项目8个,标的造价2301.73万元。

(二)城建项目资金管理

城建项目资金管理是财政资金管理的重头戏之一。2001—2010年,三门峡市财政局紧紧把握新形势下城建项目资金管理的特点,建立健全制度,创新方式方法,规范合理调度使用资金,使其在城市建设中发挥出应有的作用。

1.介入项目招投标管理

2004年,根据“加强资金管理,必须与项目管理相结合”的原则,三门峡市财政局以加强工程招投标管理为手段,强化工程资金管理。首先,在工程招投标管理方面坚持四项制度:一是实施了行政领导责任制和项目法人终身负责制,对每个项目设计、施工、监理的单位名称和责任人均实行挂牌公示,强化群众监督。二是严格实行招投标制。对工程建设项目勘测、设计、施工、设备材料、工程物资购置等方面全程进行招投标,非特殊要求,不允许采取邀请招标和议标形式。在招投标过程中,发现问题及时处理。三是严格实行工程监理制。为保证工程质量、实现资金效益,凡属财政资金建设项目,必须有相应专业资质的监理工程师对工程进行全程监理,没有工程监理人员签名,财政部门不予拨款。四是实行合同管理制。凡属财政资金建设项目,都要按照规定签订合同,建立永久合同档案;项目单位记账时,不但要有正式发票,而且必须附有相应合同的复印件。五是以政府投资代理人身份作为评委全程参与施工项目的招投标过程,将城建项目资金管理的关口前移,保证各项招投标工作顺利完成。

2. 工程项目政府采购管理

2006年,三门峡市首次将市政工程建设纳入政府采购,凡使用财政性资金的市政工程项目,从项目勘察、设计到监理及施工全过程,全部纳入政府采购管理。采购项目范围不仅包括市政建设工程、装修装潢、建筑工程项目,而且涵盖维修改造、河流治理等领域。在工程项目采购过程中,财政部门一是将工程项目纳入部门政府采购预算,在资金上予以保证;二是严格项目投资预算的评审工作,项目施工预算经财政投资评审中心审核确认后方可进入招标程序;三是以政府投资代理人身份参与招标,加强评标现场监督和合同履行情况监督;四是积极配合采购办开展工作,不断完善工程项目招标、评标办法,取消标底,科学合理地确定评标指标体系和分值标准,引入充分、公平的竞争机制,确保招标效果,维护政府采购的严肃性。

3. 项目建设资金管理

2006年,针对项目建设中存在的资金管理混乱、滥支乱用问题,在吸取以往工作经验教训的基础上,三门峡市财政局推出"三规范、两参与、一审核"工作法,即规范招标文件、规范合同条款、规范资金拨付程序;参与招投标、参与工程竣工验收;加强项目资金审核及财政评审。从源头抓起,实现"事前、事中、事后"全程监控,从而把问题解决在过程中,保证了项目实施的质量,达到了财政资金的有效控制,提高了资金使用效率。当年,市财政部门参与审核招标文件60余份,审核城建招标合同100余件,审核合同金额1.7亿余万元;参与招投标50余次,参与竣工验收10余次,委托评审项目80余个,评审金额上亿元,实现"事前、事中、事后"的全程监控、确保财政资金的有效使用。

2007年,三门峡市财政局进一步细化项目资金管理,在实施过程中要求"四个到位""三个一致":监督财政资金是否利用到位,施工企业是否施工到位,建设单位是否管理到位,监理企业是否负责到位;资金使用与项目是否一致,分月分项目使用数额是否与下达的部门预算一致,专项资金使用计划是否与项目进度一致。对于预算外资金建设项目,则严格按照程序,经过国库科签字后方办理拨付,既控制财政资金的合理使用,又保证项目资金按进度拨付。对于项目资金的拨付,则实行"特事特办、快审快办"原则,保证在2个工作日内完成资金审批拨付流程。

(三)淘汰落后产能奖励资金管理

2005年,三门峡市严格按照财政部《淘汰落后产能中央财政奖励资金管理暂行办法》规定范围使用资金。在淘汰落后产能过程中坚持"四个优先":优先支持淘汰落后产能任务重困难大整体淘汰的企业,优先支持淘汰合规审批的落后产能,优先支持在国家产业政策规定期限内淘汰的落后产能,优先支持没有享受国家其他相关政策的落后产能企业。在淘汰落后产能中央财政奖励资金的使用上,实行公开、透明原则,全程接受社会监督。当年,三门峡市合理利用中央财政奖励支持资金21274.5万元(其中:职工安置资金14637万元,企业转产资金779万元,企业化解债务资金3452.5万元,设备拆除、水电改造、设备购置等支出2406万元),妥善安置职工6244人,较好地解决了企业化解债务、企业转产、设备拆除、水电改造、购置设备等一系列问题。

(四)土地收入基金管理

2007年,根据财政部 国土资源部 中国人民银行《国有土地使用权出让收支管理办法》(财综〔2007〕68号)文件"以收定支"规定,三门峡市财政局首次编制了《2007年土地基金收支预算》,将土地补偿费、企业改制职工安置费等编列预算,实现了土地收支的制度化、规范化管理。同时,市财政局内部密切配合,清理了财政专户土地收入,按单位分科目核对历年来土地收入专户滚存数,为实现土地收入直接缴库做准备。12月1日,全市土地收入收缴系统的正式运行,标志着三门峡市、县现行的财政土地清算专户核算制度的结束和土地出让收入直接入库的开始,使国有土地使用权受让人能在规定的时间内将应缴地方国库的土地出让收入,就地及时足额缴入地方国库,规范了管理。

(五)国家开发银行贷款资金管理

2006年,是三门峡市吸纳国家开发银行资金的第一年。为确保国家开发银行资金能够"贷得进、用得好、还得起",市财政局做了大量深入细致的工作。首先,委派相关业务人员远赴新乡,向兄弟地市取经,了解国家开发银行贷款及配套资金的管理模式和拨付程序。其次,针对国家开发银行贷款严格的审批程序,为了保证资金能够贷得出,市财政局会同城建投资公司、财经投资公司,根据国家开发银行资金管理办法,指定专人负责,确保资金专款专用,并深入项目单位对资金使用情况进行实时监控。再次,为确保国家开发银行资金能够“用得好”,财政部门主动介入项目的招投标活动,对招标文件、投标过程、项目合同严格把关,要求项目建设单位按时报送下季度的资金使用计划。最后,在配套资金的使用上,讲究方法技巧,确保项目能够按计划实施,资金能够按计划到位。经过几年的不断探索实践,形成了一套“贷得进、用得好、还得起”资金管理的成功经验。至2007年底,三门峡市已从国家开发银行融资20700万元,在城市建设中发挥了重要作用。

(六)交通部门资金管理

1. 航运规费管理

2005年,根据河南省财政厅、省交通厅《关于改革完善全省航运规费使用管理的规定》精神,三门峡市财政部门加强了对航运规费的监管力度。年初,经市交通局审核,将市海事局编制年度财务收支预算纳入市本级财政预算管理,经费来源,一是航运规费,二是财政补助。航运规费按照省、市3 ∶ 7比例分成,征缴实行“票款分离”,市本级留用部分主要用于海事机构的人员经费、公用经费、专项经费等支出。对于经费不足部分,由市财政补助。5月9日,三门峡市机构编制委员会下文将其纳为全供事业编制,经费实行财政全额供给。

2. 农村干线公路资金管理

2006年,根据《河南省人民政府关于改进和加强干线公路建设管理的意见》(豫政〔2006〕81号)、《河南省人民政府办公厅关于印发河南省农村公路管理养护体制改革实施方案的通知》(豫政办〔2006〕100号)中关于“对1998—2006年干线公路建设形成的省转贷资金,30%部分由省负责筹资偿还,70%部分分别由各省辖市偿还”“拖拉机、摩托车养路费用于农村公路养护的资金比例在扣除合理征收成本后不得低于80%”的精神,三门峡市财政局、市交通局联合下发《公路建设和管理养护体制改革的意见》《拖拉机、摩托车养路费资金管理办法》,对省分配三门峡市的13亿元转贷资金进行合理的界定,同时鼓励和引导社会资金以独资、合资、合作等方式参与公路建设,形成多元化的投资格局。

3. 非收费干线公路资金管理

一是细化部门预算。财政部门加大对公路局上报预算的审核力度,合理划分人员经费、公用经费和专项经费,妥善安排还贷资金,并报省财政厅备案。二是严格预算管理。对列入预算的公路养护大、中修项目,按照分级管理、分级负责原则和财政国库集中支付的要求,由市公路局根据项目支出预算及建设进度,向市财政部门提出支付申请,经财政部门审核通过后,将资金直接支付给施工单位和供应商。对预算中安排的小修项目,市公路局提出用款申请,由市财政部门下达到相关县级财政部门。县级财政部门再根据县级公路局与公路养护企业签订的养护合同和用款申请,将小修保养经费直接支付公路养护企业。公路部门人员及公用经费的管理,市本级公路部门经费由市财政局按季度下达给市公路局;县级公路部门经费由市财政部门按季度拨付到县级财政部门,县级财政部门再按季度将人员和公用经费拨付县公路管理部门。汽车养路费超计划部分收入资金,则首先安排用于还贷。

4. 县乡公路建设资金管理

2004年,根据《河南省人民政府关于深化交通建设管理体制改革的通知》和财政部《基本建设财务管理规定》等法规,三门峡市财政局制定《三门峡市县乡公路资金管理办法(试行)》,为规范和加强县乡公路资金管理、保证资金合理有效使用提供了政策依据。从2003年始,“村村通”公路按照每公里上级补助5万元(国家及省级扶贫开发重点县补助8万元)标准,三门峡市每年争取到省交通规费补助1593万元,实施偏远落后农村公路建设。为了把好事办好,市农村公路建设领导小组对资金管理、工程质量、技术要求等作出具体规定,明确工程质量实行终身负责制,公路建设标准为四级水泥路,路面宽3.5米以上,厚度18厘米。5月24日至6月3日,由市计划、财政、监察、交通等部门组成联合检查组,对“村村通”公路建设项目逐一进行检查。检查组一行深入施工现场,既量长度(精确到米),又量宽度、厚度(精确到厘米);既检查工程质量,又调查资金落实情况。此次检查,受检公路107条280公里,检查工程资金3000余万元,受检率达90%,达到预期效果。

2006年,是河南省人民政府规定的“村村通”工程建设的最后一年。当年,三门峡市共争取上级补助收入——通行费收入4480万元,落实配套资金400万元,通公路里程1740公里,696个行政村获益。为了使配套资金不撒胡椒面,三门峡市财政部门对行动积极的单位给以鼓励,对确有困难的单位给以支持,实行以奖代补,切块补助给项目单位,保证项目顺利进展,从根本上解决了广大农村人口行路难问题。

5. 农村客运站建设资金管理

从2006年开始,三门峡市实施两年内达到"乡乡有汽车站,村村有招呼站"规划。按照"政府负责,行业监管,严格标准,确保质量"原则,对上级补助资金1600万元赋予四两拨千斤作用,吸引社会资金以独资、合作、合资、联营等方式参与场站建设。对政府负责的项目,市财政部门依据道路运输管理机构提供的有关项目竣工验收资料及资金拨付申请,将项目资金下达到县级财政部门,责成其将资金及时拨付给项目建设单位。对于未达到交通部门批复的建设标准的项目,则相应扣减补助资金。当年,有56个乡镇汽车站、300个招呼站开工建设,12月下旬顺利通过了省交通厅组织的考核验收,从而解决了农村长期存在的"乘车难、出行难"问题。

6. 交通规费征稽部门经费管理

2006年,根据省政府深化交通体制改革要求,三门峡市交通规费全部纳入县乡交通规费征稽处征收。征稽处人员经费采取定额补助方式,列入省级汽车养路费支出预算,按季下达给市本级财政部门。公用经费和专项经费从市本级拖拉机、摩托车养路费和运输管理费中安排。为做好此项工作,市财政部门根据部门预算的行业特点,多次征求市交通局、市县乡交通规费征稽处、市道路运输管理处意见,合理确定公用经费和专项经费的比例,按照每人每年4200元的补助标准,补助征稽处经费175.14万元。而且规定完成任务执行此标准,没有完成任务则同比例下调。这样既调动了征稽部门的征收积极性,也缓解了县乡征稽处、运管处经费紧张的压力,同时避免了吃大锅饭现象的发生。

(七)环境保护资金管理

2007年是三门峡市争创环境保护模范城市的开局之年。根据财政部、国家环境保护总局《关于环保部门实行收支两条线管理后经费安排的实施办法》中关于"从2006年开始,有关环保机构经费全额纳入同级财政预算,不得再从排污费中列支,排污费收入全部用于环境污染防治"要求,三门峡市将排污费收入全部用于环境污染防治。一是年初审核部门预算时,以争创环境保护模范城市为重点,安排创模经费30万元;二是重点安排治理高耗能、高污染企业,当年共安排治理资金600万元,涉及企业25家;三是根据环保部门出具的污染治理企业清单,通过财政国库支付中心直接将治理资金拨付给污染治理企业;四是用财政性资金安排环保部门二级单位人员、公用经费298.96万元,彻底改变过去人员及公用经费挤占污染治理资金现象,使排污费收入真正用在污染治理上。

2010年,在市环保部门配合下,三门峡市财政部门强化监管,不断提高环保资金使用效益。一是改进环保资金分配办法,对项目资金实行先评审后分配,强化财政资金的调控和引导作用。二是健全完善环保支出管理制度,进一步加强对资金申报、拨付、验收、监督等各环节的管理,严格执行国库集中支付、政府采购、投资评审等管理制度,既强化服务意识、优化工作流程、提高工作效益,又坚持了按制度、程序办事。三是认真履行财政监督职能,会同环保部门加强对环保资金使用全过程的监督检查,严肃查处各类挤占、挪用、截留、骗取环保资金行为,确保环保资金安全、规范、高效使用。

(八)省属煤矿棚户区改造资金管理

2007年,河南省启动煤炭企业棚户区改造工程。根据河南省财政厅、河南省发展和改革委员会、河南省煤炭工业管理局联合发布的《河南省煤炭企业棚户区改造工程建设资金管理暂行办法》(豫财办建〔2007〕69号)规定:"省、市财政对企业所建棚户区职工安置住房,每户不超过80平方米的,按实际面积补助;超过80平方米的按80平方米予以补助。省、市财政每平方米分别补助200元和100元。"为全面推动棚户区改造工作,切实把省政府责任目标落到实处,根据三门峡市人民政府会议精神,市财政部门下发《关于抓紧落实省属煤炭业棚户区改造配套资金的通知》,召开棚户区所在县(市)改造资金配套工作会议,要求所在县(市)年底前务必将已开工项目地方配套资金落实到位。当年,省拨棚户区改造资金15199万元、市级配套资金4800万元(其中义马市3800万元,渑池县1000万元)全部到位,保证了工程建设需要。

(九)石油价格改革财政补贴资金管理

2006年上半年,因国际市场石油价格上涨,中国连续两次上调石油价格。为减少因石油涨价对国内相关行业的影响,国家决定对从事近海捕捞及内陆捕捞或养殖并使用机动渔船的渔民渔业企业、国有林业企业和林场苗圃、城市公交企业、农村道路客运经营者及城市出租车行业给予财政补贴。为了把这部分资金真正落实到位,使补贴受益者真真切切感受到党和国家的关怀,三门峡市成立了市石油价格改革联席会议财政补贴办公室,并通过报纸、电视、广播等新闻媒体,对用油补贴政策广为宣传,在市中心、公交汽车及主干道悬挂横幅标语,使这项工作深入人心,广受关注。当年,国家下拨三门峡市的石油价格改革财政补贴资金858万元,按照规定全部发放到业主手中,其中受益出租车辆1376台、农村客运车辆681台、城市公交车辆636台,国有林业企业用油量为588.86吨,渔业渔民马力数为1736匹。

(十)城市污水配套管网以奖代补资金管理

2007—2010年,三门峡市共争取中央财政城市污水处理设施配套管网建设以奖代补资金17528.5万元(2007年4238.5万元,2008年4933万元,2009年6432万元,2010年1925万元)。如何管好用好这笔资金,市财政部门一是与相关业务部门密切协作,加快污水处理设施配套管网建设项目前期工作进度,完善项目审批手续,严格规划、立项、概算批复、环评、招投标手续,抓紧项目的组织实施;二是会同相关部门研究制定深化污水处理运营和管理机制改革措施,制定城市污水处理设施建设、配套管网建设、收费、运行成本等各项政策综合配套制度,形成综合治理体系;三是及时资金拨付,在项目前期工作全部完成、项目正式开工实施前提下,根据相关规定,按工程进度分阶段及时拨付资金。

五、农业财务管理

(一)扶贫资金管理

2004年,三门峡市财政部门大力支持“村村通”工程,市县两级筹集资金3000万元,修建道路273公里,解决了119个行政村行路难问题。筹集资金380万元,支持农村安全饮水工程。通过一系列涉农财政政策的实施,加上粮价回升等因素,极大地调动了广大农民投入农业生产的积极性,全市粮食总产达到47万吨,创历史新高;农民收入大幅增加,农民人均纯收入增幅8年来首次达到两位数,超过城镇居民收入增幅,政策导向作用得到较好发挥。

2005年,三门峡市财政部门按照市委、市政府统一部署,积极搞好财政扶贫工作。一是解决农民就医难问题。在卢氏、陕县12个贫困乡镇卫生院实施扶贫项目16个,投入资金161.9万元,其中扶贫资金93.5万元,新建和改造病房、门诊楼2076平方米,购置医疗设备34台,受益群众26.9万人。二是解决群众饮水困难,投入扶贫资金894万元,为贫困乡村实施饮水项目254个,解决了13.1万人饮水困难。三是解决提高农民致富本领问题。投入扶贫培训费116万元,举办贫困地区农村劳动力转移培训班52期,培训农民工6450人,转移输出6250人,实现劳务收入6400万元。四是加大对居住条件恶劣地区贫困人口的搬迁,投入资金660万元,实施搬迁610户2362人。

2006年,三门峡市财政部门投入扶贫资金2798万元,其中:交通道路项目40个,资金639.4万元;人畜饮水项目10个,资金128.6万元;农田水利项目12个,资金206万元;沼气项目1个,资金10万元;移民开发项目16个,资金843万元;科技开发项目6个,资金137万元;科技培训项目7个,资金133.5万元;小额贷款贴息80万元,项目管理费18万元,建档立卡费2.5万元。

2008年,为管好、用好扶贫项目资金,使扶贫项目做到公正、公开、透明,三门峡市财政局对财政扶贫、搬迁扶贫、科技扶贫、扶贫培训等扶贫项目资金在媒体上进行公示,接受社会各界监督,杜绝调整、挪用扶贫资金现象,实现扶贫效益最大化。公示扶贫项目主要是贫困村的整村推进和搬迁扶贫项目资金,项目主要用于修路、安全饮水、农田水利建设。当年,三门峡市安排财政扶贫项目215个,共投入扶贫资金4457.998万元。其中,交通道路项目84个,扶持资金1537.75万元;人畜饮水项目38个,扶持资金227.25万元;农田水利项目34个,扶持资金691万元;文化建设项目4个,扶持资金22万元;科技推广项目11个,扶持资金120万元;劳务培训项目11个,扶持资金272.5万元;移民开发项目24个,扶持资金1309万元;扶贫贷款贴息项目6个,扶持资金116万元(其中:小额贷款贴息50万元,向64个贫困村的821户发放贷款1000万元;为5

个企业提供贷款贴息 66 万元)；建档及项目管理费等资金 88.498 万元；国有贫困林场项目 3 个，扶持资金 74 万元。通过实施财政扶贫项目，三门峡市贫困乡村的基础设施条件得到进一步改善，群众的生存、生活、生产状况发生了明显变化，为解决和巩固群众温饱，逐步走向脱贫致富创造了有利条件。

2009 年，三门峡市在搬迁扶贫方面完成投资 5962.8 万元，建设住房 82288 平方米，架设电路 9.84公里，铺设管道 25.7 公里，整修道路11.8公里，修建护坡 6030 米，安置区绿化 27.2 亩，搬迁山区独居散居贫困户 775 户 3362 人。

2010 年，三门峡市进一步加大扶贫开发力度，促使贫困地区群众早日脱贫。市财政积极争取上级财政扶贫资金，加大对财政扶贫资金的监督检查力度，充分发挥资金的使用效益。全年投入贫困地区财政扶贫资金 4391.5 万元，其中争取中央及省资金 3510 万元，地方财政安排 881.5 万元。

(二)农业专项资金管理

1. 强化农业专项资金管理“五项措施”

2002 年，三门峡市财政部门针对全市农业专项资金管理中存在资金设置不科学、使用分散等问题，对现有财政农业资金进行改革。一是“清理”。对全市现有专项资金进行清理，区分不同情况进行“并、转、停、增”，将用途基本相同的小专项资金归并设立为较大的分类专项资金，调整或转变部分专项资金的用途，使之更符合实际用向，停止已到期且完全不符合当前实际需要的项专项资金，根据实际需要新增新的专项资金。取消部分切块资金，将现有专项资金调整归并为九类管理。二是“规范”。在专项资金分配中，尽力采用因素法或公式法，实行项目预算和项目管理等新方法，引进推广专家和中介机构参与项目决策的新机制，统一实行标准文本和计算机网络传输手段，提高资金分配管理的科学性、公正性和时效性。三是“突出重点”。重点扶持农业农村基础设施建设、生态环境保护、农业科技进步、农业产品质量监测和市场信息及技术服务体系、灾害救助、农村扶贫等方面。四是“监督”。财政及主管部门要对项目单位实行定期或不定期检查，对不按规定用途使用资金的，停拨项目资金或中止项目执行，同时按规定及时对竣工项目进行验收，对验收不合格的项目，采取措施立即纠正，确保资金用到支农项目上。五是“集中支付”。按照财政支出制度改革的要求，对支农专项资金实行专户管理，集中支付，强化支农资金支付全过程监督，杜绝截留、挤占、挪用等现象的发生，有效解决支农资金层层拨付、流转环节多的问题。

2. 惠农补贴资金管理

2000 年，三门峡市财政局按照财政部《天然林保护工程财政资金管理规定》(财农〔2000〕151 号)，严格天然林保护资金的使用范围、申报程序、管理运行方式、监督检查等，全面实行了专户储存，确保专款专用，杜绝挤占、挪用、截流工程资金问题发生。加大资金稽查力度，每年组成资金检查组，对天然林保护工程资金拨付、使用及后期管理实行全过程监督。

2003 年，三门峡市财政部门认真落实农村税费改革政策，采取调整计税面积等办法解决个别农户增负问题，确保“户户减负”。对农村税费改革转移支付、农业税灾歉减免等资金进行经常性的普查和重点抽查，及时纠正村组干部报酬兑现、农业税灾歉减免兑付等工作中存在的问题。向全市 1359 个行政村 40 余万户农户发放了“农村税费改革政策卡”，使广大农民对计税面积、计税常产、计税税率、应缴农业税及附加、农村税费改革的基本政策、纳税人的权利义务等真正做到了心中有数，透明公开，对遏制农村乱收费、乱罚款，防止农民负担反弹起到了有效的监督作用。

2004 年，三门峡市财政部门加大对农民种粮的补贴力度。当年全市发放种粮补贴 1323 万元，人均补贴 8.3 元；向退耕还林农户发放粮食补助资金 6062 万元，平均每公顷补助 2100 元。同时，争取上级降低农业税税率转移支付 4942 万元，全部用于减税后对县乡政府财力的补助。

2005 年，三门峡市财政部门向近 40 万农户兑现种粮补贴资金 1335 万元。发放农机具购置补贴 75 万元，带动 229 户农民投入资金 343 万元，购置大型拖拉机 47 台，中小型农业机械 182 台，配套农机具 82 套，提高了农业机械化水平。向 596 个行政村 125158 户农民发放优质专用小麦良种补贴资金 430 万元，对 43 万亩耕地改良农作物品种进行补助，为粮食丰收打下了良好基础。筹措资金 1620 万元，解决了 4.5 万农村人口的饮水安全问题。

2006 年，三门峡市财政部门进一步加大对农民的补贴力度，全市向农民发放直接补贴资金 3979

万元,补贴总金额为上年的3倍。当年,还多方筹措资金1.7亿元,支持农村公路、安全饮水、沼气工程、农田水利、广播电视村村通、农村文化大院建设等,着力解决农民生产生活中最迫切的问题,确保了市委、市政府承诺实事的全面落实。当年,三门峡市建立农村低保制度,加大对农村特困群体的救助力度。各级财政共投入救助资金456万元,积极推进农村最低生活保障制度试点,进一步扩大农村特困群体的救助范围,保障对象由特困户向困难户扩大,让更多的农村特困群体享受到了公共财政的温暖阳光。全市享受救助人数达到33178人,比上年增长46%。

2007年,三门峡市财政部门积极整合财政支农资金,加强农民最急需的生活基础设施建设,启动了"财政支农资金管理年"活动,出台了《三门峡市财政农业专项资金县级报账制管理实施细则》和《财政农业项目实施方案》。一是把新农村建设专项资金纳入财政预算,确保资金落实到位,当年安排的支农专项资金比上年增长30%。二是稳定、完善、强化对农业和农民的直接补贴政策,对全市27个乡镇138993农户发放优质小麦良种补贴430万元,提供良种457.5万公斤。发放农机具购置补贴223万元,带动农民自筹1141.75万元,购置大型拖拉机191台,联合收割机15台,配套农具367台(套)。培训农村劳动力8292人,转移8096人。发放151166人移民大中型水库移民后期扶持资金9069.96万元。对2786头奶牛进行补贴,补贴资金139.3万元。补贴6.12万头能繁母猪资金306万元。

2008年,三门峡市财政部门大幅度增加各项惠农补贴,向全市农民发放粮食直补和农资综合直补14637万元,发放退耕还林补助7575万元,良种补贴1138万元,测土配方施肥补贴255万元,农机补贴797万元,奶牛补贴602万元,能繁母猪补贴1255万元。投入农村劳动力转移培训资金302万元,带动农村劳动力转移培训10.4万人。向大中型水库移民14.9万人发放补贴11020万元。开展家电下乡,向农民兑现补贴资金342万元。加强农村基础设施建设,筹措资金5292万元,解决了12万人饮水安全问题。筹措资金3031万元,对2万户农民新建沼气池进行补贴。筹措资金2199万元,实施农村广播电视"村村通"、农村电影放映、农村书屋、农村信息资源共享、农民体育健身等工程,丰富了农民群众文化生活。完善扶贫开发机制,筹措资金4442万元,对34个贫困村实施财政扶贫整村推进工程,加大搬迁扶贫力度,改善了贫困地区基本生产生活条件。

2009年,三门峡市财政部门依据当年中央一号文件精神,按照"生产发展、生活宽裕、乡风文明、村容整洁、管理民主"新农村建设目标,坚决贯彻执行"多予、不取、放活"的方针,重点在"多予"上下功夫。当年,各级财政大幅度增加各项惠农补贴,向农民发放粮食直补和综合直补14637万元,受益农户39.5万户,其中,粮食直接补贴资金1825.9万元,农资综合直接补贴资金12810.63万元。发放良种补贴1811万元,比上年增加59.2%。发放农机购置补贴2056万元,家电下乡补贴1563万元,汽车摩托车下乡补贴2126万元,油价补贴资金870万元。全面实施城乡义务教育,稳步推进全民医保,扩大农村低保范围,建立了与经济发展水平、物价指数等相适应的低保标准调整机制。在搬迁扶贫方面,全市共完成投资5962.8万元,建设住房82288平方米,架设电路9.84公里,铺设管道25.7公里,整修道路11.8公里,修建护坡6030米,安置区绿化27.2亩,搬迁山区独居散居贫困户775户3362人。

2010年,三门峡市财政部门继续加大惠农补贴力度,兑现粮食直补、农资综合直补、农作物良种补贴、农机购置补贴等惠农补贴2.05亿元。投资2360万元完成2万亩中低产田改造和高标准农田示范工程建设,投资1.03亿元支持水利设施建设。支持6个县(市、区)发展特色农业以及15个产业化经营项目和51个农民专业合作组织发展。积极开展政策性农业保险工作,拨付保费补贴30万元,提高了农业生产抗风险能力。筹措8700万元支持农村公路、饮水安全工程和沼气建设,改善了农民生产生活条件。积极探索农村公益事业建设筹资新机制,基本完成农村义务教育债务化解工作。在40个贫困村实施财政扶贫"整村推进",加快了脱贫致富步伐。

六、企业财务管理

(一)支持企业发展

2001年,根据河南省财政厅《关于征求2001年技术改造国债贴息资金(转贷地方)承诺意见的通知》(豫财建〔2001〕38号)及相关要求，三门峡市财政局为三门峡天元铝业集团有限责任公司、河南三化集团、三门峡湖滨果汁有限责任公司、义马振兴化工有限公司5家企业7个项目的贷款贴息作出承诺，项目总投资76630.6万元，贷款55323万元，承诺贴息金9958万元。

2002年，三门峡市财政局下发《关于抓紧清理财政周转金和部门有偿使用资金的通知》(三财预字〔2000〕108号)和《关于对市生产周转金剩余50%贷款冲销的通知》。按照通知精神，将生产周转金剩余50%部分列入本单位国有资本金科目，余款数共计154.94万元。其中：金渠集团59.94万元、市公交公司20万元、市建公司50万元、义马市财政局25万元。

2003年，三门峡市财政局拨付资金112.53万元，用于支持企业高新技术更新改造、出口商品贴息、中小企业国际市场开拓等方面。

2004年，三门峡市财政局拨付资金48.34万元，支持企业用于出口商品贴息、中小企业国际市场开拓等方面。

2005年，三门峡市财政局拨付资金299.23万元，用于支持企业高新技术出口产品技术更新改造贷款贴息、研究开发及中小企业国际市场开拓等方面。

2006年，三门峡市财政局拨付资金956.67万元，用于扩充企业外经贸发展促进资金、中小企业国际市场开拓资金、"万村千乡"市场工程资金、包装行业高新技术研发资金、关闭小企业中央财政补助资金等方面。

2007年，三门峡市财政局拨付资金1561.88万元，支持用于中小企业发展专项资金、外经贸发展促进资金、高新技术出口产品研发、中小企业国际市场开拓资金、"万村千乡"市场工程资金、科技中小企业创新基金、关闭小企业中央财政补助资金等方面。

2008年，三门峡市财政局拨付资金940.51万元，支持用于中小企业发展专项资金、外经贸发展促进资金、农轻纺贸易促进资金、中小企业国际市场开拓资金、"万村千乡"市场工程资金、科技中小企业创新基金、关闭小企业中央财政补助资金等方面。

2009年，三门峡市财政局拨付三门峡天元铝业股份有限公司250万元，用于电解铝储备贴息。当年，市财政拨付资金3346.39万元，支持用于中小企业发展专项资金、外经贸发展促进资金、中小企业信用担保资金、中小企业国际市场开拓资金、省扶持企业自主创新项目资金、"万村千乡"市场工程资金、招商引资、科技中小企业创新基金、关闭小煤矿补助资金等方面。

2010年，三门峡市财政局拨付资金3213.1万元，支持用于中小企业发展专项资金、特色产业中小企业发展资金、外经贸区域发展促进资金、承接产业转移项目资金、省技术改造项目资金、中小外贸企业融资担保资金、中小企业国际市场开拓资金、关闭退出小煤矿补助资金、进口产品贴息、企业出口增量奖励资金、科技型中小企业技术创新基金等方面。当年，市财政下达市公交公司488万元(使用地方政府债券资金150万元)，用于解决新井高铁站至火车站公交线路车辆购置。

(二)支持企业改制

1.委派国家股股权代表

2002年，根据中共三门峡市委《关于张菊霞、尚建让职务任免的通知》(三文〔2002〕119号)、市委组织部《关于赵宇、刘伟职务任免的通知》(三组干〔2002〕15号)精神，市财政下发《关于委派尚建让为会兴纺织股份有限公司国家股股权代表的通知》《关于委派刘伟为三门峡仪电有限责任公司国家股股权代表的通知》，委派尚建让、刘伟为相关企业国家股股权代表，参与企业经营管理活动。

2004年，根据《三门峡市人民政府关于同意成立三门峡金渠(集团)有限责任公司董事会的批复》(三政文〔1998〕75号)精神和《中华人民共和国公司法》有关规定，三门峡市财政局下发《关于继续委派戚国忠等五位同志为金渠集团有限公司董事会董事的通知》，继续委派戚国忠等5人为金渠集团有限公司董事会董事，参与企业经营管理活动。

2.支持改制企业解困

2007年，三门峡市财政局拨付资金1339.63万元，用于支持天元铝业集团改制工作；拨付资金340万元，用于解决原油脂机械总厂职工困难救助问题。

2008年，三门峡市财政局拨付企业改制补助资金170万元，用于解决市商务局、市国资委等部门所属企业改制遗留问题。

2010年,为做好市属企业改制相关工作,三门峡市财政局下发《关于拨付市第三人民医院移交地方管理7名离退休人员养老金等费用的通知》(三财企〔2010〕15号),拨付财政资金86.68万元,用于市第三人民医院移交地方管理后7名离退休人员5年过渡期工资等费用的发放。

3.支持企业分离办社会职能

2004年,为积极稳妥推进市属企业分离办社会职能工作,三门峡市财政局下发《关于市属企业分离办社会职能有关财政问题的通知》(三财企〔2004〕25号)。通知主要内容:一是积极稳妥,整体推进,做好企业分离办社会职能工作;二是人员及资产,原则上以2002年底企业办社会机构的在岗、在册人员为基础予以移交;三是理顺分离学校的经费供给渠道,确保普通中小学的分离工作正常进行;四是企业自办医院的分离;五是深化改革,重组整合,优化资源配置。

2005年,三门峡市财政局积极做好省属企业分离企业办社会职能移交工作。根据《河南省财政厅关于义马煤业(集团)有限责任公司自办中小学移交三门峡市管理有关财政问题的批复》(豫财办企〔2005〕131号)精神,市财政部门下发《三门峡市财政局关于义马煤业(集团)有限责任公司自办中小学移交当地管理有关财政问题的批复》。批复主要内容:义煤集团所属学校移交三门峡市(渑池、陕县、义马)属地管理,移交接收学校12所,接受在职人数1019人;按照县(市)与义煤集团的测算结果,在职人员补助基数2248万元,三年过渡期内由义煤集团承担80%、60%、40%,其余部分省级财政适当补助;离退休费用补助基数408万元;一次性拨付分离办社会职能移交过渡期内补助4330万元。

2009年,三门峡市财政局拨付资金2565万元,用于县(市)接受省属煤炭企业原自办中小学经费补助。

2010年,三门峡市财政局拨付资金5130万元,用于县(市)接受省属煤炭企业原自办中小学经费补助。

4.审核企业资产报损处理

2003年,为支持国有企业改革、加快建立现代企业制度、实现投资主体多元化、促进经济发展,根据中共三门峡市委、三门峡市人民政府《关于深化国有企业产权制度改革的实施意见(试行)》(三发〔2003〕16号)精神,三门峡市国有企业改革领导小组办公室和市财政局联合下发《关于国有企业改制中不良资产审批及管理意见的通知》(三财企〔2003〕20号),对国有企业改制中不良资产的审批及管理作出具体规定。当年,根据三门峡市人民政府办公室《三门峡白天鹅观赏区有限公司资产移交会议纪要》精神,市财政局下发《关于对三门峡白天鹅观赏区有限公司资产移交的批复》,同意三门峡市旅游局按照有关规定向开发区管委会办理资产移交手续。同年,根据中共三门峡市委、三门峡市人民政府《关于深化国有企业产权制度改革的实施意见(试行)》(三发〔2003〕16号)精神,三门峡市财政局对三门峡天元铝业集团有限公司申报资产损失予以批复,同意资产报损金额3647.99万元,资产盘盈434.2261万元,净损失金额3213.76万元;对三门峡仪电有限责任公司申报资产损失予以批复,同意资产报损金额706.68万元,收益105.8881万元,净损失金额600.79万元。

2004年,根据中共三门峡市委、三门峡市人民政府《关于深化国有企业产权制度改革的实施意见(试行)》(三发〔2003〕16号)精神,三门峡市财政局对豫西轴承厂申报资产损失予以批复,同意资产报损金额632.4812万元;对三门峡金渠集团金渠医院申报资产损失予以批复,同意资产报损金额8.75万元;对三门峡金渠集团豫西机床有限公司申报资产损失予以批复,同意资产报损金额24.6万元;对三门峡金渠集团化工机械有限公司申报资产损失予以批复,同意资产报损金额992.36万元;对三门峡金渠集团有限公司申报资产损失予以批复,同意资产报损金额73.91万元;对三门峡金渠集团有限公司(三门峡金渠制药有限公司)申报资产损失予以批复,同意资产报损金额212.42万元;对三门峡英豪煤矿申报资产损失予以批复,同意资产报损金额3544.89万元;对三门峡金渠集团有限公司申报资产损失予以批复,同意资产报损金额111.37万元;对三门峡金渠集团有限公司(三门峡金渠集团化工机械有限公司)申报资产损失予以批复,同意资产报损金额1361.35万元;对三门峡电熔刚玉有限责任公司申报资产损失予以批复,同意资产报损金额1851.53万元。

是年,按照《三门峡市国有企业改革工作领导小组关于确认市中原量仪股份有限公司1998年改制结果等有关问题的批复》(三国改字〔2003〕06号)等文件精神,三门峡市国企改革领导小组办公室和市财政局联合下发《关于对中原量仪股份有限公司国有产权变动有关问题的通知》。通知对中原量仪股份有限公司国有产权变动有关问题作出决定:一是该公司经营性国有资产产权退出;二是非经营性国有资产产权不变,暂委托公司代管。

是年,根据《中华人民共和国公司法》有关规定和三门峡金渠集团有限公司《关于变更企业经营范围等问题的请示》(三金字〔2004〕18号),三门峡市财政局下发《关于三门峡金渠集团有限公司章程修正案的通知》,研究决定修改《三门峡金渠集团有限公司章程》之第三条、第五条、第十五条相关内容,确保国有资产保值增值。

2006年,三门峡市财政局下发《关于市自来水公司申请资产报废的批复》,同意市自来水公司报废资产净值45.88万元。

2008年,三门峡市财政局按照有关规定程序,对市自来水公司申报的资产清查损失予以核批,核销损失294.18万元。

5. 小煤矿兼并重组

2010年,三门峡市财政局根据省财政厅要求,上报三门峡地方煤炭企业兼并重组有关情况报告,对年产15万~30万吨的小煤矿进行整顿,纳入兼并重组计划。据统计,三门峡市纳入兼并重组计划的煤炭企业共31户,年生产能力465万吨,2009年上缴企业所得税3466.94万元。

(三)企业政策性亏损补贴

2006年,三门峡市财政局下达计划亏损补贴180万元(市公交公司100万元,市自来水公司80万元),用于弥补企业因政策性原因形成的亏损。

2007年,三门峡市财政局下达计划亏损补贴180万元(市公交公司100万元,市自来水公司80万元),用于弥补企业因政策性原因形成的亏损。

2008年,为支持企业发展,三门峡市财政局对市公交公司要求增加亏损补贴报告审核并确定财政补贴数额,拨付市公交公司补贴360万元。当年,拨付市自来水公司政策性亏损补贴80万元。

2009年,三门峡市财政局下达市公交公司补贴支出360万元,用于政策性亏损补贴和公交免费乘车补贴;下达市自来水公司亏损补贴支出80万元,用于政策性亏损补贴。

2010年,三门峡市财政局拨付市公交公司补贴支出360万元,用于政策性亏损补贴和公交免费乘车补贴;下达市自来水公司补贴支出120万元,用于政策性亏损补贴和补偿水费提价罚款支出。

(四)企业会计管理及廉政建设

2007年,为贯彻落实新修订的《企业财务通则》,加强企业财务管理工作,三门峡市财政部门认真做好全市新修订的《企业财务通则》培训工作,培训财务人员200余人。

2008年,为提高企业财务信息工作水平,三门峡市财政局印发《三门峡市企业财务信息工作考核办法(试行)》,对企业财务信息工作具体考核范围、办法、标准和奖惩措施等作了明确规定。

2009年,按照河南省财政厅要求,三门峡市财政局联合市监察局、市审计局完成上报《三门峡市国有企业领导人职务消费情况调研报告》。通过对国有企业领导人职务消费情况的调研,掌握了大量翔实第一手资料,为加强企业党风廉政建设和领导部门决策提供可靠依据。

第三节　非税收入管理

2001—2010年,三门峡市非税收入管理始终贯彻改革发展理念,从非税收入概念、管理范围、管理模式、工作方法、各项制度等方面不断探索完善管理工作,非税收入收缴管理逐步过渡到票款分离、罚缴分离、收支脱钩,将非税收入纳入财政统一管理,非税收入管理逐步走向规范。

一、非税收入征管工作

2001年,三门峡市预算外资金管理局主要负责预算外资金的收支管理,纳入预算的各种行政性收费由市财政局各相关科(室)负责管理。预算外资金管理局全面落实“收支两条线”规定,积极推行“单位开票、银行代收、财政统管”的票款分离管理体制,按照国家银行账户管理规定,做好银行账户设立和使用管理工作。7—10月,共清理整顿19个部门110个单位开设的269个银行账户,撤销银行账户11个。

当年,预算外资金管理局积极参与市本级财政收支计划的编制工作。年初,参照省定收费项目、收费标准、收费范围,对市直25个部门近三年预算外资金收支状况进行审核,测算出2001年市本级非税收入任务,将各部门、各单位所有财政性资金,纳入财政统一管理和监督之下,使预算内、外资金有机结合,充分发挥了财政资金的使用效益。

严格预算外资金支出管理。本着“量入为出、收支平衡”的原则,根据单位往年决算情况,按照计划及国家有关政策,编制切实合理的支出计划,核定单位各项支出。大力推行政府采购制度,凡是可以实行政府采购的必须实行政府采购。严格执行下达给各单位的收支计划,坚持“用款申请书”制度,细化资金支出预算,认真审核专户资金用途和使用方向,随时掌握专户资金的增减变化情况,较好解决了非税收入分配上的随意性和使用上的盲目性,确保资金使用效益。

2002年初,市财政局党组决定将纳入预算的行政性收费和罚没收入等(除土地收入以外)由财政部门组织的收入交由预算外资金管理局负责征收,预算外资金管理局职能发生重大变化。7月,三门峡市预算外资金管理局更名为三门峡市非税收入征收局,内设办公室、征收科、稽查科(挂三门峡市非税收入征收稽查大队牌子)、票据科4个副科级科(室)。市级非税收入由非税收入征收局统一征收,财政局预算科编制统一的综合性部门预算,支出管理由财政局各相关职能科(室)负责,非税收入归集户亦即财政专户由财政局国库科管理。

二、非税收入征管系统建设

2003年,市非税收入征收局非税收入网络监管系统筹建工作启动。在集中清理整顿政府收费、罚没项目的基础上,整理编制了市直行政事业性收费、政府性基金和罚没收入项目目录,录入收费基金、罚没项目目录共586项。购进技术和设备,完善票款分离办法,并制定印发了《三门峡市市级非税收入“银行代收、财政监管”管理办法》。经过充分准备,2004年1月1日正式开通市本级非税收入网络监管系统。至2004年底,市级纳入政府非税收入监管系统管理的执收、执罚单位188个,执收、执罚项目579项,实现了对非税收入的动态管理。

2005年,市非税收入征收局认真贯彻落实《河南省赃物罚没物管理条例》精神,对市直各单位上缴财政的赃物、罚没物资公开拍卖,对违禁和伪劣无用的罚没物资,监督有关单位予以销毁。

2006年,对市本级非税收入监管系统进行升级,将市直单位房租等国有资产经营性收入纳入非税收入监管系统。

2007年,非税收入监管系统中安装、开通交警罚没异地代收系统。进一步规范非税收入解缴程序,防止随意占压、挪用财政性资金。当年,市直行政事业单位的房租收入纳入财政预算管理。行政事业单位的房租收入全额上缴国库,纳入财政预算,统筹安排使用。6月,三门峡市非税收入征收局列入参照《中华人民共和国公务员法》管理事业单位。

2008年,对交警罚款异地代收系统升级。启用新的代收系统后,交警罚款异地代收资金将集中进入省级公用账户,实现财政部门、公安交警部门实时对账,异地代收资金自动拆分,及时划入各地(市)财政专户。7月1日至9月30日,按照市政府的要求,由市监察局、财政局、审计局联合组织了对市直行政事业单位政府非税收入的专项检查,确保市本级单位的房屋租赁收入、广告收入及国有资产处置收入全部纳入财政管理。

2009年12月,市非税收入征收局因机构改革并入三门峡财政局,更名为“三门峡市非税收入管理局”,职能不变。

2010年,市非税收入管理局继续加强对市直行政事业单位资产收益的监管。完善行政事业单位国有资产收益征收实施办法,并会同局机关有关业务科(室)对市直行政事业单位的资产进行清查登记造册,基本上摸清了行政事业单位资产的家底,确保资产收益收入及时足额上缴财政。

三、票据管理

2001年,所有非税收入收费票据统一由财政部门归口管理。对用票单位实行验旧领新、票款同行制度,严格审核收费标准,规范票据使用。从7月开始,使用票据管理软件发放、核销票据,实现票据管理的规范化、电子化。5月，根据省财政厅部署，启用河南省行政事业性收费（基金）票据准用证，同时停止使用票据购用证。7月1日，全面启用新版“河南省行政事业性收费基金票据”和新的“河南省财政厅票据监制章”，行政事业性收费（基金）票据实行“当年有效，不能跨年度使用”规定。7月1日至9月20日，结合新版行政事业性收费票据换发，对市直各执收单位2001年度行政事业性收费票据进行审验。9月，省财政厅将路桥通行费专用票据下放到市级财政部门管理。通过认真研究交通部门票据管理方面的法律法规，详细了解、熟悉交通部门收费特点，为新业务的开展奠定基础。

2002年，全面实行依据票据准用证发放票据制度，废止收费许可证、票据购用证发放票据办法。6月，统一清理、销毁旧版收费票据38种53.9万本。11月，联合物价部门对市直各执收单位2002年度行政事业性收费票据及收费许可证使用情况进行年度审验。

2003年，重新修订《票据准用证核发制度》《收费及罚没票据购领制度》《票据核销与销毁制度》《票据稽查制度》《票据仓库管理制度》，加强对票据领购、使用、核销等各个环节的监管，使票据管理工作更加规范。7月1日，在全市启用新版罚没收入票据。10月1日，全面停止使用旧版罚没专用票据。同时，全面清理、回收以前年度旧版空白罚没票据，全市共清理、回收手工票据2188本，定额票据1139本，微机票据87604份，集中封存后交省财政厅统一销毁。11月10日至12月12日，对市直单位2003年度收费票据进行年度审验，重新核对填写各单位票据准用证。

2004年1月，非税收入管理彻底脱离票据手工台账，完全实行票据的计算机管理。根据民政部和财政部文件精神，7月1日起，社会团体收取会费统一使用财政部门印（监）制的社会团体会费收据。河南省的社会团体会费收据由省财政厅统一印制，由民政部门向同级财政部门领取，并负责向社会团体发放。2004年起，全市行政、事业性收费票据不再实行年度审验，票据审验转为日常性工作。人民公园、植物园、市博物馆、虢国博物馆、车马坑博物馆、广播电视报社、教育电视台、广播电台8个经营性收费单位，停止使用行政事业性收费票据。

2007年，按省财政厅统一安排，启用新版票据准用证。市非税收入管理局对全市用票单位的票据准用证进行更换，并通过换证对用票单位的收费项目进行全面清查。

2009年，根据《河南省财政票据管理暂行办法》规定，从第三季度开始，财政票据由省财政厅统一印制改为由省财政厅和各省辖市财政局分别印制。

四、征收稽查

2001年，根据河南省财政厅和省高级人民法院联合下发的《关于对诉讼费“收支两条线”工作进行检查的通知》（豫财行〔2001〕140号）精神，在全市范围开展法院诉讼费专项检查。同时，在市直单位开展落实“收支两条线”规定专项检查，共清理收费、罚没项目1744个，撤销16个；清理票据161种，废止违规票据28种；清理账户2629个，撤销违规账户343个，取消收入过渡账户379个；清理应实行罚没分离项目1022个，实行罚没分离项目1021个；清理应实行票据分离项目1212个，实行票据分离项目1201个；追缴违纪资金50余万元。

2003年，会同市计委、物价局等部门，对现行涉及机动车辆的行政事业性收费和政府性集资、政府基金、罚款及强制经营服务性收费项目进行全面清理，按要求取消不合理项目、降低标准高的项目、合并重复收费的项目，进一步治理机动车乱收费和整治道路站点存在问题。

2004年，组织、配合有关部门开展专项检查7次，组织日常检查87次；检查市直部门（单位）132个，县（市、区）7个，县级部门（单位）37个，乡镇14个，乡镇单位45个；查处违纪资金1830余万元，及时追缴入专户、入库1830余万元，催缴非税收入2180余万元。

2005年，参与市政府组织的专项检查2次，组织日常检查31次；检查市直部门、单位96个，县（市、区）6个，县级部门（单位）27个；检查收费项目281项，收费标准281个，收费票据5536本；查处违纪资金900余万元，违纪收费项目3个，违纪人员7人，盗版教材3套3600余本；催缴各项非税收入3460余万元。同时，配合市纠风部门，加强“三乱”治理工作。

2006年，对市一高分校、一中分校、园林系统场地出租收入，外语小学私自开办服务中心、路灯管理所灯杆使用收入等进行专项稽查。查处单位私设"小金库"一个,没收上缴国库6.9万元;查处应缴未缴政府非税收入归集专户资金430余万元。配合监察、纠风、教育、物价等部门组成联合检查组,对全市教育收费情况和市直清理银行账户、国有资产管理、落实"收支两条线"管理、专项经费使用管理等工作进行全面检查。

2007年,通过单独和与其他部门联合,对32个部门进行了检查,全年共查处违规资金1600余万元。

2008年7月1日至9月30日,配合市监察局、审计局对市直25个系统86个单位2007年以来的政府非税收入情况进行全面检查,查出各种违规资金4500余万元。其中:应缴未缴财政资金4200余万元,自立收费项目或暂停执行仍在征收的资金213万元,违规支出135万元。对查出问题,均按相关法律、法规予以处理。

2009年,采取自查和重点检查相结合方法,全面开展"小金库"专项治理工作。全市共检查215个单位,处理举报案件10个,查处违纪资金1400余万元。其中小金库20个,涉及资金317万元。

2010年,按照河南省《关于做好2010年"小金库"治理工作的通知》精神,认真开展"小金库"治理工作"回头看"。在做好行政事业单位"小金库"治理工作的同时,重点开展对社会团体、国有及国有控股企业"小金库"的治理,共检查8个系统57个单位,发现处理违规、违纪资金445.7万元。

第四节　会计管理

一、会计事务管理

(一)会计基础管理

2001年,三门峡市财政部门认真贯彻落实财政部发布的政策性法规,规范会计基础工作,普及会计电算化,开展会计人员继续教育,提高了全市会计队伍的整体素质,引导会计行业在法治化、规范化轨道上健康运行。

2002年,根据三门峡市会计工作现状,市财政部门要求各县(市、区)在保证工作质量的前提下,确保完成各自地区的会计基础规范化工作任务。对市直各部门(单位)的会计规范化工作进行分类排队,把以前年度重视不够、进展缓慢的部门(单位)列为工作重点,按照《会计基础工作规范》要求,从会计人员的职业道德、会计机构、会计岗位、会计账簿、内部管理、会计核算、会计监督及会计档案等方面进行考核。规范化考核小组对申请单位提供的资料逐项查看,深入现场实地验收,对存在问题要求及时整改,确保工作质量。

2004年,三门峡市组织开展会计基础工作复查评审。针对部分单位内部管理松懈、会计基础工作薄弱现象,市、县财政部门对照《会计基础工作规范》,开展自查自纠和清理整顿,分级负责,严格复查。通过对各县(市、区)企业、市直有关部门的抽查、复查、验收,整顿工作初见成效,账簿、凭证、报表及会计档案的管理,均有较大改观。

(二)《中华人民共和国会计法》宣传

2005年是《中华人民共和国会计法》颁布实施20周年。为进一步宣传贯彻实施《中华人民共和国会计法》,使社会各界理解和支持会计工作,三门峡市组织了丰富多彩的纪念活动。一是组织纪念《中华人民共和国会计法》颁布20周年征文演讲比赛,从65篇征文中选拔出20名作者(会计人员)进行演讲,畅谈《中华人民共和国会计法》实施20年来的辉煌成就及对中国会计事业的巨大影响。二是下发文件,组织广大会计人员参加河南省"纪念《中华人民共和国会计法》知识竞赛"活动,将参加活动情况列入各县(市、区)管理目标考核项目。活动期间共收到答题卡4856份。三是对近年来会计工作中涌现出的先进单位和先进个人进行表彰。通过单位推荐、财政审核、评委会评审、社会公示等程序,推荐韩青芳、张龙霞等8人为全省优秀会计工作者,评选孔新欣、李华阁等88人为全市优秀会计工作者,三门峡市财政国库集中支付中心、中国人民银行三门峡市中心支行等32个单位为全市会计工作先进单位,并对其大张旗鼓地宣传、表彰。四是将《中华人民共和国会计法》竞赛有关知识纳入会计人员继续教育管理。通过系列《中华人民共和国会计法》宣传活动,使会计工作深入人心,收到良好效果。

2006年，三门峡市继续深入宣传贯彻《中华人民共和国会计法》，营造良好的会计工作环境。结合纪念《中华人民共和国会计法》颁布实施20周年活动，上半年分别召开市直单位和县（市、区）专题座谈会，印发受表彰的会计先进单位和先进个人事迹材料，号召全市会计工作者向他们学习，努力在全市形成“爱岗敬业、诚实守信、廉洁自律、客观公正、坚持准则、提高技能、参与管理、强化服务”的良好工作氛围。

（三）《中华人民共和国会计法》检查

2001年，根据河南省财政厅和三门峡市人民政府要求，市财政部门成立三门峡市《中华人民共和国会计法》执行情况检查领导小组，具体负责全市《中华人民共和国会计法》执行情况检查的组织领导工作。检查的主要内容为是否依法设置会计账簿、有无账外账、有无私设“小金库”等11项。在自查基础上，市财政部门从会计基础工作薄弱、管理混乱的单位，未实行年度财务会计报告注册会计师审计制度的国有企业，未执行财政性资金“收支两条线”管理的单位以及没有参加自查或自查走过场的单位（企业）中，分行业、部门选择有代表性的56家单位进行了重点检查。

2002年，依照上级要求，三门峡市继续开展《中华人民共和国会计法》执法检查。财政部门组织抽查68家单位（其中：行政事业单位60家，国有企业8家），对查出的问题要求限期改正，对相关单位、人员则予以警告、处罚。

2003年，三门峡市财政局组成检查组，对47个单位开展《中华人民共和国会计法》执法检查。其中：行政事业单位28个，股份有限公司1个，国有企业9家，其他类型企业9家。检查结果，予以行政处罚单位8个（2003年新检查项目中予以警告5个，罚款3个）。

2004年6月下旬至9月中旬，根据河南省财政厅部署，三门峡市开展《中华人民共和国会计法》执法和会计基础规范工作检查。按照“统一部署、独立处理处罚、独立发布公告”原则，对卫生系统17个单位（其中市直6个）2003年度的会计资料、8个中心乡镇卫生院建设资金使用和卢氏县19个乡镇新型农村合作医疗基金管理情况进行检查。同时，完成23个单位会计基础工作规范化的验收和复查。

2005年，继续开展《中华人民共和国会计法》执法和会计基础规范工作检查。7月下旬至9月底，重点对三门峡市地方金融、房地产、食品和煤炭等企业2004年度会计资料的真实性、完整性以及执行国家有关会计法律、法规和统一会计制度情况进行检查。检查首次涉及民营企业。检查共投入127人19个检查组，检查企业30家（国有及国有控股企业9家、集体企业3家、私营企业12家、其他企业6家），查出违纪、违规金额5564.48万元。对违纪较重的23家企业下达了处理决定，对违纪较轻的7家企业下达了关注函。

2006年，按照《中华人民共和国会计法》和国家统一的会计制度要求，组织对48家单位进行《中华人民共和国会计法》执法检查。其中国有企业（不含国有控股股份有限公司）4家，外商投资企业7家，民营企业7家，事业单位30个。查实有违法、违规行为的单位33家，予以通报、罚款的20家。同年，根据《中华人民共和国会计法》《财政部门实施会计监督办法》等规定，财政部门组织对全市范围内国家机关、事业单位、社会团体、公司、企业、中央（省）驻三门峡各单位和其他组织1083个（市直178个，县级905个，其中行政机关285个，事业单位430个，社会团体14个，国有及控股企业156家，民营企业119家，外商投资企业8家，其他71个）的会计基础工作及执行法律法规、建章立制情况进行了专项调查。

2007年，按照《中华人民共和国会计法》和国家统一的会计制度要求，三门峡市财政部门组织对34个单位进行《中华人民共和国会计法》执法检查。其中：国有及民营企业15家，行政事业单位19个；查实有违法、违规行为的单位19个，予以通报、罚款的4个。5月下旬至7月中旬，完成66个乡镇1352个行政村会计人员基本情况的摸底调查。

2008年，按照《中华人民共和国会计法》和相关会计制度要求，组织对35个单位开展《中华人民共和国会计法》执法检查。其中国有企业3家，民营企业33家，外商投资企业1家，行政事业单位28个。检查出有违法、违规行为的单位33个，予以通报、罚款的25个。

2010年，按照《中华人民共和国会计法》和相关会计制度要求，市财政部门组织对能源、医药、教育、行政事业42个单位进行《中华人民共和国会计法》执法检查。检查重点是以上单位2009年度会计资料的真实性、合法性、信息披露的完整性、会计基础工作规范化等情况。检查中共发现36家单位各类违纪、违规资金额5269.93万元,分别下达了处罚决定书、检查结论或整改通知书。

(四)全市性反腐败牵头工作任务

2006—2007年,三门峡市将完善乡镇村财务管理服务中心领导机制和工作机制,作为一项反腐败工作任务,由市财政局牵头组织落实。为做好此项工作,财政部门年初即组织各县(市、区)财政局会计科(股)长、乡镇村财务核算中心主任召开了座谈会,就现行的乡镇村财务管理改革运行情况、存在的问题、进一步加强和完善措施、办法进行了深入研讨。随后,又组织人员到各县(市、区)及部分乡镇财务核算服务中心,进行专题调研。通过与基层工作人员当面交流,对工作中存在的问题作了深入探讨,当场提出建议、改进措施和解决办法,赢得了基层好评。同时,通过分期分批组织对乡镇村财务服务中心工作人员和村报账员业务培训,进一步提高了工作质量和管理水平,圆满地完成了全市性反腐败牵头工作任务。

(五)乡镇村财务管理体制改革

2001年,三门峡市积极开展会计委派制试点工作。在巩固和完善湖滨区、开发区两个会计委派制试点的基础上,4月下旬组织全市财政、纪检系统20余人到湖北襄樊考察学习,为下一步扩大试点、在全市实行会计委派制作好准备。截至年底,全市60个乡镇建立了会计工作站,共委派会计365人,对852个单位实行会计集中核算。

2002年,新建乡镇会计工作站16个。截至年底,全市76个乡镇全部建立了会计工作站,全面实施会计委派制;统管部门(单位)1072个,占应统管的84.6%;实行村财乡审797个,占总数的58.8%;组财村管5210个,占村民小组总数的45.7%。

2003年3月,三门峡市在义马市进行乡镇、村会计集中核算改革试点,11月召开现场会。会议要求在全市范围内推行乡镇村会计集中核算工作,成立隶属于财政部门的“乡镇、村财务服务中心”,将乡镇直行政事业单位、行政村组的所有资金,全部纳入服务中心核算、监管。并采用全市大网络管理模式,由市财政局统一管理服务器,使用统一的核算软件,达到“规范程序,权钱分离;网络监控,集中管理;专业服务,公开透明;相互制约,关口前移”目标。年底前大部分乡镇进入试运营阶段。

2004年,按照三门峡市委、市政府要求,上半年全面完成了乡镇村财务管理体制改革。为确保改革顺利进行,成立由市长挂帅,纪检、财政、监察、农业、民政等相关部门领导为成员的全市乡镇村财务管理体制改革领导小组,各县(市、区)也成立相应机构。三门峡市人民政府办公室下发了《关于全面推行乡镇村财务管理体制改革的通知》,市纪委、监察局也及时下发监督、监察实施办法等规范性文件,进一步明确改革的指导思想、基本原则、组织领导及机构设置,纳入乡镇村财务服务中心集中核算的单位、形式和内容、运作方式等核心问题,为全面开展乡镇村财务管理体制改革提供组织保障和工作依据。

为加快改革进程,三门峡市财政部门采取了一系列措施:一是局领导分县包干,深入各县(市、区)巡回指导工作、解决问题,确保时间、进度;二是协调通信部门开通76个乡镇宽带网,统一购置服务器和网络版核算软件,建立全市联网的乡镇村会计核算网络;三是组织技术力量深入乡镇一线,现场指导软件安装,建立套账;四是实行工作日报告制,对进度慢、不能按时完成改革的县(市、区)和乡镇通报批评,召集有关领导开座谈会查找原因、研究对策;五是对乡镇村财务服务中心人员进行政策、业务培训,制定《乡镇村财务管理暂行办法》《村务公开民主管理工作暂行办法》《农村财务监督管理工作意见》《乡镇村财务服务中心工作制度、岗位职责、财务移交办法》等工作规章、制度;六是由乡镇财政所负责落实办公场地,协助县级财政部门组建新的集中核算机构。由于计划周密、措施到位,截至6月底,全市76个乡镇均完成了账户清理、财务交接、数据初始化、集中核算、单位建账工作,931个行政事业单位、1359个行政村、11281个村民小组完成账户清理、财务移交,共清理账户984个,移交资金8569万元。乡镇村财务服务中心投入运行后,财政部门继续跟踪问效,帮助解决工作中遇到的难题,确保乡镇村财务服务中心工作平稳运行。

通过不懈努力,三门峡市乡镇村财务管理体制改革取得了明显成效,受到省财政厅及社会各界的一致好评。先后有省内外多家财政部门前来考察、交流,河南人民广播电台、《中国财经报》等多家新闻媒体也进行了专题报道。

改革使全市财政乡镇、村财务管理水平上了一个台阶:集中核算强化了对资金使用过程的监督,从源头上预防和遏制了各种腐败现象的滋生;进一步理顺了关系,解决了长期存在的农村财务多头管理问题,初步形成了基层财权的监督制约机制,会计信息质量明显提高。乡镇、村财务管理体制改革的成功推行,使过去长期因财务问题而引发的群众上访现象大幅度下降,干群关系明显好转;改革精简大量村组财务人员,每年可减轻农民负担200余万元。改革还促进了基层干部工作作风的转变,加强、巩固了农村基层政权。

2005年,从规范村报账员管理和提高村报账员素质入手,建立、完善财政部门对农村会计的管理体制。采取的主要措施:一是对村报账员进行业务培训,以县(市、区)为单位,统一组织会计法与职业道德、村集体经济组织会计制度等为内容的考试。考试合格,取得报账员上岗证,方可从事报账工作。报账员须在县(市、区)财政局会计管理部门备案,各村组无正当理由不得更换报账员,保持其工作的连续性和稳定性。二是以县(市、区)为单位,制定村级经费开支标准。主要包括村组干部工资标准、村办公经费标准。村级经费核定到乡,乡核定到村;村、组干部补助核定到人,办公经费核定到村。财政安排的村级经费,在税费改革转移支付资金中单列;县乡两级设立"村级资金专账",实行专账、专款、专用。三是加强管理。对乡镇、村财务服务中心工作人员进行为期一周的村集体经济组织会计制度培训,鼓励其通过学历教育、会计人员年度继续教育、同行之间互相交流学习等多种途径提高政治、业务水平,运用各类会计知识和计算机操作技能,政策、法规、制度熟练到位、会计核算迅速准确、账务处理有理有据、信息传送快捷及时。严格中心工作人员日常、年度考核管理,把各项制度落在实处,为乡镇、村、组提供更优质的会计服务。四是进一步完善了单位报账程序、村级经费管理办法等管理制度和操作规程,及时对核算软件完善升级,市县两级实行专人负责,确保中心高效运转。

2006年,为进一步理顺和规范农村会计管理,在规范乡镇、村财务服务中心运行同时,对村级报账员实行统一管理,针对农村会计队伍普遍文化水平低、专业知识差的特点,财政部门规定从2006年起,现任村级报账员必须在两年内通过财政部门统一考试,取得上岗资格证。

2007年,三门峡市推行以会计集中核算为核心内容的乡镇、村两级会计管理改革,取消村组银行账户,由乡镇、村财务服务中心按照"集中管理、统一开户、分户核算"的原则,集中办理会计核算和监督业务。全市66个乡镇1352个行政村的会计工作,全部由乡镇财政所代理,各行政村会计人员身份转变为报账员,总计2578人。

2008年,在全市继续推行以会计集中核算为核心内容的乡村两级会计管理改革工作。继续实行取消村组银行账户,由乡镇、村财务服务中心按照"集中管理、统一开户、分户核算"的原则,集中办理会计核算和监督业务。

2009年,市财政部门按照省财政厅统一部署,以召开座谈会、走访、查看会计资料等形式,在全市范围内开展了"农村会计代理记账服务研究"课题调研活动。

2010年,结合农村综合改革,三门峡市对农村财务管理体制进行了积极探索,在乡镇财政所设立服务大厅,为村组提供委托代理会计核算服务。

(六)会计电算化管理

1996年6月,财政部发布《会计电算化工作规范》,指出会计电算化是会计工作发展的方向,大中型企业、事业单位和县级以上国家机关都应该积极创造条件,尽早实现会计电算化。会计电算化的普及与推广,可以把广大会计人员从繁杂的记账、算账、报账中解放出来,对于提高会计信息质量、提高工作效率、积极参与企业经营管理具有深远的意义。

按照河南省财政厅下达的培训任务,三门峡市财政部门制订详细计划,将电算化培训任务落实到各培训点,纳入会计管理工作目标,并采取了以下措施通过各种媒介扩大宣传、影响;邀请财务软件公司技术人员现场演示,提供技术指导;加强对会计电算化培训点管理,不定期到各培训点抽查培训的组织、授课、管理情况,收集培训人员反馈意见,改进提高培训质量;严格考试纪律,每逢考试,必现场巡视,保证培训质量;从严审批"甩账",严格把关,对不符合条件的单位,坚决要求其整改和延缓

“甩账”;根据会计电算化培训的实际需要和开展情况,对原有培训点的培训资格重新审定。

2001年,组织会计电算化培训35期973人,其中参加考试935人,合格563人,合格率60.2%。

2002年,组织会计电算化培训47期1437人,参加考试1484人,合格964人,合格率64.9%。

2003年,组织会计电算化培训班35期2016人。全年验收审批计算机替代手工记账单位9户。

2004年,组织会计电算化培训55期6200余人次,考试12次,4800人通过取得合格证书。

2005年,组织会计电算化培训35期1700余人次,考试6次,1200人取得合格证书。

2006年,组织会计电算化培训13期1046人次,其中初级955人次,中级91人次。组织考试4次,832人取得合格证书。按照《中华人民共和国行政许可法》要求,对实行会计电算化的企事业单位实行备案制。在会计机构不健全的中小企业积极推行代理记账制,全市代理记账机构5家,全部实行电算化管理。为50余家中小企业提供专业会计服务。6月对代理记账机构进行年度检验,对于长期不开展业务、已不具备代理记账条件的单位,取消其代理记账资格。

2007年,组织会计电算化师资培训1期14人,会计人员培训11期725人次;组织考试3次,466人取得合格证书。按照省财政厅要求,及时组织开展会计人员电算化新教材、新软件考试、考务培训工作。当年,参加培训考试138人,45人取得了会计电算化合格证书,通过率为33%,超过全省平均10个百分点。

2008年,组织会计电算化培训5期774人次,组织考试5次,参加774人,368人取得合格证书,通过率47.5%。对4家会计代理记账机构进行了年度审核。

2009年,组织会计电算化培训6期930余人次,组织考试5次1262人参加,878人取得合格证书。当年继续对实行会计电算化的企事业单位实行备案制,继续在会计机构不健全的中、小企业推行代理记账制,完成4家会计代理记账机构的年度审核。

2010年,组织会计电算化培训27期819人次,组织考试5次,755人取得证书。当年,新批准代理记账业务单位1家,对原有的2个代理记账机构进行复查、备案。

(七)开通河南省会计人员信息管理系统

为实现会计人员管理规范化、科学化、信息化目标,更好地服务经济建设和广大会计人员,2007年下半年,三门峡市开通河南省会计人员信息管理系统。该系统集会计人员档案信息管理、会计从业资格考试管理、初级会计电算化考试管理、会计人员继续教育信息管理等功能于一体,借助金财高速公路信息网络平台,把会计人员信息管理系统延伸到全省各县(市、区)以上财政部门。为保证管理系统的顺利推广应用和正常运行,财政部门组织技术人员到各县(市、区)安装调试管理系统专用设备,现场开展业务指导,确保管理系统和财政专用网应用程序调试一次成功,为全市按时完成会计从业资格证书网上定期登记工作提供了保障,为会计工作规范化、科学化、信息化管理奠定了基础。

(八)会计从业人员信息采集

完善会计从业人员信息是会计管理信息化、现代化的迫切要求,也是涉及广大会计人员权益的基础工程。2010年11月,根据河南省财政厅要求,三门峡市全面启动会计从业人员信息采集工作。为保证工作进度和质量,财政部门及时下发《关于认真做好会计从业人员信息采集工作的通知》,召开各县(市、区)财政局会计科(股)长和市直各部门、单位财务负责人会议,安排部署信息采集工作;通过报纸、电台、财政网站等媒介发布公告,宣传信息采集工作的作用、意义;由财政部门安排时间表,主管部门具体组织实施,团结协作,保证进度;财政部门制定出信息采集工作具体要求,安排专人严格资料审核,提供热情服务,确保工作质量。由于组织严密,措施到位,保证了会计从业人员信息采集工作健康、有序进行,如期完成工作任务。

(九)会计知识竞赛和会计呼唤诚信征文

2003年,三门峡市财政系统广泛开展会计人员职业道德宣传活动,精心组织会计职业道德知识竞赛和会计呼唤诚信有奖征文活动。市财政部门通过网上、《中国财经报》等渠道下载、收集资料,将全国会计职业道德百题知识竞赛暨会计职业道德讲座相关内容整理成册,连同竞赛试题一并下发各县(市、区)财政局和市直各单位,要求认真动员、组织所属会计人员积极参加会计职业道德百题知识竞赛和“会计呼唤诚信”征文活动。此次活动,全市共发出会计职业道德百题知识竞赛资料5000余份，收回4000余份；收到"会计职业道德"征文120余篇。

（十）第三届全国会计知识大赛

2007年，为了更好地贯彻《中华人民共和国会计法》，宣传、实施新修订的《企业会计准则》，普及会计知识，扩大会计工作的社会影响，按照上级财政部门要求，三门峡市认真组织了第三届全国会计知识大赛基层赛事活动，成功举办了第三届三门峡市会计知识大赛。成立了由市财政局局长、主管副局长为正、副组长，相关业务长为成员的第三届全市会计知识大赛领导小组。领导小组下设全市会计知识大赛办公室，具体负责大赛日常工作。通过聘请专家组成专家评委会、印发《关于组织第三届全市会计知识大赛有关活动的通知》《三门峡市第三届会计知识大赛组织实施方案》等文件，在《三门峡日报》上刊登相关公告及三个赛程的层层选拔的情况，最后三门峡市代表队在全省的比赛中获组织奖，两名选手获个人优胜奖，受到了省大赛办公室的通报表彰。三门峡市财政局也被省财政厅授予全国第三届会计知识大赛网上答题特别团体奖、全省第三届会计知识大赛组织奖。

（十一）会计师事务所业务管理

2006年，按照河南省会计师事务所信息采集、年度报备工作会议要求，三门峡市向省财政厅上报电子材料、纸质材料均顺利通过。为了按时完成此项工作，三门峡市财政局成立以副局长范社民为组长、会计科等4个科（室）负责人为成员的信息采集工作领导小组和联合工作组。6月29日，召开全市会计师事务所主任、业务骨干参加的信息采集、年度报备工作会议，对该项工作作了安排部署。

三门峡市辖有10个会计师事务所，组织形式上分为有限责任和合伙制两种（其中有限责任制与合伙制各5个）。10个会计师事务所中，除卢氏莘原联合会计师事务所因停业整顿、营业执照延期年检外（截至2006年6月30日），其余9个会计师事务所均正常执业中。各个事务所基础信息资料基本情况：股东变更的5个（其中1个所无股东变更所需的"向省级财政部门报备证明""新增股东所缴股金银行证明""同级工商部门的注册变更有效证明"等相关资料），办公地址变更的4个，注册会计师人数变更的5个，注册资本变更的3个，名称变更的1个。以上各类变更情况，均提供了相互印证资料，符合省财政厅要求对基础信息资料部分初审标准。初审结果是：灵宝永林有限责任会计师事务所专项审计和年报审计两类报告统一编号，故填报的年度会计报表审计报告情况汇总表和专项审计报告情况汇总表报告号不连续。其余9个业务报备表资料基本完整，符合上报条件。

2007年，完成10个会计师事务所基本信息的采集及三门峡康华会计师事务所有限责任公司等3个会计师事务所股东变更、注册资本金变更、经营范围变更项目的报备。对报备中发现的执业环境差、经营中恶意竞争、代理公司扰乱社会审计市场、发生变化不及时报备等问题，财政部门及时将情况分析上报，提出了促进行业健康发展的8条建议。2008年，根据河南省财政厅《关于认真做好2007年度会计师事务所报备工作的通知》要求，完成三门峡市11个会计师事务所（有限责任5个，合伙制6个）基本信息采集和三门峡振华联合会计师事务所股东的变更。对三门峡亚太会计师事务所有限公司档案基本信息前后不一致、河南兴峡会计师事务所（普通合伙）没有上年度年末资产负债表和利润表等情况，财政部门及时修正并报省厅备案。当年，11个会计师事务所及其注册会计师在接受业务检查、执行业务涉及法律诉讼方面，均不存在被处罚、诉讼等问题。

2009年，根据河南省财政厅《关于认真做好2008年度会计师事务所报备工作的通知》要求，完成三门峡市11个会计师事务所（有限责任5个，合伙制6个）基本信息的采集。根据相关规定，完成三门峡崤山会计师事务所有限责任公司股东的变更。

2010年，根据河南省财政厅《关于认真做好2009年会计师事务所报备工作的通知》要求，完成三门峡市12个会计师事务所（有限责任5个，合伙制7个）基本信息的采集。

（十二）先进会计工作者表彰

2008年，在中国改革开放30周年之际，为进一步宣传贯彻《中华人民共和国会计法》，树立当代会计工作楷模，塑造会计行业良好形象，按河南省财政厅要求，成立"三门峡市先进会计工作者评选表彰及推荐全省先进会计工作者候选活动办公室"和由政府部门、企事业单位、会计行业、会计管理方面的专家学者组成的专家评审委员会,组织、实施全市先进会计工作者评选表彰活动。经层层选拔、民主评议、专家评审、社会公示程序,对三门峡市改革开放和经济建设中会计工作业绩突出的水学礼等96名先进会计工作者予以表彰。同时,向省财政厅推荐9名河南省先进会计工作者候选人,最终李清凌等6人获该项称号。

2009年,按照省财政厅《关于开展2009年度河南省先进会计工作者评选表彰工作的通知》(豫财办会〔2009〕18号)要求,三门峡市通过严格审核、广泛听取意见、事前公示等举措,提高了评选工作质量,确保了所推荐人选的先进性、代表性和公认性。最终开曼铝业(三门峡)有限公司师伟强被评为"河南省先进会计工作者(总会计师系列)",受到表彰。

2010年,在全市会计管理干部队伍中开展"争先创优"活动,以"建一流团队,树一流形象,创一流佳绩"为目标,争创效能型、业务型团队。为保证活动成效,财政部门制定出工作规范和制度,严格执行首问负责制、服务承诺制、限时办结制、投诉追究制,激发会计管理队伍工作热情和干劲,形成事事有人管、工作无死角氛围,促进各项工作任务的圆满完成。

二、会计人员从业资格管理

(一)会计从业资格考试

2000年7月1日,财政部发布《会计从业资格管理办法》,同时废止1996年财政部《会计证管理办法》。新办法规定:国家实行会计从业资格考试制度,符合条件的人员可以申请参加会计从业资格考试。

2001年,三门峡市会计从业资格报考1961人2223科,实际参考1888科,综合参考率为85%。

2002年,会计从业资格报考496人1488科,实际参考1021科,综合参考率为68.6%。

2003年,会计从业资格报考630人1890科,实际参考1402科,综合参考率为74.2%。新发会计从业资格证书524本,历年累计发放会计从业资格证书14408本。

2004年,会计从业资格报考863人2589科,考试科目为:财经法规、会计实务、会计基础知识。9月1日起,全市换发财政部统一制作的会计从业资格证书,截至年底全市换发6300余本。

2005年,三门峡市会计从业资格报考632人1896科。报考科目:财经法规、会计实务、会计基础知识。

是年1月,财政部发布新的《会计从业资格管理办法》(财政部令第26号),河南省财政厅制定了《河南省会计从业资格管理实施办法》(豫财办会〔2005〕51号)。新办法规定:参加会计从业资格考试人员,具备国家教育行政主管部门认可的中专以上(含中专,下同)会计类专业学历(或学位)的,自毕业之日起2年内(含2年),免试会计基础、初级会计电算化两门课程。4月底,基本完成会计证换发会计从业资格证书工作,全市换发会计从业资格证书10686本,并完成全市会计人员管理信息库建设,实现会计人员资料共享。

2006年,会计从业资格报考1281人2018科,实际参考1754科,综合参考率86.92%。

2007年,会计从业资格报考1648人2992科,实际参考2644科,综合参考率88.4%。

2008年,会计从业资格报考1972人3520科,实际参考3038科,综合参考率86.3%。

2009年,会计从业资格报考2641人4810科,实际参考4329科,综合参考率90%。

2010年,会计从业资格报考2722人5101科,实际参考4440科,综合参考率87.04%。全市新发会计从业资格证书1052本,办理变更389人次,办理注册登记7122人次。

(二)会计从业资格证书登记

2007年,根据《河南省会计从业资格管理实施办法》规定,三门峡市启动会计从业资格证书定期登记工作。此次登记是全省2004年换发新版会计从业资格证书后的首次集中登记,也是新的《河南省会计人员信息管理系统》首次投入使用。市财政部门及时在《三门峡日报》上发布定期登记公告,并通过网络、文件等媒介传达到会计人员,为集中定期登记工作赢得了主动,按照规定时间,保证全市3500余名符合条件的会计人员顺利通过了河南省会计人员信息管理系统网上登记。

2008年,根据河南省财政厅《关于进行会计从业人员持证上岗情况调查的通知》(豫财办会〔2008〕26号)要求,6月初至8月15日,三门峡市启动会计从业人员持证上岗抽样调查工作,共抽样调查4种不同类型180家单位会计人员756人,其中持证人员661人,非持证人员95人。持证人员比例为87.4%。

2009年8月中旬至10月底,市财政部门对全市行政事业单位会计工作人员持证上岗情况进行了专项检查。检查结果显示,全市行政事业单位共有会计2430人(市直472人,县级1958人)。其中:行政单位625人,事业单位1805人;持证上岗1630人,无证上岗800人,持证上岗人员为会计总人数的67%。

通过此次专项检查,发现以下问题:一是无证上岗情况严重,会计队伍管理较混乱。二是会计基础工作存在薄弱环节,部分单位会计机构不健全,无内部会计管理相关制度,无独立的财务室或财务室安全措施不符合规定。三是会计人员业务水平参差不齐。

针对存在问题,市财政部门提出整改措施:一是要求各单位高度重视会计工作,严格落实《中华人民共和国会计法》及相关法规。财务会计工作人员须持会计从业资格证书上岗,财务负责人应持有会计从业资格证书,并具备会计师以上专业技术职务资格或者从事会计工作三年以上经历。对无会计从业资格证书又必须从事财务会计工作的,必须报名参加河南省2010年度会计从业资格统一考试,取得会计从业资格证书及会计电算化合格证书。到期仍未取得"两证"的,应调整其工作岗位。以后每年会计人员持证上岗回头看检查中,将重点检查会计人员无证上岗情况,对不能按时整改的单位,将按照《中华人民共和国会计法》相关规定予以处罚。二是财政部门相关科(室)负责监督分管单位,按照三门峡市财政局《关于进一步加强会计基础工作的通知》(三财会〔2009〕10号)要求,规范单位会计基础工作,建立、健全各项财务规章、制度,实现会计基础工作规范化。三是加强各单位会计人员继续教育工作。每年组织行政事业单位财务会计人员,进行专题业务知识培训,做到理论知识及时更新,人员整体素质不断提高,工作环节减少失误,确保会计工作质量不断提升。

三、会计专业技术资格考试管理

会计专业技术资格考试分两个层次:一是初、中级会计师资格考试,二是高级会计师资格考试。2000年开始,三门峡市按照财政部《会计从业资格管理办法》要求,每年组织全市会计从业人员考试,对考试合格者注册登记。

(一)会计专业技术资格考试

2001年,会计专业技术资格报考2462人。

2002年,会计专业技术资格报考2199人6095科。其中中级1318人4333科,初级881人1762科。实际参考3949科,综合参考率64.8%。

2003年,会计专业技术资格应考5735科,实际参考3137科,综合参考率54.7%。

2004年,会计专业技术资格报考1915人5387科。其中报考中级1166人,报考初级749人。实际参考3421科,综合参考率63.5%。

2005年,《河南省会计从业资格管理实施办法》规定,对会计从业资格实行全省统一考试制度,取消原有的会计类专业免试申领制度。当年,全市会计专业技术资格报考1804人4434科。其中:中级资格1200人3226科,初级资格604人1208科。实际参考2780科,综合参考率62.7%。

2006年,会计专业技术资格考试1776人4313科。其中中级1206人3173科,初级570人1140科。实际参考2644科,综合参考率61.3%。

2007年,会计专业技术资格报考1799人4362科。其中中级1226人3216科,初级573人1146科。实际参考2613科,综合参考率59.9%。

2008年,会计专业技术资格报考1573人3847科。其中中级1064人2829科,初级509人1018科。实际参考1885科,综合参考率49%。

2009年,会计专业技术资格报考1405人3318科。其中中级928人2364科,初级477人954科。实际参考1898科,综合参考率57.2%。

2010年,会计专业技术资格报考1425人3314科,实际参考1894科,综合参考率57.2%。

由于会计专业技术资格考试组织管理工作成绩突出,2001—2010年,三门峡市财政部门多次获得河南省财政厅奖励。其中:2001年、2003年先后2次获"河南省会计专业技术资格考试组织管理工作一等奖";2004—2010年连续7次获评"河南省会计专业技术资格考试考务工作先进单位"。

(二)高级会计师资格考评

2004年以前,高级会计师实行评审制度。2002—2004年,三门峡市14人通过高级会计师评审。

从2005年起,三门峡市根据河南省人事厅、财政厅《关于印发〈河南省高级会计师资格考试考评结合试点工作实施方案〉的通知》（豫人职〔2005〕6号）精神，实行高级会计师资格考试与评审结合的办法。凡申报高级会计师的人员，必须参加全国统一组织的高级会计师资格考试，考试合格方可参加评审。

2005年，是高级会计师资格实行考、评结合的第一年。三门峡市财政部门高度重视，积极与市人事部门沟通、衔接，5月底又发布公告，鼓励符合条件的财会人员踊跃报考，当年144人报名参加高级职称考试。7—8月，从郑州聘请资深教授进行考前辅导并取得良好效果，当年考试取得50人合格的好成绩。当年申报的24人中，19人通过评审，通过率79.2%，通过人数超过全市现有高级会计师之和。

2006年，114人参加高级会计师资格考试。其中，市直65人，县（市、区）49人，实际参考81人。经过考试，达到国线标准8人，省线标准24人，合格率39.5%，超过全省平均3个百分点。在全省统一评审中，23人通过，取得高级会计师资格。

2007年，77人参加高级会计师资格考试。其中，市直48人，县（市、区）29人。经过考试，达到国线标准10人，合格率为13%，超过全省11.2%的平均水平。在全省统一评审中，12人通过，取得高级会计师资格。

2008年，101人参加高级会计师资格考试。其中，市直56人，县（市、区）45人。经过考试，达到国线标准40人，合格率40%。全省统一评审中，15人（不含义煤集团）通过，取得高级会计师资格。

2009年，103人参加高级会计师资格考试。其中，市直42人，县（市、区）61人。经过考试，达到国线标准10人，合格率10%。在全省统一评审中，12人（不含义煤集团）通过，取得高级会计师资格。

2010年，101人参加高级会计师资格考试，通过15人，合格率14.85%。在全省统一评审中，12人（不含义煤集团）通过，取得高级会计师资格。

四、会计人员继续教育管理

1998年1月，财政部出台《会计人员继续教育暂行规定》，三门峡市会计人员继续教育工作纳入规范化管理轨道。2006年11月，财政部出台《会计人员继续教育规定》，2007年1月1日起执行，《会计人员继续教育暂行规定》同时废止。

（一）普通会计人员继续教育

2001年，按照国务院总理朱镕基提出的“诚信为本，操守为重，坚持准则，不做假账”要求，市财政部门深入开展会计人员业务、职业道德教育，在保证教育质量和时间的前提下，以财政部门为主、主管部门配合的形式，组织开展《企业会计准则》《企业会计制度》《内部会计控制规范》以及会计人员职业道德建设方面的学习培训。同时，对以前年度未参加《中华人民共和国会计法》《会计必读》培训学习的人员进行补课。当年，全市共组织财会培训46期，培训3890人。其中会计人员45期，企业、事业单位负责人1期。

2002年，组织会计人员继续教育培训48期，培训4134人。其中会计人员47期，企业、事业单位负责人1期。

2003年，组织会计人员继续教育培训43期，培训各类会计人员5729人。

2004年，组织各类会计人员继续教育培训76期，参加9196人次，参加率75%。9月，结合会计证换发，财政部门要求换证人员必须完成继续教育学习任务，全市3300人次参加了继续教育补课。2005年，组织各类会计人员继续教育培训76期，参加培训学习8792人次，参加率81%。结合三门峡市“村财乡理”的特点，市、县两级财政部门组织乡镇村财务服务中心会计人员、村报账员进行《村集体经济组织会计制度》的学习培训。按照要求，全市1500余名乡镇村财务服务中心会计人员、村报账员，必须参加为期一周的培训，考试合格，方能上岗。同时，市财政部门与民政、中小企业监管部门联合组织《民间非营利组织会计制度》《小企业会计制度》培训，全市近200名非营利组织会计人员、2300余名小企业会计人员参加了学习，为“三个会计制度”的实施奠定良好基础。

2006年，按照省财政厅要求，组织各县（市、区）、市直会计人员定点培训单位的会计股长、教师40余人，参加省财政厅会计人员继续教育师资培训学习班，为大量会计人员继续教育开班做准备。当年，全市共举办各类培训79期9348人次，参加率82%。

（二）高级会计人员继续教育

2006年，三门峡市参加高级会计人员继续教育46人。其中：市直41人，县（市、区）5人。参加培训的有大中型企业、集团公司等单位的财务机构负责人、总会计师、财务总监及持有会计从业资格证书的其他单位财务负责人。

为规范企业会计确认、计量和报告行为，保证会计信息质量，财政部2006年2月15日发布《基本会计准则》和38项《具体会计准则》，于2007年1月1日在上市公司范围内施行，同时鼓励其他企业参照执行。为了更好地贯彻新修订的《会计准则》，财政部门及时组织各县（市、区）财政局会计科（股）长，大中型企业、集团（公司）及上市公司等单位总会计师、财务机构负责人，会计师事务所负责人等，参加新修订的《企业会计准则》研讨会，就新会计准则相关内容对企业的影响进行了认真探讨。当年，全市共举办新会计准则培训26期，3200余名会计参加了学习，为更好地发挥会计工作在经济社会发展中的服务效能，打下良好基础。

2007年，组织高级会计人员45人参加继续教育培训。其中：市直40人，县（市、区）5人。组织全市定点培训单位会计股长、教师14人，参加省财政厅举办的会计人员电算化教育师资培训学习班，为更换使用新的会计人员电算化考试系统和会计人员电算化培训做准备。

2008年，组织高级会计人员55人参加继续教育培训，其中省内25人，省外30人。省外学习人员中市直25人，县（市、区）5人。组织全市会计人员定点培训相关单位的会计股长、教师20余人，参加河南省财政厅举办的会计人员继续教育师资培训学习班。当年，市直3150人参加了会计人员继续教育培训。

2009年，组织高级会计人员48人参加继续教育培训，其中省内30人，省外18人。组织全市会计人员定点培训单位相关人员26名，参加了河南省财政厅举办的会计人员继续教育师资培训学习班。当年，市直3170人参加了后续教育培训。

2010年，三门峡市组织45名高级会计人员到上海国家会计学院等院校学习培训。一般会计人员除了传统的集中面授培训以外，还采取网上培训、订单式专项培训等多种形式，因材、因需施教，调动了会计人员学习的积极性，取得良好效果。当年，共组织初、中级会计人员继续教育培训85期10690人，为全市会计人数的72%。6—8月，在三门峡市财经学校举办了12期农村会计人员专题培训，全市1179名农村会计全部参加了培训。

由于会计管理工作成绩突出，2001—2010年，三门峡市财政部门连续10年获得河南省财政厅奖励。其中：2001年、2002年被河南省财政厅授予会计管理工作二等奖；2003—2006年被河南省财政厅授予会计管理工作一等奖，2007—2010年被河南省财政厅授予会计管理工作特等奖。

第五节 财政政策管理

一、综合财政管理

（一）国有土地使用权出让收支预算管理

2005年，三门峡市财政局认真贯彻落实《国务院关于深化改革严格土地管理的决定》（国发〔2004〕28号）以及《国务院关于加强土地调控有关问题的通知》（国发〔2006〕31号）精神，以土地收入专户管理为重点，加强土地出让金收入管理。市、县财政部门全部设立土地收入专户，用于土地收入的归集、清算。严格落实土地管理“五统一”（统一规划、统一征用、统一开发、统一出让、统一管理）规定，严禁土地私买私卖行为，提高土地出让透明度。同时，加强土地出让金专用票据管理，严格执行“票款分离”“收支两条线”制度，有效杜绝了截留土地出让金现象的发生。当年，全市土地出让金收入完成16989万元，入库5992万元，其中市本级完成10015万元，入库1880万元。当年，为加强新增建设用地使用费征收使用管理，落实最严格的耕地保护制度及抑制新增建设用地的扩张，三门峡市财政局认真贯彻河南省财政厅、省国土资源厅《关于新增建设用地土地有偿使用费征管有关政策问题的通知》（豫财综〔2004〕94号）和省财政厅、省国土资源厅、省人行《关于加强新增建设用地有偿使用费征收使用管理的通知》（豫财综〔2004〕107号）精神，认真审查缴纳土地有偿使用费资金来源，严格资金缴纳程序,确保土地有偿使用费按中央30%和市、县70%的比例入库,确保市、县70%部分专账管理、专项用于农业土地开发。当年底,共上缴新增建设用地有偿使用费1792万元,其中中央30%部分538万元,市、县70%部分1254万元。

是年,三门峡市财政局创新土地储备方式,通过土地收储模式的转变,在不动用财政资金和银行贷款的前提下,加快土地收储效率,提高土地出让收益。在财政资金紧张、银行贷款困难、收购成本加大的情况下,经与市土地收购开发中心沟通,在对被收购单位情况调查摸底的基础上,通过协商,提出将传统的土地储备方式"收购—清算—出让"(即政府收购土地、签订收购合同—用财政资金或银行贷款支付补偿费用—出让土地、政府收取土地出让金),改变为"收购—出让—清算"(即政府收购土地、签订收购合同—出让土地、收取土地出让金—用缴纳的土地出让金支付被收购单位的补偿费用)新的土地储备方式。当年5月,市土地收购开发中心与湖滨区教体局签订了被收购土地补偿性费用136万元的土地收购合同,遂以挂牌方式将土地出让给大地房地产开发公司,获土地出让金397万元,财政以直接支付方式将补偿性费用136万元支付给湖滨区教体局,未动用财政资金和银行贷款,财政获土地出让纯收益61万元。当年,市土地收购开发中心共收购土地3宗,缴入专户土地出让金704万元,清算244万元,净收益460万元。

2007年,三门峡市财政局根据财政部《国有土地出让权收支管理办法》(财综〔2006〕68号)规定,按照"以收定支"原则,将土地出让收支纳入财政预算管理,首次编制了土地基金收支预算,将土地补偿费、企业改制职工安置费等编列预算,初步实现土地收支的制度化、规范化管理。当年,三门峡市财政局认真开展清理财政专户土地收入工作。12月1日,全市土地收入收缴系统的启动运行,标志着三门峡市现行财政土地清算专户核算制度的结束和新的土地出让收入直接入库管理制度的开始,从而使国有土地使用权受让人能在规定的时间内将应缴地方国库的土地出让收入,就地及时足额缴入地方国库,实现了土地收入的直接缴库。当年,土地整理项目资金管理工作取得新进展。市财政部门积极论证、筛选、申报国家级土地整理项目,多次赴省财政厅汇报国家级土地整理项目进展情况,积极配合国土部门向上争取国家级土地整理项目资金。当年共争取国家级土地整理项目4个,争取资金5358万元。至年底,项目实施单位渑池县西村乡、卢氏县沙河乡、灵宝市西闫乡和陕县西张村镇,已全部完成土地整理项目招、投标工作。

2008年,三门峡市人民政府出台《三门峡市国有土地使用权出让收支管理办法》(三政〔2008〕38号),进一步规范土地使用权出让金的收支管理。该办法明确了国有土地使用权出让收入的范围,具体包括:以招标、拍卖、挂牌(以下简称招拍挂)和协议方式出让国有土地使用权所取得的总成交价款(不含代收代缴的税费);转让划拨国有土地使用权或依法利用原划拨土地进行经营性建设应当补缴的土地价款;处置抵押划拨国有土地使用权应当补缴的土地价款;转让房改房、经济适用住房按照规定应当补缴的土地价款;改变出让国有土地使用权土地用途、容积率等土地使用条件应当补缴的土地价款,以及其他和土地出让或变更有关的收入等。同时,国土资源管理部门依法出租国有土地向承租者收取的土地租金收入;出租划拨土地上的房屋应当上缴的土地收益;土地使用者以划拨方式取得国有土地使用权,依法向市、县级人民政府缴纳的土地补偿费、安置补助费、地上附着物和青苗补偿费、拆迁补偿费等费用(不含征地管理费),一并纳入土地出让收入管理。在资金使用管理方面,土地出让收入使用范围包括:征地和拆迁补偿支出、土地开发支出、支农支出、城市建设支出及其他支出等。办法同时要求:各级财政、国土资源管理和地方国库部门应按照职责分工,分别做好土地出让收支管理工作;土地出让收支全额纳入地方政府基金预算管理;收入按规定分别缴入省级和同级国库,支出通过土地基金预算予以安排,实行"收支两条线"管理;土地出让收支纳入预、决算管理,建立土地出让收支预、决算管理制度;土地出让收支预算要以收定支,确保收支平衡,不留缺口。收支结余转入下一年度使用。

2009年,三门峡市财政局在加强土地收支预算管理的基础上,积极推进土地储备开发工作。向土地开发储备机构注入土地储备开发资金1500万元,用于土地储备开发所需要的征地、拆迁补偿资金和土地开发、出让后及时清算征地、拆迁补偿及开发费用,有力地支持了土地储备开发和土地出让工作。全年共出让国有土地35宗,完成土地出让金收入49494万元,实现净收益6862万元。同时,积极推进城中村改造工作。全年共返还湖滨区、开发区城中村改造资金3.41亿元,完成拆迁面积700余亩。

2010年,三门峡市财政局出台《三门峡市级土地储备开发资金管理办法》,以加强土地储备开发资金的规范化管理,完善了程序,加强了监管力度。根据土地储备计划安排,对土地储备开发过程中所需要的征地和拆迁补偿资金,早安排,早拨付,并及时清算收回。当年土地基金收支预算执行情况较好,出让国有土地26宗,实现收入42729万元,完成支出29201万元,实现纯收益12706万元。

(二)清理和规范公务员津贴补贴

2006年,根据上级关于规范公务员津贴补贴的部署和要求,按照"科学规划、实事求是、统筹安排、分步实施、逐步规范"的原则,三门峡市财政局经慎重研究,科学测算,做了大量艰苦细致的工作,确保了全市规范公务员津贴补贴工作的有序开展。8月,为更好地落实全省清理规范公务员津贴补贴工作会议精神,三门峡市成立了由纪检、监察、财政、人事、审计、人行等部门领导为成员的清理公务员津贴补贴工作领导小组,以加强对全市清理津贴补贴工作的领导,并及时组织召开全市性清理津贴补贴会议,全面安排部署津贴补贴清理工作。

2007年3月,三门峡市财政局对各县(市、区)公务员津贴补贴标准作了批复。5月,抽调人员与省财政厅督导组多次深入各县(市、区),对规范津贴补贴工作进行督导,有力促进了津贴补贴工作进度。6月,7个县(市、区)的"八大类单位"公务员及中小学教师津贴补贴全部发放到位,规范津贴补贴工作取得了阶段性成果。由于措施得力,成效显著,三门峡市规范公务员津贴补贴工作走在了全省前列,得到省财政厅充分肯定。

2008年,按照河南省财政厅关于规范公务员津贴补贴的工作部署要求,三门峡市财政局继续平稳有序地推进全市规范公务员津贴补贴工作,建立了规范津贴补贴重要情况报告制度,及时掌握各县(市、区)规范津贴补贴工作动态,认真解决规范补贴工作中出现的新问题,严格执行津贴补贴政策,及时化解矛盾,妥善处理人员上访问题,确保津贴补贴工作顺利开展及社会大局稳定。

2009年,按照河南省人民政府有关文件精神,三门峡市市直机关公务员第二步津贴补贴(从人均16000元/年提高到19600元/年)于春节前发放到位(自2007年10月1日起开始执行,补发15个月,人均补发4500元)。全市中小学教师自2009年1月起实行绩效工资制,由三门峡市财政局、人事局、教育局联合确定的市直中小学校教师绩效工资标准每年20800元/人,也于当年国庆节前全部补发到位。

2010年,根据河南省纪委等六部门《关于调整县(市、区)津贴补贴水平的通知》和《关于印发〈河南省调整县(市、区)津贴补贴水平工作方案〉的通知》(豫财综〔2010〕37号)精神,三门峡市结合各县(市、区)的调整方案和财力状况,经过精心组织、认真测算,按每月300元/人提高各县(市、区)公务员津贴补贴标准。同时,参照公务员标准同幅度提高中小学教师的津贴补贴标准,按每月300元/人标准落实预增发事业单位补贴。当年,中小学教师和基层医疗卫生单位绩效工资改革有序推进,地域之间和行业之间津贴补贴差距进一步缩小。

(三)保障性住房管理

保障性住房是指政府为中低收入住房困难家庭所提供的限定标准、限定价格或租金的住房,一般由廉租住房、经济适用住房、政策性租赁住房、定向安置房等构成。这种类型的住房有别于完全由市场形成价格的商品房。保障性住房家庭绝大多数属于城市最低生活保障、城市低收入和城市中等收入家庭。整体家庭结构比较脆弱、家庭抗击各种风险能力较低、家庭矛盾比较突出,很容易因为生活矛盾最终引发各种社会问题。保障性住房是国家为城市中低收入住房困难家庭设置的最低保障"红线",对于维护社会稳定、保障社会全体成员分享社会经济发展成果具有重要作用。

2006年,根据《国务院关于解决城市低收入家庭住房困难的若干意见》,三门峡市财政局积极配合市房管部门开展低收入家庭住房困难调查:全市低保家庭户数14403户,符合保障性住房条件的低保家庭1473户,其中发放租赁补贴1101户,按标准发放租赁补贴80万元。全市落实廉租住房资金240万元,其中本级100万元;落实廉租住房建设资金510万元,其中本级390万元;争取上级廉租住房资金903万元。

2008年，为落实三门峡市委、市政府十件实事之一的廉租住房建设工作，切实解决市区低收入家庭住房困难，确保住房补贴发放到户，实现低收入家庭住房应保尽保。当年，市财政部门一是举办廉租住房保障业务培训班。培训的主要内容是廉租住房、经济适用房有关业务知识和廉租住房保障资金管理。各县（市、区）财政、房管部门从事廉租住房保障的工作人员参加了培训。通过培训，进一步提高了县（市、区）对廉租住房保障工作重要性的认识，熟练掌握廉租住房保障业务，提高了保障资金管理水平，对推进全市住房保障工作起到积极作用。二是配合房管部门做好低收入家庭住房调查工作，扩大保障范围。会同有关部门向市政府汇报，确定市区低收入线为每人每月267元和人均住房保障面积15平方米。按此条件，制定低收入家庭住房调查实施方案，印制调查表格、宣传材料，向所有低收入家庭发放住房情况申报表，实行先申报再入户调查，最后确定符合保障条件的低收入住房困难家庭。市区低收入家庭住房补贴标准为：每平方米补助4元，每人每月补贴13平方米，即每人每月补贴52元。经过系统调查，全市当年符合低收入家庭住房保障条件的低收入家庭由上年的1473户扩大到4590户。三是积极筹措廉租住房保障资金。先是在年度预算中安排1000万元，建设总面积为1万平方米（200套）的廉租住房；又从住房公积金增值收益中划出30万元、从上缴土地出让净收益中提取568万元及争取上级补助资金2179万元，作为廉租住房补助资金。充足的资金保障了廉租住房的顺利建设和廉租住房补贴的足额发放。当年，全市共发放符合条件的住房补贴户4590户，发放资金635万元，其中市区发放2250户，发放资金359万元。

2009年，三门峡市财政局在保障性住房管理方面重点开展的工作：一是积极筹措廉租住房保障资金。先后安排地方债券资金8472万元，从住房公积金增值收益中划出767万元，争取上级补助资金3432万元，保证了廉租住房建设和廉租住房补贴发放工作的落实，在一定程度上解决或缓解了城市低收入家庭住房困难问题。二是对全市保障性住房政策及业务管理知识进行培训。召开全市保障性住房管理工作会议，采取“以会代训”形式，对上半年全市保障性住房工作进行总结，对落实省政府督导工作作出部署，并组织财政、房管部门领导和业务骨干集中学习“廉租房租售政策”“城市中低收入家庭购房补贴政策”，以及相关管理内容。通过业务培训和学习，提高了相关部门和人员的业务管理和资金管理水平，对推进全市住房保障工作起到积极作用。三是积极落实廉租房租售政策和城市中低收入家庭购房补贴政策。市财政部门配合市房管部门协调、调查中低收入家庭住房困难情况，深入了解房地产市场及廉租房房源情况，确定购房补贴的时间、范围、标准，出台《三门峡城市中低收入家庭购买普通商品住房补助的具体实施办法》。同时，落实各级配套资金738万元，及时将补贴家庭任务户数分解到各县（市、区）。四是出台“廉租房租售并举”政策。通过多次调研，市财政部门与市房管部门联合印发《三门峡市廉租房租售并举政策措施》，进一步盘活政府廉租房资产，扩大廉租房保障范围，以保证廉租房保障工作的可持续发展。

2010年，三门峡市继续加大筹措安排廉租住房建设资金力度，加快廉租住房建设进度。一期（2008年）廉租房450套和二期（2009年）廉租房1620套全部竣工并摇号分配。三期（当年）廉租房1450套建设资金安排到位，建设工程稳步推进。同时，认真落实“廉租房租售政策”，继出台《三门峡市廉租房租售政策》之后，当年会同市住房和城乡建设局出台《三门峡市廉租房租售资金管理办法》，加快廉租房资金周转速度，盘活政府资产，增加和扩大廉租房保障范围。截至年底，签署购买意向的廉租房住户达653户，回收资金6000万元。

（四）住房公积金管理

住房公积金是单位及其在职职工缴存的长期住房储备金，关系到广大职工个人切身利益和社会稳定大局。对住房公积金实行财政监管是《住房公积金管理条例》赋予财政部门的职责。为了加强对住房公积金的归集、提取和使用情况的监督，防范和化解住房公积金使用过程中可能出现的各种风险，确保住房公积金的安全运行，根据《河南省财政厅关于转发〈财政部关于加强住房公积金财政监督管理的通知〉的通知》（豫财办综〔2005〕93号）精神，2007年4月，三门峡市财政局委托康华会计师事务所对2006年全市住房公积金收支及管理情况进行审计。审计结果显示：截至2006年底，全市应缴住房公积金23.8万人，实缴11.9万人；住房公积金累计归集额 9.95 亿元，累计支取 1.69 亿元，归集余额 8.26 亿元。全年共发放住房公积金委托贷款 468 户，贷款余额 2368 万元。2006 年度缴存住房公积金 9473 万元，支付住房公积金 1975 万元；住房公积金业务收入 756 万元，支出 564 万元，增值收益 244 万元，计提贷款风险准备金 19.8 万元，计提管理费用 224 万元。从审计结论看，三门峡市住房公积金管理基本实现了安全运行，维护了公积金住房缴交人的合法权益。

2008 年，三门峡市财政局继续委托康华会计师事务所对 2007 年全市住房公积金收支及管理情况进行审计。截至年底，全市应缴住房公积金职工人数 20.5 万人，实缴 15.3 万人；住房公积金累计归集额 13.9 亿元，累计支取额 2.3 亿元，归集余额 11.61 亿元。发放住房公积金委托贷款 1045 户，贷款余额 6484.6 万元。当年缴存住房公积金 2.36 亿元，支付 3752 万元；住房公积金业务收入 1647 万元，支出 1305 万元，增值收益 342 万元，计提贷款风险准备金 47 万元，计提管理费用 295 万元，用于廉租住房保障资金 30 万元。从审计结果看，全市住房公积金收支及管理实现了安全运行，维护了公积金住房缴交人的合法权益。

是年 10 月，为深化住房制度改革、健全住房公积金监管制度，解决广大职工住房困难、促进社会主义和谐社会建设，根据《关于开展加强住房公积金管理专项治理工作的实施意见》（豫建金管〔2008〕5 号）要求，三门峡市纠风办、住房公积金管理中心、财政局、审计局等部门联合成立检查组，对全市住房公积金管理情况进行了专项检查，对发现的问题提出整改措施，责令被检查单位及时予以纠正。

（五）彩票管理

2005 年，按照河南省财政厅《关于对 2003—2004 年度全省彩票公益金使用情况进行检查的通知》（豫财办综〔2005〕23 号）要求，5 月至 6 月中旬，三门峡市财政局组织对全市 2003—2004 年福利、体育彩票公益金项目资金 664 万元的使用情况进行了专项检查。从检查结果看，全市财政部门能够按照财政国库集中支付的要求，由申请用款部门提交用款计划，经财政部门相关科（室）审核后，按款项用途逐笔拨付到民政、体育部门在财政国库集中支付中心设立的支出账户，全程监督其使用情况。从项目资金使用情况看，市、县级民政、体育部门基本上都能按项目要求使用资金，部分项目已建成并已发挥社会效益。如三门峡市康复医院新建病房楼、社区服务中心新建老年福利服务中心“星光老年之家”大楼、社会福利院基础设施建设等项目均建成并投入使用。体育部门除了成功举办各种文体活动、体育赛事外，还对一些体育基础设施进行了投入，在涧河岸边、市街心花园、陕州风景区、六峰路花园及体育场等公共活动场所配置了体育活动器材，丰富了市民的业余体育文化生活。

2006 年，三门峡市财政局进一步加强彩票市场监管和彩票资金管理工作，完善了《彩票项目资金管理办法》，规范了彩票市场行为，严厉打击了地下彩票黑市。

2008 年 10 月，为建立健全彩票公益金监督机制、规范和加强彩票公益金管理、确保彩票公益金专款专用，市财政局、市审计局、市民政局、市体育局四部门联合组成专项检查组，对全市彩票公益金使用情况进行专项检查。检查中严格按照彩票公益金管理有关法律法规，以资金流向为主线、资金使用为重点，采取全面检查与突出重点相结合、审查基金支出与现场实地查看相结合、检查主管部门与检查项目资金使用单位相结合的办法，对市直 15 个单位进行了全面检查，并对陕县和湖滨区进行了重点抽查。从检查总体情况看，有关部门和资金使用单位对彩票公益金的管理和使用工作都比较重视，内控制度比较健全，管理比较严格，均能按照规定使用资金，未发现挤占挪用等重大违纪违规问题。

二、税政条法管理

2001—2010 年，三门峡市税政条法工作以法治教育培训为先导，严格执法程序，规范执法行为。全市财政系统依法行政、依法理财能力不断提高，初步形成与社会主义市场经济体制相适应的财政执法体系。

（一）财政法规建设

1. 成立组织，培训队伍

2001 年，随着全民普法教育的开展，三门峡市财政局及时成立“三门峡市财政法制宣传教育领导小组”，下设“财政法制宣传教育领导小组办公室”，由市财政局税政条法科具体负责法制宣传教育的组织实施工作。

2001—2010年,三门峡市财政部门大力组织开展财政法律、法规知识的宣传培训工作,提高广大财政干部的财政法律知识水平,增强广大财政干部和全社会财政法律意识、财政法治观念。坚持学法用法相结合,把财政法治宣传教育落实到依法理财、依法治财的实践中去,使各级财政部门不断加大执法力度,提高执法水平,解决财政工作中存在的问题。

各县(市、区)财政局也分别设立了法治机构或挂靠相关科(室)安排专人负责,使法规法治宣传教育工作有计划、有部署、有检查、有督促,确保落到实处,富有成效。

2. 制定和实施《财政法制宣传教育五年规划》

为确保财政法治宣传教育工作的顺利开展,三门峡市财政局先后制定第四、五个《财政法制宣传教育五年规划》,并具体安排规划的贯彻实施。规划总体目标是:通过对以《中华人民共和国宪法》为核心的基本法律和社会主义市场经济知识的深入学习,进一步增强全社会的财政法律意识和法治观念;全面提高广大财政干部和财务会计人员的法律素质和依法行政、依法理财能力,基本实现依法理财、依法治财目标任务,为进一步深化财税体制改革,建立和完善财政职能、振兴三门峡财政创造良好的法治环境。

为确保规划的贯彻落实,三门峡市财政局先后制定了《领导干部法制讲座制度》《干部职工法律知识培训制度》《财政执法责任制制度》《干部职工法律知识考核制度》等管理制度,先后购置《财政普法读本》《河南省全民普法法律选编》《公务员法律知识读本》等学习材料,人手一册,加强队伍法治知识学习。采取请进来、走出去方法,邀请法律专家、教授到局里讲法授课;多次邀请市政府法制办专家举办法律、法规为主要内容的专题法治讲座。组织干部职工到看守所听现身说法,进行预防职务犯罪警示教育等多种形式的宣传教育活动。与此同时,还充分利用广播、电视、报纸、杂志和上街宣传等形式,充分发挥法制文艺、法治新闻的社会作用,在社会上营造一种宣传学习财政法规的浓厚氛围。另外,还通过图片展览、知识竞赛、法律咨询等形式,使财政法治宣传深入人心,渗透到人们的日常生活中。

(二)税制改革及税收管理

1. 税源调查

税源调查是对税源的形成、分布以及征收和管理情况进行的一种调查,是财税管理的重要组成部分。

2000—2010年,三门峡市财政局重点开展了企业所得税、关税、资源税、城镇土地使用税、车船使用税税源和重点产品国际竞争力等调查。通过调查,摸清了税源基本情况,通过与国税、地税、统计、工商等部门密切配合,加快推进税源动态监控体系建设,实现税源基础信息共享,助力地方财政收入稳步增长。

(1)企业所得税税源调查。为配合财税体制改革,按照中央和省的统一部署,自2001年起,连续十年对60户重点企业的企业所得税税源跟踪调查,为国家拟实施的内、外资企业所得税合并改革、统一所得税政策提供了重要依据。

(2)重点产品国际竞争力调查。重点产品国际竞争力调查是财政税政系统一项重要的基础性工作,对促进三门峡市外向型经济发展具有重要意义。根据中央和省关于重点产品国际竞争力调查的统一部署,2004—2010年,三门峡市财政局连续七年对全市3户企业出口产品国际竞争力情况进行调查。通过调查,建立了重点产品和生产企业信息数据库,全面掌握了生产企业财务信息资料,为领导部门制定加快三门峡市外贸经济发展政策提供了参考依据。

(3)资源税调查。为全面了解矿产行业生产经营及资源税执行情况,保护与促进国家资源合理有效的开发利用,自2004年下半年开始,市财政组织对全市范围内所有矿产资源的产量、销售量、坑口价格、利润额、利润率、适用资源税标准、缴纳资源税税额等情况进行了全面细致的调查。

2. 税收政策调整

通过税源调查,根据有关矿产资源产销两旺、价格不断升高,资源税税额却在各种矿产品利润中所占比重大幅度降低,资源税对矿产资源价格和矿石销量已经失去了应有的调节作用等问题,结合有关统计数据,市财政局组织撰写了《三门峡市矿产资源税征收情况调研报告》,详细分析了有关矿产资源储量、统管形式、开采情况、生产状况等问题,结合现行资源税税收政策在市场经济条件下存在的不足，提出对三门峡市有关矿产资源征收标准进行相应调整的建议。先后向省财政厅上报了《关于提高煤炭行业资源税征收标准的请示》《关于调整铝土行业资源税征收标准的请示》《关于调整黄金矿石行业资源税征收标准的请示》《关于调整铁矿石资源税税额征收标准的请示》《关于调整钼矿石资源税税额征收标准的请示》。请示中关于调整各类矿产资源税税额征收标准的意见，得到了上级财政部门和税务部门的充分认同和大力支持。

2005年，三门峡市财政局根据全市矿产资源的品位、产销等情况，报上级政府部门批准，提高了三门峡市煤炭、铝矾土等资源税征收标准，适当调整了资源税税额和调高了矿产税额标准。铝矾土资源税税率从以前的每吨14元提高到每吨20元；煤炭资源税征收标准，从以前的每吨0.6元提高到每吨2.5元；非统配煤矿从以前的每吨1元提高到每吨4元。

据测算，资源税和矿产税税额标准适当的调整，每年可增加财政收入4000余万元，为促进三门峡市财政收入稳定增长作出了积极贡献。

（三）退税审查报批

2004年，三门峡市财政局依据《中华人民共和国预算法》《中华人民共和国预算法实施条例》以及财政部、国家税务总局、中国人民银行《关于税制改革后对某些企业实行“先征后返”有关预算问题的暂行规定》等文件精神，制定并实施了《政策性退税工作管理办法》。退税范围包括宣传文化单位、资源综合利用企业、三线搬迁企业、化肥企业、民政福利企业、国家政策规定实行退税的其他企业。为了做好这项工作，三门峡市财政局根据工作需要，分解审批职能，实行市、县两级把关，按照属地原则，先由各县（市、区）财政局对当地企业的评审资料，在规定的时间内进行认真初审，通过审核数据、报告及确定是否注册，无问题后上报市财政局。市财政局对所上报的资料进行严格复审，并与税务部门沟通协调，凡符合政策的应退尽退，不符合规定的一分不退，努力做到准确无误，切实为国家护好法，为人民理好财。2005—2010年，全市累计退税7795.8万元。

2005年退税1245.8万元，其中新华书店退税222.5万元（属增值税先征后返），福利企业退税82.3万元（属即征即退），尿素产品退税192万元，三线企业退税729.7万元，其他行业退税19.3万元。2006年退税1946万元，其中增值税1858.1万元，所得税87.9万元。2007年退税751万元，其中增值税698.5万元，所得税52.5万元。2008年退税1487万元，其中增值税1400万元，所得税87万元。2009年退税1752万元，其中增值税1600万元，所得税152万元。2010年退税614万元，其中增值税590万元，所得税24万元。

（四）财源税源建设

1. 财源建设情况

2001—2010年，三门峡市紧紧抓住中原经济区建设和豫晋陕黄河金三角区域协作发展机遇，充分发挥资源、产业、科技优势，艰苦创业，开拓创新，大力实施“工业强市”战略，加强财源建设，大力发展地方经济。

2001年，三门峡市财政部门继续贯彻积极的财政政策，促进经济稳定增长。当年，新争取地方国债资金7082万元，其中国债补助资金6782万元，国债转贷资金300万元，经过八年艰苦努力的亚洲开发银行贷款豫西农业综合开发项目正式启动。按照公共财政的要求，财政资金不再直接投入一般生产领域，地方财政支持经济发展的方式，转向运用财政贴息等措施吸引社会投资。当年投入高新技术产业化贷款及工业结构贴息259万元，支持三门峡金渠制药有限公司、灵化集团等一批重点企业进行技术改造，促进了经济结构调整。投入农业结构调整400万元，支持优质粮棉油生产基地、优质畜产品生产基地、高科技农业示范园区建设，发挥了政策导向作用。

2003年，三门峡市财政部门积极运用贴息等手段支持经济结构战略性调整。改进高新技术产业化和工业结构调整贴息资金管理办法，合并使用，统筹安排，累计下达贴息资金300万元，重点支持天元铝业、湖滨果汁灵宝华鑫等企业的8个项目进行技术创新，推动了传统产业升级。安排中小企业信用担保金300万元，吸引银行资金1100万元，大力支持非公有制经济发展。进一步加强世界银行、亚洲开发银行等政府外债的报账提款、资金回补及债务分割落实工作，加强外债项目备选库建设，强力推进亚洲开发银行贷款豫西农业综合开发项目的实施工作，累计完成投资2.1亿元，回补到位资金8479万元。进一步加强非税收入征缴,强化票据管理,加大稽查力度,积极参与整顿和规范市场经济秩序,为优化经济环境创造了良好氛围。

2004年2月18日,三门峡市委常委、代理市长李文慧主持召开会议,并要求各级政府要加强政策引导,大力发展非公有制经济和多种成分相结合的混合所有制经济,围绕资源上项目,依靠科技办工业,大力培育骨干财源企业,把工业总量做大。要大力实施名牌战略,尽快培育一批在全省全国数得上叫得响的大企业、大集团,形成一批科技含量高、市场前景广、产品竞争力强的名牌企业,进而成为全市的支柱财源。

2004年3月中旬至4月底,为全面落实市领导关于财源建设的指示精神,三门峡市财政局按照局党组统一部署,各分管局长带领相关科(室)人员分赴各县(市、区)开展城镇经济带财源建设调研。通过召开座谈会、听取汇报、实地查看、询访干部群众等多种形式,先后走访调研40多个乡镇,实地考察50多所中小学、30多所卫生院、40个项目实施点和建设工地,收集掌握了大量的第一手资料。针对不同情况和特点,认真分析了乡镇财源建设现状,2000年以来财政收入结构变化情况,重点财源、重点项目建设情况,债务结构及形成,发展优势和存在的问题,研究提出了城镇经济带财源建设总体规划(至2010年、2015年)和总体目标,实施城镇经济带财源建设的财政政策及措施。

2004年,三门峡市财政部门积极运用财政政策,大力支持经济发展。利用国债资金8157万元,新增农业、卫生、交通等国债项目85个,带动了固定资产投资的快速增长。利用外资6500万元,支持农业、水利、卫生、城建等事业发展。运用贴息等手段支持经济结构战略性调整,筹措重点企业贴息资金1224万元,支持金渠集团、天元铝业、湖滨果汁、河洛中密度板等企业进行技术创新,带动企业投资6.1亿元,推动了传统产业升级;筹措农业、科技、下岗职工再就业等贴息资金754万元,支持中小企业、非公有制经济和旅游业发展。对企业出口退税和免抵税6600万元,促进了外向型经济发展。积极支持国有企业改革,分离企业办学校8所,减轻了企业负担,增强了企业活力。

2005年,三门峡市财政部门积极运用财税杠杆,支持经济增长方式转变和经济结构调整。筹措工业结构调整和高新技术产业化贴息资金1677万元,促进重点企业做大做强,对企业利用国产装备进行技术改造给予抵免所得税优惠,支持企业淘汰落后生产设备,改变高投入、高消耗、高污染状况。筹措农业结构调整资金400万元,支持农产品生产与加工基地建设和龙头企业发展。

2006年,三门峡市财政部门筹措工业结构调整和高新技术产业化贴息资金1207万元,支持了高新技术产业化和工业结构优化升级。筹措资金1213万元,大力支持国有企业改革。认真做好亚洲开发银行贷款豫西农业综合开发项目的实施、验收准备工作,累计完成投资4.86亿元。大力支持企业发展,继续安排企业技改贴息资金,整合财政支持企业发展专项资金,支持企业融资服务体系发展,强化财政支持企业发展的服务职能,加快企业财务信息平台建设,为进一步发展和壮大财源奠定基础。

2007年,三门峡市财政部门大力支持天元铝业集团改制工作,争取新技术出口产品技改贷款贴息和研发资助等各种扶持资金2275万元,有力地促进了企业发展。

2008年,三门峡市级财政安排科技专项经费578万元,重点支持了思睿电子、酶奥生物等高科技企业技术创新。争取省级科技重大专项资金1200万元,对义马气化厂和灵宝金源矿业等重点项目进行了扶持。

2009年,针对典型资源性城市和财源建设遭受金融危机严重冲击的实际,三门峡市委、市政府深入开展"项目建设年"和"企业服务年"活动,出台了一系列"扩内需、保增长"扶持优惠政策,大力促进经济发展,为财税增收奠定了良好基础。

是年,三门峡市财政部门进一步完善财税政策,充分发挥财政职能,积极应对金融危机。切实加快中央新增投资项目建设,全年共争取扩大内需项目63批次,投资总额279773万元,新增投资179224万元。在新增投资中,中央扩大内需投资补助三门峡市58169万元,带动省、市、县三级政府投资57624万元,拉动企业及社会投资63431万元,新增投资当年完成107007万元。中小企业信用担保体系进一步完善,争取上级中小企业信用担保体系建设资金3036万元,5个县(市)均成立了中小企业信用担保机构并开展工作,有效地缓解了中小企业融资难问题。

2001—2010年,三门峡市财源建设取得重要成果:一是构建了以能源、铝工业、黄金、煤化工及林果加工为龙头的五大工业体系,天元铝业、金渠黄金集团、仰韶酒业、神力电力、黄河铝业等一大批企业项目的在建及投产,不仅为建筑营业税提供了丰厚税源,还为财政收入的稳定增长提供了可靠财源。二是新建了开曼和东方希望两大铝业、大唐电厂、中迈电厂、惠能热电、天元集团100万个轿车轮毂和再生铝项目、三门峡戴卡轮毂等一大批重点财源建设项目,财源基础进一步壮大。三是做大了一批重点企业,28家企业被认定为省高新技术企业,540个项目进入省"十二五"规划。

四是县域经济发展步伐加快。2005年,三门峡市所辖5个县(市)中,3个进入全省县(市)经济综合实力20强,2个县(市)财政一般预算收入超过3亿元、2个超过2亿元。2000年,全市地区生产总值152.53亿元,其中,市级(含湖滨区)完成31.62亿元,占比19.65%,5个县(市)完成129.91亿元,占比80.4%。县域经济的良好发展为全市财源建设提供了原动力。

2. 税源建设情况

2001—2010年,三门峡市大力实施"扩大开放、依托提升、优化结构、项目带动"发展战略,着力调整产业结构,转变经济增长方式,构建新的税源体系,扩大税收收入来源,提高财政收入质量,增加"两个比重"(即财政收入占地区生产总值的比重,税收占一般预算收入的比重),初步形成财政收入持续稳定增长的长效机制。

(1)建立财税信息资源共享机制

2003年1月1日起,三门峡市开通"财税库横向联网"系统,实现财政、税务、国库等部门之间的信息资源共享,依托信息化加强对税收核算的监控,加快税款缴纳、报解和拨付速度,使工作效率和工作质量明显提高。

(2)调整土地使用税征收标准,拓宽增收渠道

2007年7月18日,为进一步发挥税收宏观调控作用,提高土地效益,根据《国务院关于修改〈中华人民共和国城镇土地使用税暂行条例〉的决定》和《河南省城镇土地使用税实施办法》等有关规定,三门峡市人民政府颁布《关于调整三门峡市城镇土地使用税有关问题的通知》(三政〔2007〕40号),自7月1日起按调整后的城镇土地使用税征收范围和标准执行。

2007—2010年,全市城镇土地使用税完成征收额56002万元,年均增长78.43%。

(3)财税携手强化纳税征管工作

2002年,三门峡市建立并完善了各级税源监控体系,细化量化监控指标,扩大重点税源监控覆盖面,将年纳税在100万元以上的纳税人,全部纳入市级重点税源监控范围。纳入市局监控的重点税源企业总户数达49户,入库税收4.7亿元,占全市总收入的58.8%。围绕"查大、管小"的工作思路,完成对省控8户和市控23户重点税源企业的检查。以加油站、集贸市场为重点,积极开展各项重点检查、专项检查、日常检查,共查补税款合计4278万元,同比增加678万元,增长18.8%;入库4254万元,入库率达99%。

2004年,为了更好地组织收入,加强税收征管,三门峡市把全市的纳税人分为增值税一般纳税人、小规模纳税人(包括个体大户)和企业所得税纳税人三类,使纳税评估的范围扩大到全市所有纳税人;将纳税评估机构按职责分工,划分为税收管理员、税务所(或税源管理科)、县局、市局四级,合理划分各级评估岗职责;通过对全市1755户纳税人进行纳税评估,评估征收税款1406.36万元。这一做法得到省财税部门的充分肯定,并在全省进行推介。

2004年,三门峡市进一步推广应用河南省2003年度推行的114个行业管理模式,涉及三门峡市的小行业共计53个,对涉及的676户纳税人开展纳税评估,补税698万元。同时,扎实开展重点行业管理,涉及三门峡市的行业共计56个,涉及纳税人229户。通过精细化管理,全市共评估选案3470户次,约谈有问题的企业948户次。其中;直接补税947户,移交稽查1户,应补税款2972万元,入库税款2736万元,冲减留抵税款65万元,加收滞纳金10万元。

2009年,三门峡市财政、税务、金融等部门密切配合,建立收入分析快速反应机制,逐项目、逐企业、

逐单位分析研究,跟踪收入变化趋势,随时掌握征收进度,全市主要企业在生产经营形势严峻的情况下,做到了应缴税款及时足额入库。渑池、灵宝、陕县和义马4个县(市)稳居全省县(市)收入规模30强。

三、政府外债管理

三门峡市政府外债分为国际金融组织贷款和外国政府贷(赠)款两部分。2000—2010年,三门峡市共利用国际金融组织和外国政府贷款项目9个,贷款协议金额折合人民币85575.74万元,项目涉及农业、林业、卫生、供水等领域,覆盖全市各县(市、区)。其中:1个项目因情况变化申请终止,其余8个项目处于还款中。

(一)世界银行贷款项目

1.结核病控制项目

项目总投资580.6万元,其中利用世界银行贷款金额36.93万美元,折合人民币306万元,2003年7月签署,贷款期20年。贷款资金使用情况:三门峡市疾控中心8.57万美元,陕县5.43万美元,灵宝市7.48万美元,卢氏县6.16万美元,湖滨区1.69万美元,义马市2.05万美元,渑池县5.55万美元。

2.河南省中小城市供排水项目

项目总投资9674万元,其中利用世行贷款624万美元,折合人民币5016万元。该项目涉及义马市和陕县,贷款金额分别为322万美元、302万美元,并于2006年10月分别签订了该项目的转贷协议。由于该项目从2001年进入规划,直到2006年才签订了转贷协议,其间由于多种原因义马市、陕县已根据省政府要求,用其他政府投入完成了各自城市供排水工程,三门峡市于2010年向省财政厅申请终止该项目执行。

(二)亚洲开发银行贷款项目

1.豫西农业综合开发项目

项目总投资54041万元,其中利用亚洲开发银行贷款2960万美元,折合人民币24516.6万元,2001年7月签署,贷款期25年。贷款资金使用情况:三门峡市黄河槐扒提水工程建设管理局1666.46万美元,陕县143.29万美元,灵宝市91.79万美元,卢氏县32万美元,湖滨区58.89万美元,义马市255.43万美元,渑池县712.12万美元。该项目旨在帮助豫西贫困地区低收入农户发展园艺种植和畜牧养殖,并从黄河提水供应渑池、义马两地缓解缺水现状,促进当地经济发展。

2.河南高效农业综合开发项目

项目总投资13560万美元,其中利用亚洲开发银行贷款6670万美元,折合人民币46690万元,2008年10月签署,贷款期25年。贷款资金使用情况:三门峡市农业局50万美元,陕县2248万美元,灵宝市4372万美元。该项目主要用于建设两条浓缩果汁生产线、8万亩苹果基地、2万亩黄桃基地、1万亩大杏基地、1万亩芦笋基地和5.47万亩大枣基地,以此带动当地果林业种植技术的提升和高效绿色农业的发展。

3.北方旱作农业项目

项目总投资4700万元,其中利用亚洲开发银行贷款400万美元,折合人民币2740万元,2009年12月签署,贷款期25年。该项目400万美元贷款全部由陕县支配,主要用于建设龙飞公司10万亩玉米基地以及7万吨饲料生产线。通过应用优良品种、配方施肥,改善农业生产条件和农业生态环境,实现农业可持续发展。

(三)外国政府贷款项目

1.三门峡市人民医院购置医疗设备项目

项目总投资2292万元,其中利用以色列政府贷款240万美元,折合人民币1992万元,2001年11月签署,贷款期10年。

2.三门峡市公共卫生项目

项目总投资2185.89万元人民币,利用日本政府贷款22600万日元,折合人民币1580.14万元,2004年12月签署,贷款期30年。贷款资金使用情况:市疾控中心7600万日元,市传染病医院9600万日元,三门峡市急救中心5400万日元。

3.义马市人民医院购置医疗设备项目

项目总投资931万元,其中利用以色列政府贷款100万美元,折合人民币830万元,2006年5月签署,贷款期10年。

4.河南造林项目

项目总投资2862.79万元,其中利用日本政府贷款26101万日元,折合人民币1905万元,2006年10月签署,贷款期40年。贷款资金使用情况:国有三门峡河西林场6819万日元,湖滨区6863万日元,灵宝市12419万日元。

第六节　国有资产管理

1990年5月，三门峡市国有资产管理局成立，副县级单位，隶属市财政局，负责全市企业和行政事业单位国有资产的管理。2002年，三门峡市国有资产管理局撤销，之前承担的行政管理职能划入市财政局。2006年，各级财政部门对行政事业单位资产实行集中归口管理，三门峡市财政局成立行政事业资产管理科，行使行政事业单位资产管理职能。

一、行政事业单位清产核资

(一)市本级行政事业单位清产核资

2001年，根据《河南省人民政府关于加强机构改革过程中国有资产管理工作的通知》以及《三门峡市人民政府办公室关于开展行政事业单位国有资产清理检查的通知》(三政办〔1999〕45号)要求，三门峡市国有资产管理部门对各行政事业单位的各项国有资产管理制度、法规执行情况予以检查。检查分自查和重点检查两个阶段，自查阶段从1月开始到3月结束。根据市政府要求，针对自查中发现的问题，抽调财政、国资、审计、监察等部门懂业务、熟悉国资管理的人员成立重点检查工作组，通过对各检查组进行政策、法规及检查方法、步骤的培训，于4月17日至5月20日对全市有代表性的61家行政事业单位进行重点检查。对检查发现的被检查单位存在的违规行为，市国有资产管理部门联合市财政局、审计局、监察局下发《关于行政事业单位国有资产管理工作重点检查工作的通报》，并根据《河南省行政事业单位国有资产管理规定》(省政府19号令)和《三门峡市产权交易管理暂行办法》的相关规定，对违反规定的27个单位予以处理，严肃了国有资产管理制度，增强了各行政事业单位管理意识，对实现国有资产管理制度化、规范化起到了积极作用。

2005年，三门峡市财政部门组织对三门峡职业技术学院进行清产核资。按照当年工作计划，对原三门峡工学院、豫西师范两校合并为三门峡职业技术学院前后以及与市卫生局、市人民医院资产置换后的资产、负债、所有者权益实施全面清查，按规定对资产损失、投资损失进行报废处理。从而摸清了该院真实的家底，为其以后加强资产、财务规范管理奠定了基础。

2006年6月6日，财政部公布了《行政单位国有资产管理暂行办法》和《事业单位国有资产管理暂行办法》，两个办法自2006年7月1日起施行。办法明确了行政事业单位国有资产的管理体制和各部门、各单位的管理职责，规范了资产配置、资产使用、资产处置等各个环节的管理办法，构建了行政事业单位国有资产从形成、使用到处置全过程的有效监管体系。

是年，按照国家关于国有资产处置相关规定，三门峡市财政部门本着“谁投资、谁受益、谁拥有所有权”的原则，对三门峡市轻纺工业经销公司和三门峡市黄金设计院铸钢厂产权予以界定，维护了投资者和所有者的合法权益。在勘察设计单位转制成企业过程中，财政部门要求有关部门规范改制程序，在完成改制单位资产评估并对评估结果予以审核确认后，委托单位主管部门对相应资产予以划转。

(二)全市行政事业单位清产核资

2007年，按照财政部和省政府的统一部署，三门峡市对各县(市、区)和市直行政事业单位资产清查工作作出周密安排。此次资产清查以2006年12月31日为基准日，从2007年1月开始，至12月初完成。清查任务包括单位自查、中介机构专项审计、数据收集审核、对盘亏盘盈资产审批和账务调整等各个阶段工作。2月8日，三门峡市行政事业单位资产清查工作全面展开，清查范围主要包括：2006年12月31日以前经编制管理部门批准成立的执行行政事业单位财务会计制度的各类行政事业单位、社会团体以及执行非营利组织会计制度并同财政部门有经费缴拨关系的社会团体单位。

为保证资产清查工作的顺利进行，三门峡市人民政府印发《三门峡市人民政府关于加强行政事业单位国有资产管理工作的意见》《三门峡市人民政府关于建立三门峡市行政事业单位资产清查工作联席会议制度的通知》，三门峡市人民政府办公室同时下发《关于印发三门峡市行政事业单位资产清查工作方案的通知》,对行政事业单位资产清查工作作出全面部署。按照市政府有关文件精神,市财政部门迅速理顺行政事业单位国有资产管理体制,将湖滨区原划归发改委的资产管理职能重新收归财政部门,其他县(市)的管理职能也随之理顺。建立、调整、充实资产管理机构和人员,为全市行政事业单位资产清查工作的顺利开展提供保障。建立资产清查工作联席会议单位工作机制,明确各成员单位除对资产清查工作进行督导、检查、验收等共同职责外,还要按照分工履行好各自职责,以保证全市资产清查工作的时间进度和工作质量。开展层层工作动员和业务培训,全市共举办培训班 29 期,培训 2170 人次。印制《三门峡市行政事业单位资产清查工作手册》和《全国行政事业单位资产清查报表管理系统用户手册》各 1600 份,复制资产清查系统软件 250 份,印制一系列工作文件和报表供清查工作使用。同时,吸纳中介机构参与资产清查工作。市财政局成立由资产清查办公室、监察室和市注册会计师协会组成的工作小组,对报名参与资产清查工作的中介机构进行严格的资格审查,并与符合执业资格的中介机构逐户谈判,最后确定 10 个会计师事务所和 2 个评估师事务所参与市直资产清查审计和相关评估工作。各县(市、区)根据实际情况,也分别确定了参与资产清查审计和相关评估工作的中介机构。据统计,全市共有 29 家中介机构参与本次资产清查工作。引入中介机构参与,大大提高了资产清查工作质量,保证了清查结果的真实性。

此次资产清查主要内容:行政事业单位基本情况清理、账务清理、财产清查和完善制度等。全市参与清查的独立编制机构(单位)共 2456 户,其中行政单位 487 户,事业单位 1969 户,独立核算单位 1798 户。通过清查,增加资产 122211.75 万元,减少资产 30797.53 万元,增减相抵后净增资产 91414.22 万元。全部待处理资产损溢审查批复调整后,全市行政事业单位资产总额达到 642757.04 万元,比 2006 年部门决算数 469248.23 万元增加 173508.81 万元,增长 36.98%。清查结果显示:确定负债增加 25781.32 万元,负债减少 1451.04 万元,增减相抵后,负债净增加 24330.28 万元;所有者权益(行政事业单位净资产)账面数为 40.02 亿元,财政部门对"待处理资产损溢"批复后,全市行政事业单位净资产达到 46.7 亿元。全部清查工作结束后,市财政部门及时对包括全市 21 个单位、25 批次的资产处置行为作出审核批复,并对市集体工业联社、中小企业局、国资委之间车辆产权纠纷案件作出调查界定,圆满解决了上述单位之间的产权纠纷。

2008 年,三门峡市行政事业单位资产清查工作受到省政府表彰。

二、行政事业单位资产管理

(一)制度建设

从 2006 年开始,三门峡市各级财政部门对行政事业单位国有资产实行集中归口管理。市财政部门根据国家有关规定和《河南省行政事业单位国有资产管理规定》(河南省人民政府 19 号令),在大量调查研究的基础上,制定了《三门峡市行政事业单位国有资产管理办法(试行)》,为行政事业单位国有资产管理提供了法规依据。

2007 年 9 月 1 日,《河南省行政事业单位国有资产管理办法》(以下简称《办法》)开始施行,原《河南省行政事业单位国有资产管理规定》同时废止。《办法》明确了行政事业单位国有资产的管理体制和各部门、各单位的管理职责,建立起"财政部门—主管部门—行政事业单位"三个管理层次紧密联系的国有资产监督管理体系。《办法》进一步明确了行政事业单位国有资产的管理原则,理顺了管理体制,规范了配置程序,强化了使用、处置管理规定,完善了收入管理办法。《办法》的颁布实施,标志着行政事业资产管理工作进入了一个崭新的阶段。

2008 年,依据财政部有关文件精神,三门峡市财政部门在调查研究的基础上,代拟了《三门峡市人民政府关于加强行政事业单位国有资产管理工作的意见》《三门峡市人民政府关于贯彻实施〈河南省行政事业单位国有资产管理办法〉的若干意见》《三门峡市行政事业单位资产处置办法》《三门峡市财政局行政事业单位国有资产管理工作内部规程》等一系列管理意见、办法和规程。按照财政部 35、36 号令有关精神,以 2007 年行政事业单位资产清查结果为基础,完善出台了《三门峡市行政事业单位国有资产处置管理暂行办法》《关于加强和规范行政事业单位资产处置和资产出租、出借管理工作的通知》《三门峡市行政事业单位公务车辆管理办法》，初步建立起三门峡市行政事业单位资产管理制度体系。

是年，河南省财政厅在全省范围内邀请6个有先进管理经验的地(市)县，集中对省财政厅制定的《河南省省级行政事业单位经营性资产管理暂行办法(讨论稿)》《河南省省级行政事业单位资产配置办法(试行)》《河南省省级行政事业单位资产配置标准(试行)》《河南省行政事业单位国有资产产权纠纷调处暂行办法(讨论稿)》进行讨论，对管理办法中涉及的条款进行认真研讨，并提出合理化建议。三门峡市财政局亦在此次被邀请之列，全程参与了上述文件的起草、研讨和修订工作。

2009年，为了更好地服务资产管理工作，三门峡市财政部门组织完成历年来国家、省、市有关行政事业单位国有资产管理方面制度、办法的整理汇编工作。

(二)基础管理

2001年，三门峡市财政部门圆满完成2000年度企业国有资产产权登记年度检查工作。工作开展中，认真贯彻财政部《关于1999年度企业国有资产产权登记年度检查有关问题的通知》精神，对全市企业国有资产产权登记年检工作作出严密部署。多次召开协调会议，制定具体措施，抽调业务骨干充实年检队伍，确保企业国有资产产权登记年检工作的顺利进行。年检结果显示：全市占有国有资产企业418户，国有资产总额249181万元，其中国有资本金146913万元，国有资本权益85051万元。在完成年检工作同时，市资产管理部门认真编写产权登记及国有资产统计分析报告，通过对资产分布、结构、经营状况方面存在问题的剖析，提出解决问题思路和办法，为政府决策提供了可靠依据。8月24日，市资产管理部门转发财政部《关于修订〈企业国有资产产权登记管理办法实施细则〉的通知》《关于〈关于开展企业重新占有和换发新的产权登记表证的通知〉的通知》，分别于8月25日和9月1日召开县(市、区)及市直单位国有企业产权登记换证工作会议，对换证工作组织领导、配合协调、质量把关等环节作出详细安排，并连续三天在《三门峡日报》和三门峡电视台刊登公告进行宣传发动。当年12月底，全市430余户国有企业产权登记换证工作基本结束。通过国有企业产权登记换证，进一步摸清了占有国有资产企业户数和国有资产占有数额，为以后管理工作奠定坚实基础。

是年，组织完成1999年度全市“统一报表”的填报、审核、上报工作。为搞好此项工作，市资产管理部门加强协调，督促有关部门认真审核分管的集体企业、金融企业报表，确保报表内部各指标间的关系正确、数字准确。会同市财政部门召开全市行政事业单位报表会审会议，对行政事业单位报表与预、决算两套报表间的差异作出统一调整，保证报表数据的准确性，顺利通过了省国资局的会审验收。同时，按照省国资局要求，按时完成15户监测企业季报(第一季度)监测报表的报送任务。

(三)资产购置

2010年，三门峡市财政部门积极探索行政事业单位资产配置管理办法。在以前年度资产清查的基础上，根据现有各单位人员编制，测算办公与业务用房、公务车辆配备数量、办公设备、办公家具等配备标准，明确财政部门内部工作流程，为制定资产配置管理办法做好基础工作。各行政事业单位根据存量资产的质量、结构和分布情况，提出各自单位下一年度拟购资产的品目、数量，测算经费额度，财政部门根据本级资产配置标准和行政事业单位资产存量状况予以审批后，各单位方可将资产购置项目列入年度部门预算。

(四)资产处置及出租出借管理

1. 正常资产处置

2001年，三门峡市资产管理部门采取措施，加大对“省政府19号令”及市财政局、市政控制社会集团购买力办公室《关于行政事业单位资产处置有关问题的通知》的宣传力度，把国有资产的处置管理作为日常的基础管理来抓，并取得良好效果。当年共办理资产处置手续34项，处置资产10990万元，使资产处置管理步入规范化轨道，有效地防止了国有资产的流失。

2006年，三门峡市财政部门按照国有资产管理相关规定，对市直18个单位20批次的资产进行了处置。工作开展过程中，严格审批程序，对所处置资产按规定予以评估和公开交易。对部分价值较高的资产，组织人员到现场勘察督导，以保证资产处置符合政策，有效地防止了资产处置过程中的流失。

2008年，财政部门启用“三门峡市财政局行政事业资产管理专用章”，用于行政事业单位资产配置、处置等方面的审批工作。全年共对35个单位、37个批次资产处置行为作了审核批复。

2009年,三门峡市财政部门按照流程办理资产处置60多宗,取得收入139万元。为规范资产评估及处置程序,财政部门建立评估机构备选库,召集市区3家进入备选库的评估机构,对资产评估及处置业务提出具体的要求。当年,采用竞价方式,公开处置公务用车6辆,成交价比评估价增值8.39万元,增值率达44.68%。按照企业改制相关文件,厘清国有工业企业改制时未出售的非经营性国有资产情况,依据规定加强管理,防止因改制而造成国有资产的流失。同时,为保证市直机关所属企业脱钩改制工作顺利开展,联合市纪委、监察局下发通知,要求脱钩改制工作必须依纪依规进行。并多次召开脱钩改制工作动员大会,组织人员深入基层,对市直机关所属企业调查摸底,在充分掌握一手资料情况下,起草了切实可行的市直机关所属企业脱钩改制实施意见。

2010年12月9日,市国资办通过公开竞价方式,在三门峡市纪检监察部门和有关媒体现场监督下,公开处置6辆公务用车。6辆公务用车的评估价为18.78万元,竞价成交价为27.17万元,增值8.39万元,增值率达44.68%。当年,还严格按照流程完成国有资产处置60余宗,取得收入139万元。

2. 机构改革资产划转处置

2006年,三门峡市严格按照国有资产管理相关规定,加强事业单位改革过程中国有资产的管理工作。在勘察设计单位转制成企业过程中,市财政要求有关部门规范改制程序,对改制单位进行资产评估并对评估结果审核确认,委托单位主管部门对相应资产予以划转,明确权属关系。

2009年,按照市委、市政府要求,三门峡市财政部门顺利完成同原市国资委的工作交接,并安排布置了2009年度国有企业决算及国有资产统计报表工作。同时,认真做好市直机构改革中所涉及单位的资产划转工作。先后召开4次协调会,完成了市水利局和河务移民局的资产划转工作;召开6次协调会,完成市住房和城乡建设局、市机关事务管理局的资产划转工作;通过大量的协调工作,完成市煤炭局、市发改委、市工信局、市商务局、市商业总公司的资产划转工作。还参与指导了市物资公司下属单位的改制工作。截至年底,市直行政事业单位改革及企业改制中涉及的资产划转工作基本完成。

3. 资产出租出借管理

2008年3月,为规范对出租、出借资产的管理,三门峡市财政局下发《关于加强和规范行政事业单位资产处置和资产出租、出借管理工作的通知》,要求行政事业单位资产出租、出借应经主管部门审核后报财政部门审批。对于在行政事业单位资产清查时已向主管部门和财政部门申报的出租、出借资产,原合同在有效期内的继续执行;未向主管部门和财政部门申报和漏报的出租、出借资产,应向主管部门和财政部门补充申报;出租、出借合同已到期或未约定期限的,应重新审定,报主管部门审核后,由财政部门审批。出租、出借收入,按照预算外资金征收管理办法,严格实行"收支两条线"管理。7月1日至31日,市财政、纪检、监察、审计等部门组成联合检查组,对资产处置、出租、出借情况进行检查,检查面达75%。对检查中发现的违规违纪问题,依据《国务院财政违法行为处罚处分条例》、《河南省政府非税收入管理办法》及河南省人民政府108号令、三门峡市人民政府《三门峡市行政事业单位国有资产处置管理暂行办法》(三政〔2007〕53号)有关规定,进行了及时处理。

(五)产权交易

2001年,为使产权交易和资产拍卖不断向法治化、制度化、规范化方向发展,三门峡市资产管理部门加强对产权交易和资产拍卖的监督管理,保证其符合市政府颁布的《产权管理暂行办法》精神。针对近年产权交易出现的新情况、新问题,产权交易中心采取集中学习和个人自学相结合方法,狠抓业务学习,确保人员整体业务素质的不断提高,以适应新形势下工作的需要。同时,继续拓宽市场,扩大业务,当年共举行拍卖会7场,交易额300万元,实现收入13.2万元。

2005年,资产管理产权交易工作主要是市直行政事业资产处置业务。全年共完成车辆交易17宗,评估值65万余元,成交额70余万元,实现资产增值5.3万元,增值率8.15%。

2006年,结合国有资产管理有关政策法规及财会业务,开展各类会计人员培训班11期,培训学员1400人。在产权交易方面,主要是市直行政事业单位资产处置业务。全年共完成旧车辆交易38宗，评估值151万余元，成交额156.6万元，资产增值5.5万元，增值率3.69%。

2007年，根据国家有关规定，三门峡市资产管理部门严格按照流程规范操作，充分保障产权交易工作的公开、公平、公正和透明。全年共完成车辆交易20宗，评估值100万元，成交额103万元，资产增值3万元，增值率3%。

2008年，按照产权交易公开、公平、公正和透明原则，共完成车辆交易18宗，评估值69.4万元，成交额70.3万元，资产增值0.9万元。

2009年，在产权交易工作中，三门峡市资产管理部门继续坚持公开、公平、公正和透明原则，共完成车辆交易17宗，评估值53.33万元，成交额56.94万元，资产增值3.61万元。

2010年，三门峡市资产管理部门完成车辆交易34宗，评估值105.67万元，成交额120.26万元，资产增值14.59万元，增值率达13.8%。当年，三门峡市财政部门与三门峡市中级人民法院签订协议，共建司法拍卖平台。

(六)资产管理信息系统建设

2008年，为全面加强行政事业单位国有资产管理，三门峡市财政部门积极推进行政事业单位资产管理信息化建设，实现对资产的动态监管。按照河南省财政厅有关通知精神，市财政部门选派业务骨干参加省财政厅举办的“行政事业单位资产管理信息系统”培训。之后，为做好对各县(市、区)资产管理人员的培训，市财政部门制定《资产管理信息系统培训工作方案》，配备必要的办公设备，安装数据库、中间件及系统程序，并对软件进行测试。同时，印制《行政事业单位资产管理信息系统培训资料》1500份，复制资产清查系统软件250份，圆满完成了各县(市、区)资产管理人员的培训任务。

2009年，按照财政部《关于正式实施行政事业单位资产管理信息系统有关问题的通知》(财办〔2009〕39号)和河南省财政厅《关于实施行政事业单位资产管理信息系统有关问题的通知》(豫财办资〔2009〕74号)要求，三门峡市财政部门制定《实施国有资产管理信息系统工作方案》，于12月底前，再次对市直和各县(市、区)资产管理信息系统操作人员进行业务培训。当年4月，三门峡市率先在全省完成了资产管理信息系统基础数据备份的收集工作，受到省财政厅充分肯定。11月21日，全市资产管理信息系统建成，基础数据录入工作全面结束。当年，市财政部门还建立起资产管理QQ群、资产管理短信平台，便于工作联系和对外宣传。

2010年，三门峡市国有资产管理部门被评为全省国有资产管理工作先进单位。

三、支持国企改革和非公有制经济发展

(一)坚持依法治产，深化国企产权制度改革

2001年，为确保《三门峡市国有资产收益收缴管理暂行办法》和《三门峡市产权交易管理暂行办法》的全面实施，进一步理顺国有资产收益收缴和产权交易渠道，防止国有资产流失，三门峡市财政部门认真实施财政部制定的新的资产评估立项、确认制度，完善资产评估管理，确保评估报告客观、公正。当年共办理评估立项32项，确认29项。其中，对大元铝业有限公司设立、金鹏石业公司投资成立、化机厂破产的评估报告进行了高质量的确认。据统计，三家大型企业评估资产原值45511万元，评估值46116万元，为企业改制提供了专业化服务。当年，完成陕县火电厂、义马市振兴化工厂、渑池县火电厂等单位的资产置换工作。

(二)资产业务机构管理

1.资产评估机构业务管理

2001年，在1999年清理整顿的基础上，三门峡市资产管理部门将市内6家资产评估机构精简合并为4家，优化了资产评估从业队伍，进一步提高了评估从业人员的业务素质。随着评估机构脱钩改制工作的进行，资产管理部门改变往年对评估机构年检的做法，通过对评估机构出具的评估报告审核的严格把关，加强对评估机构的检查督查力度。对于不符合要求、评估方法不科学的报告，资产管理部门要求评估机构重新修订上报，直至符合要求。在企业改制资产评估过程中，随评估人员一同进驻企业，现场督导，以促进评估机构提高执业质量，规范执业行为。当年，及时完成评估报表及软盘上报工作，并保证上报数据的完整、准确。同时，按规定足额完成评估机构的会费征收工作，征收率达100%。

2.市信托公司清理整顿

2001年，根据三门峡市委、市政府有关清理整顿信托公司的指示精神，三门峡市国资局抽调6名业务骨干，协同有关部门组成清理整顿工作组，于1

月4日进驻信托公司,开展清理整顿工作。依据财政部、中国人民银行《信托投资公司清产核资、资产评估的损失冲销的规定》和国家现行有关法律、法规制定了《三门峡市人民政府驻信托投资公司清产核资工作组工作方案》。按照方案要求,工作组对信托公司及其下属实体的资产、负债权益作了全面清查,对实物资产作了价值重估,对账外经营资产作并账处理。根据有关规定,对清查核实的结果和资产损失情况作了依法处理。共清收各类债权近8292万元,均收缴财政专户。为做好个人债务的兑付工作,工作组制定分期兑付方案,研究操作方法,制定操作程序,对可能发生的各种问题制定了预案,圆满完成了兑付任务,维护了社会、金融秩序的稳定。清理整顿过程中,及时在《金融时报》《三门峡日报》上刊登清算组公告,召开债权人会议,通报清算工作进展情况,最大限度保护了债权人的合法权益。同时,为搞好现有债权的清收工作,工作组对信托公司的债权分类排队,按照"先易后难、先近后远"的原则,确定专人,逐笔清收。为了促使资产变现,工作组制定了资产变现方案,组织两次拍卖会,对信托公司收回的抵押物品实行集中拍卖变现,收回了部分资金。依据国家有关政策法规,对信托公司违规操作支付的高息予以强制性追缴;对信托公司职工不合理收入予以清退,为国家挽回了部分损失。

(三)支持国企改革和非公有制经济发展

2003年,三门峡市国资部门积极支持国企改革和非公有制经济发展,加快国民经济战略性调整。进一步探索公有制特别是国有制的多种有效实现形式,积极推行股份制,发展混合型所有制经济。通过多种形式对国有企业进行产权制度改革,实现投资主体多元化,促进国有企业更好更快地发展,实现国有资产的保值增值。同时,认真落实对非公有制企业的财税优惠政策,鼓励非公有制企业参与国有、集体企业产权改革,完善中小企业信用担保体系,规范对非公有制企业的收费管理和优化经济发展软环境。引导国有企业和非公有制企业用足用好财税政策,促进全市国有企业改革和非公有制经济发展再上台阶。

2004年,三门峡市财政局成立国有企业改制办公室,负责改制企业清产核资的审核工作。为支持和配合全市国有企业改制工作,保证清产核资报告的审批进度,财政部门加强与企业、中介机构的沟通,本着既落实政策规定,又体现让利于企业、让利于职工的精神,在实际工作中,做到既坚持原则又不纠缠于细枝末节,加快改制进度,提高工作效率。上半年,共审核批复三门峡仪电有限责任公司、三门峡豫西轴承厂、天元铝业集团(下属公司)、金渠集团(下属公司)等清产核资报告18户。

第七节　财政监督

一、财政监督机构演变

1986年6月,三门峡市人民政府成立税收财务大检查办公室,办公地点设在三门峡市财政局,履行三门峡市属企业、单位税收财务等法律法规执行情况大检查职能。1991年10月,确定行政编制4人。

1996年12月,根据《三门峡市人民政府办公室关于印发三门峡市财政局职能设置、内设机构和人员编制方案的通知》(三政办〔1996〕88号)机构改革"三定"方案,保留三门峡市人民政府税收财务大检查办公室机构(挂财税监督科牌子),行使全市税收财务检查职能。

1998年,根据财政部统一部署,终止一年一度的税收财务大检查工作,重心转移到开展经常性的财政监督检查,重点搞内部审计和外部检查。

2000年9月,根据《关于三门峡市人民政府税收财务大检查办公室更名的通知》(三编办〔2000〕11号)文件精神,"三门峡市人民政府税收财务大检查办公室"更名为"三门峡市人民政府财税监督检查办公室",机构仍设在三门峡市财政局,职能作相应调整,规格不变。

2002年7月,依据三门峡市人民政府办公室《关于印发三门峡市财政局职能配置、内设机构和人员编制规定的通知》(三政办〔2002〕87号)精神,成立财税监督检查科(挂三门峡市人民政府财税监督检查局牌子),编制3人,2004年又增加1人。

2010年5月,依据三门峡市人民政府办公室《关于印发三门峡市财政局职能配置、内设机构和人员编制规定的通知》(三政办〔2010〕72号)精神,成立三门峡市人民政府财税监督检查局,内设监督检查一科、二科、三科(规格均为副科级),作为三门峡市财政局直属的副县级单位,专门履行全市财政监督检查职能,监督本级及各县(市、区)行政事业单位的财税方针政策执行情况,人员在局机关编制之内统一调配,实有工作人员4名。

二、财政监督检查规章制度

2002年,三门峡市财政局印发《关于加强对局属单位财务监督管理意见的通知》(三财监〔2002〕6号)。通知规定,监督检查科负责单位内部审计工作,对局机关各科(室)及局属各单位财政、财务收支的真实、合法、效益情况实施审计监督。同时对内部审计的范围、职权、方式、工作程序等作出严格规定。

2008年,三门峡市财政局印发《内部财务管理监督考核办法》。该办法对预算编制、预算执行、专项资金的管理与拨付、接受局内部及外部监督检查要求、监督检查资料的记录报送等作了详细规定,制定了相应的检查考核办法,为内部财务的规范管理和监督考核提供了依据。

2009年,三门峡市财政局印发《三门峡市财政专项资金监督管理办法》《关于进一步落实〈财政部门内部监督检查暂行办法〉的意见》《三门峡市财政专户管理办法》《三门峡市财政局经费管理办法》4项管理制度,对财政专项资金管理、财政专户管理、内部监督检查、经费管理等方面作出具体规定,为财政监督检查工作的开展提供了制度依据。

三、财政业务专项检查

(一)财税政策执行和财务收支情况检查

1.税收征缴情况检查

2001年,按照河南省财政厅《关于对部分市地开展省级收入专项检查的通知》(豫财监字〔2001〕2号)要求,从二季度开始,省财政厅派出检查组对三门峡市省级收入进行专项检查。检查时限为1997年1月至2000年12月底。检查范围为金融保险营业税、耕地占用税、土地使用税、固定资产投资方向调节税、新华书店所得税、土地增值税、土地出让金、矿产资源补偿费和水利建设基金。同时,要求地税、土地、地矿、银行等部门,认真做好自查自纠工作,填写自查报告表并写出书面材料。

2005年,在全市范围内开展了财政收入专项检查工作。从5月20日起,重点对2004年1月1日至2005年3月31日的税收收入情况开展专项自查,严肃纠正越权减免税、先征后返等违反税收政策和通过"四假企业"骗取税收优惠的违纪行为。至7月10日,检查工作全面结束,全市共检查部门和单位10647家,对有问题的54家全部作了处理,追缴入库资金543万元,纠正违规金额34万元。

2.财务收支执行情况检查

2002年,三门峡市财政局印发《关于对局属单位财务进行检查的通知》(三财监督字〔2002〕7号),并于9月23日起对局属各单位2002年1—8月财务收支情况进行了专项检查。检查的主要内容为财务收支是否合规、会计基础工作是否规范等。

2003年,根据年度工作计划,三门峡市财政局组织对义马市和该市常村镇2002年度财政收支情况进行了检查。对检查中发现的会计基础工作和一般预算支出中存在的问题,及时与两级财政部门交换了意见,下达了检查结论和处理决定,督促其及时进行了整改。

2004年,三门峡市财政局组织对卢氏县、渑池县2003年县级财政收支管理和市级收入情况进行了检查。同时,对陕县张汴乡、渑池县张村镇2003年财政收支管理情况进行了重点抽查。

2005年,组织对市财政局所属8个独立核算单位2004年会计基础工作规范化和财务收支管理情况进行了检查,被检查各单位针对检查中发现的问题积极进行了整改。各县(市、区)也分别采取不同方式对局属单位和乡镇财政所进行了监督检查。全市财政部门共完成内部检查26个单位,查出有问题金额929.4万元,纠正违规金额163.2万元,调整有关账项700余万元。此外,对灵宝市、渑池县2004年县级财政收支管理情况进行了检查;对灵宝市焦村镇、渑池县张村镇2004年财政收支管理情况进行了重点抽查。被检查各县、乡对检查工作高度重视,对存在问题进行了认真整改。

2006年,三门峡市财政局对108个部门和单位开展了监督检查,共查出有问题金额26186万元。

其中:截留挪用坐支滞留财政资金1160万元,虚列财政支出5363万元,违规开征虚收财政收入431万元,违反专户存储规定92万元,资产不实2564万元,所有者权益不实2590万元,损益不实4890万元,偷逃税收621万元,其他问题8475万元。同时,对108户被检查单位下达了检查结论和处理决定,其中,违纪户数63户,处理61户,提出整改建议159条,追缴财政资金621万元,纠正财政违规金额6559万元,处以罚款62万元,调整账务10794万元,追回注册资金965万元,收回账外账383万元,处理其他违规资金64万元。当年4—5月,对局属8个单位2005年的财务收支管理情况进行了检查,并根据财务规定对各单位下达了检查结论和处理决定。此外,完成了对陕县、开发区2005年县级财政收支管理情况的监督检查。

2010年,三门峡市财政局对全市223个部门和单位开展了监督检查工作,共查出违纪金额6143万元。其中:截留挪用财政资金99万元,违反专户存储规定1235万元,设置账外账17万元,其他问题4792万元;调整资产不实1890万元,损益不实1656万元。对被检查单位下达了检查结论和处理决定,其中违纪户数65户,处理65户,查补财政收入99万元,纠正违规金额5409万元,罚款25万元。

3.预算收入征管质量监督检查

2003年,三门峡市财政部门对义马市2002年度征管三门峡市级预算收入情况进行了检查,为以后全面开展市本级预算收入征管情况检查奠定了基础。

(二)财政收入、财政支出检查

2002年,三门峡市财政部门共抽调206人次、组成85个检查组,对全市119家行政事业单位进行了监督检查。一是对全市金融、医疗、房地产行业2001年度的会计信息质量进行了监督检查。二是对渑池县、湖滨区等县(区)、乡13个部门单位2001年度的预算执行情况进行了抽查。三是对自然林保护费使用情况进行了专项检查。四是对局属8个单位2002年1—9月的财务收支情况进行了监督检查。五是对局内设科(室)的银行账户和资金进行了全面清理,共清理账户67个,清理资金7300多万元。全年共查出违纪资金1442.9万元。其中:坐支截留、挤占挪用财政资金18.4万元;未按规定实行专户存储119.5万元;虚列财政支出560万元;资产和所有者权益不实407万元;少缴税款8万元;其他违纪330万元。针对存在的问题,分别向有关单位提出了整改意见,共追回财政资金、补缴税款31.2万元,收缴财政专户119.5万元,调整账务1297万元。对违规违纪资金,按规定全部移交国库科和财政支付中心管理。对其他违规事项,按照国务院《关于违反财经法规处罚的暂行规定》对有关单位进行了处罚,并下达了处理决定和整改通知书。

2008年,三门峡市对102个部门和单位开展了财政监督检查,共查出违纪金额5667.74万元。其中:截留挪用财政资金116.04万元,违反专户存储规定161.5万元,其他问题5390.2万元;调整资产不实275.6万元,所有者权益不实212.4万元,损益不实293.87万元。检查工作结束后,对被检查单位下达了检查结论和处理决定,其中违纪户数46户,处理户数46户;查补财政收入116.04万元,纠正违规金额1951.18万元,罚款11万元。

2009年,三门峡市对247个部门和单位开展了财政监督检查,共查出违纪金额3856.82万元。其中:截留挪用财政资金36.37万元,违反专户存储规定513.24万元,其他问题3307.21万元;调整资产不实1344.15万元,所有者权益不实1243.82万元,损益不实79.88万元。检查工作结束后,对被检查单位下达检查结论和处理决定,其中违纪户数85户,处理户数78户;查补财政收入36.37万元,纠正违规金额3145.77万元,罚款29.2万元。

2010年,三门峡市对247个部门和单位开展了财政监督检查,共查出违纪金额6143万元。其中:截留挪用财政资金99万元,违反专户存储规定1235万元,设置账外账17万元,其他问题4792万元;调整资产不实1890万元,损益1656万元。检查工作结束后,对被检查单位下达检查结论和处理决定,其中违纪户数65户,处理户数65户;查补财政收入99万元,纠正违规金额5409万元,罚款25万元。

(三)社会保障资金和再就业资金检查

2008年7月,三门峡市财政局监督检查科联合综合科对市本级2007年以来拨付的“国有土地出让金——职工安置专项经费”进行了专项检查。此次检查涉及5家单位:三门峡市色织有限责任公司破产清算组、三门峡市迎宾馆、三门峡市联运公司破产监管组、三门峡碳素厂、三门峡市建委劳动服务公司,共检查资金2709万元。5家单位职工安置经费支出共888万元。

2009年,三门峡市财政局组织对全市"阳光工程"和"雨露计划"培训资金的检查。

2010年3月和9月,三门峡市财政局联合市纪委第六纪检组对全市当年度救灾资金管理使用情况进行了督导检查。重点检查了卢氏县、灵宝市、陕县、渑池县4个县(市)的6个乡镇12个行政村,走访了30余户受灾群众,听取有关部门救灾资金使用情况汇报,并深入受灾较重的乡村、农户实地查看灾情,了解救灾情况,核实救灾资金和物资发放情况。针对救灾资金拨付不够及时、救灾资金没有集中统一管理、个别乡镇村发放程序及资料不够规范等问题,进行通报并提出整改意见,促进了救灾资金的规范管理。

2010年3月,三门峡市财政局会同市教育局组成4个调查组,分别对三门峡中专等17个中等职业学校基本情况进行了详细核查。重点核查在校生人数、学校设立情况、专业设置情况、涉农专业设置情况、收费情况等,为中等职业学校农村家庭经济困难学生和涉农专业学生免学费补助提供了较翔实的依据。

(四)惠农及扶贫政策资金检查

2003年,三门峡市财政局重点开展对农村税费改革转移支付等5项资金专项检查。根据河南省人民政府《关于开展农村税费改革转移支付等四项资金专项检查的通知》要求,三门峡市委、市政府对专项检查作出统一部署和精心安排。市财政部门结合三门峡市实际,从2003年2月24日至4月20日,组织全市各级财政部门通过自查和重点抽查,对中央、省2002年度拨入的财政扶贫项目资金、农业税灾歉减免、农业税社会机动减免、农村税费改革转移支付资金和农村饮水专项资金共12790.423万元进行了专项检查。检查采取普查与抽查相结合、查账与实地调查相结合的方法。在全面检查县级账务、资料的基础上,随机抽查了18个乡镇的有关账务、资料,核实涉农资金分配、拨付和列支情况。在详细查账的基础上,走访调查了33个行政村部分村组干部、村民、中小学教师以及现役军人家属,核实村组干部、中小学教师工资和现役军人家属优抚金发放情况。实地察看了部分扶贫项目建设情况,核实财政扶贫资金使用情况以及使用效益。从抽查的情况看,各县(市、区)对这部分资金的管理比较重视,基本能够按照要求单独建账,专人负责,专项管理,资金的分配使用也比较清楚。但也不同程度存在一些问题:一是个别村组的少数农业税灾歉减免和社会机动减免资金仍没有发放到灾民手中;二是个别乡镇村级经费没有足额核拨,部分村组干部工资没有发放或发放不全;三是个别五保户优抚金没有发放或没有足额发放;四是财政扶贫项目和农村饮水工程部分项目未落实,部分落实项目存在工程质量标准不高、项目标志不明显、管理制度不健全等问题。通过检查督促,存在问题得到整改、纠正。

2007年,市财政监督检查部门配合农业科对全市支农资金进行了检查。

(五)水利项目资金检查

2006年11月,三门峡市财政局联合市水利局,对《关于下达2005年灌区配套建设资金的通知》(三财预〔2005〕327号)下达的2005年灌区建设配套资金项目140万元进行了检查。该项目涉及卢氏县东明镇的洛北渠灌区东干渠骨干维修工程40万元、灵宝市西阎乡建设渠灌区和阳平镇大湖骨干工程维修建设60万元、陕县张家河灌区主干渠维修工程40万元。检查结果:三个县(市)都能够按照要求进行工程设计、编制工程预算、制定施工方案,按照施工方案组织施工;为保证工程质量都聘请了专业技术人员对工程质量进行监理,工程竣工后又进行了评估,并通过三门峡市有关部门组织的验收;灌区建设140万元配套资金,各县(市)财政部门已按工程进度全部支付给施工单位。

(六)"十件实事"财政资金检查

2007年10—11月,三门峡市财政局组织对市政府承诺的"十件实事"财政资金落实使用情况进行了检查。当年全市财政预算安排61437.31万元,至9月末已拨付到位58026.73万元。其中:中央和省级预算46590.6万元,已到位45851.6万元;市级财政预算安排6212.59万元,已拨付到位5700.59万元;县级财政预算安排6530.58万元,已拨付到位5283.18万元;其他筹措2103.54万元,已实际使用1191.36万元。至11月底,除个别项目和工程外,十件实事财政资金已基本落实到位,社会各界和广大群众对落实结果比较满意。

2008年12月初,三门峡市财政局继续组织对政府承诺的十件实事财政资金落实使用情况进行检查。当年,全市财政预算安排十件实事资金115021.04万元,至11月末已拨付105889.51万元。其中:中央和省级预算安排74091.92万元,已到位70015.85万元;市级财政预算安排13556.28万元,已拨付到位10722.3万元;县级财政预算安排22710.84万元,已拨付到位22051.36万元;其他渠道筹措4662万元,已实际使用3100万元。检查时,除个别项目和工程外,十件实事资金已大部落实到位,社会各界和广大群众对落实结果满意度较高。

(七)省级财政项目资金检查

2007年,三门峡市财政局组织对省级财政项目资金落实使用情况实施检查。检查项目17个,先由各县(市、区)对省级资金100万元以上的项目进行了自查,然后市财政监督检查部门于10月重点抽查了7个项目,并写出专项检查报告上报省财政厅。根据对上年度省级百万元以上项目资金落实使用抽查情况看,管理比较规范,除三门峡康耀电子有限公司2006年贷款贴息尚未用完外,其他单位的省级财政补助资金远远小于工程项目总的支出,基本上都能按规定使用,没有发现截留、挪用现象。

(八)扩大内需等项目建设资金检查

2009年,三门峡市财政局组织对2008年、2009年扩大内需项目建设及资金落实使用情况进行了大规模检查。检查内容包括:项目资金到位、拨付及完成投资情况,项目审批手续、审批程序和计划下达情况,落实中央、省扩大内需促进经济平稳较快发展的政策措施等。根据检查情况,向省财政厅报送了自查报告和项目情况表。同时,配合省财政厅检查组对三门峡市扩大内需资金、社会保障资金、中小企业信用担保体系建设资金、尾矿库专项治理资金、抗旱夺丰收应急灌溉工程建设资金以及十件实事中的广播电视"村村通"建设资金、农村中小学仪器设备充实工程专项资金进行了检查。针对检查中发现的问题,按照"一个不漏、一项不缺、一笔不少"的原则,督促各相关单位进行了整改。

(九)财政支出资金专项检查

2003年3月,根据省财政厅要求,三门峡市财政局完成了全市财政拨付消防部门经费、其他资金的调查工作。同时,会同各县(市、区)财政部门对2000—2002年度各级财政拨付消防部门经费、其他资金进行了调查,并及时汇总、上报了全市拨付资金调查表和情况说明。9月,根据省财政厅《关于开展财政支出资金专项检查的通知》要求,全市各级财政部门组织人员深入资金使用单位和资金项目单位,对2002年至2003年6月转移支付资金、国债资金、中央补助专款及化解金融风险专项借款等4类21项46930.5万元专项资金拨付使用情况进行了认真自查。

2004年,根据省财政厅《关于开展社区服务引导等7项资金使用情况调研评估工作的通知》(豫财监〔2004〕4号)要求,三门峡市财政局于3月4—20日对全市7项资金使用情况进行了检查。在要求检查的7项资金中,涉及三门峡市的有小城镇建设以奖代补资金、重点县(市)城建引导资金、旅游发展专项资金(函谷关风景区财政贴息项目建设资金)共3项。小城镇建设以奖代补资金和重点县(市)城建引导资金在管理方式上比较科学,资金使用合规,拨付程序符合财政统一支付,不但保证了资金及时到位,而且防止了其他部门挪用资金,确保了资金专款专用,发挥了其作为城建引导资金的作用,从而使一批规划科学、布局合理、基础设施完好、环境优美的中小城镇脱颖而出,较好地落实了省委、省政府提出的大城市、中小城市和小城镇"三头并举"的方针,带动了农村经济的发展,加快了三门峡市的城市化进程。旅游发展专项资金(函谷关风景区财政贴息项目建设资金)各项前期工作积极筹备中。

(十)会计业务监督检查

2001年,为贯彻落实《中华人民共和国会计法》,根据财政部下发的《企业年度汇总会计信息报告制度》(财统〔2000〕12号)和《财政部关于开展2001年会计信息质量检查的通知》(财监〔2001〕39号)规定及省财政厅《关于开展2001年会计信息质量检查的通知》精神,三门峡市财政局组织对2001年7—8月部分企业、单位会计信息质量进行检查。全市共检查46户,其中市直12户,县属34户。检查的县属单位中,灵宝市6户,卢氏县4户,陕县9户,湖滨区6户,开发区3户,义马市3户,渑池县3户。

2002年,按财政部统一部署,会计信息质量检查工作的重点是检查烟草、金融、医疗、施工房地产等行业2001年度会计资料的真实性、完整性以及执行国家有关法律法规和统一会计制度的情况。当年，三门峡市共抽调88人，重点检查了地方金融、医疗卫生、房地产开发三个重点行业的39个单位，抽查单位资产116693万元，发生正差额277万元；抽查单位净资产16297万元，发生正差额275万元；抽查单位利润负157万元，发生负差额87万元。另外，还对3305名企业职工社会保险交费基数进行了调查。此次检查共查出违纪资金1112万元，补缴税金和罚款15万元，补缴养老金13万元，调整账目984万元，向被查单位提出整改建议135条。

2003年，三门峡市财政局根据省财政厅统一安排，从6月下旬至9月中旬组织对21个单位2002年会计信息质量进行了检查，并延伸检查了部分会计师事务所。此次检查全市共投入检查人员85人，组成12个检查组，共查出违纪资金676.8万元。抽查单位资产16714.6万元，发生正差额10万元，发生负差额8.3万元；抽查单位净资产7348万元，发生正差额33.6万元，发生负差额8万元；抽查单位利润（结余）101.2万元，发生正差额27.8万元，发生负差额11.6万元。对查出的会计基础工作薄弱以及会计核算中存在的问题及时进行了处理，并提出了整改意见，进一步树立了财政部门威信，有力地遏制了会计信息失真现象。

2004年，根据上级会计信息质量检查工作继续采取全省统一行动的要求，按照“统一部署、分级负责、就地处理、独立公告、汇总上报”的原则，三门峡市各级财政部门认真组织开展检查工作。省财政厅确定当年的检查重点是卫生系统，各县（市、区）要重点检查中心乡镇卫生院建设资金的筹集使用情况和新型农村合作医疗保险基金筹集、管理、使用情况。按照省财政厅要求，市财政部门于6月16日召开全市检查工作安排会议，从会计信息质量检查的重点、检查范围和检查内容等方面对与会人员进行业务培训。截至9月底，全市组织对17个医疗单位2003年度的财政拨款、预算外资金和其他各项收入的收支情况、8个中心乡镇卫生院500余万元专项建设资金使用情况和卢氏县19个乡镇新型农村合作医疗基金收入、报销、管理情况进行了检查。对检查中发现的问题及时进行处理，并提出了整改意见。

2005年，按财政部统一部署，会计信息质量检查工作重点是检查地方金融、房地产、食品和煤炭等企业2004年度会计资料的真实性、完整性以及执行国家有关法律法规和统一会计制度的情况。当年，三门峡市共投入检查人员127人，组成19个检查组，检查企业30家，其中国有及国有控股企业9家、集体企业3家、私营企业12家、其他企业6家。查出违纪违规金额5564.48万元，对违纪较重的23家企业下达了处罚决定，对违纪较轻的7家企业下达了关注函。对违规违纪情节严重的18家，处以罚款28.05万元，补缴违规罚没收入132万元，没收非法所得0.75万元，补缴各种税金和附加61.4万元，并将检查结果在《三门峡日报》予以公告。

2006年，三门峡市根据省财政厅统一部署，6—9月进行了会计信息质量检查。全市共投入检查人员47人，检查48家，其中：国有及国有控股企业4家、民营企业7家、外商投资企业7家、其他单位30家。查出会计核算不实金额8567.2万元，信息披露不实金额9615.3万元，其他违规问题金额9103.7万元。对其中违规违纪的45家下达处理决定，对1家下达关注函。处罚33家，罚款54.6万元，补缴财政专户收入42.6万元；补缴税款13家，共补缴各种税款和附加574.7万元。

2007年7—9月，根据省财政厅统一部署，三门峡市财政局继续开展会计信息质量全面检查工作。为保证检查工作成效，召开了全市会计信息质量检查工作会议，对当年度会计信息质量检查的范围、时间、组织方式、检查内容以及检查要求予以明确，并进行了会计信息质量检查的经验交流和对有关人员的培训。全市共投入检查人员67人，检查34家，其中，国有及国有控股企业6家、民营企业8家、外商投资企业1家、其他单位19家（行政事业单位）。查出会计核算不实金额5272.8万元，信息披露不实金额3452.8万元，其他违规问题金额238.2万元。对其中违规违纪的29家下达了处理决定，对5家下达了关注函。处罚12家，罚款102.4万元，补缴财政专户收入265.2万元；补缴税款9家，共补缴各种税款和附加130.3万元。针对检查中发现的问题，对相关企业、单位提出了整改措施。

2008年,三门峡市根据省财政厅统一部署,7—9月完成了会计信息质量全面检查工作。全市共投入检查人员62名,检查35家,其中国有及国有控股企业3家,民营企业3家,外商投资企业1家,其他单位28家(行政事业单位)。查出会计核算不实金额993.12万元,信息披露不实金额792.3万元,其他违规问题金额5309.17万元。处罚25家,罚款10.5万元,补缴财政专户收入136.4万元;补缴税款7家,共补缴各种税款和附加116.04万元。针对检查中发现的问题,对相关企业、单位提出了具体的整改措施。

2009年,三门峡市财政局继续认真组织会计信息质量全面检查工作。全市共投入检查人员79名,检查56家,其中国有企业1家、民营企业4家、行政事业单位51家。查出会计核算不实金额3129.69万元,信息披露不实金额43.5万元,应补缴各种税款36.37万元,其他违规问题金额1255.2万元。处罚有违规违纪问题的44家,罚款29.2万元。针对检查中发现的问题,提出了整改措施,并向省财政厅上报了会计信息质量检查情况总结和检查汇总报表。同时,结合会计信息质量检查,对7家被查单位2008年三门峡市级科技经费及中央补助地方文化体育与传媒事业发展专项资金一并进行了检查,检查资金243万元。

2010年8月,根据河南省财政厅统一部署,三门峡市召开全市会计信息质量检查工作会议,组织会计信息质量检查的经验交流并对与会人员进行培训,对检查的范围、时间、组织方式、检查内容以及检查要求作出具体部署。全市共投入检查人员53名,检查42家(其中企业8家、行政事业单位34家),共查出违纪金额5415.9万元,处罚有违规违纪问题的28家,罚款21.98万元。违纪金额中会计核算不实金额2858.3万元,信息披露不实金额194.5万元,应补缴各种税款3.5万元,票据不合规金额981.3万元,其他违规问题金额1378.3万元。针对检查中发现的问题,提出了整改要求,对整顿和规范市场经济秩序、保障会计行业健康有序发展起到了积极作用。

(十一)乡镇财务管理工作检查

2007年9—10月,根据省财政厅有关文件精神,三门峡市财政局组织对全市乡镇财务管理工作进行了检查。在自查的基础上,重点对7个乡镇进行了抽查,内容包括乡镇财政资金的财务管理、银行账户管理、会计基础工作、乡镇内部管理制度的建立和执行情况、票据的领用核销管理、财政专项资金及支农资金的使用管理诸方面。检查情况表明:在三门峡市普遍实施并逐步完善的"乡财县管"和"村财乡管"制度,进一步强化了乡镇财政财务管理,增加了乡镇财政资金使用的计划性、科学性,避免了随意性,遏制了一些不良现象的发生。但也存在一些问题,如计生收入等方面的虚收空转,一些票据使用不规范、账务处理不及时,个别固定资产未能严格按规定登记入账,个别会计科目使用不规范,收入确认不当等。针对存在问题,市财政部门提出了改进措施。

2008年10月,根据省财政厅有关文件精神,三门峡市财政局组织全市对乡镇财政所财政监督职能进行了调查。调查内容包括:乡镇财政所数量、人员、管理方式;农业税取消前财政所的职能情况;农业税取消后财政所的职能情况;涉农资金的种类、规模以及如何进行监督管理,乡镇财政所对涉农资金的监督管理情况等。同时,针对存在的问题和困难,结合农村综合改革、新农村建设以及公共财政加大对"三农"投入的新形势,提出强化乡镇财政监督管理职能的意见和建议。

四、非税收入监督检查

(一)非税收入检查

2004年,根据《关于开展全省纳入预算管理的非税收入专项检查的通知》(豫财监〔2004〕10号)和《三门峡市关于开展对纳入预算管理的非税收入进行专项检查的通知》精神,从5月10日起,由三门峡市财政局监督检查科牵头,会同国库科、非税局组成联合检查组,分别对全市7县(市、区)30多个部门和单位2003年至2004年6月纳入预算管理的60余项非税收入征缴情况进行了重点抽查,并结合各县(市、区)的自查情况,检查组分重点、部门对未及时全额入库的非税项目进行了核实和排查,系统掌握了各县(市、区)应纳入预算管理的非税收入应收尽收和实际入库情况,并对公安、环保、国土资源、城乡建设、交通、计生、农机、林业、水利等部门的罚没收入及行政性收费量大的县直单位和乡镇作了重点检查。通过专项检查发现，对纳入预算管理的非税收入的征收、管理总体来看比较严格和规范，但有些单位在个别项目的征收和管理中还存在一定的问题。一是一些单位和部门对纳入预算管理的非税收入认识不高，管理还不到位，时间观念不强，没有按规定做到应纳尽纳、应收尽收。对按政策规定征收的应纳入预算管理的非税收入征收后不能够及时足额入库。二是对票据的管理不够严谨和规范，票据的领用、核销不及时，用过期的专用票据和三联单收据收取费用的现象时有发生，不能够从源头上杜绝乱收费行为。三是一些单位和部门的工作人员业务素质不高，对纳入预算管理的非税收入项目不清，有些应纳入预算管理的项目尚未纳入预算管理。四是个别单位政策法规意识薄弱，管理不到位，虽然资金不多，但还有坐支挪用现象。五是部分县（市、区）财政部门把一些应纳入预算管理的非税收入资金当作调剂财政收入的“蓄水池”。此次检查资金总额25073.7万元，查出违规资金2497万元。其中：纳入预算管理的非税收入未及时入库的17项2345万元，应纳入预算未纳入的3项121.7万元，坐支挪用的2项12.3万元。按照边检查边整改要求，重点抽查时直接督促入库资金1023.4万元。针对检查中发现的问题，区别不同情况分别提出整改意见和措施，并督促有关单位按照政策要求积极整改。

2007年8月，三门峡市财政局组织开展了上半年全市非税收入入库情况检查，并对渑池县进行了重点抽查。从检查情况看，当年上半年三门峡市纳入预算管理的非税收入完成59877万元，比上年同期36871万元增长62%，非税收入的管理也按照“收支两条线”的规定逐步走向规范。检查中针对存在的问题提出整改措施和建议，包括进一步规范和加强非税收入的管理、加强票据管理、加大稽查力度、严格区分应纳入预算和不应纳入预算的非税收入、杜绝虚收空转现象等。

（二）清理收费项目检查工作

2003年，三门峡市财政部门完成了会计师事务所经营服务性收费清理检查工作，将原委托注册会计师协会行使的行政管理职能收回。根据省财政厅《关于开展会计师事务所经营服务性收费清理检查工作的通知》要求，三门峡市在各会计师事务所自查的基础上，于7月22—30日，对6家会计师事务所执业资格、收费依据、收费许可证、税务登记证、工商营业执照以及2001年至2003年6月30日经营服务过程中票据使用情况、是否超范围执业、是否借助行政机关权力提供强制服务或强制收费、是否擅自提高收费标准扩大收费范围等问题进行了重点检查。通过检查，各会计师事务所均具备规定的执业资格，按规定的执业范围执业，使用合法的收费票据。但在收费执行中仍存在着一定问题：个别会计师事务所没有办理收费许可证；会计师事务所在收费和法定业务执业过程中一方面存在行政干预，另一方面存在行政部门支持、配合不力现象。此外，三门峡市会计师事务所普遍规模较小，不具备良好的市场竞争能力，存在降低收费标准招揽业务等恶性竞争行为。

2005年，三门峡市财政局认真落实省财政厅2004年下达的对渑池仰韶会计师事务所执业质量以及渑池县3家企业会计信息质量问题的处罚决定：一是督促完成对被撤销的渑池仰韶会计师事务所的清算；二是督促落实当地税务部门完成催收企业应补缴的税款；三是对企业处罚的款项予以收缴，已缴入当地财政8万余元。

2006年4月，三门峡市财政局完成了对卢氏莘源会计师事务所违规违纪情况的检查核实工作。根据群众举报，受省财政厅委托，对卢氏莘源会计师事务所违规出具审计报告一事进行检查核实。针对违规情况，报请省财政厅对其下达了停业整顿3个月的处理决定。

（三）其他项目资金检查

2005年，深入开展了农村中小学校危房改造专项效能监察工作。根据全省优化经济发展环境工作会议的总体部署，三门峡市成立由财政、监察、优化部门牵头组织，危改办成员单位参加的办事机构，按照专项效能监察的工作范围和内容，对2003年至2005年5月底三门峡市农村中小学校的危改资金管理使用情况和危改工程建设运行情况进行了自查清理和重点检查。为保证专项效能监察工作顺利实施，制定了《2005年全市农村中小学校危房改造专项效能监察工作实施方案》，于6月29日召开了全市会议予以安排部署。在自查阶段，全市共抽调检查人员160名，组成49个检查组，对全市

373项中小学校危房改造工程中的355项进行了自查,检查危房改造资金5538.3万元,危改面积175102.2平方米。检查结果显示:全市共投入农村中小学校危房改造资金5538.3万元,其中:中央财政拨入资金831万元,占总投入的15%;省级财政拨入资金689万元,占总投入的12.44%;市级财政拨入资金389万元,占总投入的7.02%;县级财政配套资金750.5万元,占总投入的13.55%;其他(自筹)资金2878.8万元,占总投入的51.98%。全市中小学校危房改造工程共计373项,绝大部分属于D级危房,自查时已完工252项,在建102项,未建19项,完工已交付使用238项。

在重点检查阶段,主要对渑池县张村镇初级中学和灵宝市豫灵镇杜家小学教学楼、办公楼危改项目资金进行了重点检查。渑池县张村镇初级中学危改工程原属D级危房,危房面积1358平方米。新建教学楼897.2平方米,工程造价预算38.6万元,2004年10月开工建设,2005年2月完工并投入使用。项目上报需投入资金35万元,其中省级资金25万元,其他资金10万元。省级资金和其他资金全部纳入财政专户管理并全部拨付到位。检查时工程尚未竣工决算。灵宝市豫灵镇杜家小学危改工程原属D级危房,危房面积360平方米。新建办公楼640平方米,工程造价预算29.7万元,2004年5月开工建设,2005年11月完工,次月投入使用。项目上报需投入资金28.8万元,其中省级资金20万元,其他资金8.8万元。省级资金20万元全部纳入财政专户管理,2004年10月拨付15万元,其余5万元仍在财政专户;其他资金没有纳入财政专户管理,豫灵镇中心校于2005年3月筹集3万元转入杜家小学,检查时工程尚未竣工决算。

2008年,三门峡市财政局组织完成了对市本级当年财政专项资金余额的清理核查工作和对财政专项资金银行账户的合并工作。当年,对原三门峡市社会文教行政财务开发公司与灵宝市财政局借贷款项进行了查实核对。

五、其他财政监督检查及内部审计

(一)其他财政监督检查

2003年,根据财政部文件要求,省财政厅联合检查组于7月对卢氏县国营农场乱支滥用农业综合开发资金情况进行了检查,三门峡市财政部门全力配合参与,并做了大量工作。

是年,三门峡市各级财政部门结合实际,积极探索,开展了各具特色的监督检查工作。灵宝市对13个财政所、陕县对12个财政所、卢氏县对6个财政所实行所长离任审计;渑池县对7个财政所、卢氏县对6个财政所开展了财政收支检查;义马市对中小学收费、行政事业单位罚没收入"收支两条线"情况进行了检查;湖滨区积极开展了预算外资金"收支两条线"检查。开发区为充分发挥财政资金效益,重点对预算编制和执行过程中财政政策、法规、制度的执行情况,财政资金分配运行和管理过程中的账务处理、指标下达、资金拨付、资金追加等程序进行检查,切实增加了财政预算、分配、使用的透明度,确保财政资金"管理有序、投放有效、使用合理、运行合法"。

2006年,三门峡市财政局继续加强财政监督检查工作。一是完成了治理中介机构商业贿赂的专项检查工作;二是督促市疾病预防控制中心限期整改违规使用公共卫生体系建设资金问题,并向省财政厅报送了《关于三门峡市疾病预防控制中心综合楼建设及整改情况的报告》。

2007年7月,三门峡市财政局配合市纪委进行"关于党政机关办公楼等楼堂馆所建设项目清理工作"的检查。

2008年1月份,根据河南省财政厅要求,三门峡市财政局组织对全市2005—2007年彩票公益金筹集、拨付及使用情况进行了专项检查,并按要求上报了检查资料。同时,积极配合省财政厅检查组完成对三门峡市2005—2007年彩票公益金筹集、拨付及使用情况的专项检查。另外组织对局机关8个科(室)的专项资金管理及使用情况进行了检查。

2009年,三门峡市财政局组织对2007—2008年淘汰落后产能中央奖励资金的分配、拨付及使用情况进行了检查,共检查资金12617万元,涉及5个县级财政和11家企业,对存在问题提出了整改要求并跟踪落实。

是年,三门峡市财政局监督检查科配合业务科(室)和相关部门,参与以下检查和工作:对全市抗旱夺丰收应急灌溉工程建设情况进行督导检查;对全市财政系统银行账户管理进行监督检查;对全市财政国库集中支付改革进行监督检查以及参与全市“小金库”治理工作。

2010年4月，由三门峡市纪检委牵头、市财政部门参与，对全市工程建设领域2008年1月1日至2009年12月31日已开工和正在施工的3000万元以上的70个政府性项目和20多个非政府项目的专项检查。通过检查发现，项目建设存在的主要问题是：部分项目物资采购未进行公开招投标，或未在规定的媒体进行公告，或招投标机构不具备相应的资质；未建立建设资金专账等。大多数项目业主单位对照检查出来的问题积极进行整改完善，部分问题已得到整改或落实。5月中旬至8月底，配合省财政厅进行“小金库”专项治理重点检查、县乡财政基础管理工作监督检查、2009年财政专项资金检查和会计师事务所执业质量检查，还派出6人参加了省财政厅检查组工作。

（二）内部审计

2003年，为加强对内部单位财务管理的有效监督，规范会计行为，根据三门峡市财政局《关于加强对局属单位财务监督管理的意见的通知》和《三门峡市财政局内部审计制度》的有关规定，在上年对2002年1—8月局属单位财务收支情况进行审计的基础上，继续对局属9个单位2002年9—12月会计基础工作规范化和财务收支的合法、合规性进行审计。对审计中发现的问题，及时与有关单位领导和财务人员交换意见，并提出整改措施。继续逐月对财经投资公司等局属经营单位财务会计报表进行审核汇总，及时提供信息，为领导决策提供依据。

是年，陕县财政局坚持对乡镇财政所的财务收支进行内部事前审计，即各项开支实行定额控制、超定额事项提前报主管局长审批。每月按时对17个财政所的经费开支情况进行审核把关，真正做到事前审批、事后监督，进一步规范开支审批程序。

2004年，三门峡市、县两级财政进一步规范和加强内部财务管理。市财政局印发《关于加强对局属单位财务监督管理的意见的通知》，对局属11个单位2003年度的财务收支管理情况进行了审计。渑池县财政局下发《关于对乡镇财政收支情况进行监督检查的通知》，要求每月检查一个乡镇，共对7个乡镇政府和财税所2003年度收支情况进行了全面检查。义马市针对上年两个财税所刚刚上划管理，财务上存在漏洞的情况，对财税所的财务收支情况进行内部审计。卢氏县对双槐树、横涧等10个乡镇财税所2003年度的各种账务进行了监督检查以及所长离任审计，共查出各类违规违纪资金26万余元，纠正6万元，杜绝不合理开支8万元。特别是经过3个多月内查外调，多方核实，终于使双槐树乡财税所长达7年的糊涂账得到了澄清，并追回账务差错款2.41万元，外欠款0.86万元。陕县、灵宝市也重点抽取部分财税所进行了内部审计，针对检查中发现的问题提出了整改措施，要求各局属单位积极进行整改。

2007年，三门峡市财政局对局属7个单位2006年的财务收支管理情况进行了内部审计，各县（市、区）也分别采取不同方式对局属单位和财政所进行了监督检查。全市财政部门共检查内部机构81个，查出违纪金额708.39万元，调整资产不实金额3.5万元，所有者权益不实金额28.1万元。被检查的81个机构中违纪的31个，处理31个；纠正违规金额216.6万元，查补财政收入227.41万元。

2008年，三门峡市财政系统内部监督检查开展了如下工作：一是对局属7个单位2007年的财务收支管理情况进行了内部审计，各县（市、区）也分别采取不同方式对局属单位和财政所进行了监督检查。全市共检查内部及下级机构40个，查出违纪金额213.53万元。二是对市财经投资公司2008年1—9月的财务收支情况进行了审计，并提交了书面审计情况汇报。

2009年，三门峡市财政部门共检查内部及下级机构46个，查出违纪金额407.1万元，并责成各内部机构和单位进行了纠正。同时，按照《三门峡市财政局内部财务管理监督考核办法》和《三门峡市财政局专户资金管理实施办法》规定，对局机关有专项资金管理业务的8个科（室）的专项资金管理及使用情况进行了检查。

2010年，三门峡市财政局继续进行内部审计，共检查内部及下级机构58个（其中内设机构8个，下属单位34个，下级财政部门16个），查出违纪金额648万元，并责成有问题的各内部机构和单位进行了纠正。

第八节 财政纪检监督与勤政廉政建设

一、财政纪检监督

2001—2010年,三门峡市财政监督部门为适应公共财政要求,逐步建立健全财政监督机构和制度,实现两大转变。一是转变财政监督方式:从集中性的年度大检查转变为日常监督检查与专项监督检查相结合的"纵横检查";从事后集中检查转向事前审核、事中监控与事后检查相结合的全程检查。二是转变财政监督范围:从过去比较单一的对企业财务收支和财政收入情况的监督检查,逐步转向财政收支和绩效管理方面的监督检查;从单纯的预算内重点监督转向预算内外监督并重。财政监督逐步涵盖到财政管理和财政资金运行的全过程,保障了财政资金的安全运行和使用效益。

(一)学习教育活动

2001年7月12日,三门峡市财政局召开全市财政系统纪检监察工作会议。会议传达贯彻全省财政系统纪检监察工作会议精神,部署全市财政系统纪检监察工作。会议要求全市财政系统广大纪检监察干部认真学习贯彻江泽民总书记七一重要讲话精神,增强反腐倡廉和做好财政系统纪检监察工作的自觉性、紧迫感和责任感,通过不懈努力,遏制腐败现象。要求全市财政系统各级领导干部正确认识形势,采取有效措施,不断取得反腐败斗争新成果。同时,努力抓好队伍建设,认真落实党风廉政建设责任制,加大从源头上预防腐败力度,为全市党风廉政建设和反腐败斗争做出新贡献。

2002年6月6日,三门峡市财政局及国税系统联合组织380余名干部职工到三门峡市预防职务犯罪警示教育基地——三门峡硖石监狱接受预防职务犯罪警示教育。

2004年2月25日,三门峡市财政局召开部分县(市、区)乡镇村财务管理体制改革汇报会。湖滨区、陕县、灵宝市纪检委书记、常务副县(市、区)长、财政局局长、财政局会计科长及部分乡镇党委书记参加了会议。会议指出,推行乡镇村财务管理体制改革是加强农村基层党风廉政建设、确保农村经济健康发展和社会大局稳定的一项重要举措。市委副书记、纪检委书记郭秀荣到会并讲话。

2004年7月13—14日,三门峡市财政局组织中层以上干部通过看录像、听讲座、讨论座谈等形式,学习《中国共产党党内监督条例(试行)》《中国共产党纪律处分条例》《中华人民共和国行政许可法》及任长霞同志先进事迹、财政系统领导科学探索等内容,进一步增强了全局上下干事创业的使命感、危机感和责任感。

2005年9月12日,三门峡市财政局组织全体干部职工到三门峡市预防职务犯罪警示教育基地——三门峡硖石监狱接受警示教育。听取4名经济领域服刑人员对其在市场经济大潮中放松思想警惕、被金钱美色诱惑,由国家公职人员一步步沦为罪犯的过程陈述,之后听取了三门峡市委党校副教授马自立预防职务犯罪专题讲座。

2009年3月2日,三门峡市财政局印发《"财政监督管理年"活动实施方案》,全市"财政监督管理年"活动正式启动。为确保活动顺利开展,成立了以局长为组长的领导小组,抽调骨干力量组成4个检查组,与各业务科(室)协同开展检查工作。12日,召开全市财政系统反腐倡廉建设暨"财政监督管理年"活动动员大会。各县(市、区)财政局局长、纪检组长、监督科长、监察室主任、预算科长,市财政局机关及局属单位200余人参加会议。会议传达了全省财政反腐倡廉建设工作会议精神,总结回顾2008年全市财政系统党风廉政建设及反腐败工作,安排部署2009年财政反腐倡廉及"财政监督管理年"活动工作重点。

2009年12月3日,三门峡市财政局召开会议安排部署"反腐倡廉宣传教育月"活动。活动主要内容:一是进一步加强财政干部职工廉政教育;二是深入推进财政改革和专项治理工作,加强惩治预防体系建设;三是发扬艰苦奋斗精神,大力倡导勤俭节约,切实强化预算约束,从源头上制止铺张浪费,降低行政成本,努力营造和形成艰苦奋斗、勤俭节约的良好风气。

2010年3月19日,三门峡市财政局召开全市财政反腐倡廉建设工作会议。市纪委第六纪检组全体人员，各县（市、区）财政局局长、纪检组长、监察室主任，市财政局机关及局属单位200余人参加会议。市纪委副书记、监察局局长李俊江出席会议并讲话。李俊江充分肯定了市财政局领导班子对反腐倡廉建设高度重视及各项工作取得的明显成效，全面分析了党风廉政建设工作面临的严峻形势，要求全市财政系统深刻认识推进党风廉政建设和反腐败斗争的长期性、艰巨性和复杂性，增强抓好财政反腐倡廉建设的责任感和紧迫感，筑牢拒腐防变和抵御风险的思想防线，不断把党风廉政建设和反腐败斗争推向深入。李俊江要求全市财政系统突出重点，扎实做好反腐倡廉建设工作：一要切实加强对各级重大决策部署执行情况的监督；二要切实加强对权力运行的监督；三要切实加强对公共财政制度建设的监督；四要切实加强对损害人民群众利益突出问题的监督；五要切实加强对执行《中国共产党廉洁自律准则》情况的监督。

2010年5月25日，三门峡市财政局邀请市纪委第6纪检组组长毕立东为全局干部职工作《中国共产党廉洁自律准则》专题报告，通过典型案例分析，全面阐释了“八个禁止”和“五十二个不准”，对如何在实际工作中贯彻落实《中国共产党廉洁自律准则》提出指导意见。

（二）制度建设

2002年3月，三门峡市财政局印发《三门峡市市级预算资金拨付管理暂行办法》（三财预字〔2002〕12号），对市级收入收缴程序、市级部门预算的下达与调整、市级预算资金年度分月用款计划的编报及审批、财政国库集中支付中心报账程序的监督管理等方面提出明确要求。

2006年，三门峡市全面推行部门预算制度。将财政资金细化到每一个具体项目，预算外收入全部纳入预算管理，界定经费支出范围和支出标准，积极探索支出范围与标准的合理性、科学性、规范性，完善项目支出管理办法、预算的编制、制衡等，严格执行《中华人民共和国预算法》。

2008年，三门峡市财政局印发《三门峡市财政局内部财务管理监督考核办法》。该办法对预算编制、预算执行、专项资金的管理与拨付、接受局内部及外部监督检查要求、监督检查资料的记录报送等作了详细规定，并制定相应的检查考核办法，为内部财务规范管理和监督考核提供了依据。

是年，还组织开展了以下监督检查工作。一是对局属7个单位2007年的财务收支管理情况进行内部审计，各县（市、区）财政局也分别采取不同方式对所属单位和财政所进行监督检查。全市财政系统共检查内部及下级机构40个，查出违纪金额213.53万元。二是对局属单位财经投资公司2008年1—9月财务收支情况进行审计，并提交书面审计情况汇报。三是完成对市本级当年度财政专项资金余额的清理核查工作。四是按照《三门峡市财政局内部财务管理监督考核办法》《三门峡市财政局专户资金管理实施办法》具体要求，对局机关有专项资金管理业务的8个科（室）的专项资金管理及使用情况进行检查。五是对原三门峡市社会文教行政财务开发公司和灵宝市财政局借贷款项进行查实核对。

2009年，三门峡市财政局印发《三门峡市财政专项资金监督管理办法》《关于进一步落实〈财政部门内部监督检查暂行办法〉的意见》《三门峡市财政专户管理办法》《三门峡市财政局经费管理办法》4项制度，进一步完善了财政监管制度，为规范管理和加强监督提供了政策依据。全年共检查内部单位及下级机构46个，查出违纪金额407.1万元，并责成受检查机构和单位予以纠正。

（三）监督检查

2004年6月，三门峡市财政、监察、纠风等部门密切配合，积极落实统一着装整改工作。全市涉及整顿的36个部门（单位）除市交通局60名超限监控人员暂未脱装外，其余单位不符合规定着装人员全部脱装。整顿统一着装工作共涉及5036人，收回服装4914套、标志5748个，上缴服装全部封存。

2005年5月，三门峡市财政部门积极开展财政收入专项检查工作。重点对2004年1月1日至2005年3月31日的税收收入开展专项自查，严肃纠正越权减免税、先征后返等违反税收政策和通过“四假企业”骗取税收优惠政策的违纪违法行为。至7月10日全市检查工作结束，共检查部门（单位）10647个，对有问题的54个部门（单位）进行处理，追缴入库资金543万元，纠正财政违规金额34万元。完成农村中小学校危房改造资金专项效能监察工作，对2003年至2005年5月底危改资金管理使用情况和危改工程建设运行情况进行了自查清理和重点检查。在自查阶段,全市共抽调检查人员160名,组成49个检查组,对2003年至2005年5月全市373项中小学校危房改造工程中的355项进行了自查,检查危房改造资金5538.3万元,危改面积175102.2平方米。

2006年,在全市范围内开展党政干部拖欠公款和机关事业单位用公款为个人购买商业保险的"两项清理"工作。三门峡市财政、监察、审计三家密切配合,全面完成清理任务。全市共清理党政干部和工作人员拖欠公款426.8万元,清理党政机关和事业单位用公款为个人购买商业保险51.3万元。

2007年7月,三门峡市财政部门配合市纪委,完成"关于党政机关办公楼等楼堂馆(所)建设项目清理工作"检查。

是年8月,三门峡市财政局开展上半年全市非税收入入库情况检查,并对渑池县进行了重点抽查。10—11月,一是组织对三门峡市政府承诺的十件实事财政资金落实使用情况进行检查。二是组织对省级财政17个项目资金落实使用情况进行检查,先由各县(市、区)对省级资金100万元以上的项目进行自查,然后由三门峡市财政监督检查部门重点抽查,并写出专项检查报告上报省财政厅。是年,还完成对全市支农资金使用情况的检查。

2008年6月,由三门峡市财政局牵头,市公安局、市检察院、市法院和市司法局抽调人员组成行政政法补助专款执行情况检查组到卢氏县检查指导工作,对卢氏县公安、检察、法院的政法装备配备、基础设施维修专款和办案专款的使用情况进行了专项检查,并实地查看了政法装备的配备使用情况、基础设施维修专款的使用情况。检查组对该县行政政法补助专款的执行工作给予了充分肯定,并就存在问题提出合理化建议。

2010年,三门峡市财政局组织对全市223个部门(单位)开展监督检查。共查出违纪金额6143万元(其中,截留挪用财政资金99万元、违反专户存储规定1235万元、设置账外账17万元、其他问题4792万元),调整资产不实1890万元,损益不实1656万元。检查结束后,对被检查部门、单位下达检查结论和处理决定,对违纪的65个单位全部予以处理,查补财政收入99万元,纠正违规金额5409万元,罚款25万元。同时,认真做好财政系统内部审计工作,全市共检查内部及下属机构58个(其中,内设机构8个,下属单位34个,下属财政部门16个),查出违纪金额648万元,责成有问题的内部机构和单位进行了纠正。

二、廉政勤政建设

2001—2010年,三门峡市财政局始终坚持把党风廉政建设纳入目标管理,与财政业务工作一起部署、一起落实、一起检查、一起考核,并与机关科(室)、局属单位负责人签订党风廉政建设目标管理责任书,实行一票否决和责任追究制,增强机制约束力。同时,不断完善党风廉政建设规章制度,加强内部管理和日常监督监察,有力地促进了各项责任目标的完成。

(一)制度建设

2001年,三门峡市财政局从思想上筑牢拒腐防变堤防,关口前移,教育在先,扎实开展党风廉政教育和法治教育,认真学习贯彻江泽民总书记"七一"讲话中有关反腐倡廉精神。出台了《三门峡市财政局领导干部廉政建设规定》《三门峡市财政局机关工作人员廉洁从政七不准》等规章制度。建立了财政部门廉政档案,定期或不定期进行廉政思想汇报,提高财政干部廉洁自律意识和廉洁从政的自觉性。进一步完善党风廉政建设责任制,改进和加强党风廉政建设责任制的考核办法。加大内务、政务公开力度,坚持公开办事制度,在自觉接受人大和审计部门监督的同时,完善内部监督检查机制,强化内部管理。

2002年,三门峡市财政局不断深化制度建设,加强机关纪律作风整顿。制度建设方面,制定和完善了《三门峡市财政局党组议事规则》《三门峡市财政局首问责任制》《三门峡市财政局机关工作规则》《机关财务管理制度》《车辆使用管理规定》等一系列规章制度,对局机关的议事规则、工作规程、会议制度、资金使用和审批程序、车辆使用及维修办法等作出详细规定,使机关各项管理工作步入制度化、规范化轨道。在机关作风纪律整顿方面,多次组织全局干部职工学习"三个代表"重要思想和"5·31"重要讲话精神,观看党风党纪教育录像片及大案要案纪实片,继续实行廉政建设科(室)、单位一把手负责制。同时,还在全局干部职工中深入开展了"优化经济发展环境学习大讨论"活动。

2004年,重点抓好三门峡市财政国库集中支付中心规章制度建设。制定并实施《工作人员岗位职责》《日常工作规范》《岗位职责奖惩办法》《考勤休假制度》《印鉴管理办法》《备用金管理办法》《票据使用规范》《业务操作规范》等规章制度，使财政国库集中支付工作进一步规范化、制度化和科学化。实行外部监督制度，聘请社会各界7名人士担任市级财政国库集中支付外部监督员，公开外部监督电话，增强对集中支付工作的外部监督力，业务人员素质、办事效率明显提高。全年财政国库集中支付中心完成市本级237家行政事业单位预算内外资金的集中支付和160家行政全供事业单位的代理会计核算工作。

2005年，继续加大三门峡市财政国库集中支付中心工作。一是市本级更换新的财政国库集中支付软件，做好新旧软件的过渡对接工作，并根据新软件的要求重新修订局内相关科（室）各项操作规程，保证市级预算执行工作顺畅运行。二是进一步扩大集中支付和统发工资范围，并指导各县（市、区）将应纳入改革的单位全部纳入，进一步扩大统发工资范围，实现财政国库管理制度改革的全覆盖。三是逐步扩大财政资金直接支付比例，不断加强工资统发和政府采购管理工作，逐步实现对各项财政专项资金的直接支付，减少拨款环节，堵塞支出管理漏洞，确保专款专用。四是加强预算单位账户管理。进一步规范和强化账户管理和监督机制，重点突出预算单位银行账户的财政审批、备案制度及程序，通过执行账户审批、建立年检制度和强化日常监管等措施，建立预算单位银行账户管理制度体系长效机制。

2006年，三门峡市财政局廉政勤政工作从解决思想认识问题入手，加强学习，广泛宣传，提高广大干部职工对创建节约型单位的认识，研究制定《三门峡市财政局创建节约型单位实施方案》，就节约用电、用水、办公用品、油料、车辆维修、招待及会议费用等主要支出环节提出具体要求和量化标准，并将创建活动的责任落实到具体科（室）和工作人员。进一步完善乡村财务管理服务中心的领导机制和工作机制，加强对农村集体资金、财产、资源的管理。纠正超标准编制配备、使用小汽车问题。认真执行《中华人民共和国公务员法》和中共中央办公厅、国务院办公厅转发《中央纪委、中央组织部、监察部、财政部、人事部、审计署关于严肃纪律加强公务员工资管理的通知》的通知（厅字〔2005〕10号）等法律文件精神，认真纠正违反规定发放津贴等做法，保证了公务员工资制度改革的顺利进行。

（二）乱收费及行政处罚治理

2003年，三门峡市财政部门重点治理教育乱收费行为。制定实施了八项治理措施：一是建立由纠风、财政、物价、审计、新闻出版、教育等部门组成的治理教育乱收费联席会议制度；二是坚持以治理农村中小学收费为重点，落实“一费制”；三是严格执行公办高中招收“择校生”的“三限制政策”；四是认真落实收费公示制度；五是向学生免费配发收费明白册（凡是学校收取的每项款项，无论数目多少，都填写在收费明白册上，接受家长监督）；六是在三门峡人民广播电台开辟治理教育乱收费行风热线栏目；七是制定了中小学收费“十不准”；八是加大督查和查处违纪案件力度。治理过程中，全年共受理群众举报31起，查处违纪案件17起，清退违规收费185.69万元；清理中小学辅助读物1916册，价值9300元；11名责任人受到党纪政纪处分。

2010年，制定《三门峡市财政局2010年规范行政处罚裁量权工作监督检查实施方案》，要求局属企业科、政府采购办公室、财政监督检查局及各县（市、区）财政局对2009年9月1日以来实施行政处罚是否符合“行政处罚裁量标准、适用规则、内部制约制度、责罚相当、同案同罚”规定进行自查，并逐项落实。印发《关于做好2010年“小金库”治理工作的通知》，安排部署2010年“小金库”治理“回头看”工作。制定并完善《预算外资金管理制度》，严格实行预算外资金收支两条线管理，积极推进非税收入票据电子化改革。

（三）廉政建设主题活动

2007年，三门峡市财政局组织开展“讲正气、树新风、谋发展、促和谐”主题教育活动，成立了主题教育活动领导小组，下设教育活动办公室。印发《三门峡市财政局党组关于在全局党员领导干部中开展“讲正气、树新风、谋发展、促和谐”主题教育活动实施方案》《三门峡市财政局开展“讲正气、树新风、谋发展、促和谐”主题教育活动安排》等文件。教育活动特别强调抓好“四个结合”：与加强财政收支相结合，使财政实力有新增强；与落实惠民政策相结合，使为民理财有新体现；与推进各项改革相结合，使理财水平有新提高；与转变机关作风相结合，使财政形象有新提升。

2008年,三门峡市财政局组织开展"廉政建设年"活动,加强财政干部廉洁自律工作。印发《三门峡市财政局2008年"廉政建设年"工作实施方案》,通过广泛发动、全员参与、周密组织,深入扎实开展"廉政建设年"活动。制定《关于加强和规范行政事业单位资产处置和资产出租、出借管理工作的通知》《关于印发〈三门峡市行政事业单位国有资产处置管理暂行办法〉的通知》,规定党政机关资产对外出租、出借,必须按程序审批。出租、出借收入严格实行收支两条线管理,纳入财政专户。

2009年,全市财政系统深入开展"财政资金监督管理年"活动,进一步强化财政科学化、精细化、规范化管理。完善部门预算和国库集中支付制度,对行政事业单位预算外资金、非税收入和"小金库"进行全面检查,使所有的财政性资金实现"收入在国库,支付进中心,全程有监督"管理。认真做好扩大内需项目资金检查工作,对存在问题及时进行整改。进一步加强财政投资评审工作,全年共完成概、预(结)算审查项目209个,完成评审额8.01亿元,审定金额7.04亿元,审减金额9700万元,审减率12%。进一步完善政府采购管理,全市共完成政府采购预算118501万元,实际采购金额105919万元,节约采购资金12582万元,节支率10.6%,政府采购支出占一般预算支出的比重达12.4%。

2010年1月29日,河南省财政厅纪检组组长李阳一行3人到三门峡市调研财政监督工作,就财政监督制度建设、机构建设和工作开展情况进行座谈。市财政局领导、市纪检委第六纪检组组长、部分县(市、区)财政局领导和部分财政所长参加了座谈会。在听取市财政局、县(市、区)财政局及乡镇财政所开展财政监督情况汇报后,李阳对三门峡市财政监督工作给予充分肯定,同时要求各级财政部门认清形势,转变观念,牢固树立财政"大监督"理念;加强和完善监督机构建设,利用机构改革契机选调复合型人才,从事财政监督工作;结合当地实际,创新监督形式,整合监督力量;总结经验,建章立制,规范和完善财政监督工作职责,推进财政监督工作不断深化与发展。

第九节　其他财政管理

一、注册会计师行业管理

(一)行业组织建设

1997年10月,三门峡市财政局召开三门峡市注册会计师协会(以下简称市注协)特别代表大会,宣布三门峡市注册会计师协会成立。协会下设秘书处,为常设办事机构。

2000年12月6日,由于工作变动,市注协第三次常务理事会增补刘玉侠为市注协副会长、常务理事,李少民、李世康为常务理事。王正春不再担任副会长、常务理事,同时免去崔群耀常务理事职务。

2002年7月,由于工作变动,李全安任市注协秘书长。

(二)行业监管

1997年,三门峡市注协成立伊始,即按照河南省注册会计师协会的部署,对辖区内会计(审计)事务所进行了清理整顿。

1998年2月,召开三门峡市注册会计师协会一届二次常务理事会,传达了省注册会计师协会会议精神,安排部署1998年协会工作。

1999年,三门峡市实施社会审计机构与主管部门脱钩改制。按照《中华人民共和国公司法》要求,经清产核资、产权界定,将全市原15家会计(审计)事务所,改制整合为5家有限责任公司和2家合伙制企业,从业人员271人,其中具有注册会计师资格的175人,执业会员70人,非执业会员42人。

2000年3月,根据河南省注册会计师协会《关于督促各市地注协完善监管机构并组建工作底稿编制督导组的紧急通知》(豫会协字〔2000〕18号)精神,市注协成立"使用统一工作底稿编制督导组",对全市会计师事务所工作进行全面检查督导,查找存在问题,提出改进建议。通过检查,促使会计师事务所基层工作人员提高业务水平,熟练填制运用统一的审计、验资工作底稿,掌握各种审计程序的执行、审计证据的收集、分析和审计意见类型的选择等工作方法。4月,为加强对改制后的会计师事务所的执业管理,市注协制定印发《三门峡市会计师事务所工作考核办法》，对会计师事务所执业质量、财务报表、人事调配等方面作出明确规定。

2001年，市注协加强和完善内部制度建设，建立了系统的业务监管、财务、档案等管理制度，实行全员目标责任，明确了职责范围，提高了工作效率。同时，为强化注协内部管理，根据工作需要及注协专职人员专业属性、文化水平、工作能力，成立了注册、综合、业务监管、考试培训等相关部（室），对8名专职人员定岗、定责、定人，最大限度地发挥每一位工作人员专长，充分调动其干事创业的积极性和创造性。

2002年，为了适应三门峡市注册会计师行业和资产评估业务发展，加强会计师事务所的管理和监督，提高注册会计师队伍的人员素质和执业水平，市注协根据《会计师事务所年检暂行办法》《国有资产评估管理条例》《资产评估机构管理暂行办法》《注册会计师年检办法》《注册资产评估师执业资格注册管理暂行办法》等有关规定，市注协组织对全市会计师事务所和资产评估机构注册人员的任职资格进行全面检查，对于不按规定参加年检、拖欠会费、年龄满70岁、未在事务所专职执业、自行停止执业满一年、丧失民事行为、受到刑事处罚的单位和个人，一律不予通过年检。

2004年，为加强会计师事务所执业质量监督检查工作，按照省注册会计师协会要求，成立以市财政局党组成员、副局长张建存为组长的三门峡市评估行业检查工作领导小组，下设办公室，具体负责日常工作。

2005年7月13—29日，市注协在对全市会计师事务所执业质量抽查中发现如下问题：一是个别审计工作底稿出现逻辑性错误，科目之间对应关系核算不正确；二是部分审计项目证据不充分，审计程序不到位；三是业务约定书填写不完整；四是审计项目审定表省定数据与省定的报表数据不一致，审计证据不充分。针对存在问题，市注协及时向被检查单位进行通报，责令其尽快整改并上报整改结果。当年，市注协对全市2004年度会计师事务所和注册会计师工作质量进行了全面考核评比，对评选出的先进集体和先进个人予以表彰。

2006年，市注协继续在全市深入开展注册会计师行业监督与管理工作。一是加强制度建设，建立健全内外结合的监管机制。积极督促、帮助各事务所建立健全以全面质量控制制度为核心的激励约束机制，强化质量意识和风险意识；坚持和完善业务目录月报工作，严格执行业务报表制度；进一步做好年检工作，对在执业中有违法、违规行为及不履行会员义务的，建议省注协不予通过年检。二是强化监督检查，严肃执业纪律。按照省注册会计师协会要求，对三门峡市2005年2个会计师事务所的执业质量、财务、职业道德等方面工作进行了全面检查，指出存在的主要问题，并提出整改意见。通过检查，进一步规范了注册会计师行业的执业行为，完善工作步骤，有效地避免了审计风险的产生。7月13—29日，市注协对全市会计师事务所执业质量进行抽查，对检查中发现的审计工作底稿出现逻辑性错误、审计项目证据不充分、业务约定书填写不完整等问题，及时通报，责令其尽快整改并上报整改结果。

2007年，继续深化注册会计师行业监督与管理工作。一是加强制度建设，进一步完善内外结合的监管机制。二是强化监督检查，严肃行业纪律。按照省注协要求，对2006年2个会计师事务所的执业质量、财务、职业道德等方面工作进行了全面检查，指出存在的问题，并提出了具体的整改意见。通过检查，进一步规范了注册会计师行业的执业行为，完善了工作步骤，有效地避免了审计风险的产生。

2008年，根据《河南省注册会计师协会关于开展2007年会计师事务所检查工作的通知》要求和省注协关于“制止行业虚假行为”的指示精神，市注协把“加大监管力度，查处虚假业务报告”作为主要工作任务来抓。7月，抽调业务骨干组成检查组，对三门峡康华会计师事务所、三门峡崤山会计师事务所和三门峡睿达联合会计师事务所进行了为期半个月的执业质量检查。从检查的情况看，各事务所执业水平较以前年度均有较大提升，作业件质量进一步规范，基本上能够按照《中国注册会计师审计准则》《审计实务公告以及执业规范指南》处理各项业务，执业行为也基本符合《注册会计师执业道德准则》的要求。但在业务项目以及报表科目的审验中，仍有个别会计师事务所存在执行审计程序不到位、获取的审计证据不充分等问题，有的甚至过分考虑成本效益原则，而忽视了审计风险。对检查中发现的问题，市注协经过认真地讨论研究,提出具体整改意见,督促其及时整改,对提高会计师事务所和注册会计师执业质量、降低执业风险、促进行业健康发展起到促进作用。当年,按照业务报备工作要求,圆满完成了各会计师事务所的业务报备审批、项目月报、季报及年度会计报表的汇总上报工作。

2008 年,按照省注协《河南省注册会计师协会关于在全行业开展捐建"希望小学"等社会公益活动》的要求,组织全市 9 家会计师事务所向希望工程捐款 1.9 万元。

2009 年,为强化注册会计师行业监管,规范会计师事务所和注册会计师执业行为,切实落实帮助、教育、督促与惩戒相结合的原则,根据《河南省注册会计师协会关于对河南华夏等七十八家会计师事务所检查工作的通知》(豫会协〔2008〕37 号)精神,三门峡市有 3 家事务所(河南弘宇会计师事务所、义马新义联合会计师事务所、灵宝永林有限责任会计师事务所)在 78 家受检查事务所之列,需接受此次的执业质量检查。为完成执业质量检查任务,市注协主要开展了以下工作:一是积极配合省检查组对河南弘宇会计师事务所的检查,并组织市级检查组成员现场观摩、学习交流。二是从各会计师事务所抽调精干力量组成检查小组,对义马新义联合会计师事务所、灵宝永林有限责任会计师事务所的执业质量开展检查。为了保证检查工作质量,及时召开专题会议,周密安排检查工作的各个环节,按照省检查组工作要求和方法,制定检查工作计划,明确工作要求,确保了检查工作的顺利进行。三是对检查中发现的个别会计师事务所执行审计程序不到位、获取的审计证据不充分及过分考虑成本效益、忽视审计风险等问题提出整改意见,并督促其整改,对进一步提高业务质量、降低执业风险起到积极作用。

2010 年,市注协围绕"监督、管理、服务"主题,一是修订和完善了行业管理办法。随着社会经济的快速发展和会计师事务所数量的增加,行业内的竞争也日趋激烈,个别会计师事务所低于成本收费、压价竞争的现象时有发生,严重损害了行业的整体利益。在低收费情况下,执业质量难以保证,造成执业风险无形加大。针对以上情况,市注协以制订行业自律公约的方式,与各会计师事务所签订了《行业规范投标报价行为协议》,规范会计师事务所的业务收费行为,对违反行业自律公约者予以责任追究,净化了执业环境,对恶意压价招揽业务的行为,进行了有效约束。二是开展行业执业情况检查。根据河南省注册会计师协会有关文件精神,市注协召开专题会议,组成了 5 人检查小组,组织培训,制定方案,提出具体工作要求。自 8 月开始,对渑池会盟联合会计师事务所、三门峡振华联合会计师事务所、河南兴峡会计师事务所进行检查。检查结果显示,各会计师事务所以及注册会计师执业水平较以前年度显著提高,作业件质量进一步规范,执业行为符合注册会计师执业道德准则的要求。但在业务项目以及报表科目的审验中,仍有个别会计师事务所存在执行审计程序不规范、获取的审计证据不充分等通病,在一些细节问题上有疏忽、遗漏或审计收费偏低现象。对于存在的问题,要求有关会计师事务所即时、限时整改。同时,依照法律法规及行业相关政策,认真调查核实涉及自律公约、执业质量及职业道德方面的举报信访案件,对确实违犯者按规定作出相应处理。三是积极改进服务方式和手段,支持各会计师事务所吸引人才、培养人才,不断壮大行业执业队伍,为行业补充新鲜血液。同时,对转所注册会计师的专职执业状况进行跟踪调查,对弄虚作假现象,一经发现严肃处理。做好非执业会员基本情况的摸底登记、换证工作。加强调查研究,全面掌握行业发展状况、遇到的困难和存在问题,明确工作方向,使协会的管理和服务工作更具针对性和贴近工作实际。加强协会队伍作风建设,调动为会员办实事、办好事的积极性和主动性,全面提高协会工作执行能力和管理服务能力。

(三)行业服务

2001 年,市注协根据《注册会计师年检办法》,办理全科合格 48 人,未通过年检 12 人;办理全科合格证 12 人,申请执业会员 4 人,申请非执业会员 3 人。

2003 年,三门峡市注协组织开展会计师事务所、资产评估机构职业责任保险调查活动。活动采用问卷方式,面向执业机构、用户单位以及行政事业单位财务部门,广泛征求意见。

2008 年,办理注册会计师年检 60 人,事务所年检 10 个,办理全科合格证 8 人,办理非执业会员 4 人,申报执业会员 4 人。建立健全人事档案,及时为相关人员调整档案工资及办理调动手续。

2009年,办理注册会计师年检65人,办理全科合格证3人,办理非执业会员3人,办理转所3人,申报执业会员4人。

2010年,根据有关规定,组织开展全市注册会计师执业资格年检工作。当年共办理注册会计师年检65人,全科合格证3人,非执业会员3人,转所2人,申报执业会员2人。继续做好会员入会审批、转所、转会等工作,认真处理投诉举报、来信来访,做好行业维权和咨询服务工作。

（四）注册会计师考试

2000年,市注协组织全市700人报名参加注册会计师全国统一考试,创三门峡市历年来报名人数最高纪录。

2001年,为方便基层考生报名,市注协在三门峡市辖区设立市区、灵宝、渑池三个注册会计师全国统一考试报名点。当年报考782人,较上年增长12%,报考1946个科目,征订、发放考试用书2143册。另组织注册证券师报名9人,征订考试用书80余册。

2004年,市注协组织报考注册会计师625人1472个科目,报考注册评估师48人154个科目,两项共计征订发放资料1100余册,9月顺利完成全国统一考试任务。

2006年,在所属5个县(市)和市行政审批大厅设立了6个注册会计师全国考试报名点,全方位服务基层报考人员。当年,按照省考办要求,制定了详尽周密的考试工作方案,严格工作规程,培训全体考务人员,对考场设置、试卷运送和保管、监考、巡视等环节进行了具体安排,并对各环节之间的衔接进行了反复核查,保证了考试工作任务的顺利完成。

2007年,继续保留所属5个县(市)和市行政审批大厅的注册会计师全国考试报名点,方便广大基层考生。当年注册会计师全国统一考试报名459人,报考988个科目。其中:全科合格5人,单科合格62人。

2008年,在市区、灵宝、渑池、义马设立4个注册会计师全国考试报名点,利用横幅、报纸等形式,深入宣传报考有关事项。当年全市报考注册会计师437人,988个科目,征订、发放教材528册。当年三门峡市注册会计师全国统一考试审计报考119人,实考48人,参考率40.3%;税法报考184人,实考92人,参考率50%;会计报考270人,实考101人,参考率37.4%;经济法报考222人,实考98人,参考率44.1%;财务成本管理报考193人,实考80人,参考率41.5%。

2010年,市注协加强《注册会计师考试制度改革工作方案》的宣传工作,严格报名程序,成立领导机构,设立考务组、考场督查组、后勤保障组、保密组、值班室等保障体系,印发《2009年注册会计师全国统一考试三门峡考区秩序册》,制定《2009年注册会计师全国统一考试三门峡考区考务工作要求》,明确了考区安全保卫、考场督查、试卷保管等人员职责。当年三门峡考区报名252人,报考600个科目。其中:审计报考67人,实考27人,参考率40.3%;税法报考105人,实考39人,参考率37.1%;会计报考166人,实考76人,参考率45.78%;经济法报考120人,实考50人,参考率为41.67%;财务成本管理报考89人,实考27人,参考率30.3%;公司战略与风险管理报考53人,实考20人,参考率37.7%。由于领导重视,组织健全,职责明确,管理到位,圆满完成考试工作任务,获得省注册会计师协会好评。

（五）后续教育培训

2006年,为进一步提高注册会计师的执业水平,促进注册会计师事业的不断发展,市注协按照《中国注册会计师职业后续教育基本准则》和《注册会计师后续教育培训制度》有关规定,积极组织辖区注册会计师、评估师93人参加了后续教育培训。

2007年,根据有关制度要求,积极组织辖区注册会计师73人参加了后续教育培训。

2008年,培训注册会计师56人,职龄外注册会计师13人。

2009年,组织55名注册会计师参加后续教育培训,10名主任会计师参加主任会计师培训,4名新注册会计师参加岗前培训。同时,组织15名职龄外执业人员参加培训,就执业过程中容易发生的问题及解决办法进行了充分研讨和实地考察,拓宽了视野,增长了知识,为其做好以后工作奠定了基础。

2010年,组织39名注册会计师参加后续教育培训,9名主任会计师参加主任会计师培训,3名新注册会计师参加岗前培训。同时,组织17名职龄外执业人员进行相关业务培训,组织参加培训人员实地考察,积累实际工作经验。

(六)行业党的建设

2009年12月15日,三门峡市委组织部批复成立中共三门峡市注册会计师行业支部委员会。行业党支部共有党员14人,涵盖5家会计师事务所,对没有党员的事务所派出党建指导员,实现了事务所党建工作全覆盖。随后,在全市注册会计师行业党组织中开展了深入学习实践"科学发展观"活动,认真学习胡锦涛等中央领导同志一系列重要讲话精神,围绕科学发展观、《国务院办公厅转发〈财政部关于加快发展我国注册会计师行业若干意见〉的通知》(国办发〔2009〕56号)等文件展开解放思想大讨论活动。

2010年,中共三门峡市注册会计师行业党支部按照河南省注册会计师行业党委统一部署,组织开展全市注册会计师行业创先争优活动,将创先争优活动与"党员示范岗"活动、学习型党组织建设、公开承诺、业务工作、推动事务所做大做强、做精做专等有机结合在一起,明确提出全市各会计师事务所基层党组织在创先争优活动中,必须做到"四有一要"(有党员活动场所、有固定的宣传阵地、有"三会一课"制度、有开展活动的记录,承诺要公开)。本着"四个有利于"原则(有利于加快行业发展、有利于加强基层组织建设、有利于全体党员参加、有利于活动取得实效)组织开展了一系列丰富多彩的行业活动。

二、财会培训中心(金泉大酒店)管理

河南三门峡财会培训中心(金泉大酒店)1994年由财政部和河南省财政厅共同投资建设,占地2.53万平方米。按照《关于河南三门峡财会培训中心为自收自支事业单位,实行企业化管理的通知》(豫财预函字〔1995〕1号)规定,河南三门峡财会培训中心为自收自支事业单位,实行企业化管理。为便于开展经营管理,经河南三门峡财会培训中心管委会研究决定,在系统内称为"河南三门峡财会培训中心",对外定名为"金泉宾馆",与财会培训中心一套管理机构、两块牌子,实行统一管理。

1995年,根据《关于河南三门峡财会培训中心定名"金泉宾馆"的通知》(豫财预函字〔1995〕第4号)、《关于建立河南三门峡财会培训中心的批复》(三编〔1995〕第26号),三门峡财会培训中心为副县级自收自支事业单位,中心人员编制暂定12名,其中领导职数2名,主要职责是承担全国财政系统会计培训任务。1995年12月2日,财会培训中心破土动工,1996年12月18日建成投入使用。

为了便于经营管理,1996年8月招聘第一批员工28名,送往西安建国饭店进行为期3个月的入职培训。同年11月注册成立金泉宾馆,12月18日开始营业,委托西安建国饭店管理团队管理。

2001年,在开业5周年之际,金泉宾馆被三门峡市旅游局评定为三星级旅游涉外饭店。

2008年5月至2009年8月停业升级改造,2009年9月试营业。

为更好地适应市场需求,进一步打造金泉宾馆旅游品牌,提升酒店服务质量和档次,2009年11月向河南省旅游局申报中国四星级旅游饭店。

2010年4月,金泉宾馆更名为金泉大酒店。在省、市、县旅游部门的大力支持下,酒店按照中华人民共和国国家标准《旅游饭店星级的划分与评定》(GB/T 14308—2003)内容,多次开展自查和整改工作。

2010年9月1日,经河南省旅游星级饭店评定委员会审核批复,同意金泉大酒店升级为四星级旅游饭店。

2010年9月28日,金泉大酒店荣膺四星级旅游饭店揭牌仪式在酒店大堂举行。河南省旅游局、省财政厅、三门峡市四大班子、市旅游局、市财政局等部门领导及各友好单位嘉宾300余人出席揭牌仪式,三门峡市、陕县及省内外相关单位、团体242家莅临祝贺。通过此次活动,树立了酒店的良好形象,提升了酒店的知名度,加强了酒店与社会各界的联系和沟通,为提高酒店品牌意识、不断推进酒店的经营管理健康运行奠定了坚实基础。

第六章　财政科研、信息宣传与财经教育

2001—2010 年，三门峡市财政科研和信息宣传紧紧围绕财政中心任务和热点、难点问题，深入开展调查研究活动，积极开展信息上报和财政宣传工作，先后撰写了一系列有价值、有影响的优秀调研报告，数十项调研成果在省以上专业期刊发表或获奖，在《中国财经报》《河南日报》《三门峡日报》等报刊发表了大量财政宣传文章，财政信息工作连年被财政部明确为定点上报单位，从 2005 年开始编撰的《三门峡财政年鉴》为各项财政改革和领导决策提供了大量可资借鉴的资料。

第一节　财政科研

一、财政课题调研

2001—2004 年，三门峡市财政局围绕财政工作中心，先后完成《三门峡市财政财源结构调查与分析》《我市农村税费改革现状与改革设想》《关于三门峡市乡镇财政收入质量问题的调查与思考》《妥善解决农村税费改革后村级组织运转问题》《农村税费改革对我市乡镇财政的影响》《农村税费改革后乡级财政和村级收入问题研究》《当前农民增收问题探讨》《发展非公有制经济的财政政策研究》《乡镇会计工作站运行情况调查》《三门峡市分税制运行情况调查》《三门峡市政府债务调查报告》《关于改革征缴体制实现社保基金收支平衡的思考》《加强地方金融财务监督防范财政风险问题研究》等 60 余项调研成果。有 9 项调研成果在省、市获奖，其中：被河南省农业厅、河南省社科联、河南省改革发展研究院评为“河南省‘三农’问题研究征文活动”一等奖 2 项，被河南省社科联、河南省经济团体联合会评为“河南省经济学优秀成果”二等奖 1 项，被河南省财政厅评为河南省财政优秀调研成果三等奖 1 项，被河南省会计学会评为“河南省优秀财会论文”一、三等奖各 1 项，被三门峡市社会科学优秀成果评奖委员会评为“优秀社科成果”一、三等奖各 1 项。2001—2004 年，三门峡市财政局所完成课题被三门峡市人民政府办公室《政务信息》第 31 期专题采用（专供领导参阅）采用 1 项，被《河南日报》采用 1 项，被《中国财经报》采用 2 项，被选入中国经济文化出版社《构建公共财政框架研究》一书 1 项，被《财税与会计》采用 2 项，被《河南财政研究》采用 3 项，被《财务会计改革新论》一书（中国广播电视出版社）采用 1 项。2005 年，三门峡市财政局紧紧围绕财政工作中心和热点、难点问题，多次组成专题调研组深入基层调研，先后撰写了《取消农业税后乡镇财政面临的主要问题及对策研究》《三门峡市“乡财县管”改革情况调查》《三门峡市农村特困群体基本保障能力调查》《当前农村义务教育面临的主要问题及对策研究》《农田水利基本建设现状、成因及对策探讨》《三门峡市国库集中支付及会计集中核算改革实施情况调查》《县乡财政体制改革研究》《农民增收障碍因素分析及对策研究》《三门峡市政府采购现状调查》等 20 余项调研课题。其中，有 2 项课题成果分别被河南省财政厅评为“2005 年度河南省财政优秀调研成果”一、二等奖。当年，市财政局有 38 项调研成果被省、市人民政府及报纸杂志等采用。其中：被河南省人民政府《政务要闻（重要情况专报）》采用 4 项，被三门峡市委采用 1 项，被三门峡市人民政府《决策参考》《三门峡快报》《政务信息》等专题采用 21 项，被《中华会计学习》《河南农业》《河南财政研究》《三

门峡日报》等报纸杂志采用12 项。

2006 年,三门峡市财政局先后完成《矿产资源税赋过轻造成的负面影响及对策》《村级经费管理问题调查》《民营企业会计信息失真的成因及对策研究》《县域经济发展问题研究》《新农村建设应解决的主要问题及财政政策建议》《我国行政成本管理问题研究》《发展农业经济的财政政策研究》《新农村建设中的城镇化问题研究》《防范与化解地方政府债务风险问题研究》《三门峡市重点税源情况调查与分析》《我国国有资产管理问题研究》《失地农民社会保障问题研究》《部门预算改革实践及深化改革的设想》《三门峡市国债转贷专项资金使用情况调查》等 30 余项调研成果。有 6 项调研成果在省、市获奖,其中:被"河南发展高层论坛"第十二次会议评为"扎实推进我省社会主义新农村建设"优秀论文一等奖 1 项,被河南省财政厅评为"2006 年度河南省财政优秀调研成果"二、三等奖各 1 项,被河南省社科联评为"2006 年度优秀调研成果"一、二等奖各 1 项,被河南省会计学会评为"2005—2006 年度河南省优秀财会论文"二等奖 1 项,被三门峡市社科联评为"2006 年度优秀调研成果"一等奖 1 项。当年,三门峡市财政局有 44 项调研成果被国务院办公厅和省、市人民政府及报纸杂志等采用。其中:被国务院办公厅和河南省人民政府《政务要闻(重要情况专报)》各采用 1 项,被三门峡市委采用 3 项,被三门峡市人民政府《决策参考》《三门峡快报》《政务信息》等专题采用 27 项,被《中国财政》《中国财经信息资料》《中国财政发展报告》《农村财政与财务》《河南社科调研文萃》《河南财政研究》《三门峡日报》等报纸杂志采用12 项。

2007 年,三门峡市财政局通过深入调研,先后形成了《新农村建设中的社会保障问题研究》《构建资源节约型社会问题研究》《发展现代农业面临的主要障碍及财政政策建议》《三门峡市国债转贷专项资金使用情况调查》《三门峡市会计基础工作现状调查》《支持经济可持续发展的财税政策研究》《县级财政国库管理制度改革实践与探讨》《新农村建设中的环保问题研究》《关于文化强省建设调研情况的报告》《新型农村合作医疗管理问题研究》等 20 余项财政调研成果。有 6 项调研成果在省、市获奖,其中,被河南省社科联评为"2007 年度优秀调研成果"一等奖 2 项,被河南省财政厅评为"2007 年度河南省财政优秀调研成果"二等奖 2 项,被三门峡市社会科学优秀成果评奖委员会评为"三门峡市 2006、2007 年度社会科学优秀成果文章类"一等奖 2 项。当年,三门峡市财政局有 27 项调研成果被河南省委、省政府,三门峡市委、市政府及报纸杂志等采用。其中:被河南省委办公厅《河南信息》采用 1 项,被省人民政府《政务要闻》(重要情况专报))专题采用 2 项,被三门峡市委采用 1 项,被三门峡市人民政府《三门峡快报》专题采用 5 项,被《中国财政》《中国财经信息资料》《地方财政研究》《农村财政与财务》《河南农业》《河南财政研究》等专业杂志采用 18 项。

2008 年,三门峡市财政局全年完成《加强农业基础建设的财政政策研究》《支持企业自主创新的财税政策探讨》《财政支出均衡化管理现状探析与对策研究》《国际金融组织和外国政府贷款管理问题研究》《三门峡市公务接待现状调查》农田水利在新农村建设中的位置及政策取向》《三门峡市政法机关经费保障情况调查》《三门峡市新型农村合作医疗存在的问题及建议》《绩效预算改革问题研究》《促进区域经济协调发展的财税政策研究》《三门峡市财政国库基础工作调查与思考》《三门峡市文化事业和文化产业发展情况调查》等 20 余项财政调研成果。有 5 项调研成果在全省财政系统和社科联系统评比中获奖,其中,被河南省社科联评为"2008 年度优秀调研成果"一等奖 2 项,被河南省财政厅评为"2008 年度河南省财政优秀调研成果"二等奖 1 项、三等奖 2 项。当年,三门峡市财政局有 16 项调研成果被报纸杂志采用。其中:被《中国财政》采用 2 项,被《中国财经信息资料》采用 3 项,被《地方财政研究》《农村财政与财务》《河南农业》河南省财政科学研究所《财政研究报告》各采用 1 项,被《河南财政研究》采用 6 项,被《三门峡日报》采用 1 项。

2009 年,三门峡市财政局先后完成《三门峡市乡镇财政职能情况调研报告》《促进农民持续增收的财政政策研究》《三门峡市财政国库基础工作调查与思考》《支持非公有制经济发展的财政政策研究》《化解地方政府债务问题对策研究》《三门峡市卫生机构基本情况调查》《地方政府债券对预算执行的影响及政策建议》《关于行政事业单位公务用车管理的几点思考》《村级经费管理中存在的问题及对策研究》《加强环境保护实现污染减排，建设环境友好型社会》《三门峡市政策性农业保险试点情况调查》《三门峡市政府购买社区基本公共卫生服务项目情况调查》等20余项财政调研成果。有5项调研课题在省、市获奖，其中，被河南省社科联评为“首届河南省哲学社会科学普及优秀作品”特等奖、“第二届河南省哲学社会科学普及优秀作品”二等奖各1项，被河南省社科联评为“2009年度优秀调研成果”一等奖、二等奖各1项，被三门峡市社会科学优秀成果评奖委员会评为“2008—2009年度三门峡市社会科学优秀成果”一等奖1项。当年，三门峡市财政局有11项调研成果被财政专业杂志采用。其中：被《中国财政》采用1项，被《中国财经信息资料》和《地方财政研究》各采用2项，被《河南财政研究》采用6项。

2010年，三门峡市财政局共完成《乡镇财政职能履行中存在的问题及对策研究》《三门峡市2009年企业所得税税源调查分析》《健全公共财政体制完善政法经费保障机制》《当前政府采购工作存在的问题及对策》《推进省直管县财政改革研究》《加强预算管理基础工作夯实财政科学化精细化管理根基》《现行矿产资源税制存在的主要问题及对策建议》《促进晋陕豫黄河金三角协调发展的财税政策建议》《三门峡市财政社会保障状况的调查与思考》《发展低碳经济的财税政策研究》《关于做好资源型城市转型工作的几点建议》《三门峡市中高等职业教育国家助学金管理现状及问题分析》《城建项目资金管理的现状、存在问题及对策探讨》等20余项财政调研成果。有5项调研课题在省、市获奖，其中，被河南省优秀调研成果评审委员会评为2010—2011年度河南省优秀调研成果二等奖1项，被河南省社科联、省经济学团体联合会评为“2010年度优秀调研成果”一等奖2项，被河南省财政厅评为“2009—2010年度河南省财政优秀调研成果”二等奖3项，被三门峡市社会科学优秀成果评奖委员会评为“三门峡市2010年度社会科学优秀成果”二等奖1项。当年，三门峡市财政局有8项调研成果被报纸杂志采用。其中：被《中国财经信息资料》采用2项，被《地方财政研究》采用1项，被《河南财政研究》采用2项，被《三门峡工作》《三门峡日报》《三门峡学刊》各采用1项。

二、全市财政系统优秀财政调研成果评选

2006年3月15日，三门峡市财政系统2004—2005年度优秀财政、财会论文评比活动圆满结束。通过层层筛选，逐级上报，有关专家复审和综合评议，最后从各级推荐的76项科研成果中评出特等奖1项，一等奖6项，二等奖15项，三等奖23项。之后三门峡市财政局每年都邀请有关专业人士和领导组成评委会，对上年度全市优秀财政、财会论文进行评选，评出一、二、三等奖若干名，颁发证书和奖金，对调动全市财政干部职工深入搞好调查研究的积极性和创造性，推动全市财政、财会工作更好地开展起到了推动作用。

三、财政系统内部刊物

《三门峡财会》是由三门峡市财政局、三门峡市财政学会、三门峡市会计学会、三门峡市珠算协会联合主办的专业性内部资料，设有“政策导航”“工作指导”“重点课题”“工作研究”“调查报告”“局长论坛”“财政改革”“乡镇财政”“惠农政策研究”“廉政建设”“问题及对策”“财会管理”“信息之窗”“砥柱艺苑”等10多个栏目。《三门峡财会》自1986年创刊以来，始终坚持宣传党的路线方针政策，坚持百花齐放、百家争鸣的原则，把立足点放在本地区的财政经济改革之中，积极研究和探讨财政改革中的热点、难点问题，为各级领导决策提供了大量第一手资料，为全市各级财政部门提供了交流经验和研究工作的平台。

2001—2003年，编发《三门峡财会》13期，每年4期，其中，2003年7月编发一期“三门峡市财政学会会计学会第二届，珠算协会第三届会员代表大会”专刊。发放范围为全市财政系统，省内各市级财政部门，并与全国60余家市级财政部门进行了刊物交流。

根据中共中央办公厅 国务院办公厅《关于进一步治理党政部门报刊散滥和利用职权发行，减轻基层和农民负担的通知》（中办〔2003〕19号）、根据三门峡市委办公室、市政府办公室《关于进一步治理党政部门报刊散滥和利用职权发行，减轻基层和农民负担的通知》要求，《三门峡财会》于2004年一季度起停刊。

2005年初，《三门峡财会》经三门峡新闻出版管理部门审核后以刊号“豫内资三新出发通字〔2004〕045号”批复件复刊。除2007年增发1期《财政社会保障专刊》外，每年编发《三门峡财会》4

期,每期约10万字。至2010年末,累计编发66期。

四、财政调研专著

《公共财政改革探索》(主编:高战荣　副主编:田金志　范社民　李少民)于2004年9月由中国广播电视出版社公开出版发行。全书分“财政调研”“财政管理”“县乡财政”“财政监督”“职业道德建设”“会计研究”6个栏目,共35.1万字。该书收入财政、会计论文及调研报告的作者,大多是三门峡市财政、会计战线上的骨干力量,他们结合财政、会计工作的改革实践,所撰写的文章涉及了当时公共财政改革的许多热点、难点问题,从不同角度展示了三门峡市财政、会计改革进程,深入分析了改革中存在的问题,提出了许多新的观点和对策,对实际工作具有指导和借鉴意义。该书于2005年12月被三门峡市社会科学优秀成果评奖委员会评为“2004年度优秀社科成果”一等奖。

《弯弯的山路》(作者:李少民)于2004年5月由中国文联出版社出版发行,诗人贺敬之为该书题写了书名。该书以日记、散文及诗歌等形式,反映了三门峡市财政局驻位家沟村工作队落实省委决策、实践“三个代表”的真实情况,记述了市财政局积极做好后盾、为山区群众解疑难、办实事的风雨历程。同时,它回答了一个驻村队员在艰难的环境中,如何站在实践“三个代表”重要思想的高度,全心全意为人民群众谋利益,如何保持与人民群众的血肉联系。该书的出版发行,为社会各界了解“三农”问题提供了一份不可多得的史料,也为省、市驻村工作增添了一个新的亮点。《河南省抽调机关干部驻村工作简报》第343期“一个驻村队员的正气歌——记三门峡市财政局驻湖滨区位家沟村工作队队长李少民”的专题介绍说:“2002年在全省第二批近6万名驻村队员中,除完成省委提出的驻村六项任务外,能写出30多万字驻村工作手记的,李少民同志是第一人。”该书出版后,《三门峡日报》于2004年7月21日刊发《村民读懂你的心》和《那山那路那人》两篇评论对该书和李少民及其工作队的驻村精神给予了高度评价。该书于2005年12月被三门峡市社会科学优秀成果评奖委员会评为“2004年度优秀社科成果”三等奖。

《财政热点问题透视》(作者:李少民)于2007年9月由中央文献出版社出版发行,全书收录作者2005年至2007年上半年所撰写的26项财政调研成果,共42.1万字。该书出版发行后,时任全国政协委员、财政部财政科学研究所所长、研究员贾康在全国经济类核心期刊《中国财经信息资料》2007年第35期发表《基层财政科研执着探索者的可贵成果——评李少民〈财政热点问题透视〉》给予高度评价:“阅读由中央文献出版社出版的李少民同志42万余字的新著《财政热点问题透视》,我被一种精神所感动,为我们财政科研系统又涌现出这样一位执着的探索者感到欣慰。”“李少民现任河南省三门峡市财政科研所所长。多年来,他在基层财政科研的岗位上执着探索,不仅充分利用每个工作日的时间,还把几乎所有的星期天、节假日都用在了调查研究上……他的这种高度的敬业精神、强烈的事业心和责任感、使命感,为国家、为人民利益忘我躬耕的执着态度,是值得我们每个做财政科研工作的同志学习的。”“作者善于把经济生活中的平凡现象上升到理论的高度,把深刻的道理融入通俗易懂的文字,把经过深思熟虑形成的新观念、新思维、新对策努力贯穿于每篇文章和调研报告之中,把大量第一手资料提供给领导和读者,这的确是下了很大功夫、很值得我们称道的。”《财政热点问题透视》于2009年4月被河南省社科联评为“首届河南省哲学社会科学普及优秀作品”特等奖。

五、财政志编纂

自1986年区划调整至2010年下半年,三门峡市财政局先后组织人员编纂、出版了两部《三门峡市财政志》。1991年7月至1993年4月,编辑出版的第一部《三门峡市财政志》于1993年7月由河南人民出版社出版,该部志书上起明清,断代于1990年,总计95.5万字。1995年7月被收入《河南省志书编纂发行数据库》,并获河南省史志优秀成果二等奖。2000年6月,市财政局启动第二部《三门峡市财政志》编纂工作,至2001年8月,因编志人员病休编纂工作暂停。2007年6月,市财政局重启第二部《三门峡市财政志》编纂工作,至2009年9月,完成本部志书的编纂工作。本部财政志上限起于1991年,下限至2000年,于2009年11月由方志出版社出版。全书13章50节,59万余字。该部志书以财政收支为重点,以财政改革为主线,客观、科学、系统地反映了1991—2000年10年间三门峡市财政史实。与第一部财政志相比,第二部财政志增设了财政改革、财政教育和精神文明建设3章内容，在资料的广度和深度方面也跃上了新台阶，具有鲜明的时代特征和地方特色。

六、财政年鉴编纂

2006年4月，三门峡市财政局启动第一部《三门峡财政年鉴》编纂工作。年鉴设置“卷前彩页”“特载”“机构和人员”“全市财政工作”“县(市、区)财政工作”“财经统计资料”“重要政策制度”“财政调研文选”“财政大事记”等栏目，每年一卷，每卷80余万字。至2010年底，编辑出版《三门峡财政年鉴》5卷，为及时总结各年度财政工作、探索财政经济发展规律和为以后年度财政工作提供借鉴积累了大量珍贵资料。

七、学(协)会管理

2003年7月18日，三门峡市财政学会、会计学会第二届暨珠算协会第三届会员代表大会召开。会议审议了“三会”上届理事会工作报告，通过新修订的“三会”章程，选举产生市第二届财政学会、会计学会和第三届珠算协会理事会理事，成立了第二届财政学会、会计学会和第三届珠算协会领导机构；研究确定了“三会”的工作规划，安排布置了下一步学(协)会工作。2001—2010年，市财政学会、会计学会、珠算协会参与了《三门峡财会》的编纂工作，全市优秀财政、财会论文的评选工作，组织开展了全市珠心算的普及工作。

八、主要财政科研成果获奖情况

2001—2004年度

1.《三门峡市实施财政国库集中支付初见成效》于2003年7月被财政部评为“第六届全国财政好新闻”报刊类三等奖。（作者：李少民）

2.《农村税费改革后乡级财政和村级收入问题研究》于2004年7月被河南省农业厅、河南省社科联、河南省改革发展研究院评为“河南省‘三农’问题研究征文活动”一等奖。

（作者：范社民　李少民　张鹏博）

3.《驻村扶贫资金财务管理存在的问题及对策》于2004年7月被河南省农业厅、河南省社科联、河南省改革发展研究院评为“河南省‘三农’问题研究征文活动”一等奖。（作者：李少民）

4.《三门峡市财源结构调查与分析》于2004年7月被河南省社科联、河南省经济团体联合会评为“1998—2003年度河南省经济学优秀成果”二等奖。（作者：高战荣　李少民　王继功）

5.《我国内部控制制度发展现状.成因及对策研究》于2004年7月被河南省会计学会评为“2003年度河南省优秀财会论文”一等奖。

（作者：李少民）

6.《浅析会计信息失真的原因及其治理对策》于2004年7月被河南省会计学会评为“2003年度河南省优秀财会论文”三等奖。（作者：李少民）

7.《公共财政改革探索》一书于2005年12月被三门峡市社会科学优秀成果评奖委员会评为“2004年度优秀社科成果”一等奖。

（主编：高战荣　副主任：田金志　范社民　李少民）

8.《弯弯的山路》一书于2005年12月被三门峡市社会科学优秀成果评奖委员会评为“2004年度优秀社科成果”三等奖。（作者：李少民）

9.《农村税费改革后乡级财政和村级收入问题研究》于2005年6月被河南省财政厅评为“2003—2004年度河南省财政优秀调研成果”三等奖。

（作者：范社民　李少民　张鹏博）

2005年度

1.《县乡财政体制改革研究》于2006年6月被河南省财政厅评为“2005年度河南省财政优秀调研成果”一等奖。（作者：李少民）

2.《三门峡市“乡财县管”改革情况调查》于2006年7月被河南省财政厅评为“2005年度河南省财政调研优秀成果”二等奖。

（作者：范社民　李少民）

2006年度

1.《新农村建设存在的主要问题及财政政策建议》于2006年11月25日被河南省社科联、省社科院、省农业厅、省改革发展研究院组织召开的“河南发展高层论坛”第十二次会议评为“扎实推进我省社会主义新农村建设”优秀论文一等奖。

（作者：李少民）

2.《民营企业会计信息失真的成因及对策研究》于2006年10月被河南省会计学会评为“2005—2006年度河南省优秀财会论文”二等奖。

（作者：李少民）

3.《我国行政成本管理问题研究》于2007年7月被河南省财政厅评为“2006年度河南省财政优秀

调研成果”二等奖。（作者:李少民）

4.《县域经济发展问题研究》于2007年7月被河南省财政厅评为“2006年度河南省财政优秀调研成果”三等奖。（作者:范社民　李少民）

5.《县乡财政体制管理问题研究》于2007年5月被河南省社科联评为“2006年度优秀调研成果”一等奖。（作者:范社民　李少民）

6.《农民增收障碍因素分析及对策研究》于2007年5月被河南省社科联评为“2006年度优秀调研成果”二等奖。（作者:李少民）

7.《矿产资源税赋过轻造成的负面影响及对策建议》于2007年6月被三门峡市社科联评为“2006年度优秀调研成果”一等奖。（作者:李少民）

2007年度

1.《构建资源节约型社会问题研究》于2008年5月被河南省社科联评为“2007年度优秀调研成果”一等奖。（作者:李少民）

2.《新农村建设中的社会保障问题研究》于2008年5月被河南省社科联评为“2007年度优秀调研成果”一等奖。（作者:李少民）

3.《新农村建设中的环保问题研究》于2009年5月被河南省财政厅评为“2007年度河南省财政优秀调研成果”二等奖。（作者:李少民）

4.《支持经济可持续发展的财税政策研究》于2009年5月被河南省财政厅评为“2007年度河南省财政优秀调研成果”二等奖。（作者:李少民）

5《我国行政成本管理问题研究》于2008年12月被三门峡市社会科学优秀成果评奖委员会评为“三门峡市2006、2007年度社会科学优秀成果文章类”一等奖。（作者:李少民）

6.《支持经济可持续发展的财税政策探讨》于2008年12月被三门峡市社会科学优秀成果评奖委员会评为“三门峡市2006、2007年度社会科学优秀成果文章类”二等奖。（作者:李少民）

2008年度

1.《加强农业基础建设的财政政策研究》于2009年5月被河南省社科联评为“2008年度优秀调研成果”一等奖。（作者:李少民）

2.《构建和谐社会必须妥善解决失地农民社会保障问题》于2009年5月被河南省社科联评为“2008年度优秀调研成果”一等奖。（作者:李少民）

3.《绩效预算改革问题研究》于2009年9月被河南省财政厅评为“2008年度河南省财政优秀调研成果”二等奖。（作者:李少民）

4.《促进区域经济协调发展的财税政策研究》于2009年9月被河南省财政厅评为“2008年度河南省财政优秀调研成果”三等奖。（作者:李少民）

5.《农田水利在新农村建设中的地位及政策取向》于2009年9月被河南省财政厅评为“2008年度河南省财政优秀调研成果”三等奖。（作者:李少民）

2009年度

1.《财政热点问题透视》一书于2009年4月被河南省社科联评为“首届河南省哲学社会科学普及优秀作品”特等奖。（作者:李少民）

2.《农田水利在新农村建设中的地位及政策取向》于2009年11月被河南省社科联评为“第二届河南省哲学社会科学普及优秀作品”二等奖。

（作者:李少民）

3.《促进区域经济协调发展的财税政策研究》于2010年5月被河南省社科联评为“2009年度优秀调研成果”一等奖。（作者:李少民）

4.《农田水利在新农村建设中的地位及政策取向》于2010年5月被河南省社科联评为“2009年度优秀调研成果”二等奖。（作者:李少民）

5.《影响农民持续增收的因素分析与对策研究》于2010年8月被三门峡市社会科学优秀成果评奖委员会评为“2008—2009年度三门峡市社会科学优秀成果”一等奖。（作者:李少民）

2010年度

1.《化解地方政府债务问题对策研究》于2011年4月被河南省社科联、省经济学团体联合会评为“2010年度优秀调研成果”一等奖。（作者:李少民）

2.《支持经济可持续发展的财税政策研究》于2011年4月被河南省社科联、省经济学团体联合会评为“2010年度优秀调研成果”一等奖。

（作者:李少民）

3.《现行矿产资源税制存在的主要问题及对策建议》于2011年11月被三门峡市社会科学优秀成果评奖委员会评为“三门峡市2010年度社会科学优秀成果”二等奖。（作者:李少民）

4.《推进省直管县财政改革研究》于2012年4月23日被河南省财政厅评为"2009—2010年度河南省财政优秀调研成果"二等奖。

（作者：宋　东　李少民）

5.《发展低碳经济的财税政策研究》于2012年4月23日被河南省财政厅评为"2009—2010年度河南省财政优秀调研成果"二等奖。

（作者：李少民）

6.《现行矿产资源税制存在的主要问题及对策建议》于2012年4月23日被河南省财政厅评为"2009—2010年度河南省财政优秀调研成果"二等奖。（作者：李少民）

7.《促进经济发展方式转变财政职能作用探析——以三门峡市为例》于2012年3月1日被河南省优秀调研成果评审委员会评为2010—2011年度河南省优秀调研成果二等奖。（作者：李少民）

九、主要财政科研成果发表及采用情况

2001年度

一、三门峡市委采用情况

《关于我市乡镇财政收入质量问题的调查与思考》于2001年12月11日被三门峡市人民政府办公室《政务信息》第31期专题采用（专供领导参阅）。

（作者：李少民　朱志军）

二、报纸杂志采用情况

1.《国有企业产权制度改革应处理好四个关系》于2001年6月入选《中国跨世纪管理论坛》一书。（作者：刘灿烽）

2.《管好用好资金支持农经济发展》发表于《农村财政与财务》2001年第3期。（作者：杨文明）

3.《三门峡市乡镇财政发展状况的调查与分析》发表于《河南财政研究》2001年第4期。

（作者：高战荣　李转霞　吕玉玺　贺红民）

4.《注册会计师审计风险的原因、现状及对策》发表于《河南注册会计师》2001第6期。

（作者：李　军）

5.《非税收入票据分离制有待改进》发表于《财税与会计》2001年第3期。（作者：灵宝市财政局）

6.《村财乡管深思》发表于《财税与会计》2001年第7期。（作者：吕玉玺　金　平　贺红民）

7.《实行部门预算应解决的问题》发表于《财税与会计》2001年第10期。（作者：张改钦）

8.《政府采购应加强对供应商的管理》发表于《财税与会计》2001年第12期。（作者：焦建庆）

2002年度

1.《改革差费管理办法浅见》发表于《财税与会计》2002年1期。（作者：吕玉玺）

2.《大胆的探索有益的尝试——对灵宝市社会保险费征缴体制改革的调查与思考》发表于《财税与会计》2002年12期。（作者：杨景宝）

3.《运用积极财政政策促进经济结构优化》发表于《河南财政研究》2002年5期。

（作者：范社民　李转霞　贺宏民）

4.《浅谈降低非货币出资的验资风险》发表于《河南注册会计师》2002年1期。

（作者：李　军　杨林森）

5.《农村报刊征订负担沉重》被《河南内参》2002年29期采用。（作者：范社民　刘玉霞）

6.《大胆的探索有益的尝试——对灵宝市社会保险费征缴体制改革的调查与思考》发表于《社保财务》2002年12期（增刊）。（作者：杨景宝）

7.《农村精神文明建设必须树立新观念》发表于《三门峡学刊》2002年1期。（作者：赵见晓）

8.《按照"三个代表"重要思想要求建设高素质财政干部队伍》发表于《三门峡学刊》2002年1期。

（作者：朱丽珍）

2003年度

1.《关于国库制度改革下预算会计核算的思考》发表于《财务与会计》2003年第9期。

（作者：高战荣）

2.《大胆的尝试有益的探索——对灵宝市社会保险费征缴体制创新的调查与思考》发表于《人文科学》2003年第11期。（作者：杨景宝）

3.《让财政资金最大限度地发挥作用——对三门峡市实施国库集中支付改革的调查》发表于《河南日报内参》2003年第5期。

（作者：《河南日报内参》记者任毅真　马铁军）

4.《运行与阳光之下的财政资金管理》发表于《财税与会计》2003年第1期。（作者：高战荣）

5.《论政府采购推行电子商务的必要性》发表于《财税与会计》2003年第5期。

（作者：朱振献　魏成军）

6.《浅析国有无形资产流失的形式及原因》发表于《财税与会计》2003年第5期。

(作者:许远征)

7.《适应国库管理制度改革搞好预算会计核算工作》发表于《财税与会计》2003年第8期。

(作者:高战荣)

8.《加强会计管理监督重塑会计职业诚信》发表于《财税与会计》2003年第9期。 (作者:高战荣)

.9.《建立集中支付及核算系统实现信息共享》发表于《财税与会计》2003年第10期。

(作者:李少民 刘贤君)

10.《企业会计职业判断的应用》发表于《财税与会计》2003年第10期。 (作者:朱丽珍)

11.《驻村扶贫资金财务管理存在的问题及对策》发表于《财税与会计》2003年第12期。

(作者:李少民)

12.《推进农村税费改革切实减轻农民负担》2003年5月被选入中国经济文化出版社《构建公共财政框架研究》一书。 (作者:范社民)

13.《运用积极财政政策促进经济结构优化》2003年5月被选入中国经济文化出版社《构建公共财政框架研究》一书。

(作者:范社民 李转霞 贺宏民)

14.《三门峡市农村税费改革情况调查》2003年5月被选入中国经济文化出版社《构建公共财政框架研究》一书。

(作者:高战荣 李少民 吕玉玺)

15.《治理会计信息失真的对策》发表于《中国财经报》(财会世界)2003年11月26日第二版。

(作者:李少民)

16..《发展非公有制经济的财政政策研究》发表于《河南财政研究》2003年第5期。

(作者:李少民)

17.《三门峡市财源结构调查与分析》发表于《河南财政研究》2003年第6期。

(作者:高战荣 李少民 王继功)

2004年度

1.《加强会计管理监督,重塑会计职业诚信》于2004年1月20日入选光明日报出版社《新时期基层会计监督与管理》一书。 (作者:高战荣)

2.《农村税费改革后乡级财政和村级收入问题研究》发表于《河南财政研究》2004年第1期。

(作者:范社民 李少民 张鹏博)

3.《三门峡市财源结构调查与分析》发表于《河南财政研究》2004年第6期。

(作者:高战荣 李少民 王继功)

4.《我国内部控制制度发展现状、成因及对策研究》于2004年8月发表于《财务会计改革新论》一书(中国广播电视出版社)。 (作者:李少民)

5.2004年5月由中国文联出版社出版发行《弯弯的山路》一书,计40.5万字。 (作者:李少民)

6.2004年9月由中国广播电视出版社出版发行《公共财政改革探索》一书,计35.1万字。

(主编:高战荣 副主编:田金志 范社民 李少民)

2005年度

一、各级党委、政府采用情况

(一)河南省政府采用

1.《对三门峡市取消农业税后乡镇财政工作情况的调查》于2005年3月24日被省政府《政务要闻(重要情况专报)》第72期专题采用。

(作者:李少民)

2.《对三门峡市实施“乡财县管”改革情况的调查》于2005年4月18日被省政府《政务要闻(重要情况专报)》第99期专题采用。

(作者:范社民 李少民)

3.《关于三门峡市农村特困群体基本保障工作情况的调查》于2005年6月20日被省政府《政务要闻(重要情况专报)》第174期专题采用。

(作者:李少民)

4.《关于三门峡市县乡财政体制运行情况的调查》于2005年11月8日被省政府《政务要闻(重要情况专报)》第413期专题采用。 (作者:李少民)

(二)三门峡市委采用

《三门峡市“乡财县管”改革情况调查》于2005年6月18日被3市委《工作信息》第43期专题采用。

(作者:李少民)

(三)三门峡市政府采用

1.《对三门峡市取消农业税后乡镇财政工作情况的调查》于2005年3月23日被市政府《政务信息》第5期专题采用。 (作者:李少民)

2.《对三门峡市取消农业税后乡镇财政工作情

况的调查》于2005年3月24日被市政府《三门峡快报》第146期专题采用。（作者：李少民）

3.《对三门峡市实施“乡财县管”改革情况的调查》于2005年4月11日被市政府《政务信息》第7期专题采用。（作者：范社民　李少民）

4.《对三门峡市实施“乡财县管”改革情况的调查》于2005年4月14日被市政府《三门峡快报》第185期专题采用。（作者：范社民　李少民）

5.《我市敬老院工作存在的几个问题》于2005年5月16日被市政府《决策参考》第4期专题采用。（作者：李少民）

6.《对三门峡市农村特困群体基本保障工作情况的调查》于2005年5月17日被市政府《三门峡快报》第234期专题采用。（作者：李少民）

7.《对三门峡市农村特困群体基本保障工作情况的调查》于2005年6月7日被市政府《政务信息》第13期专题采用。（作者：李少民）

8.《对我市当前农村义务教育情况的调查》于2005年7月15日被市政府《政务信息》第17期专题采用。（作者：李少民）

9.《三门峡市农村义务教育中存在的12个问题及建议》于2005年7月22日被市政府《三门峡快报》第410期专题采用。（作者：李少民）

10.《三门峡市农田水利基本建设情况调查》于2005年8月31日被市政府《三门峡快报》第507期专题采用。（作者：李少民）

11.《三门峡市国库集中支付及会计集中核算改革实施情况调查》于2005年9月2日被市政府《三门峡快报》第512期专题采用。（作者：李少民）

12.《三门峡市国库制度改革效果显著》于2005年9月7日被市政府《三门峡快报》第523期专题采用。（作者：李少民）

13.《对我市国库集中支付及会计核算实施情况的调查》于2005年9月19日被市政府《政务信息》第24期专题采用。（作者：李少民）

14.《我市农田水利基本建设情况调查》于2005年9月23日被市政府《决策参考》第12期专题采用。（作者：李少民）

15.《对当前农民增收障碍因素的调查》2005年10月14日被市政府《三门峡快报》第594期专题采用。（作者：李少民）

16.《关于三门峡市县乡财政体制改革运行情况的调查》2005年10月14日被市政府《三门峡快报》第595期专题采用。（作者：李少民）

17.《关于对我市农民增收问题的调查》于2005年11月14日被市政府《政务信息》第5期专题采用。（作者：李少民）

18.《关于我市县乡财政体制改革运行情况的调查》于2005年11月28日被市政府《决策参考》第17期专题采用。（作者：李少民）

19.《三门峡市政府采购现状调查》于2005年12月8日被市政府《政务信息》第28期专题采用。（作者：李少民）

20.《三门峡市规范政府采购运作程序五年节约资金1亿元》2005年12月9日被市政府《三门峡快报》第745期专题采用。（作者：李少民）

21.《三门峡市政府采购现状调查》于2005年12月20日被市政府《三门峡快报》第773期专题采用。（作者：李少民）

二、报纸杂志采用情况

1.《会计信息失真的原因分析及其治理对策》发表于《中华会计学习》2005年第1期。（作者：李少民）

2.《加强职业道德建设重塑财政良好形象》发表于《基层财政预算》2005第1期。（作者：王继功）

3.《做好部门预算编审需把握的几个问题》发表于《财政系统公务员建设实务与探索》2005年第1期。（作者：王继功）

4.《农村税费改革后农业基础设施建设存在的问题及对策》发表于《人文科学》2005年第9期。（作者：贺红民）

5.《取消农业税后乡镇财政面临的困难及对策研究》发表于《河南财政研究》2005年4月第2期。（作者：李少民）

6.《三门峡市“乡财县管”问题研究》发表于《河南财政研究》2005年第4期。（作者：范社民　李少民　翟海燕）

7.《国库支付改革后行政事业单位财务资产管理亟需加强》发表于《河南财政研究》2005年第5期。（作者：贺红民）

8.《浅谈现代企业财务风险防范》发表于《三门峡职业技术学院学报》2005年第3期。（作者：李清凌）

9.《农民增收障碍因素分析及对策研究》发表

于《河南农业》2005年月第11期。(作者:李少民)

10.《农田水利基本建设现状.成因及对策探讨》发表于《河南农业》2005年第12期。

(作者:李少民)

11.《财政支持农村义务教育保障能力研究》发表于《河南财政研究》2005年第6期。

(作者:田金志　李少民　刘玉霞)

12.《驻村扶贫资金财务管理存在的问题及其对策》于2005年6月入选河南优秀社科论文选《硕果》一书。(作者:李少民)

13.《农村税费改革后乡级财政和村级收入问题研究》于2005年6月入选河南优秀社科论文选《硕果》一书。(作者:李少民)

2006年度

一、各级党委、政府采用情况

(一)国务院办公厅采用

《建议国家为县域经济发展进一步提供制度和政策支持》于2006年6月5日被国务院办公厅政务信息工作网采用。(作者:范社民　李少民)

(二)河南省政府采用

《三门峡市县域经济发展呈现良好势头》于2006年5月26日被省政府《政务要闻》(重要情况专报)》第184期专题采用(本调研稿省、市领导有重要批示)。(作者:范社民　李少民)

(三)三门峡市委采用

1.《我市县域经济发展问题研究》于2006年6月6日被市委《工作信息》第54期专题采用。

(作者:范社民　李少民)

2.《目前新农村建设中存在的几个问题和建议》于2006年6月5日被市委《督查专报》第6期专题采用。(作者:李少民)

3.《当前新农村建设中的财政政策建议》于2006年11月27日被市委《督查专报》第21期专题采用。(作者:李少民)

(四)三门峡市政府采用

1.《三门峡市村级经费管理情况调查》于2006年1月24日被市政府《三门峡快报》第57期专题采用。(作者:李少民)

2.《矿产资源税赋过轻造成的负面影响应予重视》于2006年2月14日被市政府《三门峡快报》第91期专题采用。(作者:李少民)

3.《三门峡市村级经费管理情况调查》于2006年2月20日被市政府《决策参考》第2期专题采用。(作者:李少民)

4.《矿产资源税赋过轻造成的负面影响应予重视》于2006年2月21日被市政府《决策参考》第3期专题采用。(作者:李少民)

5.《民营企业会计信息失真的成因及对策研究》于2006年3月29日被市政府《政务信息》第2期专题采用。(作者:李少民)

6.《降低行政成本的几点建议》于2006年4月28日被市政府《三门峡快报》第264期专题采用。

(作者:李少民)

7.《三门峡市县域经济发展呈现良好势头》于2006年5月26日被市政府《三门峡快报》第321期专题采用。(作者:范社民　李少民)

8.《建议国家为县域经济发展进一步提供制度和政策支持》于2006年6月2日被市政府《三门峡快报》第339期专题采用。

(作者:范社民　李少民)

9.《三门峡市农村经济建设取得阶段性成效》于2006年6月8日被市政府《三门峡快报》第353期专题采用。(作者:李少民)

10.《加强财政支农建设社会主义新农村的六项建议》于2006年6月14日被市政府《三门峡快报》第365期专题采用。(作者:李少民)

11.《财政支持农业经济发展的政策建议》于2006年6月23日被市政府《三门峡快报》第392期专题采用。(作者:李少民)

12.《关于推进城镇化建设的九点建议》于2006年8月16日被市政府《三门峡快报》第523期专题采用。(作者:李少民)

13.《建议重视和解决好当前城镇化建设中的六个问题》于2006年8月17日被市政府《三门峡快报》第528期专题采用。(作者:李少民)

14.《防范化解当前地方政府债务的五点对策建议》于2006年8月31日被市政府《三门峡快报》第567期专题采用。(作者:李少民)

15.《化解和处置政府债务的对策和建议》于2006年9月19日被市政府《三门峡快报》第614期专题采用。(作者:李少民)

16.《我市县乡政府债务情况及成因调查》于2006年9月19日被市政府《决策参考》第12期专

题采用。　　（作者：李少民）

17.《三门峡市加强重点税源建设促进经济发展成效显著》于2006年10月9日被市政府《三门峡快报》第654期专题采用。　　（作者：李少民）

18.《加强我市重点税源建设的几点建议》于2006年11月20日被市政府《决策参考》第15期专题采用。　　（作者：李少民）

19.《三门峡市加强重点税源建设取得明显成效》于2006年11月24日被市政府《三门峡快报》第792期专题采用。　　（作者：李少民）

20.《当前失地农民社会保障存在的主要问题应予重视》于2006年12月12日被市政府《三门峡快报》第868期专题采用。　　（作者：李少民）

21.《建议采取九条措施保护现有耕地》于2006年12月12日被市政府《三门峡快报》第869期专题采用。　　（作者：李少民）

22.《建议关注和不断完善失地农民的社会保障制度》于2006年12月12日被市政府《三门峡快报》第870期专题采用。　　（作者：李少民）

23.《关于加强国有资产管理的几点建议》于2006年12月22日被市政府《三门峡快报》第923期专题采用。　　（作者：李少民）

24.《当前资源性国有资产管理中存在的主要问题》于2006年12月22日被市政府《三门峡快报》第924期专题采用。　　（作者：李少民）

25.《当前公益性国有资产管理中存在的主要问题》于2006年12月22日被市政府《三门峡快报》第925期专题采用。　　（作者：李少民）

26.《当前行政事业性国有资产管理中存在的主要问题》于2006年12月22日被市政府《三门峡快报》第926期专题采用。　　（作者：李少民）

27.《当前经营性国有资产管理中存在的主要问题》于2006年12月22日被市政府《三门峡快报》第927期专题采用。　　（作者：李少民）

二、报纸杂志采用情况

1.《我国行政成本管理问题研究》于2006年7月20日发表于全国经济类核心期刊《中国财经信息资料》第20期。　　（作者：李少民）

2.《县域经济发展问题研究》于2006年8月发表于《中国财政发展报告》（经济日报出版社）。

（作者：范社民　李少民）

3.《县乡财政管理体制问题研究》于2006年8月发表于《中国财政发展报告》一书（经济日报出版社）。　　（作者：李少民）

4.《乡镇财政管理中存在的问题及对策思考》于2006年4月入选《中国市县发展战略》一书。

（作者：贺红民）

5.《农民增收缓慢的制约因素及财政对策》发表于《科技与企业》2006年第6期。　（作者：贺红民）

6.《三门峡出台七项措施支持再就业》于2006年4月发表于《中国财政》第4期。

（作者：孙建平　朱志军）

7.《义马经济腾飞探秘》于2006年9月发表于《中国财政》第9期。　（作者：范社民　李少民）

8.《“煤都”变身绿色花园》于2006年5月26日发表于《中国财经报》头版头条，并于同日晨7时15分被中央电视台《媒体广场》头条转播。

（作者：李少民）

9.《财政支持农村义务教育保障能力研究》于2006年10月发表于《农村财政与财务》第10期。

（作者：田金志　李少民　刘玉霞）

10.《三门峡市“乡财县管”改革情况调查》于2006年5月发表于《河南社科调研文萃》一书（华龄出版社）。　（作者：范社民　李少民）

11.《矿产资源税赋过轻造成的负面影响及对策建议》于2006年1月发表于《河南财政研究》第1期。　　（作者：李少民）

12.《民营企业会计信息失真的成因及对策研究》于2006年4月发表于《河南财政研究》第4期。

（作者：李少民）

13.《县乡财政体制管理问题研究》于2006年7月发表于《河南财政研究》第7期。

（作者：李少民）

14.《浅谈财政集中支付中会计监督的作用》2006年8月发表于《河南财政研究》第8期。

（作者：杨文明）

15.《新农村建设中的城镇化问题研究》于2006年9月发表于《河南财政研究》第9期。

（作者：李少民）

16.《陕县民政资金实行社会化发放》发表于《河南财政研究》2006年第10期。（作者：王　环）

17.《三门峡市重点税源情况调查与分析》于2006年11月发表于《河南财政研究》第11期。

（作者：李少民）

18.《农民增收缓慢的制约因素及财政对策》2006年6月发表于《科技与企业》第6期。（作者:贺红民）

19.《深化土地使用制度改革加强土地收益租金征管》于2006年8月发表于《河南国土资源》第8期。（作者:常俊峰）

2007年度

一、各级党委、政府采用情况

(一)河南省委采用

《部分支农资金运用效率不高》于2007年6月被中共河南省委办公厅《河南信息》采用。（作者:李少民）

(二)河南省政府采用

1.《三门峡市积极推进新型农村合作医疗取得八项成效》于2007年9月7日被河南省人民政府办公厅《政务要闻》(重要情况专报)》第745期专题采用(本调研稿王菊梅副省长及市领导有批示)。（作者:李少民）

2.《三门峡市积极推进新型农村合作医疗工作取得明显成效》于2007年9月18日被河南省人民政府办公厅《政府工作快报》第266期专题采用。（作者:李少民）

(三)三门峡市委采用

《支农资金运用效率不高的问题应引起高度重视》于2007年5月22日被三门峡市委办公室《三门峡信息》第78期专题采用。（作者:李少民）

(四)三门峡市政府采用

1.《关于发展现代农业的十项财政政策建议》于2007年3月23日被市政府《三门峡快报》第214期专题采用。（作者:李少民）

2.《当前农村环保存在的六个问题应引起重视》于2007年6月22日被市政府《三门峡快报》第433期专题采用。（作者:李少民）

3.《解决当前农村环境保护问题的九项对策建议》于2007年6月22日被市政府《三门峡快报》第434期专题采用。（作者:李少民）

4.《强化措施,稳步推进,三门峡市新型农村合作医疗取得明显成效》于2007年9月7日被市政府《三门峡快报》第626期专题采用。（作者:李少民）

5.《完善新型农村合作医疗的政府建议》于2007年9月10日被市人民政府办公室《三门峡快报》第630期专题采用。（作者:李少民）

二、报纸杂志采用情况

1.《县乡财政体制改革研究》于2007年2月入选中国财政经济出版社《财政政策的理论与实践》一书。（作者:李少民）

2.《三门峡市“乡财县管”改革情况调查》于2007年2月入选中国财政经济出版社《财政政策的理论与实践》一书。（作者:范社民 李少民）

3.《支持新农村建设的财政政策建议》于2007年2月发表于《河南农业》第2期。（作者:李少民）

4.《我国国有资产管理问题研究》发表于《河南财政研究》2007年第2期。（作者:李少民）

5.《妥善解决失农民社会保障问题》月发表于《三门峡学刊》2007年3第1期。（作者:李少民）

6.《构建资源节约型社会问题研究》发表于《河南财政研究》2007年第4期。（作者:李少民）

7.《三门峡市新农村建设应解决的主要问题及建议》发表于《中国财政》2007年第5期。（作者:李少民）

8.《支持经济可持续发展的财税政策研究》发表于《河南财政研究》2007年第7期。（作者:范社民 李少民）

9.《关于构建资源节约型社会的建议》发表于《中国财经信息资料》2007年第20期。（作者:李少民）

10.《妥善解决失农民社会保障问题》发表于《农村财政与财务》2007年第8期。（作者:李少民）

11.《县级财政国库集中支付改革问题剖析与探讨》发表于《河南财政研究》2007年第8期。（作者:任海水 张鹏博）

12.《加快城镇化步伐,促进新农村建设》于2007年3月被河南省财政科学研究所《财政研究报告》第8期采用。（作者:李少民）

13.《新农村建设中的社会保障问题研究》于2007年9月入选《中国财政发展报告》(经济日报出版社)一书。（作者:范社民 李少民）

14.《新农村建设中的环保问题研究》发表于《中国财经信息资料》2007年第25期。（作者:李少民）

15.《县级财政国库集中支付改革问题剖析与探讨》发表于《河南财政研究》2007年第8期。（作者:任海水 张鹏博）

16.《新型农村合作医疗管理问题研究》发表于《河南财政研究》2007年第9期。（作者：李少民）

17.《失地农民社会保障问题研究》发表于《河南财政研究》2007年第10期。（作者：李少民）

18.《支持经济可持续发展的财税政策探讨》发表于《地方财政研究》2007年第11期头题。

（作者：范社民　李少民）

19.《失地农民社会保障滞后的根源分析》于2007年10月入选《旗帜》（人民日报出版社）一书。

（作者：李少民）

20.《基层财政科研执着探索者的可贵成果——评李少民〈财政热点问题透视〉一书》发表于《中国财经信息资料》2007年第35期。

（作者：贾　康）

三、专　著

《财政热点问题透视》于2007年9月由中央文献出版社出版发行。（作者：李少民）

2008年度

1.《把财政工作的着力点放在改善民生上》发表于《中国财政》2008年第3期。（作者：吕万松）

2.《完善三门峡市新型农村合作医疗之管见》发表于《中国财政》2008年第9期。

（作者：李少民）

3.《构建和谐社会必须妥善解决失地农民社会保障问题》发表十《中国财经信息资料》2008年第2期。（作者：李少民）

4.《农田水利在新农村建设中的位置及政策取向》发表于《中国财经信息资料》2008年第25期头条。（作者：李少民）

5.《三门峡市社会主义新农村建设的实践与思考》发表于《中国财经信息资料》2008年第26期。

（作者：杨树平）

6.《构建资源节约型社会问题研究》于2008年5月发表于《地方财政研究》第5期。（作者：李少民）

7.《积极稳妥地推进我国城镇化建设》发表于《农村财政与财务》2008年第5期。（作者：李少民）

8.《新农村建设中的社会保障问题研究》发表于《河南财政研究》2008年第1期。（作者：李少民）

9.《支持农业基础建设的财政政策研究》发表于《河南财政研究》2008年第3期。（作者：李少民）

10.《新型农村合作医疗管理问题研究》于2008年5月22日刊发于河南省财政科学研究所《财政研究报告》第8期。（作者：李少民）

11.《农田水利在新农村建设中的位置及政策取向》发表于《河南财政研究》2008年第6期。

（作者：李少民）

12.《支持企业自主创新的财税政策探讨》发表于《河南财政研究》2008年第8期。（作者：李少民）

13.《加大投入，加快社会主义新农村建设》发表于《河南财政研究》2008年第10期。

（作者：杨树平）

14.《加大投入，加快社会主义新农村建设》发表于《河南农业》2008年第11期头题。

（作者：杨树平）

15.《绩效预算改革问题研究》发表于《河南财政研究》2008年第11期。

（作者：吕万松　李少民）

16.《民企会计信息失真对策》发表于2008年11月27日《三门峡日报》第2版。（作者：李少民）

2009年度

1.《多措并举促资源型城市转型》发表于《中国财政》2009年第7期。（作者：吕万松）

2.《绩效预算改革问题研究》发表于《地方财政研究》2009年第1期。（作者：李少民）

3.《农民持续增收的制约因素及其财政对策》发表于《地方财政研究》2009年第9期。

（作者：李少民）

4.《促进农民持续增收的财政政策研究》发表于《中国财经信息资料》2009年第16期。

（作者：李少民）

5.《当前地方政府债务的特点及化解对策》发表于《中国财经信息资料》2009年第33期。

（作者：李少民）

6.《三门峡市财政国库基础工作调查与思考》发表于《河南财政研究》2009年第3期。

（作者：任海水　张鹏博）

7.《支持区域经济协调发展的财税政策研究》发表于《河南财政研究》2009年第4期。

（作者：范社民　李少民）

8.《促进农民持续增收的财政政策研究》发表于《河南财政研究》2009年第6期。（作者：李少民）

9.《支持非公有制经济发展的财政政策研究》

发表于《河南财政研究》2009年第8期。

(作者:范社民 李少民)

10.《化解地方政府债务问题对策研究》发表于《河南财政研究》2009年第9期。(作者:李少民)

11.《村级经费管理中存在的问题及对策研究》发表于《河南财政研究》2009年第11期。

(作者:李少民)

2010年度

1.《村级经费管理中存在的问题及工作建议》发表于《中国财经信息资料》2010年第8期。

(作者:李少民)

2.《现行矿产资源税制存在的主要问题及政策建议》发表于《中国财经信息资料》2010年第20期。

(作者:李少民)

3.《乡镇财政职能履行中现存问题及对策》发表于《地方财政研究》2010年第6期。

(作者:李少民)

4.《农田水利在新农村建设中的地位及政策取向》发表于《三门峡学刊》2010年第1期。

(作者:李少民)

5.《乡镇财政职能履行中存在的问题及对策》发表于《河南财政研究》2010年第2期。

(作者:李少民)

6.《推进省直管县财政改革研究》发表于《河南财政研究》2010年第6期。

(作者:宋 东 李少民)

7.《促进豫晋陕黄河金三角试验区协作发展的财税政策建议》于2010年9月11日入选"中原经济区、豫晋陕黄河金三角区域协作发展综合试验区研讨会交流论文",其摘要稿于2010年9月刊发于中共三门峡市委主办的《三门峡工作》试刊号《中原经济区、黄河金三角试验区研讨会专家观点摘要》。

(作者:李少民)

8.《多措并举做好资源型城市转型工作》发表于《三门峡日报》2010年11月11日第三版。

(作者:李少民)

第二节 财政信息与宣传

一、财政信息工作开展情况

2001—2010年,三门峡市财政局信息工作以服务领导决策为核心,以拓宽信息渠道为基础,以提高信息质量为重点,紧紧围绕促进财政管理改革全面发展这一中心,积极探索信息工作规律,大力强化精品意识,深入挖掘和及时编报大量有价值的信息,较好地发挥了信息工作为上级机关服务、为本级领导服务、为指导和推动全市财政工作服务的作用。在具体工作中,一是加强网络建设,打牢信息工作基础。建立市、县、乡三级财政信息网。在财政系统内部实行三级责任制,逐级明确分管领导,确定专(兼)职信息员,市、县、乡三级财政部门有专(兼)职信息员150余人,形成覆盖全市各县(市、区)并延伸到乡镇的财政信息网络。加强与市直各部门以及新闻媒体的横向联系,实行"信息共享",拓宽了信息来源渠道,为信息工作的开展奠定了坚实基础。二是强化业务培训,提高信息队伍素质。坚持把建设一支政治强、业务精、作风硬、纪律严的合格信息工作队伍作为整个信息工作的重要环节来抓,把提高信息采编人员素质作为做好信息采编的基础工作来抓,采取了"以会代训"、个别指导等方法,全面提高信息的采编质量。三是健全规章制度,规范信息工作管理。2007年3月,下发《三门峡市财政局关于进一步加强财政信息工作的通知》(三财办〔2007〕02号),建立信息积分制度,形成以分值调控信息质量的激励机制。实行信息采用情况季度通报制度,建立奖励制度。坚持每年在全市财政系统评出若干个信息工作优秀单位和信息工作优秀个人,予以表彰,并对获奖单位和个人给予一定物质奖励,特别是对省以上采用的信息实行重奖,充分调动了各级信息员的工作积极性,激发了其开发深层次信息的热情。四是把握工作重点,提高信息服务效能。以"抓深层次信息,提供高质量服务"为原则,注重经验型、动态型和反馈型信息的报送,力求"参在点子上""谋在关键处"。始终坚持"有喜报喜、有忧报忧"这一信息工作的基本要求，客观真实地反映情况，积极主动向上级机关和领导反映工作中存在的问题，帮助领导机关和机关领导掌握真实情况，作出正确决策，充分发挥了财政信息“情报部”“数据库”“晴雨表”“预警器”的作用。三门峡市财政局机关信息工作由办公室牵头，通过《财政信息》和《财政信息专报》两种形式编报各类信息。其中《财政信息》主要编发财政工作简讯、动态、情况反馈等常规性信息，每期刊发信息5~8条。《财政信息专报》实行一事一报，主要刊发重要财政政策、重点工作措施、阶段性预算执行情况以及深层次调研信息等。2001—2010年，三门峡市财政局机关共编发各类信息888期，累计刊发信息2634条。其中：《财政信息》305期1962条，《财政信息专报》672期672条。被上级机关采用信息622条，其中财政部采用24条，省财政厅采用120条，市委、市政府采用478条。由于信息工作成效突出，2001年、2002年、2004年、2005年、2007年、2008年连续6年被财政部评为全国财政系统信息工作先进单位，2001—2010年连续10年被省财政厅和市委、市政府评为信息工作先进单位。特别是2005年，在全国财政系统信息综合评比工作中，以河南省地（市）级直报点总分第一名的成绩，被财政部授予全国财政信息工作先进单位称号，并获全国财政系统信息工作组织奖。在全省财政信息综合评比中，以总分第一名被省财政厅授予信息工作先进单位称号。自1992年以来，连续19年被指定为财政部全国财政信息直报点。

二、财政宣传工作开展情况

财政宣传是财政工作的喉舌，是争取全社会理解和支持的重要途径，是联系群众的桥梁和纽带。2001—2010年，三门峡市财政局不断加强财政宣传工作。明确分管新闻宣传工作的局领导，于2007年3月下发了《三门峡市财政局关于进一步加强财政信息宣传工作的通知》（三财办〔2007〕02号），统一信息宣传渠道，建立了全市财政系统信息宣传网络，实行新闻宣传工作归口管理。在宣传内容上，坚持实事求是、语言凝练，增强宣传稿件的针对性和时效性；在宣传质量上，对投送的全部稿件必须严格按照职责权限逐级审核把关；在宣传重点上，密切关注上级的宣传热点，把握财政局的工作重心，找准宣传切入点，力求达到宣传的最佳效果。每年年底对各科（室）、局属各单位的信息宣传工作进行综合考评，评选表彰一批财政信息宣传工作先进单位和先进个人，颁发荣誉证书及物质奖励。2001—2010年，据不完全统计，三门峡市财政局在市以上报纸、杂志、广播、电视上发表（播发）1812篇（则）调查报告、论文、通讯、消息等，为三门峡市财政改革发展创造了良好的舆论环境。

三、财政宣传文章被市以上媒体采用部分篇目

2001年

（一）《中国财经报》

1.2月6日　《三门峡大力推行政府采购制度》（作者：刘奇星）

2.2月16日　《锦旗送到财政局》（作者：贾文杰）

3.5月20日　《免征农业税农民立丰碑》（作者：王连忠）

4.11月12日　《义马市乡镇工资连续六年无拖欠》（作者：张改钦）

（二）《农村财政与财务》

第6期　《三门峡市农民为党的惠民政策立碑》（作者：王连忠）

（三）《河南日报》

2月7日　《三门峡市财政局被命名为省级文明单位》

（四）《三门峡日报》

1.1月3日　《市财政部门积极采取措施加快旅游业发展步伐》（作者：李少民　马根民）

2.3月5日　《市财政工作会议提出：加快财政改革优化支出结构》（作者：李少民）

3.3月28日　《我市农村税费改革全面启动》（作者：赵晓生）

4.4月19日　《关于三门峡市2000年预算执行情况和2001年财政预算的报告》

5.9月11日　《赵继祥在全市财政支出管理改革工作会议上强调：推进支出管理制度改革提高财政资金使用效益》（作者：翟海燕　李少民）

6.11月22日　《赵继祥到各县（市、区）调研财税工作时强调：扎实抓好财政收入，积极推进财政支出改革》（作者：范社民　翟海燕）

7.12月11日 《我市推出医疗保险制度改革配套方案》 (作者:李少民 徐新华 段保明)

2002年

(一)《中国财经报》

1.6月25日 《三门峡推动国库制度改革》 (作者:峡财)

2.8月27日 《三门峡公款消费不再"潇洒"》 (作者:李少民)

(二)《河南日报》

1.1月8日 《强化财政监督提高资金效益——三门峡改革市级财政国库管理制度》 (作者:马铁军 李少民)

2.10月18日 《三门峡市实施财政国库集中支付初见成效》 (作者:马铁军)

3.11月8日 《驻村逸事》 (作者:李少民)

(三)《三门峡日报》

1.1月1日 《集中财力办大事廉政建设抓源头——我市财政国库管理制度改革正式启动》 (作者:王景春)

2.1月7日 《市财政局负责人就市级财政国库管理制度改革答记者问》

3.1月30日 《我市县乡农税专用微机设备安装到位》 (作者:张鹏博)

4.2月19日 《我市财政工作去年取得显著成效》 (作者:李少民)

5.3月20日 《关于三门峡市2001年财政预算执行情况和2002年财政预算的报告》

6.3月26日 《落实三个确保搞好四项改革努力做好新形势下的财政工作》 (作者:高战荣)

7.3月29日 《我市召开农村税费改革工作动员大会》

8.4月5日 《高战荣就全市农村税费改革有关问题答记者问》

9.4月26日 《落实"三个确保"搞好"四项改革"努力开创财政工作新局面》 (作者:高战荣)

10.5月29日 《市直公务车辆实行定点维修》 (作者:采购办)

11.7月15日 《我市财政国库管理制度改革取得突破性进展》 (作者:李少民)

12.7月25日 《推进农村税费改革减轻农民负担》 (作者:范社民)

13.9月16日 《按照"三个代表"重要思想要求做好农业税征管工作》 (作者:高战荣 范社民 王国强)

14.11月12日 《推进财政支出管理改革构建公共财政框架》 (作者:高战荣)

15.11月28日 《我市举行《政府采购法》电视知识竞赛》 (作者:邵秋莲)

16.12月10日 《我市财政国库制度改革取得明显成效》 (作者:任海水 黄文州)

2003年

(一)《中国财经报》

1.4月8日 《白面书生是怎样变成庄稼汉的——记三门峡市财政局驻位家沟村帮扶工作队》 (作者:《中国财经报》记者余波)

2.5月20日 《三门峡市紧急筹措资金防治"非典"》 (作者:朱志军 赵 红)

3.5月27日 《三门峡为金财工程把关》 (作者:朱志军 刘奇星)

4.5月30日 《三门峡管办分离获批复》 (作者:贺宏民)

5.《阳光工程的防腐剂》 (作者:朱建仓)

6.8月12日 《三门峡提早预算2004年》 (作者:朱建仓)

7.9月26日 《三门峡七项改革促采购》 (作者:朱建仓 朱志军)

8.12月2日 《莫给监管留"盲区"》 (作者:朱建仓)

(二)《河南日报》

1.1月28日 《三门峡财政局驻位家沟村工作队图片新闻》 (作者:刘金华 王 金)

2.4月16日 《改革辟蹊径良方治顽疾,三门峡市实施财政国库集中支付初见成效》 (作者:《河南日报》记者马铁军)

3.7月20日 《三门峡农村税费改革成效显著》 (作者:马铁军 卢国迎)

(三)《河南农村报》

1.2月21日 《一心为民的李少民》 (作者:韩西来)

2.7月21日 《三门峡农民税费负担全省最低》 (作者:卢国迎)

（四）《三门峡日报》

1.1月2日 《部门预算：建立科学理财新机制——市财政支出管理制度改革系列报道之一》 （作者：上官西才 朱志军 翟海燕）

2.1月3日 《国库集中支付：打造财政资金高效运行通道——市财政支出管理制度改革系列报道之二》 （作者：上官西才 朱志军 翟海燕）

3.1月6日 《倾注真情一心为民——记驻湖滨区高庙乡位家沟村工作队》 （作者：王 金）

4.1月7日 《政府采购：点“亮”财政资金来龙去脉——市财政支出管理制度改革系列报道之三》 （作者：上官西才 朱志军 翟海燕）

5.1月10日 《努力提高行政经费使用效益》 （作者：田金志 李红伟）

6.1月14日 《用真情做好富民文章——市财政局驻高庙乡羊虎山村工作队纪实》 （作者：王景春）

7.2月17日 《财政收入稳步增长支出结构全面优化我市财政工作成效显著》 （作者：朱志军）

8.2月24日 《一个驻村队员的正气歌——记市财政局驻高庙乡位家沟村工作队队长李少民》 （作者：《三门峡日报》记者韩西来）

9.2月25日 《巩固改革成果落实配套措施推动国库管理制度改革再上新台阶》（作者：范社民）

10.2月26日 《关于三门峡市2002年财政预算执行情况和2003年财政预算的报告》

11.4月21日 《我市国有土地实行政府统管》 （作者：贺宏民 常俊峰）

12.5月13日 《我市县级财政国库管理制度改革正式启动》 （作者：贺宏民 李跃华）

13.6月18日 《我市1800万元减免税金全部兑现到农民手中》 （作者：卢国迎）

14.7月10日 《我市获省农税改革先进集体称号》 （作者：卢国迎）

15.7月28日 《实践“三个代表”重要思想深化财政改革》 （作者：翟海燕）

16.11月14日 《我市全面启动乡村财务管理体制改革》 （作者：市财政局）

17.11月21日 《我市利用政法补助专款取得显著成效》 （作者：李宏伟 贺宏民）

18.12月1日 《我市粮食补贴方式改革取得显著成效》 （作者：市财政局）

19.12月10日 《全市农村中小学危房改造工程启动》 （作者：刘玉霞 李兆曦）

20.12月12日 《市财政局荣获省金财工程先进单位》 （作者：朱志军 何江涛）

2004年

（一）《中国财经报》

1.5月13日 《三门峡集中核算到乡村》 （作者：朱志军）

2.6月23日 《三门峡市政建设阳光作业》 （作者：朱建仓）

3.8月14日 《三门峡着力打造廉管家》 （作者：朱志军）

4.12月18日 《甘泉滋润山里人》 （作者：李少民）

5.12月25日 《三门峡市有序推进乡村财务管理体制改革》 （作者：朱志军）

（二）《三门峡日报》

1.1月7日 《我市非税收入银行代收系统正式启动》 （作者：李 剑 陈保军）

2.2月16日 《我市利用外债工作迈出新步伐》 （作者：马跟民 贺红民）

3.3月8日 《我市农村合作医疗保险试点工作稳步推进》 （作者：张云霞 朱志军）

4.3月19日 《市财政局在全省财政系统率先实现网上移动办公》 （作者：程明波）

5.5月13日 《切实降低农业税税率，实行对种粮农民直接补贴》 （作者：高战荣）

6.6月10日 《农业税降低和种粮直补使我市农民负担再降61%》

7.7月6日 《我市SYB培训工作走在全省前列》

8.7月21日 《村民读懂你的心——李少民驻村工作手记《弯弯的山路》序》 （作者：田金志）

9.7月21日 《那山那路那人——读《弯弯的山路》有感》 （作者：李领群）

10.7月29日 《市财政局着力打造廉管家》 （作者：朱志军 杨忠民）

11.7月30日 《我市政府采购实行协议供货制度》 （作者：史秋香 杨富民）

12.8月3日 《我市认真开展整顿统一着装重点检查》

13.8月3日 《我市转移农村劳动力培训全面铺开》 (作者:马献珍)

14.9月20日 《加强会计人员职业道德建设刻不容缓》 (作者:范社民)

15.11月11日 《市财政局信息工作受省嘉奖》 (作者:朱志军)

16.11月30日 《我市财政收入首次突破10亿元大关》 (作者:朱志军　张鹏博)

17.12月20日 《我市乡财县管系统实现网上运行》 (作者:兀应尚　高丽娜)

2005年

(一)《中国财经报》

1.6月4日 《义马精细管理促增收》 (作者:张改钦)

2.4月13日 《三门峡工程采购将过亿元》 (作者:朱建仓)

(二)《农村财政与财务》

第6期 《三门峡市农民为党的惠农政策立大碑》 (作者:王连忠)

(三)《三门峡日报》

1.1月1日 《我市深化镇村财务体制改革》 (作者:朱志军)

2.1月6日 《市财政系统受省财政厅通报表彰》 (作者:朱志军)

3.1月12日 《关于三门峡市2004年度财政预算执行情况和2005年度财政预算(草案)的报告》

4.3月29日 《也谈农民无税一身轻》 (作者:李少民)

5.8月24日 《我市9.2万名农村学生享受"两免一补"》 (作者:李兆曦　朱志军)

6.9月6日 《头版头条实行核算阳光作业构建资金快速通道我市国库制度改革产生良好效果》 (作者:李少民)

7.9月19日 《头版头条贫有所救老有所养病有所医我市特困群体保障能力全面增强》 (作者:李少民)

8.9月30日 《收入颗粒归仓,支出层层把关,我市"乡财县管"一年带来大变化》(作者:李少民)

9.10月28日 《健全内控制度强化会计监督》 (作者:李红伟)

10.11月9日 《充分发挥财政职能构建和谐三门峡》 (作者:刘玉侠)

11.12月8日 《头版头条实施阳光作业强化监督网络我市政府采购五年节约资金一亿元》 (作者:李少民)

12.12月16日 《我市全面实行民主理财制度》 (作者:李红伟　朱志军)

(四)《奉献之旅》

第3期 《情系科研,笔耕不辍——记三门峡市财政科研所所长李少民》 (作者:三门峡市总工会)

2006年

(一)《中国财政》(全国经济类核心期刊)

1.第4期 《三门峡出台七项措施支持再就业》 (作者:孙建平　朱志军)

2.第9期 《义马经济腾飞探秘》 (作者:范社民)

(二)《中国财经报》

1.4月1日 《陕县农村中小学危房改造显成效》 (作者:王　环　曹海忠)

2.4月4日 《三门峡七招支持再就业》 (作者:孙建平　朱志军)

3.4月11日 《三门峡社保基金收支规模超8亿》 (作者:孙建平　朱志军)

4.5月25日 《头版头条"煤都"变身绿色花园》 (作者:李少民)

5.7月25日 《三门峡低保资金管理有新招》 (作者:朱志军)

(三)《三门峡日报》

1.1月4日 《我市财政收支去年实现重大突破》 (作者:康平森　朱志军　翟海燕)

2.1月6日 《关于对全市财税系统予以表彰的决定》

3.1月19日 《市财政系统举行2005年度总结表彰会》 (作者:康平森　朱志军)

4.2月8日 《"十五"期间我市财政改革成效显著》 (作者:康平森　朱志军)

5.2月8日 《关于三门峡市2005年度财政预算执行情况和2006年度财政预算(草案)的报告》

6.3月1日 《市财政国库集中支付中心荣膺"省级青年文明号"》 (作者:朱志军　赵江波)

7.3月24日 《市财政局被评为全国财政系统

信息先进单位》　（作者：康平森　朱志军）

8.6月2日　《三门峡市县域经济发展呈现良好势头》　（作者：范社民　李少民）

9.10月11日　《省财政厅厅长李贵基在我市调研》　（作者：朱志军）

10.11月30日　《我市重点税源建设实现历史性突破》　（作者：李少民）

2007年

（一）《中国财经报》

1.4月3日　《义马免费教育减负担》　（作者：姬宝华　高汝同）

2.6月19日　《义马失地农民纳入医疗保障》　（作者：赵振民　张跃武）

3.9月11日　《三门峡"民生财政"托起和谐城乡》　（作者：李少民　翟海燕　朱志军）

4.11月6日　《把改善民生化为实际行动》　（作者：吕万松）

（二）《三门峡日报》

1.1月4日　《2006年我市财政收支双双实现新突破》　（作者：康平森　翟海燕　任海水）

2.1月4日　《市财政局受省财政厅通报表彰》　（作者：康平森　朱志军）

3.1月5日　《我市"两免一补"工作连续两年获省一等奖》　（作者：刘玉霞　武应峰）

4.1月16日　《三门峡市人民政府关于对全市财税系统的嘉奖令》

5.3月1日　《我市农村全部纳入新型合作医疗》　（作者：梁卫国）

6.3月5日　《我市农村义务教育学杂费今年起全免》　（作者：刘玉霞　武应峰）

7.5月24日　《关于三门峡市2006年度财政预算执行情况和2007年度财政预算（草案）的报告》

8.3月31日　《我市大幅度增加对种粮农民直接补贴》　（作者：李宝珠　朱志军）

9.6月7日　《尽快构建绿色GDP考核体系》　（作者：李少民）

10.6月26日　《充分发挥财政职能积极构建和谐社会》　（作者：康平森　朱志军）

11.7月4日　《上半年我市财政一般预算收入增幅全省第一》（作者：康平森　任海水　张鹏博）

12.7月11日　《我市2006年度财政扶贫项目通过省级验收》　（作者：朱春清　马献珍）

13.9月4日　《我市实施"民生财政"惠及城乡居民》　（作者：翟海燕　朱志军）

14.9月27日　《我市新型农村合作医疗取得八项成效》　（作者：李少民　卫迎宾）

15.10月12日　《我市财政社会保障工作实现重大突破》　（作者：郭宗玮　朱志军）

16.11月8日　《市财政国库支付中心荣获国家级"青年文明号"称号》　（作者：纪雨童）

（三）《三门峡广播电视报》

1.9月12日　《我市今年秋季"两免一补"工作全面推开》　（作者：刘玉霞　武应峰）

2.10月1日　《平民诗人李少民》　（作者：水燕妮）

2008年

（一）《中国财政》（全国经济类核心期刊）

1.第3期　《把财政工作的着力点放在改善民生上》　（作者：吕万松）

2.第9期　《完善三门峡市新型农村合作医疗之管见》　（作者：李少民）

（二）《中国财经报》

1.1月12日　《三门峡民生财政托起和谐城乡》　（作者：李少民　朱志军）

2.1月26日　《三门峡市财政收支增长又好又快》　（作者：李少民）

（三）《三门峡日报》

1.1月2日　《2007年我市财政收支增长快质量高》　（作者：朱志军　张鹏博）

2.1月7日　《我市启动农村中小学课本费退费》　（作者：刘玉霞　武应峰）

3.1月10日　《我市财政投资评审3年节约1.3亿》　（作者：潘吉超）

4.1月14日　《我市"两免一补"工作全省三连冠》　（作者：刘玉霞　武应峰）

5.1月15日　《〈财政热点问题透视〉获专家好评》　（作者：朱志军）

6.1月18日　《我市2007年社会保障支出突破9亿》　（作者：郭宗玮　朱志军）

7.3月13日　《市财政局荣获全国三八红旗集体》　（作者：王社琴　贺红民）

8.3月25日 《我市粮食直补资金首超亿元》(作者:李宝珠 贺红民)

9.4月3日 《我市清理化解普九债务工作启动》(作者:卢国迎 贺红民)

10.5月22日 《我市农机补贴比上年增长4倍》(作者:马献珍 贺红民)

11.5月29日 《今年我市良种补贴面积113万亩》(作者:马献珍 贺红民)

12.8月28日 《取消工商管理费"一箭数雕"》(作者:李少民)

(四)《三门峡广播电视报》

1.1月9日 《我市财政收入突破29亿大关》(作者:朱志军)

2.1月16日 《我市2007年"两免一补"获全省三连冠》(作者:刘玉霞 武应峰)

3.1月23日 《2007年我市社保支出突破9亿元》(作者:郭宗玮 朱志军)

4.2月3日 《财政补贴买家电我市全面启动》(作者:李宝珠 朱志军)

2009年

(一)《中国财政》(全国经济类核心期刊)

1.第7期 《多措并举促资源型城市转型》(作者:李少民)

2.第23期 《河南义马加强财政资金监管》(作者:赵振民)

(二)《中国财经报》

1.1月15日 《河南陕县收入创历史最好成绩》(作者:王 环 张丹红 刘文辉)

2.3月11日 《发展农田水利要打组合拳》(作者:李少民)

3.10月17日 《河南义马扎实开展城乡医疗救助》(作者:赵振民)

(三)《三门峡日报》

1.1月24日 《2008年我市财政工作成效显著》(作者:翟海燕 朱志军 张鹏博)

2.2月2日 《关于三门峡市2008年度财政预算执行情况和2009年度财政预算(草案)的报告》

3.2月5日 《三门峡市人民政府关于对市发改委和市财政局的嘉奖令》

4.3月19日 《我市财政系统加强财政反腐倡廉建设开展财政监督管理年活动》(作者:朱志军 彭健康)

5.4月9日 《市财政局荣获"全国财政信息工作先进单位"称号》(作者:市财政局)

6.5月13日 《三门峡市财政局负责人就汽车摩托下乡政策答记者问》

7.6月24日 《汽车、摩托车下乡补贴范围进一步扩大》(作者:李宝珠)

8.11月25日 《我市两税征收工作创历史新高》

2010年

(一)《中国财政》

第24期 《河南义马:实行国有资产动态监管》(作者:赵振民 张继峰)

(二)《中国财经报》

4月1日 《河南义马市超时间进度1.5个百分点》(作者:赵振民 赵 莉)

(三)河南电视台

《三门峡市公开向社会竞价拍卖公务用车》(2010年12月10日中原午报)

(四)《三门峡日报》

1.1月4日 《我市财政收支全面超额完成省市目标》(作者:翟海燕 朱志军)

2.1月22日 《2009年我市社会保障支出突破15亿元》(作者:郭宗伟 朱志军)

3.1月28日 《关于三门峡市2009年度财政预算执行情况和2010年度财政预算(草案)的报告》

4.1月29日 《2010年我市财政支农资金逾12亿元》(作者:朱志军)

5.3月10日 《我市14637万元涉农直补资金开始发放》(作者:李宝珠 朱志军)

6.7月29日 《市财政局干部职工积极向灾区捐款》(作者:朱志军 魏成军)

7.11月11日 《多措并举做好资源型城市转型工作》(作者:李少民)

8.12月10日 《市财政局:财政工作实现"四个突破"》(作者:朱志军)

9.12月17日 《汽车下乡汽车以旧换新政策年底到期》(作者:李宝珠 朱志军)

10.12月1日 《我市为城乡困难群众发放临时价格补贴》(作者:唐贵炎)

第三节　财经教育

2001—2010 年,三门峡市财政部门以市财经学校为全市财经教育基地,通过多种形式的教育培训,培养了大批合格的财经方面人才。其中:普及会计电算化培训 16568 人,会计人员继续教育培训 52018 人,全日制学校教育毕业生 2810 人,函授毕业生 2447 人,短期培训 12284 人,为助力全市经济社会发展提供了人才支撑。

一、基本情况

三门峡市财经教育基地为三门峡市财经学校。该校位于三门峡市大岭路北段,占地面积 40 亩,建筑面积 3.4 万平方米。学校主管单位为三门峡市财政局,前身为三门峡市财会干部学校。1986 年 12 月经三门峡市人民政府批准成立三门峡市财会干部学校;1988 年 3 月经三门峡市人民政府批准成立中华会计函授学校三门峡分校,与三门峡市财会干部学校合署办公;1988 年 6 月经河南省教委批准筹建三门峡市财经职业中等专业学校,1989 年元月正式成立,同时撤销三门峡市财会干部学校;1994 年 4 月经河南省教委批准正式成立三门峡市财经职业中等专业学校;2002 年 7 月经河南省教委批准更名为三门峡市财经学校。2005 年经三门峡市财政局批准成立三门峡市财政干部继续教育中心。学校内设科(室)有办公室、教务科、学生科、函授办公室、会计电算化培训中心、总务科。

二、师资情况

2001 年初,学校在岗教职工 85 人,其中教师 54 人。教师中高级讲师 14 人,讲师 22 人,助理讲师 18 人。2001—2010 年,学校教职工先后发表论文 229 篇,参编教材、论著 14 部,先后有 51 人次获得市级以上荣誉称号。

三、教学管理

学校教学管理以教师为中心,逐步完善了教学管理制度,建立科学的量化管理体系,严格执行《教工工作量化考核方案》《教工奖励条例》《教工职称评聘办法》《教师优质课评选标准》《教师民主测评实施办法》等规章制度,建立健全教学日常检查制度,激发了广大教师搞好教学工作的积极性。

深入开展丰富多彩的教学活动。在“结对子教学上质量活动”的基础上,开展“教风大讨论”活动,每学期组织开展观摩教学、教案评比和粉笔字比赛等活动,强化教师“四个一”(一个好形象、一口普通话、一笔好板书、一本好教案)职业素养。

实行科长、主任轮班制和主要负责人抽查、巡查相结合的办法,设计、编印教师业务档案,不断完善教学督查工作;开展优秀班主任评比工作;与市珠算协会携手组织每年一次的“海峡两岸珠心算通信比赛”,并通过组织珠算技术比赛、计算机技能比赛、珠算等级达标、计算机等级达标、会计电算化达标,强化学生基本技能,增强就业竞争力。

认真开展学生第二课堂活动,对金晖文学社、碧园工艺美术协会等学生社团的活动进行教学督导,培养提高学生综合素质。全面推广“诱思探究教学法”,鼓励教师钻研业务,总结教学经验,取得优异成绩。先后有 5 名教师被河南省财政厅授予优秀骨干教师称号,2 名教师被确定为三门峡市级跨世纪学科带头人,其中王少泽被评为三门峡市专业技术拔尖人才,20 余名教师获得市级优秀教师称号。

四、学生管理

思想道德教育是学生能否成为“四有”人才与社会主义建设事业接班人的首要问题。学校经过反复探索,形成了一套由军训、开学典礼、传统教育、法治教育等内容组成的系列教育方法,并使之制度化,常抓不懈。新学年开学,学校聘请武警战士组织学生军训,并对军训成果进行评比验收。学校先后聘请三门峡市人大、湖滨区文明办领导和律师事务所律师等到校讲学,聘请辖区派出所所长为学校法制副校长,对学生思想道德和人生观、世界观、价值观的形成起到良好效果。

学校团委每年都利用"文明礼貌月"开展青年志愿者活动,利用教师节开展"给老师写一封慰问信、课前送一杯开水、做一件有意义的实事"的"三个一"活动,以此促进学生精神文明建设。除法律、职业道德课程列入正常教学外,还利用每周班会对学生进行文明素质教育。学校为每个班级订阅了《中国青年报》《三门峡日报》,班班有电视,每天都组织学生收看中央电视台《新闻联播》。除《中专学生守则》外,学校还制定了《学生文明礼貌规定》《学生一日常规》《学生日常行为规范》等规章制度,规范学生行为,提高道德修养。

在学生量化管理方面,学校以"双千分制"统揽全局,严格实行"主管校长—学生科长—班主任—班委会"层层负责制。在充分调查研究的基础上制定了"双千分制"管理办法,即"班主任管理千分制"和"学生管理千分制"。前者以班级为考核对象,后者以学生个人为考核对象,均以1000分为基础,以纪律(400分)、学习(400分)、卫生(100分)、奖惩(100分)等方面为考核内容,制定了较为详细的计分标准和加减分细则,并根据各班级的整体状况及学生个人表现,对照方案的具体条款统计分数,每周一公布,每月一小结,期末一总结。以此作为评选先进班级、优秀班主任、"三好学生"的依据,促使学生管理从无形到有形,由定性到定量,步入系统而科学化的管理轨道,开创了整个学校班风正、学风浓的良好局面。

五、硬件设施建设

2009年9月,学校建成全国计算机实训基地,拥有400台计算机、22个多媒体教室、3个计算机教室、1个网络实训室,办学条件得到明显改善。

六、招生及就业工作

招生方面,学校每年都通过多种途径、多种方式,深入各县(市、区)60多个乡镇开展广泛深入的招生宣传工作。就业方面,坚持"自主择业、学校推荐、升学深造"三方并重,畅通毕业生出口,开辟"校企挂钩"绿色通道。早在1998年便与河南省人民政府驻深圳办事处签订了劳务输出协议,之后又与广州等地大型企业签订了毕业生就业协议,使毕业生安置就业率达80%以上。招生、教学、就业形成良性循环,为学校发展奠定了良好基础。

七、培训规模

(一)全日制教育及专业设置

全日制教育方面,学校始终坚持"财会教育必须为经济建设服务,必须为改革开放服务,必须为财政工作服务"的指导思想,坚持"从严治校、质量第一"办学方针,瞄准"创一流学校、育一流人才"的目标,形成了"团结、紧张、求实、严谨、刻苦、勤奋、进取、创新"的良好校风。

专业设置方面,学校在原有的财务会计、会计电算化、计算机应用三个骨干专业的基础上,根据人才市场需求增设了电子商务、市场营销等专业,在生源竞争激烈的情况下使财经专业办学领域保持了持续发展。

2001—2010年学校全日制招生和毕业生人数统计表

表11　　单位:人

年　度	2001	2002	2003	2004	2005	2006	2007	2008	2009	2010	合　计
招生数	247	329	301	353	373	355	765	297	501	925	4446
毕业生数	289	331	226	191	268	200	336	143	164	662	2810

(二)函授教育

函授教育方面,学校设立有函授办公室,管理学校的成人函授教育工作。函授办公室严格学员考勤管理和学员三段作业管理,狠抓教学督导工作，教学质量稳步提高；同时严格考试制度，认真组织考试，取得良好效果。

2001—2010 年学校函授招生和毕业生人数统计表

表 12　　单位：人

年　度	2001	2002	2003	2004	2005	2006	2007	2008	2009	2010	合　计
招生数	229	177	165	168	52	95	98	136	64	57	1241
毕业生数	279	317	314	519	462	170	138	51	96	101	2447

（三）短期培训

短期培训方面，学校设立了会计电算化培训中心，先后开展了计算机知识培训、电子商务知识培训、会计人员继续教育培训等短期培训，为社会培养了大批实用型人才。

2001—2010 年学校各类培训人数统计表

表 13　　单位：人

年　度	2001	2002	2003	2004	2005	2006	2007	2008	2009	2010	合　计
学员数	800	810	1263	1939	923	1120	1075	1653	1236	1465	12284

第七章　财经投资

2001—2010年,三门峡市财经投资公司认真履行政府出资人代表职能,不断加强对政府授权的国有资产投资、经营和收益管理,对参股控股企业的资产依法进行经营、管理和监督;充分发挥政府投融资主体作用,积极争取信用资金和国家投资,支持城市建设和财源建设;积极参与项目的筛选、建设和管理,投融资效益最大化水平不断提高。

第一节　财经投资体制变革

三门峡市财经投资公司是市政府批准成立、隶属市财政局管理的正县级事业单位,属于独立核算、自主经营、自负盈亏的国有独资政策性投融资机构。

一、历史沿革

1988年10月,三门峡市政府批准成立河南省财务开发公司三门峡分公司(事业单位,企业化管理),将原三门峡市财政局工业科、商业科代管的资金统一归口管理。

1990年3月,根据三门峡市政府编办《关于成立"三门峡市技改资金管理处"的批复》(三编〔1990〕29号),撤销河南省财务开发总公司三门峡分公司,成立三门峡市技改资金管理处,为自收自支副县级事业单位。

1992年12月,根据三门峡市机构编制委员会《关于市技改资金管理处更改名称的批复》(三编〔1992〕17号),在三门峡市技改资金管理处基础上成立三门峡市经济技术开发公司,公司编制20人,下设办公室、商贸信贷科、能交信贷科和投资开发科。

2002年3月,根据三门峡市机构编制委员会《关于"三门峡市经济技术开发公司"更名为"三门峡市财经投资公司"的通知》(三编〔2002〕3号)文件精神,将三门峡市经济技术开发公司更名为三门峡市财经投资公司。

2004年,按照《三门峡市财政局关于将市行财公司并入市财经投资公司有关问题的通知》(三财〔2004〕29号),市社会文教行政财务开发公司并入市财经投资公司,保留市社会文教行政财务开发公司牌子,规格、事业编制、经费形式均不变。主要职责:支持地方行政事业发展;负责投资项目的资金监管与跟踪问效;承担国有资产保值增值责任。

2005年,按照《三门峡市财政局关于将市农发公司并入市财经投资公司有关问题的通知》(三财〔2005〕8号),市农业综合开发公司并入市财经投资公司,保留市农业综合开发公司牌子,规格、事业编制、经费形式均不变。主要职责:支持地方农业发展;负责农业投资项目的考察、筛选、评定;负责项目投资的监督、管理;负责协调上级农业扶持项目并做好考察、上报工作;承担国有资产保值增值责任。

2008年10月,根据三门峡市机构编制委员会《关于市财经投资公司机构编制有关问题的通知》(三编〔2008〕34号)文件,三门峡市财经投资公司升格为正县级单位,内设办公室、金融协作部、债权管理部、资产经营部、风险投资部、财务计划部6个部门。

2010年8月,根据三门峡市机构编制委员会《关于印发三门峡市财经投资公司主要职责、内设机构和人员编制规定的通知》(三编〔2010〕36号)

文件，市信托国有资产管理公司并入市财经投资公司，保留市信托国有资产管理公司牌子，内设办公室、金融协作部、债权管理部、资产经营部、风险投资部、财务计划部6个部门。代管三门峡市信托国有资产管理公司，编制36人。

2007年10月，经三门峡市财政局党组研究，由三门峡市财经投资公司代管金泉宾馆。2008年对金泉宾馆整体进行改扩建，总投资5000万元。历经18个月改扩建，于2009年9月1日投入试营业。

二、综合职能

公司职能：履行政府出资人代表职能，对政府授权的国有资产进行投资、经营和收益管理；对参股控股企业的资产依法进行经营、管理和监督；发挥政府投融资主体作用，争取信用资金和国家投资，支持城市建设和财源建设；参与项目的筛选、建设和管理，努力实现投融资效益最大化。

经营范围：承担三门峡市政府城市基础设施、城市道路、土地、林业资源等市属国有资产的维护、产权管理和资本运营；国有企业并购、重组及策划；房地产开发业、建筑业等城市建设相关产业的投融资；工业实业投融资。

经营方向：坚定执行国家和省、市产业政策，遵循国民经济和社会发展战略，加强对基础设施建设的投资，支持三门峡市重点财源建设项目；重点加强对新材料、新技术、电子、信息、生物工程、环保等高科技产业的投资，促进高新技术产业化；发挥政府的投资导向作用，支持发展具有资源优势、科技优势和市场优势的产业，以形成自己的投资特色。

具体业务：股权投资、债权投资、开行融资业务、发行城建企业债券工作。

三、经营资产情况

2010年底，三门峡市财经投资公司注册资本金86680.6万元。资产总额870669.3万元。负债总额201326.4万元，其中长期负债51340万元（开行贷款余额），占负债总额的25.5%。其他应付款3066万元，占负债总额的1.52%，总负债率23.12%。

三门峡市财经投资公司经营以对外投资、债权管理为主。资金来源是：区划调整转入资金；原河南省经济技术开发公司下放贷款转入债权；三门峡市财政局转入资金及企业债权；多年来自身经营收益等。

三门峡市财经投资公司管理的总资产分三类。一是为融资发债划入公司的资产，规模为601361.2万元。其中，公益性资产226267.7万元，经营性资产23390.9万元，其他资产351702.6万元（具体为：河西林场的林木、林地306429.4万元和城市商业银行置换的不良资产45273.2万元）。二是公司原有管理的债权、股权51748.5万元。其中，债权43593.8万元，股权8154.7万元。三是管理的其他资产217521万元。经营收入除维持运转外略有盈余。

第二节 财经投资业务

一、主要股权投资情况

（一）控股今辉包装有限公司

今辉包装有限公司是三门峡市财经投资公司占78%股份的控股企业，该公司长期主营业务为果汁类钢桶容器生产。为了更好应对国际金融市场带来的不测变化，适应竞争越来越激烈的市场大潮，积极加大开发力度，努力克服产品单一的经营路线，着力开发闭口产品的市场，强化管理创新、质量创新，不断提高产品质量和生产规模，扩大市场占有率。不断巩固在豫、晋、陕黄河金三角地区包装行业领头羊地位的同时，积极努力扩大国内国际市场影响力。为了适应市场需求、扩大规模，2006年今辉公司在湖滨工业园区征地20亩，引进卡兰多生产的制桶主要生产设备，投资近千万元进行新厂区建设。2007年4月进入设备安装调试，2007年底实现整体搬迁。每年生产包装桶25.5万个，每年可实现产值2820万元以上，产品再次获“河南省名牌产品”称号。

（二）股权投资企业龙飞生物工程有限公司

三门峡市财经投资公司持股18%。2006年，三门峡龙飞生物工程有限公司被评为河南省高科技民营企业，国家重点新产品。龙飞公司2005年开始实行股份制改造,初步实现了决策权和经营权分离,并充分发挥董事会、监事会的职能作用,董事们为公司发展献计献策,监事们为规范化管理严格把关,尽职尽责,企业扩大生产规模,扩大产品种类,扩大营销范围,实现了产销两旺,股份制改制促使企业逐步实现了“三个转变”:由家庭式管理企业向按公司法规定的规范化管理转变,由单一性管理向群策群力、献计献策,重大事项集体研究决定的民主集中型管理转变;由产品品种单一向注重研发、注重自主创新转变。通过不断拓展新的销售网络,2010年该公司年产量达到1.67万吨,年产品销售收入达到2745万元。

(三)股权投资企业三门峡市三联热力有限公司

2009年4月22日,三门峡市财经投资公司投资2400万元,参股20%成立三门峡市三联热力有限公司。2010年底前,已完成热源工程、主干线工程、市区换热站、陕县城区供热、工业园区供热等项目,累计投资30277万元,为当地经济发展作出积极贡献。

二、主要债权投资情况

债权投资方面:通过依法收贷、借新还旧、以短促长、“借鸡下蛋”等形式,选择重点企业、有发展前景企业,展开全方位贷收。截至2010年底,三门峡市财经投资公司从省公司融资2000余万元,回收资金4000余万元,依法盘活资金1700余万元,盘活资产3000余万元,从企业回收本息6000余万元,利用财政间歇资金收益数百万元,通过股权、债权投资活动有效地增强了公司实力,为进一步扩大经营空间奠定了基础。

三、融资和债券发行

(一)开发银行融资及使用情况

2005年起,三门峡市人民政府与国家开发银行签订了开发性金融合作协议,采取长期贷款融资方式筹集城市建设资金,确定三门峡市财经投资公司为政府融资平台,负责政策性贷款的统借统还,对各县(市、区)实行“市带县”管理模式。

截至2010年底,全市已实施国家开发银行贷款项目19个,总投资111647万元,其中资本金47757万元,利用国家开发银行贷款63890万元。国家开发银行贷款项目中市本级项目7个,总投资72718万元,其中资本金29328万元,利用国家开发银行贷款43390万元,实际支付贷款39357万元。

1.市级已实施并投入使用的国家开发银行贷款项目

(1)城市道路工程:主要包括永兴街、甘棠路、虢国西路、五源路、环城北路新建工程和茅津北路改造工程,总投资11736万元,其中资本金4846万元,利用国家开发银行贷款6890万元,截至2008年6月底5条路均已投入使用。

(2)涧河四期工程:主要工程有河道开挖、河堤填筑、涧南公园绿化及给排水工程、4座橡胶坝、涧河南北两岸道路建设、涧河北岸绿化及亮化等,总投资11750万元,其中资本金4550万元,利用国家开发银行贷款7200万元,于2008年4月完工。

(3)城市引水工程:总投资14390万元,其中资本金4790万元,利用国家开发银行贷款9600万元,主要工程为铺设供水管线38公里、红线渠除险加固等,工程已全部完工,于2008年9月8日实现全面通水。

(4)城市供热一期工程:建设规模为集中供热采暖面积318万平方米,新建采暖热力站33座,敷设城区热水管网15.97公里,热网调度中心及配套设施。总投资10800万元,其中资本金3800万元,利用国家开发银行贷款7000万元。该项目实行市场化运营,由三门峡市春晖热力有限公司还本付息。台下工程于2006年投入使用。

(5)城市绿化工程:包括涧河两岸暨白天鹅生态区治理、上村至会兴沟、银桥沟、陕州故城遗址、沿黄后川段和上村岭生态综合治理6个子项目,总投资8000万元,其中资本金3200万元,利用国家开发银行贷款4800万元,主要用于道路建设、照明工程、绿化工程、园林设施、征地等,至2010年底,项目仍在实施中。

(6)黄河西路改造工程:包括道路、给水、雨水、污水、照明和绿化等,道路全长3173米。项目总投资4446万元,资本金1546万元,计划利用国家开发银行贷款2900万元,实际到位贷款1900万元。该工程于2008年底竣工通车。

(7)大岭路涧河立交桥工程:主要包括大岭路跨河立交桥、陕州大道互通式立交桥、部分平台及道路部分。项目总投资11596万元,资本金6596万元,计划利用国家开发银行贷款5000万元,实际到位贷款3773万元。该工程于2009年10月完工投入使用。

2. 县级已实施项目

县级利用国家开发银行贷款项目共12项，总投资38929万元，其中资本金18429万元，利用国家开发银行贷款20500万元。

(1)渑池县:2个项目。城市供水项目总投资5617万元，其中资本金3417万元，利用国家开发银行贷款2200万元，于2006年10月投入使用。城市生活垃圾处理项目总投资2423万元，其中资本金923万元，利用国家开发银行贷款1500万元，于2007年10月建成并投入使用。

(2)灵宝市:2个项目，其中城市北区道路项目，总投资9842万元，其中资本金4142万元，利用国家开发银行贷款5700万元，于2007年5月建成通车。卫家磨水库复建项目，总投资8398万元，其中资本金2898万元，利用国家开发银行贷款5500万元于2007年10月开始蓄水。

(3)义马市:2个项目，其中污水处理项目，总投资3700万元，其中资本金2200万元，利用国家开发银行贷款1500万元，于2007年3月投入运营。垃圾处理一期工程项目，总投资1418万元，其中资本金818万元，利用国家开发银行贷款600万元，于2007年5月投入使用。

(4)陕县:1个项目，为污水处理项目，总投资2450万元，其中资本金1450万元，利用国家开发银行贷款1000万元。该项目于2006年12月投入使用。

(5)开发区:1个项目，为砥柱路项目，总投资1404万元，其中资本金904万元，利用国家开发银行贷款500万元，2006年8月建成通车。

(6)湖滨区:1个项目，为工业园区供热项目，总投资906万元，其中资本金506万元，利用国家开发银行贷款400万元。主要工程内容:土方工程、钢筋混凝土工程、管道工程。该项目于2006年11月投入使用。

(7)卢氏县:3个项目，为道路建设项目，包括新建道路、伏牛路和龙山路，总投资2771万元，其中资本金1171万元，利用国家开发银行贷款1600万元，截至2010年底均已完工投入使用，其中新建道路于2007年12月通过竣工验收，龙山路于2008年12月通过竣工验收，伏牛路于2008年6月通过竣工验收。

管理模式:市管县，统借统还，政府核定每年30万费用，不得加息收费。率先在全省实施“市带县”模式，利用开行贷款资金筹建的城市基础设施项目的投入使用，进一步完善了城市功能，改善了城市环境，提升了城市品位，提高了人民群众的生活质量，丰富了人民群众的精神生活。特别是对交通、城建、环保等公益性行业的投入，拉动了内需，带动了相关产业的配套发展，为全市经济社会全面协调发展起到有力的促进作用。同时，拓宽了三门峡市城市基础设施的融资渠道，实现了多元化融资体系，既促进了信用体系建设，提升了城市知名度和信用形象，又缓解了财政收支矛盾。

(二)其他商业银行融资及使用情况

2009年，为应对金融危机，贯彻落实市委、市政府的整体部署，深入开展三门峡市项目建设年活动，在继续巩固与开行金融合作的基础上，又与省内多家股份制银行、专业银行以及非银行金融机构进行合作。通过其他商业银行融资3.1亿元，其中，中信银行1亿元，中国银行1.5亿元，城市信用社0.6亿元，作为三门峡市城建项目的启动周转资金。截至2010年底，实际使用其他商业银行贷款17937万元(郑西高铁项目3113万元，崤山路改造1175万元，市文体中心4192万元，天鹅湖湿地公园4131万元，郑州办事处购地款5326万元)，其中市财经投资公司垫付737万元，已归还13800万元。

(三)公司债券资金发行情况

为进一步缓解三门峡市城市基础设施建设资金不足，2009年开始以三门峡市财经投资公司为主体，申报发行公司债券，募集城建资金，三门峡市财经投资公司在原有资产的基础上，整合市属相关国有资产，扩大公司规模，增强公司实力，经国家发改委批准，公司于2011年4月25日发行债券募集资金15亿元，用于市职业教育园区、市城区路网建设改造、城市道路建设、郑西铁路客运专线三门峡连接线等基础设施项目建设。

第八章　机关建设

2001—2010年,三门峡市财政局紧紧围绕市委、市政府各个阶段工作部署和财政工作重心,以机关党建、精神文明建设、日常政务管理、机关后勤服务等方面的工作为抓手,着力打造出一支"政治可靠、思想坚定、作风优良、技术全面、服务一流"的财政干部队伍,较好地服务了全市经济工作,为三门峡市经济社会的全面发展作出了积极贡献。

第一节　机关党建

2001—2010年,三门峡市财政局党建工作在市委、市直工委的领导下,认真学习贯彻党的方针政策,强化落实领导班子、领导干部抓党建工作政治责任,以加强党的执政能力建设、先进性和纯洁性建设为主线,牢牢把握"服务中心、建设队伍"两大核心任务,坚持解放思想、改革创新,坚持党要管党、从严治党,全面加强财政部门党的思想建设、组织建设、作风建设、反腐倡廉建设和制度建设,提高财政部门机关党的建设科学化水平,促进了各项财政工作目标任务的完成。

一、党建教育活动

2001年7月16日,三门峡市财政局印发《关于深入学习宣传贯彻江泽民同志在庆祝中国共产党成立80周年大会上的讲话的通知》,要求各科(室)、局属各单位认真学习贯彻江泽民总书记"七一"讲话精神和"三个代表"重要思想,把"三个代表"重要思想的要求落实到各项财政工作中去,为新时期加强和改进党的建设、推进财政事业的发展作出新贡献。

2002年,三门峡市财政局组织全局干部职工认真学习"三个代表"重要思想和"5·31"重要讲话精神,观看党风党纪教育纪录片及大案要案纪实片,继续实行廉政建设科(室)、单位一把手负责制。

2003年3月10—21日,三门峡市财政局组织开展机关作风纪律整顿活动。集中查摆了在思想作风、工作作风、行风建设等方面存在的70多个问题,并剖析了存在问题的根源。在此基础上,制定整改措施45项,重新制定规章制度39项,修改完善规章制度125项。

2005年3月,三门峡市财政局集中开展保持共产党员先进性教育活动。4日,邀请36名党内外群众举行座谈会,就保持共产党员先进性教育活动进行监督评议;10日,召开新时期保持共产党员先进性具体要求大讨论座谈会;11日,举办保持共产党员先进性教育活动演讲赛,全局13个党支部的17名党员从正反两方面畅谈了加强党的先进性教育的重要性和迫切性,热情讴歌了焦裕禄、孔繁森、牛玉儒、任长霞等共产党人的楷模和"我们身边的共产党人",立志"牢记宗旨,鞠躬尽瘁,争做人民好公仆";25日,召开保持共产党员先进性教育活动总结暨转段动员大会,对全局学习阶段工作进行回顾和总结,并对分析评议阶段提出具体要求;31日,召开保持先进性教育活动征求党内外干部职工意见座谈会。与会人员针对当前市财政局和党员领导干部存在的问题及所关心的问题畅所欲言,对党组成员和党员领导干部在财政改革、财政发展、党风廉政建设、机关党的建设、理想信念、宗旨观念、组织纪律、思想作风、工作作风等方面提出看法和意见,会议对大家提出的意见和建议表示诚恳感谢。

2005年7月22日,三门峡市财政局中心组召开学习扩大会议，局领导班子成员及各科（室）、局属各单位负责人参加会议，重点学习了中央颁布的《建立健全教育、制度、监督并重的惩治和预防腐败体系实施纲要》，各科（室）、局属各单位负责人结合本职工作畅谈了学习体会和下步工作打算。会议就学习贯彻实施纲要和全局廉政建设重点提出具体要求。

是年，三门峡市财政局紧紧围绕“牢记宗旨葆先进，忠实理财为人民”主题，充分调动和发挥各支部和广大党员的积极性、创造性，以学习教育为主线，以解决存在的突出问题为突破口，大力构建“党员经常受教育、干部有效受监督、始终保持先进性”的长效机制，深入开展保持共产党员先进性教育活动。经过学习动员、分析评议、整改提高三个阶段，建立和完善了《关于加强干部队伍建设意见》《建立服务基层、服务群众主题实践活动制度》，健全和完善了《党员干部教育管理制度》《三会一课一评议制度》《流动党员管理制度》《党员干部考核制度》等40余项党建制度。

2006年6月30日，三门峡市直工委组织召开市直机关庆祝中国共产党成立85周年暨保持共产党员先进性教育活动总结表彰大会，市财政局机关党委被评为“十佳红旗党组织”，高战荣、杜燕平分别被授予“十佳党建第一责任人”、市直“百名优秀党员”称号。

是年7月1日，在全市庆祝中国共产党成立85周年暨保持共产党员先进性教育活动总结表彰大会上，三门峡市财政局被评为“先进基层党组织”。

2007年3月8日，三门峡市财政局召开2007年度全市财政系统党风廉政建设工作会议。各县（市、区）财政局局长、纪检组组长、监察室主任及市财政局机关全体人员、局属单位班子成员参加会议。会议全面总结了2006年全市财政系统党风廉政建设工作，对2007年全市财政系统党风廉政建设工作进行安排部署。

2007年4月9日，三门峡市财政局召开“讲正气、树新风、谋发展、促和谐”主题教育活动动员大会，全局200余名干部职工参加了会议。会议宣布了《三门峡市财政局“讲正气、树新风、谋发展、促和谐”主题教育活动实施方案》，并对主题教育活动作出具体部署，要求通过活动的深入开展，进一步提高财政干部政治思想素质，促进各项财政工作再上新台阶。

是年4月25日，三门峡市财政局被市总工会授予“三门峡市五一劳动奖状”，被市委宣传部、市总工会授予“三门峡市职业道德建设十佳单位”称号。

2008年1月8日，三门峡市财政局邀请市检察院预防办副处长段荣朝作预防职务犯罪专题讲座。通过开展警示教育活动，进一步增强全局干部职工廉洁自律意识。2月26日，三门峡市财政局召开党风廉政建设工作会议，传达贯彻市纪委五届三次全会精神，总结回顾2007年财政系统党风廉政建设工作，安排部署2008年党风廉政建设工作。市纪委有关领导出席会议。会议要求全市各级财政部门立足本职工作，充分发挥财政职能，把“以人为本、关注民生”作为着眼点，在坚决惩治腐败的同时，更加注重治本，更加注重预防，更加注重制度建设，不断开创财政系统党风廉政建设新局面。

是年，三门峡市财政局结合工作实际，采取办班培训、理论研讨、辅导讲座、答题竞赛等形式，深刻学习领会党的十七大精神，确保学习时间、内容、人员和效果“四落实”。联系实际，学以致用，将党的十七大精神和中央经济工作会议精神贯彻落实到财政工作中。

二、党员专题教育

2003年，三门峡市财政局以抓好“五大工程”活动为依托，着力建设一支“政治合格、业务精通、作风过硬、纪律严明”的财政干部队伍。一是加强政治思想建设，用“三个代表”重要思想武装财政干部头脑；二是加强学习型系统建设，不断提高财政干部队伍素质；三是加强作风纪律建设，培养开拓创新的干事创业精神；四是加强党风廉政建设，保持财政干部队伍健康成长；五是加强精神文明建设，促进各项工作顺利开展。

2004年，三门峡市财政局组织集中学习人民日报长篇通讯《人民好卫士任长霞》《百姓心中的丰碑》，以及相关文章，号召全体干部职工学习任长霞“忠于职守、勤政为民的崇高精神；严格执法、敢于碰硬的英雄气概；顽强拼搏、开拓创新的进取精神”。各科（室）、局属各单位对照任长霞的崇高精神和高贵品质，认真查找工作中的不足，充分利用内部网络发表感言，交流心得体会，进一步振奋精神，凝聚力量，积极工作，为实现财政目标任务打好思想基础。

2006年,三门峡市财政局开展创建“学习型组织”活动,积极推进“学习型机关”创建,不断提升全局党员干部的学习力、创新力和执行力。深入学习贯彻《公民道德建设实施纲要》,广泛开展诚信建设,努力实践道德规范。深入贯彻落实《中国共产党党内监督条例》《中国共产党纪律处分条例》,继续抓好机关作风建设。围绕保持共产党员先进性教育活动,以深入贯彻落实两个条例和《建立健全教育、制度、监督并重的惩治和预防腐败体系实施纲要》为切入点,开展以“为民、务实、清廉”三项内容为主的示范教育和警示教育活动。

2009年,三门峡市财政局深入开展学习实践科学发展观活动。活动首先在全局13个党支部245名党员中开展,进而扩大到全体干部职工。教育引导广大党员干部着力增强贯彻党的基本理论、基本路线、基本纲领、基本经验的自觉性和坚定性,增强走中国特色社会主义道路、为党、为人民事业不懈奋斗的自觉性和坚定性。

2010年,继续开展创建学习型党组织、加强党的思想建设活动。一是认真落实中央和省委、市委关于推进“学习型党组织建设”的一系列指示精神,研究制定具体的实施方案,深化创建学习型党组织、创建学习型机关、争当学习型党员、争做学习型干部活动。七一前夕,三门峡市财政局荣获三门峡市直机关系统“学习型机关”荣誉称号。二是坚持用中国特色社会主义理论体系武装党员干部头脑,将学习贯彻党的十七届四中全会精神与落实三门峡市委经济工作会议和市直机关党的工作会议精神结合起来,不断推动理论学习向深度和广度拓展。组织党员参加市直机关“学习十七届四中全会精神知识竞赛”答题活动,获“竞赛组织奖”。三是深化社会主义核心价值观学习教育,坚持把理想信念教育作为重点,开展党史国史教育,引导党员干部增强贯彻落实党的基本理论、基本路线、基本纲领、基本经验的自觉性和坚定性。积极参与市直工委组织开展的专题教育,引导党员干部带头学习弘扬民族精神和时代精神,自觉践行社会主义荣辱观,培养高尚道德情操和健康生活情趣。四是深入学习贯彻《胡锦涛同志在十七届中央纪委五次全会上的重要讲话》精神和《中国共产党党员领导干部廉洁从政若干准则》,开展党性党风党纪教育和廉洁从政教育,组织干部职工观看党性党风党纪教育和廉洁从政内容电教片4部,进一步提高广大干部职工拒腐防变的自觉性和坚定性。

第二节　文明单位创建

2001—2010年,三门峡市财政局坚持将业务工作、文明创建、廉政建设同部署、同推进、同考核,组织开展一系列创建活动,充分调动了广大干部职工参与文明单位创建活动的积极性,有力促进了创建工作高质高效有序开展。

一、持续开展创建活动

2001年2月7日,《河南日报》公布《2000年度省级文明单位名单》,三门峡市财政局、三门峡市财经职业中等专业学校被河南省委、省政府命名为2000年度省级文明单位。当年6月20日,三门峡市委常委、常务副市长赵继祥出席三门峡市财经职业中等专业学校省级文明单位揭牌仪式。

2001—2003年,三门峡市财政局按照市委、市政府的统一部署,共选派驻村工作队员32名,奔赴灵宝、陕县、湖滨3个县(市、区)的11个行政村驻村开展工作。三年间,队员们在单位领导和同事们的大力支持下,以村为家,以奉献为己任,积极帮助所驻村群众解决人畜吃水难、用电难、行路难、学校环境差等问题,先后修建抽水站5座,铺设自来水管道4.3万余米;新建学校1所,修缮学校4所;向学校捐赠电脑、课桌、图书等价值9万余元;修路26公里;扶持养殖专业户150户;发展蔬菜大棚98个;向贫困村特困户捐赠面粉、食油、棉衣、被褥、现金等价值达5.2万元。同时还积极帮助所驻村搞好村“两委”班子建设、精神文明建设等工作,大大改变了所驻村群众的生产、生活环境和学校面貌,受到了当地党委、政府和干部群众的拥戴和好评。

2002年3月31日,中共三门峡市委印发《关于表彰2001年度驻村工作先进集体和优秀个人的决定》,三门峡市财政局和卢氏县、陕县财政局一并被评为2001年度驻村工作先进派出单位,李红伟、卢国迎、张世军、赵见晓被评为2001年度优秀驻村工作队员。2002年4月、2003年4月,三门峡市财政局驻湖滨区磁钟乡寺庄村工作队队长赵见晓、驻湖滨区位家沟工作队队长李少民先后被河南省委、省政府授予"全省优秀驻村工作队员"称号。

2003年3月10—21日,三门峡市财政局开展机关作风纪律整顿活动。集中查摆了在思想作风、工作作风、行风建设等方面存在的70余个问题,并剖析了存在问题的根源。在此基础上,制定整改措施45项,重新制定规章制度39项,修改完善规章制度125项。整改中共收到个人学习总结300余篇,科(室)、单位总结120余篇。通过作风纪律整顿,全局初步形成了"讲实话办实事求实效,任其人谋其事立其业"的良好风气,服务观念明显转变,办事效率进一步提高,各项管理在制度化、科学化、规范化的轨道上迈了一大步。当年2月21日,《河南农村报》刊发通讯《一心为民的李少民》,报道了三门峡市财政局驻湖滨区高庙乡位家沟村工作队长李少民肩负组织重托、恪守为民之责,在地处大山深处的位家沟一心为民的驻村事迹。当年4月8日,《中国财经报》二版头条刊发通讯《白面书生是怎样变成庄稼汉的——河南省三门峡市财政局驻位家沟帮扶工作队剪影》,对三门峡市财政局驻位家沟工作队的驻村事迹进行了专题报道。当年8月6日,在三门峡市团委举行的"三门峡市青年突击队授旗仪式"上,三门峡市财政国库集中支付中心获"三门峡市青年突击队"称号。当年9月28日,三门峡市财政局举行庆十一"金泉杯"演讲赛,市文明委、市直工委、团市委、开发区文明委等部门领导到场并给予高度评价。

2003年春末夏初,一场突如其来的Sars病毒在全国蔓延。三门峡市财政局驻村工作队员在局党组的大力支持下,50多个日日夜夜与当地干部群众奋战在抗非典一线。他们肩负组织重托,深怀爱民之心,恪守爱民之责,在条件艰苦的穷乡僻壤,谱写了又一曲嘹亮的爱民、为民之歌。

2004年5月14日,三门峡市财政局举行全市财政系统庆七一演讲比赛,来自各县(市、区)财政局和三门峡市财政局的24名选手参赛,卢氏县代表队的揣园和市财会学校的付素华获得一等奖。当年5月,三门峡市财政局李少民驻村工作手记《弯弯的山路》由中国文联出版社出版发行。诗人贺敬之为该书题写书名,中共河南省委组织部副部长申振君为该书作序。该书以日记、散文、诗歌等形式,从一个侧面反映了三门峡市财政局驻湖滨区位家沟村工作队落实省委决策,实践"三个代表"重要思想,为山区群众解疑难、办实事的风雨历程,全书共40余万字,被称为省、市驻村工作的一个亮点,《三门峡日报》同时发表两篇评论文章《村民读懂你的心》和《那山,那路,那人》,给予了高度评价。当年4月19日,三门峡市财政系统青年画家、灵宝市川口乡财政所所长张旭峰的国画《月夜》,在2004年财政部举办的"全国财政系统书画展"中获得银奖。

2005年5月30日,三门峡市财政局召开创建国家级文明单位动员大会,局党组书记、局长高战荣作了《团结一致,全力以赴——为创建国家级文明单位而努力奋斗》的讲话。当年,三门峡市财政局积极推动《全民健身规划纲要》的贯彻落实,继续开展群众性体育健身活动。一是成立了乒乓球、篮球、羽毛球棋类等各类运动协会,巩固篮球、羽毛球、乒乓球等项活动成果,组织开展了中长跑、跳绳等活动。二是积极参与第三届市直机关职工运动会的18个项目中的15个项目的比赛,是市直参赛人数最多、参赛项目最多的代表团,并取得总分第一的优异成绩。三是认真贯彻落实《中华人民共和国工会法》《中国共产主义青年团章程》《中国妇女章程》,积极参与三门峡市直机关女职工"放飞妇女心中的歌"歌咏比赛,展示女职工的精神风采。加大对局机关困难职工的关心爱护,切实维护职工、妇女、青年团员的合法权益。四是利用春节、三八、五一、五四、七一、十一重大节日,分层次组织开展爱国、爱党、爱局、爱岗及职业道德教育等寓教于乐的活动,不断增强凝聚力。五是积极开展军民共建、拥军优属活动,为武警支队、消防支队、80805部队送去冰箱、电视机等慰问品,联合开展篮球、乒乓球等友谊赛。

2006年,三门峡市财政局进一步加强对群团工作的领导,积极组织开展丰富多彩的文明创建活动。一是深入学习贯彻《公民道德建设实施纲要》,进一步落实《全民健身计划纲要》,充分发挥工会和青年团组织职能,广泛开展丰富多彩的群体健身和文体活动。二是注重在平时给困难干部职工送去组织的关怀和温暖,帮助他们解决燃眉之急,先后对6名患大病的职工给予了救济,看望患病职工20余人次。三是组织全市财政系统文艺会演,参加了全省财政系统文艺会演,并先后组织举办了"迎奥运、讲文明、树新风"运动会、全市财政系统文体活动年系列活动的"契税杯"羽毛球比赛、"非税收入杯"乒乓球比赛和"金泉杯"书法绘画摄影比赛,丰富了全体干部职工的业余文化生活。四是注重做好团员青年的思想教育工作,帮助青年成长成才,增强团组织的凝聚力。五是与三门峡市妇联在全市财政系统女干部职工中联合开展了争创"巾帼岗位明星"活动。派专人负责计划生育工作,切实做到责任到位、措施到位和投入到位,确保该项工作走在三门峡市直机关前列。

是年,是三门峡市财政局重新申报省级文明单位的关键年,为确保申报万无一失,市财政局一是牵头做好局机关的精神文明创建工作。进一步完善了文明单位建设的各项制度;积极抓好文明单位建设的协调和日常督促督查;认真做好文明单位建设档案材料的收集整理工作;组织精神文明创建知识考试;积极做好局机关文明单位创建的硬件建设。二是认真做好文明单位结对帮扶农村精神文明创建工作。按照三门峡市文明办《关于文明单位结对帮扶农村精神文明创建工作的实施意见》(三文明〔2006〕25号)的精神,与市委党校共同结对帮扶渑池县仰韶乡苏门村,并结合实际制定出台了《三门峡市财政局关于结对帮扶农村精神文明创建工作的实施方案》。当年,共组织全体职工向苏门村捐赠书刊700余册,购买捐赠农业科普书籍百余册,充实了该村文化大院图书室,还专程联系畜牧专家进村为村民讲解科学养猪知识,收到良好效果。当年3月8日,三门峡市财政局被省妇联授予"三八红旗集体"称号。当年11月25日,由河南省社会科学者联合会、省社会科学院、省农业厅、省改革发展研究院联合召开的河南发展高层论坛第十二次会议"扎实推进我省社会主义新农村建设"专题研讨会上,市财政科研所所长李少民撰写的《新农村建设应解决的主要问题及财政政策建议》获优秀论文一等奖,同时还作为大会确定的全省地市级唯一的一名代表在大会上作专题发言。当年12月15日,三门峡市社会科学优秀成果评奖委员会印发《关于表彰三门峡市十佳及优秀社会科学工作者的决定》(三社科奖〔2006〕3号),市财政局科研所所长李少民被评为三门峡市"十佳社科工作者"(排名第一)。

2007年,三门峡市财政局再次被河南省委、省政府授予"省级文明单位"称号。是年,一是切实加强对群团工作的领导,深入开展丰富多彩的文化体育活动。一方面组织人员参加一系列省市"迎奥运"文体活动。其中,在"迎奥运"河南省千万妇女健身活动展示大赛中,分别获健身秧歌规定动作和自选动作二等奖;在全市"迎奥运"三项球类比赛中,获乒乓球女子团体冠军、女子单打冠军和季军;在市直机关"迎奥运"全民健身活动展示大赛中,获乒乓球男子冠军。另一方面在全局范围内组织开展文体活动,当年分别组织举办"迎奥运、讲文明、树新风"运动会和"迎奥运"团员青年登山比赛。二是切实做好对口扶贫和领导干部结对帮扶工作,帮助困难群众解决生产生活中的实际问题。当年卢氏县发生了百年不遇的洪水灾害,三门峡市财政部门干部职工积极伸出援助之手,共为灾区捐款21900元、捐衣776件、捐被褥22床、面粉500公斤、食用油250公斤。

是年2月6日,中共三门峡市委组织部、市人事局下发《关于表彰2006年度驻村帮扶工作先进集体和优秀个人的决定》(三组〔2007〕8号),三门峡市财政局驻湖滨区高庙乡王家岭村帮扶工作队被评为"2006年度驻村帮扶工作先进集体"。当年3月21日,中共三门峡市委办公室下发《市委办公室、市政府办公室关于表彰2006年度市直包村扶贫先进单位及先进工作者的决定》(三办文〔2007〕6号),三门峡市财政局翟海燕被授予包村扶贫先进工作者称号。当年4月25日,三门峡市财政局被市总工会授予"五一劳动奖状",同时被市委宣传部、市总工会评为"三门峡市职业道德建设十佳单位"。当年8月3日,三门峡市财政国库集中支付中心被共青团中央命名为"2006年度全国青年文明号"。当年10月28—30日,"迎奥运"河南省千万妇女健身活动展示大赛在郑州举行。由市群艺馆少儿部主任陶珂任教练、市财政局女职工组成的三门峡市代表队在健身秧歌(甲组)规定动作、自选动作两项比赛中分别获二等奖,同时还被大赛组委会授予体育道德风尚奖。是年11月6日，三门峡市财政国库集中支付中心举行“国家级青年文明号”揭牌仪式。

2008年，为争创全国文明单位，三门峡市财政部门一是加强思想教育，提高职工道德水平。编印了《三门峡市财政局精神文明建设常识手册》，发放到每个干部职工手中；制定干部职工文明行为规范，并制作成标牌摆放在办公楼一楼大厅，时刻提醒大家规范行为；组织干部职工观看《商务礼仪》《政务礼仪》电教片。二是组织参加“三门峡市道德模范评选”活动。按照市文明办文件要求，在全局范围内评选推荐优秀先进人物，共向市文明办推荐孝老爱亲模范1人、敬业奉献模范1人。三是参加全市“迎奥运”文明礼仪知识竞赛。组织4人参加知识竞赛，获市直组三等奖，获全市优秀组织奖。四是开展城乡共建活动，积极做好帮扶村的精神文明创建工作。大力开展清洁家园活动，做好脏乱差治理。建立保洁队伍，健全保洁制度，完善保洁设施，组织村民开展卫生大扫除。组织全局干部职工为帮扶村捐赠科技类图书1000余册，捐赠电脑2台。

是年，三门峡市财政局积极组织做好援助四川汶川地震灾区工作。一是组织做好献爱心交纳“特殊党费”活动。按照上级部署组织捐款3.44万元；组织全局党员交纳“特殊党费”12.94万元。二是动员广大团员青年积极投身抗震救灾。及时与市血液中心联系，组织动员广大团员青年加入为灾区募集血源工作中来；组织团员青年缴纳“特殊团费”3700元。三是在全市财政系统第二届球类运动会运动员中，开展了“为灾区献出一份爱，向地震灾区捐款”活动，共收到捐款1.4万元。四是组织非党同志积极为灾区捐款达2.27万元。以上各类捐款共计20.42万元。同时，认真做好捐赠棉被工作，共捐赠优质棉被293条。

是年，三门峡市财政局积极打造和谐机关文化。一是组织举办以“文明财政和谐财政”为主题的迎新春联欢会，展现了财政干部良好的精神风貌。二是组织参加全市“庆三八迎奥运”健身秧歌舞大赛。三是组织开展全市财政系统第二届球类运动会。四是组织参加三门峡市直机关“庆国庆迎奥运”书画摄影展。五是承办三门峡市直趣味体育比赛的家庭项目比赛。此外，当年还组织开展了“快乐学习、快乐工作、共享成长”主题演讲比赛及“三门峡财政与改革开放30周年”征文活动，先后获得全市庆“三八”迎奥运健身秧歌舞大赛金奖、市首届全民健身节优秀组织奖、庆祝改革开放30周年歌咏比赛银奖等。

是年3月5日，三门峡市财政局被中华全国妇女联合会授予2008年度“全国三八红旗集体”称号。多年来，市财政局不断创新妇女工作思路，重视培养和发展女干部，积极引导女干部职工立足本职作贡献，争先进比奉献，深入开展“双学双比”“巾帼建功”“五好文明家庭”活动和“手拉手、结对帮扶献爱心”活动，受到社会各界好评，树立了财政部门的良好形象。当年3月27日，三门峡市财政局新农村建设联系村渑池县仰韶乡苏门村被河南省委评为新农村建设先进单位。

是年12月20日，陕县财政局被河南省委、省政府命名为2008年度省级文明单位。至此，三门峡市财政局和7个县(市、区)财政局全部被评为省级文明单位。

2009年，三门峡市财政局积极推进机关文化建设。一是组织丰富多彩的体育活动和书籍阅读、岗位练兵和技能竞赛等活动。二是积极组织参加市直机关庆五一迎五四全民健身趣味运动会；负责承办了市直机关柔力球比赛；参加开发区庆祝新中国成立60周年篮球邀请赛和群众性文体活动；参加2009年三门峡市第二届全民健身节“洋河蓝色经典”乒乓球比赛等。三是积极组队参加了三门峡市六运会市直机关组(B组)18个大项中的14项比赛，参赛人数达130余人次，取得了B组团体奖牌第4名、B组团体总分第2名、体育道德风尚奖等好成绩。四是开展庆祝新中国成立60周年系列活动。参加庆祝新中国成立60周年对联征集活动，共征集到对联23副，在河南省财政厅组织的评比中，分获一、二、三等奖各1名；参加“祖国颂”财政系统书法绘画摄影展，共征集到50幅书画摄影作品参加省财政厅组织的比赛；组织了“我爱我的祖国”主题演讲比赛，为祖国献上一份节日的祝福；参加庆祝新中国成立60周年文明单位文艺展演，选送的音乐剧《时代变迁》从全市100多个节目中脱颖而出，在决赛中获优秀奖。

是年2月4日，由三门峡市文明办、市总工会、市妇联、共青团三门峡市委联合组织的首届三门峡市道德模范评选活动揭晓,三门峡市财政局科研所所长李少民被评为"首届三门峡市道德模范(敬业奉献模范)"。2月10日,三门峡市财政局获全国"巾帼文明岗"称号,市财政局干部王社琴被评为"河南省巾帼建功标兵"。2月24日,在全市统战工作会议暨第二次民族团结进步表彰大会上,三门峡市财政局被三门峡市人民政府评为"三门峡市民族团结进步模范集体"。3月8日,三门峡市财政国库集中支付中心获全国"女职工建功立业标兵岗"称号。3月12日,三门峡市财政局获评全国财政信息工作先进单位,朱志军获评全国财政信息工作先进组织者,张宇辉、王桂亮获评全国财政系统优秀信息员。3月23日,全市"清洁家园行动"现场会在渑池召开,会议组织全体代表专程到三门峡市财政局结对帮扶的仰韶乡苏门村参观考察,并给予一致好评。与此同时,三门峡市财政局获全省文明单位结对帮扶工作先进单位称号。

2010年,三门峡市财政局积极组织开展多种活动,加强精神文明建设。一是成立局文化体育协会,组织开展丰富多彩的文化体育活动,带动全局文化体育活动蓬勃开展。成功举办庆五一、五四职工运动会暨第三届全民健身节系列体育活动、庆七一读书征文活动等,参加了市直工委组织的"放歌崤函、祝福祖国"红歌大赛和其他文体活动,活跃了机关文化生活。二是组织广大党员和干部职工开展了形式多样的捐助、慰问、帮扶活动。全局党员为市党员关爱救助基金捐款11850元;全局干部职工为青海玉树地震灾区捐款33100元;全局团员青年51人次参加了为西南旱灾灾区"捐一瓶水献一份爱"活动;向市党员关爱基金争取4000元救助金,帮助了两名特困党员。三是深化机关志愿者服务活动,按照"自愿公开、感召凝聚"的方针广泛招募青年志愿者。组建了市财政局志愿者服务队,组织开展了帮扶贫困学生、慰问儿童福利院孩子、关爱空巢老人、关注留守儿童、参加义务劳动和爱心献血等活动。

是年5月17日,三门峡市财政局召开创先争优活动动员大会,学习贯彻中央和全省、全市创先争优活动动员部署会议精神,对全局深入开展创先争优活动进行动员部署。当年8月10日,市财政局党组副书记、局长宋东,党组成员、副局长康平森一行4人到抗洪救灾对口帮扶的卢氏县文峪乡察看灾情,深入重灾村检查灾后恢复和生产自救工作开展情况,并在文峪乡政府机关举行了救灾物资捐赠仪式,共捐赠人畜用水主管道11430米、支管道86070米,价值671027元的救灾物资。卢氏县委书记王振清,县委常委、常务副县长聂红超及县财政部门的人员等参加了捐赠仪式。9月28日,三门峡市金泉大酒店举行四星级挂牌仪式。省财政厅办公室、干教中心、信息中心、后勤中心等相关处室的人员到三门峡祝贺,正市级领导赵光超出席了挂牌仪式。

二、打造学习型机关

2001年11月7—8日,三门峡市财政局邀请郑州大学法学院副教授程宪平举办了由各县(市、区)主管财政工作的县(市、区)长、财政局局长及全局干部参加的WTO法律知识讲座。该讲座系统讲述了WTO的基本法律规则及加入WTO后对中国经济发展的深远影响。当年11月19日,三门峡市财政局邀请财政部财政科研所所长、研究员、博士生导师贾康到三门峡举办"公共财政支出管理制度改革"专题讲座。三门峡市委常委、常务副市长赵继祥,各县(市、区)主管财政工作的县(市、区)长、财政局局长、预算科(股)科(股)长,市直有关部门主管财务的领导及市财政局全体干部职工等300余人听取了讲座。

2002年11月18日,三门峡市财政局在市电视台演播大厅举行"三门峡市政府采购法规电视知识竞赛",来自三门峡市直和各县(市、区)的8个代表队参加比赛。市人大常委会副主任马恒军、市政协副主席韦守信及市纪检委、市财政局、市审计局等部门的负责人到场。大赛经过激烈角逐,渑池县代表队获一等奖,湖滨区、卢氏县代表队获二等奖,陕县、义马、开发区代表队获三等奖。市直及灵宝市代表队获组织奖。

2003年7月22日,三门峡市财政局印发《创建学习型系统的意见》(三财人字〔2003〕9号),就学习的目的、意义、目标、内容、原则、措施等作出明确规定,号召全局上下比学赶超,提高业务能力水平,更好服务财政工作。开展竞争上岗活动,通过民主推荐、公开演讲、结合业务考试成绩等几项综合记分评定,对局机关14个科级职位进行竞争上岗,最终12名德才兼备的人员脱颖而出。开展作风建设年活动,查摆问题70余个,制定整改措施45项,服务观念明显改变,服务意识和服务水平有所提高。

2004年4月15日,学习型机关创建活动在三门峡市财政局全面铺开,推动财政工作再上新台阶:健全学习型机关创建制度机制,广泛开展“全员读书”活动,深入开展“四个一”[每人每年读一本好书;写一篇学习心得体会;全局干部要深入基层,深入开展调查研究,县级干部,各科(室)、局属各单位每年至少写出一篇高质量的调研报告;结合工作实际,每人每年至少提一条有价值的管理或政策建议],组织“述学考学”,实施“岗位培训”工程和“高层次人才”培养工程,狠抓学历“升格”教育,开展“青年职工岗位技能竞赛”,对8名获奖的“三好一强”型财政干部进行表彰。举办庆七一演讲赛,组织参加全市捐献造血干细胞倡议活动,11名符合捐献条件的人员累计献血3000余毫升。7月13—14日,三门峡市财政局集中两天时间,组织中层以上干部通过看录像、听讲座、讨论座谈等形式,学习了《中国共产党党内监督条例(试行)》、《中国共产党纪律处分条例》、《中华人民共和国行政许可法》、任长霞同志先进事迹、财政系统领导科学探索等内容,进一步增强了全局上下干事创业的使命感、危机感和责任感。当年9月15日,全市优秀财政财会论文及调研报告成果集——《公共财政改革探索》一书由中国广播电视出版社出版发行。该书共收录论文、调研报告68篇,计35.1万字。其作者大多是全市财政、会计战线上的骨干力量,结合自身财政、会计工作实践,从不同角度揭示三门峡市财政、会计改革进程,深入分析改革中存在的热点、难点问题,并提出许多新的观点和对策,对改革进行积极探索,对财会实际工作具有一定的指导和借鉴意义。当年9月,三门峡市财政局干部薛登昌所著的《战地日记》由远方出版社出版发行。该书以日记形式真实地记录了1984年7—12月作者在老山前线的作战经历,《三门峡日报》发表文章给予高度好评。

2005年,三门峡市财政局学习型机关建设初显成效。全局干部职工本科以上学历达85%,中级以上职称达78%,被三门峡市直工委确定为全市第一批学习型单位。一是按照党的十六届四中全会关于建设学习型政党的要求,积极推进创建“学习型组织”工作。举办职业道德建设征文比赛、“保持共产党员先进性”主题演讲赛和“我心中的楷模”专题大讨论,组织部分干部职工赴革命圣地西柏坡、红旗渠及延安考察学习。组织召开创建“学习型机关”经验交流会,积极推进“学习型机关”创建,不断提升全局党员干部的学习力、创新力、执行力;深入学习贯彻《公民道德建设实施纲要》,广泛开展诚信建设,努力实践道德规范。二是继续完善“一体两翼”工作格局,夯实党建基础。继续深化“党员先锋工程”和创建“五好基层党组织”活动,加强和改进目标管理,分阶段有重点对目标完成情况进行检查和通报,把各项目标任务更好地落到实处。以保持党的先进性教育为契机,切实加强组织生活,提高“三会一课”的质量。做好入党积极分子培养考察工作,严格按照发展党员十六字方针,实行公示制、票决制、责任追究制,进一步做好发展党员工作。三是深入贯彻落实两个条例,继续抓好机关作风建设。围绕保持共产党员先进性教育活动,以深入贯彻落实两个条例和《建立健全教育、制度、监督并重的惩治和预防腐败体系实施纲要》为切入点,深入开展以“为民、务实、清廉”三项内容为主的示范教育和警示教育。按照三门峡市直工委要求,认真贯彻执行《中国共产党党员权利保障条例》,加强党内监督、扩大党内民主,保障党员权利。认真做好来信来访工作,密切与基层党组织和党员的联系。四是努力提高党务干部素质,加强机关党委及各支部党务干部队伍建设,举办党支部书记及委员培训班,进一步提高党务干部整体素质。推行规范化、科学化管理,把机关党委建成学习型党组织,努力争创“三好一强”型班子,争当“三好一强”型干部。五是组织开展“财校杯”读书心得征文活动。该活动由市财政局机关党委负责组织、市财经学校具体承办。在活动开展过程中,全市财政系统广大干部职工积极参与、踊跃撰稿,共收到读书心得征文260余篇。所有征文经过初评委、复评委两个多月的精心筛选,共评出优秀读书心得23篇,其中一等奖5篇、二等奖8篇、三等奖10篇。六是举办保持共产党员先进性教育活动演讲赛,全局13个党支部的17名党员参加了演讲比赛。参加演讲的党员从正反两方面畅谈了加强党的先进性教育的重要性和迫切性;热情讴歌了焦裕禄、孔繁森、牛玉儒、任长霞等共产党人的楷模和“我们身边的共产党人”,立志要“牢记宗旨,鞠躬尽瘁,争做人民好公仆”。经过激烈角逐,李少民、王燕获一等奖;姚光勤、王娟、王辉、宁小丽、黄文洲获二等奖。

2006年,三门峡市财政局坚持学以致用、联系实际,认真搞好理论教育,一是开展形势教育、党课教育和廉政教育。在全局范围内组织学习了胡锦涛总书记社会主义荣辱观、七一重要讲话、《江泽民文选》、党的十六届六中全会和白洁同志先进事迹等,使全体党员受到了很好的教育。同时,深入贯彻落实实施纲要,开展"为民、务实、清廉"为主要内容的示范教育和警示教育,认真做好廉政教育,并组织全体党员观看廉政教育片6次,积极推进廉政文化进机关工作。二是认真开展学习党章和社会主义荣辱观教育实践活动。参加"红船杯"学党章知识竞答活动,全局全体党员参加了市直工委组织的此次知识竞答活动,收到良好效果;举办"庆七一、学党章"心得体会征文活动,得到广大党员的积极响应,共收到征文173篇;组织开展学习贯彻社会主义荣辱观演讲比赛,在广大干部职工中产生了强烈反响。当年1月19日,中共三门峡市委三门峡市人民政府颁发《关于命名表彰第八批专业技术拔尖人才的决定》(三文〔2006〕6号),授予刘书文等5名在各条战线上作出突出贡献的优秀知识分子为第八批"三门峡市专业技术拔尖人才"称号,三门峡市财政局财政科研所所长李少民为受表彰的5名"拔尖人才"之一。

2007年,三门峡市财政局按照市直工委的统一部署,以"学习型党组织"建设引领和带动"学习型机关"建设,并把"学习型机关"建设作为和谐机关建设的有效载体,倡导和谐理念,培育和谐精神,教育机关党员干部带头践行社会主义核心价值观,营造讲学习、讲奉献、进取向上的和谐机关文化氛围。当年4月9日,三门峡市财政局召开"讲正气、树新风、谋发展、促和谐"主题教育活动动员大会。全局200余名干部职工参加了会议。会议宣布了《三门峡市财政局"讲正气、树新风、谋发展、促和谐"主题教育活动实施方案》,局党组书记、局长高战荣对"讲正气、树新风、谋发展、促和谐"主题教育活动进行了具体部署,要求通过主题教育活动的深入开展,进一步提高财政干部政治思想素质,促进各项财政工作再上新台阶。当年5月8日,由财政部、省财政厅组织的财政系统"春节回乡见闻"调研活动圆满结束,三门峡市财政局在这次活动中获财政部优秀调研成果三等奖1篇,省财政厅优秀调研成果一等奖1篇、二等奖3篇、三等奖4篇,同时市财政局被省财政厅评为优秀组织奖单位。当年6月29日,在三门峡市直工委召开的庆祝中国共产党成立86周年暨表彰会上,市财政局董友忠被授予优秀党务工作者称号;任海水等6人被授予优秀共产党员称号;第二党支部等3个党支部被授予先进基层党组织称号,三门峡市财政局被授予十佳"学习型机关"称号。当年9月,三门峡市财政局科研所所长李少民专著《财政热点问题透视》由中央文献出版社出版发行,省人大常委会副主任任夏清成、省社会科学界联合会党组书记李新杰分别为书题词,省财政厅副厅长杨舟、省社科院副院长刘道兴分别为书作序,并给予高度评价。当年11月15日,三门峡市财政局职工王娟获全国会计领军人才称号。

2008年,三门峡市财政局积极组织开展"两创两争"活动。一是重点抓好"两创两争"活动示范点的建设。组织"学习型党支部"第九支部(市财经投资公司)和第十二支部(市国库集中支付中心)的党务干部参加了市直工委与上海明德研究所联合举办的创建学习型组织培训班;为进一步加强支部党员的思想素质和提高对创建工作的认识,分别邀请市直工委书记靳跃军为全体党员上党课,并指导学习型党支部创建工作,对两个示范点创建工作的开展起到积极的促进作用。二是对党务干部进行分期分批培训。组织13个党支部书记和支部委员参加了张声雄教授主讲的"学习型组织与创新"讲座,组织机关第一、二支部书记及市非税局、市财会学校、市国库集中支付中心支部的5人参加市直工委与上海明德研究所联合举办的创建学习型组织培训班,为全局党务干部整体素质的提高和搞好"两创两争"活动奠定了良好思想基础。三是组织举办"快乐学习、快乐工作、共享成长"主题演讲比赛。此次演讲比赛是市财政局"两创两争"活动和争创全国文明单位的重要活动内容,也是广大团员青年喜迎五四青年节的实际行动。四是找好切入点,搭建工作平台。把开展"两争两创"活动同创建全国文明单位、"争创青年文明号"、"争创巾帼文明岗"等活动结合起来,同争当"巾帼岗位明星""青年岗位能手""文明职工"活动结合起来。围绕丰厚"财学"、提高"财识"、树立"财德"、改进"财风"、增强"财艺"、拓展"财技"6个方面,坚持岗位练兵,开展技能竞赛等活动,分门别类地开展争创活动。

2009年，三门峡市财政局以加强党的思想建设为主导，继续加强学习型机关建设。一是深入开展学习实践科学发展观活动。首先在全局13个党支部245名党员中开展学习科学发展观活动，进而扩大到全体干部职工，通过学习实践活动，使全体干部职工进一步明确了科学发展观的要求，树立了科学发展理念，增强了实践科学发展观的信心。二是坚持不懈地推进学习型党组织建设。三门峡市财政局在发起创建学习型党组织以来的5年间，坚持积极创建、常抓不懈，成立领导小组，制定规划，突出重点，狠抓落实。继续深入开展读书活动、岗位练兵和技能竞赛等活动，使广大财政干部职工敢于超越自我、超越他人，勇于开拓与创新，工作成效大幅提高。三是深入学习党的十七届四中全会精神。先后组织开展党组中心组集中学习、全局党员学习、举办专题辅导讲座和组织知识测试等。四是加强社会主义核心价值体系学习教育。把理想信念教育作为全党学习践行社会主义核心价值观的重中之重，教育引导党员着力增强贯彻党的基本理论、基本路线、基本纲领、基本经验的自觉性和坚定性，增强走中国特色社会主义道路、为党和人民事业不懈奋斗的自觉性和坚定性。加强思想道德建设，加强党的优良传统教育，加强中华优秀文化传统教育，引导党员、干部带头弘扬以爱国主义为核心的民族精神和以改革创新为核心的时代精神，自觉践行社会主义荣辱观，培养高尚道德情操和健康生活情趣，保持昂扬奋发的精神状态。

是年4月3日，三门峡市财政科研所所长李少民专著《财政热点问题透视》（中央文献出版社）获首届河南省哲学社会科学普及优秀作品特等奖。当年8月4日，三门峡市财政局被省委、省政府授予“支持老区建设和老促会工作先进单位”称号。当年8月31日，全省庆祝新中国成立60周年对联征集活动评选结果揭晓。苗鸿伟获一等奖，杨智国和赵江波分获三等奖和优秀奖。当年10月20日，全省财政系统“祖国颂”书法绘画摄影展活动评选结果揭晓，王连忠获一等奖，王国强获三等奖，三门峡市财政局被评为优秀组织奖。

2010年，三门峡市财政局持续开展学习型党组织创建活动。一是广泛开展学习型党组织建设活动，认真落实中央和省委、市委《关于推进学习型党组织建设的意见》，研究制定具体的实施方案，深化创建学习型党组织、创建学习型机关、争当学习型党员、争做学习型干部活动。当年“七一”前夕，荣获三门峡市直机关“学习型”机关称号。二是坚持用中国特色社会主义理论体系武装党员干部头脑，将学习贯彻党的十七届四中全会精神与落实市委经济工作会议和当年市直机关党委的工作会议精神结合起来，不断推动理论学习向深度和广度拓展，组织党员参加了市直机关学习党的十七届四中全会精神知识竞赛答题活动，获“竞赛组织奖”。三是深化社会主义核心价值观学习教育，坚持把理想信念教育作为重点，开展党史国史教育，引导党员干部增强贯彻落实党的基本理论、基本路线、基本纲领、基本经验的自觉性和坚定性。积极参与三门峡市直工委组织开展的专题教育，引导党员干部带头学习弘扬民族精神和时代精神，自觉践行社会主义荣辱观，培养高尚道德情操和健康生活情趣。四是深入学习贯彻胡锦涛总书记在十七届中央纪委五次全会上的重要讲话精神和《中国共产党党员领导干部廉洁从政若干准则》，开展党性党风党纪教育和廉洁从政教育，组织播放电教片4部。各支部分别召开学习贯彻《中国共产党党员领导干部廉洁从政若干准则》专题民主生活会，营造了反腐倡廉浓厚氛围。

第三节　日常政务管理

一、人大代表建议和政协委员提案办理

人大代表对政府工作提出议案和建议，是宪法和法律赋予的神圣权利，是代表人民群众参与管理国家事务、行使民主权利的主要形式。政协委员对政府工作的提案是人民政协发挥“政治协商、民主监督、参政议政”职能作用的一个重要方面。认真办理人大代表议案、建议及政协委员提案，对于加强社会主义民主和法治建设、密切政府同人民群众

的联系、改进政府工作都具有十分重要的意义。2001—2010年,三门峡市财政局共办理各级人大代表议案、建议和政协委员提案主办件134件,其中:人大代表议案、建议主办件45件,政协委员提案主办件89件,办结率和满意率均达到100%,连年获市政府建议、提案办理工作先进单位称号。

三门峡市财政局党组高度重视人大代表建议和政协委员提案办理工作。每年接到市政府下达的建议、提案办理工作任务后,立即组织召开建议、提案办理专题会议,将办理工作作为阶段性重点工作进行详细安排部署。由一把手负总责,分管局长具体抓,办公室负责承办的组织工作,相关科(室)密切配合。结合办理工作实际,对承办科(室)从统一思想、加强沟通、注重时限、规范程序、增强实效几个方面提出具体要求。根据建议、提案内容将工作任务进行分解,做到办理工作"人员、责任、措施、时间"四落实。在办理工作中,严格按照市人大、政协和市政府的办理工作要求,坚持把做好议案、建议和提案办理作为拓宽工作思路、解决工作难题、落实工作部署、实现决策科学化、民主化的重要途径,严格按规定程序办理,切实提高办理质量。一是突出办前调研。对人大代表和政协委员提出的每一件议案、建议和提案都做到调研先行,反复沟通。办理前,针对代表、委员们所提出意见、建议进行深入细致的调研,并与代表、委员进行沟通,充分了解他们的意图。二是强化办中沟通。在办理过程中,坚持"先面商、后答复"的原则,实行"办理前沟通、沟通中办理"的办理方式,严格按照"先沟通后办理、先沟通后回复"的要求,切实做到"三联系",即办理前联系、办理中联系、办理后联系,实事求是地提出解决问题的办法。对市政府交办的重点议案、建议和提案,组织召开座谈会,当面协商办理。针对代表、委员提出的意见建议,能够解决的想方设法解决,不能解决的则根据财政工作的实际情况,列出详细的解决计划或说明不能解决的具体情况,最后形成答复意见。在答复意见经局领导签发和市政府审核后,立即组织人员耐心细致地征求代表意见。尽管有的代表驻地或工作单位十分偏僻,或担任领导干部,工作十分繁忙,都想方设法联系到本人,登门拜访,充分听取他们对办理工作的意见和建议。对因种种原因不能解决问题的建议则耐心地做好解释工作,以取得代表、委员们的理解。三是注重办后回访。每年在人大代表议案、建议和政协委员提案办理完成后,对一些代表性强、涉及面广、面商难度较大、解决问题较难的议案、建议和提案,通过电话、传真等多种形式对相关人大代表和政协委员进行回访,进一步征求他们对办理工作的意见建议,作为进一步改进财政工作的参考依据,受到了代表、委员们的一致好评。

二、文秘管理

(一)公文管理

2001—2010年,三门峡市财政局根据形势发展和实际工作需要,不断强化机关公文管理水平。一是强化责任意识。加强对公文处理人员的日常管理,严把收发文质量关,明确办结时间,增强公文处理人员的公文质量意识和办文责任意识,提高公文质量和流转速度。进一步完善岗位责任体系,定岗定责、岗责明确,把责任制落实到公文处理工作的每个环节、每个工作岗位上。二是完善制度建设。严格按照《党政机关公文处理工作条例》和省、市关于公文处理规范化的要求,结合财政工作实际,建立和完善了公文处理运转工作制度。2007年7月,结合财政工作实际出台《三门峡市财政局机关公文处理办法》,对局机关公文种类、公文格式、行文规则、发文办理、收文办理、公文归档、公文管理等作了明确规定,全面规范了公文运转程序。三是组织学习培训。根据工作需要,定期组织全局干部职工开展《党政机关公文处理工作条例》专题培训,有重点、有针对性地对公文格式、用语、标点符号、行文规则、成文日期、引用文件等容易出现问题的环节予以重点讲解,要求局机关各科(室)、局属各单位必须按照新版公文格式和程序流转公文,并印发学习资料供各科(室)单位交流学习。四是规范审核管理。局机关由办公室牵头,层层落实公文审核责任,把"质量第一"的理念贯穿到公文处理的各环节和全过程,切实把好公文的政治关、政策关、法律关、文字关和格式关。对涉及全局性的重要发文,由局办公室严格审核,对符合公文格式的盖章登记,对不符合公文格式的,则由相关科(室)单位修改完善符合要求,再予以盖章对外报送。2001—2010年,三门峡市财政局共处理各类公文12863件,均能认真履行文件登记、加签、传阅程序,做到件件有落实,事事有结果。同时,严格印签使用制度,严把发文用印关,十年来无责任事故发生。

（二）保密管理

2001—2010年，随着计算机办公的普及和信息化时代的全面来临，财政部门保密工作面临新的更大挑战和考验。三门峡市财政局严格按照新形势下机关保密工作的要求，结合全局工作实际，认真贯彻执行《中华人民共和国保守国家秘密法》和《中华人民共和国预算法》，全面提升保密工作意识，筑牢信息化保密防线，多举措落实好财政系统保密工作。一是健全组织，明确责任分工。认真贯彻落实上级有关保密工作的方针、政策、指示，按照有关文件精神，成立三门峡市财政局保密委员会。坚持将保密工作与日常业务工作有机结合，认真落实领导干部保密工作责任制，明确由办公室负责全局保密工作，定期组织开展检查；各科（室）单位主要负责人为本科（室）单位保密工作第一责任人，督促指导本科（室）单位严格遵守保密规定。办公室确定一名工作人员为保密员，负责局机关保密文件的登记、处理和全局事项的管理工作，做到有领导管、有专人抓。二是强化措施，加强安全防范。局机关加大了对保密工作建设的投入，将局机关620办公室专门改造成机要保密室，加装铁门、报警器等安全防护设备，采购专门厂家生产的涉密计算机和保密U盘，报市保密局备案，并明确办公室分管文秘副主任负责保密室管理，科（室）阅办涉密文件均在机要保密室和涉密计算机上处理。同时围绕落实保密要求，确定相关科（室）单位具体负责处理密级公文的人员，定岗到人，责任到人。按密级公文“谁起草、谁定密”的原则，由科（室）单位确定密级，办公室在核稿中加入密级审查环节，建立密级台账。定期开展内部排查，查找可能存在的失、泄密隐患，并及时进行整改。对处理过涉密信息的计算机进行全面彻底的清理，并采购新的硬盘对相应计算机进行物理更换。三是完善制度，规范保密工作。根据保密工作相关规定，结合财政工作实际，2002年7月，局办公室牵头对局机关保密事项进行全面清理，制定《三门峡市财政局保密制度》和《三门峡市财政局局域网安全保密管理办法》，从涉密文件的确定与制发、收文与传阅、复制与汇编、保管与销毁以及机关工作人员保密管理等12个方面作明确规定，进一步规范保密工作日常管理，做到有章可循，确保各项保密制度落到实处。四是加强宣传，提高保密意识。通过邀请专家讲座、观看警示教育片、学习专题文件等多种形式，对全局干部职工开展保密宣传教育，提高重点岗位重点人员保密意识。2001—2010年，全局保密工作安全无事故，无失密、泄密事件发生。

三、档案管理

2000年，三门峡市财政局搬迁至新办公楼办公。随着办公条件的改善，在局办公大楼二楼设置了面积200平方米的档案室，指定专人管理档案。2002年，局机关投资8万元购置了15组手摇推拉式密集档案柜，大大改善了文书档案的储存条件。随着库存档案数量的增加，办公室进一步加强档案室的防火、防盗、防潮、防虫、防鼠等管理措施，确保了各类档案的安全完整。2001—2010年，三门峡市财政局共整理归档文件16693件，其中永久文件13669件，长期文件1440件。按照市档案局的文件规定，向档案局移交文件8311件，其中永久文件5941件，长期文件1786件。在档案管理方面，进一步完善了档案管理规章制度。2008年出台《三门峡市财政局机关档案管理办法》，对档案的归档范围、资料立卷和移交程序、保管原则、档案借阅等都作出明确规定。同时，制定《档案室保密制度》和《档案室岗位责任制度》，促进了档案管理水平进一步提升，连年被市档案局评为档案管理先进单位。

第四节 机关后勤管理

2001—2010年，三门峡市财政局机关后勤管理工作由办公室负责。2000年6月，财政局机关迁入新办公楼，随着办公面积的增加，机关后勤管理工作任务更加繁重。市财政局办公室严格执行财务管理规章制度，确保会计信息和会计凭证手续齐备、规范合法。严格执行机关公务用车定点加油和定点维修制度,大宗办公用品购置按政府采购程序进行,有效地节约了经费开支。认真做好接待工作,在不断提高接待质量的基础上,严格执行有关规定,强化后勤管理工作,较好地保障了局机关各项工作的顺利进行。

一、机关财务管理

2001—2010 年,为进一步加强局机关财务管理,规范行政经费支出,提高资金使用效益,三门峡市财政局相继出台了一系列财务管理制度。

2002 年 4 月 22 日,三门峡市财政局下发《关于印发机关财务管理制度的通知》(三财办〔2002〕4 号),对市财政局部门预算资金实行分类管理:人员经费按财政核定数核拨;公用经费实行分项包干;对专项业务经费严格审核,专款专用。

公用经费管理:按部门预算核定的局机关行政公用经费,由办公室集中掌握 30%,用于全局召开会议和局机关汽车燃料维修费、水电费、接待费、印刷费、邮电费等;剩余部分实行总量控制、分项包干管理。即年初以科(室)为单位,按科(室)编制人数包干指标,将会议费、办公费、差旅费等下达到各科(室),包干使用,按全年人均 2000 元标准,超支不补、节余留用。坚持报销审批制度,严格经费使用审批程序和报销审批权限。凡开支在 1000 元(含)以下的,由科长审核、办公室主任审批;1000 ~ 10000 元(含)的,由办公室主任审核、主管办公室的副局长审批;10000 ~ 30000 元(含)的,由办公室主任审核、局长审批;大宗开支提交局长办公会研究决定。会议费管理:以市财政局名义召开的全市财政工作会议和局长座谈会开支费用,由办公室统一支付。专业口会议的开支费用,原则上按部门预算规定执行,在各科(室)全年包干指标内列支。办公费管理:各科(室)办公用品由科(室)定期向办公室申报,办公室根据需要,统一采购发放。凡自行购置办公用品的费用,办公室一律不予报销。办公用品包括稿纸、笔记本、复写笔、铅笔、墨水、卫生清洁用品等。差旅费管理:凡到省内、外出差或开会,需持会议通知或主管局长批件,方可预借差旅费。预借差旅费,由办公室主任签字,送办公室审核并在科(室)包干指标内办理借款手续。出差返回后,要在一周内到办公室报销冲账,无特殊原因超过两个月不清账的,停止其所在科(室)差旅费的预借和报销。根据河南省财政厅 1996 年差旅费规定,机关出差人员住宿费实行限额凭据报销办法,按出差的实际住宿天数计算,住宿超过规定限额标准的部分一般不予报销。邮电费管理:邮电费包括邮寄费和电话费。邮电费由办公室统一管理使用,各科(室)需要邮寄的信件一律交办公室指定专人寄发,科(室)单位不准列支邮电费。机关电话费要本着节约的原则开支,严禁用办公电话打私人长途和声讯台,科(室)不准列支移动电话费。对电话费超支的科(室),办公室将定期通报,对电话费严重超支的予以停机。设备购置费管理:科(室)一律不准自行购置计算机、打印机、复印机、文件柜等办公设备。因工作需要,确需购置的,由科(室)提出申请,经办公室审核,报主管局长批准后方可购置,零星办公用品由办公室统一购买,数量较多且金额较大的实行政府采购。印刷费管理:印刷费由局办公室统一管理使用,主要用于局机关文件、信息、简报等日常文印工作及信封、稿纸的印制支出。各科(室)印刷的一般性文件、资料由局机关文印室负责。确需到局外印刷的,由科(室)提出申请,经办公室审批后,方可印刷。接待费管理:接待费统一由办公室管理,科(室)不准列支。上级机关来人检查指导工作或兄弟省、市有关部门来本局联系工作,其食宿由局办公室按有关规定统一安排,同时根据情况安排局领导或相关科(室)负责人作陪。各县(市、区)来人汇报工作或办理其他公务,一般不安排食宿,特殊情况由办公室主任批准,办公室统一安排。科(室)接待有关人员,事前应与局办公室联系,经办公室主任批准后,按接待标准安排。任何科(室)和个人不得擅自接待外来人员食宿,否则费用自理。水电费管理:公用水电费统一由办公室支付。办公室和机关后勤服务中心负责对水电费的管理。下班后,科(室)都要将本科(室)各种办公机具的电源切断,杜绝长明灯、长流水。办公室和机关后勤服务中心将定期进行检查,对违反规定的予以通报并罚款。

在专项业务经费管理方面:专项业务费属财政资金,统一纳入办公室管理;对上级有特殊要求的专项业务经费,其使用由局长办公会讨论决定。部门预算批复的专项业务经费,科(室)需要开支时,要编制详细的项目预算,经办公室审核、报主管办公室的副局长批复后,由办公室统一支付。专项业务费必须专款专用,不能用于科(室)的接待费、汽车燃料维修费、临时人员工资、电话费（含移动电话）、学费等与专项经费用途无关的费用。否则，办公室不予报销。在上级追加经费管理方面：上级追加的专项业务费由办公室统一管理。科（室）需要开支时，要编制详细的预算报告，经办公室审核，报主管办公室的副局长批准，由办公室统一支付。为提高科（室）向上争取业务经费的积极性，凡科（室）争取来的业务经费，40%补充科（室）包干经费，可专项用于补充办公用品和相关费用不足。同时，将机关财务管理纳入局廉政建设目标考核。机关财务管理坚持“节约经费、合理开支、杜绝浪费”的原则。办公室要拒付科（室）的不合理开支，并逐一登记，定期向局纪检室报告，同时纳入年终科（室）廉政考评；要自觉接受职工监督，坚持定期公开制度，公用经费每季度或半年公开一次。

2007年9月1日，三门峡市财政局下发《关于规范局机关财务管理制度的通知》（三财办〔2007〕20号）。同时，本着保证“工作需要、勤俭节约办事、合理配置资源、降低费用成本”的原则，制定了《三门峡市财政局会议费管理暂行办法》《三门峡市财政局差旅费管理暂行办法》《三门峡市财政局接待费管理暂行办法》《三门峡市财政局设备购置费管理暂行办法》《三门峡市财政局印刷费管理暂行办法》《三门峡市财政局机关费用开支报销程序》等6个专项管理办法。改进经费报销审批制度，严格经费使用审批程序和报销审批权限：凡一次性开支在3000元（含）以下的，由经办人签字、科长审核、分管局长审签、办公室主任审批；在3000～10000元（含）的，由经办人签字、科长审核、分管局长审签、办公室主任审核、主管办公室的副局长审批；在10000～30000元（含）的，由经办人签字、科长审核、分管局长审签、办公室主任审核、主管办公室的副局长和局长审批。3万元以上的大宗开支提交局长办公会研究决定。

2009年7月24日，三门峡市财政局下发《关于印发三门峡市财政局经费管理办法的通知》（三财〔2009〕13号），对公务费（包括办公费、水电费、邮电费、差旅费、会议费、交通费、招待费、材料费、文印费等）、专项业务费、设备购置费、维护修缮费、其他费用等管理办法予以重新明确，同时对局属二级单位财经投资公司、非税收入征收局、财政国库集中支付中心、财经学校等经费报销审批程序作出明确规定：凡一次性开支在2000元（含）以下的，由单位内部严格按程序审批；凡一次性开支在2000元以上的，经单位内部严格按程序审批后，报主管局领导审批；1万元以上的大宗开支需单位办公会议研究后请示市财政局局长同意，或提交局长办公会研究决定。局机关和局属单位凡召开会议、公务接待、公务出差、印刷资料、物品采购、设备购置、维护修缮及开展专项业务活动等必须事先申报，按程序审批后方可开支，否则财务不予报账。本次管理办法是对原局机关和局属各单位财务管理的进一步完善，会议费、差旅费、接待费、设备购置费、印刷费、机关科（室）经费使用管理办法等具体实施细则仍按2007年下发的《三门峡市财政局关于规范局机关财务管理制度的通知》（三财办〔2007〕20号）执行。

二、机关车辆管理

2000年6月，三门峡市财政局迁入新办公楼以后，成立了机关后勤服务中心，对局机关所有的公务用车实行集中管理，统一派遣，最大限度地提高了公务用车的使用效率，有效地节约了车辆经费支出。2006年2月，市财政局下发《关于印发三门峡市财政局机关车辆管理制度的通知》（三财办〔2006〕5号），进一步完善了车辆管理制度，明确了车辆的使用范围、调派管理、维修管理和加油管理的具体规定。

车辆使用范围：局领导公务用车，离退休县（处）级以上干部市内医院就医用车，科长以上干部出市开会、下乡调研或到省财政厅出差用车，携带现金较多的工作用车，运送书籍、资料等用车，其他紧急情况用车。

车辆调派管理：局机关所有车辆由办公室集中统一、专人管理和调派，驾驶员由局办公室统一管理，实行定人定车责任制。局领导及其分管科（室）相对固定一辆车，各科（室）公务用车原则上主管局长直接派遣，相对固定车辆调派不开时，由主管局长提前通知办公室协调安排。局机关所有车辆出车前必须向主管局长或办公室车辆管理人员说明出车时间、地点、事由。凡出市区的车辆，必须填写车辆派遣通知单，作为考核司机工作量、科（室）经费支出的原始依据，也是司机报销差旅费、燃油费、路桥费、停车费的凭据。

车辆维修管理：局机关所有车辆的维修由办公

室统一管理,定点维修。驾驶员发现故障要及时告知车管员,确需维修的,由办公室开出维修单后方可维修。

车辆加油管理:局机关所有车辆的加油由办公室统一管理。实行"一车一卡"加油制度,驾驶员每次加油,由加油站开具加油清单,交车管人员记账以便及时掌握油量使用情况。车辆管理制度进一步完善后,办公室通过合理调派,在局机关用车矛盾较突出的情况下,基本保证了机关公务用车。定期组织驾驶员学习交通法规,加强安全行车教育,增强安全行车意识。坚决杜绝司机酒后驾车,有效地避免交通事故发生,确保了国家财产、司机人身安全和机关工作正常运转。2001—2010年,局机关连续10年安全行车无事故。

三、后勤保障工作

财政机关后勤工作是财政工作的重要组成部分,是确保财政机关安全、有序运转的基础,同时对于提高工作效率以及为广大干部职工创造一个文明、健康的工作、生活环境,都具有十分重要的作用。2000年6月以前,三门峡市财政局的后勤服务工作由局办公室负责。迁入新楼办公以后,由于局机关的办公条件及职工的生活条件得到了根本性的改善,与此相对应的后勤服务工作内容及工作量也大幅度增加。经局党组研究,局机关成立后勤服务中心,负责全局办公区及家属区的安全、卫生、后勤保障及综合治理工作。在日常后勤保障方面,切实加强锅炉房、中央空调和水电设备的值班和维修保养工作,坚持每年对空调系统检修2次、锅炉大修2次、电梯保养24次,切实做好水、电、暖、气和办公设施的日常维修工作。定期组织专业技术人员对设备运行情况进行巡视、检查,每年参加技术监督局的质量检查,有效地保障了设备的良好安全运转。为了方便全局干部职工的工作和生活,2000年6月,成立了机关食堂,每周一至周五为干部职工提供就餐服务。在机关食堂的管理方面实行小承包、零补贴,即在保证饭菜干净、卫生、营养、价廉的基础上,做到饭菜价格与成本基本持平,为干部职工创造良好的就餐环境。在单位内部安全管理方面,进一步完善了办公楼家属楼看护制度、门卫工作制度、安全保卫工作制度。实行社会化管理,与保安公司签订合同,聘用保安实行24小时值班和定期巡逻,确保全局安全无事故。认真落实三门峡市委、市政府关于值班工作的有关规定,坚持平时及节假日干部职工24小时轮流值班制度,担负起确保一方平安的政治责任,有力地维护和保持了机关工作的良好秩序。在消防管理方面,局机关办公大楼建立完善的消防系统,设立消防值班室,及时增加器材和消防管理人员配备,先后投资10余万元购买多套灭火器材并设置安全标牌,并从每个科(室)抽一人兼任消防联防员以充实消防力量。同时,还通过举办多期消防安全知识讲座、制作宣传标牌和张贴消防标语等形式,对联防员进行系统的培训,使财政系统广大干部职工的消防知识和安全意识得到进一步的提高。为了保障办公区与家属区的安全,从2006年起,在全局办公区和家属区实行了鞭炮禁放制度,杜绝引发事故的源头,有效地预防和保护了国家及人民群众生命财产的安全。由于措施得力,2001—2010年,三门峡市财政局的后勤保障工作和社会治安综合治理工作扎实有效,达到"六无一好一满意"(无刑事案件、无治安事件、无车辆丢失、无经济违法犯罪、无火灾事故、无涉黄行为,干部职工遵纪守法,群众满意)的基本要求。

第九章　机构人员

财政机构是各级人民政府的重要职能部门，三门峡市财政机构包含市、县、乡三级。至2010年底，全市财政系统共有干部职工1319人。其中：市级332人，县级559人，乡（镇）级428人，分别占总人数的25.17%、42.38%和32.44%。此章从全市财政机构人员、市级财政机构人员、县（市、区）级财政机构人员、乡镇级财政机构人员4个维度，对全市财政机构人员作总括概述。

第一节　全市财政机构人员

财政机构是各级人民政府的重要职能部门。三门峡市财政机构分为市、县、乡三级。

2001年初，三门峡市辖三县二市二区（卢氏县、陕县、渑池县、灵宝市、义马市、湖滨区、开发区）。全市财政系统共有干部职工1118人。其中：市级直属241人，县（市、区）级354人，乡镇级523人，分别占总人数的21.56%、31.66%和46.78%；男739人，女379人，分别占总人数的66.1%和33.9%；共产党员228人，共青团员82人，分别占总人数的31.23%和9.51%；获得各种职称575人，占总人数的51.4%；在职研究生7人，本科学历91人，大专学历478人，中专学历388人，高中学历127人，分别占总人数的0.63%、8.14%、42.75%、34.70%和11.36%。

2005年末，三门峡市财政系统共有干部职工1241人。其中：市级直属332人，县（市、区）级476人，乡镇级433人，分别占总人数的26.75%、38.35%和34.69%；男764人，女477人，分别占总人数的61.56%和38.44%；共产党员676人，共青团员37人，分别占总人数的54.47%和2.98%；获得各种职称553人，占总人数的44.56%；在职研究生18人，本科学历331人，大专学历348人，中专学历270人，高中学历68人，分别占总人数的1.45%、26.67%、21.75%、21.75%和5.48%。

2009年，根据中共三门峡市委、市政府《关于进一步加快三门峡产业集聚区（工业园）建设发展的决定》（三发〔2009〕21号），当年8月设立三门峡产业集聚区财政局。

2010年末，三门峡市财政系统共有干部职工1319人。其中：市级直属332人，县（市、区）级559人，乡镇级428人，分别占总人数的25.17%、42.38%和32.44%；男853人，女466人，分别占总人数的64.67%和35.33%；共产党员712人，共青团员132人，分别占总人数的53.98%和9.7%；获得各种职称673人，占总人数的51.02%；在职研究生24人，本科学历566人，大专学历691人，中专以下学历38人，分别占总人数的1.8%、42.91%、52.39%和2.88%。

第二节 市级财政机构人员

一、行政机构沿革

2001年初,三门峡市财政局内设14个职能科(室)和2个政府常设机构。14个职能科(室)分别是办公室、人事教育科、预算科、综合与改革科(三门峡市人民政府国债管理委员会办公室)、工业交通科、商贸金融科、农业科(三门峡市农业发展基金管理办公室)、涉外经济贸易科(债务科)、农业税管理科、会计事务管理科、行政事业科、基本建设科、社会保障科、税政条法科。2个政府常设机构是三门峡市人民政府财税监督监察科,三门峡市人民政府采购办公室。根据有关规定,设立纪检组(监察室)、机关党委。

2001年12月4日,中共三门峡市委印发《中共三门峡市委 三门峡市人民政府〈关于市直机构改革的实施意见〉》(三发〔2001〕32号),撤销三门峡市国有资产管理局,职能并入三门峡市财政局。

2002年7月15日,根据三门峡市人民政府办公室《关于印发三门峡市财政局职能配置、内设机构和人员编制规定的通知》(三政办〔2002〕87号)精神,三门峡市财政局设19个科(室、局),分别是办公室、人事教育科、综合科、预算科、国库科、行政政法科、教科文科、经济建设科、农业科、社会保障科、政府采购办公室、税政与条法科、企业科、金融贸易科、农税科(挂三门峡市农业税管理局牌子)、债务科、会计科、统计评价科(挂三门峡市人民政府清产核资领导小组办公室牌子)、财税监督检查科(挂三门峡市人民政府财税监督检查局牌子)。按照有关规定,设置纪检组(监察室)和机关党委。行政编制91名,其中局长1名,副局长2名,纪检组长1名;科级领导职数46名(含纪检组副组长兼监察室主任1名,机关党委专职副书记1名,总会计师1名);核定机关后勤服务人员事业编制10名(含离退休工作人员编制1名),经费财政全额供给。

2004年10月22日,根据三门峡市机构编制委员会《关于对涉及机构改革部门的职能机构编制进行调整的通知》(三编〔2004〕9号)精神,三门峡市财政局不再承担市属工业企业国有资产监管职能,行政编制由91名调整为82名,科级领导职数不再调整。

2005年12月20日,三门峡市机构编制委员会《关于给市财政局统计评价科更名的批复》(三编办〔2005〕50号),同意市财政局统计评价科更名为行政事业资产管理科,挂绩效评价科牌子,三门峡市人民政府清产核资领导小组办公室牌子仍挂在行政事业资产管理科。有关科(室)承担的行政事业单位国有资产管理职能划入行政事业资产管理科。

2006年12月20日,三门峡市机构编制委员会《关于调整部分市直机关人员编制等有关问题的通知》(三编〔2006〕43号)批复,同意市财政局增加行政编制1名。

2007年6月18日,三门峡市机构编制委员会《关于给市财政局增加行政编制的通知》(三编〔2007〕11号)批复,根据军队转业干部安置政策,同意市财政局增加专项行政编制1名。

2007年5月24日,根据河南省人事厅《关于三门峡市事业单位参照公务员法管理的批复》(豫人〔2007〕80号)精神,同意三门峡市非税收入征收局人员参照《中华人民共和国公务员法》管理。

2009年12月23日,中共三门峡市委 三门峡市人民政府《关于印发〈三门峡市人民政府机构改革实施意见〉的通知》(三文〔2009〕132号)批复:保留三门峡市财政局;不再保留三门峡市人民政府国有资产监督管理委员会,其国有资产管理职责划入市财政局;三门峡市非税收入征收局并入三门峡市财政局;三门峡市信托国有资产管理公司并入三门峡市财经投资公司,保留三门峡市信托国有资产管理公司牌子;三门峡市扶贫开发领导小组办公室(市农业综合开发领导小组办公室)更名为三门峡市扶贫开发办公室,其承担的农业综合开发职责划入三门峡市财政局。不再保留三门峡市扶贫开发领导小组办公室、三门峡市农业综合开发领导小组办公室牌子。

2010 年 5 月 10 日,《三门峡市人民政府办公室关于印发三门峡市财政局主要职责内设机构和人员编制规定的通知》(三政办〔2010〕72 号)规定,三门峡市财政局内设 23 个科(室、局):办公室、行政科、人事科、综合科、预算科、国库科、行政政法科、教科文科、经济建设科、农业科、社会保障科、政府采购监督管理科、税政科、企业科、金融贸易科、基层财政管理科、国际科、会计科、三门峡市国有资产管理办公室、三门峡市非税收入管理局、三门峡市政府财政监督检查局、三门峡市农村综合改革工作办公室、三门峡市农业综合开发办公室。另设离退休干部工作科,负责机关离退休干部工作,指导局属单位的离退休干部工作。机关行政编制为 110 名,其中,设局长 1 名、副局长 4 名。另设三门峡市国有资产管理办公室主任 1 名、三门峡市非税收入管理局局长 1 名、三门峡市政府财政监督检查局局长 1 名、三门峡市农村综合改革工作办公室主任 1 名、三门峡市农业综合开发办公室主任 1 名(均为副处级)。设正科级领导职数 29 名(含国有资产管理办公室副主任 2 名、非税收入管理局副局长 2 名、政府财政监督检查局副局长 2 名、市农村综合改革工作办公室副主任 1 名、农业综合开发办公室副主任 1 名、总会计师 1 名、机关党委专职副书记 1 名),副科级领导职数 27 名。按照有关规定,核定机关工勤人员编制 11 名,经费全额预算管理。2010 年 9 月 2 日,三门峡市机构编制委员会《关于调整市财政局行政编制的通知》(三编〔2010〕68 号)文件批复,三门峡市财政局承担的耕地占用税和契税征收管理职责划转地税部门,行政编制相应调减 3 名,调整后为 107 名。

2010 年底,三门峡市财政局机关内设 18 个科(室)和 5 个副县级单位。另下设 1 个正县级事业单位(三门峡市财经投资公司),4 个副县级事业单位(三门峡市财经学校、三门峡财会培训中心、三门峡市财政国库集中支付〈会计核算〉中心、三门峡市农业综合开发公司)和 8 个正科级事业单位(三门峡市财务会计咨询公司、三门峡市产权交易中心、三门峡市政府采购服务中心、三门峡市财政科研所、三门峡市财政投资评审中心、三门峡市财政信息管理中心、三门峡市注册会计师协会秘书处、三门峡市国外贷款项目管理办公室)。

二、所属事业单位及挂靠机构沿革

2002 年 3 月 9 日,三门峡市机构编制委员会《关于"三门峡市经济技术开发公司"更名为"三门峡市财经投资公司"的通知》(三编〔2002〕3 号)批复,同意三门峡市经济技术开发公司更名为三门峡市财经投资公司,规格相当于副县级,为自收自支事业单位,内设机构和主要职责不变,隶属三门峡市财政局管理。人员编制 25 名,其中总经理 1 名,书记 1 名,科级领导干部职数 8 名(含副总经理 2 名、总会计师 1 名)。

2002 年 3 月 9 日,三门峡市机构编制委员会《关于成立三门峡市国库集中支付中心(会计核算)中心的通知》(三编〔2002〕4 号)批复,同意成立"三门峡市国库集中支付中心"和"三门峡市会计核算中心",实行一个机构、两块牌子,为三门峡市财政局管理的事业单位,规格相当于正科级。主要负责市级财政预算资金的集中支付业务、代理市级行政机关和全额供养事业单位的会计核算、预算外资金和社会保障基金及财政专项资金收支等工作。人员编制 30 名,其中科级领导职数一正三副。经费财政全额预算管理,所需人员由财政局内部调剂解决。

2002 年 7 月 15 日,根据三门峡市人民政府办公室《关于印发三门峡市财政局职能配置、内设机构和人员编制规定的通知》(三政办〔2002〕87 号)精神,三门峡市财政投资评审中心成立,挂三门峡市预算评审委员会牌子,规格相当于正科级,人员编制 3 名,经费财政全额预算管理。

2002 年 7 月 4 日,三门峡市机构编制委员会《关于市财经职业中专、市财会职工中专更名的批复》(三编〔2002〕14号),同意三门峡市财经职业中专、三门峡市财会职业中专更名为三门峡市财经学校,经省教委批准招收普通中专生。

2002年7月15日,三门峡市人民政府办公室《关于印发三门峡市财政局职能配置、内设机构和人员编制规定的通知》(三政办〔2002〕87号)批复,保留三门峡市财政科研所,规格相当于正科级,其主要职责不变,经费财政全额供给。人员编制5名,其中科级领导职数2名。

2002年7月15日,三门峡市人民政府办公室《关于印发三门峡市财政局职能配置、内设机构和人员编制规定的通知》(三政办〔2002〕87号)批复,同意将三门峡市预算外资金管理局更名为三门峡市非税收入征收局,规格相当于副处级;内设办公室、稽查科(挂三门峡市非税收入征收稽查大队牌子)、票据科共4个副科级科室,人员编制20名,其中局长1名,科级领导职数7名(含副局长3名)。其主要职责不变,经费实行财政全额预算管理。

2002年7月15日,三门峡市人民政府办公室《关于印发三门峡市财政局职能配置、内设机构和人员编制规定的通知》(三政办〔2002〕87号)批复,成立三门峡市财政信息管理中心,规格相当于正科级,经费财政全额预算管理。其主要职责:负责全市财政信息系统建设的组织与技术性管理工作;负责全市财政信息系统的计算机应用的管理、软件开发、硬件维护、人员培训等;负责建立财政业务管理信息系统和辅助决策系统,为各级财政部门的办公自动化提供技术服务。人员编制5名,其中科级领导职数2名。

2002年7月15日,三门峡市人民政府办公室《关于印发三门峡市财政局职能配置、内设机构和人员编制规定的通知》(三政办〔2002〕87号)批复,保留三门峡财会中心,规格相当于副处级,其主要职责不变,经费实行自收自支。人员编制12名,其中主任1名、副主任2名。

2002年7月15日,三门峡市人民政府办公室《关于印发三门峡市财政局职能配置、内设机构和人员编制规定的通知》(三政办〔2002〕87号)批复,主要内容:一是成立三门峡市契税征收管理所,规格相当于正科级,经费实行财政全额预算管理。其主要职责是:负责宣传国家、省、市有关契税征收管理的法规、政策;普查、稽查市区契税税源;依法征收市区契税;负责契税财务、文书、档案管理工作。人员编制4名,其中科级领导职数1名。二是保留三门峡市产权交易中心,规格相当于正科级,其主要职责不变,经费实行财政定额或定向补助。人员编制5名(财政全供编制2名),其中科级领导职数1名。三是成立三门峡市国外贷款项目管理办公室,规格相当于正科级,经费实行财政全额预算管理。其主要职责是:负责全市利用国际金融组织贷款和外国政府贷款项目前期准备、资金及财务管理、报账提款审核、监督和指导工作;组织协调全市利用国际金融组织贷款和外国政府贷款综合性贷款项目的实施工作。人员编制2名,其中科级领导职数1名。四是保留三门峡市财务会计咨询公司,内设办公室、财务室和会计用品服务部3个副科级机构;经费实行自收自支。人员编制20名,其中经理1名、科级领导职数5名(含副经理2名)。五是保留三门峡市农业开发公司,规格相当于正科级,其主要职责不变,经费实行自收自支。人员编制7名(其中科级领导职数2名)。六是保留三门峡市社会文教行财开发公司,规格相当于正科级,其主要职责不变,经费实行自收自支。人员编制10名(其中科级领导职数2名)。七是撤销三门峡市国债服务部。

2003年5月13日,三门峡市机构编制委员会《关于成立三门峡市政府采购服务中心的批复》(三编〔2003〕2号),三门峡市财务会计咨询公司事业编制调整为12名,科级领导职数为3名。

2003年5月13日,三门峡市机构编制委员会《关于成立三门峡市政府采购服务中心的批复》(三编〔2003〕2号),同意成立三门峡市政府采购服务中心,性质为自收自支事业单位,隶属于市财政局管理,规格为正科级,编制8名(从会计公司事业编制中划入),其中主任1名,副主任2名。经费实行自收自支。主要职责是:组织全市党政机关、事业单位的重大采购和集中采购事务;接受委托,参与由市财政局拨款的公共工程的竞标；承担不具备独立采购资格机关的采购业务；受有关采购机关的委托，代其采购工程以及货物和服务。

2004年8月28日，三门峡市机构编制委员会《关于三门峡市财政国库支付（会计核算）中心和三门峡市财务会计咨询公司有关问题的批复》（三编〔2004〕7号）：三门峡市财务会计咨询公司，规格由副处级调整为正科级，撤销其内设的办公室、财务室和会计用品服务部等3个副科级机构，其事业编制仍为20名，其中经理1名，副经理2名。经费实行自收自支。同时明确，将三门峡市财政国库支付（会计核算）中心更名为三门峡市财政国库集中支付（会计核算）中心，规格相当于副处级，人员依照公务员进行管理。内设办公室、会计一部、会计二部、会计三部、资金支付部、稽核部6个副科级机构，事业编制30名，其中主任1名，科级领导职数9名（含副主任3名）。

2005年5月31日，三门峡市人民政府印发《关于成立三门峡市政府信用建设领导小组的通知》（三政〔2005〕55号），明确信用建设领导小组的人员组成和工作职责，办公地点设在市财政局，三门峡市财经投资公司经理刘玉侠兼任办公室主任。

2005年6月10日，三门峡市人民政府印发《关于成立三门峡市财经投资公司董事会的通知》（三政〔2005〕62号），其董事长由三门峡市财政局局长高战荣兼任，三门峡市财政局助理调研员董友忠、三门峡市财经投资公司经理刘玉侠任董事。

2005年8月23日，三门峡市机构编制委员会《关于三门峡市财经学校挂三门峡市财政干部教育中心牌子的批复》（三编〔2005〕17号），同意在三门峡市财经学校挂“三门峡市财政干部教育中心”牌子，承担全市财政系统干部教育培训任务。

2006年1月20日，三门峡市机构编制委员会《关于给三门峡市财经学校增加全供事业编制的通知》（三编〔2006〕5号），同意三门峡市财经学校增加全供事业编制20名。增编后，全供编制60名，自收自支编制20名。

2007年5月24日，根据河南省人事厅《关于三门峡市事业单位参照公务员法管理的批复》（豫人〔2007〕80号）精神，同意三门峡市非税收入征收局、三门峡市国库集中支付（会计核算）中心参照《中华人民共和国公务员法》管理。

2008年10月10日，根据三门峡市机构编制委员会《关于市财经公司机构编制有个问题的通知》（三编〔2008〕34号）精神，三门峡市财经投资公司规格相当于正处级，隶属三门峡市财政局管理。其内设机构、事业编制和经费形式均不变。领导职数设置为：总经理1名，书记1名，副总经理2名，科级职数9名（含总经济师、总评估师、总会计师各1名）。

2009年12月23日，根据中共三门峡市委 三门峡市人民政府《关于印发三门峡市人民政府机构改革实施意见的通知》（三文〔2009〕132号）精神，三门峡市信托国有资产管理公司并入三门峡市财经投资公司，同时保留三门峡市信托国有资产管理公司牌子。

2010年5月10日，根据三门峡市人民政府办公室《关于印发三门峡市财政局主要职责内设机构和人员编制规定的通知》（三政办〔2010〕72号）精神，设三门峡市非税收入管理局。

2010年7月20日，根据三门峡市机构编制委员会《关于三门峡市农业综合开发公司机构编制有关问题的通知》（三编〔2010〕31号）精神，三门峡市社会文教行财开发公司并入三门峡市农业综合开发公司。合并后农业综合开发公司为三门峡市财政局管理的事业单位，规格相当于副处级，同时挂三门峡市社会文教行财开发公司牌子，经费实行自收自支。人员编制17名，其中经理1名，副经理2名，总经济师1名，副科级领导职数3名。

2010年7月20日，根据三门峡市机构编制委员会《关于印发三门峡市财经投资公司主要职责内设机构和人员编制规定的通知》（三编〔2010〕36号）精神，保留三门峡市财经投资公司，隶属三门峡市财政局管理，经费实行自收自支。内设6个部（室）：办公室、金融协作部、债权管理部、资产经营部、风险投资部、财务计划部。事业编制36名（含三门峡市信托国有资产管理公司），其中总经理1名，书记1名，副总经理2名；正科级职数6名，副科级职数6名。

2010年7月20日,根据三门峡市机构编制委员会《关于印发三门峡市财经投资公司主要职责内设机构和人员编制规定的通知》(三编〔2010〕36号)精神,三门峡市信托国有资产管理公司由三门峡市财经投资公司管理,设经理1名,副经理1名。保留三门峡市信托国有资产管理公司法人资格,人员组成和经费供给形式不变。

三、行政领导成员

(一)市财政局领导班子成员

局　长:张君贵 1996.2—2002.1
　　　高战荣 2002.2—2007.6
　　　吕万松 2007.6—2009.9
　　　宋　东 2010.1—

副局长:周拥军 1999.5—2007.8
　　　张建存 1999.5—2004.7
　　　范社民 2002.3—(2009.9—2010.1 主持工作)
　　　秦有庆 2005.9—2007.12(挂职)
　　　田金志 2002.3—2005.9
　　　雷　萍(女)2008.12—
　　　康平森 2010.7—
　　　翟海燕 2010.7—

(二)市财政局调研员、副调研员

调研员:付　杨(女)2002.3—
　　　田金志 2005.9—
　　　袁书钦 2010.1—

副调研员:董友忠 2002.12—2007.12
　　　郝营景(女)2002.3—
　　　王继功 2005.9—
　　　康平森 2008.12—2010.7
　　　任海水 2010.7—

(三)市财政局下设机构县级领导

1.三门峡市财经投资公司

总经理:刘玉侠 2002.3—

书　记:范社民 2005.9—

副总经理:李爱军 2008.10—
　　　郭旭昌 2009.8—
　　　刘建中 1997.8—2010.1

2.三门峡市预算外资金管理局

局　长:张建存 1997.2.9—2002.12

3.三门峡市财政国库集中支付(会计核算)中心

主　任:刘灿烽 2002.7—

4.三门峡市政府财政监督检查局

局　长:杨景保 2010.7—

5.三门峡市国有资产管理办公室

主　任:刘同会 2010.7—

6.三门峡市非税收入征收管理局

局　长:张建存 2003.1—2004.7
　　　张世军 2005.9—

7.三门峡市农村综合改革工作办公室

主　任:张　旻 2010.7—

8.三门峡市农业综合开发办公室

主　任:李红伟 2010.7—

四、科级干部配备

(一)机关科级干部配备

1.办公室

主　任:陈庆裕 1997.3—2002.9
　　　康平森 2002.9—2008.12

副主任:王社琴(女)1999.10—2003.8
　　　朱志军 2003.2—
　　　程明波 2003.2—2005.12
　　　张宇辉 2005.12—
　　　张龙霞(女)2005.12—

2.人事教育科

科　长:王百成 1998.12—2008.9

副科长:陈志高 2005.12—(正科级)

3.综合科

科　长:马献珍 1996.12—2002.9
　　　杨景保 2003.2—2010.7

副科长:常俊峰 2003.3—2005.12
　　　黄文州 2005.12—

4.预算科

科　长:范社民 1997.3—2002.9
　　　王继功 2002.9—2005.9
　　　翟海燕 2005.12—2010.7

总会计师:翟海燕 2003.2—2005.12
　　　朱丽珍(女)2005.12—

副科长：任海水 1997.4—2003.2
　　　　翟海燕 1999.10—2003.2
　　　　何慧明 2003.2—2005.12
　　　　程明波 2005.12—2007.12

5. 国库科

科　长：任海水 2003.2—2010.7
副科长：张鹏博 2003.8—
　　　　曹利平（女）2003.2—2005.12
　　　　侯秋艳（女）2005.12—

6. 行政政法科

科　长：李红伟 2002.9—2010.7
副科长：王　莉（女）2003.3—

7. 教科文科

科　长：刘玉霞（女）2002.9—
副科长：李兆曦 2003.2—2005.12
　　　　武应峰 2005.12—

8. 经济建设科

科　长：杜艳萍（女）2002.9—2009.12
　　　　于　瑾（女）2009.12—（主持工作）
副科长：段海涛 2003.2—2009.12
　　　　于　瑾（女）2003.8—2005.12
　　　　任树丛 2005.12—

9. 农业科

科　长：杨智国 1996.12—2002.9
　　　　马献珍 2002.9—2008.12
副科长：伍　勇 1997.6—

10. 社会保障科

科　长：杨景保 1997.3—2003.2
　　　　郭宗玮（女）2003.2—
副科长：张云霞（女）2003.8—

11. 政府采购办公室

主　任：史秋香（女）2003.2—2008.12
副主任：郭宗玮（女）2000.4—2003.2
　　　　朱建仓 2003.2—2005.12
　　　　于东洋 2005.12—

12. 税政与条法科

科　长：刘玉霞（女）1997.3—2002.9
　　　　朱振献 2003.2—
副科长：刘奇星 2003.8—

13. 企业科

科　长：李宝珠 2005.12—
　　　　赵见晓 2006.12—
副科长：朱建仓 2005.12—

14. 金融贸易科

科　长：赵见晓 1997.3—2006.12
　　　　李宝珠 2006.12—
副科长：刘伦琴（女）2003.8—2005.12
　　　　张小红（女）2005.12—

15. 债务科

科　长：马根民 2003.2—2010.5
副科长：邵秋莲（女）2003.8—2005.12
　　　　马根民 1997.6—2003.2

16. 国际科

科　长：马根民 2010.5—

17. 农税科（挂市农业税管理局牌子）

科　长：王国强 1997.3—2002.9
　　　　张向军 2002.9—2010.5
副科长：王连忠 1997.4—2003.3
　　　　卢国迎 2003.3—2010.5

18. 基层财政管理科

科　长：张向军 2010.5—
副科长：卢国迎 2010.5—

19. 会计科

科　长：李清凌（女）2003.2—
副科长：于东洋 2003.2—2005.12
　　　　杨忠民 2005.12—

20. 行政事业资产管理科（挂绩效评价科、市政府清产核资领导小组办公室牌子）

科　长：周天群 2002.9—2009.12
副科长：侯秋艳（女）2003.2—2005.12
　　　　徐春玲（女）2005.12—2009.12

21. 财税监督检查科（挂市政府财税监督检查局牌子）

科　长：薛登昌 2002.9—2009.12
副科长：邢超群 2003.2—2005.12
　　　　赵春红（女）2005.12—2009.12

22. 老干部工作科

负责人：王社琴（女）2010.5—

23. 纪检组(监察室)
主　任:刘合州 2002.9—
副主任:杨忠民 2003.8—2005.12
　　　　彭建康 2006.8—
24. 机关党委
专职副书记:张向军 2001.4—2002.9
　　　　　　刘同会 2003.2—2010.7
(二)局属事业单位科级及科以上干部配备
1. 财政投资评审中心
主　任:潘吉超 2003.2—
2. 国外贷款项目管理办公室
主　任:段志刚 2003.2—
3. 预算外资金管理局
局　长:张建存 1997.2—2003.3
副局长:张世军 1997.3—2003.3
　　　　王占平 1997.3—2003.3
　　　　上官观兵 2000.12—2003.3
4. 三门峡市非税收入征收局
局　长:张建存 2003.3—2004.7
　　　　张世军 2005.9—
副局长:张世军 2003.3—2005.9
　　　　上官观兵 2003.3—2010.7
　　　　黄新灵 2003.3—
　　　　巫晓亮 2003.8—
　　　　王远霞(女)2003.11—
5. 三门峡市财经学校
校　长:陈社强 1997.2—2007.8
　　　　刘赞民 2008.9—
书　记:陈社强 1997.2—2007.8
　　　　王百成 2008.9—
副书记:王百成 2007.8—2008.9
副校长:刘赞民 1996.10—2008.9
　　　　薛香萍(女)1999.4—
　　　　曹玉群 1998.10—2005.3
　　　　张朝东 1998.10—2005.3
　　　　马正炜 2005.1—
　　　　杨现钦 2005.1—2005.8
　　　　汤西生 2005.1—
　　　　王亚斌 2009.7—
6. 三门峡市农业综合开发公司
经　理:范舜廷 2002.9—2005.12
　　　　潘金扬 2006.1—2009.12
副经理:陈素琴 1999.4—2009.7
7. 三门峡市社会文教行政财务开发公司
经　理:李俊杰 1998.5—2008.12
　　　　姜丽萍(女)2009.6—2009.12
副经理:张　旻 1998.2—2003.2
　　　　孟秋军 2003.8—2004.8
8. 三门峡财会培训中心
主　任:李怀国 1998.7—2004.1
　　　　王　艳(女)2009.8—
副主任:王远霞(女)1999.10—2007.11
　　　　张进学 2004.12—
9. 三门峡市财政国库集中支付(会计核算)中心
主　任:刘灿烽 2002.7—
副主任:刘贤君 2002.7—
　　　　朱丽珍(女)2002.7—2005.12
　　　　李兆曦 2005.12—
　　　　曹利平(女)2005.12—
10. 三门峡市财务会计咨询公司(杨更生负责)
经　理:邢超群 2005.12—
副经理:魏成军 2003.8—2005.10(正科级)
11. 三门峡市产权交易中心(杨更生负责)
主　任:杨更生 2001.11—
12. 三门峡市政府采购服务中心(杨更生负责)
主　任:杨富民 2003.8—
副主任:汪怀要 2008.9—
13. 三门峡市财政科研所
所　长:李转霞(女)1992.1—2002.9
　　　　李少民 2002.9—
副所长:王向红(女)2004.9—
14. 三门峡市契税征收管理所
所　长:张　旻 2003.2—2010.7
15. 三门峡市财政信息管理中心
主　任:兀应尚 2002.9—
副主任:何江涛 2003.8—
16. 三门峡市注册会计师协会秘书处
秘书长:李全安 2002.9—

17. 三门峡市农业综合开发公司

经　理:潘金扬 2009.6—

18. 三门峡市国债服务部

主　任:张向军 1998.4—2001.4

五、市财政局人员名单

2010 年底三门峡市财政局局领导一览表

表 14

姓　名	职务	性别	民族	籍　贯	出生年月	参加工作时间	入党时间	职　称	学　历
宋　东	局　长 党组副书记	男	汉族	河南淮阳	1969.7	1991.7	1989.3	高　级 会计师	在　职 研究生
范社民	党组书记 副局长	男	汉族	河南伊川	1964.3	1985.8	1984.5	高　级 会计师	在　职 研究生
雷　萍	党组成员 副局长	女	汉族	河南洛宁	1960.10	1979.8	1984.11	经济师	本　科
康平森	党组成员 副局长	男	汉族	河南伊川	1963.10	1980.11	1984.5	助　理 会计师	本　科
翟海燕	党组成员 副局长	男	汉族	河南渑池	1971.7	1991.7	1998.5	高　级 会计师	本　科
袁书钦	党组成员 调研员	男	汉族	河南偃师	1956.12	1981.10	1991.4	高　级 农艺师	本　科
董友忠	党组成员 副调研员	男	汉族	河南淮阳	1955.3	1974.12	1975.9	助　理 会计师	本　科
郝营景	副调研员	女	汉族	河南淮阳	1958.4	1976.12	1990.8	会计师	本　科
王继功	副调研员	男	汉族	河南孟津	1956.5	1974.4	1988.7	会计师	本　科
任海水	副调研员	男	汉族	河南偃师	1964.12	1984.7	1995.9	会计师	本　科

2010 年底三门峡市财政局机关党委人员一览表

表 15

姓　名	职务	性别	民族	籍　贯	出生年月	参加工作时间	入党时间	职　称	学　历
董友忠	书　记	男	汉族	河南淮阳	1955.3	1974.12	1975.9	助理会计师	本　科
刘同会	专职副书记	男	汉族	河南汝阳	1963.1	1982.10	1989.11	政工师	本　科
王百成	组织委员	男	汉族	河南陕县	1956.1	1974.12	1977.6	助理审计师	本　科
康平森	宣传生活委员	男	汉族	河南伊川	1963.10	1980.11	1984.5	助理会计师	本　科
刘灿烽	青年委员	男	汉族	河南汝阳	1962.10	1982.8	1993.11	高级会计师	本　科
张世军	群众委员	男	汉族	河南洛阳	1965.5	1985.8	1993.10	经济师	在　职 研究生
刘玉侠	委　员	男	汉族	河南三门峡	1956.10	1974.3	1978.12	高级会计师	本　科
孟秋军	主任科员	男	汉族	河南新安	1964.9	1985.10		助理会计师	专　科

2010年底三门峡市财政局机关工会人员一览表

表16

姓 名	职务	性别	民族	籍 贯	出生年月	参加工作时间	入党时间	职 称	学 历
董友忠	主 席	男	汉族	河南淮阳	1955.3	1974.12	1975.9	助理会计师	本 科
刘同会	副主席	男	汉族	河南汝阳	1963.1	1982.10	1989.11	政工师	本 科
刘玉侠	委 员	男	汉族	河南三门峡	1956.10	1974.3	1978.12	高级会计师	本 科
王百成	委 员	男	汉族	河南陕县	1956.1	1974.12	1977.6	助理审计师	本 科
康平森	委 员	男	汉族	河南伊川	1963.10	1980.11	1984.5	助理会计师	本 科
刘灿烽	委 员	男	汉族	河南汝阳	1962.10	1982.8	1993.11	高级会计师	本 科
张世军	委 员	男	汉族	河南洛阳	1965.5	1985.8	1993.10	经济师	在 职 研究生

2010年底三门峡市财政局机关团支部人员一览表

表17

姓 名	职务	性别	民族	籍 贯	出生年月	参加工作时间	入党时间	职 称	学 历
周 正	书 记	男	汉族	河南新安	1980.6	1997.6	2007.3	经济师	本 科
郭海洋	副书记	男	汉族	河南灵宝	1984.5	2005.8			本 科
胡丽丽	副书记	女	汉族	河南驻马店	1983.8	2005.7	2003.4		本 科
史玉峰	组织委员	男	汉族	河南南阳	1980.5	2000.12			中 专
李 辉	委 员	男	汉族	河南陕县	1980.12	1998.4	2007.7		本 科
田 明	委 员	男	汉族	河南上蔡	1979.6	1998.8	2007.2	会计师	本 科

2010年底三门峡市财政局办公室人员一览表

表18

姓 名	职务	性别	民族	籍 贯	出生年月	参加工作时间	入党时间	职 称	学 历
朱志军	副主任	男	汉族	河南陕县	1968.5	1988.8	1991.10	经济师	本 科
张宇辉	副主任	男	汉族	河南灵宝	1974.2	1997.9	2010.4	助理讲师	研究生
张龙霞	副主任	女	汉族	河南渑池	1970.12	1990.7	1999.6	经济师	本 科
王社琴	主任科员	女	汉族	河南伊川	1966.12	1987.8	1996.10	经济师	本 科
锁宏刚	副主任科员	男	汉族	河南灵宝	1955.3	1976.12	1986.5		专 科
贺红民	副主任科员	男	汉族	河南陕县	1975.7	1996.8	1996.1	高级会计师	本 科
王桂亮	科 员	男	汉族	山东诸城	1977.10	1995.12	1998.6		本 科
王志豪	科 员	男	汉族	河南伊川	1983.2	2005.8	2010.4		本 科

续表 18

姓　名	职务	性别	民族	籍　贯	出生年月	参加工作时间	入党时间	职　称	学　历
李海燕	工　勤	女	汉族	河南灵宝	1975.3	1997.3	2001.6	中级工	本　科
刘小国	司　机	男	汉族	河南三门峡	1958.10	1976.12	1983.9	技工	专　科
张群华	司　机	男	汉族	河南上蔡	1964.3	1982.11	1986.11	高级工	专　科
郭屹东	司　机	男	汉族	河南卢氏	1970.11	1987.11	1991.7		专　科
张兵疆	司　机	男	汉族	河南陕县	1972.9	1990.3	1991.11		本　科
程红梅	工　勤	女	汉族	河南三门峡	1970.8	1990.10		经济师	专　科
范玉根	工　勤	男	汉族	江苏无锡	1953.8	1970.10	1975.9		高　中
邓建新	司　机	男	汉族	河南陕县	1965.8	1983.11	1986.3	经济师	本　科
仲　平	司　机	男	汉族	吉林通化	1963.3	1979.9		高级工	高　中
李新军	司　机	男	汉族	河南虞城	1971.7	1986.6		高级工	专　科
张晓东	司　机	男	汉族	河南三门峡	1979.9	1997.7		中级工	专　科
杨海涛	司　机	男	汉族	河南南阳	1974.12	1991.12		中级工	专　科
王万建	工　勤	男	汉族	四川安岳	1971.5	1900.5	1992.8	中级工	专　科

2010 年底三门峡市财政局人事科人员一览表

表 19

姓　名	职务	性别	民族	籍　贯	出生年月	参加工作时间	入党时间	职　称	学　历
陈志高	副科长(正科)	男	汉族	河南陕县	1960.2	1978.12	1983.9	经济师	专　科
陈矿英	主任科员	女	汉族	河南陕县	1957.11	1975.8	1991.7	经济师	本　科
王安慈	主任科员	男	汉族	河南灵宝	1960.3	1978.12	1983.6		专　科
马宏亮	副主任科员	男	汉族	河南卢氏	1976.8	1996.9	2001.6	经济师	本　科
李　强	科　员	男	汉族	河南卢氏	1978.5	1996.12	1999.5		本　科
张　翀	科　员	女	汉族	河南泌阳	1980.11	2004.7	2003.12	会计师	本　科

2010 年底三门峡市财政局综合科人员一览表

表 20

姓　名	职务	性别	民族	籍　贯	出生年月	参加工作时间	入党时间	职　称	学　历
黄文州	副科长	男	汉族	河南卢氏	1970.3	1993.10	2000.8	经济师	本　科
李　静	副主任科员	女	汉族	河南开封	1977.7	1997.11			本　科
撖文丽	副主任科员	女	汉族	河南唐河	1969.10	1989.5		经济师	本　科

2010年底三门峡市财政局预算科人员一览表

表21

姓　名	职务	性别	民族	籍　贯	出生年月	参加工作时间	入党时间	职　称	学　历
朱丽珍	总会计师	女	汉族	河南伊川	1968.6	1985.12	1988.12	高级会计师	在　职研究生
程明波	副科长	男	汉族	河南灵宝	1971.8	1995.10	1994.12	经济师	本　科
韦学蕴	副主任科员	男	汉族	河南淮阳	1976.9	1999.8	1997.6	经济师	在　职研究生
胡丽丽	科　员	女	汉族	驻马店	1983.8	2005.8	2003.4		本　科

2010年底三门峡市财政局国库科人员一览表

表22

姓　名	职务	性别	民族	籍　贯	出生年月	参加工作时间	入党时间	职　称	学　历
张鹏博	副科长	男	汉族	河南灵宝	1972.12	1994.9	1994.6	经济师	本　科
侯秋艳	副科长	女	汉族	河南渑池	1966.8	1988.8	2000.12	会计师	本　科
何慧明	主任科员	女	汉族	广西象州	1969.9	1989.10	1998.12	会计师	本　科
杜世谋	副主任科员	男	汉族	河南灵宝	1970.8	1994.11		经济师	本　科
韩青芳	副主任科员	女	汉族	河南陕县	1973.5	1991.11		经济师	本　科
赵晋萍	副主任科员	女	汉族	山西运城	1973.8	1993.3	2003.7	经济师	本　科

2010年底三门峡市财政局行政政法科人员一览表

表23

姓　名	职务	性别	民族	籍　贯	出生年月	参加工作时间	入党时间	职　称	学　历
王　莉	副科长(正科)	女	汉族	河南宜阳	1968.8	1986.3	1995.6	助理会计师经济师	本　科
王伟娟	副主任科员	女	汉族	河南宜阳	1976.2	1995.7	1995.3	经济师	本　科

2010年底三门峡市财政局教科文科人员一览表

表24

姓　名	职务	性别	民族	籍　贯	出生年月	参加工作时间	入党时间	职　称	学　历
刘玉霞	科　长	女	汉族	吉林磐石	1960.4	1977.6	1994.11	经济师、律师	本　科
武应峰	副科长	男	汉族	河南偃师	1973.11	1993.9	2002.3	经济师、会计师	研究生
汤新英	主任科员	女	汉族	河南开封	1965.1	1980.12	1996.12	会计师	本　科

2010年底三门峡市财政局经济建设科人员一览表

表25

姓 名	职务	性别	民族	籍 贯	出生年月	参加工作时间	入党时间	职 称	学 历
于 瑾	科 长	女	汉族	河南渑池	1969.8	1986.12		经济师	本 科
任树丛	副科长	女	回族	河南偃师	1970.8	1987.7		经济师	大 专
张成云	副主任科员	男	汉族	河北张家口	1964.2	1983.10	1988.2		本 科
孙琳琳	科 员	男	汉族	河南三门峡	1982.8	2005.8	2004.12		本 科

2010年底三门峡市财政局农业科人员一览表

表26

姓 名	职务	性别	民族	籍 贯	出生年月	参加工作时间	入党时间	职 称	学 历
伍 勇	副科长	男	汉族	四川中江	1962.6	1979.12	1983.10	会计师	本 科
常俊峰	主任科员	女	汉族	河南栾川	1972.1	1990.10	2003.12	会计师	本 科
方 栋	科 员	男	汉族	陕西蓝田	1982.8	2005.8			本 科

2010年底三门峡市财政局社会保障科人员一览表

表27

姓 名	职务	性别	民族	籍 贯	出生年月	参加工作时间	入党时间	职 称	学 历
郭宗玮	科 长	女	回族	吉林吉林	1961.3	1978.9	1990.8	高级会计师	本 科
张云霞	副科长	女	汉族	河南三门峡	1959.5	1977.9	1995.5	经济师	本 科
孙建平	主任科员	男	汉族	河南洛宁	1965.3	1987.7		高级会计师	本 科
郭旬波	科 员	男	汉族	陕西汉中	1981.10	2004.8	2003.12	经济师	本 科

2010年底三门峡市财政局政府采购办公室人员一览表

表28

姓 名	职务	性别	民族	籍 贯	出生年月	参加工作时间	入党时间	职 称	学 历
于东洋	副主任	男	汉族	安徽临泉	1970.5	1999.10	1999.1	经济师	本 科
李万钦	主任科员	男	汉族	河南巩义	1957.1	1975.7	1978.7		中 专
李留霞	主任科员	女	汉族	河南伊川	1962.7	1979.9	1996.9	助理会计师	专 科
焦建庆	副主任科员	男	汉族	河南滑县	1964.9	1982.8		助理会计师	专 科

2010年底三门峡市财政局税政与条法科人员一览表

表29

姓　名	职务	性别	民族	籍　贯	出生年月	参加工作时间	入党时间	职　称	学　历
朱振献	科　长	男	汉族	河南孟津	1956.9	1974.12	1976.8	注册高级咨询师、会计师	本　科
刘奇星	副科长	男	汉族	河南陕县	1959.4	1978.12	1990.4	助理研究员	大　专

2010年底三门峡市财政局企业科人员一览表

表30

姓　名	职务	性别	民族	籍　贯	出生年月	参加工作时间	入党时间	职　称	学　历
赵见晓	科　长	男	汉族	河南汝阳	1966.4	1986.7	1994.11	助理会计师	本　科
朱建仓	副科长	男	汉族	河南陕县	1965.8	1985.7	1992.11	会计师	本　科
李世康	正科级待遇	男	汉族	河南灵宝	1965.10	1986.7	1996.12	高级会计师	本　科
范舜廷	正科级待遇	男	汉族	上　海	1954.5	1971.11	1994.12	会计师	专　科
李宝珠	科　长	男	汉族	河南渑池	1963.7	1985.8	1985.7	经济师	本　科

2010年底三门峡市财政局金融贸易科人员一览表

表31

姓　名	职务	性别	民族	籍　贯	出生年月	参加工作时间	入党时间	职　称	学　历
张小红	副科长	女	汉族	河南洛阳	1968.3	1986.11		助理会计师 经济师	本　科
刘伦琴	主任科员	女	汉族	河南偃师	1965.3	1987.7	1998.4	会计师	专　科

2010年底三门峡市财政局基层财政管理科人员一览表

表32

姓　名	职务	性别	民族	籍　贯	出生年月	参加工作时间	入党时间	职　称	学　历
张向军	科　长	男	汉族	河南灵宝	1964.9	1985.7	1991.3	经济师	本　科
卢国迎	副科长	男	汉族	河南三门峡	1966.6	1986.8	1999.12	会计师	本　科

2010年底三门峡市财政局国际科人员一览表

表33

姓　名	职务	性别	民族	籍　贯	出生年月	参加工作时间	入党时间	职　称	学　历
马根民	科　长	男	汉族	河南灵宝	1965.10	1987.8	1999.6	会计师	本　科

2010 年底三门峡市财政局会计科人员一览表

表 34

姓 名	职务	性别	民族	籍 贯	出生年月	参加工作时间	入党时间	职 称	学 历
李清凌	科 长	女	汉族	河南武陟	1967.7	1989.8	1996.9	高级会计师	本 科
杨忠民	副科长	男	汉族	河南渑池	1965.11	1985.10	1987.12	助理讲师 经济师	本 科
王巧芬	主任科员	女	汉族	河南宜阳	1963.9	1985.10	1998.5	经济师	本 科
翟爱玲	副主任科员	女	汉族	山西平定	1964.2	1981.9		经济师	专 科

2010 年底三门峡市国有资产管理办公室人员一览表

表 35

姓 名	职务	性别	民族	籍 贯	出生年月	参加工作时间	入党时间	职 称	学 历
刘同会	主 任	男	汉族	河南汝阳	1963.1	1982.10	1989.11	政工师	本 科
徐春玲	副科长	女	汉族	江西景德镇	1971.2	1992.6	2011.12 （农工党）	高级会计师	中央党校大学

2010 年底三门峡市非税收入管理局人员一览表

表 36

姓 名	职务	性别	民族	籍 贯	出生年月	参加工作时间	入党时间	职 称	学 历
张世军	局 长	男	汉族	河南洛阳	1965.5	1985.8	1993.10	经济师	在 职 研究生
上官观兵	副局长	男	汉族	河南渑池	1963.6	1980.8	1985.5	会计师	大 专
黄新灵	副局长	男	汉族	河南渑池	1970.10	1991.10		会计师	本 科
巫晓亮	副局长	男	汉族	河南平舆	1964.6	1982.11	1986.3	经济师	中央党校大学
吕玉玺	主任（副科级）	男	汉族	河南陕县	1970.10	1992.8	1999.6	经济师	专 科
李 剑	科长（副科级）	男	汉族	河南新安	1976.4	1992.11	2000.11	经济师	本 科
陈保军	科 长	男	汉族	河南渑池	1968.5	1986.7		经济师	中央党校大学
郑 青	科长（副科级）	女	汉族	河南三门峡	1975.10	1994.12	2004.11	会计师	本 科
朱学军	副主任科员	男	汉族	河南陕县	1955.1	1971.2	1994.6	经济师	专 科
周晓珍	科 员	女	汉族	河南渑池	1967.4	1987.8	2002.3	会计师	本 科
周朝晖	科 员	女	汉族	重庆忠县	1969.8	1985.12		经济师	本 科

续表 36

姓　名	职务	性别	民族	籍　贯	出生年月	参加工作时间	入党时间	职　称	学　历
温献会	科　员	男	汉族	河南偃师	1970.11	1987.10			本　科
李玉法	科　员	男	汉族	河南渑池	1973.3	1992.11			专　科
李　鑫	科　员	男	汉族	河南三门峡	1974.4	1994.8		经济师	本　科
王海龙	科　员	男	汉族	河南灵宝	1976.8	1995.10		经济师	本　科
史玉峰	科　员	男	汉族	河南南阳	1980.5	2000.12			本　科
兀百兴	司　机	男	汉族	河南陕县	1968.7	1987.11	1989.10	高级工	本　科
赵玉柱	副科级干部	男	汉族	河南渑池	1964.1	1982.11	1988.4		中专

2010 年底三门峡市政府财政监督检查局人员一览表

表 37

姓　名	职务	性别	民族	籍　贯	出生年月	参加工作时间	入党时间	职　称	学　历
杨景保	局　长	男	汉族	河南渑池	1961.11	1983.8	1984.12	高级会计师	本科在职研究生
赵春红	副科长	女	汉族	河南陕县	1966.3	1985.8		会计师	本　科
吴勤学	主任科员	男	汉族	河南嵩县	1959.11	1978.3	1980.4		专　科
赵　红	副主任科员	女	汉族	河南濮阳	1974.7	1990.8		经济师	本　科
闫　琰	副主任科员	女	汉族	河南渑池	1981.11	1998.11	2005.12	助理会计师	本　科

2010 年底三门峡市农村综合改革工作办公室人员一览表

表 38

姓　名	职务	性别	民族	籍　贯	出生年月	参加工作时间	入党时间	职　称	学　历
张　旻	主　任	男	汉族	河北滦县	1969.8	1990.8	1996.6	经济师	本　科

2010 年底三门峡市农业综合开发办公室人员一览表

表 39

姓　名	职务	性别	民族	籍　贯	出生年月	参加工作时间	入党时间	职　称	学　历
李红伟	主　任	男	汉族	河南临汝	1965.11	1985.7	1996.8	高级会计师	本　科
尚克新	副科级	男	汉族	河南陕县	1966.6	1984.10	1987.10		中央党校大学
辛晓静	科　员	女	汉族	河南三门峡	1984.5	2005.8	2008.5		本　科

2010年底三门峡市财政国库集中支付中心人员一览表

表40

姓　名	职务	性别	民族	籍　贯	出生年月	参加工作时间	入党时间	职　称	学　历
刘灿烽	主　任	男	汉族	河南汝阳	1962.10	1982.8	1993.11	高级会计师	中央党校大学
曹利平	副主任	女	汉族	河南汝阳	1969.8	1986.12	1999.1	高级会计师	中央党校大学
李兆曦	副主任	男	汉族	河南灵宝	1964.11	1989.9	1999.1	经济师	本　科
刘贤君	副主任	男	汉族	河南陕县	1969.5	1990.10	1998.4		本　科
丁亚丽	副主任科员	女	汉族	河南滑县	1959.4	1980.1	1985.11	会计师	专　科
任红梅	科　员	女	汉族	重庆	1969.9	1988.10	2008.11		省委党校大专
滑芙蓉	科　员	女	汉族	河南偃师	1969.11	1990.9	2002.12	高级会计师	本　科
张万强	科　员	男	汉族	河南洛阳	1980.12	2000.11	2010.9	会计师	本　科
赵红娟	科　员	女	汉族	河南洛阳	1973.12	1991.12	2008.11	高级会计师	本　科
王成博	科　员	男	汉族	河南陕县	1975.1	1994.11	2005.3	高级会计师	本　科
曹　华	科　员	男	汉族	河北泊头	1976.10	1995.10	2007.2	会计师	本　科
陈　瑞	科　员	女	汉族	江苏南通	1978.11	2000.7	2005.3	会计师	本　科
刘　珺	科　员	男	汉族	辽宁绥中	1975.1	1995.5	2003.12	会计师	本　科
刘　兵	科　员	男	汉族	河南渑池	1978.4	1999.11	2003.12	会计师	中央党校大学
金红霞	科　员	女	汉族	河南伊川	1970.2	1992.2	2000.5	会计师	本　科
王　娟	科　员	女	汉族	河南三门峡	1978.9	1996.7	2002.12	会计师	本　科
李荣刚	科　员	男	汉族	河南淮滨	1970.11	1989.3	1991.6	会计师	本　科
薛云云	科　员	女	汉族	河南陕县	1980.7	2000.12	2010.9	会计师	本　科
田　明	科　员	男	汉族	河南上蔡	1979.6	1998.8	2007.2	会计师	本　科
刘存杰	科　员	男	汉族	河南杞县	1974.11	1996.9	2002.4（民盟）	高级会计师	本　科
杨爱华	科　员	女	汉族	山西平陆	1979.12	1998.12		经济师	本　科
朱桂芝	科　员	女	汉族	河南淮阳	1963.6	1982.9	1963.6		本　科
曹东萍	科　员	女	汉族	河南项城	1963.1	1992.3			本　科
赵江波	科　员	男	汉族	河南渑池	1980.1	1997.11	2005.3	会计师	本　科
李　巍	科　员	男	汉族	河南临颍	1973.10	1991.9	2002.6	高级会计师	研究生
陈　艺	科　员	女	汉族	河南汝州	1974.12	1995.1		会计师	本　科
王丽华	科　员	女	汉族	河南偃师	1974.7	1992.9	2007.2	会计师	本　科
李　凯	初级工	男	汉族	河南宜阳	1987.11	2004.12	2006.6	初级工	专　科

2010年底三门峡市财政投资评审中心人员一览表

表41

姓　名	职务	性别	民族	籍　贯	出生年月	参加工作时间	入党时间	职　称	学　历
潘吉超	主　任	男	汉族	河南洛阳	1964.6	1985.7	1993.6	会计师	中央党校大学
段志刚	主　任	男	汉族	河南商丘	1957.8	1979.1	2000.8（民建）	助理会计师	专　科

2010年底三门峡市财会培训中心人员一览表

表42

姓　名	职务	性别	民族	籍　贯	出生年月	参加工作时间	入党时间	职　称	学　历
李怀国	主　任	男	汉族	河南武陟	1963.2	1982.8	1992.8	会计师	大　专
王　艳	主　任	女	汉族	河北献县	1963.6	1981.12	1996.9	会计师	中央党校大学
张进学	副主任	男	汉族	河南灵宝	1967.1	1988.9	1987.12	高级会计师	中央党校大学
李媛媛	科　员	女	汉族	三门峡市	1978.9	1996.8	2007.8	经济师	专　科
杨雪松	初级工	男	汉族	三门峡市	1976.6	1992.12	2000.11	经济师	省委党校大专
董红星	初级工	男	汉族	河南陕县	1977.10	1995.12	1998.6	中级工	高　中
刘继东	科　员	男	汉族	河南汤阴	1976.10	1994.10	2000.11		中央党校大学
王云霞	科　员	女	汉族	河南杞县	1978.5	1996.8	2003.12		专　科
王　辉	科　员	男	汉族	河南陕县	1979.1	1995.12	1998.7		本　科
张鲁予	专技十级	男	汉族	山东泰安	1962.7	1981.4	2003.12	助理工程师	本　科
包安波	科　员	男	汉族	河南柏乡	1959.2	1976.11	1988.8		省委党校大专
阴成义	专技九级	男	汉族	河南陕县	1973.8	1995.11	2000.2		专　科
李艳红	办事员	女	汉族	河南灵宝	1978.3	1996.8			专　科

2010年底三门峡市财政科学研究所人员一览表

表43

姓　名	职务	性别	民族	籍　贯	出生年月	参加工作时间	入党时间	职　称	学　历
李少民	所　长	男	汉族	河南灵宝	1957.8	1980.11	1985.10	高级会计师	本　科
王向红	副所长	女	汉族	河南渑池	1968.4	1990.10	2001.3	高级会计师	本　科
金　平	经济师	女	汉族	山东滨州	1959.1	1980.12	1992.5	经济师	大　专

2010年底三门峡市财政信息管理中心人员一览表

表44

姓　名	职务	性别	民族	籍　贯	出生年月	参加工作时间	入党时间	职　称	学　历
兀应尚	主　任	男	汉族	河南陕县	1955.3	1971.9	1992.11	会计师	专　科
何江涛	副主任	男	汉族	河南洛宁	1964.6	1982.9	1986.6	会计师	中央党校大学
吴　强	科　员	男	汉族	河南陕县	1976.6	1998.12			专　科
高琳娜	科　员	女	汉族	河南灵宝	1983.8	2000.12	2006.9	经济师	本　科
张　璐	科　员	男	汉族	河南洛阳	1984.9	2007.7			本　科

2010年底三门峡市注册会计师协会秘书处人员一览表

表45

姓　名	职务	性别	民族	籍　贯	出生年月	参加工作时间	入党时间	职　称	学　历
李全安	秘书长	男	汉族	河南陕县	1954.1	1973.12	1976.7	会计师	高　中
张三娜	科　员	女	汉族	河南渑池	1965.4	1981.10	1995.4	经济师	专　科
王晓东	科　员	男	汉族	陕西长武	1971.5	1989.3	1991.11	经济师	中央党校大学

2010年底三门峡市财务会计咨询公司人员一览表

表46

姓　名	职务	性别	民族	籍　贯	出生年月	参加工作时间	入党时间	职　称	学　历
魏成军	副经理	男	汉族	河南陕县	1965.12	1984.8	1987.1	经济师	本　科
邵　艳	科　员	女	汉族	山东东阿	1974.4	1995.10	2005.6	经济师	本　科

2010年底三门峡市农业综合开发公司人员一览表

表47

姓　名	职务	性别	民族	籍　贯	出生年月	参加工作时间	入党时间	职　称	学　历
陈素琴	科　长	女	汉族	河南卢氏	1968.3	1985.12	2000.12	经济师	中央党校大学
王红梅	副科长	女	汉族	河南三门峡	1968.10	1985.10	2004.3	经济师	中央党校大学
孟　密	副科级待遇	女	汉族	河南汝南	1973.3	1997.12	2005.6	经济师	本　科
李红梅	科　员	女	汉族	河南灵宝	1978.3	2000.12	2007.7		本　科
秦冬生	科　员	男	汉族	河南社旗	1965.12	1986.9		经济师	专　科
朱丽娜	科　员	女	汉族	河南孟津	1982.6	1999.11	2007.1		本　科
任延锋	科　员	男	汉族	河南嵩县	1977.3	1997.8	2002.12	经济师	专　科
赵建军	科　员	男	汉族	河南陕县	1969.11	1986.3			专　科
庞哲洋	科　员	男	汉族	河南西华	1974.10	1991.12			中央党校大学

2010年底三门峡市财经投资公司(含信托公司)人员一览表

表48

姓　名	职务	性别	民族	籍　贯	出生年月	参加工作时间	入党时间	职　称	学　历
刘建中	正县级待遇	男	汉族	河南卢氏	1959.6	1977.8	1986.7		研究生
李爱军	副经理	男	汉族	河南渑池	1956.10	1974.3	1984.9		本　科
齐怀刚	副经理	男	汉族	河南嵩县	1955.9	1975.10	1993.11	经济师	专　科
周明义	总经济师	男	汉族	河南灵宝	1955.10	1974.9		经济师	本　科
李俊杰	原副经理	男	汉族	河南陕县	1955.3	1974.7	1983.6	经济师	专　科
潘金杨	原农发公司经理	男	汉族	安徽五河	1956.6	1974.4		会计师	高　中
李建刚	副　科	男	汉族	三门峡市	1959.12	1978.3	1983.5		中　专
姜丽萍	原行财公司经理	女	汉族	辽宁辽阳	1965.11	1983.3	2000.12	经济师	中央党校大学
许远征	商贸信贷科科长	女	汉族	河南栾川	1966.5	1983.12	2001.10	经济师	中央党校大学
程银生	原农发公司副经理	男	汉族	河南孟县	1960.12	1977.9	1998.1		专　科
张　勇	科　员	男	汉族	河南偃师	1971.5	1992.5	2005.6	经济师	专　科
王　璐	科　员	女	汉族	河南偃师	1977.5	1993.9	2004.3		专　科
陈碧峰	科　员	男	汉族	河南孟津	1978.4	1998.11			本　科
姜　玲	科　员	女	汉族	河南周口	1962.7	1979.8		经济师	中央党校大学
顾宝钦	科　员	男	汉族	河南偃师	1965.9	1987.7		经济师	专　科
屈品霞	科　员	女	汉族	河南灵宝	1965.2	1985.7		经济师	中　专
关振国	科　员	男	汉族	河南渑池	1959.5	1971.7			专　科
谢继东	科　员	男	汉族	河南孟津	1970.10	1988.7	2004.3	经济师	专　科
李伯良	科　员	男	汉族	河南唐河	1978.12	1998.8	2007.1	会计师	中央党校大学
马鹏举	科　员	男	汉族	河南灵宝	1983.2	2000.12			专　科
张艳洁	科　员	女	汉族	三门峡市	1981.11	2001.6			专　科
郝　燕	工　勤	女	汉族	河南卢氏	1978.6	1997.1			中　技
李怀民	工　勤	男	汉族	河南太康	1967.10	1986.1	1989.4		中央党校大学
谢进辉	工　勤	男	汉族	三门峡市	1988.5	2005.12			高　中
贾　敏	工　勤	男	汉族	三门峡市	1972.8	1990.3	1993.11		省委党校大专
侯建军	工　勤	男	汉族	吉林通辽	1962.4	1979.12			高　中
李登祥	科　长	男	汉族	河南陕县	1957.4	1976.12	1979.2	经济师	省委党校大专
郭志良	科　长	男	汉族	三门峡市	1970.11	1987.3	2003.8	经济师	本　科
杨洪海	科　长	男	汉族	三门峡市	1973.2	1992.1	2003.8		中央党校专科
金宁朝	正科待遇	男	汉族	河南洛宁	1958.6	1976.6	2003.8		专　科
王科伟	工　勤	男	汉族	河南宜阳	1986.9	2002.1			省委党校大专
王耀华	工　勤	男	汉族	辽宁清源	1985.1	2008.1			专　科

2010年底三门峡市财政局离退休干部一览表

表49

姓　名	职务	性别	民族	籍　贯	出生年月	参加工作时间	入党时间	职　称	学　历
张留欣	正　县	男	汉族	河南洛阳	1935.11	1948.7	1952.9	高级会计师	中　专
王乃章	正　县	男	汉族	河南宜阳	1943.7	1958.9	1969.6	会计师	中　专
赵世先	正　县	女	汉族	河南虞城	1944.11	1965.7	1980.2	会计师	专　科
申兴根	副　县	男	汉族	江苏无锡	1937.7	1956.4	1960.5	会计师	专　科
苗鸿伟	副　县	男	汉族	河南伊川	1937.12	1954.10	1956.12	会计师	专　科
付廷杰	副　县	男	汉族	河南许昌	1932.10	1951.1	1982.2	会计师	高　中
陈庆裕	副　县	男	汉族	河南洛阳	1952.11	1971.2	1975.5	会计师	专　科
王国强	副　县	男	汉族	河南灵宝	1945.1	1969.11	1972.6	会计师	高　中
柳文桐	副　县	女	汉族	河南灵宝	1949.3	1965.9	1985.6	会计师	专　科
杨智国	副　县	男	汉族	河南三门峡	1946.11	1971.9	1984.10	会计师	专　科
张廷瑞	正　科	男	汉族	河南三门峡	1937.2	1952.6		会计师	初　中
侯栓狮	正　科	男	汉族	河南三门峡	1937.10	1957.9	1960.4	会计师	专　科
张和光	正　科	男	汉族	河南伊川	1931.4	1951.4	1981.4	会计师	初　中
马福善	正　科	男	汉族	河南洛阳	1940.6	1956.1	1984.11	会计师	专　科
李　军	正　科	女	汉族	河南洛阳	1944.8	1962.3	1988.6	会计师	专　科
崔可山	正　科	男	汉族	河南灵宝	1938.2	1959.8	1966.11	会计师	专　科
张秀敏	副　科	女	汉族	河南偃师	1934.1	1959.1	1984.12		初　中
杨廷臣	副　科	男	汉族	河北献县	1945.1	1961.1	1966.12		初　中
张云娥	科　员	女	汉族	河南三门峡	1945.6	1965.7		会计师	中　专
刘云治	讲　师	男	汉族	河南新安	1939.7	1959.1	1959.1	会计师	高　中
熊秀荣	副　科	女	汉族	河南临汝	1944.12	1964.6		会计师	中　专
程相钧	高级工	男	汉族	河南三门峡	1942.6	1966.12			高　中
柴仁君	会计师	男	汉族	河南汝阳	1947.1	1964.12	1981.12	会计师	专　科
杨桂秀	工　人	女	汉族	黑龙江	1951.1	1976.8		会计师	专　科
王焕韵	工　人	女	汉族	河南渑池	1953.5	1986.12		中级工	初　中
张克义	正　县	男	汉族	河南栾川	1946.7	1964.12	1966.12		专　科
李玉凡	副　县	男	汉族	河南孟津	1946.10	1963.9	1967.4	会计师	中　专
李转霞	正　科	女	汉族	河南灵宝	1947.1	1968.6	1986.3	高级会计师	专　科
张朝东	正　科	男	汉族	河南三门峡	1947.2	1970.10		高级讲师	本　科
曹玉群	正　科	男	汉族	河北泊头	1947.8	1968.10	1985.7	高级讲师	本　科
杜秀格	副　科	女	汉族	河北清丰	1952.3	1968.12		经济师	专　科
张建廷	科　员	男	汉族	河南伊川	1954.6	1988.8			专　科
赵国山	正　科	男	汉族	河南禹州	1947.7	1965.12	1968.8		高　中

第三节 县(市、区)级财政机构人员

一、湖滨区

(一)行政及事业单位机构沿革

2001年,湖滨区财政局内设办公室、人事监督股、综合股、预算股、国库股、农税股、社会保障股、税政与条法股、统计评价股、行政事业股、企业股、金融贸易股、会计股13个职能股室,干部职工22人。区财政局下设高庙乡、磁钟乡、交口乡、会兴街道、崖底街道5个财税所,干部职工30人。

2002年,湖滨区人民政府办公室《关于印发湖滨区财政局职能配置、内设机构和人员编制规定的通知》(三湖政办〔2002〕12号)批准:将国外贷款中竞争性项目的担保与转贷业务,交由国家指定的银行承担;将原区国有资产管理局(区财政局代管)承担的国有资源实行资产化管理的有关职能,交由区国土资源局、区农林水利局承担;将地方税收政策调查研究职能以及税收法规执行过程中的一般性解释工作,交由湖滨区地方税务局承担。

2005年机构改革,中共三门峡市湖滨区委办公室《关于印发高庙乡职能配置、内设机构和人员编制方案的通知》(三湖办〔2005〕41号)批准设置高庙乡财税所,编制6人,经费财政全额预算管理;中共三门峡市湖滨区委办公室《关于印发磁钟乡职能配置、内设机构和人员编制方案的通知》(三湖办〔2005〕42号)批准设置磁钟乡财税所,编制6人,经费财政全额预算管理;中共三门峡市湖滨区委办公室《关于印发交口乡职能配置、内设机构和人员编制方案的通知》(三湖办〔2005〕43号)批准设置交口乡财税所,编制6人,经费财政全额预算管理;中共三门峡市湖滨区委办公室《关于印发会兴乡职能配置、内设机构和人员编制方案的通知》(三湖办〔2005〕45号)批准设置会兴街道财税所,编制6人,经费财政全额预算管理;中共三门峡市湖滨区委办公室《关于印发崖底乡职能配置、内设机构和人员编制方案的通知》(三湖办〔2005〕44号)批准设置崖底街道财税所,编制6人,经费财政全额预算管理。

2010年,湖滨区机构编制委员会办公室《关于区财政局所属事业机构设置的批复》(三湖编〔2010〕11号)批准:成立湖滨区财政国库集中支付中心,正股级事业单位,编制30人,经费财政全额预算管理;成立湖滨区财政信息中心,编制2人,经费财政全额预算管理;成立工业园区财税所,编制5人,经费财政全额预算管理;成立湖滨区政府采购中心,编制2人,经费财政全额预算管理。

2010年4月,根据湖滨区人民政府办公室《关于印发湖滨区财政局主要职责、内设机构和人员编制规定的通知》(三湖政办〔2010〕27号)精神,湖滨区财政局机构为正科级,内设办公室、国库股、综合股、预算股、社会保障股、金融贸易股、国有资产管理股、会计企业股、经济建设股、基层财政管理股、农业股、人事监督股12个股级机构,行政编制16人,其中局长1人、副局长3人、纪检组长1人、工勤2人。同时该文批准,将原区发改委承担的国有资产管理职能划入区财政局。

2010年底,湖滨区财政系统共有干部职工75人,其中,局机关51人,乡及街道财政所24人。75名干部职工中,行政职务科级11人,一般干部63人,工勤人员1人。专业技术职务34人,其中中级专业技术职务15人,占总职工人数的20%;初级专业技术职务19人,占总职工人数的25.3%。中共党员40人,占总职工人数的53.3%。具有大学本科学历21人、大专41人、中专7人、高中及以下6人,分别占总人数的28%、54.67%、9.33%和8%。35岁以下职工25人,36~45岁职工30人,46~54岁职工19人,55~59岁职工1人,分别占总人数的33.33%、40%、25.33%和1.33%。

(二)领导成员沿革

局　长:张邦年 1998.3—2003.6
王　艳 2003.6—2009.9
刘泽夏 2009.9—

副局长:张根厚 1996.8—2002.11
王　艳 1998.5—2003.6
颜奔流 2004.12—
亢　海 2006.1—

辛建伟 2006.1—

二、义马市

义马市财政局是义马市人民政府所属的综合经济管理部门，担负着全市财政收入组织和财政资金再分配、运用财政手段调控经济、对财政资金和财会工作实施监督与管理等重要职能。2001—2010 年，义马市财政部门紧紧围绕壮大财源、增加收入、服务经济社会发展目标，通过“项目带动、投资拉动”等措施，构建财源体系，优化支出结构，实现了财政事业的快速、持续、稳定发展。

（一）行政及事业单位机构沿革

2001 年初，义马市财政局共有干部职工 54 人，其中局机关 42 人，千秋、常村两个乡镇财政所 12 人。局机关内设 9 个职能科（室）：办公室、预算科、行政事业财务科（同预算科联合办公）、商业企业财务科、财政监察科、会计事务科、农业财务科、工业企业财务科和综合计划科。下属 8 个二级机构：中华会计函授学校义马市函授站、义马市技术改造资金办公室、义马市财务税收大检查办公室、义马市经济技术开发公司、义马市财务信息中心、义马市国有资产经营公司、义马市国有资产评估公司、义马市资产拍卖行。

2002 年 3 月，按照义马市委、市政府《关于市镇机构改革的实施意见》精神，撤销义马市国有资产管理局，职能并入市财政局。

2002 年 8 月，根据《义马市人民政府办公室关于印发义马市财政局职能配置、内设机构和人员编制方案的通知》（义政办〔2002〕68 号）规定，市财政局内设办公室、人事监察科、综合科、预算科、国库科、行政事业财务管理科、经济建设科、农财农税管理科、政府采购办公室、企业财务管理科、会计科、统计评价科 12 个科（室），行政编制 28 名，机关后勤服务人员事业编制 1 名，下属事业单位编制 35 名（三定方案合计）。同时，划出原财政（国资）承担的 3 项职能：将国外贷款中竞争性项目的担保与转贷业务，交由国家指定的银行承担；将原市国有资产管理局承担的国有资源实行资产化管理的有关职能，交由市国土资源局、市农林局承担；将地方税收政策调查研究的职能以及税收政策起草和法规执行过程中的一般性解释工作，交由地方税务局承担。另划入四项职能：原市计划委员会承担的管理农业项目利用世界银行、亚洲开发银行贷款职能，原市审计局承担的指导和管理社会审计职能，原市国有资产管理局承担的行政管理职能，原市经济贸易委员会管理的外国政府贷款职能。

2002 年 8 月，经义马市人民政府批准：撤销义马市国有资产评估公司和义马市资产拍卖行，成立义马市资产评估拍卖中心，规格正股级，事业编制 6 名，经费自收自支；将义马市财务服务中心更名为义马市财政信息管理中心；成立义马市政府采购服务中心，规格正股级，事业编制 1 名，经费全额预算管理；增设义马市农税征收管理所，规格正股级，事业编制 2 名，经费全额预算管理。

2002 年 10 月，义马市启动国库集中支付制度改革工作。

2003 年 6 月，义马市国库集中支付中心挂牌运行，全市 156 个行政事业单位纳入中心集中支付管理。其中：集中核算单位 99 个，集中支付单位 57 个，开设财政零余额账户 1 个，单位零余额账户 90 个。

2003 年，在全省范围率先实行镇村财务管理体制改革，设立镇村财务服务中心，集中管理全市镇、村、组 205 个账户，实行阳光作业、直接查询、承诺服务，受到中纪委、省、市等有关部门肯定，并在全省推广。

2003 年 8 月，各镇村财务服务中心建成并正式投入运行。各中心内设镇级和村级两个服务窗口，承担全市 20 个行政村、185 个村民小组的代理会计核算、资金支付和发放工作。

2005 年 10 月，义马市启动乡镇机构改革，将原千秋镇人民政府改为义马市新区办事处，原常村镇人民政府改为义马市东区办事处。原 2 个镇财税所也随之变更为新区财税所和东区财税所。

2006 年 3 月，经义马市编委批复，将原财政局统计评价科更名为行政事业资产管理科，仍兼管财政支出绩效评价和行政事业单位资产清查办公室工作。

2010 年 2 月，经义马市批准，将义马市公共资源交易中心更名为义马市招标投标监督管理办公室，隶属市财政局管理，规格副科级，事业编制 11 名（其中：主任、副主任各 1 名，股级职数 4 名），经费全额预算管理。

2010 年 6 月 1 日，根据义马市人民政府办公室《关于印发义马市财政局主要职责、内设机构和人员编制规定的通知》（义政办〔2010〕22 号）规定，财政局为正科级机构，内设办公室、综合科、预算科、国库科、行政事业财务管理科、经济建设科、农财科、政府采购监督管理科、企业科、会计科、国有资产管理办公室、财政监督检查科 12 个股级科（室），编制 90 名（其中：行政 25 名，事业 65 名）。二级机构 8 个：义马市经济技术开发公司、义马市招标投标监督管理办公室、义马市财政国库集中支付中心、义马市财政局干部教育中心、义马市资产评估拍卖中心、义马市财政投资评审中心、义马市农税征收管理所、义马市财政信息化管理办公室。新区办事处财税所和东区办事处财税所，隶属财政局和办事处双重管理。

2010 年底，义马市共有财政人员 65 人，其中市（县）级直属 47 人，乡镇级 18 人，分别占总人数的 72.31% 和 27.69%。

（二）领导成员沿革

1. 基本情况

2002 年 8 月，义马市人民政府机构改革方案规定，义马市财政局设局长 1 名，副局长 3 名。年末，实有局长 1 名，副局长 2 名，副主任科员 1 名。

2010 年 5 月，按照义马市人民政府机构改革方案，市财政局设局长 1 名，副局长 3 名。年末，实有局长 1 名，副局长 2 名，副主任科员 1 名。

2. 领导成员沿革

局　长：平政瑞 2000.12—2002.3

张书宽 2002.3—

副局长：荆新梅 1997.11—2007.11

樊　青 1997.2—

经济技术开发公司经理（副科）：

赵有才 2001.1—

三、渑池县

（一）行政及事业单位机构沿革

2001 年初，渑池县财政局实有干部职工 227 人，内设办公室、人事股、预算股、企业股、行财股、综合股、农财股、会计股 8 个股室和中华会计函授学校渑池函授站、渑池县国有资产管理局、渑池县经济技术开发公司、渑池县农业开发公司 4 个局属二级机构。

2002 年 8 月，根据渑池县人民政府办公室《关于印发渑池县财政局职能配置、内设机构和人员编制规定的通知》（渑政办〔2002〕58 号）精神，财政局内设机构办公室、人事教育股、综合股、预算股、国库股、行政事业财务管理股、经济建设股、农业股、社会保障股、政府采购办公室、税政与条法股、企业股、债务股、会计股、统计评价股、财税监督检查股 16 个职能股室。局机关行政编制 22 名，其中，局长 1 名，副局长 3 名，纪检组长 1 名。按照有关规定，核定机关后勤服务事业编制 2 名，经费实行财政全额供给。

2003 年 4 月，根据《渑池县人民政府关于设置乡镇财税所的通知》（渑政〔2003〕17 号）精神，设置城关财税所、仰韶财税所、池底财税所、果园财税所、西阳财税所、仁村财税所、洪阳财税所、西村财税所、天池财税所、笃忠财税所、英豪财税所、张村财税所、陈村财税所、坡头财税所、段村财税所、南村财税所 16 个乡镇财税所，未定编制，负责农业税征收、稽查、管理、监督乡镇及所属单位的财政收支，财税所由县财政局统一管理。2005 年 11 月，根据中共渑池县委办公室《渑池县深化和完善乡镇机构改革实施意见》（渑发〔2005〕22 号）精神，撤销池底乡、西阳乡、西村乡、笃忠乡，保留城关、仰韶、仁村、洪阳、天池、果园、英豪、张村、陈村、坡头、段村、南村 12 个乡镇财税所。12 月，根据《渑池县深化和完善乡镇机构改革人员定岗分流工作实施办法》（渑办〔2005〕24 号）精神，经过考试、考核等程序，确定 84 名财税所在编在岗人员，每个乡镇 7 名。

2003 年 5 月，经渑池县机构编制委员会批准，渑池县农业税务局隶属财政局领导，副科级机构，内设综合办公室、农税征收管理股，下属契税所、农税稽查队，人员编制 15 名；成立渑池县国库集中支付（会计核算）中心，为县财政局管理事业机构，编制 15 名。

2005 年 6 月，经渑池县机构编制委员会批准，成立渑池县财政局信息中心，为渑池县财政局机关内部机构，未定编制。

2006 年 3 月，经渑池县机构编制委员会批准，财政局内设机构统计评价股更名为行政事业资产管理股。

2007 年 9 月，经渑池县机构编制委员会批准，成立渑池县财政投资评审中心，事业编制 5 名；成立渑池县财政干部教育中心，与中华会计函授学校渑池函授站一个机构、两块牌子；成立渑池县乡镇会计核算中心，事业编制 5 名。

2010 年 6 月，根据渑池县人民政府办公室《关于印发渑池县财政局主要职责、内设机构和人员编制规定的通知》（渑政办〔2010〕39 号）精神，财政局内设机构调整为办公室、人事股、综合股、预算股、国库股、行财股、经济建设股、农业股、社会保障股、政府采购监督管理股、税政条法股、企业股、会计股、矿产管理股、基层财政管理股、国有资产管理办公室、非税收入管理股、财政监督检查股、农业综合开发办公室 19 个股室。财政局机关行政编制 22 名，其中，局长 1 名，副局长 3 名，纪检组长 1 名。按照有关规定，核定机关后勤服务人员事业编制 2 名，经费实行财政全额供给。

2010 年底，渑池县财政局实有干部职工 227 人，其中局机关 113 人，乡镇财税所 114 人，分别为总人数的 49.78% 和 50.22%。所有人员中，本科学历 61 人，大专学历 123 人，中专学历 37 人，高中文化 6 人，分别为总人数的 26.9%、54.2%、16.3% 和 2.6%；获得各种职称 101 人，为总人数的 44.5%；35 岁以下 97 人，36～50 岁 121 人，51 岁以上 9 人，分别为总人数的 42.7%、53.3% 和 4%。

（二）领导成员沿革

局　长：郭艳华 1997.8—2002.1
李爱军 2002.1—2005.11
张拴军 2005.11—2010.3
侯铁军 2010.3—

副局长：王炳友 1998.3—2007.6
姚小兵 1997.4—
王爱萍 1994.4—2007.6
张红伟 1999.3—2008.12
李军霞 2004.1—
孙玲娥 2004.1—2007.6
高爱玉 2005.11—2007.6
侯铁军 2007.6—2010.3
方　平 2008.2—
张书民 2008.12—
贾宏祥 2010.3—
杨润明 2010.3—

四、陕　县

（一）行政及事业单位机构沿革

2001 年，陕县财政局内设办公室、人事教育股、预算股、行政事业财务管理股、农业税收管理股、综合计划股、农业财务管理股、企业财务管理股和会计事务管理股 9 个职能股室，下属财务税收大检查办公室、税政与条法办公室、国债服务部、社会保障管理所、基本建设财务管理所、会计师事务所、农业综合开发公司和中华会计函校学校陕县辅导站 8 个事业单位及 17 个乡镇财政所，代管陕县国有资产管理局、陕县预算外资金管理局和陕县财务开发公司 3 个副科级单位。

2002 年，根据陕县人民政府办公室《陕县财政局职能配置、内设机构和人员编制规定》的精神，财政局内设党政办公室、综合股、预算股、国库股、农业财务管理股、企业财务管理股、行政事业财务管理股、会计事务股和债务股 9 个职能股室，下属基本建设财务管理所、社会保障所、税政与条法办公室、政府采购控购办公室、农业综合开发中心、会计培训中心、统计评价所、财政信息管理中心、契税征收管理所、农业税收稽查大队 10 个事业单位及 17 个乡镇财税所，管理陕县非税收入征收局、陕县财务开发中心、陕县农业税务局 3 个副科级机构，撤销国有资产管理局和国债服务部。

2003 年，陕县机构编制管理办公室《关于成立陕县国库集中支付中心的通知》（陕编〔2003〕04 号）批准成立陕县财政国库集中支付中心，正股级事业单位，内设核算部、稽审部、会计部、综合部，人员编制 20 人，经费财政全额预算管理。

2004 年，陕县机构编制管理办公室《关于成立陕县财政局经济建设股的批复》（陕编〔2004〕02 号）批准成立陕县财政局经济建设股，属财政局内设机构。

2004 年，陕县机构编制管理办公室《关于成立“陕县政府采购中心”的通》（陕编〔2004〕04 号）批准成立陕县政府采购服务中心，正股级事业单位，人员编制 4 名，经费财政全额预算管理。

2005 年，陕县机构编制管理办公室《关于成立陕县乡财县管服务中心的通知》（陕编〔2005〕6 号）批准成立陕县乡财县管服务中心，正股级事业单位，人员编制 5 人，经费财政全额预算管理。

2005 年，陕县实施乡镇机构改革，原 17 个乡镇撤并为 13 个乡镇，乡镇财税所随乡镇政府撤并。陕县政府批准撤并后 13 个乡镇财税所规格为正股级，财政全额供给事业单位，编制 82 人。其中大营镇、西张村镇、王家后乡、菜园乡、观音堂镇 5 个财税所编制均为 7 人，原店镇、张汴乡、张湾乡、张茅乡、硖石乡、西李村乡、宫前乡7个财税所编制均为6人,店子乡财税所编制5人。

2006年,陕县机构编制管理办公室《关于陕县财政局统计评价所更名的批复》(陕编〔2006〕1号)批准,陕县统计评价所更名为陕县行政事业资产管理所。

2007年3月,陕县财政局党组研究成立人事监察股,将原行政事业财务管理股分设为行政政法财务管理股和教科文财务管理股,将原农业综合开发中心业务、人员合并到陕县财务开发中心。

2010年6月,根据陕县人民政府办公室《关于印发陕县财政局主要职责、内设机构和人员编制规定的通知》精神,陕县财政局机构为正科级,内设党政办公室、人事教育股、综合计划股、预算股、国库股、行政政法财务股、教科文财务股、经济建设股、农业财务股、企业财务股、会计股和社会保障股12个股级机构,行政人员编制22人,工勤人员2人。

2010年8月,根据陕县机构编制委员会《关于印发陕县财政局下属事业单位主要职责和人员编制规定的通知》精神,陕县财政局设置陕县非税收入征收局、陕县财务开发中心、陕县基层财政服务中心、陕县财政监督检查局和陕县农业综合开发办公室5个副科级事业单位;管理陕县财政投资评审中心、陕县税政条法办公室、陕县政府采购控购办公室、陕县财政信息管理中心、陕县国库集中支付中心、陕县行政事业资产管理所、陕县政府采购服务中心、陕县乡财县管服务中心、陕县会计培训中心、陕县政府采购办公室10个股级事业单位;撤销农业税务局,职能并入陕县财政局;撤销陕县契税征收管理所和陕县农业税收稽查大队,收回事业编制7名。

2010年末,陕县财政局机关和局属事业单位在编干部职工93人,含行政人员17人,事业人员76人。其中副科级以上干部11人,股级干部27人,一般干部39人,工人16人。当年调入1人,县直其他部门职能划转接收人员2人,调出1人,提前退休7人。学历层次为本科42人,大专40人,中专6人,高中及以下5人。离退休16人。

(二)领导成员沿革

局　长:韩小怪 2001.1—2008.7

程明波 2008.7—

副局长:程明波(正科)2007.12—2008.7

刘玉枝 2001.1—2008.6

蔡德平 2001.1—2008.6

张合杰 2001.1—2007.4

王海潮 2001.3—2010.3

秦春德 2005.11—

辛江峰 2010.11—

卫苏刚 2010.11—

茹　燕 2010.11—

(兼财政监督检查局局长)

赵安稳 2010.11—

(兼非税收入征收局局长)

总会计师:辛江峰 2001.3—

五、灵宝市

(一)行政及事业单位机构沿革

2001年,灵宝市财政局内设办公室、人事教育科、预算科、企业科、基本建设科、会计事务管理科、社会保障科、农业科、综合与改革科、农税管理科、行政事业科11个职能科(室)和灵宝市政府采购办公室、灵宝市国有资产管理局、灵宝市预算外资金管理局、中华会计函授学校灵宝函授站、灵宝市技改资金管理办公室5个事业单位。下辖大王、阳店、川口、寺河、东村、苏村、尹庄、朱阳、五亩、城关、函谷关、焦村、西闫、阳平、程村、故县、豫灵17个乡镇财政所。

2001年1月,根据《关于原会计师、审计师事务所脱钩改制的会议纪要》(灵政纪〔2001〕1号)要求,原会计师、审计师事务所与挂靠单位不再有隶属关系,灵宝会计师事务所脱钩改制,从业人员变为社会专业服务行业从业者,不再列入行政或事业编制,人员给予一次性经济补偿,与单位脱钩。

2001年5月,灵宝市编制委员会《关于成立灵宝市农业税务局的通知》(灵编字〔2001〕1号)批准成立灵宝市农业税务局,股级单位,财政全供人员172名。其中:行政编制15名,事业编制157人,隶属市财政局,内设"三科一室",即征收管理科、票据科、稽查科、办公室,行政编制15名,下设18个农税所,事业编制157名,与乡镇财政所合署办公,一个机构、两块牌子。

2002年8月,根据灵宝市人民政府办公室《关于印发灵宝市财政局(农税局)职能配置、内设机构和人员编制规定的通知》(灵政办〔2002〕58号),灵宝市财政局内设办公室、人事教育科、预算科、企业科、经济建设科、会计科、社会保障科、农业科、监督检查科、综合科、农税科11个职能科(室)和灵宝市政府采购办公室、灵宝市国有资产经营有限公司、灵宝市预算外资金管理局、中华会计函授学校灵宝分站、灵宝市技改资金管理办公室5个事业单位。下辖大王、阳店、川口、寺河、东村、苏村、尹庄、朱阳、五亩、城关、函谷关、焦村、西闫、阳平、程村、故县、豫灵17个乡镇财政所。

2003年6月,灵宝市编制委员会《关于灵宝市国库集中支付中心职能配置机构规格和人员编制的通知》(灵编字〔2003〕12号)批准,成立灵宝市国库集中支付中心,科(股)级单位,事业编制,编制25人,隶属市财政局。

2003年7月,灵宝市编制委员会《关于灵宝市财政局成立国库科的批复》(灵编字〔2003〕13号)批准,成立市财政局国库科。

2004年12月,灵宝市机构编制委员会《灵宝市人劳局关于成立灵宝市乡镇会计核算中心的通知》(灵编字〔2004〕30号)批准,成立灵宝市乡镇会计核算中心,科(股)级单位,事业编制,编制5人,隶属市财政局。

2005年8月,灵宝市机构编制委员会《关于成立灵宝市农业税务局直属分局的通知》(灵编字〔2005〕17号)批准,成立灵宝市农业税务局直属分局,科(股)级单位,事业编制,编制10人,隶属市财政局。

2005年11月,灵宝市在乡镇机构改革过程中,撤销程村乡和东村乡,同时撤销程村乡财政所和东村乡财政所。

2007年6月,灵宝市机构编制委员会《关于财政局增设信息管理办公室的批复》(灵编字〔2007〕17号)批准,成立市财政局信息管理办公室。

2007年7月,灵宝市人民政府办公室《关于撤销灵宝市技改资金管理办公室整体并入灵宝市金城财经投资中心的批复》(灵政办〔2007〕41号)批准,撤销灵宝市技改资金管理办公室,整体并入灵宝市金城财经投资中心。

2008年5月,灵宝市机构编制委员会《关于涧东、涧西区管委会成立财政所的通知》(灵编字〔2008〕5号)批准,成立涧东区财政所和涧西区财政所,隶属市财政局。

2010年5月,根据灵宝市人民政府办公室《关于印发灵宝市财政局主要职责、内设机构和人员编制规定的通知》(灵政办〔2010〕29号),财政局内设办公室、人事教育科、预算科、国库科、企业科、经济建设科、会计科、社会保障科、农业科、综合科、基层财政管理科、市政府采购办公室、信息管理办公室、财政监督检查局、农业综合开发办公室、行政政法科、金融贸易科17个职能科(室)和灵宝市国有资产经营有限公司、灵宝市乡镇会计核算中心、灵宝市非税收入管理局、中华会计函授学校灵宝分站、灵宝市金城财经投资中心、灵宝市契税征收管理所、灵宝市水费征收管理办公室、灵宝市财政国库集中支付中心、灵宝市财政投资评审中心9个事业单位。辖大王、阳店、川口、寺河、苏村、尹庄、朱阳、五亩、城关、函谷关、焦村、西闫、阳平、故县、豫灵、涧东区、涧西区17个乡(镇、区)财政所。

2010年12月,撤销灵宝市契税征收管理所,将耕地占用税和契税征管等职能划转灵宝市地方税务局。

(二)领导成员沿革

局　长:张海陆2001.1—2007.8

杨社军2007.8—

副局长:苏世民2001.1—2010.6

马学智2001.1—2005.11

杨立强2001.1—2007.8

赵晓景2005.11—

马娟芳2006.10—

胡海峰2010.6—

张旭峰2010.6—

六、卢氏县

(一)行政及事业单位机构沿革

2001年,卢氏县财政局内设办公室、预算股、行政事业财务股、农业财务股、技改资金管理股、人事监察股、国有资产管理股、综合计划股、会计事务管理股、工交企业财务股、商业企业财务股11个职能股(室)和卢氏县国债服务部、卢氏县国有资产管理局、卢氏县产权交易中心3个事业单位。下辖城关、东明、杜关、官道口、范里、五里川、朱阳关、横涧、官坡、文峪、沙河、瓦窑沟、潘河、徐家湾、磨口、双槐树、狮子坪、汤河、木桐19个乡镇财政所。

2002年,根据《关于印发卢氏县财政局职能配置内设机构和人员编制规定的通知》(卢政办〔2002〕86号)要求,卢氏县财政局内设办公室、预算国库股、综合股、行政事业股(挂卢氏县政府采购办公室牌子)、社保股、农业股、统计评价企业股、会计股、财税监督检查股9个职能股(室),核定卢氏县财政局机关行政编制15名。同年,《关于卢氏县民族宗教局等机构编制问题的通知》(卢编〔2002〕4号)批准县财政局成立经济建设股,为内设机构,规格为股级。

2003年,卢氏县机构编制委员会《关于印发卢氏县财政局下属事业单位职能配置、内设机构和人员编制方案的通知》(卢编〔2003〕44号)批准成立卢氏县农业税务局(隶属县财政局管理的事业单位,副科级)、卢氏县国库集中支付中心(隶属县财政局管理的事业单位,股级)、卢氏县政府采购中心(隶属县财政局管理的事业单位,股级)、中华会计函授学校(隶属县财政局管理的事业单位,股级)、卢氏县县直农税所(隶属县财政局管理的事业单位,股级)、卢氏县农业经济开发中心(隶属县财政局管理的事业单位,股级)。

2007年,根据《关于县财政局成立"行政事业资产管理暨绩效评价股"和"财政投资评审中心"的通知》(卢编〔2007〕9号)成立卢氏县财政局行政事业资产管理暨绩效评价股和卢氏县财政投资评审中心。

2010年,根据中共卢氏县委、卢氏县人民政府关于印发《卢氏县人民政府机构改革实施意见》(卢发〔2010〕1号),不再保留卢氏县农业税务局,其职能划入县财政局。

2010年,根据《卢氏县人民政府办公室关于印发卢氏县财政局主要职责、内设机构和人员编制规定的通知》(卢政办〔2002〕45号)要求,县财政局内设办公室、人事股、综合股、预算股、国库股、行政事业股、经济建设股、农业股、社会保障股、政府采购办公室、企业金融办公室、基层财政管理股、会计股、国有资产管理办公室、非税收入管理办公室、财政监督检查办公室、农村综合改革工作办公室、农业综合开发办公室、信息中心19个职能股(室),卢氏县财政局机关行政编制17名。

2010年底,根据《财政部、国家税务总局关于加快落实地方财政耕地占用税和契税征管职能划转工作的通知》(财税〔2009〕37号)精神,经省政府同意,河南省耕地占用税和契税征管职能由财政部门移交至地方税务部门,卢氏县直农税所整体划转卢氏县地方税务局。卢氏县县直农税所撤销,农税所7名人员,1人退休,其余6人划转卢氏县地方税务局。

(二)领导成员沿革

局　长:薛鸿照 1997.3—2007.4
　　　　冯新理 2007.5—
副局长:张条门 1995.2—
　　　　刘建新 1985.2—
　　　　杨文山 1995.3—2007.12
　　　　陈仁辉 2003.2—
　　　　王　静 2003.3—
　　　　耿书林 2004.7—

七、开发区

(一)行政及事业单位机构沿革

2001年初,开发区财政局内设办公室、预算科、综合科、会计监督科、农税农财科、社保科、经济建设科、政府采购办、文教行财科、监察室10个职能科(室)。

2003年7月,开发区财政局成立国库科和国库集中支付(代理核算)中心,机构规格为股级。国库集中支付(代理核算)中心内设支付部、稽核部、核算部、综合部,人员从区财政局现有人员中调配。

2006年4月,开发区财政局国库集中支付(代理核算)中心升格为副科级单位。

2010年末,开发区财政局内设办公室、综合科、预算科、国库科、经济建设科、财政监督科、会计科、监察室、文教行财科、农税农财科、社保科、国库集中支付中心(含村组财务服务中心)12个科(室)(单位)。在编干部职工33人,其中副科级以上干部4人,一般干部职工29人。

(二)领导成员沿革

局　长:杜爱民 2001.6—2010.9
副局长:季　红 2010.10—
　　　　刘凤仙 2003.11—

八、产业集聚区

(一)行政及事业单位机构沿革

2009年,根据三门峡市委、市政府《关于进一步加快三门峡产业集聚区(工业园)建设发展的决定》(三发〔2009〕21号)精神,三门峡产业集聚区财政局于2009年8月成立。

2010年初,产业集聚区财政局内设预算国库科、综合办公室、财政国库集中支付中心3个科(室)。

2010年底，产业集聚区财政局实有干部职工12人。其中：具有本科以上学历12人，中共党员6人；获得各种职称6人。

（二）行政及事业单位领导成员沿革

局　长：周天群2010.3—

副局长：艾彩霞2010.3—

第四节　乡镇财政机构人员

2001年初，三门峡市共有乡镇财政所77个。其中：卢氏县19个，陕县17个，渑池县16个，灵宝市17个，义马市2个，湖滨区5个，开发区1个。全市乡镇财政所共有干部职工523人，其中卢氏县98人，陕县94人；渑池县149人，灵宝市130人，义马市16人，湖滨区34人，开发区2人。乡镇财政全体干部职工中：男376人，女147人，分别占总人数的71.89%和28.11%；中共党员225人，共青团员30人，分别占总人数的43.02%和5.74%；具有大专以上学历199人，中专学历221人，高中学历87人，分别占总人数的38.05%、42.26%和16.63%；获得各种职称165人，占总人数的31.55%。

2003年以前，全市各乡镇财政所实行人事归乡镇、业务归县（市、区）财政的双重管理体制。2003年以后，全市各乡镇财政所行政人事权收归县（市、区）财政，实行集中统一管理。

2005年，在全市撤乡并镇改革中，渑池县原16个乡镇撤并后保留12个乡镇，撤并后的12个财税所分别为城关财税所、仰韶财税所、仁村财税所、洪阳财税所、天池财税所、果元财税所、英豪财税所、张村财税所、陈村财税所、坡头财税所、段村财税所、南村财税所；陕县原17个财税所撤并为13个财税所，分别为大营镇财税所、原店镇财税所、张汴乡财税所、张湾乡财税所、西张村镇财税所、菜园乡财税所、张茅乡财税所、硖石乡财税所、王家后乡财税所、观音堂镇财税所、西李村乡财税所、宫前乡财税所、店子乡财税所；灵宝市原17个财政所撤并为15个财政所，分别为大王镇财政所、阳店镇财政所、川口乡财政所、寺河乡财政所、尹庄镇财政所、苏村乡财政所、五亩乡财政所、朱阳镇财政所、城关镇财政所、函谷关镇财政所、焦村镇财政所、西阎乡财政所、阳平镇财政所、故县镇财政所、豫灵镇财政所。

是年，义马市在乡镇机构改革中，原千秋镇人民政府更名为义马市新区办事处，原常村镇人民政府更名为义马市东区办事处。原千秋镇和常村镇镇财税所也随之变更为义马市新区财税所和义马市东区财税所。

2005年末，三门峡市共有乡镇财政所66个。其中：卢氏县19个，陕县13个，渑池县12个，灵宝市15个，义马市2个，湖滨区5个。全市乡镇财政所共有干部职工435人，其中卢氏县104人，陕县86人，渑池县84人，灵宝市112人，义马市18人，湖滨区31人。全体乡镇财政干部职工中：男306人，女129人、分别占总人数的70.3%和29.7%；中共党员196人，共青团员26人，分别占总人数的43.02%和5.74%；具有大专以上学历189人，中专学历206人，高中学历87人，分别占总人数的43.4%、47.4%和9.2%；获得各种职称158人，占总人数的36.3%。

2008年5月，灵宝市机构编制委员会《关于涧东、涧西管委会成立财政所的通知》（灵编字〔2008〕5号）批准，成立涧东区财政所和涧西区财政所，隶属灵宝市财政局。

2010年末，三门峡市共有乡镇财政所68个。其中卢氏县19个，陕县13个，渑池县12个，灵宝市17个，义马市2个，湖滨区5个。全市乡镇财政所共有干部职工409人，其中卢氏县99人，陕县80人，渑池县75人，灵宝市113人，义马市18人，湖滨区24人。全体乡镇财政干部职工中：男286人，女123人，分别占总人数的70%和30%；中共党员186人，共青团员23人，分别占总人数的45.5%和5.6%；具有大专以上学历196人，中专学历177人，高中学历36人，分别占总人数的47.9%、43.3%和7.8%；获得各种职称162人，占总人数的39.6%。

第五节　三门峡市财政系统集体与个人获奖目录

一、集体荣誉

2001—2004 年三门峡市财政局先进集体一览表

表 50

级　别	获奖单位	获奖名称	授奖单位	依　据
省部级	三门峡市财政局	2003 年度全省农村税费改革工作先进集体	河南省政府	豫政〔2003〕15 号
省部级	三门峡市财政局	2004 年度全省反腐败抓源头工作先进集体	河南省委纪检委、省人事厅、省监察厅等	匾　牌
厅局级	三门峡市财政局	2003 年度全省财政系统“金财工程”建设进单位	河南省财政厅	奖　牌
市　级	三门峡市财政局	2002 年度全省政府采购法规电视知识竞赛集体三等奖	河南省财政厅	奖　牌
市　级	三门峡市财政局	2001 年度驻村工作先进派出单位	三门峡市委、市政府	荣誉证书
市　级	三门峡市财政局	2001 年度“三八”红旗集体	三门峡市妇女联合会	荣誉证书
市　级	三门峡市财政局	2001 年度优秀妇女组织	三门峡市妇女联合会	奖　牌
市　级	三门峡市财政局	2003 年度抗击“非典”表彰单位	三门峡市委、市政府	匾　牌
市　级	三门峡市财政局	2003 年度“帮扶”工作先进单位	三门峡市帮扶工作领导小组	荣誉证书
市　级	三门峡市财政局	2003 年度全市防范和处理邪教问题工作先进单位	中共三门峡市委防范和处理邪教问题领导小组	荣誉证书
市　级	三门峡市财政国库支付中心	2003 年度三门峡市“青年突击队”	共青团三门峡市委	奖　牌

2005 年三门峡市财政局先进集体一览表

表 51

级　别	获奖单位	获奖名称	授奖单位	依　据
省部级	三门峡市财政局	全国农村部分计划生育家庭扶助制度和“少生快富”工程试点工作先进单位	国家人口和计划生育委员会 财政部	国人口发〔2006〕106 号
省部级	三门峡市财政局	全国财政信息先进单位	财政部	财办〔2006〕8 号
省部级	三门峡市财政局	全省 2005 年度农村义务教育“两免一补”工作先进集体	河南省政府	豫政〔2006〕58 号
厅局级	三门峡市财政局	2005 年度全省农村义务教育“两免一补”工作一等奖	河南省财政厅、省教育厅	豫财办教〔2005〕34 号
厅局级	三门峡市财政局	2004 年度财政决算编报工作先进单位	河南省财政厅	荣誉证书

续表51

级　别	获奖单位	获奖名称	授奖单位	依　据
厅局级	三门峡市财政局	2004年度财政预算执行分析先进单位	河南省财政厅	荣誉证书
厅局级	三门峡市财政局	河南省2005年度财政法制宣传教育先进单位	河南省财政厅	豫财办税〔2005〕29号
厅局级	三门峡市财政局	河南省2005年企业所得税税源调查先进单位	河南省财政厅	豫财办税〔2005〕30号
厅局级	三门峡市财政局	河南省2005年度重点产品国际竞争力调查工作先进单位	河南省财政厅	豫财办税〔2005〕31号
厅局级	三门峡市财政局	2005年度全省财政信息工作先进单位	河南省财政厅	豫财办〔2006〕24号
厅局级	三门峡市财政局	全省财政系统人事报表优秀单位	河南省财政厅	荣誉证书
厅局级	三门峡市财政局	关于表彰三门峡市财政局的决定	河南省财政厅	豫财办明电〔2006〕12号
厅局级	三门峡市财经学校	三门峡市直函授站2004—2005学年先进函授站	河南省财政厅	荣誉证书
厅局级	三门峡市财经学校	省级卫生先进单位	河南省爱委会	豫爱卫〔2004〕27号
厅局级	三门峡注册会计师协会	执业质量监管三等奖	河南省注册会计师协会	荣誉证书
厅局级	三门峡注册会计师协会	综合管理三等奖	河南省注册会计师协会	荣誉证书
厅局级	金泉宾馆	2005年度全省优秀星级饭店	河南省旅游局	奖　牌
市　级	三门峡市财政局	2005年度全市目标管理工作先进单位	三门峡市委、市政府	三文〔2006〕36号
市　级	三门峡市财政局	关于对全市财税系统予以表彰的决定	三门峡市委、市政府	三文〔2006〕3号
市　级	三门峡市财政局	全市信息工作先进单位	三门峡市委	三办文〔2006〕9号
市　级	三门峡市财政局	全市党委系统督查工作先进单位	三门峡市委	三办文〔2006〕16号
市　级	三门峡市财政局	市直包村扶贫工作优秀单位	三门峡市委	三办文〔2006〕11号
市　级	三门峡市财政局	全市信息工作先进单位	三门峡市政府	三政办〔2006〕24号
市　级	三门峡市财政局	全市建议提案办理工作先进单位	三门峡市政府	三政办〔2006〕24号
市　级	三门峡市财政局	2001—2005年普法依法治市先进集体	三门峡市政府	奖　牌
市　级	三门峡市财政局	2005年度消防工作先进单位	三门峡市政府	三政办〔2006〕16号
市　级	三门峡市财政局	2005年度反腐倡廉建设优秀集体	三门峡市纪委、市监察局	奖　牌
市　级	三门峡市财政局	2005年度党风廉政建设先进集体	三门峡市纪委	奖　牌
市　级	三门峡市财经学校	“青年文明号”先进单位	共青团三门峡市委	奖　牌

2006 年三门峡市财政局先进集体一览表

表 52

级别	获奖单位	获奖名称	授奖单位	依据
厅局级	三门峡市财政局	2006 年财政企业信息先进单位	河南省财政厅	荣誉证书
厅局级	三门峡市财政局	2006 年“两免一补”工作全省综合评比一等奖	河南省财政厅	豫财办教〔2006〕255 号
厅局级	三门峡市财政局	关于表彰三门峡市财政局的决定	河南省财政厅	豫财办明电〔2007〕5 号
厅局级	三门峡市财政局	2006 年度全省政府采购工作先进单位	河南省财政厅	荣誉证书
厅局级	三门峡市财政局	2006 年度全省“耕地占用税”征收先进单位	河南省财政厅	荣誉证书
厅局级	三门峡市财政局	河南省“三八”红旗集体	河南省妇联	奖牌
厅局级	三门峡市财政局	部门决算工作先进单位	河南省财政厅	豫财办库〔2007〕11 号
厅局级	三门峡市财政局	财政总决算先进单位	河南省财政厅	荣誉证书
厅局级	三门峡市财政局	2005 年度财政性资金投资基本建设项目报表编报工作先进单位	河南省财政厅	豫财办建〔2006〕335 号
厅局级	三门峡市财政局	2006 年度基本建设网站建设先进单位	河南省财政厅	豫财办建〔2006〕334 号
厅局级	三门峡市财政局	石油价格调整财政补贴工作先进单位	河南省财政厅	豫财办建〔2006〕330 号
厅局级	三门峡市财政局	2005 年度政法补助专款项目管理优秀单位	河南省财政厅	豫财办行〔2006〕4 号
厅局级	三门峡市财政局	全省财政监督检查工作先进单位	河南省财政厅	豫财办监〔2007〕6 号
厅局级	三门峡市财政局	全省财政科研先进单位	河南省财政厅	豫财办科〔2006〕2 号
厅局级	三门峡市注册会计师协会	2006 年度注册会计师监管工作考核三等奖	河南省注册会计师协会	荣誉证书
厅局级	三门峡市注册会计师协会	2006 年度注册会计师综合工作考核三等奖	河南省注册会计师协会	荣誉证书
厅局级	三门峡市金泉宾馆	2006 年度全省优秀星级饭店	河南省旅游星级饭店评定委员会	豫星评〔2007〕012 号
厅局级	三门峡市财经学校	河南省青年志愿者助残行动先进集体	河南省残联、共青团河南省委	奖牌
市级	三门峡市财政局	全市社会主义新农村建设先进单位	三门峡市委	三文〔2007〕23 号
市级	三门峡市财政局	先进基层党组织	三门峡市委	奖牌
市级	三门峡市财政局	五一劳动奖状	三门峡市总工会	奖牌
市级	三门峡市财政局	2006 年度人口和计划生育工作先进单位	三门峡市委、市政府	三文〔2007〕21 号
市级	三门峡市财政局	2006 年度全市党委系统信息工作先进单位	三门峡市委	三办文〔2007〕4 号
市级	三门峡市财政局	全市政务信息工作先进单位	三门峡市政府	三政办〔2007〕35 号
市级	三门峡市财政局	建议提案办理工作先进单位	三门峡市政府	三政办〔2007〕35 号
市级	三门峡市财政局	党委系统决策督查工作先进单位	三门峡市委	三办文〔2007〕7 号
市级	三门峡市财政局	2006 年度市直包村扶贫工作先进单位	三门峡市委、市政府	三办文〔2007〕6 号

续表 52

级 别	获奖单位	获奖名称	授奖单位	依 据
市 级	三门峡市财政局	2006 年度党风廉政建设工作先进单位	三门峡市委、市政府	三文〔2007〕28 号
市 级	三门峡市财政局	2006 年度消防工作先进单位	三门峡市政府	三政办〔2007〕23 号
市 级	三门峡市财政局	关于对全市财税系统的嘉奖令	三门峡市委、市政府	三政〔2007〕3 号
市 级	三门峡市财政局	2006 年度全市森林防火先进单位	三门峡市政府	三政〔2007〕12 号
市 级	三门峡市财政局	2006 年度全市目标管理先进单位	三门峡市委、市政府	三文〔2007〕95 号
市 级	三门峡市财政局纪检组	全市纪检监察宣传教育工作专项先进集体	三门峡市纪委	三纪文〔2007〕9 号
市 级	三门峡市财经学校	三门峡市职业教育先进单位	三门峡市教育局、市发改委、市财政局、市人事局	三教文〔2006〕161 号
市 级	三门峡市财经学校	三门峡市“青年文明号”标兵	共青团三门峡市委	三青文〔2006〕3 号
市 级	三门峡市政府采购服务中心	三门峡市“青年文明号”标兵	共青团三门峡市委	三青文〔2006〕3 号
市 级	三门峡金泉宾馆	2006 年度消防安全工作先进单位	三门峡市政府、武警三门峡消防支队	荣誉证书

2007 年三门峡市财政局先进集体一览表

表 53

级 别	获奖单位	获奖名称	授奖单位	依 据
省部级	三门峡市财政支付中心	全国“青年文明号”	共青团中央	奖 牌
厅局级	三门峡市财政局	税源调查和重点产品国际竞争力调查先进单位	河南省财政厅	荣誉证书
厅局级	三门峡市财政局	预算管理工作先进单位	河南省财政厅	荣誉证书
厅局级	三门峡市财政局	土地基金收支决算先进单位	河南省财政厅	荣誉证书
厅局级	三门峡市财政局	津贴补贴发放工作先进单位	河南省财政厅	荣誉证书
厅局级	三门峡市财政局	“南水北调”基金征收工作先进单位	河南省财政厅	荣誉证书
厅局级	三门峡市财政局	基本建设决算报表先进单位	河南省财政厅	荣誉证书
厅局级	三门峡市财政局	石油价格补贴先进单位	河南省财政厅	奖 牌
厅局级	三门峡市财政局	基本建设网站先进单位	河南省财政厅	奖 牌
厅局级	三门峡市财政局	2007 年度农税月报先进单位	河南省财政厅	荣誉证书
厅局级	三门峡市财政局	河南省参加全国第三届会计知识大赛第一赛程网上答题特别团体奖	河南省财政厅	奖 牌
厅局级	三门峡市财政局	河南省第三届会计知识大赛组织奖	河南省财政厅	奖 牌
厅局级	三门峡市财政局	河南省利用日元贷款项目管理先进单位	河南省利用日元贷款项目办	荣誉证书

续表 53

级 别	获奖单位	获奖名称	授奖单位	依 据
厅局级	三门峡市财政局	文明单位“结队帮扶”农村精神文明建设工作先进单位	河南省文明办	奖 牌
厅局级	三门峡市财经学校	先进合作办学单位	河南省财税专科学校	奖 牌
市 级	三门峡市财政局	职业道德建设“十佳”单位	三门峡市总工会	奖 牌
市 级	三门峡市财政局	五一劳动奖状	三门峡市总工会	奖 牌
市 级	三门峡市财政局	2007 年度抗洪抢险先进单位	三门峡市防汛抗旱指挥部	奖 牌
市 级	三门峡市财政局	三门峡市预防青少年违法犯罪工作先进集体	三门峡市综治办	奖 牌
市 级	三门峡市财政局支付中心团支部	“五好”团支部	共青团三门峡市委	三青文〔2007〕9 号
市 级	三门峡市财政局	2007 年度文化强市建设大型调研活动先进单位	三门峡市委、市政府	奖 牌
市 级	三门峡市财经学校	“五四”红旗团委	共青团三门峡市委	奖 牌

2008 年三门峡市财政局先进集体一览表

表 54

级 别	获奖单位	获奖名称	授奖单位	依 据
省部级	三门峡市财政局	全国“三八”红旗集体	全国妇联	奖 牌
省部级	三门峡市财政局	河南省行政事业单位资产清查工作先进集体	河南省政府	豫政〔2008〕24 号
厅局级	三门峡市财政局机关党委	河南省“五好”基层党组织	河南省委组织部	奖 牌
厅局级	三门峡市财政局团总支	河南省“五好”团支部	共青团河南省委	奖 牌
厅局级	三门峡市财政局	政法补助专款项目管理工作二等奖	河南省财政厅	豫财办行〔2008〕494 号
厅局级	三门峡市财政局	2008 年度全省财政支农工作先进单位	河南省财政厅	豫财办农〔2008〕39 号
厅局级	三门峡市财政局	全省财政科研先进单位	河南省财政厅	奖 牌
厅局级	三门峡市财政局	2008 年度财政信息化建设先进单位	河南省财政厅	奖 牌
厅局级	三门峡市财政支付中心	河南省优质服务窗口	河南省优化经济发展环境工作领导小组	豫优办〔2008〕5 号
市 级	三门峡市财政局机关党委	市级“五好”基层党组织	三门峡市委	三文〔2008〕40 号
市 级	三门峡市财政局	三门峡市行政事业单位资产清查工作先进集体	三门峡市政府	三政〔2008〕24 号
市局级	三门峡市财政支付中心	市五一劳动奖状	三门峡市总工会	三工总〔2008〕15 号

2009年三门峡市财政局先进集体一览表

表55

级　别	获奖单位	获奖名称	授奖单位	依　据
省部级	三门峡市财政国库集中支付中心	全国女职工建功立业标兵岗	全国总工会	奖　牌
厅局级	三门峡市财政局	河南省第一全国污染源普查先进单位	河南省第一全国污染源普查领导小组等	奖　牌
厅局级	三门峡市财政局	2008年度河南省外商投资企业联合年检工作先进单位	河南省商务厅	豫商资管〔2009〕18号
厅局级	三门峡市财政局	全省财政总决算编审工作先进单位	河南省财政厅	豫财〔2009〕35号
厅局级	三门峡市财政局	全省财政预算执行分析工作先进单位	河南省财政厅	豫财库〔2009〕36号
厅局级	三门峡市财政局	全省财政部门决算编审工作先进单位	河南省财政厅	豫财库〔2009〕37号
厅局级	三门峡市财政局	会计信息质量检查先进集体	河南省财政厅	豫财监〔2009〕97号
厅局级	三门峡市财政局	2009年度企业财务快报工作先进单位	河南省财政厅	豫财企〔2009〕122号
厅局级	三门峡市财政局	2008年度外商投资企业决算工作先进单位	河南省财政厅	豫财企〔2009〕22号
厅局级	三门峡市注册会计师协会	2008年度协会综合工作考核评比优秀奖	河南省注册会计师协会	荣誉证书
厅局级	三门峡市注册会计师协会	2009年度会费上缴及2008年度行业会计报表汇总一等奖	河南省注册会计师协会	荣誉证书
厅局级	三门峡市注册会计师协会	2008年度注册会计师全国统一考试组织管理一等奖	河南省注册会计师协会	荣誉证书
市　级	三门峡市财政局	2008年度“节能减排”先进单位	三门峡市政府	三政〔2009〕30号
市　级	三门峡市财政局	2008年度重点项目建设先进单位	三门峡市委、市政府	奖　牌
市　级	三门峡市财政局	“扩内需、保增长”项目争取工作先进单位	三门峡市委、市政府	奖　牌
市局级	三门峡市财政局	2008年度安全生产先进单位	三门峡市政府安委会	三安稳〔2009〕2号
厅局级	三门峡市财政局	“金财工程”建设先进单位	河南省财政厅	豫财办〔2010〕37号
市局级	三门峡市财政国库集中支付中心	“三八”红旗集体	三门峡市妇女联合会	三妇文〔2009〕7号

2010年三门峡市财政局先进集体一览表

表56

级　别	获奖单位	获奖名称	授奖单位	依　据
厅局级	三门峡市财政局	河南省教育经费统计先进集体	河南省教育厅、省财政厅	教财〔2010〕564号
厅局级	三门峡市财政国库集中支付中心	河南省财政系统先进集体	河南省人力资源和社会保障厅、省财政厅	豫人社〔2010〕196号
厅局级	三门峡市财政局	2009年度重装系统党风廉政建设信息工作先进单位	河南省财政厅	豫财纪〔2010〕1号

续表56

级　别	获奖单位	获奖名称	授奖单位	依　据
厅局级	三门峡市财政局	河南省财政法制工作先进单位	河南省财政厅	豫财税政〔2010〕30号
厅局级	三门峡市财政局	“金财工程”建设先进单位	河南省财政厅	豫财办〔2010〕3号
厅局级	三门峡市财政局信息管理中心	“金财工程”建设先进单位	河南省财政厅	豫财办〔2010〕2号
厅局级	三门峡市财政局	2010年度全省财政系统信息工作先进单位	河南省财政厅	荣誉证书
厅局级	三门峡市财政局	全省财政总决算编审工作先进单位	河南省财政厅	豫财库〔2010〕3号
厅局级	三门峡市财政局	全省财政预算执行分析工作先进单位	河南省财政厅	豫财库〔2010〕3号
厅局级	三门峡市财政局	全省财政部门决算编审工作先进单位	河南省财政厅	豫财库〔2010〕3号
厅局级	三门峡市财政局	2010年度汽车摩托车下乡补贴兑付工作先进单位	河南省财政厅	豫财贸〔2010〕270号
厅局级	三门峡市财政局	2010年度汽车以旧换新补贴兑付工作先进单位	河南省财政厅	豫财贸〔2010〕272号
厅局级	三门峡市财政局	2010年度企业经济效益月报工作先进单位	河南省财政厅	豫财企〔2010〕162号
厅局级	三门峡市财政局	2009年度外商投资企业财务会计决算工作经先进单位	河南省财政厅	豫财企〔2010〕163号
厅局级	三门峡市财政局	全省基本建设决算报表先进单位	河南省财政厅	豫财建〔2010〕713号
厅局级	三门峡市财政局	专项资金管理先进单位	河南省财政厅	豫财建〔2010〕720号
厅局级	三门峡市财政局	2010年度全省财政社会保障工作二等奖	河南省财政厅	奖　牌
厅局级	三门峡市财政局	2009年度会计专业技术资格考试考务工作一等奖	河南省会计专业技术资格考试领导小组办公室	奖　牌
厅局级	三门峡市财政局	河南省第一次全国污染源普查先进集体	河南省第一次全国污染源普查办公室	豫污普办〔2010〕166号
市　级	三门峡市财政局	抗洪救灾暨倒房重建工作先进单位	三门峡市委、市政府	三文〔2010〕166号
市　级	三门峡市财政局	2009年度市直义务植树先进单位	三门峡市委、市政府	三文〔2010〕42号
市　级	三门峡市财政局	2009年度农业农村工作包村扶贫工作优秀单位	三门峡市委、市政府	三文〔2010〕38号
市　级	三门峡市财政局	2009年度人口和计划生育工作先进单位	三门峡市委、市政府	三文〔2010〕40号
市　级	三门峡市财政局	2009年度全市目标管理工作先进单位	三门峡市委	三文〔2010〕154号
市　级	三门峡市财政局	全市人口和计生工作先进集体	三门峡市委	三文〔2010〕141号
市　级	三门峡市财政局	2009年度全市党委系统信息工作先进单位	三门峡市委	三办文〔2010〕13号
市　级	三门峡市财政局	2009年度全市党委系统督查工作先进单位	三门峡市委	三办文〔2010〕14号
市　级	三门峡市财政局	2010年度党委系统信息工作先进单位	三门峡市委	荣誉证书
市　级	三门峡市财政局	2009年度全市外事侨务工作先进单位	三门峡市政府	三政〔2010〕29号
市　级	三门峡市财政局	2009年度政务信息工作先进单位	三门峡市政府	三政办〔2010〕52号
市　级	三门峡市财政局	机关作风效能评议先进单位	三门峡市政府	荣誉证书

2001—2004年三门峡市各县(市、区)财政系统先进集体一览表

表57

级　别	获奖单位	获奖名称	授奖单位	依　据
省部级	湖滨区财政局	2003年度省级文明先进单位	河南省委、省政府	奖　牌
省部级	灵宝市财政局	2003年度省级文明先进单位	河南省委、省政府	奖　牌
省部级	灵宝市财政局	2003年度农村税费改革先进单位	河南省政府	奖　牌
省部级	灵宝市财政局	2004年度农村税费改革先进单位	河南省政府	奖　牌
省部级	卢氏县财政局	2002年度省级文明单位	河南省文明委	奖　牌
厅局级	渑池县财政局	2004年度全省反腐败抓源头工作先进集体	河南省财政厅	豫财行〔2004〕526号
厅局级	灵宝市财政局	2001年度全省落实"收支两条线"规定工作先进集体	河南省财政厅	奖　牌
厅局级	灵宝市财政局	2002年度省级卫生先进单位	河南省爱卫会	奖　牌
厅局级	灵宝市财政局	2002年度"全民健身周"活动先进单位	河南省体育局	奖　牌
厅局级	卢氏县财政局	2002年度全省示范性函授站	河南省财政厅	奖　牌
厅局级	卢氏县财政局	2004年度全省"整顿统一着装"工作先进单位	河南省财政厅	豫财行字〔2004〕526号
厅局级	陕县原店镇财政所	2003年度全省财政系统先进集体	河南省人事厅、省财政厅	豫人公〔2003〕4号
市　级	湖滨区财政局	2003年全市"农村税费改革"先进集体	三门峡市政府	三政〔2003〕36号
市　级	卢氏县财政局	2004年度全市反腐败抓源头工作先进集体	三门峡市委纪检委、市人事局、市监察局、市反腐领导小组办公室	奖　牌
市　级	卢氏县财政局	"八七"扶贫开发先进集体(2002年)	三门峡市委、市政府	奖　牌
市　级	陕县张茅乡财政所	2003年度全市"农村税费改革"先进集体	三门峡市政府	三政〔2003〕36号
市　级	陕县张茅乡财政所	2003年度全市"农村税费改革"先进单位	三门峡市政府	三政〔2003〕36号
市　级	陕县菜园乡财政所	2003年度全市"农村税费改革"先进单位	三门峡市政府	三政〔2003〕36号
市　级	陕县菜园乡财政所	2003年度全市农村税费改革先进单位	三门峡市政府	三政〔2003〕36号
市　级	陕县张湾乡财政所	2003年度市级文明单位	三门峡市委、市政府	奖　牌
市　级	卢氏县财政局	2001年度驻村工作先进派出单位	三门峡市委	三发〔2002〕18号
市　级	陕县财政局	2001年度驻村工作先进派出单位	三门峡市委	三发〔2002〕18号

2005年三门峡市各县(市、区)财政系统先进集体一览表

表58

级别	获奖单位	获奖名称	授奖单位	依据
省部级	湖滨区财政局	2005年度农村义务教育“两免一补”工作先进集体	河南省政府	豫政〔2006〕58号
省部级	湖滨区财政局	河南省维护妇女儿童合法权益示范岗	河南省人民政府妇女儿童工作委员会	豫政妇儿工委字〔2005〕2号
厅局级	湖滨区财政局	河南省实施农村中小学危房改造工程工作先进集体	河南省人事厅、省教育厅、省财政厅	豫人公〔2006〕2号
市级	湖滨区财政局	老干部工作暨老干部发挥作用先进集体	三门峡市委、市政府	奖牌
市级	湖滨区财政局	优化经济发展环境优秀单位	三门峡市优化办	三优发〔2006〕1号
市级	湖滨区财政局	先进基层党组织	三门峡市委	三文〔2006〕66号
市级	湖滨区财政局	“巾帼”文明岗	三门峡市妇女联合会	三妇文〔2005〕11号
省部级	义马市财政局	省级文明单位	河南省委、省政府	奖牌
厅局级	义马市财政局	全省技改工作先进单位	河南省经济技术开发公司	奖牌
市级	义马市财政局	“先进性教育”活动先进基层党支部	三门峡市委	奖牌
市级	义马市财政局	老干部工作先进单位	三门峡市委、市政府	奖牌
市级	义马东区财税所	2005年度全市“种粮直补”工作先进单位	三门峡市政府	奖牌
市级	义马市财政局	帮扶困难职工先进单位	三门峡市政府	奖牌
市级	义马市财政局	2005年度第二季度“十佳”诚信单位	三门峡市文明委	奖牌
市级	义马市财政局	三门峡市“反腐败、抓源头”治理工作先进单位	三门峡市委纪检委	奖牌
省部级	渑池县财政局	省级文明单位	河南省委、省政府	豫文〔2005〕18号
省部级	渑池县财政局	省级“五好”型支部	河南省先进性教育活动办公室	奖牌
市级	渑池县财政局	市级文明单位标兵(果元乡财政所)市级文明单位(坡头乡财政所)市级文明单位(段村乡财政所)	三门峡市委、市政府	奖牌
市级	渑池县财政局	2005年度农村义务教育“两补一免”先进单位	三门峡市政府办	奖牌
市级	渑池县财政局	“革命歌曲大家”唱银奖	三门峡市委纪检委	奖牌
市级	渑池县财政局	市级创新示范岗	三门峡市总工会	三工总〔2005〕9号
市级	渑池县财政局	“巾帼”文明岗位标兵	三门峡市妇女联合会	三妇文〔2005〕11号
市级	陕县财政局	2005年度市级文明单位标兵	三门峡市委、市政府	奖牌
市级	陕县财政局	2005年度全市实施农村中小学危房改造工程先进单位	三门峡市政府	奖牌
厅局级	灵宝市财政局	2005年度全省契税征收先进单位	河南省财政厅	豫财办农税〔2006〕2号

续表 58

级　别	获奖单位	获奖名称	授奖单位	依　据
市　级	灵宝市财政局	2005 年度全市“种粮直补”工作先进单位	三门峡市政府	三政办〔2006〕1 号
市　级	灵宝市财政局	2005 年全市农村义务教育“两免一补”一等奖	三门峡市“两免一补”办公室	三免补〔2006〕1 号
省部级	卢氏县财政局	《中华人民共和国国家金库条例》颁布二十周年知识竞赛一等奖	中华人民共和国国家金库	荣誉证书
市　级	卢氏县财政局	2005 年度全市实施农村中小学危房改造工程先进单位	三门峡市政府	奖　牌
市　级	开发区财政局	三门峡市“五好团支部”荣誉称号	共青团三门峡市委	奖　牌

2006 年三门峡市各县(市、区)财政系统先进集体一览表

表 59

级　别	获奖单位	获奖名称	授奖单位	依　据
省　级	湖滨区财政局	全省农村义务教育“两免一补”工作先进集体	河南省政府	豫政〔2006〕58 号
省　级	义马市财政局	省级卫生先进单位	河南省爱卫会	奖　牌
省　级	灵宝市财政局	河南省农村义务教育“两免一补”工作先进集体	河南省政府	豫政〔2006〕58 号
省　级	卢氏县财政局	河南省农村义务教育“两免一补”工作先进集体	河南省政府	豫政〔2006〕58 号
省　级	开发区财政局	河南省农村义务教育“两免一补”工作先进集体	河南省政府	豫政〔2006〕58 号
厅局级	渑池县财政局	河南省财政系统先进集体	河南省人事厅、省财政厅	奖　牌
厅局级	开发区财政局	2005 年河南省金财工程应用系统建设先进单位	河南省财政厅	荣誉证书
市　级	陕县西张村镇财税所	市级文明单位	三门峡市委、市政府	奖　牌
市　级	湖滨区财政局	优化经济发展环境优秀单位	三门峡市优化办	三优发〔2006〕1 号
市　级	渑池县财政局	农村义务教育“两免一补”工作二等奖	三门峡市“两免一补”办公室	奖　牌

2007 年三门峡市各县(市、区)财政系统先进集体一览表

表 60

级　别	获奖单位	获奖名称	授奖单位	依　据
省部级	灵宝市财政局	全国财政系统先进单位	财政部	荣誉证书
省部级	灵宝市财政局	县级财政经济研究专业先进单位	中国财政学会	荣誉证书
省部级	灵宝市财政局	全省 2007 年度农村义务教育“两免一补”先进集体	河南省政府	奖　牌

续表60

级 别	获奖单位	获奖名称	授奖单位	依 据
省部级	渑池县财政局	全省2007年度农村义务教育“两免一补”先进集体	河南省政府	奖 牌
省部级	湖滨区财政局	全省2006年度农村义务教育“两免一补”先进集体	河南省政府	奖 牌
厅局级	渑池县财政局	全省财政系统先进集体.	河南省财政厅、省人事厅	奖 牌
厅局级	陕县财政局	全省合作医疗管理先进单位	河南省财政厅	奖 牌
市 级	陕县财政局	市级文明单位	三门峡市委、市政府	奖 牌
市 级	义马市新区财政所	市级文明单位	三门峡市委、市政府	奖 牌
市 级	义马市财政局	全市行政事业清产核资先进单位	三门峡市政府	奖 牌
市 级	陕县财政局	全市优化经济环境先进单位	三门峡市政府	奖 牌
市 级	陕县财政局	全市行政事业清产核资先进单位	三门峡市政府	奖 牌
市 级	渑池县财政局	三门峡市人民政府对渑池县财政局嘉奖令	三门峡市政府	三政〔2007〕3号
市 级	渑池县果元乡财税所	全市会计工作先进集体	三门峡市财政局、市人事局	奖 牌
市 级	渑池县果元乡财税所	全市财政系统先进集体	三门峡市财政局、市人事局	奖 牌
市 级	陕县财政局	文明服务示范窗口	三门峡市文明委	奖 牌
市 级	陕县财政局	全市财政系统先进单位	三门峡市财政局、市人事局	奖 牌

2008年三门峡市各县(市、区)财政系统先进集体一览表

表61

级 别	获奖单位	获奖名称	授奖单位	依 据
省部级	陕县财政局	省级文明单位	河南省委、省政府	豫文字〔2008〕176号
省部级	渑池县财政局	全省“五好”基层党组织	河南省委	奖 牌
省部级	渑池县财政局	2007年度全省农村义务教育“两免一补”工作先进集体	河南省政府	光荣册
厅局级	渑池县财政局	全省财政系统先进集体	河南省财政厅、省人事厅	光荣册
厅局级	灵宝市财政局	2008年度全省卫生工作先进单位	河南省爱卫会	奖 牌
厅局级	灵宝市财政局	2008年度河南省农业综合开发先进单位	河南省农业综合开发领导小组	奖 牌
厅局级	灵宝市财政局	2008年度全省文明单位“结对帮扶”农村精神文明建设工作先进单位	河南省文明办	奖 牌
市 级	义马市东区财税所	市级文明单位	三门峡市委、市政府	三文〔2008〕9号
市 级	渑池县财政局	全市职业道德建设先进单位	三门峡市总工会	奖 牌
市 级	渑池县财政局	全市“五好”基层党组织	三门峡市委	奖 牌

续表 61

级　别	获奖单位	获奖名称	授奖单位	依　据
市　级	湖滨区财政局	全市行政事业单位资产清查工作先进集体	三门峡市政府	三政〔2008〕24 号
市　级	渑池县财政局	全市行政事业单位资产清查工作先进单位	三门峡市政府	三政〔2008〕24 号
市　级	陕县财政局	全市行政事业单位资产清查工作先进集体	三门峡市政府	三政〔2008〕24 号
市　级	灵宝市财政局	全市行政事业单位资产清查工作先进单位	三门峡市政府	三政〔2008〕24 号
市局级	渑池县财政局	全市廉政文化建设示范单位	三门峡市纪委监察局	奖　牌
市局级	义马市财政局	全市廉政文化建设示范单位	三门峡市纪委监察局	奖　牌
市局级	渑池县财政局	全市组织工作先进单位	三门峡市委组织部	奖　牌
市局级	卢氏县财政局总支	城市分行业创"五好"活动先进党组织	三门峡市委组织部	奖　牌
市局级	渑池县财政局	五一劳动奖状	三门峡市总工会	奖　牌
市局级	义马市财政支付中心	"青年文明号"标兵	三门峡市"双争办"	三双争字〔2008〕1 号
市局级	渑池县财政局	全市预防职务犯罪工作先进单位	三门峡市预防职犯领导小组	奖　牌

2009 年三门峡市各县（市、区）财政系统先进集体一览表

表 62

级　别	获奖单位	获奖名称	授奖单位	依　据
厅局级	陕县财政局团支部	河南省"五好"团支部	共青团河南省委	奖　牌
厅局级	渑池县财政局	先进基层党校	河南省委宣传部	豫宣文〔2009〕47 号
厅局级	渑池县财政局	全省契税征收先进单位	河南省财政厅	豫财办农税〔2009〕1 号
厅局级	渑池县财政局	全省耕地占有税征收先进集体	河南省财政厅	豫财办农税〔2009〕1 号
厅局级	义马市财政局	全省契税征收先进单位	河南省财政厅	豫财办农税〔2009〕1 号
厅局级	灵宝市财政局	文明单位"结对帮扶"农村精神文明建设先进单位	河南省文明办	豫政〔2009〕2 号
厅局级	卢氏县财政局	庆祝新中国成立 60 周年征联活动优秀组织奖	河南省财政厅	豫财党〔2009〕18 号
厅局级	陕县财政国库支付中心	河南省优质服务窗口	河南省优化经济发展环境工作领导小组	奖　牌
厅局级	开发区财政国库支付中心	河南省优质服务窗口	河南省优化经济发展环境工作领导小组	奖　牌
市　级	渑池县财政局	全市"五好"基层党组织	三门峡市委	三文〔2009〕73 号
市　级	湖滨区财政局	三门峡市"三八"红旗集体	三门峡市妇女联合会	奖　牌

2010年三门峡市各县(市、区)财政系统先进集体一览表

表63

级 别	获奖单位	获奖名称	授奖单位	依 据
省部级	湖滨区财政局	省级文明单位	河南省委、省政府	奖 牌
厅局级	义马市财政国库支付中心	河南省优质服务窗口	河南省优化经济发展环境工作领导小组	豫优发〔2010〕2号
厅局级	渑池县财政局	省级卫生先进单位	河南省爱委会	豫爱卫〔2010〕5号
厅局级	陕县财政局	河南省第一次全国污染源普查先进单位	河南省第一次全国污染源普查领导小组办公室	奖 牌
厅局级	陕县财政局	2009年度省级卫生先进单位	河南省爱卫会	奖 牌
厅局级	灵宝市财政局	2009年度新增建设用地有偿使用费收缴先进单位	河南省财政厅	豫财综〔2010〕124号
厅局级	开发区财政局团支部	河南省"五好"团支部	共青团河南省委	奖 牌
市 级	陕县宫前乡财税所	市级文明单位	三门峡市委、市政府	奖 牌
市 级	陕县菜园乡财税所	市级文明单位	三门峡市委、市政府	奖 牌
市 级	陕县王家后乡财税所	市级文明单位	三门峡市委、市政府	奖 牌
市 级	义马市财政局	"五好"基层党组织	三门峡市委	奖 牌
市 级	灵宝市财政局	"五好"基层党组织	三门峡市委	奖 牌
市 级	灵宝市财政局	三门峡市创建"白内障无障碍市"先进集体	三门峡市政府	三残工委〔2010〕12号
市局级	灵宝市财政局	"创先争优"优秀青年文明号	共青团三门峡市委	三双争字〔2010〕4号
市局级	卢氏县财政局	2008—2009年度全市保密工作先进集体	三门峡市保密委员会	三保委〔2010〕1号

二、个人荣誉

2001—2004年三门峡市财政局先进个人一览表

表64

级 别	获奖者	获奖名称	授奖单位	依 据
省部级	赵见晓	2001年度全省优秀驻村工作队员	河南省委、省政府	荣誉证书
省部级	李少民	2002年度全省优秀驻村工作队员	河南省委、省政府	荣誉证书
省部级	高战荣	2003年度河南省农村税费改革工作先进工作者	河南省政府	荣誉证书
厅局级	李少民	"三农"问题研究征文《驻村扶贫资金财务管理存在的问题及解决对策》一等奖(2004年)	河南省农业厅、省社会科学界联合会等	荣誉证书
厅局级	范社民 李少民 张鹏博	"三农"问题研究征文《农村税费改革后乡级财政和村级收入问题研究》一等奖(2004年)	河南省农业厅、省社会科学界联合会等	荣誉证书

续表 64

级　别	获奖者	获奖名称	授奖单位	依　据
厅局级	马献珍 伍　勇	“三农”问题研究征文《支持农业结构调整，促进农村经济发展》三等奖(2004 年)	河南省农业厅、省社会科学界联合会等	荣誉证书
市　级	田金志 伍　勇	“三农”问题研究征文《当前农民增收问题探讨》三等奖(2004 年)	河南省农业厅、省社会科学界联合会等	荣誉证书
市　级	田金志 贺宏民	“三农”问题研究征文《农业综合开发的实践与思考》获三等奖(2004 年)	河南省农业厅、省社会科学界联合会等	荣誉证书
市　级	赵见晓	2001 年度驻村工作优秀个人	三门峡市委	荣誉证书
市　级	李红伟	2001 年度驻村工作优秀个人	三门峡市委	荣誉证书
市　级	卢国迎	2001 年度驻村工作优秀个人	三门峡市委	荣誉证书
市　级	张世军	2001 年度驻村工作优秀个人	三门峡市委	荣誉证书
市　级	刘灿锋	2004 年度劳动模范	三门峡市政府	荣誉证书

2005 年三门峡市财政局先进个人一览表

表 65

级　别	获奖者	获奖名称	授奖单位	依　据
省部级	朱志军	全国财政信息先进组织者	财政部	财办(2006)8 号
省部级	贺红民	全国财政信息先进工作者	财政部	财办(2006)8 号
省部级	刘奇星	2001—2005 年度全国财政法制宣传教育先进个人	财政部	财发〔2006〕5 号
省部级	范礼民	全省农村义务教育“两免一补”先进工作者	河南省政府	豫政〔2006〕58 号
省部级	刘玉霞	全省农村义务教育“两免一补”先进工作者	河南省政府	豫政〔2006〕58 号
省部级	李兆羲	全省农村义务教育“两免一补”先进工作者	河南省政府	豫政〔2006〕58 号
省部级	郭宗炜	河南省下岗职工再就业工作先进工作者	河南省政府	荣誉证书
省部级	李宝珠	2004、2005 年度“种粮直补”工作先进工作者	河南省政府	豫政〔2006〕1 号
厅局级	韩青芳	河南省优秀科技工作者	河南省财政厅	豫财办会〔2005〕69 号
厅局级	刘奇星	2005 年度河南省企业所得税税源调查先进个人	河南省财政厅	豫财办税〔2005〕30 号
厅局级	潘金杨	河南省质量管理小组成果奖(提高冷板表面前处理效果)三等奖	河南省质量技术监督局、省发改委、省科学技术厅、省总工会等	荣誉证书
市　级	高战荣	2005 年度全市目标管理工作先进个人	三门峡市委、市政府	三文〔2006〕36 号
市　级	张云霞	老干部工作先进工作者	三门峡市委、市政府	荣誉证书
市　级	李少民	五一劳动奖章获得者	三门峡市总工会	奖章及荣誉证书

续表65

级 别	获奖者	获奖名称	授奖单位	依 据
市 级	朱志军	全市政务信息先进工作者	三门峡市委	三办文〔2006〕9号
市 级	张恬申	市直包村扶贫工作先进工作者	三门峡市委	三办文〔2006〕11号
市 级	周天群	市直包村扶贫工作先进个人	三门峡市委	荣誉证书
市 级	汤新英	全市农村义务教育"两免一补"工作先进工作者	三门峡市政府	三政〔2006〕42号
市 级	刘伦琴	2004、2005年度全市农民种粮直补工作先进工作者	三门峡市政府	三政办〔2006〕1号
市 级	康平森	2004、2005年度全市农民种粮直补工作先进工作者	三门峡市政府	三政办〔2006〕1号
市 级	朱志军	2004、2005年度全市农民种粮直补工作先进工作者	三门峡市政府	三政办〔2006〕1号
市 级	朱志军	全市政务信息先进工作者	三门峡市政府	三政办〔2006〕24号
市 级	郭旬波	2004、2005年度全市农民种粮直补工作先进工作者	三门峡市政府办公室	荣誉证书
市 级	韦学蕴	第四届三门峡市十"大优秀青年卫士"称号	三门峡市综治委、市委政法委、共青团三门峡市委	荣誉证书
市 级	李 辉	第四届三门峡市"十大杰出青年卫士"称号	三门峡市综治委、市委政法委、共青团三门峡市委	荣誉证书
市 级	刘合洲	2005年度纪检监察宣传教育先进个人	三门峡市纪委	荣誉证书
市 级	郭宗玮	帮扶工作先进工作者	三门峡市帮扶工作领导小组	荣誉证书
市 级	孙建平	帮扶工作先进工作者	三门峡市帮扶工作领导小组	荣誉证书
市 级	王鸿平	三门峡市"青年岗位能手"称号	共青团三门峡市委、三门峡"双争"活动组委会	三双争字〔2005〕3号
市 级	侯 燕	三门峡市"青年岗位能手"称号	共青团三门峡市委、三门峡"双争"活动组委会	三双争字〔2005〕3号
市 级	朱丽娜	三门峡市"模范团干部"	共青团市中共三门峡市委	荣誉证书
市 级	潘金杨	2005年度三门峡市劳动模范	三门峡市总工会	荣誉证书

2006年三门峡市财政局先进个人一览表

表66

级 别	获奖者	获奖名称	授奖单位	依 据
省部级	朱志军	全国财政信息先进组织者	财政部	财办〔2007〕26号
厅局级	张成云	河南省超限超载治理先进工作者	河南省交通厅	荣誉证书
厅局级	韩青芳	全省优秀会计工作者	河南省财政厅	豫财办会〔2005〕69号
厅局级	刘玉霞	河南省农村中小学危房改造工程实施工作先进工作者	河南省教育厅、省财政厅、省人事厅等	豫人公〔2006〕2号
厅局级	刘赞民	河南省职业教育先进个人	河南省教育厅	荣誉证书

续表 66

级　别	获奖者	获奖名称	授奖单位	依　据
厅局级	朱晓燕	河南省教育系统优质课教学三等奖	河南省教育厅	荣誉证书
厅局级	王永刚	河南省青年志愿者助残行动先进个人	河南省残联、共青团河南省委	荣誉证书
市　级	杜燕平	三门峡市巾帼岗位明星	三门峡市妇女联合会	三妇文〔2007〕17 号
市　级	于　瑾	三门峡市巾帼岗位明星	三门峡市妇女联合会	三妇文〔2007〕17 号
市　级	张成云	农村客运场站建设先进工作者	三门峡市政府	荣誉证书
市　级	伍　勇	全市森林防火工作先进个人	三门峡市政府	三防挥〔2006〕3 号
市　级	郭宗玮	五一劳动奖章获得者	三门峡市总工会	奖　章　荣誉证书
市　级	郭旬波	第五届三门峡市优秀青年卫士	三门峡市综治委	荣誉证书
市　级	高战荣	计划生育工作记二等功	三门峡市委、市政府	荣誉证书
市　级	董友忠	计划生育工作记三等功	三门峡市委、市政府	荣誉证书
市　级	杜秀阁	计划生育工作记二等功	三门峡市委、市政府	荣誉证书
市　级	刘同会	计划生育工作记三等功	三门峡市委、市政府	荣誉证书
市　级	李少民	三门峡市第八批专业技术拔尖人才	三门峡市委、市政府	三文〔2006〕6 号
市　级	李少民	三门峡市“十佳”社会科学工作者	三门峡市社科联	三社科奖〔2006〕03 号
市　级	马宏亮	三门峡市优秀团干部	共青团三门峡市委	奖　状
市　级	马鹏举	三门峡市优秀团员	共青团三门峡市委	奖　状
市　级	刘玉霞	三门峡市巾帼岗位星	三门峡市妇女联合会	三妇文〔2007〕17 号
市　级	范社民	三门峡市职业教育先进个人	三门峡市教育局、市财政局、市人事局等	三教文〔2006〕161 号
市　级	武应峰	三门峡市职业教育先进个人	三门峡市教育局、市财政局、市人事局等	三教文〔2006〕161 号
市　级	王　莉	三门峡市巾帼岗位明星	三门峡市妇女联合会、市财政局	三妇文〔2007〕17 号
市　级	王　莉	全市防范处理邪教工作先进个人	三门峡市人事局防范和处理邪教办公室	荣誉证书
市　级	朱志军	2006 年度全市信访工作先进工作者	三门峡市委、市政府	三办〔2007〕25 号
市　级	王志豪	2006 年度市委系统信息工作先进工作者	三门峡市委	三办文〔2007〕4 号
市　级	朱志军	2006 年度政府系统信息工作先进工作者	三门峡市政府	三政办〔2007〕35 号
市　级	翟海燕	市直包村扶贫工作先进工作者	三门峡市委、市政府	三办文〔2007〕6 号
市　级	秦冬生	市直包村扶贫工作先进工作者	三门峡市委、市政府	三办文〔2007〕6 号

续表 66

级 别	获奖者	获奖名称	授奖单位	依 据
市 级	高战荣	2006 年度全市目标管理工作先进个人	三门峡市委、市政府	三文〔2007〕95 号
市 级	朱志军	全市建议提案办理工作先进个人	三门峡市政府	三政办〔2007〕35 号
市 级	张宇辉	公文处理先进工作者	三门峡市政府	三政办〔2007〕35 号文
市 级	高战荣	2006 年度党风廉政建设工作先进个人	三门峡市委、市政府	三文〔2007〕28 号
市 级	雷 萍	2006 年度党风廉政建设工作先进个人	三门峡市委、市政府	三文〔2007〕28 号
市 级	范社民	2006 年度党风廉政建设工作先进个人	三门峡市委、市政府	三文〔2007〕28 号
市 级	王继功	2006 年度农村客运场站建设先进个人	三门峡市政府	三政办〔2007〕10 号
市 级	张成云	2006 年度农村客运场站建设先进个人	三门峡市政府	三政办〔2007〕10 号

2007 年三门峡市财政局先进个人一览表

表 67

级 别	获奖者	获奖名称	授奖单位	依 据
厅局级	刘奇星	河南省税源调查先进个人	河南省财政厅	荣誉证书
厅局级	潘吉超	全省财政系统先进个人	河南省财政厅人事厅	荣誉证书
厅局级	李富英	河南省骨干教师	河南省教育厅	荣誉证书
厅局级	李爱霞	河南省骨干教师	河南省教育厅	荣誉证书
厅局级	姚光勤	河南省骨干教师	河南省教育厅	荣誉证书
厅局级	杨桂花	河南省骨干教师	河南省教育厅	荣誉证书
市 级	马宏亮	三门峡市模范团干部	共青团三门峡市委	荣誉证书
市 级	马鹏举	三门峡市优秀共青团员	共青团三门峡市委	荣誉证书
市 级	彭建康	全市纪检监察宣传教育工作先进个人	三门峡市纪委	三纪文〔2007〕9 号
市 级	朱战平	三门峡市职业教育先进个人	三门峡市教育局、市发改委、市财政局、市人事局等	三教文〔2006〕161 号
市 级	焦 珍	三门峡市模范团干部	共青团三门峡市委	三青文〔2006〕3 号
市 级	李之敏	三门峡市青年岗位能手	共青团三门峡市委	三青文〔2006〕3 号
市 级	王永刚	三门峡市青年岗位能手	共青团三门峡市委	三青文〔2006〕3 号
市 级	朱战平	三门峡市青年岗位能手	共青团三门峡市委	三青文〔2006〕3 号
市 级	张进学	2006 年度全市财政系统先进工作者	三门峡市人事局、市财政局	荣誉证书
市 级	刘玉侠	2006 年度五一劳动奖章	三门峡市总工会	奖 章

2008 年三门峡市财政局先进个人一览表

表 68

级　别	获奖者	获奖名称	授奖单位	依　据
省部级	贺红民	全国财政信息工作先进组织者	财政部	财办〔2008〕16 号
省部级	周天群	全省行政事业单位资产清查工作先进工作者	河南省政府	豫政〔2008〕24 号
厅局级	朱志军	全省财政信息工作先进组织者	河南省财政厅	豫财办〔2008〕42 号
厅局级	贺红民	全省财政信息工作先进组织者	河南省财政厅	豫财办〔2008〕42 号
厅局级	张成云	全省“财政与改革开放 30 年”征文优秀奖	河南省财政厅	荣誉证书
厅局级	李清凌	全省先进会计工作者	河南省财政厅	豫财办会〔2008〕63 号
厅局级	王少泽	全省先进会计工作者	河南省财政厅	豫财办会〔2008〕63 号
厅局级	赵温生	全省先进会计工作者	河南省财政厅	豫财办会〔2008〕63 号
厅局级	张成云	车辆超限超载治理工作先进个人	河南省车辆超限超载治理工作联席办公会议	荣誉证书
市　级	杜燕平	2008 年度争取中央新增投资工作先进工作者	三门峡市委、市政府	荣誉证书
市　级	于　瑾	2008 年度争取中央新增投资工作先进工作者	三门峡市委、市政府	荣誉证书
市　级	刘玉侠	全市重点项目建设先进工作者	三门峡市委、市政府	荣誉证书
市　级	贺红民	全市党委系统信息工作先进工作者	三门峡市委	三办文〔2008〕17 号
市　级	张宇辉	全市政务信息工作先进工作者	三门峡市政府	三政办〔2008〕22 号
市　级	朱志军	全市建议提案办理工作先进工作者	三门峡市政府	三政办〔2008〕22 号
市　级	朱志军	全市公文处理工作先进工作者	三门峡市政府	三政办〔2008〕22 号
市　级	周天群	三门峡市行政事业单位资产清查工作先进工作者	三门峡市政府	三政〔2008〕24 号
市　级	徐春玲	三门峡市行政事业单位资产清查工作先进工作者	三门峡市政府	三政〔2008〕24 号
市　级	张　翀	三门峡市行政事业单位资产清查工作先进工作者	三门峡市政府	三政〔2008〕24 号
市　级	任海水	三门峡市五一劳动奖章	三门峡市总工会	奖　章

2009 年三门峡市财政局先进个人一览表

表 69

级　别	获奖者	获奖名称	授奖单位	依　据
省部级	于　瑾	2009 年度第一次全国污染源普查工作先进个人	国务院第一次全国污染源普查领导小组办公室、环境保护部、国家统计局、农业部	荣誉证书
厅局级	赵春红	会计信息质量检查先进工作者	河南省财政厅	豫财监〔2009〕97 号

续表 69

级　别	获奖者	获奖名称	授奖单位	依据
厅局级	翟海燕	第 13 届河南青年五四奖章	共青团河南省委、省青年联合会	荣誉证书
厅局级	王社琴	河南省巾帼建功标兵	河南省“双学双比”“巾帼建功”活动协调小组	荣誉证书
市　级	李清凌	优秀驻村帮扶工作队员	三门峡市委、市政府	荣誉证书
市　级	于　瑾	2008 年度中央新增投资工作先进工作者	三门峡市委、市政府	荣誉证书
市　级	刘玉霞	第七届三门峡市“十大杰出女性”	三门峡市政府	荣誉证书
市　级	武应峰	三门峡市劳动模范	三门峡市政府	三政〔2009〕27 号
市　级	曹利平	三门峡市劳动模范	三门峡市政府	三政〔2009〕27 号
市　级	刘同会	三门峡市劳动模范	三门峡市政府	三政〔2009〕27 号
市　级	于　瑾	2008 年度节能减排先进个人	三门峡市政府	三政〔2009〕30 号
市　级	翟海燕	2009 年度项目建设先进个人	三门峡市政府	荣誉证书
市　级	翟海燕	荣立三等功两次	三门峡市政府	荣誉证书
市　级	侯　燕	“突出贡献”优秀教师	三门峡市政府	荣誉证书
市局级	李少民	首届三门峡市道德模范	三门峡市文明办、市总工会	三文明办〔2009〕2 号
市局级	李爱霞	三门峡市优秀教师	三门峡市人事局、市教育局	荣誉证书

2010 年三门峡市财政局先进个人一览表

表 70

级　别	获奖者	获奖名称	授奖单位	依　据
厅局级	朱志军	2010 年度财政部信息工作先进个人	财政部	荣誉证书
厅局级	吴　强	财政信息管理先进工作者	河南省财政厅	豫财办 22 号
厅局级	高琳娜	财政信息管理先进工作者	河南省财政厅	豫财办 22 号
厅局级	张宇辉	2010 年度财政信息工作先进组织者	河南省财政厅	荣誉证书
厅局级	王桂亮	2010 年度优秀财政信息员	河南省财政厅	荣誉证书
厅局级	彭建康	2009 年度财政系统党风廉政建设信息工作优秀通讯员	河南省财政厅	豫财纪〔2010〕1 号
厅局级	高琳娜	先进工作者	河南省财政厅	豫财办〔2010〕37 号
厅局级	李少民	全省财政系统先进工作者	河南省人力资源和社会保障局、省财政厅	豫人社〔2010〕196 号
厅局级	李云飞	河南省优秀共青团员	共青团河南省委	荣誉证书
市　级	宋　东	抗洪救灾暨倒房重建工作先进个人	三门峡市委、市政府	三文〔2010〕166 号
市　级	范社民	2009 年度创建园林城市工作优秀个人	三门峡市委、市政府	三文〔2010〕129 号

续表 70

级　别	获奖者	获奖名称	授奖单位	依　据
市　级	康平森	2009 年度创建园林城市路长单位先进个人	三门峡市委、市政府	三文〔2010〕129 号
市　级	姜丽萍	2009 年度先进工作者	三门峡市委、市政府	三文〔2010〕38 号
市　级	赵建军	2009 年度先进工作者	三门峡市委、市政府	三文〔2010〕38 号
市　级	宋　东	2010 年度对外开放重点项目建设先进个人	三门峡市委、市政府	荣誉证书
市　级	范社民	2010 年度平安建设先进个人	三门峡市委、市政府	荣誉证书
市　级	范社民	2009 年度目标管理先进个人	三门峡市委	三文〔2010〕154 号
市　级	范社民	2009 年度反腐倡廉建设优秀个人	三门峡市委	三文〔2010〕79 号
市　级	雷　萍	2009 年度反腐倡廉建设优秀个人	三门峡市委	三文〔2010〕79 号
市　级	康平森	2009 年度反腐倡廉建设优秀个人	三门峡市委	三文〔2010〕79 号
市　级	翟海燕	市五一劳动奖章	三门峡市总工会	荣誉证书
市　级	翟海燕	2010 年度对外开放重点项目建设先进个人	三门峡市委、市政府	荣誉证书
市　级	郝营景	2010 年度禁毒工作先进个人	三门峡市委、市政府	荣誉证书
市　级	范社民	2009 年度反腐倡廉建设优秀个人	三门峡市委	三文〔2010〕79 号
市　级	雷　萍	2009 年度反腐倡廉建设优秀个人	三门峡市委	三文〔2010〕79 号
市　级	王继功	2009 年度反腐倡廉建设优秀个人	三门峡市委	三文〔2010〕79 号
市　级	康平森	2009 年度反腐倡廉建设优秀个人	三门峡市委	三文〔2010〕79 号
市　级	王继功	2009 年度林业生态建设先进工作者	三门峡市政府	荣誉证书
市　级	王继功	2009 年度反腐倡廉建设优秀个人	三门峡市委	三文〔2010〕79 号
市　级	朱志军	2010 年度市委信息工作先进个人	三门峡市委	荣誉证书
市　级	王桂亮	三门峡市第七届优秀青年卫士	三门峡市委	荣誉证书
市　级	张宇辉	2010 年度市委督查工作先进个人	三门峡市委	荣誉证书
市　级	刘玉霞	十大杰出女性称号	市委宣传部、市妇联、市人事局等	荣誉证书
市　级	孙建平	2010 年全市社会矛盾化解工作先进个人	三门峡市“三项重点工作”领导小组市委维稳工作领导小组	荣誉证书

2001—2004 年三门峡市各县(市、区)财政系统先进个人一览表

表 71

级　别	获奖者	获奖名称	授奖单位	依　据
省部级	韩小怪	2002 年度全国“双基”工作先进工作者	国家发改委、财政部、教育部等	荣誉证书
省部级	辛江峰	2002 年度河南省退耕还林试点工作先进个人	河南省政府	荣誉证书

续表 71

级别	获奖者	获奖名称	授奖单位	依据
省部级	刘改琴	2003 年度全省农村税费改革工作先进工作者	河南省政府	豫政〔2003〕15 号
省部级	胡占学	2004 年度反腐败抓源头治理先进工作者	河南省委纪律检查委员会	荣誉证书
省部级	张旭峰	2004 年全国财政系统书画展油画《月夜》获银奖	财政部	奖牌
省部级	符彦升	2003 年度全省农村税费改革工作先进工作者	河南省政府	豫政〔2003〕15 号
省部级	韩玉峰	2003 年度全省农村税费改革工作先进工作者	河南省政府	豫政〔2003〕15 号
厅局级	薛大伟	2001 年度中华会计函授学校优秀校(站)长	中华会计函授学校	荣誉证书
厅局级	张海陆	2003 年度全省财政系统先进工作者	河南省人事厅、省财政厅	荣誉证书
厅局级	郭满旭	2003 年度农村税费改革工作先进个人	河南省财政厅	荣誉证书
厅局级	马虹霞	2003 年度全省财政系统先进工作者	河南省人事厅、省财政厅	荣誉证书
厅局级	王　环	2003 年度全省财政系统先进工作者	河南省人事厅、省财政厅	荣誉证书
厅局级	曹海忠	2003 年度河南省实施“农村中小学危房改造工程”工作先进工作者	河南省人事厅、省财政厅	荣誉证书
厅局级	张海陆	“三农”问题研究征文《农村税费改革后乡镇财政面临的困难及解决思路》获三等奖	河南省农业厅、省社会科学界联合会等	荣誉证书
厅局级	薛红照	“三农”问题研究征文《税费改革后县乡财政困难及解决思路》获三等奖	河南省农业厅、省社会科学界联合会等	荣誉证书
市级	马学智	2002 年度“八七”扶贫攻坚阶段扶贫开发工作先进个人	三门峡市委、市政府	荣誉证书
市级	王维超	2003 年度全市农村税费改革先进工作者	三门峡市政府	三政〔2003〕36 号
市级	高加本	2003 年度全市农村税费改革先进工作者	三门峡市政府	三政〔2003〕36 号
市级	张月霞	2003 年度全市农村税费改革先进工作者	三门峡市政府办	三政〔2003〕36 号
市级	张　刚	2003 年度全市农村税费改革先进工作者	三门峡市政府	三政〔2003〕36 号
市级	张福仓	2003 年度全市农村税费改革先进工作者	三门峡市政府	三政〔2003〕36 号
市级	杜爱民	2003 年度全市农村税费改革先进工作者	三门峡市政府	三政〔2003〕36 号
市级	季　红	2003 年度全市农村税费改革先进工作者	三门峡市政府	三政〔2003〕36 号
市级	曹海忠	2003 年度全市农村税费改革先进工作者	三门峡市政府	三政〔2003〕36 号

续表 71

级　别	获奖者	获奖名称	授奖单位	依　据
市　级	王海潮	2003 年度全市农村税费改革先进工作者	三门峡市政府	三政〔2003〕36 号
市　级	彭建勋	2003 年度全市农村税费改革先进工作者	三门峡市政府	三政〔2003〕36 号
市　级	赵安稳	2003 年度全市农村税费改革先进工作者	三门峡市政府	三政〔2003〕36 号
市　级	梁　芳	2004 年度三门峡市“青年岗位能手”	共青团三门峡市委	荣誉证书
市　级	王　环	2004 年度三门峡市“巾帼新闻奖”优秀奖	三门峡市委宣传部、市妇联	荣誉证书

2005 年三门峡市各县（市、区）财政系统先进个人一览表

表 72

级　别	获奖者	获奖名称	授奖单位	依　据
省部级	王　艳	粮食直补先进工作者	河南省政府	豫政〔2006〕1 号
厅局级	曹海忠	2005 年度农村中小学危房改造工程先进个人	河南省人事厅、省财政厅	豫人公〔2006〕2 号
厅局级	郑建新	《会计法》颁布实施二十周年活动先进个人	河南省财政厅	荣誉证书
市　级	甘东红	粮食直补先进工作者	三门峡市政府	三政办〔2006〕1 号
省　级	潘义通	粮食直补工作先进个人	河南省政府	荣誉证书
厅局级	贾文杰	河南省“建设风采”摄影大赛优秀奖	河南省财政厅	荣誉证书
市　级	张书宽	三门峡市帮扶工作先进个人	三门峡市政府	荣誉证书
市　级	荆新梅	粮食直补先进个人	三门峡市政府	荣誉证书
市　级	肖冰寒	2005 年度农村中小学危房改造工程先进个人	三门峡市政府	三政〔2006〕12 号
市　级	古红军	全市再就业工作先进个人	三门峡市政府	荣誉证书
市　级	望　莉	粮食直补先进工作者	三门峡市政府	三政办〔2006〕1 号
市　级	张拴军	优秀共产党员	三门峡市委、市政府	荣誉证书
市　级	张　峰	新长征突击手	共青团三门峡市委	荣誉证书
市　级	郝根生	跳绳成人组第一名	三门峡市五运会	荣誉证书
市　级	李军霞	“十佳”文明公民	三门峡市精神文明建设指导委员会	荣誉证书
市　级	张海陆	粮食直补先进个人	三门峡市政府	三政办〔2006〕1 号
市　级	张　驼	散文类一等奖	三门峡市文联	荣誉证书
市　级	杜爱民	优秀共产党员	三门峡市委先进性教育办公室	荣誉证书

续表72

级　别	获奖者	获奖名称	授奖单位	依　据
市　级	刘凤仙	2005年度粮补工作先进个人	三门峡市政府	三政办〔2006〕1号
市　级	贾　月	2005年度粮补工作先进个人	三门峡市政府	三政办〔2006〕1号
市　级	薛文亮	模范团干部	共青团三门峡市委	三双争字〔2005〕3号
市　级	梁　芳	“十佳”青年岗位能手标兵	共青团三门峡市委	三双争字〔2006〕4号
市　级	李爱军	2005年度全市帮扶困难职工工作先进个人	三门峡市帮扶困难职工领导小组	荣誉证书

2006年三门峡市各县(市、区)财政系统先进个人一览表

表73

级　别	获奖者	获奖名称	授奖单位	依　据
省部级	王　艳	粮食直补工作先进工作者	河南省政府	荣誉证书
省部级	潘义通	粮食直补工作先进工作者	河南省政府	荣誉证书
厅局级	杜建民	全省财政系统先进工作者	河南省财政厅、省人事厅	荣誉证书
省部级	张跃武	河南省农村义务教育“两免一补”先进个人	河南省政府	荣誉证书
省部级	张跃武	2006年度农村中小学危房改造工程先进工作者	河南省政府	荣誉证书
省部级	张合杰	河南省农村义务教育“两免一补”先进个人	河南省政府	豫政〔2006〕58号
省部级	曹海忠	河南省农村义务教育“两免一补”先进个人	河南省政府	豫政〔2006〕58号

2007年三门峡市各县(市、区)财政系统先进个人一览表

表74

级　别	获奖者	获奖名称	授奖单位	依　据
省部级	古红军	农村义务教育“两免一补”工作先进工作者	河南省政府	荣誉证书
省部级	王爱萍	农村义务教育“两免一补”工作先进工作者	河南省政府	荣誉证书
省部级	上官雪芳	全省粮食直补工作先进工作者	河南省政府	荣誉证书
厅局级	费素琴	全省合作医疗工作先进个人	河南省财政厅等	荣誉证书
厅局级	荆　锐	“清风杯”书法大赛二等奖	河南省财政厅	荣誉证书
厅局级	任宏伟	“全国第三届会计知识大赛”河南赛区二等奖	河南省财政厅	荣誉证书
厅局级	刘建设	通报表扬	河南省财政厅监督检查处	荣誉证书

续表 74

级　别	获奖者	获奖名称	授奖单位	依　据
厅局级	张改钦	社科联调研课题一等奖	河南省社科院	荣誉证书
厅局级	张改钦	社科联调研课题二等奖	河南省社科院	荣誉证书
市　级	王　艳	老干部工作先进个人	三门峡市委、市政府	荣誉证书
市　级	赵冠军	“四五”普法“二五”依法治县先进工作者	三门峡市委、市政府	荣誉证书
市　级	张拴军	优秀共产党员	三门峡市委	荣誉证书
市　级	贾文杰	行政事业单位资产清查先进个人	三门峡市政府	荣誉证书
市　级	张继锋	行政事业单位资产清查先进个人	三门峡市政府	荣誉证书
市　级	范树予	农村义务教育“两免一补”工作先进工作者	三门峡市政府	荣誉证书
市　级	杨超群	行政事业单位资产清查先进个人	三门峡市政府	荣誉证书
市　级	蔡　琳	行政事业单位资产清查先进个人	三门峡市政府	荣誉证书
市　级	张海波	农村客运场站建设工作先进个人	三门峡市政府	荣誉证书
市局级	张　峰	“青年文明号”标兵	共青团三门峡市委	荣誉证书
市局级	王远芳	优秀共青团员	共青团三门峡市委	荣誉证书
市局级	杨　楠	优秀共青团员	共青团三门峡市委	荣誉证书
市局级	李军霞	“青年文明号”号长	共青团三门峡市委	荣誉证书
市局级	黄昕宇	2006 年度三门峡市“青年岗位能手”	共青团三门峡市委	荣誉证书
市局级	方　平	市五一劳动奖章	三门峡市总工会	荣誉证书
市局级	张拴军	信访稳定先进个人	三门峡市维稳办信访局	三维文〔2007〕13 号
市局级	范树予	预备役先进个人	三门峡市委组织部、预备役高炮团	荣誉证书
市局级	杜爱民	全市财政系统先进个人	三门峡市人事局、市财政局	三人奖〔2007〕4 号
市局级	田　莉	全市财政系统先进个人	三门峡市人事局、市财政局	三人奖〔2007〕4 号
市局级	赵智国	全市财政系统先进工作者	三门峡市人事局、市财政局	三人奖〔2007〕4 号
市局级	马玉伟	全市财政系统先进工作者	三门峡市人事局、市财政局	三人奖〔2007〕4 号
市局级	范树予	全市财政系统先进工作者	三门峡市人事局、市财政局	三人奖〔2007〕4 号
市局级	甘东红	全市财政系统巾帼岗位明星	三门峡市妇女联合会、市财政局	三妇文〔2007〕9 号
市局级	薛鞠萍	全市财政系统巾帼岗位明星	三门峡市妇女联合会、市财政局	三妇文〔2007〕9 号
市局级	王爱萍	全市财政系统巾帼岗位明星	三门峡市妇女联合会、市财政局	三妇文〔2007〕9 号
市局级	高爱玉	全市财政系统巾帼岗位明星	三门峡市妇女联合会、市财政局	三妇文〔2007〕9 号
市局级	上官玉珍	全市财政系统巾帼岗位明星	三门峡市妇女联合会、市财政局	三妇文〔2007〕9 号
市局级	上官玉珍	全市财政系统“三八红旗手”	三门峡市妇女联合会、市财政局	三妇文〔2007〕9 号

续表 74

级　别	获奖者	获奖名称	授奖单位	依　据
市局级	高爱玉	全市财政系统三八红旗手	三门峡市妇女联合会、市财政局	三妇文〔2007〕9 号
市局级	上官雪芳	全市财政系统巾帼岗位明星	三门峡市妇女联合会、市财政局	三妇文〔2007〕9 号
市局级	樊　青	巾帼英雄	三门峡市妇女联合会	荣誉证书
市局级	张继锋	巾帼岗位标兵	三门峡市妇女联合会	荣誉证书
市局级	张继锋	三八红旗手	三门峡市妇女联合会	荣誉证书
市局级	马娟芳	全市财政系统巾帼岗位先进工作者	三门峡市妇女联合会	荣誉证书

2008 年三门峡市各县(市、区)财政系统先进个人一览表

表 75

级　别	获奖者	获奖名称	授奖单位	依　据
厅局级	董慧敏	全省财政系统“讲党性,重品行”演讲比赛优秀奖	河南省财政	荣誉证书
市　级	王　艳	全市林业生态建设先进工作者	三门峡市委、市政府	荣誉证书
市　级	张栓军	全市行政事业单位清产核资先进工作者	三门峡市政府	三政〔2008〕24 号
市　级	姚小兵	全市行政事业单位清产核资先进工作者	三门峡市政府	三政〔2008〕24 号
市　级	刘旭昶	全市行政事业单位清产核资先进工作者	三门峡市政府	三政〔2008〕24 号
市　级	王蕴霞	全市行政事业单位清产核资先进工作者	三门峡市政府	三政〔2008〕24 号
市　级	张进学	全市行政事业单位清产核资先进工作者	三门峡市政府	三政〔2008〕24 号
市　级	蔡　琳	全市行政事业单位清产核资先进工作者	三门峡市政府	三政〔2008〕24 号
市　级	郭　建	全市行政事业单位清产核资先进工作者	三门峡市政府	三政〔2008〕24 号
市　级	杜爱民	全市行政事业单位清产核资先进工作者	三门峡市政府	三政〔2008〕24 号
市　级	薛文亮	全市行政事业单位清产核资先进工作者	三门峡市政府	三政〔2008〕24 号
市　级	程明波	第一次民族团结进步模范个人	三门峡市委	荣誉证书
市　级	王　艳	十大杰出女性	三门峡市委宣传部	荣誉证书
市　级	王　艳	优秀预备役军官	三门峡市委组织部	荣誉证书
市　级	王　艳	五一劳动奖章	三门峡市总工会	荣誉证书
市　级	聂正法	“劳动者风采”新闻人物	三门峡市总工会	荣誉证书
市　级	陈仁辉	五一劳动奖章	三门峡市总工会	荣誉证书
市　级	王蕴霞	好媳妇	三门峡市妇女联合会	荣誉证书
市　级	李军霞	文明优质服务标兵	三门峡市文明委	荣誉证书

2009 年三门峡市各县(市、区)财政系统先进个人一览表

表 76

级 别	获奖者	获奖名称	授奖单位	依 据
省部级	杜建民	全国财政系统“改革开放三十年”征文活动先进个人	财政部	荣誉证书
厅局级	贾文杰	“华税杯”节能减排摄影大赛优秀奖	中国摄影家协会	荣誉证书
厅局级	贾文杰	全省财政系统书画摄影大赛一等奖	河南省财政厅	荣誉证书
厅局级	贾文杰	全省财政系统书画摄影大赛二等奖	河南省财政厅	荣誉证书
厅局级	李 刚	庆祝新中国成立 60 周年对联征集活动二等奖	河南省财政厅	荣誉证书
厅局级	杨留岗	庆祝新中国成立 61 周年对联征集活动二等奖	河南省财政厅	荣誉证书
厅局级	贾文杰	网络摄影作品大赛二等奖	河南省委宣传部	荣誉证书
厅局级	李跃华	省级优秀论文成果一等奖	河南省社会科学活动中心	荣誉证书
厅局级	强转庄	全省《岩金矿资源税存在的问题及对策》优秀论文一等奖	河南省政府发展研究中心	荣誉证书
市 级	王 艳	2009 年度林业生态建设先进工作者	三门峡市委、市政府	荣誉证书
市 级	秦春德	2009 年度林业生态建设先进工作者	三门峡市委、市政府	荣誉证书
市 级	刘旭昶	全市城市分行业创“五好”活动先进个人	三门峡市委	荣誉证书
市 级	刘旭昶	市“五好”基层党组织先进个人	三门峡市委	荣誉证书
市 级	陈永华	2008 年度优秀预备役军官	三门峡市委	荣誉证书
市 级	陈永华	第二次民族团结进步模范个人	三门峡市政府	荣誉证书
市 级	杨润明	劳动模范	三门峡市政府	荣誉证书
市 级	张书宽	劳动模范	三门峡市政府	荣誉证书
市 级	程明波	第二次民族团结进步模范个人	三门峡市政府	荣誉证书
市 级	马娟芳	劳动模范	三门峡市政府	荣誉证书

2010 年三门峡市各县(市、区)财政系统先进个人一览表

表 77

级 别	获奖者	获奖名称	授奖单位	依 据
省部级	樊 青	全省治理污染源工作先进个人	河南省政府	荣誉证书
省部级	程明波	河南省“两基”工作先进个人	河南省政府	荣誉证书
厅局级	程明波	河南省第一次全国污染源普查工作先进个人	河南省第一次全国污染源普查领导小组办公室	荣誉证书
厅局级	宋沁灵	创建“白内障无障碍”活动先进个人	河南省残联	荣誉证书
厅局级	荆虹霞	河南省教育经费统计工作先进个人	河南省财政厅	荣誉证书

续表 77

级　别	获奖者	获奖名称	授奖单位	依　据
市　级	王艺茜	五一劳动奖章	三门峡市总工会	荣誉证书
市　级	秦春德	2009 年度林业生态建设先进工作者	三门峡市委、市政府	荣誉证书
市　级	樊　青	五一劳动奖章	三门峡市总工会	荣誉证书
市　级	杨社军	计划生育工作先进个人	三门峡市政府	荣誉证书
市　级	马娟芳	创建“白内障无障碍市”先进个人	三门峡市政府	荣誉证书
市　级	张菊伟	市直党委系统公文处理规范化培训优秀学员	三门峡市委办公室	荣誉证书

第六节　三门峡市财政局好人榜、道德模范、拔尖人才及高级职称名录

(截至 2010 年底)

一、中国好人榜

马雪梅　2009 年 11 月 30 日，在中央文明办、中央文明网主办的“我推荐、我评议身边好人”活动中被评为“孝老爱亲好人”。

二、三门峡市道德模范

李少民　2009 年 2 月 4 日被三门峡市文明办、市总工会、市妇联、共青团三门峡市委联合评为“首届三门峡市道德模范”。

马雪梅　2010 年 1 月 7 日被三门峡市文明办、市总工会、市妇联、共青团三门峡市委联合评为“第二届三门峡市道德模范”。

三、三门峡市专业技术拔尖人才

王少泽　2000 年 8 月被中共三门峡市委、市政府命名为“三门峡市第六批专业技术拔尖人才”。

李少民　2006 年 1 月被中共三门峡市委、市政府命名为“三门峡市第八批专业技术拔尖人才”。

四、三门峡市财政局及局属单位高级职称人员名单

1. 在职(41 人)

范社民(2005.1 高级会计师)

刘玉侠(2006.1 高级会计师)

刘灿烽(2005.1 高级会计师)

翟海燕(2007.1 高级会计师)

朱丽珍(女,2004.3 高级会计师)

李红伟(2006.1 高级会计师)

孙建平(2007.1 高级会计师)

李世康(2001.12 高级会计师)

李清凌(女,2006.1 高级会计师)

段保明(2007.1 高级会计师)

郭宗玮(女,2009.1 高级会计师)

徐春玲(女,2009.1 高级会计师)

张进学(2006.1 高级会计师)

刘贤君(2005.1 高级会计师)

曹利平(女,2007.1 高级会计师)

李　巍(2006.1 高级会计师)

王成博(2006.1 高级会计师)

赵红娟(女,2007.1 高级会计师)

滑芙蓉(女,2007.1 高级会计师)

杨更生(2006.1 高级会计师)

杨富民(2007.1 高级会计师)

邢超群(2007.1 高级会计师)
李少民(2005.1 高级会计师 2007.12 副研究员)
王向红(女,2002.1 高级讲师 2008.1 高级会计师)
郝营景(女,2010.1 高级会计师)
马宏亮(2010.1 高级会计师)
刘赞民(1998.12 高级讲师)
马正炜(2007.1 高级讲师)
汤西生(1999.2 高级讲师)
卢莲粉(女,2004.3 高级讲师)
郭菊莲(女,2000.12 高级讲师)
王少泽(2000.12 高级讲师)
杨建梅(女,2002.6 高级讲师)
杨桂花(女,2005.1 高级讲师)
许四明(2006.1 高级讲师)
王亚斌(2007.1 高级讲师)
王鸿平(2007.1 高级讲师)
侯　燕(女,2008.1 高级讲师)
姚光勤(2008.1 高级讲师)
王金英(女,2008.1 高级讲师)
李富英(2009.1 高级讲师)

2. 离退休(4 人)

张留欣(1988.8 高级会计师)
李转霞(女,1997.12 高级会计师)
曹玉群(1994.10 高级讲师)
张朝东(1998.12 高级讲师)

第十章　党团群组织

2001—2010年,三门峡市财政部门高度重视党建工作,全面加强党的执政能力建设,不断提高财政干部的政治素质和党性修养,加强基层组织建设,深入开展各项专题教育。在市财政局党组领导下,市县财政部门工会、共青团、妇联等积极发挥自身优势,深入开展丰富多彩的活动,促使各级财政部门凝聚力和向心力的不断提升。

第一节　市级财政部门党团群组织

一、中国共产党组织

(一)中共三门峡市财政局党组

党组书记:张君贵 2001.1—2002.2
高战荣 2002.2—2007.6
吕万松 2007.6—2009.9
范社民 2010.1—

党组成员:付　杨(女)2001.1—2008.12
张建存 2001.1—2004.7
周拥军 2001.1—2007.8
陈社强 2001.1—2007.8
田金志 2002.3—2005.9
范社民 2002.3—
雷　萍(女)2002.3—
董友忠 2002.11—
袁书钦 2010.1—
康平森 2010.7—
翟海燕 2010.7—

(二)中共三门峡市纪委派驻三门峡市财政局纪检组

组　长:李玉凡 1989.10—2002.3
雷　萍(女)2002.3—2008.10

副组长:薛登昌 1998.12—2002.3
刘合州 2002.3—2008.10

2008年10月,市财政局纪检组撤销,人员及编制并入市纪委监察局。

(三)机关党组织

1.机关党委

2003年4月29日,三门峡市财政局召开机关党员大会,选举产生中共三门峡市财政局第二届机关委员会,机关党委书记董友忠,专职副书记刘同会,副书记陈新科,委员为刘玉侠、康平森、刘灿峰、张世军、王百成、刘合州。

书　记:董友忠 2003.4—2009.2

副书记:刘同会(专职)2003.4—2009.2
陈新科 2003.4—2009.2

委　员:刘玉侠 2003.4—2009.2
康平森 2003.4—2009.2
刘灿峰 2003.4—2009.2
张世军 2003.4—2009.2
王百成 2003.4—2009.2
刘合州 2003.4—2009.2

2009年2月17日,三门峡市财政局召开机关党员大会,选举产生中共三门峡市财政局第三届机关委员会。机关党委书记董友忠,专职副书记刘同会、副书记陈新科,委员刘玉侠、康平森、刘灿峰、张世军、王百成、刘合州。

书　记:董友忠 2009.2—

副书记:刘同会(专职)2009.2—

陈新科 2009.2—2009.12

委　员:刘玉侠 2009.2—

康平森 2009.2—

刘灿峰 2009.2—

张世军 2009.2—

王百成 2009.2—

刘合州 2009.2—

2. 机关党委下属支部

2001 年初,中共三门峡市财政局机关党委下设 10 个党支部。

一支部

书　记:薛登昌 1997.5—2003.5

委　员:范社民 1997.5—2003.5

郝营景 1997.5—2003.5

二支部

书　记:刘玉霞 1997.5—2003.5

委　员:赵见晓 1997.5—2003.5

李少民 1999.3—2003.5

三支部

书　记:杨景保 1997.5—2003.5

委　员:史秋香 1997.5—2003.5

郭宗玮 1997.5—2003.5

四支部

书　记:杨智国 1997.5—2003.5

委　员:马献珍 1997.5—2003.5

王连忠 1997.5—2003.5

五支部

书　记:朱振献 1999.3—2003.5

委　员:马福善 1999.3—2003.5

尚润元 1999.3—2003.5

六支部

书　记:刘灿峰 1999.3—2003.5

委　员:范舜廷 1997.5—2003.5

周天群 1997.5—2003.5

七支部

书　记:陈社强 1998.7—2003.5

副书记:刘赞民 1999.3—2003.5

委　员:曹玉群 1999.3—2003.5

薛香萍 1999.3—2003.5

杨现钦 1999.3—2003.5

八支部

书　记:田金志 1997.5—2003.5

委　员:齐怀刚 1997.5—2003.5

九支部

书　记:张建存 1997.5—2003.5

委　员:张世军 1997.5—2003.5

王占平 1997.5—2003.5

十支部

副书记:陈庆裕 1999.3—2003.5

委　员:李怀国 1997.5—2003.5

张占勇 1997.5—2003.5

王远霞 1999.3—2003.5

2003 年 5 月,根据三门峡市财政局机构改革情况,经局党组研究,对下属党支部设置进行了调整,共设 14 个党支部。

一支部

书　　记:任海水 2003.5—2006.8

组织委员:韦学蕴 2003.5—2006.8

宣传委员:翟海燕 2003.5—2006.8

二支部

书　　记:刘玉霞 2003.5—2006.8

组织委员:何江涛 2003.5—2006.8

宣传委员:李少民 2003.5—2006.8

三支部

书　　记:康平森 2003.5—2006.8

组织委员:朱志军 2003.5—2006.8

宣传委员:张龙霞 2003.5—2006.8

四支部

书　　记:周天群 2003.5—2006.8

组织委员:朱建仓 2003.5—2006.8

宣传委员:孙琳琳 2003.5—2006.8

五支部

书　　记:张向军 2003.5—2006.8

组织委员:张　旻 2003.5—2006.8

宣传委员:彭健康 2003.5—2006.8

六支部

书　　记:王百成

组织委员:陈志高 2003.5—2006.8

宣传委员:马宏亮 2003.5—2006.8

七支部

书　　记:马根民 2003.5—2006.8

组织委员:刘奇星 2003.5—2006.8

宣传委员:于东洋 2003.5—2006.8

八支部

书　　记:张世军 2003.5—2006.8

组织委员:吕玉玺 2003.5—2006.8

宣传委员:上官观兵 2003.5—2006.8

九支部

书　　记:李爱军 2003.5—2006.8

副 书 记:刘玉侠 2003.5—2006.8

支部委员:齐怀刚 2003.5—2006.8

韩浩然 2003.5—2006.8

十支部

书　记:杨更生 2003.5—2006.8

委　员:杨富民 2003.5—2006.8

魏成军 2003.5—2006.8

十一支部

书　记:王百成 2003.5—2006.8

副书记:刘赞民 2003.5—2006.8

十二支部

书　记:刘灿峰 2003.5—2006.8

委　员:朱丽珍 2003.5—2006.8

刘贤君 2003.5—2006.8

十三支部

书　记:张进学 2003.5—2006.8

委　员:张建峰 2003.5—2006.8

王　辉 2003.5—2006.8

十四支部

书　记:李全安 2003.5—2006.8

2006 年 8 月,为便于管理,以市财政局领导分管口为单位,重新设置了党支部。新设置的党支部为 13 个。

一支部

书　　记:任海水 2006.8—

组织委员:韦学蕴 2006.8—

纪检委员:翟海燕 2006.8—

宣传委员:何江涛 2006.8—

二支部

书　　记:刘玉霞 2006.8—

组织委员:李红伟 2006.8—

宣传委员:李少民 2006.8—

三支部

书　　记:康平森 2006.8—

组织委员:朱志军 2006.8—

宣传委员:张龙霞 2006.8—

四支部

书　　记:周天群 2006.8—

组织委员:朱建仓 2006.8—

宣传委员:孙琳琳 2006.8—

五支部

书　　记:张向军 2006.8—

组织委员:张　旻 2006.8—

宣传委员:彭健康 2006.8—

六支部

书　　记:王百成 2006.8—

组织委员:陈志高 2006.8—

宣传委员:马宏亮 2006.8—

七支部

书　　记:马根民 2006.8—

组织委员:刘奇星 2006.8—

宣传委员:于东洋 2006.8—

八支部

书　　记:张世军 2006.8—

组织委员:吕玉玺 2006.8—

宣传委员:上官观兵 2006.8—

九支部

书　　记:李爱军 2006.8—

副 书 记:刘玉侠 2006.8—

组织委员:齐怀刚 2006.8—

纪检委员:李俊杰 2006.8—

宣传委员:韩浩然 2006.8—

统战委员:段保明 2006.8—

妇女委员:姜丽萍 2006.8—

十支部

书　　记:杨更生 2006.8—

组织委员:杨富民 2006.8—

纪检委员:邢超群 2006.8—

宣传委员:宁小丽 2006.8—

十一支部

副书记:刘赞民 2006.8—

十二支部

书　　记：刘灿烽 2006.8—

组织委员：刘贤君 2006.8—

宣传委员：李兆曦 2006.8—

文体委员：曹利平 2006.8—

十三支部

书　　记：张进学 2006.8—

组织委员：张建峰 2006.8—

宣传委员：王　辉 2006.8—

2009 年 12 月，设立农业综合开发公司党支部。

书　　记：张向军 2009.12—

组织委员：陈素琴 2009.12—

宣传委员：李红梅 2009.12—

2009 年 12 月 15 日，根据河南省委组织部、省财政厅党组联合下发的《关于进一步加强和改进注册会计师行业党的建设工作的意见》（豫组〔2009〕34 号）精神和 11 月 27 日三门峡市财政局党组中心组（扩大）会议要求及三门峡市委市直机关工作委员会意见，同意成立“中共三门峡市注册会计师行业支部委员会”。

书　记：李全安 2009.12—

副书记：王晓东 2009.12—

委　员：赵春安 2009.12—

2010 年底，市财政局机关党委下设 15 个党支部，共有党员 278 名，其中在职党员 240 名。

二、共青团组织

（一）市财政局团组织

2001 年初，共青团三门峡市财政局机关支部委员会第三届支部委员会书记于瑾，委员吕玉玺、刘珺、黄新灵。

书　记：于　瑾 1995.9—2004.5

委　员：吕玉玺 1995.9—2004.5

刘　珺 1995.9—2004.5

黄新灵 1995.9—2004.5

2004 年 5 月，共青团三门峡市财政局机关第一届总支委员会成立。

书　记：韦学蕴 2004.5—2007.7

副书记：周　正 2004.5—2007.7

委　员：贺红民 2004.5—2007.7

马宏亮 2004.5—2007.7

李　辉 2004.5—2007.7

史玉峰 2004.5—2007.7

朱丽娜 2004.5—2007.7

2007 年 7 月 13 日，总支委员会召开全体团员大会进行换届选举。大会提名新一届团总支委员候选人 5 名，以无记名投票的方式，民主选举产生了第二届团总支委员，并在团总支二届一次会议上，表决产生了第二届团总支书记和副书记。同时根据工作需要，增补机关支部书记和支付中心、会计公司联合支部书记为总支委员。

书　　记：周　正 2007.7—

副 书 记：郭海洋 2007.7—

胡丽丽 2007.7—

组织委员：史玉峰 2007.7—

宣传委员：乔　琼 2007.7—

委　　员：李　辉 2007.7—

田　明 2007.7—

（二）市财会学校团组织

1. 共青团市财会学校第二届委员会

书　记：马正炜 1998.10—2001.12

副书记：王永刚 1998.10—2001.12

委　员：王　燕 1998.10—2001.12

李　泮 1998.10—2001.12

2. 共青团市财会学校第三届委员会

书　记：王永刚 2001.12—

副书记：张　恬 2001.12—

三、工会组织

（一）市财政局机关工会

1998 年 2 月，因局工会委员会领导成员多数退休或调离，经市局机关党委扩大会议研究通过，由王百成兼任局工会主席，各党支部宣传委员参与局工会工作，组成市财政局机关工会第二届委员会。

主　席：王百成 1998.2—2009.2

委　员：刘玉侠 1998.2—2009.2

王安慈 1998.2—2009.2

2009 年 2 月，机关工会同局机关党委同步换届并合署办公，组织机构、人员构成相同。

主　席：董友忠 2009.2—

副主席:刘同会 2009.2—

委　员:刘玉侠 2009.2—

康平森 2009.2—

刘灿峰 2009.2—

张世军 2009.2—

王百成 2009.2—

刘合州 2009.2—

(二)市财会学校工会

市财会学校工会委员会成立于 1993 年 5 月,换届于 2005 年 10 月。

主　席:崔可山 1993.5—2005.10

马正炜 2005.10—

委　员:陶松江 1993.5—2005.10

卢莲粉 1993.5—

高金平 2005.10—

四、社团组织

(一)妇女工作委员会

2009 年 8 月 23 日,为进一步加强妇女工作,充分发挥妇女在全市财政工作中的巾帼模范作用,经三门峡市财政局党组研究决定,成立市财政局妇女工作委员会。经过民主推荐、选举,产生由王社琴、王远霞、于瑾、姜丽萍、曹利平、张龙霞、卢莲芬等 7 人组成的三门峡市财政局妇女工作委员会,王社琴任妇委会主任。

主　任:王社琴 2009.8—

委　员:王远霞 2009.8—

于　瑾 2009.8—

姜丽萍 2009.8—

曹利平 2009.8—

张龙霞 2009.8—

卢莲芬 2009.8—

(二)市财政学会

1986 年 8 月 23 日,建立三门峡市财政学会,民主选举产生了第一届理事 23 人,常务理事 13 人,会长沈兴根。1992 年 4 月,在市民政局重新登记时,会长为张留欣,副会长、秘书长、副秘书长仍为原人员。

会　　长:沈兴根 1986.8—1992.4

张留欣 1992.4—2003.7

副 会 长:谢延斌 1986.8—2003.7

曲相泽 1986.8—2003.7

马静斋 1986.8—2003.7

苗鸿伟 1986.8—2003.7

秘 书 长:李转霞(女)1986.8—2003.7

副秘书长:王继功 1986.8—2003.7

2003 年 7 月 18 日,三门峡市财政学会第二届会员代表大会选举产生了新一届理事 51 人,常务理事 21 人,会长田金志。至 2010 年底,市财政学会未换届。

名誉会长:马恒军 2003.7—

顾　　问:张留欣 2003.7—

王乃章 2003.7—

苗鸿伟 2003.7—

会　　长:田金志 2003.7—

副 会 长:王　瑶 2003.7—

李光先 2003.7—

李随东 2003.7—

沈幸福 2003.7—

张桂珠(女)2003.7—

周国谦 2003.7—

聂亚涛 2003.7—

秘 书 长:李少民 2003.7—

副秘书长:王继功 2003.7—

任海水 2003.7—

吕玉玺 2003.7—

康平森 2003.7—

(三)市会计学会

1986 年 8 月 23 日,建立三门峡市会计学会,民主选举产生了第一届理事 50 人,常务理事 25 人。副秘书长王正春、李萍分别于 1999 年 10 月 9 日、1996 年 10 月 3 日谢世。

会　　长:赵世先(女)1986.8—2003.7

副 会 长:王福正 1986.8—2003.7

王昆峰 1986.8—2003.7

陈重新 1986.8—2003.7

梁丙轩 1986.8—2003.7

秘 书 长:李转霞(女)1986.8—2003.7

副秘书长:王正春 1986.8—1999.10

李　萍(女)1986.8—1996.10

2003年7月18日,三门峡市会计学会第二届会员代表大会选举产生了新一届理事53人,常务理事28人,会长付扬。至2010年底,市会计学会未换届。

名誉会长:韦守信 2003.7—

顾　　问:赵世先(女)2003.7—

会　　长:付　扬(女)2003.7—

副 会 长:王　岩 2003.7—

许　珺 2003.7—

李桂清(女)2003.7—

宋伟颖 2003.7—

杨春莲(女)2003.7—

尚秀丽(女)2003.7—

徐荣伟 2003.7—

秘 书 长:李少民 2003.7—

副秘书长:李全安 2003.7—

李清凌(女)2003.7—

吕玉玺 2003.7—

翟海燕 2003.7—

(四)市珠算协会

1986年8月23日,建立三门峡市珠算协会,民主选举产生了第一届理事24人,常务理事13人,会长杨振坤。1992年4月在市民政局重新登记时,会长为沈兴根,副会长、秘书长、副秘书长仍为原人员。

会　　长:杨振坤 1986.8—1989.9

沈兴根 1992.4—1997.6

副 会 长:王汝玉 1986.8—1997.6

邓庆令 1986.8—1997.6

张建中 1986.8—1997.6

秘 书 长:李转霞(女)1986.8—1997.6

副秘书长:王少泽 1986.8—1997.6

1997年6月19日,市珠算协会进行了换届,民主选举产生了第二届理事36人,常务理事16人。

名誉会长:沈兴根 1997.6—2003.7

会　　长:高战荣 1997.6—2003.7

副 会 长:于莉芳(女)1997.6—2003.7

邓中科 1997.6—2003.7

刘耀峰 1997.6—2003.7

李转霞(女)1997.6—2003.7

翟海燕 1997.6—2003.7

秘 书 长:李少民 1997.6—2003.7

副秘书长:任海水 1997.6—2003.7

吕玉玺 1997.6—2003.7

李全安 1997.6—2003.7

2003年7月18日,三门峡市珠算协会第三届会员代表大会选举产生了新一届理事32人,常务理事19人,会长李玉凡。至2010年底,市珠算协会未换届。

名誉会长:马恒军 2003.7—

顾　　问:沈兴根 2003.7—

会　　长:李玉凡 2003.7—

副 会 长:李少民 2003.7—

金　锐(女)2003.7—

秦建丽(女)2003.7—

秘 书 长:李宝珠 2003.7—

副秘书长:于　瑾(女)2003.7—

于东洋 2003.7—

吕玉玺 2003.7—

(五)市注册会计师协会

1997年10月28日,三门峡市注册会计师协会第一届代表大会召开,民主选举产生了第一届理事71人,常务理事11人。副会长王正春于1999年10月9日谢世。2000年12月6日,市注协三次常务理事会决定增补刘玉侠为副会长,增补李少民、李世康为常务理事,免去崔群耀常务理事。2002年8月,因工作调整,李全安任秘书长。至2010年底,市注册会计师协会未换届。

名誉会长:范立新 1997.10—

张君贵 1997.10—

会　　长:刘心初 1997.10—

副 会 长:王正春 1997.10—1999.10

周国谦 1997.10—

刘玉侠 2000.12—

秘 书 长:李　军(女)1997.10—2002.7

李全安 2002.7—

副秘书长:樊海忠 1997.10—

熊秀荣(女)1997.10—

史秋香(女)1997.10—

张丰明 1997.10—

第二节 县(市、区)级财政部门党团群组织

一、湖滨区

(一)中国共产党组织

1.党总支委员会

2001年初,中共湖滨区财政局党总支部委员会成员为5人,张邦年任支部书记,王艳任副书记,张根厚任纪检委员,周建新任组织委员,高加本任宣传委员。

2004年6月,湖滨区财政局党总支部委员会换届,王艳任支部书记,赵宗建任副书记,甘东红任纪检委员,石伟任组织委员,张云兰任宣传委员。

2008年6月,湖滨区财政局党总支部委员会换届,王艳任支部书记,颜奔流任副书记,杨丽辉任纪检委员,张金宝任组织委员,梁文利任宣传委员。

书　记:张邦年 2000.1—2003.12

王　艳 2004.6—2009.9

副书记:王　艳 2000.1—2004.6

赵宗建 2004.6—2008.6

颜奔流 2008.6—

委　员:张根厚 2000.1—2004.6

周建新 2000.1—2004.6

高加本 2000.1—2004.6

甘东红 2004.6—2008.6

石　伟 2004.6—2008.6

张云兰 2004.6—2008.6

杨丽辉 2008.6—

张金宝 2008.6—

2.党　组

经中共湖滨区委批准,2000年初,成立中共三门峡市湖滨区财政局党组,张邦年、王艳、刘泽夏先后任党组书记,王艳、张根厚、颜奔流、辛建伟先后任党组成员,张根厚、薛菊萍先后任纪检组长。

书　　记:张邦年 2000.1—2003.6

王　艳 2003.6—2009.9

刘泽夏 2009.9—

纪检组长:张根厚 2006.10—2008.10

薛菊萍 2008.10—

成　　员:王　艳 2003.6—2009.9

张根厚 2000.1—2004.6

颜奔流 2004.12—2010.12

辛建伟 2006.1—2010.12

(二)工会组织

主　席:赵宗建 2001.1—

委　员:荆　锐 2001.1—

颜奔流 2001.1—

(三)妇女组织

主　任:王　艳 2001.1—2003.6

甘东红 2003.6—2008.6

孙胜芝 2008.6—

二、义马市

(一)中国共产党组织

1.党总支委员会

2001年初,平政瑞任中共义马市财政局总支委员会书记,樊青任副书记,王群娥任组织委员,平保群任宣传委员。

2001年底,平保群不再担任宣传委员。

2002年2月,中共义马市财政局总支委员会换届改选,张书宽任总支书记,樊青任副书记,王群娥任组织委员。

书　记:平政瑞 2001.1—2002.2

张书宽 2002.2—

副书记:樊　青 2001.1—

2.党　组

2006年1月,经中共义马市委批准,成立中共义马市财政局党组,张书宽任党组书记,荆新梅、樊青、张改钦任党组成员。

2007年11月,荆新梅不再担任中共义马市财政局党组成员。

2010年末,中共义马市财政局党组书记张书

宽，副书记樊青，党组成员张改钦、王群娥、赵有才。

书　记：张书宽 2006.1—

副书记：樊　青 2007.12—

成　员：荆新梅 2006.1—2007.12

张改钦 2006.1—

王群娥 2010.12—

赵有才 2010.12—

（二）共青团组织

支部书记：李　珉 2001.1—2007.6

王志康 2007.7—

2001—2010 年，团支部未设委员。

2010 年底，义马市财政局共有团员 6 人。

（三）工会组织（无）

三、渑池县

（一）中国共产党组织

渑池县财政局党组

书　记：郭艳华 2001.1—2002.1

李爱军 2002.1—2005.11

张拴军 2005.11—2010.3

贾宏祥 2010.3—

副书记：高爱玉 2005.11—2007.6

成　员：王炳友 2001.1—2007.6

王爱萍 2001.1—2007.6

姚小兵 2001.1—

张红伟 2001.1—2008.12

孙玲娥 2004.1—

方　平 2008.2—

张书民 2008.12—

李军霞 2008.2—

杨润明 2010.3—

2010 年底，渑池县财政局共有党员 114 人。

（二）共青团组织

渑池县财政局支部

书　记：翟鸿雁 2000.1—2003.12

张翠萍 2004.1—

委　员：范书予 2000.1—

韩慧萍 2000.1—

（三）工会组织

渑池县财政局机关工会

主　席：王炳友 2001.1—2010.8

李　新 2010.8—

委　员：李淑姣 2000.1—

李　刚 2000.1—

四、陕　县

（一）中国共产党组织

1. 党　组

2002 年 7 月，经中共陕县县委批准，成立中共陕县财政局党组，韩小怪任党组书记，蔡德平、王海潮、张合杰、肖保祥任党组成员。

2007 年 12 月，程明波任中共陕县财政局党组副书记。

2008 年 4 月，蔡德平、张合杰、肖保祥不再担任中共陕县财政局党组成员。

2008 年 7 月，韩小怪不再担任中共陕县财政局党组书记，程明波任中共陕县财政局党组书记。

2010 年 3 月，王海潮不再担任中共陕县财政局党组成员。

2010 年 12 月，宁云变任中共陕县财政局党组副书记。

2010 年末，中共陕县财政局党组书记程明波，副书记宁云变，党组成员秦春德、辛江峰、卫苏刚、茹燕、赵安稳。

书　　记：韩小怪 2002.7—2008.7

程明波 2008.7—

副 书 记：程明波 2007.12—

宁云变 2010.12—

党组成员：蔡德平 2002.7—2008.4

王海潮 2002.7—2010.3

张合杰 2002.7—2008.4

肖保祥 2002.7—2008.4

秦春德 2010.12—

辛江峰 2010.12—

卫苏刚 2010.12—

茹　燕 2010.12—

赵安稳 2010.12—

2. 党总支委员会

2001 年 1 月，韩小怪任中共陕县财政局总支委员会书记，蔡德平、张合杰、肖保祥、王海潮、李建生、李虎群任委员。总支委员会下设四个支部，秦有良任机关支部书记，蔡德平兼任房产所支部书记，李振业任会计师事务所支部书记，张逢辰任老干部支部书记。

2002年县直机构改革,房产所支部党员移交陕县房管局管理。

2003年5月,中共陕县财政局总支委员会换届,韩小怪任总支书记,蔡德平任副书记,王海潮、张合杰、肖保祥、李建生、李虎群任委员。8月老干部支部撤销,党员并入机关支部。机关支部分设为机关支部和农税局支部。秦有良任机关支部书记,王海潮任农税局支部书记。

2004年5月,会计师事务所支部撤销,党员转回原单位管理。

2007年4月,中共陕县财政局总支委员会换届,韩小怪任总支书记,蔡德平任副书记,张合杰、王海潮、肖保祥、李建生、李虎群任委员,下设两个支部,秦有良任机关支部书记,王海潮任农税局支部书记。

2007年12月,增选程明波为中共陕县财政局总支委员会副书记。

2008年8月,韩小怪因工作变动不再担任财政局总支书记,程明波任中共陕县财政局总支委员会书记。

2009年3月,中共陕县财政局总支委员会换届,程明波任总支书记,王海潮任副书记,秦春德、辛江峰、秦有良、李虎群、卫苏刚任委员,下设一支部和二支部。秦有良任一支部书记,胡占学任二支部书记。财政局总支有党员55人。

书　记:韩小怪 2001.1—2008.8
　　　　程明波 2008.8—
副书记:蔡德平 2003.5—2009.3
　　　　程明波 2007.12—2008.8
　　　　王海潮 2009.3—

(二)共青团组织

1994年3月至2001年4月,赵鹏任共青团支部书记,辛江峰、茹燕任委员。

2008年4月,经共青团陕县委员会批准,成立共青团陕县财政局总支委员会,茹燕任团总支书记,王丹任副书记,史金博、陈敏、李岩任委员。

2010年12月,共青团陕县财政局总支委员会换届,史金博任团总支书记,王乐任副书记,王永涛、孙瑞华、李伟任委员。

支部书记:赵　鹏 1994.3—2001.4
委　　员:辛江峰 1994.3—2001.4
　　　　　茹　燕 1994.3—2001.4
总支书记:茹　燕 2008.4—
　　　　　史金博 2010.12—
副 书 记:王　丹 2008.4—
　　　　　王　乐 2010.12—
委　　员:王永涛 2010.12—
　　　　　孙瑞华 2010.12—
　　　　　李　伟 2010.12—

(三)工会组织

2001年1月至2009年2月,李建生任陕县财政局工会主席,辛江峰任组织委员,薛建设任宣传委员,翁安科任文体委员,费素琴任妇女委员。

2009年2月,陕县财政局工会改选,秦友良任工会主席,管维新任组织委员,薛建设任文体委员,张萍任女工委员,费素琴任财务委员。

工会主席:李建生 2001.1—2009.2
　　　　　秦友良 2009.2—
组织委员:辛江峰 2001.1—2009.2
　　　　　管维新 2009.2—
宣传委员:薛建设 2001.1—2009.2
文体委员:翁安科 2001.1—2009.2
　　　　　薛建设 2009.2—
妇女委员:费素琴 2001.1—
女工委员:张　萍 2009.2—
财务委员:费素琴 2009.2—

五、灵宝市

(一)中国共产党组织

1.党总支委员会

2001年初,中共灵宝市财政局总支委员会成员为7人,张海陆任总支书记,苏世民任副书记,马学智、杨立强、许万民、刘满朝、马娟芳任总支委员。总支委员会下设3个支部,焦景泽任机关支部书记,刘亚超任国资局支部书记,刘永江任老干部支部书记。

2003年12月,财政局总支委员会换届,苏世民任总支书记,张进学任副书记,刘亚超、焦景泽、马娟芳、刘满朝任委员。总支委员会下设3个支部,焦景泽任第一支部书记,刘亚超任第二支部书记,刘永江任老干部支部书记。

2008年7月,财政局总支委员会换届,苏世民任总支书记,张进学任副书记,刘亚超、张筱民、强转庄任委员。总支委员会下设4个支部,刘亚超任

第一支部书记，强转庄任第二支部书记，张筱民任第三支部书记，刘满朝任老干部支部书记。

书　记：张海陆 2000.10—2003.12
苏世民 2003.12—2006.5
苏世民 2008.7—

副书记：苏世民 2000.10—2003.12
张进学 2003.12—2006.5
张进学 2008.7—

委　员：许万民 2000.10—2003.12
马学智 2000.10—2003.12
杨立强 2000.10—2003.12
马娟芳 2000.10—2008.7
刘满朝 2000.10—2008.7
刘亚超 2003.12—
焦景泽 2003.12—2008.7
张筱民 2008.7—
强转庄 2008.7—

2. 党　组

2002 年 3 月，经中共灵宝市委批准，成立中共灵宝市财政局党组，张海陆、杨社军先后任党组书记，苏世民、许万民、王育民、胡海峰先后任党组副书记，马学智、杨立强、赵晓景、张进学、马娟芳、张旭峰、焦景泽、彭锐强先后任党组成员，焦景泽、彭锐强先后任纪检组长。

书　　记：张海陆 2002.3—2007.8
杨社军 2007.8—

副 书 记：苏世民 2002.3—2010.6
许万民 2002.3—2007.8
王育民 2007.8—
胡海峰 2010.6—

纪检组长：焦景泽 2006.10—2007.8
彭锐强 2010.6—

成　　员：马学智 2002.3—2005.11
杨立强 2002.3—2006.5
赵晓景 2005.11—
张进学 2002.3—
马娟芳 2006.10—
张旭峰 2010.6—
焦景泽 2006.10—2007.8
彭锐强 2010.6—

（二）共青团组织

1995 年 1 月至 2010 年 6 月，狄清华任共青团灵宝市财政局支部书记，马娟芳任组织委员，苗京斌任宣传委员。

2010 年 6 月，共青团灵宝市财政局支部换届，姜海峰当选团支部书记，呼源远任组织委员，李少华任宣传委员。

书　记：狄清华 2001.1—2010.6
姜海峰 2010.6—

委　员：马娟芳 2001.1—2010.6
苗京斌 2001.1—2010.6
呼源远 2010.6—
李少华 2010.6—

（三）工会组织

主　席：许治业 2001.1—

委　员：薛凤玲 2001.1—

（四）妇女组织

主　任：张　丽 2001.1—2008.12
董花丽 2008.12—

委　员：张亚兰 2001.1—2008.12
张俊玲 2001.1—2008.12
张亚兰 2008.12—
张俊玲 2008.12—

六、卢氏县

（一）中国共产党组织

1. 党支部委员会

2001 年初，中共卢氏县财政局支部共有党员 50 人。其中正式党员 47 人，预备党员 3 人。党支部成员 3 人，分别是支部书记张条门，副书记薛鸿照、李咏雪。

2. 党总支委员会

2003 年底，经卢氏县委批准，设立中共卢氏县财政局总支委员会。张条门任总支书记，薛鸿照、李咏雪任总支副书记，彭勇任总支委员。

2004 年，中共卢氏县财政局总支委员会换届，张条门任党总支书记，薛鸿照、李咏雪任总支副书记。局总支下设 3 个支部，常云田、张学东、孙艳梅分别任机关一至三支部书记。

2007 年 12 月，中共卢氏县财政局总支委员会换届，冯新理当选总支书记，陈仁辉当选总支副书记，王静、耿书林、张学东、骆锋、揣圆当选总支委员。骆锋、冯艳茹、张峰分别当选机关一至三支部书记。

2010 年 12 月底,中共卢氏县财政局总支共有党员 66 人,下设 3 个支部。

总支书记:冯新理 2007.12—

副 书 记:陈仁辉 2007.12—

总支委员:王　静 2007.12—

耿书林 2007.12—

张学东 2007.12—

骆　锋 2007.12—

揣　圆 2007.12—

一支部书记:骆　锋 2007.12—

二支部书记:冯艳茹 2007.12—

三支部书记:张　峰 2007.12—

(二)工会组织

2002 年,杨文山任卢氏县财政局工会主席,胡建慧任工会委员会副主席,祝快专、王协田任工会委员会委员。

七、开发区

(一)中国共产党组织

书　记:李正良 2001.1—2003.12

杜爱民 2003.12—2010.9

副书记:杜爱民 2001.6—2003.11

成　员:刘凤仙 2003.11—

(二)共青团组织

书　记:薛文亮 2004.7—

委　员:苏秀霞 2004.7—

(三)工会组织

2004 年 5 月,开发区财政局成立工会委员会,季红任主席,王亚峰、苏秀霞任工会委员。

主　席:季　红 2004.5—

委　员:王亚峰 2004.5—2005.8

苏秀霞 2004.5—

八、产业集聚区

中国共产党组织

2010 年初,中共三门峡产业集聚区财政局党支部成员 6 人,周天群任党支部书记,阮建营为组织委员,李岩为宣传委员。

书　记:周天群 2010.1—

委　员:阮建营 2010.1—

李　岩 2010.1—

第十一章　县(市、区)级财政概况

至2010年末,三门峡市下辖3个县(卢氏县、陕县、渑池县)、2个市(灵宝市、义马市)、3个区(湖滨区、开发区、产业集聚区)。进入21世纪,随着国家经济体制改革的不断深入,县(市、区)财政在各级党委、政府的坚强领导下,充分发挥财政部门职能作用,在促进县域经济快速发展的同时,财政收入和支出亦相应快速增长,为当地经济和社会的稳定、持续发展提供了可靠的财力支撑。

第一节　湖滨区

一、概　况

湖滨区位于三门峡市主城区,是1986年三门峡市升格为地级市时经国务院批准设立的县级行政区,是全市政治、经济、文化、金融、商贸中心。全区总面积185平方公里,其中城区面积33平方公里;总人口33.2万人,其中农业人口8.4万人。下辖3个乡(交口、高庙、磁钟)、2个涉农街道办事处(崖底、会兴)、5个城区街道办事处(湖滨、车站、前进、涧河、大安)和1个工业园区,共有47个行政村、47个社区。湖滨区是一个城乡兼备、第三产业繁荣活跃、工业发展较快、农业特色明显、城市功能完善的综合型城区,拥有中国优秀旅游城市、国家园林城市、全国"双拥"模范城市、全国科技进步先进区、国家社会治安综合治理优秀城市等多张"国字号"城市名片。

二、财政体制

(一)三门峡市对湖滨区财政体制

2004年,三门峡市人民政府下发《关于调整市与县(市、区)财政管理体制的通知》(三政〔2004〕9号)。具体内容:一是以2003年为基期年,确定各县(市、区)的省级营业税、企业所得税、个人所得税、城镇土地使用税、土地增值税5个税种收入下划基数。各县(市、区)的省级、市级耕地占用税以1994—2003年10年平均数为下划基数(6个税种下划基数为370万元),上述6个税种收入下划基数定额上解市级。二是体制调整后,县(市、区)营业税、企业所得税、个人所得税、城镇土地使用税、土地增值税、资源税、房产税、耕地占用税8个税种,比2003年收入基数增加部分,市与县(市、区)按3∶7比例分享。三是县(市、区)营业税、企业所得税、个人所得税、城镇土地使用税、土地增值税、耕地占用税6个税种收入基数包括县(市、区)完成的收入基数和市级下划的收入基数。

2005年,为规范三门峡市与湖滨区之间的财政分配关系,三门峡市人民政府下发《关于调整市与湖滨区财政管理体制的通知》(三政〔2005〕76号),具体内容:一是市区范围内(除开发区外)的市级建筑安装营业税(除市财政投资的基础设施重点建设项目外)及随征部分收入,印花税、城镇土地使用税、土地增值税、资源税、房产税、车船使用和牌照税7个税种,收入下划湖滨区。湖滨区对上述税种以2003—2005年3年收入平均数为基数,定额上解市级。二是取消三门峡市人民政府《关于调整市与县(市、区)财政管理体制的通知》(三政〔2004〕9号)规定的湖滨区营业税、企业所得税、个人所得税、城镇土地使用税、土地增值税、资源税、房产税、耕地占用税8个税种增量市级分成30%的办法。以2005年比2003年收入基数增加部分的30%为基数(上解基数为559万元,同时省级下划的收入基数370万元仍实行定额上解),以后年度湖滨区定额上解市级。三是以湖滨区营业税、企业所得税、个人所得税、印花税、城镇土地使用税、土地增值税、资源税、房产税、车船使用和牌照税、耕地占用税2005年收入为基数(包括湖滨区上述10种税收入完成数和市级下划7种税收入基数),从2006年起,收入增加部分市级分成30%。

2009年,三门峡市对湖滨区财政管理体制作出调整。主要内容是湖滨区营业税、企业所得税、个人所得税、耕地占用税、印花税、城镇土地使用税、土地增值税、资源税、房产税、车船税10个税种增量上解以2008年为基数,从2009年起固定上解市财政。湖滨区增值税、营业税、企业所得税、个人所得税、耕地占用税、印花税、城镇土地使用税、土地增值税、资源税、房产税、车船税、罚没收入、社会抚养费的增收部分,按规定比例上解市财政,年终单独结算。其中:增值税、营业税、企业所得税、个人所得税、印花税、城镇土地使用税、土地增值税、资源税、房产税、车船税、罚没收入、社会抚养费收入基数按2008年决算数确定;耕地占用税收入基数按2007—2008年两年加权平均数确定(2007年权重为1/3,2008年为2/3)。企业所得税增量上解比例为15%,增值税、营业税、个人所得税、耕地占用税、罚没收入、社会抚养费增量上解比例为20%,印花税、城镇土地使用税、土地增值税、资源税、房产税、车船税增量上解比例为30%。增量上解按收入项目分别考核,以后年度实际收入低于收入基数时,当年不上解,也不调整收入基数。从2009年起,湖滨区消费税和增值税税收返还增长率按上划中央消费税和增值税增长率的1 ∶ 0.3系数确定(以前年度1 ∶ 0.15)。

(二)湖滨区对乡级财政体制

2001年,湖滨区对乡级财政管理体制继续实行“划分税种、核定基数、增收分成、短收自负、超支不补、自求平衡”的管理体制。当年,重新核定了各个乡(街道办事处)的收支基数。收入超收的崖底街道、会兴街道、交口乡与区级五五分成;磁钟乡、高庙乡与区级六四分成。支出基数按1997—1999年实际财力,扣除上级追加及专项补助,按“加权平均法”计算确定。2000年12月,由于上级政策变化,湖滨区人民政府下发《关于调整乡镇分税制财政管理体制的通知》(三湖政〔2000〕41号),实行“划分税种、核实基数、定额上解(或补助)、增收全留、短收自负、自求平衡”的管理体制。收入基数为2000年区政府下达的财政收入目标任务数,支出基数为2000年支出基数加上2000年体制超收分成部分。

2007年初,根据三门峡市对湖滨区财政体制调整精神,经湖滨区人民政府研究决定,区财政下发《关于核定区与乡(街道办)财政体制调整基数的通知》(三湖财〔2007〕8号),主要内容是从2006年起,各乡、街道办地方税收收入以2005年实际完成数为基数,收入增加部分区级分成30%。

是年,根据省、市要求,在以前年度乡级教师工资统发的基础上,经区政府研究,将乡级教师人事权限、工资等统一上划区本级管理,增加“乡级农村教师上划基数专项上解”。以后年度,教育系统增人、增资均由区本级负担,大大减轻了乡级财政压力。

2009年,为进一步加强税收管理、优化税收环境,结合湖滨区实际情况,经研究决定,对个别税种征收管理进行规范。此次规范税种征收管理按照“体制不变、总量不变、级次规范、税种考核、收入划转”的原则进行。即区、乡两级原财政管理体制不变,各乡(含崖底、会兴街道办事处,下同)年度财税目标任务不变,个别税种规范为区本级收入,按统一考核认定结果相应划转。同时规范税种收入级次,将市区范围内的营业税(交通运输营业税除外)及随征部分收入(城市维护建设税、教育费附加收入)、土地增值税、车船税3个税种规范为区本级收入,其他税种仍按原体制执行。

2010年上半年,为进一步完善收入分配办法,调动各方面组织收入的积极性,建立公平、公正的利益导向机制,根据湖滨区实际,就重点项目税收分成办法规定如下:(1)建筑和房地产项目。城中村改造项目以区为主开发产生的地方税收,区本级与乡级按95 ∶ 5分成。以乡、村为主开发的改造项目产生的地方税收,区本级与乡级按三七分成。城中村改造项目产生的契税一律归区本级。(2)工业项目。区直单位引进的项目,产生的地方税收归区本级。乡里引进的项目,产生的地方税收归乡级。各乡引进的项目在工业园区内的,产生的地方税收按照谁引进、谁受益的原则办理。(3)第三产业项目。市区所有三产项目产生的地方税收一律归区本级。

三、财政收入

2001—2010年,湖滨区财政收入呈现持续快速增长态势。2010年,湖滨区地方财政总收入完成47177万元,为2001年的6.6倍。其中:一般预算收入完成33888万元,比上年增长22.2%;上缴中央税收13289万元。一般预算收入增幅位居全市第二,税收占一般预算收入的比重为90.9%,位居全市第一。2001—2010年湖滨区一般预算收入累计完成152521万元,为全区经济社会又好又快发展提供了可靠的财力保障。

2001—2010年三门峡市湖滨区一般预算收入完成情况表

表78　　　　单位:万元

项　目	2001年	2002年	2003年	2004年	2005年	2006年	2007年	2008年	2009年	2010年	合　计
一般预算收入合计	**5131**	**4832**	**5674**	**7148**	**9383**	**15249**	**18870**	**24618**	**27728**	**33888**	**152521**
税收收入	**4833**	**4510**	**4888**	**5803**	**7776**	**13593**	**17569**	**22649**	**24901**	**30807**	**137329**
增值税	827	901	995	862	1441	1676	2305	2859	2429	2880	17175
营业税	2129	2168	2352	3005	4002	6269	7136	9023	11395	13093	60572
企业所得税	633	369	308	389	380	912	1080	1849	1384	2375	9679
个人所得税	534	334	351	513	630	653	749	732	679	724	5899
资源税	9	12	12	87	141	529	949	391	195	208	2533
固定资产投资方向调节税				1							1
城市维护建设税	207	252	302	365	482	684	917	1069	1106	1382	6766
房产税	137	172	221	208	225	1360	1514	1614	1633	1763	8847
印花税	12	23	30	43	56	385	468	580	520	644	2761
城镇土地使用税	7	6	4	20	39	587	1006	2772	2716	2607	9764
土地增值税				18	13	126	570	730	1277	1515	4249
车船使用和牌照税	70	35	76	43	55	113	288	606	1083	1318	3687
屠宰税	164	92									256
农业税	37	93	114	65							309
农业特产税	11	19	39	12	24						105
烟叶税						9	10	29	57	32	137
耕地占用税	35	8	33	97	62	51	83	158	98	197	822
契　税	21	26	51	75	226	239	494	237	329	2069	3767
非税收入	**298**	**322**	**786**	**1345**	**1607**	**1656**	**1301**	**1969**	**2827**	**3081**	**15192**
国有资产经营收益			195	274	340	145					954
国有企业计划亏损补贴											
行政性收费收入	137	184	300	430	577	599	319	328	326	268	3468
罚没收入	52	28	144	468	476	650	523	1120	648	868	4977
专项收入	108	109	141	167	208	256	448	498	503	756	3194
国有资本经营收入									200	254	454
国有资源(资产)有偿使用收入							11	23	1150	935	2119
其他收入	1	1	6	6	6	6					26

四、财政支出

按照财政部统一规定,2001—2006 年湖滨区一般预算支出类别为“类”“款”“项”“目”四个级次。支出内容分为“基本建设支出”等 28 项。2001—2006 年,湖滨区累计支出 74669 万元,年均支出 12444.8 万元。2007—2010 年,湖滨区累计支出 146516 万元,年均支出 3662.9 万元。2010 年,湖滨区一般预算支出完成 48858 万元(加上上级专款等,支出预算为 50340 万元),为 2001 年的7.68 倍。

2001—2010 年三门峡市湖滨区一般预算支出完成情况表

表 79　　　　单位:万元

项　目	2001 年	2002 年	2003 年	2004 年	2005 年	2006 年	2007 年	2008 年	2009 年	2010 年	合　计
一般预算支出合计	**6361**	**9705**	**11109**	**13066**	**15496**	**18932**	**25901**	**30472**	**41285**	**48858**	**221185**
一般公共服务							7325	9014	11730	15253	43322
外　交											0
国　防									2		2
公共安全							1414	2099	2226	2086	7825
教　育							4087	4407	5938	7086	21518
科学技术							484	875	995	1046	3400
文化体育与传媒							72	239	249	288	848
社会保障和就业							4454	5639	6888	7717	24698
医疗卫生							1317	1500	2886	3315	9018
环境保护							334	462	1215	1552	3563
城乡社区事务							1529	1393	315	1082	4319
农林水事务							2054	3026	4564	4959	14603
交通运输							41	205	991	422	1659
工业商业金融等事务							1974	597			2571
基本建设支出	427	1251	957	809	559	1294					5297
企业挖潜改造资金	5	3	5	174	15						202
地质勘探费											0
科技三项费用	20	45	30	32	90	41					258
农业支出			457	326	454	575					1812
林业支出			104	721	483	528					1836
水利和气象支出			89	266	180	357					892
支援农村生产支出	193	326									519
农业综合开发支出	41	44									85
农林水利气象等部门事业费	257	422									679
工业交通等部门事业费	25	23	32	92	118	425					715
流通部门事业费	3	7	12	15	17	17					71
文体广播事业费	123	187	338	415	470	507					2040
教育支出	1533	1885	2020	1966	2359	2696					12459

续表 79

项　目	2001 年	2002 年	2003 年	2004 年	2005 年	2006 年	2007 年	2008 年	2009 年	2010 年	合　计
科学支出	7	8	9	3	4	7					38
医疗卫生支出	209	221	268	428	528	577					2231
其他部门事业费	216	314	459	454	669	624					2736
抚恤和社会福利救济费	483	1120	1834	1680	2215	2384					9716
行政事业单位离退休支出				673	803	864					2340
社保保障补助支出	198	257	475	239	249	221					1639
国防支出											0
行政管理费	1227	1421	1799	1922	2553	3027					11949
外交外事支出											0
武装警察部队支出											0
公检法司支出	279	391	575	730	1137	1290					4402
城市维护费	575	656	642	758	887	785					4303
政策性补贴支出		10	5	5	25	5					50
支援不发达地区支出	22		22								44
车辆税费支出					35	144					179
债务利息支出											0
专项支出	105	105	135	280	251	261					1137
采掘电力信息等事务									1823		1823
粮油物资储备管理等事务									1127		1127
金融监管支出											0
资源勘探电力信息等事务										744	744
商业服务业等事务										2535	2535
地震灾后恢复重建支出										459	459
国土资源气象等事务											0
住房保障支出											0
国债还本付息支出											0
其他支出	413	1009	842	1078	1395	2303	816	1016	336	314	9522

五、财政改革

(一)国库集中支付改革

2003 年,湖滨区实施国库集中支付制度改革,建立以国库单一账户体系为基础、资金缴拨以国库集中收付为主要形式的国库管理制度。国库集中收付改革的主要内容:所有财政性资金纳入财政单一账户体系管理,资金的审核、拨付、清算以及会计核算,包括预算单位统发工资、津贴补贴支付等业务,全部纳入国库单一账户体系运行。

为深化财政国库集中支付制度改革,加强财政资金监管功能,湖滨区财政国库集中支付 2010 年底退出代理会计核算业务,至 2011 年 1 月全部退出代理核算,实现强化支付、弱化核算的改革目标。

(二)乡财县(区)管改革

按照三门峡市财政局部署,湖滨区乡财县(区)管工作在区委、区政府的高度重视和支持下,周密部署,扎实推进,于 2005 年 5 月在全区 5 个乡(街道办事处)全面实施,运行情况良好。主要做法:一是广泛宣传发动,使乡财区管改革深入人心,得到了各乡、街道办事处的理解和支持。二是参加和组织了3次不同层次的业务培训,训练了一批业务操作骨干。三是全面开展五项清理,为乡财区管的全面实施做好准备。共核销账户62个,缴销票据7499本,清理政府债权金额266万元、政府债务6011万元。四是制定并出台了《业务操作实施细则》,统一全区乡财区管改革操作规程。五是结合湖滨区乡(街道办事处)数量较少的现状,按照“由点到面,先易后难”的原则,重点攻关,全面推广,确保了改革如期、规范、全面实施。

(三)部门预算改革

1.部门预算整体情况。湖滨区部门预算由2001年的七大系统卫生、公检法、教育等单位逐步实行全区部门预算。自2004年起,为适应国库集中支付改革的要求,全面实施部门预算,每个基层单位均为部门预算的编制单位,从基层单位编起,一个单位一本预算。主管部门负责本部门收支预算建议草案的编制工作,监督下属二级机构的预算编制。财政部门根据财力许可情况,按照预算安排顺序提出建议草案。

2.公用经费定额情况。区财政的公用经费标准按照行政单位每人400元/年、事业单位每人300元/年执行,原则上有预算外收入的单位不安排公用经费。

3.专项资金项目库建立情况。各单位按部门业务需求、国家政策文件规定、领导批示、会议纪要等项目逐一填列。对基本建设、企业挖潜改造、科技三项费用、农业发展支出等建设性专款和教科文卫等事业性专项支出,进行项目论证,科学确定支出预算。

4.完善区本级人员和公用经费支出标准。2006年,在区直单位全面推行部门预算的基础上,进一步深化细化预算编制,建立专项资金项目库,强化预算约束,增强部门预算的刚性,并积极开展国库集中支付改革。进一步规范财政专项资金绩效跟踪项目的认定、绩效评价单位和委托单位的选择、评价内容的确定,加强专项资金绩效评价工作。

(四)乡村财务管理体制改革

2003年11月,根据三门峡市委、市政府部署,以深化党风廉政建设、促进农村经济发展为目标,采取有力措施,实施乡村财务管理体制改革。湖滨区取消5个乡(街道办事处)部门和村组原有的财务会计,组建乡村财务服务中心。在坚持资金所有权和自主权不变的前提下,5个乡(街道办事处)的93个部门和学校、48个行政村307个村民组经济业务全部纳入服务中心核算,实行公开作业,透明服务。

规范的乡村财务管理体制,杜绝了财务运行的随意性,从源头上预防、遏制了乡村财务管理中的违纪和腐败现象,有效地促进了农村经济发展和社会稳定。一是摸清了村级财务底数。实行农村财务集中收付制度之初,区财政利用一个月时间逐村进行财务清查,对各乡(街道办事处)及村的年度收支做到底数清、情况明,清理银行账户35个、折子户37个,将641.2万元资金纳入服务中心管理,有效避免了国家集体资金的流失。二是提高了村级财务管理水平。乡村财务服务中心把各村的账务按照会计制度统一建账,分户管理,严格操作,杜绝了农村财务不规范的混乱现象,确保财务内容全面、清晰、真实、准确。三是提高了办事效率。服务中心办理业务要求限时服务,做到日清月结、季分析、年汇总,一改过去村级账务处理拖拉局面。四是为村组经营管理决策提供了翔实准确的依据,实现网络建设及办公设备统一、人员配备统一、制度统一、中心运转时间统一,提高了工作效率。

2006年,进一步完善改革措施,保证了国库集中支付制度的规范运行,增强了财政资金的调控能力,缓解了财政资金压力,规范了资金拨付程序,提高了资金使用效益。全区92家行政事业单位全部纳入财政集中支付,全年共处理报账1.6万余笔,支付资金达12780万元,其中统发各类人员工资3080万元,保证了全区人员工资按时足额发放。同时,区财政还加强了对乡村财务服务中心工作的指导,巩固改革成果。重点对乡村财务服务中心会计基础工作进行检查,规范乡村财务管理和会计基础工作,使财政国库集中支付制度进一步完善和深化。

六、财政管理

(一)国库管理

2003年,湖滨区实行国库单一账户改革,账户设置由多头开户变为单一账户。在具体业务活动中,区财政部门进一步加强内部管理,规范操作程序,明确岗位职责和工作业务流程,严格财政资金收付,规范印章、票据、账务核算管理,提高支付效率。全面强化预算执行,扎实推进国库集中支付制度改革,进一步规范、强化账户管理和监督机制,重点把好预算单位银行账户的财政审批、备案制度及相关程序等关口,建立预算单位银行账户管理体系和工作长效机制,全年共审批新开户、变更行政事业单位账户 24 个。同时,为切实解决非税收缴对账难问题,区财政部门积极同非税收缴代理银行协商,充分利用现代金融工具,建立非税收缴现金管理平台,方便非税收缴单位和财政部门对账入库工作。当年,全区纳入改革的预算单位 105 个,已覆盖到所有预算单位,会计集中核算转轨工作全面完成。

1. 单一账户管理

2003 年,湖滨区实行国库单一账户改革,账户设置由多头开户变为单一账户。国库单一账户体系是指实行财政国库集中支付后,用于所有财政性资金收支核算管理的账户体系,主要由国库单一账户、财政零余额账户、单位零余额账户、预算外资金财政专户、特设专户和主要银行账户构成。国库单一账户改革后,支付方式由单位自行支付变为财政直接支付和授权预算单位支付,资金存放方式由分散存放在预算单位改为统一存放在财政部门,资金结算方式由先存款后支付改为先支付后清算,预算执行信息反馈方式由事后反馈变为实时反馈。

2. 专户管理

2003 年,湖滨区按照"集中管理、统一核算、统一记账、专款专用、监管分离"模式,将财政专户纳入国库股实行集中核算。当年集中管理财政专户 13 个。

(二)国库集中支付管理

一是严格执行各项制度。国库集中支付中心严格执行《中华人民共和国会计法》《行政事业单位会计制度》《国有建设单位会计制度》《会计基础工作规范》等相关财经法规,在业务工作中按照国库集中支付中心制定的《业务操作规范》《票据使用规范》等规范作业,确保财政资金安全平稳运行。二是认真规范办事程序。制定直接支付流程图、授权支付流程图、工资统发流程图等,明确风险控制点,制定防控机制,互相监督、互相制约。严格执行财经纪律,认真执行部门预算,加强财务审核稽核,强化过程管理,发现问题及时纠正,消除隐患,确保资金运行安全,不断提高会计制度的执行力度。按照"服务优质、资金安全、支付合规、核算准确"要求,认真抓好财务报销环节,规范支付核算报账程序,进一步完善稽核、纠错等工作流程,严格支出环节的审查审核,发现问题及时反馈、跟踪整改,将问题化解在平时。同时,建立监管并重的内部监督机制,使国库集中支付、规范操作水平不断提高,确保财政资金管理安全有序。三是强化服务意识。不断加强干部队伍作风建设,严格执行"首问负责制""限期办结制""公开承诺制"等制度,大力开展"比学习、比能力、比工作、比服务、比贡献"活动,培养自觉性,增强主动性,全力搞好服务。

(三)政府采购管理

2000 年,湖滨区成立政府采购管理办公室。2010 年,湖滨区机构编制委员会办公室批准成立湖滨区政府采购中心,担负之前由区政府采购管理办公室代为行使的政府采购管理职能职责。

2001—2010 年,湖滨区共组织政府采购 1138 次,完成采购金额 16264.95 万元,实际采购资金 14583.46 万元,节约资金 1681.49 万元,节约率 10.34%。

(四)财政信息化建设

湖滨区财政信息化工作起步于 2001 年,最初只限于工资统发系统和办公 OA。2003 年,三门峡市本级及 7 个县(市、区)全面推行国库集中支付,实现了市、县、乡三级网络贯通,业务数据采用大集中管理模式,实现市、县、乡、村、组每笔业务的实时更新及监管。2010 年,按河南省财政厅统一要求,实施"金财工程"应用支撑大平台建设,将财政核心业务系统全部纳入平台管理。至 2010 年底,湖滨区运行的财政管理系统有:市级预算执行系统,县乡财政国库集中支付系统,部门预算、工资统一发放、非税监管、三资管理系统,办公 OA、惠民一卡通等系统。这些系统的运行均采用大集中的模式,即小型机、服务器及数据全部集中在三门峡市财政局信息中心,县、乡只是终端用户。

(五)"三农"资金管理

1. 农业综合开发资金管理

2009 年,湖滨区申报的农业综合开发名优经济花卉项目,2010 年得到批复。该项目总投资 300.2 万元,其中三门峡湖滨果汁饮品有限责任公司自筹 180.2 万元,申请中央农业综合开发项目资金 80 万元,省级配套32万元,三门峡市财政配套5.6万元,湖滨区财政配套2.4万元。另财政扶持资金120万元,其中用于购买苗木16.17万元、整地费用6.16万元、栽植费用3.08万元、浇水费用9.24万元、购买肥料22.03万元、整形修剪5.58万元、病虫害防治3.5万元、购买农药12.32万元、购买果品分选机17万元、购买喷雾系统10万元、技术服务费10万元。年底,该农业综合开发项目通过上级主管部门验收。

2. 财政强农惠农资金管理

(1)退耕还林补贴

湖滨区退耕还林补贴政策始于2002年,核定补贴面积2万亩,受益6000余农户。2007—2010年,中央财政共拨付湖滨区退耕还林资金1409.8万元。

为解决影响退耕农户长远生计的突出问题,中央财政安排巩固退耕还林成果专项资金,该项政策持续8年。湖滨区财政2008—2010年累计下拨资金330万元。

(2)农作物良种补贴

2009年,湖滨区实施良种补贴政策,按照小麦、玉米每亩补贴10元、棉花每亩补贴15元标准下达资金。小麦良种补贴采取“种子售价折扣补贴”方式,玉米、棉花良种补贴采取“现金直接补贴”方式。当年,湖滨区种植小麦2.81万亩,玉米1.18万亩,棉花0.27万亩,补贴资金43.79万元。2010年,湖滨区种植小麦4.6万亩,玉米2.7万亩,棉花0.27万亩,补贴资金77.25万元。

(3)农机具购置补贴

湖滨区自2008年起,实施农机具购置补贴政策,补贴对象是符合条件的农民和直接从事农业生产的农机服务组织。中央和省级财政资金补贴,按不超过购买农机具价格的30%标准执行。截至2010年底,湖滨区累计安排农机具购置补贴资金652万元,农民群众自筹资金1936万余元,购置各种类型的农业机械356台,配套机具105台。

(4)农村劳动力转移培训

2007—2010年,湖滨区财政共拨付“雨露计划”培训资金91.26万元,培训农民2230人;拨付“阳光工程”资金47.28万元,培训农民1005人。

(5)奶牛、能繁母猪补贴

奶牛补贴:为稳定和增加奶牛养殖数量,提高奶牛养殖规模化、标准化水平,湖滨区政府从2007年起对奶牛养殖户实施补贴,标准每年500元/头。其中存栏200头以上的奶牛养殖场(户)由省财政补贴,存栏20~199头奶牛的养殖场(户)由市财政补贴,存栏19头以下的养殖场(户)由县级财政补贴。当年,湖滨区奶牛补贴资金为47.05万元,补贴养殖户8户奶牛941头。2008年,湖滨区奶牛补贴资金为63.75万元,补贴养殖户11户奶牛1275头。

能繁母猪补贴:2007年,国家实施能繁母猪补贴政策,补贴标准为每年50元/头。其中中央财政补贴60%(每头30元),市、县级财政分别按12%、28%(每头6元、14元)配套。本年度湖滨区补贴能繁母猪1300头,补贴资金6.5万元。2008年,能繁母猪补贴标准提高到每年100元/头,补贴能繁母猪3483头,补贴资金34.83万元。以上补贴资金,全部通过“一折通”直接发放至农户。

(6)大中型水库移民后期扶持补贴

2006年7月1日起,国家对全国范围内大中型水库农村移民实行统一的后期扶持政策,按照每人600元/年标准,连续扶持20年。对2006年6月30日前搬迁的纳入扶持范围的移民,从2006年7月1日起再扶持20年;对2006年7月1日以后搬迁的纳入扶持范围的移民,从其完成搬迁之日起扶持20年。

2010年底,湖滨区大中型水库农村移民后期扶持人口为8814人,涉及2个街道3个乡44个移民村,按每人每年600元的标准,2006—2010年全区共发放移民补助资金2190.14万元。

(7)林业生态建设和天然林保护

林业生态建设:林业生态建设政策从2008年开始实施。2008—2010年湖滨区财政共投入资金1144.95万元。

2008年,湖滨区投入林业生态建设资金493万元,其中省级资金207万元,市级资金286万元。围绕环城防护林、城郊森林、村镇绿化、生态廊道建设和林业产业基地建设等重点,积极开展林业生态建设,共完成生态林建设3.43万亩(其中,营造林2.68万亩、森林抚育及低效林改造0.75万亩)。

2009年,湖滨区投入林业生态建设资金353.07万元(其中,中央资金35.1万元、省级资金189.06万元、市级资金128.91万元)。

2010年,湖滨区投入林业生态建设资金298.88万元(其中,中央资金72.1万元、省级资金43.78万元、市级资金183万元)。

集体林权制度改革:2008年,湖滨区对全区5个乡(街道)43个村全部进行了集体林权制度改革,涉及集体林地354宗,面积46988.79亩。其中有林地318宗面积43653.29亩,宜林荒山荒沟36宗面积3335.5亩,累计安排资金14.8万元。

天然林工程保护资金:2000年,湖滨区开始实施天然林保护工程,实施天然林商品性禁伐并暂停人工林采伐,严格执行木材生产计划为零的政策。从2000—2004年的全面实施禁伐到2008年,累计木材调减量1.6万立方米。至2010年,共完成直播造林1万亩、高标准封山育林1.9万亩,各级财政累计下拨天然林工程保护资金68万元。

(8)小型病险水库除险加固

2008年,湖滨区投入财政资金433.39万元,对东方红水库进行除险加固。

(9)种粮直补和综合直补

2004年,国家为了稳定粮食产量,确保种粮面积,以满足城乡居民以及加工业的用粮需要,同时也为了减轻农民负担,对种粮成本给予适当补贴。2006年又增加了农资综合补贴,统称种粮直补。河南省以2002年农村税费改革核定的种粮面积为基数,扣除当年国家依法征用和合法占用以及退耕还林等减少面积后的实际面积计算补贴。自2004年始,湖滨区按照国家政策,对全区农民实行种粮补贴和农资综合直补。2004—2010年,累计向种粮农民发放补贴资金1658.2万元,年直补面积5万余亩,受益农户1.3万户。

(10)农业保险

2007年8月,湖滨区开展政策性农业保险养殖业保险业务,能繁母猪保额每年1000元/头,保费60元。能繁母猪保费中央财政负担50%,地方财政负担30%(市、县级按3∶7比例),养殖户负担20%。2007—2010年,湖滨区共承保养殖户能繁母猪1463头,保费7.04万元。其中中央财政补贴4.39万元,三门峡市财政补贴0.8万元,湖滨区财政配套1.85万元,补贴资金全部通过“一折通”直接发放至养殖户。

(11)家电下乡补贴

2007年12月始,湖滨区实施家电下乡补贴政策,执行至2011年11月底。家电下乡产品补贴标准按照最终销售价格的13%给予补贴,资金由中央财政和省级财政负担。其中:中央财政负担80%,省级财政负担20%。产品由最初的彩电、冰箱(含冰柜)、手机三大类逐步扩展到彩电、冰箱(含冰柜)、手机、洗衣机、电脑、空调、热水器(含储水式电热水器、燃气热水器、太阳能热水器)、微波炉、电磁炉、电动自行车十大类。每户每类家电下乡产品补贴数量不得超过2台(件)。2007年12月至2010年底,湖滨区销售家电下乡产品63852台(件),兑付补贴资金1709.6万元。

(12)汽车、摩托车下乡补贴

2009年3月,国家对农民报废三轮汽车、换购轻型载货车及购买1.3升以下排量的微型客车等,给予一次性财政补贴。享受补贴政策的产品包括微型载货车、轻型载货车、微型客车和摩托车。实施时间:汽车2009年3月1日至2010年12月31日;摩托车2009年2月1日至2013年1月31日。2009年3月至2010年底,湖滨区发放汽车、摩托车下乡补贴资金487万元,补贴汽车、摩托车3286辆。

(13)农村道路“村村通”工程

2002—2010年,湖滨区完成“村村通”公路建设里程180.48公里,总投资3449.5万元,其中国家、省级补助1265万元。

(14)农村安全饮水工程

2005—2010年,湖滨区安全饮水工程总投资2193万元(其中,争取上级投资1788万元),共建成饮水安全工程47处,安装无塔供水器10座,新建、修复蓄水池56座,管理院落9座,管理房屋46间,铺设输水管道41.37万米。

(六)行政事业资产管理

2007年4月,湖滨区财政局成立行政事业资产管理股。同年,对全区149个行政事业单位资产进行清查,核实资产价值1.5亿元。2010年,湖滨区开展行政事业单位资产管理信息系统软件安装、数据录入工作,掌握了全区109个行政事业单位资产的整体状况及分布情况。

第二节 义马市

一、概 况

义马1981年建市,总面积112平方公里,总人口17.09万人,辖2个涉农办事处和5个街道办事处,33个社区居委会(其中,20个涉农社区居委会)。义马市煤炭资源丰富,素有豫西“百里煤城”之称,主导产业以电力能源、煤化工、铬化工、新型建材为主,第二产业占地区生产总值的比重高达80%以上。2010年,全市地区生产总值完成126亿元,地方财政一般预算收入完成6.08亿元,全社会固定资产投资完成93亿元,城镇居民人均可支配收入14551元,涉农居民人均纯收入6285元,综合经济实力居全省第五名。多次被评为“全国中小城市科学发展百强”和“最具区域带动力中小城市百强”,两次入围“全国中小城市综合经济实力百强县市”“全国十佳节约型中小城市”“全国十佳和谐可持续发展城市”,是全国循环经济示范创建城市和全省城乡一体化试点市,先后荣获中国最具海外影响力县(市、区)、中国最具投资吸引力城市和省级园林城市、卫生城市、文明城市、中原最具投资价值县(市、区)等称号。

2001—2010年,义马市加大招商引资力度,狠抓财源建设,经济步入快速发展轨道,财政工作呈现出良好发展态势,收入和支出保持高速同步增长,为义马市经济和社会的稳定、持续发展提供了可靠的财力保证。

二、财政体制

(一)三门峡市对义马市财政体制

1.基数核定。2002年,根据三门峡市财政局《关于核定所得税收入分享改革基数返还额的通知》(三财预〔2002〕673号)精神,个人所得税以2001年实际完成数为基数,企业所得税以2000年实际完成数乘以2001年1—9月企业所得税实际增长率计算确定。如果县(市、区)2002年及以后年度企业所得税和个人所得税完成达不到市核定数,市将相应扣减各县(市、区)的所得税基数返还。

2.2004年起,对县(市、区)营业税、企业所得税、个人所得税、耕地占用税、土地使用税、土地增值税、资源税、房产税8个税种比2003年基数增加部分,三门峡市分成30%。纳入预算管理的行政性收费、罚没收入和其他收入,自2004年1月1日起全额缴入省级国库和财政专户。其罚没收入就地缴入省级国库,纳入预算管理的行政事业性收费和其他收入,采取集中汇缴的办法,集中缴入省级国库和财政专户。

3.2009年起,三门峡市对县(市、区)级营业税、企业所得税、个人所得税、耕地占用税、城镇土地使用税、土地增值税、资源税、房产税8个税种增量上解以2008年为基数固定上解市级外,县(市、区)增值税、营业税、企业所得税、个人所得税、资源税、罚没收入和社会抚养费收入基数按2008年决算数确定,县(市、区)耕地占用税收入基数按2007年、2008年加权平均数确定(2007年权重1/3,2008年2/3),企业所得税增量上解比例为15%,资源税增量上解30%,增值税、营业税、个人所得税、耕地占用税、罚没收入和社会抚养费增量上解比例均为20%。

(二)义马市对乡镇财政体制

2002年12月,义马市对乡镇财政实行“划分收入、核定收支、定额上解(或补助)、增收分成、短收自补、自求平衡”的财政管理体制。镇级财政固定收入包括:乡镇企业和划定乡镇辖区范围内个体工商户、私营企业上缴的增值税(25%部分),营业税、企业所得税(地方分成40%部分),房产税、土地使用税(50%部分),印花税、乡镇煤矿资源税、农业税、烟叶特产税、镇自行征收的农村宅基地占用税(市收入部分)等。乡镇级财政主要承担乡镇基层政权正常运转所需的支出及乡镇社会事业发展支出,包括支援农村生产支出、行政管理费、抚恤、广播电视事业费、农林水等部门事业费、卫生事业费、其他部门事业费、社会保障补助支出和其他支出、行政村补助支出等。

2004年9月,根据《河南省人民政府关于调整省与市财政管理体制的通知》(豫政〔2004〕3号)精神,义马市实施“镇财市管”改革,将原属于乡镇级收入的工商税收划归县级收入,税收上缴国库,非税收入进专户,实行收支两条线管理。

2008 年 7 月,义马市取消乡镇财政管理体制,办事处作为一个部门预算单位直接纳入义马市财政管理,不具有组织收入职能,日常支出由市财政按照年初批复的部门预算直接下达。此举增强了财政资金调控能力,增大了财政资金运作透明度,收到了良好效果。

三、财政收入

2001—2010 年,义马市财政收入保持持续快速增长的态势,累计完成地方财政收入 260239 万元,年均增速在 30.8% 以上。为保证财政收入的持续稳定增长,义马市建立财政、国税、地税联席会议制度,定期召开联席会议,及时了解税收征管中存在的问题,掌握工作动态,采取强力措施,确保税收及时足额入库。同时,财政部门紧紧围绕增收节支中心工作,积极培植财源,加强财、税部门协作,坚持"抓大不放小"原则,在保证纳税大户税收稳定的基础上,强化零星税源的征管,确保"颗粒归仓",应收尽收。

2004 年,义马市财政收入突破亿元,人均财力居全省第二,标志着义马市财政工作跨入新的阶段。

2005 年,财政收入突破 2 亿元大关,实际完成收入 20515 万元。

2006 年财政收入再上台阶,完成 25408 万元。财力的不断壮大,为义马市实现"二次创业"、建设经济强市、早日实现小康社会目标奠定了坚实基础。

2001—2010 年,义马市财政部门狠抓征管,全力组织财政收入。一是强化目标责任管理,把收入任务列入每年财政工作的首要指标,层层分解,责任到人,按月考核,狠抓落实。二是抓税源大户,健全重点税源联系制度、报告制度和税收预警制度,实行领导分片包干,实时跟踪,动态管理。对义煤集团公司、气化厂等重点骨干税源加强管控,确保税收大头。2006 年,义煤集团公司、义马气化厂、锦江电厂等重点企业完成入库税金 12137 万元,占当年财政一般预算收入的 47.8%。三是部门联动,齐抓共管。引进信息化先进科技手段,实现财政、税务、国库联网,完善征管机制,实施精细化管理。四是加强对乡镇煤矿和建筑业税收征管,控制大额专用发票的发放,杜绝欠税发生。五是加大稽查力度,堵塞收入漏洞。财税及相关部门密切配合,加强契税、乡镇财政和非税收入管理。2006 年,义马市镇级收入完成 3915 万元,实现了镇级财政收入新突破;细化非税收入管理,努力做到应收尽收。六是定期检查、规范管理。财政部门采取有效措施,调动征收单位的积极性,多措并举,协同作战,使财政收入工作不断实现跨越。七是项目带动,培植财源。"十五"期间,义马市全面落实国家对企业的税收优惠政策,改善投资环境,扩大招商引资,新落地义煤综能 100 万吨甲醇、义马气化厂二期扩建、2×155 兆瓦义马环保电厂、河南义马锂电池厂等一批大项目,初步形成多元化、多层次梯级财源结构,为财源建设注入了活力。

2001—2010 年三门峡市义马市一般预算收入完成情况表

表 80　　单位:万元

项　目	2001 年	2002 年	2003 年	2004 年	2005 年	2006 年	2007 年	2008 年	2009 年	2010 年	合　计
一般预算收入合计	**5132**	**5931**	**7168**	**11534**	**20515**	**25408**	**32516**	**41018**	**50188**	**60829**	**260239**
增值税	1802	2332	3161	5022	8647	8699	10029	13910	13306	15178	82086
营业税	665	820	976	1921	2594	3576	5049	7245	8282	9161	40289
企业所得税	455	241	193	199	207	423	981	1960	2268	1499	8426
个人所得税	200	146	186	552	750	864	1384	1484	1764	2051	9381
资源税	220	202	215	263	767	1357	1834	2479	2771	2172	12280
城市维护建设税	472	688	876	1193	2273	2564	3695	5114	6464	8967	32306

续表 80

项　目	2001 年	2002 年	2003 年	2004 年	2005 年	2006 年	2007 年	2008 年	2009 年	2010 年	合　计
房产税	279	349	440	454	592	627	724	600	759	781	5605
印花税	18	34	69	90	133	307	260	318	435	543	2207
固定资产投资方向调节税				10							10
城镇土地使用税	123	129	113	245	330	401	713	1136	1611	1770	6571
土地增值税				12	6	13	37	71	58	664	861
车船使用和牌照税	15	11	19	21	23	24	16	17	132	124	402
屠宰税	25	12									37
农业税	13	44	54	30							141
农业特产税	110	51	58	80	44						343
耕地占用税	2	13	75	124	81	264	203	150	150	966	2028
契　税	43	35	20	108	281	1558	1711	2379	2315	2572	11022
烟叶税						41	49	68	72	40	270
国有企业亏损补贴	－30	－36	－100								－166
行政性收费收入	113	197	147	269	1817	1772	1550	466	1355	1272	8958
罚没收入	429	314	345	475	743	795	1003	1063	1208	1744	8119
专项收入	178	347	308	366	956	1486	1858	2450	2684	2791	13424
国有资本经营收入					170	545	716	56			1487
国有资源(资产)有偿使用收入							704	52	4554	8534	13844
其他收入		2	13	100	101	92					308
上级补助收入	2601	3275	3931	5579	16802	8926	12539	21259	31250	22528	128690
上解支出	309	423	448	1364	1913	2677	3998	5334	6033	6662	29161

四、财政支出

2001—2010 年，义马市累计完成财政支出 362599 万元。市财政部门坚持优化支出结构，保证重点，强化管理和社会保障职能，确保人员工资与社会稳定支出，服务服从于构建和谐社会目标大局，有力促进了经济社会的发展。

2004—2005 年，市财政投入 320 万元建成了市科技防控中心，实现了 110、120、119 三台合一，为稳定全市社会治安大局、构建和谐义马提供了财力保障。同时，市财政对社会保障的支持力度亦不断加大。2005 年 5 月，率先在全省实施农村居民最低生活保障制度，将全市人均收入低于 900 元的 1000 余名农村贫困人口纳入低保范围。财政投入资金对所有行政村卫生室进行升级改造，建成了石门、苗元等 5 个甲级卫生室。不断扩大养老保险、失业保险等社会保障覆盖面，对城市和农村困难群众提供生活保障，做到应保尽保。

保证法定支出，重点支持农业、教育。2001—2006 年，累计完成农业、林业、水利支出 4903 万元，其中 2001 年 384 万元，2006 年完成 1690 万元，同比增长 52.7%。农业基础设施得到了改善：实现了村村通公路、通电话、通闭路电视；建成了董沟引水等一批节水灌溉示范工程和人畜饮水工程；建成了农业信息网，为农业增效、农民增收创造了条件。

2001—2006 年，累计完成教育支出 15264 万元，其中 2001 年完成 1186 万元，2006 年完成 5281

万元,同比增长45.2%。新建了市高中、常村镇中等5所学校教学楼,对常村镇中、裴村小学等10栋教学楼进行了改造,并对全市教育资源进行整合,为提高教学质量、发展教育事业提供了物质保障。加快专款和重点项目支出、拨付进度,支持城市建设等各项事业发展。

2001—2010年,累计完成城市建设支出25737万元。2001年完成城市建设支出1050万元,2005年完成城市建设支出1316万元,2006年完成城市建设支出6028万元,先后建成了银杏路、银杏大桥、环城路等城市道路和基础设施。对市区10条街坊小道和银杏公园进行升级改造。完成了高速公路引线亮化,人民路、东工地矿区专用线路改造。同时建成10万吨水厂二期工程,实现了全市人民盼望已久的全天供水、集中供热和集中供气愿望,提升了城市品位,提高了居民生活质量。

2001—2010年三门峡市义马市一般预算支出完成情况表

表81　　　　单位:万元

项　目	2001年	2002年	2003年	2004年	2005年	2006年	2007年	2008年	2009年	2010年	合　计
一般预算支出合计	**7592**	**8891**	**10619**	**15604**	**36100**	**32691**	**41484**	**56497**	**76902**	**76219**	**368810**
一般公共服务							7637	9567	11673	15181	44058
外　交											0
国　防											0
公共安全							2845	3486	4988	5892	17211
教　育							8059	11072	11708	12680	43519
科学技术							837	1722	1543	1716	5818
文化体育与传媒							1690	3116	7006	730	12542
社会保障和就业							2124	2426	7906	4323	16779
医疗卫生							3760	4103	7428	3552	18843
环境保护							1802	5664	8263	2733	18462
城乡社区事务							5376	5124	5314	8784	24598
农林水事务							2647	2801	3418	3220	12086
交通运输							639	949	2678	1611	5877
工业商业金融等事务							1722	3080			4802
基本建设支出	204	82	581	1382	10665	3815					16739
企业挖潜改造资金			173	558	236	100					1067
地质勘探费					0	0					0
科技三项费用	107	119	135	208	312	458					1421
流动资金					0	0					0
农业支出			148	268	313	446					1175
林业支出			83	302	283	479					1147
水利和气象支出			177	322	511	765					1775
支援农村生产支出	205	170			0	0					513
农业综合开发支出	30	30			0	0					75

续表 81

项　目	2001 年	2002 年	2003 年	2004 年	2005 年	2006 年	2007 年	2008 年	2009 年	2010 年	合　计
农林水利气象等部门的事业费	149	222			0	0					492
工业交通等部门的事业费	68	160	238	267	418	1816					2978
流通部门事业费	1			155	93	280					529
文体广播事业费	342	435	419	486	840	852					3622
教育支出	1186	1267	1584	2353	3637	5281					16243
科学支出	12	12	12	12	12	12					83
医疗卫生支出	431	483	720	656	965	1183					4825
其他部门的事业费	325	392	513	620	820	1005					3982
抚恤和社会福利救济费	164	230	328	444	484	946					2677
行政事业单位离退休支出		1			0						1
社会保障补助支出	187	243	361	406	427	349					2150
国防支出					0	0					0
行政管理费	1547	1993	2119	2763	3756	4072					17586
外交外事支出					0	0					0
武装警察部队支出					0	0					0
公检法司支出	858	816	944	1175	2030	1803					8323
城市维护费	846	1149	895	1254	2651	2213					9895
政策性补贴支出	5	14		8	200	304					577
支援不发达地区支出	12				0	0					12
海域开发建设和场地使用费支出					0	0					0
车辆税费支出					42	121					163
债务利息支出					0	0					0
专项支出	192	347	310	365	1466	1511					4395
采掘电力信息等事务									920		920
粮油物资储备管理等事务									755	384	1139
金融监管支出									700	16	716
资源勘探电力信息等事务										3848	3848
商业服务业等事务										539	539
地震灾后恢复重建支出										0	0
国土资源气象等事务										859	859
住房保障支出										2937	2937
国债还本付息支出										29	29
其他支出	721	726	879	1600	5939	4880	2346	3387	2602	7185	30783

五、财政改革

(一)部门预算改革

义马市2004年实行部门预算,当年纳入部门预算编制的市直部门有53个,预算单位109个。至2006年末,纳入部门预算的市直单位增加到61个,预算单位147个。在部门预算编制中,人员经费按单位财政供给在职及离退休人员工资、津贴标准预算(含医疗保险金、养老金、失业金、住房公积金、遗属补助等)。公用经费按预算单位编制内实有在职人数和经费定额标准核定,其中四大班子、公检法部门每年2000元/人,司法局等其他局(委、办)每年1000元/人,全供事业单位每年500元/人(不含学校)。学校公用经费分城市、农村类别,据中小学生实有人数核定。离退休干部公用经费按离休干部和副县级干部每年300元/人,其他退休干部每年240元/人核定。市财政局通过合理测算全年预算收支状况,引导预算外资金回流,从根本上把"多、散、乱"的预算外资金纳入规范化管理。10年中,全市预算外资金统管率达到100%。

(二)政府采购制度改革

2001—2010年,按照扩大政府采购规模、范围和整体推进的工作思路,以"扩大规模、规范行为、提高效益"为目标,使政府采购规模呈现快速增长趋势,资金节约率也大幅度提高。2001年制定《义马市行政事业单位政府采购实施意见》,将每年的采购目录集中发布,采购范围、限额标准、采购程序等全部公开,使政府采购行为成为"阳光下的交易",从源头上预防了腐败。2003年,根据新颁布实施的《中华人民共和国政府采购法》精神,义马市政府采购范围和规模进一步扩大,市直部门由一级预算单位延伸到基层预算单位,采购品目多元化,工程类、服务类比重逐年提高。截至2010年底,义马市累计实现政府采购额42690万元,每年采购额占当年财政支出比重均超过10%,直接节约采购费用4156万元,资金节约率5%以上。

(三)国库集中支付改革

2002年10月,义马市启动国库集中支付制度改革的各项准备工作,2003年6月正式运行,将全市156个行政事业单位纳入管理,其中集中核算单位99个,集中支付单位57个;开设财政零余额账户1个,单位零余额账户90个。

2003年底,义马市纳入国库管理制度改革的单位118个(一级预算单位52个,二级预算单位66个),同时购置会计核算软件,建立各预算单位财政资金支出总账、分类账账套,严格按照行政事业单位会计制度进行集中核算。2004年,义马市建立票据审核、会计报账、财务处理、资金清算等制度,修订完善支付岗位分设、印鉴管理、AB角岗位责任制、服务承诺和惩处、支付流程等办法。先后举办4期国库集中支付业务培训班,财政、市直预算单位报账员共200余人参加培训,全面提高财务工作人员的业务能力,有效服务了财政国库集中支付改革工作。

2006年,义马市按照财政国库集中支付改革总体要求和"分步实施、稳步推进"的原则,把政府采购支出和各项专款支出实施直接支付,减少拨款中间环节,阻塞支出管理漏洞,确保专款专用。

2008年,义马市积极开展拒付假发票活动,全年拒付假发票185笔,涉及金额123万元。同时认真履行代扣代缴税金义务,严把项目支出关,全年代扣税款165万元,保证所有税款及时足额入库。实行支出超限预警制度,对单位"交通费、会议费、招待费"进行控制,以近三年的平均数下浮10%为控制基数,临近控制数提醒单位注意。使用新的集中支付和会计核算系统软件,与人行国库、代理银行、财政国库之间横向联网,实现了资金的实时清算。

2009年,义马市积极探索强化财政支出支付职能、弱化代理核算后的操作办法和途径。按照"先试点、再全面"原则,筛选10家单位作为试点,退出代理核算业务,研究制定退出代理核算后的操作流程并试行,每月相互核对各项会计数据,保持一致。至2010年底,义马市所有预算单位全部退出代理核算业务,支付中心只办理支付业务,实现了代理会计核算向国库单一支付的顺利转轨。

2010年,义马市财政国库集中支付中心进一步规范程序,扩大统管范围,将所有财政性资金全部纳入国库单一账户体系运行管理,坚持事前审核、事中监督、事后问效制度,确保财政资金安全、高效运行。全年累计统发工资10050万元,代扣所得税等各类款项439万元,累计支付各类资金7.1亿元,其中直接支付6613笔,金额3.47亿元。

2005年,义马市财政国库集中支付中心被三门峡市文明委评为“十佳诚信单位”,被义马市评为职业道德建设“十佳单位”;2006年被三门峡市财政局授予“会计工作先进单位”,并获三门峡市“青年文明号”称号。

(四)镇村财务改革

农村财务管理是关系农村稳定和发展的热点、难点和焦点。2003年,义马市积极探索新形势下加强镇村财务管理的新途径、新方法,率先在全省实行镇村财务管理体制改革,设立镇村财务服务中心。中心内设镇级和村级两个服务窗口,承担起全市20个行政村185个村民小组的代理会计核算、资金支付和工资发放工作。镇村财务服务中心实行微机记账,节省了人力,节约了资金,规范了财务制度,提高了工作效率,从根本上解决了农村财务长期存在的问题。其经验做法受到中纪委和省、市等有关部门肯定,并在全省推广。义马市“镇财市管”改革自2004年10月起实施,2005年全面推行。为提高工作效率,2005年7月正式启用“镇财市管”财务核算系统软件。通过该项改革,提高了镇财务管理水平,堵塞了管理漏洞,有效遏制了镇财政支出需求的不断膨胀,不合理、不合规的支出明显减少,支出透明度大大增加,收入增长潜力进一步得到挖掘,收入形势有所好转。同时,有效遏制了镇政府的举债规模,缓解了债务压力。

(五)农村税费改革

2002年,根据河南省农村税费改革统一安排部署,义马市在全市范围开展了农村税费改革。一是取消了乡统筹、村提留等面向农民收取的收费项目。二是重新核定农业税计税面积,确定常年产量。新核定农业税计税面积2595亩,常年产量总额741.9万公斤。按农业税税率为常年产量的7%计算,全市农业税征收任务71万元,亩均负担农业税27元,人均负担农业税17元。2004年,按照国家降低农业税税率、进一步减轻农民负担的政策,将农业税税率由原来的7%下调至4%,降低3个百分点。2005年,按照国家免除农业税政策精神,义马市全面取消农业税征收。农村税费改革前,农民总负担277万元,人均65元,亩均86元。2002—2005年4年内义马市共免除农民税费负担277万元,农民种地实现零税负。2002年始,义马市对72个涉农收费项目进行了清理整顿,设立举报电话,公开收费标准,规范涉农收费运作;取消了农民“劳动积累工”和“义务工”;严格落实五保户供养政策,确保农村社会稳定;制定了村组干部工资、办公经费补助标准,同时加大资金投入力度,弥补镇村经费不足,为村组干部报酬和必需的办公经费提供了财力保障,确保了农村基层政权的正常运转。2003—2004年,义马市持续开展涉农收费清理整顿等活动,有效遏制了农民负担反弹。2005年,国家农业税免征政策出台后,义马市适时收缴封存空白农业税完税证22709份,消除可能出现的私征乱收隐患。与此同时,市财政部门认真落实财政涉农资金专款专用专户制度,把种粮补贴与退耕还林资金直接发放到农民手中,不折不扣落实国家惠民政策,维护了农民群众的合法权益。

(六)财政预算投资评审改革

2006年12月31日,义马市财政投资评审中心成立,核定事业编制3名(主任1名),人员经费全额预算管理。2007年1月,义马市财政投资评审中心开始履行对财政投资工程项目控制价的评审职能。2007—2010年,义马市财政部门参与或组织评审建设项目102个,送审金额37564万元,审定金额34909万元,节约资金2655万元,审减率7.1%。

六、财政管理

(一)财政专户集中管理

2006年6月,义马市财政局根据财政部《关于加强和规范财政资金专户管理的通知》(财办〔2006〕12号)和省市财政部门要求,针对财政资金管理中存在“专户过多、重复设置、管理分散”等问题,按照“归口统一管理,同类专户归并”的原则,将分散在相关科(室)管理的各类财政资金专户统一归口到国库科管理,实现财政专户资金“集中管理、分账核算、统一调度”。全市共清理各项财政专项资金银行存款账户34个,根据业务性质及有关规定,合并保留的27个账户,全部由国库科集中管理。

(二)基本建设财务管理

2001—2010年,义马市涉及的城市基础设施建设及改造、生态环境改造、农村人畜安全饮水、农田水利基本建设、农村道路建设及维护、教育卫生设施改扩建、矿山综合治理、动物防疫等项目,资金投入由2001年的356万元增加到2005年的13411万元,2006年增加到16027万元,累计投入总额29794万元。

2001—2010年,义马市共新建、改建农村公路208公里,总投资19314.54万元(其中,中央投资819.42万元,省补资金5135.69万元,地方自筹13359.43万元);新建、改建二级公路17.97公里,总投资2696.1万元(其中,省补投资754.91万元,地方自筹1941.19万元);新建、改建三级乡道30.792公里,总投资3695.04万元(其中,中央投资819.42万元,省补投资923.76万元,地方自筹1951.86万元);新建、改建四级公路159.234公里,总投资12923.4万元(其中,省补资金3457.02万元,地方自筹9466.38万元)。

(三)国有资产管理

2002年始,义马市财政局统计评价科承担起全市统一会计报表、支出效绩评价及国有资产评估、拍卖及处置工作。2002—2005年,先后完成常村镇卫生院标准化建设、义马市人畜饮水工程、义马市下岗职工再就业培训等支出效绩评价项目。在此期间积极开展国有资产的评估、拍卖、处置工作,涉及资产额800余万元。

(四)会计工作管理

2001—2010年,义马市财政部门按照《中华人民共和国会计法》要求,不断强化会计管理工作。一是认真开展《中华人民共和国会计法》执法情况检查,提高了会计基础工作规范程度。二是狠抓会计人员后续教育,提高人员素质。先后完成行政事业单位及企业会计人员培训5000余人次,初级会计电算化培训1200余人次,其他类培训750人次。会计人员通过参加各类培训,业务素质普遍提高,实际工作能力增强,先后考取会计高级职称8人,中级职称273人,初级职称141人。

(五)财政监督与检查

2001—2010年,义马市财政部门认真履行监督检查职能,加强全市行政事业单位和企业单位收支两条线检查工作,充分发挥对非税收入、罚没收入、基金收入等上缴财政专户的检查督促作用。同时,按照国家规定和上级财政部门安排,完成对行政单位、事业单位和国有企业会计信息质量检查;完成转移支付资金、"三农"资金、专项教育资金和财政收入专项资金的普查、抽查,维护财政法纪、法规的严肃性和保证财政资金的使用效益。

(六)财政惠农资金管理

义马市从2002年开始实行退耕还林补助,截至2010年底共完成退耕还林1.04万亩,每年拨付退耕还林粮食补助资金145.6万元。2004年落实国家对种粮农民直接补贴政策,2006年又增加了对农民种粮用柴油、化肥等农业生产资料的综合直补政策。

2004—2006年,义马市累计支付种粮直补资金和综合直补资金105.3万元,有效地调动了广大农民的种粮积极性,保证了农村粮食增产、农民增收。

2005—2010年,义马市退耕还林总面积4563亩,补贴标准每年140元/亩,受惠农户917户,补贴总金额298.12万元。

2005—2010年,义马市发放粮食直补和综合直补总面积8017.63亩,补贴标准每年85.87元/亩(其中,粮食直补标准每年19.15元/亩,综合直补标准每年66.72元/亩),受惠农户2784户,补贴总金额205.13万元。

2007—2008年,发放能繁母猪补贴,补贴总金额11.65万元。

2009—2010年发放良种补贴,总金额10.08万元。

2007年12月始,义马市落实国家汽车、摩托车及家电下乡补贴政策。至2010年底,共完成汽车、摩托车及家电下乡补贴总金额354.27万元。

(七)行政事业财务管理

1.义务教育阶段"两免一补"政策落实

2004年秋季,义马市开始实施国家义务教育阶段"两免一补"(免教科书费、免学杂费、补助贫困寄宿生生活费)政策。当年,国家下拨"两免一补"资金13.5万元,资助中小学生1562人,补助贫困寄宿生300人。2005年,国家提高"两免一补"补助标准,义马市春、秋两季共补助资金22.5万元,资助中小学生1632人次,补助贫困寄宿生300人次。2006年,按照上年秋季"两免一补"补助标准,义马市全年共补助资金24.2万元(其中,上级补助资金17.7万元、市财政安排6.5万元),资助中小学生3708人次,补助贫困寄宿生300人次。2007年,"两免"补助标准再次提高。当年,义马市共补助资金177.39万元(其中,上级补助157.64万元,市财政安排19.75万元),资助中小学生6775人次,补助贫困寄宿生300人次。2008年,义马市下发“两免一补”补助资金708.1万元(其中,上级补助资金687.05万元、市财政安排21.05万元),补助中小学生15292人次,补助贫困寄宿生340人次。2009年,义马市“两免一补”补助资金达960.9万元(其中,上级补助资金920.8万元,市财政安排40.1万元),共补助中小学生15365人次,补助贫困寄宿生340人次。2010年,义马市发放“两免一补”补助资金1105.3万元(其中,上级补助资金1035.5万元,市财政安排69.8万元),共补助中小学生16966人次,补助贫困寄宿生340人次。

2.农村中小学D级危房改造

2001年始,义马市实施农村中小学D级危房改造工程。2001—2006年,义马市投资369万元(其中,中央财政资金103万元、省财政资金30万元,本级财政资金236万元),完成农村学校危房改造项目8个,消除D级危房面积7910平方米,新建和改造校舍8825平方米。

(八)非税收入管理

2001—2010年,义马市非税收入累计完成53423万元。其中:行政性收费完成8957万元,罚没收入完成8118万元,专项收入完成13424万元,其他收入完成22924万元。

2003年,义马市财政部门深入各企业单位,调研企业生产经营中存在的各种问题,制定解决问题的方案和对策,强化收支两条线管理。重点加大对土地有偿使用、电费附加等行政事业性收费力度,确保预算外收入足额入库。当年,预算外收入完成813万元,其中行政性收费147万元,罚没收入345万元,专项收入308万元,其他收入13万元。

2004年,义马市加大土地有偿使用、电费附加等行政事业收费征收力度,全年共完成非税收入4764万元。其中行政性收费269万元,罚没收入474万元,专项收入366万元,其他收入3655万元。

2005年,义马市加强和完善票款分离管理制度,加强财政监督检查,有效减少截留、挪用非税资金现象发生。同时抽调土地、房管、城建、财政等部门人员联合行动,加大征收力度,确保收入足额、及时入库。全年非税收入完成4807万元,其中行政性收费1817万元,罚没收入743万元,专项收入956万元,其他收入1291万元。

2006年,义马市认真贯彻落实财政部《政府非税收入管理办法》,完善健全各类规章制度,促进非税收入征收管理工作法治化、规范化,保证财政收入稳定增长、均衡入库。全年非税收入完成4145万元,其中行政性收费1772万元,罚没收入795万元,专项收入1486万元,其他收入92万元。

2007年,义马市严格发票管理,运用发票控费等手段,严格发票印制、发放、领用、开具、申领、保管、缴销各个环节管理,充分发挥票据管理的基础性作用,堵塞了收入漏洞。全年共完成非税收入5831万元,其中行政性收费收入1550万元,罚没收入1003万元,专项收入1858万元,其他收入1420万元。

2008年,义马市加强费源监管,对违反规章制度不及时缴纳的单位实行责任追究制,由纪检委牵头,会同监察、审计等部门,对全市32个非税收入单位进行专项检查,保证应收尽收。全年非税收入完成4087万元,其中行政性收费466万元,罚没收入1063万元,专项收入2450万元,其他收入108万元。

2009年,义马市拓宽非税收入征管思路,开展废(旧)固定资产公开处理业务,将行政事业单位房屋出租金纳入财政管理,扩大收入渠道。全年非税收入完成9801万元,其中行政性收费1355万元,罚没收入1208万元,专项收入2684万元,其他收入4554万元。

2010年,义马市加大国有资产有偿使用资金管理征管力度,当年完成非税收入14341万元,同比增长46.3%。其中:专项收入2791万元,同比增长4%;行政性收费、罚没收入完成3016万元,同比增长17.7%;国有资产有偿使用收入完成8534万元,同比增长87.4%。

第三节　渑池县

一、概　况

渑池县位于河南省西部,总面积 1368 平方公里,总人口 37 万人。辖城关镇、英豪镇、张村镇、洪阳镇、天池镇、仰韶镇及仁村乡、果园乡、陈村乡、坡头乡、段村乡、南村乡 6 个镇 6 个乡 236 个行政村。县城距省会郑州 170 公里,距古都西安 300 公里,是河南省经济管理扩权县、对外开放重点县和加工贸易梯度转移重点承接地。

渑池县矿产资源丰富,域内已探明原煤、铝矾土、钾长石、重晶石、铁矿等矿藏 30 余种。其中探明储量的 20 余种,探明资源储量约 30 亿吨,潜在经济价值 2000 多亿元。其中:玻璃用石英砂岩、铸型用砂岩储量居河南省首位;玻璃用石英砂岩、铸型用砂岩、铝土矿、镓矿、含钾砂岩、重晶石储量居三门峡市第 1 位;煤炭、水泥用灰岩、溶剂用灰岩、冶金用白云岩储量居三门峡市第二位;耐火黏土储量居三门峡市第三位。煤炭、铝矾土是渑池县的优势资源,是全国重点产煤县和河南省优质铝矾土原料生产基地。

2001—2010 年,渑池县依托资源、区位及产业优势,建成了全省首批省级产业集聚区,打造氧化铝及铝基新材料、电子信息和装备制造、食品加工三大主导产业。东方希望、华能热电、中铝中州铝业等一批大型国企、民企相继入驻,仰韶酒业、义翔铝业、康耀电子等知名企业的良性发展,构筑了雄厚的地方产业体系。截至 2010 年底,全县已具备氧化铝 330 万吨、原煤 1500 万吨、白酒 1 万吨综合产能,成为全省重要的能源冶金、建材耐材、白酒生产基地。经济的强势发展,为财政提供了稳定的收入增长点。

二、财政体制

(一)三门峡市对渑池县财政体制

2002 年,根据三门峡市财政局《关于核定所得税收入分享改革基数返还额的通知》(三财预〔2002〕673 号)精神,企业所得税基数以 2000 年实际完成数乘以 2001 年 1—9 月企业所得实际增长率计算确定,个人所得税收入基数按 2001 年实际完成数为基数核定。

2004 年,根据《三门峡市人民政府关于调整市与县(市、区)财政管理体制的通知》(三政〔2004〕9 号)和三门峡市财政局《关于核定市与县(市、区)财政体制调整基数的通知》(三财预〔2004〕24 号)精神,从当年起,营业税、企业所得税、个人所得税、耕地占用税、城镇土地使用税、土地增值税、资源税、房产税 8 个税种比 2003 年基数增加部分(耕地占用税按 1994—2003 年 10 年平均数为基数,其他税种以 2003 年实际完成数为基数),市与县按 3 ∶ 7比例分享,三门峡市分成 30%。

2009 年起,三门峡市进一步明确各县(市、区)收入增量上解问题,县级营业税、企业所得税、个人所得税、耕地占用税、城镇土地使用税、土地增值税、资源税、房产税 8 个税种增量上解除以 2008 年为基数固定上解市级外,县级增值税、营业税、企业所得税、个人所得税、资源税、罚没收入和社会抚养费收入基数按 2008 年决算数确定。县(市、区)耕地占用税收入基数按 2007 年和 2008 年加权平均数确定。企业所得税增量上解比例 15%,资源税增量上解比例 30%,增值税、营业税、个人所得税、耕地占用税、罚没收入和社会抚养费增量上解比例 20%。

(二)渑池县对乡镇财政体制

2004 年,渑池县取消县对乡镇“划分收支,核定基数,增收分成,短收自负”管理体制,实行“划分收入、核定支出、定额上解(或补助)、增收全留、收支平衡”新的管理体制。

2007 年 4 月,渑池县人民政府研究决定,将房产税收入全部下划,由城关镇负责征收,采取“核定基数、超收分成”办法。收入基数确定为 1000 万元,按县、乡 7 : 3 比例分成。

2006—2010 年,为进一步理顺县、乡财政分配关系,按照建立公共财政的基本要求,完善县、乡分配制度,明晰财税征管权责,激发乡镇发展活力,充分调动乡镇政府增收节支、当家理财的积极性,促进全县经济良性循环发展,渑池县对现行乡镇财政管理体制予以调整。

1. 收入范围划分

县与乡镇财政收入范围按照分级分税制原则，对除中央和市级以外的收入按收入类别和缴税(费)主体，划分为县级固定收入、乡级固定收入和县乡共享收入。县级固定收入：增值税(地方25%部分)、房产税、土地增值税、城市维护建设税、专项收入、政府性基金收入、县级以上审计及专项稽查收入。乡级固定收入：营业税、个人所得税、资源税、印花税、城镇土地使用税、耕地占用税、契税、烟叶税。县、乡共享收入：东方希望、天瑞铝业、电业局、仰韶酒业、龙飞玻璃、龙翔玻璃、龙翔电力等重点企业所得税收入。个体私营企业所得税收入属乡级收入。行政事业性收费、罚没收入、国有资本经营收入、国有资源(资产)有偿使用收入、其他收入属县级收入。

2. 相关税种分成办法

新上项目及新增加税源，自投产之日起，5年内增值税县级收入部分县与乡镇分成比例为：第一年5∶5，第二年6∶4，第三年7∶3，第四年8∶2，第五年9∶1。

将原属县级的城镇土地使用税下划至乡镇，以2005—2007年3年收入平均数为基数，基数内定额上解，超基数部分6∶4分成。

资源税：取消基数，果元、英豪、张村、陈村四个资源大乡镇按实际收入5∶5分成，其他乡镇按实际收入4∶6分成。

营业税：重新核定基数，实行基数内定额上解，超基数部分5∶5分成。

所得税：重新核定基数，基数内地方留用部分(40%)全部归乡镇所有，超基数地方留用部分5∶5分成。

耕地占用税：按实际收入5∶5分成。

契税：按实际收入3∶7分成。

烟叶税：扣除烟叶发展基金4∶6分成。

印花税：全部留归乡镇所有。

乡镇非税收入：乡镇实现的非税收入即行政事业性收费、罚没收入、国有资本经营收入、国有资源有偿使用收入等，由于乡镇暂无国库，统一缴入县财政国库，县级上划20%。

三、财政收入

2001—2010年，渑池县财政局按照县委、县政府"工业强县、项目拉动、开放带动"的发展思路，以经济建设为中心，以财源建设为龙头，积极发展优势产业，优化产业结构，扶持涵养财源，增加财政工作发展后劲。经过十年努力，逐步形成以煤炭、电力、建材、冶炼为主导产业的工业格局和以东方希望集团、义翔铝业等16家重点企业为支柱的税收群体，确保了财政收入的稳定增长。2001—2010年，渑池县累计完成财政收入473558万元。

2001年，面临农业遭灾、矿业整顿、人员调资增支等多种因素，渑池县加大非税收入稽查力度，突出重点，强化征收，完成地方财政收入17150万元，为年预算的100%，较上年增长9.9%，其中非税收入占财政总收入31181万元的55%。

2002年，受严重旱灾、工业产品结构调整、农村税费改革后取消屠宰税和乡统筹、村提留等因素制约，渑池县财政形势依然严峻。财税部门通过挖潜增效，寻找新的收入增长点，保证当年财政收入完成13686万元，为年预算的128%，其中一般预算收入完成13236万元。

2003年，面对"非典"及企业所得税政策调整、小煤矿和铝石矿停业整顿、工业结构调整、产品转型、财政支出管理制度改革支出增加等严峻形势，渑池县财政逆势而上，当年完成财政收入15572万元，为年预算的111%，其中一般预算收入完成15150万元。

2004年，由渑池县人民政府牵头，成立矿产品计量检查站，国税、地税、财政、国土、煤炭和公安及有关乡镇联合执法，从源头上堵塞税款偷、漏和税源外流。当年，全县地方财政一般预算收入完成22688万元，为年预算的136.7%，较年预算16600万元增收6088万元。财政一般预算收入总量排序在全省升至15，前移8个位次。国税、地税收入总量进入全省前十名，也是三门峡市唯一双双进入前十的县(市、区)。

2005年，渑池县财政收入规模稳步增长，地方财政收入完成36440万元，为年预算的135%，一般预算收入完成35118万元，比上年净增12400余万元。财政收入首次突破3亿元，总量跃居三门峡市所属县(市、区)第1位，居全省14位，增幅超过省、市平均水平。

2006年，渑池县财税部门坚持依法治税，强化税收征管，首次应用税源监控软件，推进税源精细化、科学化管理,开创税收工作新局面,促进了财政收入的稳定增长。当年,全县地方财政收入完成48453万元,为年预算的116%,较上年增长33%。其中:一般预算收入完成46380万元,为年预算的114.8%,较上年增长32.1%,净增1.13亿元,再创历史新高。税收占一般预算收入的比重居全省第11位,收入总量仍居全省14位、三门峡市所属县(市、区)第1位,增长幅度超全市平均水平。

2007年,经济形势持续稳定,工业企业产销两旺。当年,渑池县财政一般预算收入完成61068万元,为年预算的119.5%,较上年增长31.7%,净增15228万元,收入突破6亿元,总量及增幅均居三门峡市所属县(市、区)第1位。

2008年,渑池县进一步加大收入稽查力度,促使耕地占用税和契税的快速增长。当年,财政一般预算收入完成76518万元,为年预算的113.9%,较上年增长31.7%,净增15450万元,总量突破7亿元,实现连年攀升。收入总量和质量仍居三门峡市所属县(市、区)第1位,总量在全省县级排序中列第13位,较上年前移一个位次。

2009年,全球性金融危机影响持续,造成渑池县内重点企业绩效下滑,收入锐减,使财政面临前所未有的压力。严峻形势面前,渑池县积极研究对策,制定措施,化被动为主动,变不利为有利,当年一般性预算收入完成85078万元,为年预算的100.1%,同比增长11.2%。

2010年,面对煤、铝矿业治理整顿、增值税转型改革、节能减排政策实施、企业经济效益下滑等不利因素,渑池县财税部门积极应对,多措并举,查缺补漏,强化征管,使当年财政一般性预算收入完成101588万元,为年预算的106.9%,较上年增长19.4%,收入总量居三门峡市所属县(市、区)首位,稳居全省县级第12位。

2001—2010年三门峡市渑池县一般预算收入完成情况表

表82　　单位:万元

项　目	2001年	2002年	2003年	2004年	2005年	2006年	2007年	2008年	2009年	2010年	合　计
一般预算收入合计	**16734**	**13236**	**15150**	**22688**	**35118**	**46380**	**61068**	**76518**	**85078**	**101588**	**473558**
增值税	3426	3556	4208	5171	8324	9591	15955	26774	17476	26422	120903
营业税	842	1033	1438	2338	3400	5170	5878	5844	8020	8982	42945
企业所得税	5670	2528	2023	2037	2035	2040	2342	7463	2175	3717	32030
个人所得税	4099	2051	1640	1796	1827	2130	2604	1959	1721	2603	22430
资源税	1320	1655	1667	2020	4349	7653	10281	11614	9515	12852	62926
城市维护建设税	536	345	513	829	1452	2108	2415	2640	3497	3306	17641
房产税	111	124	215	484	591	815	802	546	840	983	5511
印花税	196	214	168	357	478	686	637	681	832	510	4759
城镇土地使用税	17	35	48	320	624	556	985	1911	2046	3028	9570
土地增值税			1	15	15	18	19	95	147	179	489
车船使用和牌照税	49	75	68	116	192	378	294	307	587	293	2359
屠宰税	241	35									276
农业税	14	126	872	490							1502
农业特产税	518	516	1204	525	979						3742
烟叶税						878	867	1848	1441	1312	6346
耕地占用税	430	368	75	121	234	2035	3043	3801	3141	3681	16929

续表 82

项　目	2001 年	2002 年	2003 年	2004 年	2005 年	2006 年	2007 年	2008 年	2009 年	2010 年	合　计
契　税	14	24	50	340	1087	2114	1635	3548	4770	7116	20698
国有资产经营收益				1549	2000	2328					5877
国有企业计划亏损补贴	-2815	-1093	-1262	-130	-218	-171					-5689
行政性收费收入	339	337	55	1205	1000	791	2037	529	4100	3155	13548
罚没收入	1215	871	1624	1831	3186	5047	4565	2863	3296	4958	29456
专项收入	403	436	533	1260	1896	1907	2581	2394	4502	4814	20726
国有资本经营收入							4088	1502	14672	13652	33914
国有资源(资产)有偿使用收入							40	199	2300	25	2564
其他收入	109		10	14	1667	306					2106

四、财政支出

2001—2010 年,渑池县累计完成一般预算支出 731035 万元,集中财力用于县委、县政府重点工作目标和省、市、县十件实事及民生项目的实施,解决人民群众最关心、最直接的生产、生活问题,实现了县域经济和社会的健康有序发展。

2001—2002 年,在全县财力十分紧张的情况下,财政部门积极推行支出改革,强化支出管理,全县一般预算支出分别完成 22621 万元、26805 万元,均为年预算的 100%。支出工作重点是积极向上争取和合理调度资金,保证全县工资发放和教育、支农、科技、社保等重点支出需要。

2003 年,全县一般预算支出完成 30905 万元,为年预算的 100%。5 月,实施县级财政国库制度改革,成立财政国库集中支付中心,县直所有行政事业单位全部纳入中心,实行财政集中支付、统一核算。政府采购规模进一步扩大,行政事业单位实行公务用车定点加油维修、定点公务接待。财政支出管理制度改革使财政宏观调控能力和公共支出保障能力增强,财政资金使用效益明显提高。同时,有效地从源头上遏制了财政资金使用过程中各种违规、违纪行为和腐败现象的发生。

2004 年,渑池县重点进行了乡、村财政管理制度改革,在全县 16 个乡镇全部建立了会计核算中心,实行村财乡管、统一核算,将所有乡镇直属单位和村组账务全部纳入乡镇会计核算中心管理。10 月,全面启动乡财县管改革,强化了乡镇财政预算管理职能,规范了乡镇财政预算管理。进一步深化国库管理制度改革,扩大了县本级财政直接支付范围,全县 118 个财政全供行政事业单位全部实行工资统发,并实现了所有财政性资金通过支付中心代理核算。当年,渑池县财政支出完成 39011 万元,为年预算的 100%。

2005 年,渑池县财政支出完成 56047 万元,为年预算的 100%,较上年增长 37.3%。

2006 年,渑池县一般预算支出完成 66837 万元,财政支出完成 56047 万元,为年预算的 100%。

2007 年,渑池县继续优化支出结构,充分发挥公共财政职能,一般预算支出完成 88633 万元,为年预算的 100%。累计投入资金 1.08 亿元,用于省、市、县十件实事的落实。积极调整财政支出结构,压缩一般性支出,确保工资、津贴、补贴发放和新农村建设等重点支出。进一步加大城市基础设施建设投入,提升城市功能,改善人居环境。完善新型农村合作医疗制度,筹集新农合资金 1135 万元,落实参合人员 233968 人。

2008 年,一般预算支出完成 116456 万元,为调整预算的 100%。是年,为应对国际金融危机,国家实施积极的财政政策,拿出 4 亿元用于基础设施、改善民生、社会事业、生态环保、保障性安居和自主创新等十大领域,以扩大内需、拉动国内经济增长。根据经济形势变化,渑池县财政及时调整思路,以优化支出结构、构建公共财政为着力点,集中财力用于全县经济、社会发展主要目标实施。当年投入资金 1.8 亿元,用于省、市、县十件实事和涉及人民群众生产、生活各项政策的落实。

2009 年,渑池县一般预算支出完成 136978 万元,为调整预算的 100%,较上年增长 17.6%。当年,财政支出紧紧围绕“积极应对危机、支出有保有压、确保收支平衡”重点,安排落实人民群众生产、生活各项政策资金和省、市、县十件实事资金2.04 亿元。同时,积极调整支出结构,财力大幅向民生领域倾斜,累计投入资金达 3.34 亿元。

2010 年,渑池县一般预算支出完成 149616 万元,为年预算的 147%,较上年增长 9.4%。当年,在预算支出执行过程中,突出了“保运转、保民生、保稳定”的特点,各项重点支出及时足额到位,维护了社会大局的和谐稳定。

2001—2010 年三门峡市渑池县一般预算支出完成情况表

表 83　　单位:万元

项　目	2001 年	2002 年	2003 年	2004 年	2005 年	2006 年	2007 年	2008 年	2009 年	2010 年	合　计
一般预算支出合计	**22621**	**26805**	**30905**	**39011**	**53084**	**66837**	**88633**	**116545**	**136978**	**149616**	**731035**
一般公共服务							18901	22156	28410	33056	102523
外　交											0
国　防											0
公共安全							4798	5486	6313	6290	22887
教　育							18914	24459	21893	26233	91499
科学技术							848	2339	2870	4717	10774
文化体育与传媒							1287	2774	2994	3928	10983
社会保障和就业							4161	5659	10197	11870	31887
医疗卫生							3627	5894	10483	7322	27326
环境保护							4331	12172	7739	8672	32914
城乡社区事务							3293	5987	7147	4117	20544
农林水事务							12110	18418	20999	25189	76716
交通运输							1935	2862	4188	2572	11557
工业商业金融等事务							5817	3467			9284
基本建设支出	780	1517	2012	2321	2736	2423					11789
企业挖潜改造资金	3417	3448	2258	2859	2667	2143					16792
地质勘探费											0
科技三项费用	318	347	369	446	542	691					2713
流动资金											0
农业支出			2313	3278	4130	5364					15085
林业支出			1005	3304	2477	2816					9602
水利和气象支出			1003	732	1553	1760					5048
支援农村生产支出	1314	1440									2754
农业综合开发支出	13										13

续表 83

项目	2001 年	2002 年	2003 年	2004 年	2005 年	2006 年	2007 年	2008 年	2009 年	2010 年	合计
农林水利气象等部门事业费	1011	2512									3523
工业交通等部门事业费	189	47	307	663	686	766					2658
流通部门事业费	6	2	33	87	82	114					324
文体广播事业费	577	669	1054	1250	1811	2284					7645
教育支出	5463	6093	6663	7291	9466	12068					47044
科学支出	14	25	22	22	25	50					158
医疗卫生支出	739	908	1038	1087	1299	1679					6750
其他部门事业费	438	468	826	1044	1106	1141					5023
抚恤和社会福利救济费	362	570	659	808	977	1786					5162
行政事业单位离退休支出	420	529	584	635	782	804					3754
社会保障补助支出	341	546	683	578	436	617					3201
国防支出											0
行政管理费	2831	3197	4245	5728	8644	11645					36290
外交外事支出											0
武装警察部队支出											0
公检法司支出	1781	1575	2243	2605	3241	3239					14684
城市维护费	476	420	425	400	498	403					2622
政策性补贴支出	11	138	5	20	7	89					270
支援不发达地区支出	15	4			15	30					64
海域开发建设和场地使用费支出											0
车辆税费支出					527	964					1491
债务利息支出											0
专项支出	629	685	587	877	1716	2229					6723
采掘电力信息等事务									5021		5021
粮油物资储备管理等事务									2220	690	2910
金融监管支出									911	16	927
资源勘探电力信息等事务										3958	3958
商业服务业等事务										2074	2074
地震灾后恢复重建支出											0
国土资源气象等事务										2938	2938
住房保障支出										1164	1164
国债还本付息支出										26	26
其他支出	1476	1665	2571	2976	7661	11732	8611	4872	5593	4784	51941

五、财政改革

(一)部门预算制度改革

2003 年,渑池县实行新的部门预算编制改革,取消沿袭多年的基数加增长安排预算方法,实行零基预算、综合预算、标准定额预算等更加科学的预算方法。在预算编制程序方面实现早编预算,编制预算长达 9 个月。同时探索试行了绩效预算,预算分配的科学性和民主性得到显著提高。在预算决策方面,除人员经费按财政供给人数据实核算、公用经费按标准定额外,项目支出则采取预算部门(单位)提出建议,财政部门根据财力情况初审汇总,报县政府常务会议研究确定,再经县人大会议审批的决策方式。部门预算改革的实施,明确了预算资金每年的投入重点和方向,服从、服务于县委、县政府“集中财力办大事”的理财方略,加大了资金整合力度,取得了实质性效果。

(二)政府采购制度改革

2000 年,渑池县启动政府采购制度改革。2003 年,成立渑池县人民政府采购管理办公室,建立各项规章制度,制定采购程序,为之后政府采购工作全面开展提供了政策依据。业务开展过程中,从项目申报、资金审核、采购执行到资金结算等各个环节,严格规范操作,确保按机制运行。经过十年的采购实践,渑池县政府采购制度逐步完善,采购范围不断扩大,采购方式日趋多样,工作效果愈益明显。政府采购从小到大,采购资金额占一般预算支出比重逐年提升。2010 年,渑池县政府采购资金额达到 18286 万元,占当年一般预算支出的 10.2%,比 2006 年的 6670 万元提高近 170%,平均节约率 7.5%。

(三)财政投资评审改革

2007 年,渑池县成立财政投资评审中心,履行对财政投资工程项目的评审职能。开展财政投资评审工作,建立先评审后下达投资预算的财政监管机制,将政府投资的基本建设项目全部纳入评审范围,前移评审关口,形成事前有评审、事中有监督、事后有问效的良性运行机制,规范政府投资基建项目的管理。2007—2010 年,财政部门组织或参与评审建设项目 114 个,送审金额 29568.28 万元,审定金额 23987.52 万元,节约资金 5580.76 万元,平均审减率达 19%,效果明显。

(四)财政国库集中支付管理改革

2003 年,渑池县成立财政国库集中支付(会计核算)中心,为渑池县财政局管理事业机构,编制 15 名。财政国库集中支付中心制定《报账专用章管理制度》《报账员管理制度》《财政支付内部操作规程》《支付中心工作制度及岗位职责》等一系列工作制度,为之后工作开展提供制度依据。实行财政国库集中支付改革的核心,是单一账户,将全县 154 个预算单位全部纳入支付中心管理。当年,渑池县全面清理行政事业单位银行账户,统一实行财政国库集中支付管理。共清理、撤销银行账户 77 个,纳入中心管理 87 个;纳入核算管理单位 120 余家,处理单位报账 10000 余笔,结算支付金额 1.8 亿元。2004 年,渑池县财政国库集中支付中心获省级“五一劳动奖状”“青年文明号”称号和市级“巾帼文明岗”“工人先锋号”“文明服务示范窗口”“会计工作先进单位”“青年文明号标兵”“文明服务窗口”称号。

2010 年,修订完善《财政国库集中支付中心业务规范》,制定《单位特设账户管理办法》,增加“工资业务规范”,对工资业务办理作了详细的规定。财政国库集中支付管理改革,整合了财政资金,集中了有限财力,规范了资金的管理分配,有效遏制了资金滥支乱支、严重浪费以及由此产生的各种腐败现象,严肃了工作纪律,有助于党风、政风及廉政建设。

(五)非税收入管理改革

2005 年,渑池县非税收入网络监管系统运行,对全县 61 个单位 400 余项收费项目进行编序编码。根据《河南省人民政府非税收入管理办法》与农业银行签订《渑池县政府非税收入银行代收委托协议》,投资 40 余万元配备监管设备,建立城关营业所、仰韶营业所、池底营业所和农行营业部 4 个非税收入代收网点,使非税收入按照征收、管理、使用相分离的原则,全面实行单位开票、银行代收、财政统管模式,政府非税收入直接通过财政部门在银行统一设立的“政府非税收入缴款专户”,实行收、支两条线管理。

2006 年,全县所有非税收入单位统一使用渑池县政府非税收入缴款通知书,直接将资金缴入农行“非税收入专户”;建立健全收费票据管理制度,完善票据管理软件,规范往来票据领用程序,明确使用范围;对远离缴款网点、不便于直接使用《渑池县政府非税收入缴款通知书》进行现场执收的单位,坚持票据限量发放,建立票款同步制约机制。

2007年,渑池县强化非税收入管理监督检查工作,坚持重点检查和日常稽查相结合,把罚没物品收入纳入检查重点,将违纪单位列为非税收入工作重点监管。在每年开展的税收稽查活动中,重点对全县规模以上企业进行深入细致的税收稽查,查缺补漏,在确保税收增长的同时,带动教育费附加等非税收入的增长。

(六)乡财县管财政体制改革

2003年,渑池县财政局对乡镇财政实行县级财政管理,按照"县管乡用、集中核算、级权不变"的原则,实行一级政府一级预算管理。乡镇政府在县财政部门的业务指导下,编制本级预算、决算草案,组织本级预算的调整方案,报乡镇人大批准,组织本级预算执行;乡镇财政资金的所有权和使用权归乡镇政府,资金结余归乡镇财政;原有的各项债权、债务仍由乡镇享有和承担;属于乡镇财权和事权范围的支出,仍由乡镇按规定程序审批。

2004年10月,为缓解财政困难,促进县、乡经济协调发展,渑池县实行乡镇财务制度管理改革,推行"乡财县管"体制并走在全省的前列。12月,渑池县、乡两级同时成立乡镇财务核算中心,具体负责乡镇财务管理工作。在坚持"三权不变"(预算管理权不变、资金所有权和使用权不变、财务审批权不变)原则的前提下,取消各乡镇政府及所属机构在各金融机构的所有账户,对其银行账户和其他资金进行全面清理,由县财政局在金融机构开设"渑池县乡镇财政结算专户",各乡村服务中心在各乡镇金融机构分别开设"结算专户""乡镇基本支出专户""工资专户""村级经费"和"专项资金账户"5个账户。同时对12个乡镇234个行政村全部实施"村账乡管村用制度",配备专职会计12人,比原来减少222人,减幅达94%。

2006年,12个乡镇财税所全部安装了新版村组核算和"乡财县管"软件,实现了从手工操作到网上操作的转变,走在了全省的前列,并作为全省唯一代表,参加财政部在安徽合肥召开的"乡财县管"软件讨论会,就渑池县的"乡财县管"改革经验进行交流,在全国产生了积极的影响。

(七)农村税费改革

2002年,农村税费改革在全省范围内全面推行。税费改革后,对在农业税计税土地上生产的农业特产品,只征收农业税,不再征收农业特产税,新的农业税税率为7%,按正税的20%征收农业税附加。渑池县成立了由县委书记任组长、县长任副组长,19个成员单位参加的农村税费改革领导小组,办公室设在县财政局,由局长任办公室主任,具体工作由农税股负责。根据工作实际,制定了《渑池县农村税费改革试行方案》,经省农村税费改革领导小组批准,确定渑池县农村税费改革后应征收农业税金额为1132.9万元,其中正税944.1万元,附加188.8万元。改革后亩均负担农业税95元,与之前相比,全县减负总额1247.7万元,减负52%;亩均减负16元,减负38%;人均减负47元,减负52%。

2004年,按照《河南省降低农业税税率实施方案》精神和有关规定,渑池县农业税税率由2002年农村税费改革时核定的7%下调到4%,降低3个百分点,农业税附加随农业税正税同步降低,全县应征农业税总额596.2万元,比2002年减少543.4万元,再一次减轻了农民负担。

2005年,全省免征农业税及附加。至此,农业税这一古老的税种宣告终结。

六、财政管理

(一)预算管理

2003年,渑池县进行财政预算编制改革。一是改革预算编制原则,实行零基预算,细化预算编制。对各类支出取消"基数加增长"的预算编制方法,按照年度所有因素和事项的轻重缓急程度,重新测算每一项支出情况。对个人工资性支出,结合统发工资,按照规定标准逐人核定;对公用经费按定额标准加项目控制编制预算;对事业发展和建设性支出,根据县委、县政府确定的经济和社会发展计划分类排队,实行专家评审和领导集体研究基础上的主管领导分工负责制,将年度预算编制到具体项目。二是改革预算编制方法,实行部门预算。将各类不同性质的财政资金统一编制到使用这些资金的部门,保证部门预算的完整性。部门预算从基层单位编起,经过"两上""两下"的编制程序,将预算直接编制批复到部门和单位,取消中间环节和二次分配。三是实行综合财政预算,统筹安排政府可支配财力。把单位、部门专户储存的预算外资金、其他自筹资金和政府基金预算、一般预算资金全部作为预算安排对象,统一汇编到综合预算中统筹安排使用,彻底解决预算内资金、预算外资金和其他资金安排使用"两张皮"问题,保证事业发展对资金的需要,提高财政的宏观调控能力。

2008年,渑池县制定专项资金管理办法:对县本级安排专款和上级下达的专款,制定了详细的项目上报、工程验收和资金拨付业务流程,确保专款专用,提高资金使用效益。对县定项目财政安排资金,实行各股室联合评审:充分发挥各业务股室职能,准确核算项目预算,防止项目单位套取资金。拨付资金实行科目明细化:对各单位申请拨付的各项资金,直接下达到办公费、交通费和会议费等明细科目,从源头上杜绝单位乱支现象。严格控制各单位一般性公务支出:减少资金浪费,建设节约型机关,集中有效财力用于省、市、县十件实事和县委、县政府确定的重点项目。

(二)财政监督管理

2001—2010年,渑池县财政继续强化财政监督,把财政监督作为日常工作来抓。主要采取了以下措施:一是加强对乡镇财务的监督检查。建立定期检查制度,检查重点放在会计基础工作、财经纪律和财务制度执行情况、规范乡镇财务管理等方面。制定了"百分制"考核办法,对乡镇财务管理工作情况进行日常检查通报,年终考核评比,通过检查发现问题,及时整改,促进了全县乡镇财务管理水平的提高。二是加强对财政专户资金的监管。加强国债资金管理,开设统一账户、实行专人专账报账制管理,并到现场实地检查验收,追踪检查,确保国债资金及时足额用于项目,充分发挥国债资金的使用效益。三是在加强日常管理的同时,联合扶贫开发办、纪委等有关部门对项目建设和资金使用情况进行全面检查,对查出的滞留、挪用资金等问题予以处理和限期改正,切实提高财政资金的使用效益。

(三)国有资产管理

2008年,渑池县财政部门在全县范围内开展行政事业单位资产清查工作,涉及单位190个,清查资产额近8亿元。资产清查摸清了全县行政事业单位家底,为以后的管理与监督奠定了基础。

(四)强农惠农资金管理

强农惠农资金是指各级财政安排用于农业、农村、农民的各项资金投入,包括农村基础设施建设资金、农业生产发展资金、农业和农民直接补贴资金、农村社会事业发展资金等。惠农政策对保持渑池县农村社会稳定、促进农村经济发展发挥了重要作用。

1. 种粮直补和农资综合补贴

(1)自2004年起,渑池县以2002年农村税费改革时核定的计税面积42.77万亩为基数,对种粮农民直接补贴,标准为6.81元/亩,年补贴金额291万元。2005年补贴标准为6.84元/亩,补贴面积为42.58万亩,补贴金额为291.28万元。2006年补贴标准提高到9.2元/亩,补贴面积42.31万亩,补贴金额389.27万元,惠及16个乡镇235个行政村69876万农户。

(2)农资综合直补。自2006年起,渑池县实行农资综合直补政策,补贴标准为11.78元/亩,补贴金额498.43万元。2007年提高到26.24元/亩,补贴金额1123.86万元。2008年补贴标准为45.08元/亩,补贴金额1930.81万元。2009年和2010年补贴金额均为3255.69万元(其中:粮食直补394.53万元,农资综合补贴为2861.17万元),实行"一折通"办法,财政部门直接将补贴资金发放至农户账户。

2004—2010年,渑池县共向农民发放粮食直补和农资综合直补资金11824.12万元。其中粮食直补资金2548.68万元,农资综合直补资金9275.44万元,全县近6.9万农户享受到了补贴。

2. 退耕还林补贴

渑池县退耕还林政策补助面积106000亩(其中,生态林101843亩、经济林4157亩)。2001—2010年,落实国家退耕还林政策共下拨补助资金13607.52万元,拨付13603.67万元,财政结余3.85万元。

3. 农作物良种补贴

2005—2007年,小麦良种补贴面积均为18万亩,标准10元/亩,年补贴资金180万元,涉及全县农户7万余户。2008—2010年小麦良种补贴面积均为33万亩,标准10元/亩,年补贴资金330万元,涉及全县7万余农户。

4. 农机具购置补贴

自2004年起,渑池县实施农机具购置补贴政策,补贴对象是符合条件的农民和直接从事农业生产的农机服务组织。2004—2009 年,共完成购机补贴资金 1018 万元。其中:中央财政资金 940 万元、市财政资金 73 万元、县财政资金 5 万元,补贴购置大中型拖拉机、联合收割机等先进农机具,带动农民自筹资金 2821.1 万元,新增各种农业机械 2741 台,受益 1768 农户,有力地促进了农机装备更新和农机作业水平的提高。2010 年,渑池县争取中央财政购机补贴资金 523 万元,受益 641 农户,补贴购置各种农业机械共 764 台(套)。

(五)教育经费管理

为落实国家实行农村义务教育“两免一补”政策,渑池县依据《河南省农村义务教育“两免一补”办公室关于切实做好 2005 年春季“两免一补”宣传工作的通知》(豫免补〔2005〕2 号)精神,2005 年春季在全县范围内对农村义务教育阶段贫困家庭学生实行免费教科书、免学杂费和补助贫困寄宿生生活费(简称“两免一补”)补助。

2005—2010 年,渑池县“两免一补”教育经费支出分别为:334.45 万元、355.57 万元、1160.25 万元、2421.7 万元、2418.56 万元、2058.77 万元,共计 8749.3 万元。其中:2010 年支出是 2005 年的 6.16 倍。2005—2010 年,“两免一补”政策惠及学生 47.9万人次。教育经费的足额拨付,促进了全县教育事业的健康发展。

(六)政府采购资金管理

2002 年,渑池县成立政府采购办公室,实现政府采购管、采分离,拉开了政府采购规范化管理的序幕。2003 年,制定《渑池县政府采购暂行管理办法》《渑池县政府采购资金管理办法》。2004 年,制定《渑池县 2004 年政府集中采购目录》《渑池县直行政事业单位会议和一般公务接待定点管理暂行办法》。2005—2007 年,参照财政部管理办法分别制定《渑池县 2005 年政府集中采购目录》《渑池县 2006 年政府集中采购目录》《渑池县 2007 年政府集中采购目录》,不断强化财政资金管理,有序开展政府采购工作。2008 年制定《渑池县 2008 年政府集中采购目录》《关于开展政府采购重点检查和督导工作的通知》《关于开展政府采购执行情况专项检查的通知》。2009 年制定《渑池县 2009—2010 年政府采购目录及限额标准》《渑池县行政事业单位公务用车定点维修有关事项的通知》。2010 年,制定《渑池县 2011 年政府采购目录及限额标准》《渑池县财政采购流程图》,全年组织政府采购 473 次,完成采购金额 15169 万元,节约资金 2165 万元,节约率 14%。

(七)社会保障财务管理

1. 社会保险基金管理

2001 年 1 月,渑池县医疗保险中心按照财政部《社会保障基金财政专户管理暂行办法》规定,将城镇职工医疗保险基金纳入财政社保专户,实行收支两条线管理。2005 年 12 月,渑池县养老保险基金移交三门峡市养老保险中心管理,移交金额 4235 万元。2009 年 2 月,渑池县失业保险基金移交三门峡市失业保险中心管理,移交金额 403 万元。2010 年 11 月,渑池县工伤保险基金移交三门峡市工伤保险中心管理,移交金额 519 万元,由市级统筹。

2. 就业再就业扶持

2001—2010 年,渑池县筹措再就业资金 6000 万元,主要用于支持国有企业改制,落实企业与职工解除劳动关系过程中的经济补偿、养老、医疗、失业等补助资金,开发公益性岗位,安排“4050”人员,落实下岗失业职工、农民工技能培训,落实企业小额担保贷款政策等。

3. 新型农村合作医疗

2007 年,渑池县实施新型农村合作医疗制度。参合人员由 2007 年的 23.39 万人,增加到 2010 年的 24.67 万人;筹资标准由 2007 年每人 50 元/年,提高到 2010 年每人 150 元/年。五年间累计筹措资金 9442 万元,向参合农民支付医疗费 7678 万元,受益人数达 49 万人次。

4. 城镇居民医保

2008 年 7 月,渑池县启动城镇居民基本医疗保险工作。截至 2010 年末,渑池县城镇居民医疗保险参保人数为 51657 人,比 2008 年的 12906 人增长 300%。三年间累计筹措城镇居民医疗保险基金 1544 万元,支付医疗费 424 万元,4652 人次受益。

5. 城乡低保生活补助

渑池县城市低保始于 1998 年,享受 100 余人。2001 年扩面后,享受人数增至 2600 余人。2005 年 9 月,作为全省试点,渑池县开始实行农村低保。渑池县人民政府出台《渑池县农村居民最低生活保障制度暂行办法》,当年享受 4382 人,补助金额 25 万元。2006 年,农村低保享受人数 7204 人,一类每人

77元/月,二类每人20元/月,补助金额50.4万元。2007年,农村低保享受人数9704人,一类每人77元/月,二类每人30元/月,补助金额95.47万元。2008年,农村低保享受人数11716人,一类每人77元/月,二类每人40元/月,补助金额111.56万元。2009年,农村低保享受人数13965人,一类每人100元/月,二类每人50元/月,补助金额1054万元(其中,春节补助和新中国成立60周年补助207.8万元)。2010年,农村低保享受人数14502人,一类每人110元/月,二类每人60元/月,补助金额1079.48万元。

6. 农村五保供养

2005年6月以前,农村五保供养资金以乡统筹,税费改革以后资金由国家统筹。国家统筹后渑池县集中供养255人,标准每人1200元/年;分散供养962人,标准每人1000元/年。是年7—12月发放资金59.3万元。2006年,集中供养292人,分散供养961人,全年发放资金32.97万元,以后标准逐年提高。2010年底,全县共有五保对象1222人,全年累计发放五保供养资金224.91万元。

7. 医疗卫生体系建设

2001—2010年,渑池县医疗卫生经费由155.24万元增加到1194.91万元,增长7.7倍。安排专项资金61.3万元,用于西村乡、段村乡、洪阳镇、张村镇、笃忠乡卫生院基础设施的改善。2006—2010年,投入3000万元用于县人民医院整体迁建。2008年开始,每年安排50万元用于计划免疫及重大疾病的预防和控制。2009年,实施公立医院改革及国家基本药物制度改革。2010年底,医疗卫生体制改革进入实施阶段。

(八)非税收入管理

2005年底,渑池县非税监管系统建成,2006年投入使用。监管系统以《非税收入财政监理系统(财政端)》为核心,在统一编码的基础上,建成内部与外部两大网络体系,包括非税收入财政监理系统(财政端)、非税收入银行收费监理系统(银行端)和票证管理系统,严格执行"收支两条线"和票、款分离管理。

2007年,渑池县建立了城关营业所、仰韶营业所、池底营业所和农行营业部4个非税收入代收网点,使非税收入按照"征收、管理、使用相分离"的原则,全面实行"单位开票、银行代收、财政统管"机制。

(九)财政投资评审资金管理

2007年,渑池县财政投资评审中心成立,将政府投资的基本建设项目全部纳入评审范围,规范政府投资基建项目的管理。当年,完成财政投资评审项目26个,评审总额5588.15万元,审定投资额4786.86万元,审减率达14.34%,节约财政资金801.29万元。

2008年,渑池县对财政投资重点项目工业大道绿化、仰韶大街慢车道及城市管网改造建设、信访局办公楼改造、城区绿化补植补栽、市政维修等进行了跟踪监督。当年,共评审财政投资建设项目24个,送审投资额3507.13万元,审定投资额2407.95万元,审减额1069.18万元,审减率30.49%。

2009年,渑池县创新投资评审方式,成立投资评审工作小组,建立评审专家库,将所有财政性项目纳入评审范围,通过评审大力节约财政资金。当年,共评审财政投资建设项目29个,审减投资额745.42万元,审减率达到19.9%。

2010年,继续加大财政投资评审工作力度,从工程立项、申报、资金拨付、监督、档案管理五个方面细化管理,实行"绩效评价"和"跟踪问效",共评审财政投资建设项目34个,审减额2934.84万元,审减率达到17.54%。

(十)基本建设投资管理

2001—2004年,渑池县基本建设支出分别为780万元、1517万元、2012万元、2321万元。

2005年,渑池县基本建设支出2721万元,为年度预算的98.7%,比上年增长17.2%。当年,筹措资金1600余万元用于黄河路、会盟路、新华北路等城市建设及城区道路绿化维护,投资800万元用于体育中心二期工程建设,投资1300余万元用于西段村水库和二水厂建设。基本建设投资的加大,有力地支持了城市基础设施建设步伐,改善了居住环境,提升了城市功能。

2006年,渑池县基本建设支出2423万元,为年预算的100%,比上年增长11%。筹措资金2500多万元,集中用于中心广场、新华路、文化路和市场街口等道路改造。

2007年起,根据政府收支分类改革要求,渑池县没有设置基本建设支出科目。为进一步加快城乡基础设施建设步伐,筹措资金1500万元用于生活垃圾处理场建设,投资1000万元用于第二水厂供水管网项目建设,投入1000万元用于新农村示范村的水、电、路、沼气等基础设施建设,投入160万元用于小城镇、城乡一体化建设,投入30余万元在城区多个路口增设了交通信号灯。

2008年,继续加大城乡基础设施建设步伐,投入10782万元用于社会主义新农村建设,完成了80个试点村的建设任务。投入1.8亿元用于十件实事,解决了人民群众最关心、最直接的生产生活问题,受到群众的广泛欢迎。

2009年,继续加强城乡基础设施建设。投入资金780余万元,开展新型农民住宅社区的前期规划,为下步规划的顺利实施打下了坚实基础。投入城乡基础设施建设资金16000万元,先后实施和推进了南涧河治理、渑池—义马快速通道对接工程、小寨沟生态公园、广电大厦、仰韶大街改造等重点工程项目,着力打造"生态园林城、商贸流通城、文化魅力城、宜居宜业城"。

2010年,渑池县大力推进新农村建设。当年,投入1756万元,用于社会主义新型农村社区13个示范中心村的建设。同时大力支持文化事业建设:投入1386万元,用于仰韶文化博物馆和仰韶遗址保护工程建设;投入181万元,在郑州成功举办"仰韶文化周"活动;投入35万元,在河南电视台《华豫之门》栏目举办仰韶文化专场。通过一系列的活动和有效措施,全力打造仰韶文化名片,逐步实现文化"软实力"与经济"硬实力"的巧妙对接,为经济发展注入活力。继续加大城市建设,投入938万元用于新华街南段及胜利北街改造,开工建设韶州路、打通双拥路,极大地缓解了城区交通压力。向农发行融资5000万元,用于涧河治理工程;投入280万元,用于渑池生态公园建设;投入527万元,用于会盟路和仰韶大街路灯改造;投入330万元,完成城市中心和东区大广场的城市文化雕塑,改善城市面貌,打造宜居城市。

第四节　陕　县

一、概　况

陕县位于河南省西部黄河南岸,东与渑池县交界,西与灵宝市接壤,南依甘山与洛宁县毗邻,北临黄河与山西省平陆县隔河相望,东、西、南三面环抱三门峡市区和湖滨区。陕县东西长65.25公里,南北宽48.8公里,全县面积1609.73平方公里,辖13个乡镇256个行政村,总人口34.47万人。陕县主要优势资源有黄金、铝土、煤炭、地热矿泉水。名胜古迹有地坑院(天井窑院)、石壕古道、空相寺、安国寺、夏后皋墓、温塘摩崖造像、七里古槐、甘山国家森林公园、雪花谷景区。地方特产有菜园手工挂面、大营麻花、观音堂牛肉、二仙坡苹果、陕州黄梨等。进入21世纪,陕县经济步入快速发展轨道,财政工作亦呈现出良好发展态势,收入和支出保持高速同步增长,为全县经济和社会的稳定、持续发展提供了可靠的财力支撑。

二、财政体制

(一)三门峡市对陕县的财政体制

按三门峡市对陕县所得税基数的核定,企业所得税收入基数按2000年企业所得税实际完成数乘以2001年1—9月企业所得税实际增长率计算核定。个人所得税收入基数按2001年实际完成数为基数核定。

2004年,三门峡市对陕县实行财政收入增量上解政策,县级营业税、企业所得税、个人所得税、耕地占用税、城镇土地使用税、土地增值税、资源税、房产税8个税种比2003年增收部分,市级分成30%。

2009年起,县级营业税、企业所得税、个人所得税、耕地占用税、城镇土地使用税、土地增值税、资源税、房产税8个税种增量上解除以2008年为基数固定上解市级外,县级增值税、营业税、企业所得税、个人所得税、资源税、罚没收入和社会抚养费收入基数按2008年决算数确定。县(市)耕地占用税收入基数按2007年和2008年加权平均数确定。企业所得税增量上解比例15%,资源税增量上解比例30%,增值税、营业税、个人所得税、耕地占用税、罚没收入和社会抚养费增量上解比例20%。

(二)陕县对乡镇财政体制

2002 年 11 月,陕县取消县对乡镇旧的“划分收支,核定基数,增收分成,短收自负”管理体制,实行“划分收入、核定支出、定额上解(或补助)、增收全留、收支平衡”新的管理体制。将乡镇范围内的农业税、非农业税计税土地上的农业特产税、耕地占用税地方分成部分,增值税地方分成部分,营业税、个人所得税和乡镇企业所得税部分,房产税、印花税、资源税、车船使用税、契税、行政性收费和罚没收入部分作为乡镇固定收入。烟叶特产税因风险较大,基数内作为共享收入,县、乡 4 ∶ 6 分成。将原由乡镇负担的农村义务教育支出、民兵训练费支出调整为县级支出。将乡镇基层政权运转所需的支出及乡镇社会事业发展支出,作为乡镇支出。乡镇对行政村的经费补助支出、农村卫生医疗事业补助以及原由乡镇统筹开支的计划生育、优抚等支出也纳入乡镇支出范围。

2004 年,根据《河南省人民政府关于调整省与市财政管理体制的通知》(豫政〔2004〕3 号)精神,陕县将原属乡级收入的工商税收划归县级收入,新增工商税收实行特殊的奖励政策。以 2003 年为基数,增量部分扣除市分成,县财政拿出 50% 奖励有关乡镇。同时将乡镇卫生院、优抚基数从支出基数中剔除。

2007 年,陕县对乡镇实行“划分收入、核定收支、定额上解(或补助)、增收全留、短收自负、自求平衡、一定五年”的财政体制。将乡镇所属企业缴纳企业所得税地方部分,增值税 25% 地方部分,营业税、个人所得税地方部分,资源税、房产税、印花税、车船使用税、城(镇)土地使用税等工商税收入划为乡镇固定收入,对收入基数大于支出基数的乡镇实行定额上解,收入基数小于支出基数的乡镇给予定额补助。对营业税、企业所得税、个人所得税、资源税、房产税、城镇土地使用税、土地增值税、耕地占用税 8 个税种的基数进行调整,实行超基数部分 30% 专项上解县财政。

2008 年,陕县实行“划分收入级次、核定收支范围、定额上解(或补助)、增量适当调整、实现自求平衡”的乡级财政管理体制。对各乡镇实行统一政策标准,工商税收按 2006 年和 2007 年乡镇收入平均数计算,烟叶税按 2006 年和 2007 年收入平均数的 60% 核定,行政性收费(社会抚养费)按政策规定核定。

三、财政收入

(一)一般预算收入

2001—2010 年,陕县采取多种措施,保障了财政收入持续快速增长。2010 年,陕县财政一般预算收入完成 69028 万元,为 2001 年 9657 万元的 7.15 倍,年均增长 24.4%。10 年累计完成收入 309285 万元,为全县经济社会又好又快发展提供了财力保障。

(二)政府基金收入

2001—2010 年累计完成基金收入 30980 万元。其中 2010 年收入 12153 万元,为 2001 年 1199 万元的 10.14 倍。基金收入的持续快速增长,弥补了预算资金的不足,支持了各项事业的健康发展。

2001—2010 年三门峡市陕县一般预算收入中税收完成情况表

表 84　单位:万元

项　目	2001 年	2002 年	2003 年	2004 年	2005 年	2006 年	2007 年	2008 年	2009 年	2010 年	合　计
税收收入	8673	8043	9385	12068	16682	23442	31400	41239	42668	53029	246629
增值税	1596	2028	2388	2888	4328	5997	7996	10495	7613	10140	55469
营业税	1516	1261	2028	3019	3425	4865	6284	8766	9493	12119	52776
企业所得税	3504	1460	1307	1384	1564	1692	1760	1897	2431	4372	21371
个人所得税	324	229	283	887	1220	1423	1833	1311	1325	1733	10568
资源税	353	677	578	996	2810	5399	8680	9220	8944	11936	49593

续表 84

项　目	2001 年	2002 年	2003 年	2004 年	2005 年	2006 年	2007 年	2008 年	2009 年	2010 年	合　计
城市维护建设税	330	591	507	509	875	949	1172	1397	1418	1673	9421
房产税	204	370	430	416	485	370	414	287	630	948	4554
印花税	9	53	61	66	120	122	147	267	204	726	1775
城镇土地使用税	17	39	45	262	313	277	443	841	1101	2779	6117
土地增值税				13	7	5	13	28	50	552	668
车船使用和牌照税	8	11	11	11	14	14	12	28	143	188	440
屠宰税	52	28									80
农业税	217	626	979	527							2349
农业特产税	481	606	629	474	800	149					3139
烟叶税						805	630	1398	1349	805	4987
耕地占用税	47	42	120	495	255	249	607	1428	4107	2597	9947
契　税	15	22	19	121	466	1126	1409	3876	3860	2461	13375

2001—2010 年三门峡市陕县一般预算收入中非税收完成情况表

表 85　　单位:万元

项　目	2001 年	2002 年	2003 年	2004 年	2005 年	2006 年	2007 年	2008 年	2009 年	2010 年	合　计
非税收入	984	955	608	2947	5453	5565	6817	8779	14549	15999	62656
国有资产经营收益				977	1829	1672					4478
国有企业计划亏损补贴	-183	-150	-504	-410		-294					-1541
行政事业性收费收入	72	102	199	460	1725	1253	2737	4221	3643	4891	19303
罚没收入	752	371	273	929	763	1303	1439	1688	2174	1798	11490
专项收入	343	632	632	978	1117	1595	1765	2293	2181	2214	13750
国有资本经营收入							846	511	6035	6961	14353
国有资源(资产)有偿使用收入							30	66	274	135	505
其他收入			8	13	19	36			242		318

四、财政支出

(一)一般预算支出

按照财政部统一规定,2001—2006 年陕县一般预算支出类别为“类”“款”“项”“目”四个级次。支出内容有“基本建设支出”等 28 项。2001—2006 年累计支出 18 亿元,年均支出 3 亿元。2006 年,财政支出 48745 万元,是 6 年中增幅较大的一年。其中:经济建设费支出 4478 万元,占 9%;农林水利气象支出 5658 万元,占 12%;社会文教费支出 13103 万元,占 27%;行政管理费支出 8238 万元,占 17%;社会保障支出 7097 万元,占 14%;其他支出 8340 万元,占 17%。2007—2010 年累计支出 389029 万元,年均支出 97257 万元。2010 年,财政支出 115457 万元,为 2001 年的 7.1 倍。其中:一般公共服务支出19292万元,占6%;教育支出25339,占21%;社会保障和就业支出14201万元,占12%;农林水事务支出13285万元,占12%。

(二)基金支出

2001—2010年,累计完成基金支出27523万元。其中:2001年支出1166万元,结余33万元;2010年支出11226万元,结余1896万元。2010年支出数为2001年的9.6倍。

2001—2006年三门峡市陕县政府收支分类改革前一般预算支出完成情况表

表86

单位:万元

项　目	2001年	2002年	2003年	2004年	2005年	2006年	合　计
一般预算支出合计	**16227**	**22714**	**21049**	**29635**	**41630**	**48745**	**180000**
经济建设支出	2062	3403	2775	4023	7275	4478	24016
基本建设支出	1296	690	1278	1310	1577	892	7043
企业挖潜改造资金支出	200	1793	154	466			2613
科技三项费用支出	129	137	155	195	451	417	1484
城市维护费支出	437	783	1188	2052	5147	3169	12776
地质勘探费用支出					100		100
农林水利气象支出	1594	4991	2288	6051	4994	5658	25576
支援农业生产支出	531	882					1413
农业综合开发支出	39	44					83
农林水利气象等部门的事业费支出	1024	4065					5089
农业支出			1168	774	1220	1939	5101
林业支出			907	5020	3356	3069	12352
水利和气象支出			213	257	418	650	1538
社会文教费支出	5586	6398	6903	7872	11234	13103	51096
教育支出	4764	5050	5322	6041	8620	8949	38746
科学支出			4	5	8	34	51
文体广播事业费支出	436	694	885	1033	1188	1590	5826
医疗卫生支出	386	654	692	793	1418	2530	6473
行政管理费支出	3420	4293	3744	3908	6342	8238	29945
行政管理费支出	2457	2895	2544	2266	3798	4610	18570
公检法司支出	963	1398	1200	1642	2544	3628	11375
外交外事支出							0
社会保障支出	721	1214	2533	4120	4242	7097	19927
抚恤和社会福利救济费支出	373	601	908	810	956	1497	5145
行政事业单位离退休支出	5	4	843	1585	1723	2441	6601
社会保障补助支出	343	609	782	1725	1563	3159	8181

续表 86

项 目	2001 年	2002 年	2003 年	2004 年	2005 年	2006 年	合 计
其他事业费支出	386	545	792	899	1316	1831	5769
工业交通等部门的事业费支出							0
流通部门事业费支出		1	15	15	22	24	77
其他部门事业费支出	386	544	777	884	1294	1807	5692
其他支出	2458	1870	2014	2762	6227	8340	23671
政策性补贴支出	840	76	5	15	176	149	1261
支援不发达地区支出	85						85
车辆税费支出					232	1766	1998
专项支出	249	407	662	760	1562	1502	5142
其他支出	1284	1387	1347	1987	4257	4923	15185

2007—2010 年三门峡市陕县政府收支分类改革后一般预算支出完成表

表 87　　单位:万元

项 目	2007 年	2008 年	2009 年	2010 年	合 计
一般预算支出合计	**68780**	**88826**	**115966**	**115457**	**389029**
一般公共服务支出	10783	13140	16482	19292	59697
公共安全支出	4210	4391	5899	7013	21513
教育支出	14282	19947	21153	25339	80721
科学技术支出	618	892	839	2027	4376
文化体育与传媒支出	772	4196	7383	2633	14984
社会保障和就业支出	10409	11796	17165	14201	53571
医疗卫生支出	3457	5343	10312	6837	25949
节能环保支出	4255	8760	6698	6812	26525
城乡社区事务支出	7219	5198	5719	5392	23528
农林水事务支出	6517	10508	12703	13285	43013
交通运输支出	221	1156	4468	2467	8312
资源勘探电力信息等事务支出			1335	1014	2349
商业服务业等事务支出	1404	1734		1622	4760
国土资源气象等事务支出				2954	2954
粮油物资管理事务支出			1993	333	2326
住房保障支出				2734	2734
其他支出	4633	1765	3817	1502	11717

五、财政改革

(一)政府收支分类改革

按照财政部《政府收支分类改革方案》要求,2007年1月,陕县实施政府收支分类改革。改革按照“公开透明、符合国情、便于操作”原则,建立包括收入分类、支出功能分类和支出经济分类在内的政府收支分类体系,形成相对稳定的既反映政府职能活动又反映支出性质、既有总括反映又有明细反映的支出分类框架,为全方位的政府支出分类创造了有利条件。

(二)国库集中支付改革

2003年,陕县实行国库集中支付改革,建立以国库单一账户体系为基础、资金缴拨以国库集中收付为主要形式的国库管理制度,所有财政性资金纳入财政单一账户体系管理,收入直接缴入国库或财政单一账户,支出通过财政单一账户体系支付到商品和劳务供应者或用款单位。2009年,陕县深化国库集中支付制度改革,推进“支付在中心、核算在单位”的管理模式,按照“规范、高效、安全、可控”原则,在保障资金安全的前提下,扩大支付监督范围,弱化代理会计核算。2010年1月起,全县101家集中核算报账单位全部退出代理核算,实现强化支付、弱化核算的改革目标。

(三)非税收入管理改革

20世纪90年代初,陕县对行政事业性收费和罚没收入等财政性资金实行“收支两条线”管理改革。2001年,陕县对行政事业性收费和罚没收入等财政性资金实行“收支脱钩、收缴分离”为核心内容的管理办法。2003年,陕县将尚未纳入预算管理的其他政府非税收入分期分批纳入财政预算管理,将国家规定审批权限新设立的行政事业性收费、政府性基金以及新取得的其他政府非税收入一律上缴国库,纳入财政预算,为非税收入纳入预算实行分类管理提供制度保证。2006年,陕县建立“政府非税收入征收管理监管系统”,将全县各执收执罚单位100多个收费项目、收费标准、收费依据全部录入非税收入监管系统,实现了财政和代收银行间政府非税收入收缴信息联网,推进了非税收入信息网络化征管进程。2010年7月,根据河南省财政厅《关于按预算外资金管理的收入纳入预算管理的通知》(豫财预〔2010〕163号)精神,陕县出台一套非税收入收支两条线改革管理制度,2011年1月1日实施,将预算外资金收入(不含教育收费)全部纳入预算管理。

(四)农村税费改革

2002年8月,河南省农村税费改革办公室《关于农村税费改革试行方案的批复》,核定陕县农业税计税土地面积42.97万亩,常年总产量13222万公斤,亩均308公斤,农业税计征额15073.1万元,应征农业税1266万元。其中正税1055万元,附加211万元,亩均税额29元。2001年,扣除“两工”(积累工和义务工)后的农民负担总额为5068.2万元,亩均负担118元;2002年较上年减负37%。2002年11月,根据国务院农村税费改革领导小组《关于农村税费改革试点地区暂停清收农民税费尾欠有关问题的紧急通知》(国农改〔2002〕10号)要求,陕县开展农村税费改革试点地区暂停清收农民税费尾欠。2005年3月,根据国务院《关于全面推进农村税费改革试点工作的意见》(国发〔2003〕12号)精神,全面免征农业税及附加,结束了延续2000多年的农民缴纳“皇粮国税”时代。

六、财政管理

(一)预算管理

2001年,陕县实行部门预算管理,编制内容包括收入预算和支出预算。收入预算包括财政预算内拨款收入、预算外资金和其他各项收入;支出预算包括人员支出、公用经费、专项支出和其他支出。

(二)国库管理

1.单一账户管理。国库单一账户体系是指实行财政国库集中支付后,用于所有财政性资金收支核算管理的账户体系,主要由国库单一账户、财政零余额账户、单位零余额账户、预算外资金财政专户、特设专户和主要银行账户构成。2003年实行国库单一账户改革,账户设置由多头开户变为单一账户。支付方式由单位自行支付变为财政直接支付和授权预算单位支付,资金存放方式由分散存放在预算单位改为统一存放在财政部门,资金结算方式由先存款后支付改为先支付后清算,预算执行信息反馈方式由事后反馈变为实时反馈。

2. 专户管理。2003 年按照"集中管理、统一核算、统一记账、专款专用、监管分离"的管理模式,将财政专户纳入国库股实行集中核算。当年集中管理财政专户 14 个年资金流量超 2 亿元。至 2010 年底集中管理财政专户 28 个,管理资金 33825 万元。

(三)教育经费管理

根据国家实行农村义务教育"两免一补"政策,逐步推行免费九年义务教育,陕县于 2007 年秋季在全县范围内实行免费九年义务教育。2001—2010 年陕县教育支出 103332 万元,其中 2010 年教育支出 25828 万元,是 2001 年 1317 万元的 19.6 倍。教育经费的足额拨付,促进了全县教育事业的健康发展。

2002 年陕县对家庭困难寄宿生实行生活费补助,小学每生 100 元/年、初中每生 200 元/年、2010 年提高至小学生每生 3 元/天、初中生每生 4 元/天。

2001 年始,陕县农村中小学教职工工资由县财政统一发放。2004 年 1 月,全县所有教职工工资执行县、乡同一标准。

2001 年始,陕县实施中小学危房改造工程。十年间累计投入财政资金 5749 万元,完成中小学危房改造工程 137 个,改造面积 149313 平方米,基本消灭农村中小学 D 级危房。

2006 年始,陕县实行中等职业学校国家助学金制度。至 2010 年,陕县财政拨付 985.1 万元,用于困难学生生活费补助,资助困难学生 6637 人次。

2007 年春季,陕县对农村义务教育阶段学生全部免除学杂费,享受家庭困难寄宿生生活费补助(简称"一补")的学生免收课本费和作业本费。2007 年秋季起为农村义务教育阶段所有学生免费提供国家统一课程教科书,实行义务教育。

2009 年,对农村经济困难和涉农专业的职业学校在校生免除学费,财政补助免除学费资金 56 万元。

2009 年,按照国务院统一要求,陕县着手清理化解农村义务教育"普九"债务。经各方通力协作,至 2010 年底,基本完成 2005 年 12 月 31 日前形成的 176 个单位总额 4196 万元(本金 3994 万元、利息 202 万元)债务的清理化解工作。

2010 年,对农村经济困难和涉农专业的职业学校在校生补助免除学费资金 144 万元。

(四)社会保障财务管理

1. 社会保险基金管理改革。1999 年 6 月,陕县将养老保险基金纳入财政社保专户,实行收支两条线管理。2000 年 3 月,按照财政部《社会保障基金财政专户管理暂行办法》规定,陕县将失业保险基金纳入财政社保专户,实行收支两条线管理。2005 年 12 月,陕县养老保险基金移交三门峡市养老保险中心管理,移交金额 2542 万元。2009 年 2 月,陕县失业保险基金移交三门峡市失业保险中心管理,移交金额 163 万元。2010 年 11 月,陕县工伤保险基金移交三门峡市工伤保险中心管理,移交金额 55 万元,由市级统筹。2010 年末,陕县纳入财政专户管理的四项社保基金 6568 万元。其中城镇职工基本医疗保险基金 4701 万元,生育保险基金 138 万元,城镇居民医疗保险基金 197 万元,合作医疗基金 1532 万元。

2. 就业再就业扶持。2001—2010 年,陕县筹措再就业资金 6500 万元,主要用于支持陕县国有企业改制,落实企业与职工解除劳动关系过程中的经济补偿、养老、医疗、失业等补助资金,开发公益性岗位,安排"40""50"人员,落实下岗失业职工、农民工技能培训,落实企业小额担保贷款政策等。

3. 新型农村合作医疗。2006 年,陕县实施新型农村合作医疗制度。参合人员由 2006 年的 25.1 万人增加到 2010 年的 26.5 万人,筹资标准由 2006 年每人每年 50 元提高到 2010 年每人每年 150 元。五年间累计筹措资金 11465 万元,向参合农民支付医疗费 10072 万元,受益人数达 105 万人次。

4. 城镇居民医保。2008 年 7 月,陕县启动城镇居民基本医疗保险工作。截至 2010 年末,陕县城镇居民医疗保险参保人数为 29748 人,比 2008 年的 22343 人增长 33.14%。三年间累计筹措资金 687 万元,支付医疗费 363 万元,1331 人次受益。

5. 城乡低保生活补助。2001 年,陕县城市低保补助标准由原 95 元提高到 195 元,补差由原 35 元提高到 145 元,享受人数由 1200 人增加到 3100 人。2006 年,陕县实行农村特困生活救助,当年享受人数 5500 人,补助标准为 40 ~ 55 元。2007 年,陕县农村特困生活救助增加到9600人,补助标准提高到45~60元,当年支付特困补助资金172万元。2008年,陕县农村特困生活救助改为农村最低生活保障,到2010年享受对象达到18228人,当年拨付资金1012万元。

6.困难群体医疗救助。2006年6月,陕县建立城市医疗救助制度,对患有急性中风、慢性肾衰竭、恶性肿瘤、重度精神分裂症、大面积烧伤等重大疾病患者给予医疗救助。至2010年底,筹措资金512万元,享受大病医疗救助3.1万人次。2007年,根据《陕县农村医疗救助暂行办法》规定,对特困群众患有恶性肿瘤、白血病、重症肝炎等重大疾病患者给予医疗救助。至2010年底,陕县累计筹集资金318万元,1.6万人次享受医疗救助。

7.农村五保供养。2005年,陕县制定《陕县农村"五保"供养办法》,加大对农村五保人员的供养力度。至2010年底,全县有五保供养对象1109人,累计拨付五保户供养资金859万元。

8.行政事业单位亡故人员抚恤。2001—2004年10月,陕县行政事业单位职工亡故仍执行1993年制定标准,丧葬费为1000元,包干使用,超支不补。国家机关工作人员及离退休人员死亡,一次性抚恤标准革命烈士为本人生前40个月基本工资或离退休费,因公牺牲为本人生前20个月基本工资或离退休费,病故为本人生前10个月基本工资或离退休费。2004年10月,陕县调整机关工作人员及离退休人员死亡抚恤金标准,革命烈士为本人生前80个月基本工资或离退休费,因公牺牲为本人生前40个月基本工资或离退休费,病故为本人生前20个月基本工资或离退休费。丧葬费标准不变。

9.医疗卫生体系建设。2001—2010年,陕县医疗卫生经费由2001年的124万元增加到2010年的623万元,增长5倍。安排专项资金150万元,改善了观音堂、张茅、宫前、西张村、东凡乡镇卫生院的基础设施,为宜村、王家后、张汴乡卫生院购置了医疗设备。投资300万元,为陕县医院购置CT机,建设传染病区及更新部分医疗设备。每年安排58万元用于计划免疫及重大疾病的预防和控制。2009年,陕县财政投资5516万元,将全体居民纳入基本医疗保障范围,推进社区医疗卫生服务站建设、公立医院改革及国家基本药物制度改革。2010年底,医疗卫生体制改革进入实施阶段。

(五)非税收入管理

1.行政事业性收费管理。2001—2010年,全县共组织行政事业性收费收入19303万元,财政专户收入13861万元。其中2010年组织行政事业性收费4891万元,为2001年的67.93倍。

2.罚没收入。2001—2010年,共组织罚没收入11490万元,其中2010年1798万元,为2001年的2.39倍。

3.专项收入。2001—2010年,陕县共组织专项收入13750万元,其中2010年组织专项收入2214万元,为2001年的6.45倍。

4.政府性基金收入。2001—2010年,全县共组织基金收入30933万元,其中2010年组织基金收入12153万元,为2001年的10倍。

5."小金库"专项治理。2009年6月,陕县开展"小金库"专项治理工作,查处6个"小金库"违纪资金41万元,催缴入库72万元。2010年7月,对全县28个社会团体、12个国有及国有控股企业开展专项治理。

(六)惠民工程

1.保障性住房建设和棚户区改造工程。2008年,陕县实施保障性住房建设和棚户区改造工程。至2010年底,陕县共建设保障性安居住房2020套13.9万平方米。其中:廉租住房910套,4.6万平方米;经济适用住房342套,3.2万平方米;公共租赁住房268套,1.1万平方米;城市棚户区改造住房500套,5万平方米。廉租住房租赁补贴共发放288.2万元,受益家庭1536户。

2.福利、体育彩票专项资金使用。2001—2010年,陕县投入福利彩票专项资金270万元,修缮乡镇敬老院8个,改善了110名五保老人的生活条件。投入体育彩票专项资金173万元,用于群众体育健身活动场所建设27万元,大型群众体育运动会补助7万元,购置体育活动器材12万元,公民体质监测及群众体育科研经费127万元。

(七)农业税收管理

农业税收是国家税收的重要组成部分,包括农业税、农业特产税、耕地占用税和契税四种，简称“农业四税”。

1. 农业税。2005 年，按照《河南省人民政府关于免征农业税的通知》（豫政〔2005〕26 号）要求陕县全面免征农业税及其附加。自此，延续数千年的“皇粮国税”退出历史舞台。

2. 农业特产税。2002 年 3 月，河南省委、省政府下达《关于印发河南省农村税费改革试行方案的通知》，按照农业税和农业特产税不重复交叉征收的原则，对在农业税计税土地上生产的农业特产品，原则上只征收农业税，不再征收农业特产税。对在非农业税计税土地上生产的农业特产品，继续征收农业特产税。2006 年 4 月，国务院公布《中华人民共和国烟叶税暂行条例》，烟叶税由地方税务机关征收，税率为 20%。

3. 耕地占用税。耕地占用税是国家对占用耕地建房或者从事其他非农业建设的单位和个人，依据实际占用耕地面积、按照规定税额一次性征收的一种税。根据国家有关规定，农村居民占用耕地建造自用住宅，按当地适用税率减半征收；公路建设占用耕地实行低额征收。经土地管理部门批准占用耕地的单位和个人，从批准之日起超过 2 年未使用的按规定税率另加 50% 征收，超过 2 年半未使用的另加一倍征收，超过 3 年未使用的另加一倍半征收。占用基本农田的耕地占用税的适用税额在当地适用税额的基础上提高 50%。2008 年 1 月 1 日起，陕县执行每平方米 22 元征收标准。从 2008 年起，农村居民占用耕地建设住宅按新税额征收耕地占用税。

4. 契税。1997 年 10 月，国务院颁布《中华人民共和国契税暂行条例》，同时废止 1950 年 4 月中央人民政府政务院发布的《契税暂行条例》。2005 年 6 月，国家税务总局《关于进一步加强房地产税收管理的通知》规定，各市、县人民政府要及时公布普通住宅单套建筑面积标准，超过标准的属非普通住宅。未公布标准的市、县单套面积大于 144 平方米的属非普通住宅，按 4% 的税率征收契税，普通住宅按 2% 税率征收契税。2008 年 10 月，财政部、国家税务总局《关于调整房地产交易环节税收政策的通知》（财税〔2008〕137 号）文规定，对个人首次购买 90 平方米及以下普通住房的，契税税率暂统一下调到 1%。此规定自 2008 年 11 月 1 日起实施。2010 年 9 月，财政部、国家税务总局《关于调整房地产交易环节契税、个人所得税优惠政策的通知》（财税〔2010〕94 号）规定，对个人购买普通住房，且该住房属于家庭（成员范围包括购房人、配偶以及未成年子女，下同）唯一住房的，减半征收契税；对个人购买 90 平方米及以下普通住房，且该住房属于家庭唯一住房的，按 1% 税率征收契税。2010 年 12 月，陕县耕地占用税和契税由地方税务局征收管理。

（八）行政事业资产管理

2007 年 3 月，陕县对全县 216 个行政事业单位的资产管理信息进行系统录入，核实全县行政事业单位资产价值 5.4 亿元。2010 年开展行政事业单位资产管理信息系统软件安装、数据录入工作，掌握了全县 167 个行政事业单位 6.9 亿元资产的整体状况及分布情况。同年 4 月，完成陕县机构改革中 8 个撤销合并行政事业单位 1105 万元资产的移交、接收和监交工作。

（九）政府采购管理

2001 年，陕县试行政府采购办法。2004 年，陕县政府采购服务中心成立，实现政府采购管、采分离。

2005 年，制定《陕县 2005 年政府集中采购目录》《关于严格实施政府采购制度》《陕县采购计划编制办法》《陕县 2005 年政府采购目录》《陕县重点工程工业项目及政府投资项目评标专家网运行的通知》等文件，规范政府采购行为。2007 年，制定《陕县机关、事业单位公务用车配置管理暂行规定》。2008 年，制定《陕县机关、事业单位公务用车管理暂行办法》《陕县 2009 年政府采购目录及限额标准》。2009 年，制定《关于规范财政投资项目招投标工作程序及工作流程图》《陕县机关、事业单位公务用车管理补充规定》。2010 年，制定《陕县行政事业单位汽车定点维修方案》《工程类项目工作程序》和《货物类采购工作程序》，逐步完善了政府采购操作规程。2001—2010 年，陕县组织政府采购 1240 次，完成采购金额 38159 万元，节约 4852 万元，节约率 12.7%。

（十）财政投资评审管理

2002 年 9 月，陕县基本建设财务管理所更名为陕县财政投资评审中心，由财政局经济建设股代管。

2009 年 2 月，陕县财政投资评审中心从经济建设股分离，独立开展财政投资评审工作。2009—2010 年，陕县财政投资评审中心共评审财政投资项目 210 个。其中预算评审项目 195 个，审定投资额 56798 万元；决算审减项目 15 个，送审金额 980 万元，审定金额 872 万元，审减金额 108 万元，审减率为 11%。

（十一）农业综合开发管理

1. 项目申报

农业综合开发项目包括土地治理项目和产业化经营项目。2009 年，陕县申报农业综合开发项目 3 个，上级批复 3 个。其中：土地治理项目 2 个，即陕县 2009 年农业综合开发中、低产田改造项目和陕县 2009 年农业综合开发自然灾害损毁工程修复项目；产业化经营项目 1 个，即陕县 500 亩绿色苹果基地新建项目。2010 年，陕县申报农业综合开发项目 4 个，上级批复 3 个。其中：土地治理项目 1 个，即农业综合开发中低产田改造项目；产业化经营项目 2 个，即 4750 吨绿色苹果种植基地新建项目和年产 5 万吨果蔬汁深加工贴息项目。

2. 资金投入

2009—2010 年，陕县实施 6 个农业综合开发项目，其中土地治理项目 3 个，产业化经营项目 3 个。累计投入资金达 18157 万元，其中财政资金 1323 万元（中央财政资金 925 万元、省级财政资金 314 万元、市级财政资金 59 万元、县级财政资金 25 万元），企业贷款 5840 万元，自筹资金 10994 万元。

3. 项目建设

2009—2010 年，陕县农业综合治理实施完成一大批项目。其中：中低产田改造 1 万亩，发展灌溉面积 1 万亩，改良土壤 0.8 万亩，恢复完善 0.5 万亩项目区 1 个；新修渠系建筑物 721 座，维修提灌站 4 座，打机电井 6 眼，配套机电井 9 眼，架设输变电线路 4.5 公里，修建灌溉水渠 39 公里，铺设管道 31 公里，修复管道 1.5 公里；新建田间道路 19 公里，维修机耕路 5 公里；田间道路两侧栽植杨树 7000 株，推广苹果无公害种植技术 800 亩，发展果树 400 亩；培训农民 3000 人次。2009—2010 年，陕县实施产业化经营 3 个，其中种植养殖基地项目 2 个，农产品加工项目 1 个。种植养殖基地项目为新栽植苹果 2500 亩及田间滴灌管网配套工程，新建提灌站 1 座，1000 立方米调节池 1 座，果品精选车间 4 座，1000 平方米培训检测中心 1 处，项目区主干砼道 5.5 公里，购置果品自动精选机 4 台（套）。农产品加工项目为建成年产 5 万吨果蔬汁深加工生产线一条，包括生产车间、生产设备、果蔬汁生产基地等。2009—2010 年，陕县 6 个农业综合开发项目全部通过上级主管部门验收。

（十二）财政强农惠农资金管理

强农惠农资金是指各级财政安排用于农业、农村、农民的各项资金投入，包括农村基础设施建设资金、农业生产发展资金、农业和农民的直接补贴资金、农村社会事业发展资金等。惠农政策对保持陕县农村社会稳定、促进农村经济发展发挥了重要作用。

1. 种粮直补和农资综合补贴

（1）自 2004 年起，陕县以 2002 年农村税费改革时核定的计税面积 38.67 万亩为基础，实行对种粮农民直接补贴，标准为 7.56 元/亩，年补贴金额 292.38 万元。2010 年补贴标准提高到 11.93 元/亩，惠及 17 个乡镇 262 个行政村 7.4 万农户。

（2）农资综合直补。自 2006 年起，陕县实行农资综合直补政策，补贴标准为 11.78 元/亩，2010 年提高到 66.72 元/亩。补贴实行"一折通"办法，财政部门直接将补贴资金发放至农户账户。

（3）2006 年，陕县建设农民补贴网，通过网络管理监督各种涉农补贴的发放。

2004—2010 年，陕县共向农民发放粮食直补和综合直补资金 11221 万元。其中粮食直补资金 2671 万元，农资综合直补资金 8550 万元，全县 7.5 万农户户均补贴 1496 元。

2. 退耕还林补贴

2001—2010 年，陕县完成退耕还林 45.45 万亩。其中退耕地造林 17.4 万亩，配套宜林荒山造林 28.05 万亩，涉及全县 17 个乡镇（2005 年撤并为 13 个乡镇 260 个行政村 34613 户。退耕地按林种分,生态林42.58万亩,占总面积的93.6%;经济林2.87万亩,占总面积的6.4%。

2001年,陕县退耕还林每年补助小麦100公斤/亩,补助现金(管护费)20元退耕还林第一年提供造林种苗补助费50元。2004年,陕县退耕还林由粮食补助改为现金补助,原每年补助小麦100公斤/亩改为补助现金140元/亩。原现金补助(管护费)20元、种苗补助费50元政策继续执行。2007年8月,陕县落实国务院《关于完善退耕还林政策的通知》(国发〔2007〕25号)精神,继续对退耕农户延长一个周期的现金补助(生态林补助8年,经济林补助5年),按退耕地70元/亩、生活补助费20元/亩标准执行,并与管护任务挂钩。

3. 农作物良种补贴

2008年,陕县实施小麦良种补贴。当年发放良种144.34万公斤,补贴面积19.25万亩,标准10元/亩,补贴资金192.5万元,涉及258个行政村,41881个农户。2009年,陕县增加玉米、棉花良种补贴,实现小麦、玉米、棉花良种补贴全覆盖。补贴标准为小麦、玉米10元/亩,棉花15元/亩,当年共补贴资金388.85万元。其中:玉米良种补贴46829户,资金195.2万元;棉花良种补贴6038户,资金13.64万元;小麦良种补贴32976户,资金180.01万元。2010年,陕县良种补贴416.8万元。其中:小麦补贴面积19.28万亩,资金192.8万元;玉米补贴面积21.02万亩,资金210.2万元;棉花补贴面积0.92万亩,资金13.8万元。小麦良种补贴采取"种子售价折扣补贴"方式,玉米、棉花良种补贴采取"现金直接补贴"方式。

4. 农机具购置补贴

自2004年起,陕县实施农机具购置补贴政策,补贴对象是符合补贴条件的农民和直接从事农业生产的农机服务组织。中央和省财政资金补贴,按不超过机具价格的30%标准执行。2004—2010年,陕县农机具购置补贴财政投入1663万元,群众自筹4149万元,购置大中型拖拉机、联合收割机、配套农机具等5225台(套),受益3970农户。

5. 农村沼气

陕县农村沼气项目建设始于2003年,补助标准为800元/户。2003—2010年,上级下达陕县农村沼气建设项目资金404.62万元,项目涉及65个行政村5860户,建设沼气服务网点19个。

6. 测土配方施肥

陕县测土配方施肥项目始于2007年,当年推广配方肥8140吨,测土配方施肥44万亩,肥料利用率提高3.3个百分点,平均每亩减少纯化肥用量2.2公斤,实现节本增效39元。

2008年,完成土样采集及野外调查、样品检验、田间"3414"和校正试验、数据库建设、配方肥推广和施用面积、示范推广、主要作物施肥指标体系、测土配方施肥数据库建设、耕地地力评价等项目。

2009年,完成2008年采集的2028个土样的粉土工作,将所有土样的常规六项及中、微量元素六项进行了全部化验,化验24336项次。完成土样采集687个,测试植株样品160个,其中小麦80个,玉米80个。完成小麦氮肥用量试验5个,丰缺指标试验5个,三区校正试验10个。玉米氮肥用量试验5个,丰缺指标试验5个,三区校正试验10个。

2010年,完成土样采集、土样处理700个,并对12项常规及中微量元素化验,测试植株样品20个。完成玉米、小麦肥料校正试验20个,肥效试验10个。

7. 农业保险

(1)养殖业保险。2007年8月,陕县开展政策性农业保险养殖业保险业务,能繁母猪保额1000元/头,保费60元/头。能繁母猪保费中央财政负担50%,地方财政负担30%(市、县按3∶7比例),养殖户负担20%。2007—2010年,陕县共承保养殖户能繁母猪39593头,中央财政补贴118.73万元,三门峡市财政补贴21.36万元,陕县财政配套49.86万元,补贴资金通过"一折通"直接发放至农户。

(2)种植业保险。①烟叶保险。2008年6月,陕县试点推广烟叶生产保险,保额500元/亩,保险费率4.8%,保费24元/亩。保费由财政补贴50%,烟草公司承担40%,农户承担10%(财政每亩补贴12元,烟草公司每亩补贴9.6元,农户每亩承担2.4元)。当年承保烟叶3.6万亩,县财政投入资金43.2万元。2009年,承保烟叶3.6万亩,县财政投入资金43.2万元。2010年,承保烟叶2.1万亩,县财政投入资金25.2万元。②玉米保险。2009年,陕县开展政策性玉米保险业务,保额192元/亩,保费11元/亩。保费由中央财政补贴40%,省级财政补贴25%,市级财政补贴5%,县级财政补贴10%,农户承担20%。当年陕县投保玉米保险5.17万亩,中央财政补贴22.76万元,省财政补贴14.22万元,市财政补贴2.85万元,县财政补贴5.69万元。2010年,陕县投保玉米保险0.17万亩,中央财政补贴0.7万元,省财政补贴0.5万元,市财政补贴0.09万元,县财政补贴0.18万元。

8.农村劳动力转移培训

陕县农村劳动力转移培训始于2005年,包括"雨露计划"和"阳光工程"。

(1)雨露计划培训。2005—2010年,陕县实施"雨露计划"共投入资金144.6万元。其中省财政投入133万元,市财政投入5.9万元,县财政投入5.7万元,培训6812人(技能培训2062人、引导培训2350人),劳务输出6137人。

(2)阳光工程。陕县始于2005年,至2010年底财政累计投入227.08万元,培训6846人。

2005—2008年,"阳光工程"培训主要是外出务工培训,要求培训人员必须转移,专业设置市场营销、计算机、焊工等。2009—2010年,在强化农民外出务工就业的同时,"阳光工程"重点围绕农业农村重大工程项目、促进农民创业、规范和扶持农民专业合作社组织发展等六个方面进行培训,专业设置驾驶与维修、计算机、沼气、农村经纪人、拖拉机驾驶员、村级动物防疫员等。

9.奶牛、能繁母猪补贴

(1)奶牛补贴。为稳定和增加奶牛养殖数量,提高奶牛养殖规模化、标准化水平,政府从2007年起对奶牛养殖户实施补贴,标准每年500元/头。其中存栏200头以上的奶牛养殖场(户)由省财政补贴,存栏20~199头奶牛的养殖场(户)由市财政补贴,存栏19头以下养殖场(户)由县财政补贴。2007年,陕县发放奶牛补贴1052头,资金52.6万元。其中:市级补贴885头,资金44.25万元;县级补贴167头,资金8.35万元。2008年,发放奶牛补贴1675头,资金83.75万元。其中:省级补贴658头,资金32.9万元;市级补贴710头,资金35.5万元;县级补贴307头,资金15.35万元。2009年,奶牛补贴政策结束。

(2)能繁母猪补贴。2007年,起国家实施能繁母猪补助政策,补贴标准为50元/头·年。其中:中央财政补助60%(每头30元),市、县财政分别按12%、28%(每头6元、14元)配套。2007年度陕县补贴能繁母猪11905头,补贴资金59.5万元。2008年繁母猪补贴标准提高到每头100元,当年补贴能繁母猪23895头,补贴资金238.95万元。以上补贴资金,通过"一折通"直接发放至农户。

10.大中型水库移民后期扶持补贴

2006年7月1日起,国家对全国大中型水库农村移民实行统一的后期扶持政策,按照每人600元/年的标准,连续扶持20年。对2006年6月30日前搬迁的纳入扶持范围的移民,从2006年7月1日起再扶持20年;对2006年7月1日以后搬迁的纳入扶持范围的移民,从其完成搬迁之日起扶持20年。2006年7月至2010年6月,陕县发放大中型水库移民后期扶持补贴资金4468万元。

11.林业生态建设和天然林保护

(1)林业生态建设。2008年,陕县开始实施林业生态建设工程。当年财政投入1771.99万元,完成林业生态建设15.83万亩。其中:生态能源林工程4.82万亩,水土保持林工程3.71万亩,生态廊道网络工程0.23万亩,城郊森林工程0.12万亩,村镇绿化工程0.71万亩,林业产业工程2.42万亩,森林抚育和改造工程3.82万亩。2009年,财政投入1680.4万元,完成林业生态建设17.07万亩。其中:生态能源林工程5.92万亩,水土保持林工程1.57万亩,生态廊道网络工程2.68万亩,城郊森林工程0.16万亩,村镇绿化工程0.46万亩,林业产业工程1.51万亩,森林抚育和改造工程4.77万亩。2010年,财政投入691.78万元,完成林业生态建设8.52万亩。其中:生态能源林工程3.06万亩,水土保持林工程1.09万亩,生态廊道网络工程1.02万亩,城郊森林工程0.04万亩,林业产业工程1.81万亩,森林抚育和改造工程1.5万亩。

(2)天然林保护工程。2000年10月,陕县开始实施天然林资源保护工程,对全县11.8万亩国有林地和92.7万亩集体林地实行封山设卡、划分责任区等形式管护,设立管护站点11个、封山管护卡8个、划责任区40个。对全县83名林业管护富余人员全部进行了妥善安置。2001—2010年,陕县天然林保护工程财政共投入资金1690万元(中央财政1347万元,省级配套343万元),其中用于森林管护费730万元,养老统筹和四项保险98万元,政策性社会性548万元,一次性安置163万元,基本生活保障8万元。

(3)发展果品项目。2007年12月,陕县规划“十一五”期间新发展果树面积6万亩,使全县果树面积达到38万亩,每新发展一亩果树,县财政给予补贴50元。2008年,大营镇、原店镇、张汴乡、张湾乡、菜园乡、张茅乡、硖石乡、观音堂镇、张村镇等10个乡镇发展富士苹果面积29505亩,县财政补助资金147.5万元。

2009—2010年,陕县财政拨付资金175.3万元,采购122万株苹果树苗,采取集中供苗方式,发展果品优良品种产业。2009年,财政拨付资金89.4万元,招标采购富士、嘎啦、花冠3个品种苗木55万株,发放到68个行政村。2010年,财政拨付资金85.9万元,招标采购富士树苗67万株,发放到56个行政村,新发展果园4万亩。

12.农村基础设施建设

(1)“村村通”工程。①农村道路。2004年起,陕县开始村村通公路建设,对农村公路建设补助标准5万元/公里,2005年补助标准调整为8万元/公里。当年,投入资金2024万元,修建14个乡镇45条道路101.2公里。2005年,投入资金1032万元,修建村村通道路16条39.7公里。2006年,投入资金8388万元,修建村村通道路150条401公里。2007年,投入资金1584万元,修建村村通道路36条88公里。2003—2007年,全县共修建村村通道路629.9公里,13个乡镇262个行政村全部通油(混凝土)路,争取上级财政补助和奖励资金5109万元。②农村电视。2006年,陕县农村电视“村村通”工程建设启动。2006—2010年,共投入财政资金249.5万元,消除20户以上已通电自然村电视盲村113个,安装有线电视3710户,安装直播卫星设备933套。

(2)安全饮水。2001—2010年,陕县投放资金4666万元,支持农村安全饮水项目建设,建成项目16个。其中:打井32眼,建提水站141处,饮水项目28处,铺设输水管道130.68万米及压力管道0.78万米,建泵站2处及压力池1座,建蓄水池145座及管理院28座、管理房83间,安装水泵52台,建设生产厂房13间及供水自动化控制系统1套,解决212个行政村14.3万人和5万余头大牲畜的饮水困难。

(3)抗旱应急。2008年冬,按照河南省人民政府统一部署,陕县开展抗旱应急工程建设。2009年陕县抗旱夺丰收应急灌溉工程建设项目3个,总投资484万元,分别是龙脖引水灌溉工程、栗子坪引水灌溉工程和永昌河移动泵站灌溉工程。项目建设内容为建设泵站1座,开挖埋设管道6条21.5公里,开挖土方7.52万立方米,砌体0.47万立方米,砼0.65万立方米,建设移动提灌站65处,新增灌溉面积1.97万亩。

(4)小型病险水库除险加固。2008年,投入财政资金6894.7万元,对张家河水库、吊坡水库、后河水库、涧里水库、石门水库、塔山水库6座水库大坝进行除险加固。

(5)农家书屋。2008—2010年,陕县建成农家书屋165个,面积3300平方米,发放图书24.7万册,受益群众14万人。财政投入资金330万元,分别为中央165万元、省财政66万元、市财政66万元、县财政33万元。

13.家电下乡补贴

陕县从2007年12月起实施家电下乡补贴政策,执行至2011年11月底。家电下乡产品补贴标准按照最终销售价格的13%给予补贴,资金由中央财政和省级财政负担。其中:中央财政负担80%,省级财政负担20%。产品由最初的彩电、冰箱(含冰柜)、手机三大类逐步扩展到彩电、冰箱(含冰柜)、手机、洗衣机、电脑、空调、热水器(含储水式电热水器、燃气热水器、太阳能热水器)、微波炉、电磁炉、电动自行车十大类。每户每类家电下乡产品补贴数量不得超过2台(件)。2007年12月至2010年,陕县销售家电下乡产品28155台(件),兑付补贴资金773.6万元,2.6万多户农户受益。

14.汽车、摩托车下乡补贴

2009年3月,国家对农民报废三轮汽车、换购轻型载货车及购买1.3升以下排量的微型客车等,给予一次性财政补贴,享受补贴政策的产品包括微型载货车、轻型载货车、微型客车和摩托车。实施时间:汽车2009年3月1日至2010年12月31日;摩托车2009年2月1日至2013年1月31日。2009年3月至2010年末,陕县发放汽、摩托车下乡资补贴资金1636.45万元,补贴汽车2893辆,摩托车8412辆。

15.石油价格改革补贴

2006年,陕县实施石油价格改革补贴。2006—2010年,陕县共发放石油价格补贴资金741.5万元。其中:补贴农村客运527.7标台,城市公交350.6标台,出租车1247辆,补助苗圃1200亩,林场994320亩,渔船286.65千瓦。

(十三)行政事业单位工资管理

2001年,按照《国务院办公厅转发人事部、财政部关于调整机关工作人员工资和增加离退休人员离退休费四个实施方案的通知》(国发〔2001〕14号)规定,调整机关工作人员工资标准。2001年1月1日起,陕县机关行政人员基础工资标准由每人每月180元提高到230元,级别工资标准由十五级至一级每人每月85元至720元提高到115元至1156元。2001年,按照《国务院办公厅转发人事部、财政部关于调整事业单位工作人员工资和增加离退休人员离退休费四个实施方案的通知》(国发〔2001〕70号)精神,调整事业单位工作人员工资标准。2001年1月1日起,陕县调整事业单位工作人员工资构成中的固定部分。固定部分调整后,活的部分按国家规定的工资构成比例相应提高。

2006年,按照国务院《关于改革公务员工资制度的通知》(国发〔2006〕22号)要求,陕县改革公务员现行工资制度,完善机关工人岗位技术等级(岗位)工资制,完善津贴补贴制度,健全工资水平正常增长机制,实行年终一次性奖金。事业单位工作人员收入分配改革,建立岗位绩效工资制度。岗位绩效工资由岗位工资、薪级工资、绩效工资和津贴工资四部分组成,其中岗位工资和薪级工资为基本工资。

第五节　灵宝市

一、概　况

灵宝市位于豫西边陲,国土总面积3007.3平方公里,辖10个镇5个乡,73万人。灵宝市自然、人文资源丰富,具有果品、林业、牧业和矿产四大资源优势,是闻名全国的“黄金之城”“苹果之乡”“道家之源”“旅游观光胜地”。灵宝地处黄河金三角,地理位置优越,人流、物流、资金流、信息流集中,是连接东部的桥梁和进军西部的桥头堡。灵宝市地下资源丰富,矿产资源包括金、银、铅、铜、锌、铁、钨、煤、磷、石墨、蛭石、水晶、硅岩、大理石、水泥灰岩等,其中黄金储量居全国第二位。灵宝市历史悠久,文化底蕴深厚,名胜古迹有函谷关、亚武山、黄帝铸鼎原、娘娘山和鼎湖湾等。地方特产主要有苹果、大枣、各种小杂水果等,其中“岭宝”牌苹果、“沙大宝”牌大枣获得“中国知名品牌”称号。进入21世纪,灵宝经济步入快速发展轨道,财政工作亦呈现出良好发展态势,收入和支出保持高速同步增长,为全市经济社会稳定持续发展提供了财力支撑。

二、财政体制

(一)三门峡市对灵宝市的财政体制

2002年,根据三门峡市财政局《关于核定所得税收入分享改革基数返还额的通知》(三财预〔2002〕673号),个人所得税以2001年实际完成数为基数,企业所得税以2000年实际完成数乘以2001年1—9月企业所得实际增长率计算确定。

2004年,营业税、企业所得税、个人所得税、耕地占用税、土地使用税、土地增值税、资源税、房产税8个税种比2003年基数增加部分,三门峡市分成30%。纳入预算管理的行政性收费、罚没收入和其他收入,从2004年1月1日起全额缴入省级国库和财政专户。其罚没收入就地缴入省级国库,纳入预算管理的行政事业性收费和其他收入,采取集中汇缴的办法,集中缴入省级国库和财政专户。

2009年,三门峡市进一步明确各县(市、区)收入增量上解问题,在省体制的基础上,增加了城镇土地使用税、土地增值税、房产税3个税种,增量上解比例为30%。从当年起,地方税收入增量上解比例由3%调整为2.5%。

(二)灵宝市对乡镇财政体制

1.“划分收入,核定收支,定额上解(或补助),增收全留,自求平衡”的政管理体制

2002年,实行农村税费改革,县(市)与乡镇收入结构发生根本变化。灵宝市对乡镇财政管理体制作出适当调整,实行“划分收入、核定收支、定额上解(或补助)、增收全留、自求平衡”新的体制。并据实重新核定收入基数,使乡镇收入建立在稳定可靠的基础上。对乡镇机关事业单位的编内人员经费、乡镇政权正常运行的基本公用经费、优抚经费、计划生育经费和乡对村补助等经费,足额列入支出基数,确保乡镇政权和农村基层组织正常运转。新一轮体制中,最大的调整是农村中小学教师工资上划归市(县)级管理,农村中小学义务教育阶段经费由市(县)级财政承担,乡镇级支出中的最大一部分划给了市(县)级,大大减轻了乡镇财政的压力。新体制的基本原则:按照一级政府、一级财政的要求,划分市(县)与乡镇的事权和财权,做到乡事乡办、乡财乡理,使事权和财权相适应,从而进一步增强乡镇政府生财、聚财、理财的积极性;在收入划分和财力核定上,对乡镇实行统一政策标准,组织财政收入和支出管理,市(县)与乡镇各负其责、各司其职,同时取消“补助递减、增收分成”。

2004年,随着结算事项的不断变化及三门峡市对灵宝市财政体制的调整,灵宝市对各乡镇财政管理体制再次作出调整:一是体制基数,二是将省、市下划收入项目下划乡镇并定额上解。同时,对营业税、企业所得税、个人所得税、耕地占用税、土地使用税、土地增值税、资源税、房产税8个税种较2003年基数增加部分,县(市)财政分成30%。此次下划乡镇级的收入总额为103.5万元。调整后,体制上解4149.6万元,体制补助132.5万元,川口、寺河、函谷关、东村4个乡镇为补助乡镇,其余为上解乡镇。

2.“划分收入级次、核定收支范围、定额上解(或补助)、增量适当调整、实现自求平衡”的财政管理体制。

2008年,灵宝市对乡镇财政管理体制进行完善,实行“划分收入级次、核定收支范围、定额上解(或补助)、增量适当调整、实现自求平衡”的县(市)、乡镇财政管理体制。支出方面,充分考虑乡镇实际情况,人员经费标准从实计算,包干公用经费、办公用车经费均高于县(市)直供给标准。专项资金的安排,也重点考虑农村公益事业支出,同时按总支出的3%安排预备费。收入方面,进一步明确了国家重点项目建设形成的税收、县(市)级以上企业代扣的税收、各乡镇在市区办企业的税收以及县(市)本级在城北区、城南工业区、郑西高铁灵宝站西出口基础设施建设投资实现的税收的归属问题;增加市级企业代扣税收、各乡镇市区办企业税收的审核确认程序;对一次性的耕地占用税、社会抚养费收入不打入体制收入基数,实行单独结算。在结算环节,对超收财力部分分三个层次适量调整,体现财政政策求真务实的导向作用。

乡镇收入范围:包括乡镇及以下所办企业实现的增值税地方留成部分,营业税、个人所得税(不含个人储蓄存款利息所得税)地方留成部分,企业所得税地方留成部分,城市维护建设税、房产税、印花税、资源税、车船使用税、城镇土地使用税、乡镇罚没收入、纳入预算管理的行政事业性收费(社会抚养费)收入部分。对朱阳镇、阳平镇、故县镇辖区内县(市)级企业代扣的劳务营业税、个人所得税、城市维护建设税,经财政部门审定后,作为各镇本级收入。同时,按照“谁投资、谁办企业税收归谁”的原则,乡镇在市区办企业实现的增值税地方留成部分,营业税、个人所得税地方留成部分,城市土地使用税、资源税、城市维护税、印花税、房产税、车船使用税部分归乡镇政府;国家重点建设项目实现的营业税、资源税、城市维护建设税、个人所得税地方留成部分,土地增值税、印花税、房产税部分,归属地乡镇。发生在本乡镇的耕地占用税40%部分,收购

环节烟叶特产税77.5%部分,农业税降点、取消农业税后增加的转移支付资金,亦作为该乡镇的补助收入。

市级收入范围:现有及新建的市级企业及其下属分厂、分矿、分公司、子公司等单位和市直一级机构的行政事业单位及其下属单位,实现的增值税地方留成部分,营业税、企业所得税地方留成部分,个人所得税地方留成部分,城镇土地使用税、资源税、城市维护建设税、房产税、印花税、土地增值税、车船使用税部分属市级收入。市级以上企业及其下属的分厂、分矿、分公司、子公司等单位实现的增值税地方留成部分,营业税、个人所得税(含个人储蓄存款利息所得税)地方留成部分,城镇土地使用税、资源税、城市维护建设税、房产税、印花税、土地增值税、车船使用税部分,属市级收入。同时,市本级在城北区、高铁站西出口、城南工业区进行基础设施建设投入实现的营业税、个人所得税、城市维护建设税部分,契税、专项收入、国有资本经营收入、市级行政事业性收费收入、罚没收入及其他收入部分,耕地占用税的60%部分,收购环节烟叶特产税的22.5%部分,一并作为市级收入。

工商各税按2006—2007年乡镇收入平均数计算。耕地占用税属政策性一次性收入,不计入体制收入基数。收购环节烟叶特产税,按2006—2007年收入平均数上解市25%烟叶生产发展基金余额的70%计算收入基数。社会抚养费收入不计入收入基数,实行列收列支。农业税降点、农业税取消后增加的转移支付,以《关于下达2004年取消农业特产税、降低农业税税率转移支付资金的通知》(灵财预字〔2004〕11号)文件和《关于下达2005年全面取消农业税转移支付资金的通知》(灵财预字〔2005〕13号)文件下达基数为依据计算补助收入。

体制上解或补助:收入基数大于支出基数的部分为乡镇体制上解基数,收入基数小于支出基数部分为乡镇体制补助基数。每年年终以体制收入数为基数(不包括收购环节烟叶税特产税、耕地占用税、社会抚养费)进行考核,超基数部分市将区别情况进行适量调整:阳店镇、川口乡、焦村镇、寺河乡4个体制补助乡镇的超基数部分,全部留归乡镇;城关、尹庄、阳平、故县、朱阳5个镇的超基数部分,实行市、镇四六分成;大王镇、五亩乡、苏村乡、函谷关镇、西阎乡、豫灵镇6个乡镇的超基数部分,实行市、乡镇三七分成。收购环节烟叶特产税按当年实际完成数的25%上解,作为烟叶发展基金。根据《关于印发灵宝市林业生态市建设实施意见的通知》(灵政〔2008〕3号)文件,豫灵镇当年城市维护建设税、耕地占用税收入全部用于小城镇建设,年终单独结算。

3.“划分税种,核定收支范围,定额上解(或补助),增量适当调整,实现自求平衡”的乡镇财政管理体制

2008年,县(市)乡镇财政体制调整后,财政收入主要按企业级次、税种划分。由于企业改制、征管体制变化、招商引资政策等一系列因素影响,乡镇支出范围发生了较大变化。为此,灵宝市决定自2010年1月1日,将现行财政体制调整为“划分税种、核定收支范围、定额上解(或补助)、增量适当调整、实现自求平衡”的乡镇财政管理体制。收入方面,改变划分级次的收入分配政策为划分税种的收入分配政策。支出方面,则主要调整了乡镇计划生育投入标准和村民委员会补助标准,把乡镇人武部经费、农村公益事业支出划归市级管理。同时,进一步明确了招商引资办企业实现税收的归属问题。

三、财政收入

(一)一般预算收入

2001—2010年,灵宝市采取多种措施,保障了财政收入持续、稳定、快速增长。2010年,灵宝市财政一般预算收入完成90000万元,为2001年18621万元的4.83倍,年均增长38.33%。2001—2010年累计完成收入436780万元,为全市经济社会又好又快发展提供了财力保障。

(二)政府基金收入

2001—2010年,灵宝市累计完成基金收入166824万元。其中:2010年完成收入66221万元,为2001年2597万元的25.5倍。基金收入的快速增长,弥补了预算资金的不足,有力地支持了各项事业的健康发展。

2001—2010 年三门峡市灵宝市一般预算收入完成情况表

表 88　　　　单位:万元

项　目	2001 年	2002 年	2003 年	2004 年	2005 年	2006 年	2007 年	2008 年	2009 年	2010 年	合　计
一般预算收入合计	**18621**	**15562**	**17049**	**22688**	**30118**	**40518**	**54488**	**70018**	**77718**	**90000**	**436780**
税收收入	16333	12724	13439	17071	21837	29471	39992	53359	59439	75387	339052
增值税	1201	1262	1398	1869	2707	4776	6535	7356	6930	7313	41347
营业税	2675	2755	3415	5064	5283	6298	8309	10716	16027	19349	79891
企业所得税	6160	2924	2610	3441	5549	8422	10685	8667	5393	7367	61218
个人所得税	2969	1637	1344	2241	2313	2618	3207	2738	1671	1725	22463
资源税	330	305	448	572	1456	2044	4199	10237	4281	6457	30329
城市维护建设税	335	560	538	765	953	1446	1978	2336	1992	3471	14374
房产税	389	413	434	456	764	669	835	1444	1164	1872	8440
印花税	32	20	64	101	157	239	314	340	367	842	2476
城镇土地使用税	45	81	102	243	305	311	932	3550	9555	7442	22566
土地增值税	—	—	—	19	33	16	14	16	47	873	1018
车船使用和牌照税	29	27	56	64	35	37	33	87	273	325	966
屠宰税	120	42	—	—	—	—	—	—	—	—	162
农业税	627	1785	1749	1080	—	—	—	—	—	—	5241
农业特产税	939	263	16	—	—	—	—	—	—	—	1218
烟叶税	339	528	1067	947	1153	1496	1337	2063	2572	2358	13860
耕地占用税	57	48	96	58	19	619	804	2609	2387	5057	11754
契　税	86	74	102	151	1110	480	810	1200	6780	10936	21729
一般预算收入	**18621**	**15562**	**17049**	**22688**	**30118**	**40518**	**54488**	**70018**	**77718**	**90000**	**436780**
非税收入	2288	2838	3610	5617	8281	11047	14496	16659	18279	14613	97728
国有企业计划亏损补贴	-158	-158	-15	-15	-69	-104	—	—	—	—	-519
行政事业性、罚没收费收入	1417	1494	2133	2522	3664	2727	8942	5412	5162	6597	40070
专项收入	791	806	881	1026	1134	1426	1902	2708	3957	4659	19290
国有资源(资产)有偿使用收入	238	695	595	2080	3536	6922	3620	8539	9088	3356	38669
其他收入	—	1	16	4	16	76	32	—	72	1	218

四、财政支出

(一)一般预算支出

按照财政部统一规定,2001—2006 年灵宝市一般预算支出类别为“类”“款”“项”“目”四个级次。支出内容分为“基本建设支出”等 28 项。2001—2006 年,灵宝市累计支出 26.23 亿元,年均支出 4.37亿元。

2006 年,灵宝市财政支出 73543 万元,是 6 年中增幅较大的一年。其中:经济建设费支出 9742 万元,为总支出的 13.2%;农林水利气象支出 8220 万元,为总支出的 11.2%;社会文教费支出 26124 万元,为总支出的 35.5%;行政管理费支出 10602

万元,为总支出的14.4%;社会保障支出4629万元,为总支出的6.3%;其他事业费支出5405万元,为总支出的7.3%;其他支出8821万元,为总支出的12%。

2007—2010年,灵宝市累计支出583086万元,年均支出145771.5万元。

2010年,灵宝市财政支出完成186793万元,为2001年的8.2倍。其主要支出项目:一般公共服务支出42841万元,为总支出的22.9%;教育支出52666万元,为总支出的28.2%;社会保障和就业支出14167万元,为总支出的7.6%;农林水事务支出30027万元,为总支出的16.1%。

(二)基金支出

2001—2010年,灵宝市累计完成基金支出166824万元。其中2010年支出66221万元,为2001年2597万元的25.5倍。

2001—2006年三门峡市灵宝市政府收支分类改革前一般预算支出完成情况表

表89　　　　单位:万元

项　目	2001年	2002年	2003年	2004年	2005年	2006年	合　计
一般预算支出合计	**22891**	**32202**	**34713**	**41892**	**57095**	**73543**	**262336**
经济建设支出	1283	3076	3708	2983	5132	9742	25924
基本建设支出	508	2502	2919	2102	3683	6985	18699
企业挖潜改造资金支出	150	—	120	—	—	—	270
科技三项费用支出	236	262	310	505	462	1337	3112
城市维护费支出	389	312	359	376	517	605	2558
地质勘探费用支出	—	—	—	—	470	815	1285
农林水利气象支出	2906	5032	4111	7132	8736	8220	36137
支援农业生产支出	1215	1465	—	—	—	—	2680
农业综合开发支出	59	51	—	—	—	—	110
农林水气象等部门事业费支出	1632	3516	—	—	—	—	5148
农业支出	—	—	1975	1764	1924	2433	8096
林业支出	—	—	1136	4271	3509	3234	12150
水利和气象支出	—	—	1000	1097	3303	2553	7953
社会文教费支出	9754	13317	14707	16257	19784	26124	99943
教育支出	7789	10522	11049	12213	14665	17790	74028
科学支出	105	110	122	97	296	177	907
文体广播事业费支出	709	1152	1766	1981	2533	2868	11009
医疗卫生支出	1151	1533	1770	1966	2290	5289	13999
行政管理费支出	3555	3901	4588	5900	7604	10602	36150
行政管理费支出	1609	2174	2546	3248	3668	5898	19143
公检法司支出	1946	1727	2042	2652	3936	4704	17007
社会保障支出	1820	2406	3010	3029	3613	4629	18507
抚恤和社会福利救济费支出	684	942	1306	1372	1525	2623	8452
行政事业单位离退休支出	722	894	959	981	1224	1390	6170

续表 89

项　目	2001 年	2002 年	2003 年	2004 年	2005 年	2006 年	合　计
社会保障补助支出	414	570	745	676	864	616	3885
其他事业费支出	54	1965	2380	3241	4375	5405	17420
工业交通等部门事业费支出	52	34	25	258	433	1013	1815
流通部门事业费支出	2	1	1	3	25	5	37
其他部门事业费支出	—	1930	2354	2980	3917	4387	15568
其他支出	3519	2505	2209	3350	7851	8821	28255
政策性补贴支出	298	124	34	141	249	410	1256
支援不发达地区支出	81	25	10	20	—	—	136
车辆税费支出	—	—	—	—	798	1469	2267
专项支出	433	459	537	525	2539	1449	5942
其他支出	2707	1897	1628	2664	4265	5493	18654

2007—2010 年三门峡市灵宝市政府收支分类改革后一般预算支出完成情况表

表 90　　单位:万元

项　目	2007 年	2008 年	2009 年	2010 年	合　计
一般预算支出合计	**99293**	**138990**	**158010**	**186793**	**583086**
一般公共服务支出	20132	28133	35525	42841	126631
公共安全支出	5802	6438	8033	8992	29265
教育支出	25791	33303	42438	52666	154198
科学技术支出	2445	3124	3608	4490	13667
文化体育与传媒支出	1183	1693	1871	2140	6887
社会保障和就业支出	6537	7559	10947	14167	39210
医疗卫生支出	7201	10246	12623	14903	44973
节能环保支出	4813	6579	7193	6139	24724
城乡社区事务支出	2347	8099	637	740	11823
农林水事务支出	12097	26264	24170	30027	92558
交通运输支出	867	1498	6064	1720	10149
资源勘探电力信息等事务支出	—	—	1089	290	1379
商业服务业等事务支出	6083	4984	—	1281	12348
国土资源气象等事务支出	—	—	—	3660	3660
粮油物资管理事务支出	—	—	2559	592	3151
住房保障支出	—	—	—	1591	1591
其他支出	3995	1070	1253	554	6872

五、财政改革

(一)政府收支分类改革

按照财政部《政府收支分类改革方案》要求,2007年1月,灵宝市实施政府收支分类改革。改革按照“公开透明、符合国情、便于操作”原则,建立包括收入分类、支出功能分类和支出经济分类在内的政府收支分类体系,形成既反映政府职能活动又反映支出性质、既有总括反映又有明细反映的相对稳定的支出分类框架,为全方位的政府支出分类改革创造了有利条件。

(二)部门预算制度改革

2003年,灵宝市尝试实行新的部门预算编制改革,当年预算编制采取新老结合的方法,即原来的基数加增长安排预算方法和新的零基预算、综合预算、标准定额方法相结合。在预算决策方面,除人员经费按财政供给人数据实核算,公用经费按标准定额外,项目支出则采取预算部门(单位)提出建议,财政部门根据财力情况初审汇总,然后报市政府常务会议研究确定,再经市人大会议审批的决策方式。部门预算改革的实施,明确了预算资金每年的投入重点和方向,服务服从于市委、市政府“集中财力办大事”的理财方略,加大了资金整合力度,取得了实质性效果。

(三)国库集中支付改革

2003年,灵宝市实行国库集中支付改革,建立以国库单一账户体系为基础、资金缴拨以国库集中收付为主要形式的国库管理制度。国库集中收付改革的主要内容为:所有财政性资金纳入财政单一账户体系管理,资金的审核、拨付、清算以及会计核算,包括预算单位统发工资、津贴补贴支付等业务,全部纳入国库单一账户体系运行。

为深化国库集中支付制度改革,加强财政资金监管功能,灵宝市国库集中支付2007年始分批、逐步退出代理会计核算业务,至2008年全部退出代理核算,实现强化支付、弱化核算的改革目标。

(四)农村税费改革

2002年8月河南省农村税费改革办公室《关于农村税费改革试行方案的批复》,核定灵宝市农业税计税土地面积79.22万亩,农业税常年总产量26468.77万公斤,亩均334公斤,以率计征税额1838.94公斤。

2002年,“农税综合管理信息系统”软件开始运行,灵宝市农税征管实现了信息化管理。

2004年,根据河南省财政厅、省农业厅关于转发《2004年降低农业税税率和在部分粮食主产区进行免征农业税改革试点有关问题的通知》要求,灵宝市农业税税率由7%降到4%,降低了3个百分点。

2005年,按照省委工作会议和《河南省人民政府关于免征农业税的通知》(豫政〔2005〕26号),灵宝市彻底免征了其余4个百分点的农业税,农民种地不再交粮纳税。自2002年农村税费改革始,灵宝市通过分步实施至2005年免征农业税,共减轻农民各种负担6810万元。

2005年3月,根据国务院《关于全面推进农村税费改革试点工作的意见》(国发〔2003〕12号),全面免征农业税及附加,从而结束了延续2000多年的农民缴纳“皇粮国税”时代。

六、财政管理

(一)国库管理

1. 单一账户管理。2003年灵宝市实行国库单一账户改革,账户设置由多头开户变为单一账户。国库单一账户体系是指实行财政国库集中支付后,用于所有财政性资金收支核算管理的账户体系,主要由国库单一账户、财政零余额账户、单位零余额账户、预算外资金财政专户、特设专户和主要银行账户构成。国库单一账户改革后,支付方式由单位自行支付变为财政直接支付和授权预算单位支付,资金存放方式由分散存放在预算单位改为统一存放在财政部门,资金结算方式由先存款后支付改为先支付后清算,预算执行信息反馈方式由事后反馈变为实时反馈。

2. 专户管理。2003年灵宝市按照“集中管理、统一核算、统一记账、专款专用、监管分离”模式,将财政专户纳入国库科实行集中核算。当年集中管理财政专户11个。

(二)教育经费管理

2001—2010年,灵宝市坚持把教育放在优先发展的战略地位,不断加大对教育的投入,保证了教育经费的“三个增长”,足额落实了农村义务教育“两免一补”政策、中等职业学校在校生国家助学金政策、高中生国家助学金政策和农村中小学校舍维修长效机制配套资金。十年间财政累计投入教育方面的支出达234964万元。

2001年,根据河南省财政厅、河南省人事厅、河南省机构编制委员会办公室、河南省教育厅《关于(市)代乡镇发放教师工资有关问题的通知》和《三门峡市人民政府关于加强乡镇财政建设的通知》,灵宝市从2001年1月1日起,实行乡镇教师工资由市(县)代发。

2005年起,灵宝市积极实施国家农村学校D级危房改造政策,2006—2009年,全市共投入资金2144万元,完成了269所农村中小学校舍维修改造工程。

2008—2010年,灵宝市共投入1.2亿元,新建、改扩建寄宿制学校59所,总面积156355平方米。

2007年秋季,国家开始实施中等职业学校在校生助学金政策,该学期灵宝市1679名中职生享受国家助学金政策,资金总额188.7万元。

2008年春季,灵宝市按照国家政策,实施农村义务教育阶段学生全面免除学杂费、教科书费和困难家庭寄宿生补助生活费,国家划拨1731.3万元用于学校公用经费补助,划拨766.5万元直接支付教科书款,受益学生97476名。对家庭经济困难的寄宿生补助生活费,补助资金307.8万元,受益学生9744名。

2009年秋季,国家对中等职业学校农村家庭经济困难学生和涉农专业学生实行免学杂费政策,该学期灵宝市1229名中职生免交学杂费,资金总额67.05万元。

2010年秋季,国家开始实施普通高中生国家助学金政策,灵宝市发放国家助学金共计377.6万元。

(三)社会保障财务管理

1.社会保险基金管理

1998年以前,企业职工养老保险基金、失业保险基金、工伤保险基金、生育保险基金、城镇职工居民医疗保险金的管理,全部由劳动部门的社会保险经办机构具体实施。为确保社会保险基金的安全和保值增值,根据省财政厅《企业职工基本养老保险基金实行收支两条线管理暂行规定》(财社字〔1998〕6号),从1999年开始,灵宝市先后将企业职工基本养老基金、失业保险基金、工伤保险基金、生育保险基金纳入财政专户,实行收支两条线管理。2010年末,灵宝市社会保险基金的社会化发放率达到100%。

2001—2010年三门峡市灵宝市社会保障基金收支统计表

表91　　单位:万元

年　度	基金收入	基金支出	基金结余	财政专户结余
2001	3646.3	2873.5	4774.8	4578.3
2002	5210.5	3542.9	6031.6	6159.5
2003	5735.7	4442.4	6690.3	7125.7
2004	7890	5571.8	8564.2	14368
2005	4306	2950	4430	5501
2006	5557	4097.4	7735.37	7071
2007	6176.4	4334.9	9576.8	8420.4
2008	9835.8	6787.4	12790.2	12130.8
2009	9125.8	6972.1	12954.7	10864.8
2010	11964.7	9745.2	14909.2	13141.7
合　计	69448.2	51317.6	88457.17	89361.2

2. 城镇职工医疗保险

2000 年,根据《国务院关于建立城镇职工基本医疗保险制度的决定》(国发〔1998〕44 号),灵宝市财政局积极推行医改工作,全力配合劳动部门,对全市所有行政事业单位公费医疗情况进行调查摸底,出台了《灵宝市城镇职工基本医疗保险暂行办法》,并于 2000 年 10 月 1 日起执行。

2001—2010 年三门峡市灵宝市城镇职工医疗保险情况表

表 92

年　份	参保人数（人）	基金收入（万元）	基金支出（万元）	基金结余（万元）	享受人次（人次）
2001	16790	680	466	286	1885
2002	18212	1044	415	915	1957
2003	19848	1184.7	740	1359.7	2050
2004	23672	1490	1069.8	1779.9	2319
2005	31200	1846.9	1334.9	2291.9	2528
2006	34878	2384.8	1835.4	2841.3	2839
2007	41041	2551.4	1929.9	3462.8	3193
2008	45602	4417.8	2988.4	4892.2	4447
2009	47577	4417.6	3352.1	5957.7	5339
2010	49308	5907.6	4708.2	7157.1	6495
合　计	328128	25924.8	18839.7	7085.1	33052

3. 城镇居民医疗保险

2007 年 7 月,《国务院关于开展城镇居民基本医疗保险试点的指导意见》颁布,标志着继 1998 年开始实施的城镇职工基本医疗保险制度和 2003 年启动的新型农村合作医疗制度之后,全国的“全民医保”又迈出了坚实的一步。灵宝市的城镇居民医疗保险工作于 2008 年 7 月 1 日正式实施。

2008 年,城镇居民医疗保险基金收入 302.31 万元,其中个人缴费 69.4 万元,中央财政补助 104.3万元,省财政补助 48.4 万元,县(市)级财政安排 80 万元。基金支出 87.7 万元,其中基本医疗支付 79.9 万元,大病补助支付 7.8 万元,支付比例为 43%。当年共有 339 人次享受医疗保险待遇。

2009 年,城镇居民医疗保险基金收入 694.99 万元,其中个人缴费 148.5 万元,中央财政补助 244.5 万元,省财政补助 114.8 万元,县(市)级财政安排 187.2 万元。基金支出 464.02 万元,其中基本医疗支付 439.07 万元,大病支付 24.95 万元。当年共有 2028 人次享受医疗保险待遇,占参保人数的 4.2%。

2010 年 7 月,城镇居民医疗保险基金收入 966.42 万元,其中个人缴费 131.78 万元,中央财政补助 419.5 万元,省财政补助 200.9 万元,县(市)级财政安排 214.7 万元。基金支出 628.85 万元,其中基本医疗支付 594.54 万元,大病支付 34.31 万元。当年共有 2081 人次享受医疗保险待遇,支付比例为 47%。

4. 救灾资金

2001—2010 年,灵宝市共安排救灾资金3639.5 万元,其中上级补助资金 3250.8 万元,灵宝市本级安排 388.7 万元,用于解决受灾群众生产、生活问题。

5. 就业再就业扶持

2001—2010 年,灵宝市筹措再就业资金 3267

万元,主要用于落实国有企业下岗职工补助资金、开发公益性岗位、安排“40”“50”人员、落实农民工技能培训、企业小额担保贷款政策等。

6. 城乡低保制度

(1)城镇低保

2001年,灵宝市城市低保面开始扩大,当年核定低保户228户1112人,本级财政安排资金23万元,当年支出低保金96万元。

2003年,城市低保资金实行社会化发放,方便了群众低保金的领取,减少了低保金的发放环节,保证了低保资金安全性。

2005年,根据灵宝市低保家庭的实际情况,对不同情况的低保对象实施分类施保,补助标准为150元/月,人均补差达到63元/月。

2007年,对低保对象进行正规管理,建立电子档案,实行网络化管理,补贴标准提高到165元/月,人均补差达到87元/月。

2009年,补贴标准再次提高到205元/月,人均补差达到126元/月。2010年,对低保对象进行全面复核认定,人均补差达到145元/月。当年,全市共享受最低保障家庭2265户5324人,做到应保尽保。

2001—2010年,灵宝市本级共安排低保金929万元,上级补助4002万元,发放低保金4743万元。

(2)农村低保

农村居民最低生活保障制度(以下简称“农村低保”)是政府对家庭人均收入低于当地最低生活保障标准的农村贫困居民,按照保障标准进行差额救助的新型社会救助制度,是对农村特困户救助制度的完善和发展,是健全社会保障体制的重大举措。根据《河南省人民政府关于全面建立和实施农村居民最低保障制度的通知》(豫政〔2006〕21号),灵宝市于2006年起在全市范围建立并实施农村低保制度。从当年7月开始,执行每人每月不低于20元的补差规定。

2007年上半年,补差标准提高到每人每月不低于30元,从下半年开始,根据低保对象的家庭情况,实施分类施保,分为一类、二类、三类三个等级,执行每人每月不低于30元、35元、40元的补助标准。

2008年上半年,补助标准提高到每人每月不低于40元、45元、50元,下半年提高到每人每月不低于50元、55元、60元。

2010年补助标准调整为每人每月不低于60元,全市享受农村低保共13957户,31116人。

2006—2010年,灵宝市本级共安排低保金1489.5万元,上级补助5543万元,总计发放低保金6683万元。

7. 敬老院建设和五保资金发放

(1)敬老院建设

五保对象是农村最困难的弱势群体,保障好其生活是各级政府的重要职责。2006年,灵宝市通过加强农村敬老院建设,提高五保户集中供养率,被列为河南省委、省政府当年办好人民群众十件实事之一。省委、省政府提出,从2006年开始,用5年时间通过对政府现有乡镇敬老院扩建、闲置资产综合利用、重新规划建设等途径,加快敬老院建设步伐,使五保对象集中供养率达到20%以后逐年增长。根据这一指示精神,灵宝市从2007年起,用3年时间,投资5860万元,建设敬老院总面积2.3万平方米,完成对辖区15个乡镇敬老院新建、扩建工作。

2007年,灵宝市财政安排专项资金250万元,完成对西阎乡、焦村镇、函谷关镇、阳店镇4个乡镇敬老院的扩建和苏村乡敬老院的新建工作。

2008年,灵宝市财政安排专项资金250万元,完成对川口乡、尹庄镇、豫灵镇、寺河乡、五亩乡5个乡镇敬老院的改、扩、建工作。

2009年,财政安排专项资金250万元,完成故县镇、朱阳镇敬老院扩建和阳平镇、城关镇、大王镇敬老院新建工作。新建、扩建后的敬老院,布局合理,功能完善,厨房、餐厅、文化娱乐室、卫生间、浴室、取暖等基本设施配套齐全,并设有种植、养殖场地,多方位丰富院民物质、精神生活。

至2010年底,灵宝市15个乡镇敬老院共入住院民1035人,五保老人集中供养率由2007年的23%提高到49%。

(2)五保供养

五保供养中的“五保”指“保吃、保住、保穿、保医、保葬”。自2002年始,灵宝市五保供养经费全部纳入财政预算。

2002—2003年,灵宝市财政每年支出供养经费

86.84万元。

2004年,灵宝市共有“五保”五保对象1463人,实际纳入救助的有510人。其中敬老院院内供养323人,每人每年标准2000元,实际支出64.6万元;院外供养187人,每人每年标准1200元,实际支出22.44万元。当年,院内、院外供养经费共计支出87.04万元。

2005年,通过摸底排查,依照公平、公开、公正原则,核定五保对象1798人,支付供养经费87万元。

2006年,灵宝市五保供养对象1810人,其中院内630人、院外1180人,财政共安排供养资金231.4万元,安排敬老院工作人员经费24万元。

2008年,灵宝市提高五保供养标准,院内每人每年2200元(其中省补助400元),院外每人每年1200元(其中省补助100元)。

工作实践中,灵宝市不断改革五保供养资金管理办法,将原“财政局—乡镇财政所—乡镇民政所—五保对象个人”资金拨付渠道,改为“财政局—民政局—乡镇民政所—五保对象个人”渠道,保证五保供养资金的及时足额发放。

至2010年底,灵宝市五保供养人数达到2158人。其中院内供养1147人,院外供养1011人,基本实现五保供养对象应保尽保。

8.新型农村社会养老保险

为逐步解决农村居民老有所养问题,国务院决定从2009年起开展新型农村社会养老保险试点。2010年10月,灵宝市人民政府下发《关于开展新型农村社会养老保险试点实施办法》(灵政〔2010〕119号),决定从2010年10月起,正式启动新型农村社会养老保险试点工作。新农保试点工作的基本原则是“保基本、广覆盖、有弹性、可持续”:一是从农村实际出发,低水平起步,筹资标准和待遇标准要与经济发展和各方面承受能力相适应;二是个人家庭、集体、政府合理分担责任,权利与义务相适应;三是政府主导和农民自愿相结合,引导农村居民普遍参保;四是中央确定基本原则和基本政策,地方制定具体办法,对参保居民实行属地管理。参保范围为年满16周岁(不含在校学生),未参加城镇职工基本养老保险的农村居民,可以在户籍地自愿参加新型农村社会养老保险。新型农村社会养老保险基金由个人缴费、集体补助、政府补助构成。个人缴费标准为每年100元、200元、300元、400元、500元五个档次,参保人自主选择缴费。

养老金待遇由基础养老金和个人账户养老金组成,支付终身。中央确定的基础养老金标准为每人每月55元,地方财政每人每月安排7元。独生子女、双女父母60岁以上,每人每月增加25元。年满60周岁,不用缴费,可以按月领取基础养老金。新型农村社会养老保险基金纳入社会保障金财政专户,实行收支两条线管理,单独记账核算,按有关规定实现保值增值。

至2010年底,灵宝市新型农村社会养老参保人员达到42.4万人。

9.困难企业军转干部生活补助

为切实解决灵宝市部分困难企业军队转业干部(以下简称军转干部)生活困难问题,依据省、市相关文件精神,自2003年起,灵宝市财政以借款形式,与困难企业主管部门签订协议,着力解决军转干部生活困难问题。自2002年9月起,军转干部每人每月补助生活费500元;自2003年7月起,军转干部每人每月补贴医疗费50元,用于医疗缴费。2004年3月,军转干部生活费调至826元,医疗费补助标准不变。2005年4月,在岗企业军转干部生活困难补助金调整为每人每月942元,企业退休军转干部退休金标准为826元,退休金差额部分由财政负担。2006年7月,在岗企业军转干部生活补助调整为每人每月1137元,退休军转干部退休金补助标准不变。2008年1月,在岗企业军转干部生活补助调整为每人每月1381元,退休企业军转干部退休金调整为每人每月856元,差额部分由财政负担。10月,在岗企业军转干部生活补助标准调整为每人每月1982元,退休企业军转干部退休金调整为每人每月957元,差额部分由财政负担。2010年1月,在岗企业军转干部生活补助标准调整为每人每月2224元,退休企业军转干部退休金调整为1890元,差额部分由财政负担。医疗费标准调整为每人每月98元。

10.医疗卫生体系建设

灵宝市医疗卫生机构财政供给方式分为全供和差供两种。财政全供的医疗卫生机构有卫生防疫站、妇幼保健院、卫生学校和公疗办(后改建为市二院)4个单位,编制117人。其中:卫生防疫站编制59人、妇幼保健院21人、卫生学校21人、公疗办16人。财政差供的医疗单位有市一院、市二院、中医院、城南医院及16个乡镇卫生院20个单位。差供编制894人。其中:市院编制242人、市二院16人、中医院85人、城南医院28人、16个乡镇卫生院523人(2010年为748人)。2004年以前,财政对卫生经费的投入以切块包干形式供给,市直医疗卫生机构经费统一由财政部门拨付到卫生局再由卫生局划拨到各卫生机构;乡镇卫生院经费由各乡镇财政安排拨付。2001—2003年,财政分别支付经费1151万元、1533万元、1770万元。2003年7月,灵宝市财政国库集中支付中心成立。从2004年起,市直和乡镇各医疗卫生机构的经费由支付中心集中支付,不再通过卫生局拨付。其间财政对医疗卫生机构的资金投入也发生了变化。2004—2010年,卫生经费支出分别为1966万元、2290万元、5289万元、7201万元、10246万元、12623万元、14903万元。市直全供的卫生机构,按编制全额预算安排人员经费并安排专项经费。差供单位先是按在职人员编制的30%计算人员经费,退休人员按50%计算退休经费,离休全额计算经费。

2004年,市一院在职人员经费实行包干,每年100万元,离、退休人员经费仍按原标准解决。

2005年,市二院、中医院、城南医院也实行包干,经费分别为30万元、50万元、20万元。

2007年,针对卫生机构人员多、编制少、经费少等情况,市财政对各卫生医疗机构的经费按床位补助。其标准为:市一院设置床位450张,3500元/床;市二院设置床位110张,6000元/床;中医院设置床位170张,4500元/床;城南医院设置床位20张,11000元/床;乡镇卫生院1000元/床。2010年财政补助床位标准调整为:市一院设置床位500张,5000元/床;市二院设置床位150张,6000元/床;中医院设置床位200张,6000元/床;城南医院设置床位30张,14000元/床;妇幼保健院设置床位70张,5000元/床。

2001—2010年,灵宝市支出卫生经费58972万元。

11. 村级卫生室建设

2009—2010年,灵宝市财政按照每个村卫生室1万元补贴标准,安排配套资金211万元,用于村级卫生室建设。其中:2009年安排87万元,2010年安排124万元。至2010年底,灵宝市共新建村级卫生室440所,建筑面积80—120平方米/所。卫生室全部独立院落、砖混结构、铝合金门窗、室内地板砖、外墙瓷砖,六室(诊断室、免疫规划室、治疗室、药房、观察室、健康教育室)俱全。人口较少的村庄,观察室和健康教育室二合一。各村卫生室医生均持卫生部门颁发的乡医证上岗,承担着全村的预防保健任务。

12. 新型农村合作医疗

新型农村合作医疗制度(以下简称新农合)是由政府组织、引导、支持、农民自愿参加、个人集体和政府多方筹资、以大病统筹为主的农民医疗互助共济制度,重点解决农民患大病而出现的因病致贫、因病返贫问题,是我国社会保障体系中覆盖面积广、受益人口最多的一种基本医疗保障制度。2003—2004年是新农合在全国333个县试点启动阶段,2005—2007年是扩大试点阶段,全国有2451个县(市、区)实施了新农合制度。

2006年,灵宝市作为三门峡市第二批试点县开始全面实施新农合制度。当年,灵宝市参合农民524151人,参合率为88.53%。筹资标准个人10元、中央20元、省级10元、市级4元、县级6元,本级财政安排资金314.5万元。当年基金收入2368.1万元,基金支出1038.8万元,享受补偿达205409人次。

2007年,全市参合农民563197人,参合率为94.47%。筹资标准与2006年相同,市本级财政安排资金337.9万元。当年基金收入3017.1万元,基金支出2680.4万元,享受补偿325141人次。

2008年,全市参合农民585479人,参合率为98.02%。筹资标准为个人10元、中央40元、省级20元、市级8元、县(市)级12元,市本级财政安排资金702.6万元。当年基金收入5275.95万元,基金支出5191.6万元,享受补偿265375人次。

2009年,全市参合农民592425人,参合率为98.37%。筹资标准为个人缴费20元,比上年增长

10 元,各级财政补助与上年相同,市本级财政安排资金 710.91 万元。当年基金收入 6038.1 万元,基金支出 6203.3 万元,享受补偿 347302 人次。

2010 年,全市参合农民 603226 人,参合率为 99.1%。筹资标准为个人 30 元、中央 60 元、省级 30 元、市级 12 元、县(市)级 18 元,共计 150 元。各级财政补助达到 120 元,市本级财政安排资金 1085.8万元。当年基金收入 9095.5 万元,基金支出 7436 万元,享受补偿 409525 人次。

2006—2010 年,灵宝市参合人数达到 603226 人,参合率为 99.1%。累计享受补偿 155 万人次,新农合基金累计支出 2.26 亿元。新农合基金纳入财政专户管理,实行收支两条线,确保基金全部用于参合农民的医疗费用补偿。

13. 基本公共卫生服务

实施国家确定的基本公共卫生服务项目,是对城乡居民健康问题实施干预措施、减少主要健康危险因素、有效预防和控制传染病及慢性病、保障城乡居民获得最基本最有效的公共卫生服务、缩小城乡居民基本公共卫生服务差距、保证城乡居民逐步享有均等化的基本公共卫生服务。

自 2010 年起,灵宝市全面启动城乡基本公共卫生项目,积极探索农村医疗机构提供公共卫生服务项目运行机制。基本公共卫生服务项目主要包括:建立居民健康档案、健康教育、预防接种、传染病防治、儿童保健、孕产妇保健、老年人保健、慢性病管理、重大精神疾病管理等。基本公共卫生服务项目主要是通过城市社区服务中心站、乡镇卫生院、村卫生室等城乡基层医疗机构免费为辖区居民提供,经费标准按单位服务综合成本核定。

2009—2010 年,灵宝市人均基本公共卫生服务经费为 15 元,中央、省、市、县(市)四级财政分别负担 9 元、3 元、1 元、2 元。两年间,灵宝市共拨付公共卫生经费 2004.69 万元(其中:2009 年 685.6 万元,2010 年 1319.1 万元)。

14. 计划生育家庭奖励扶助

2004 年 2 月,国务院办公厅转发人口计生委、财政部《关于开展对农村部分计划生育家庭实行奖励扶助制度试点工作的意见》,对农村部分计划生育家庭实行奖励扶助政策。由中央、省、市、县财政专项安排按 50%、30%、10%、10% 的比例分级负担。奖励扶助金(以下简称"奖扶金")以年为单位计算,一年发放一次。当年灵宝市发放奖扶金 68 万元,享受对象 1134 人。

2007 年,发放奖扶金 78.36 万元,享受对象 1306 人。

2008 年,扶助对象增加 55—59 周岁一档,奖扶标准每人每年 300 元。当年发放奖扶金 125.91 万元,享受对象 2693 人。

2009 年,将 60 周岁以上扶助对象的奖扶标准提高到每人每年 840 元。当年发放奖扶金 186.29 万元,享受对象 3110 人。

2010 年,发放奖扶金 213.8 万元,享受对象 3525 人。

从 2006 年开始,对双女户结扎实行奖励政策,标准每人每年 300 元。2006—2010 年,累计发放奖励金 42.18 万元。

从 2009 年开始,对独女母亲实行奖扶政策,标准每人每年 500 元,当年发放奖扶金 2.95 万元。

2010 年,发放奖扶金 25.35 万元。同年,实施特别扶助政策,对独生子女伤残,每人每年发放特别扶助金 1560 元;对独生子女死亡,每人每年发放特别扶助金 1800 元。

2009—2010 年共发放特别扶助金 13.34 万元。

(四)非税收入管理

灵宝市预算内或一般预算收入中的非税收入项目,主要包括国有企业亏损补贴、其他收入、专项收入、行政收费和罚没收入、国有资产经营收益等。2001—2010 年,灵宝市累计入库非税收入 97728 万元,占一般预算收入的 22.3%。其中:国有企业亏损补贴 519 万元,入库其他收入 218 万元,入库专项收入 19290 万元,入库行政收费和罚没收入 40070 万元,入库国有资产经营收益 38669 万元。

(五)惠民工程资金管理

1. 保障性住房建设和棚户区改造工程。2008 年,灵宝市实施保障性住房建设和棚户区改造工程。至 2010 年底,灵宝市廉租房建设项目总投资 3546 万元,其中中央补助 797 万元、省级补助 290 万元、县(市)级配套 2459 万元。建成廉租房 593 套,总面积 2.96 万平方米,套均面积 50 平方米。廉租房结构设计合理,水、电、地板、洁具等配套设施一应俱全,城市低收入家庭可直接申请入住。

2. 福利、体育彩票专项资金使用。2008—2010年,灵宝市彩票公益金累计支出1462万元(其中,2008年支出221万元,2009年支出1004万元,2010年支出237万元)。

(六)农业税收管理

农业税收是国家税收的重要组成部分,包括农业税、农业特产税、耕地占用税和契税四种,简称“农业四税”。

1. 农业税。2005年,按照《河南省人民政府关于免征农业税的通知》(豫政〔2005〕26号)要求灵宝市全面免征农业税及其附加。自此,延续2000余年的“皇粮国税”退出历史舞台。

2. 农业特产税。2002年3月,按照中共河南省委、省政府下达的《关于印发河南省农村税费改革试行方案的通知》(豫发〔2002〕7号),自2003年始,不再征收烟叶特产税附加。

2006年4月,国务院公布《中华人民共和国烟叶税暂行条例》,烟叶税由地方税务机关征收,税率为20%。2003—2005年,征收的正税和附加全部入库,征收经费由预算安排。

3. 耕地占用税。耕地占用税是国家对占用耕地建房或者从事其他非农业建设的单位和个人,依据实际占用耕地面积、按照规定税额一次性征收的一种税。根据国家有关规定,农村居民占用耕地建造自用住宅,按当地适用税率减半征收;公路建设占用耕地实行低额征收。经土地管理部门批准占用耕地的单位和个人,从批准之日起,超过2年未使用的按规定税率另加50%征收,超过2年半未使用的另加一倍征收,超过3年未使用的另加一倍半征收。占用基本农田的耕地占用税的适用税额在当地适用税额的基础上提高50%。2008年6月6日始,按照《河南省财政厅关于调整耕地占用税适用税率有关问题的通知》(豫财办农税〔2008〕10号)规定,灵宝市按每平方米22元标准征收。2010年底,灵宝市耕地占用税征管业务移交地方税务部门。

4. 契税。1997年10月,国务院颁布《中华人民共和国契税暂行条例》,同时废止1950年4月中央人民政府政务院发布的《契税暂行条例》。2005年6月,国家税务总局《关于进一步加强房地产税收管理的通知》规定,各市、县人民政府要及时公布普通住宅单套建筑面积标准,超过标准的属非普通住宅。未公布标准的市、县单套面积大于144平方米的属非普通住宅,按4%的税率征收契税,普通住宅按2%税率征收契税。2008年10月,财政部、国家税务总局《关于调整房地产交易环节税收政策的通知》(财税〔2008〕137号)规定,对个人首次购买90平方米及以下普通住房的,契税税率暂统一下调到1%。此规定自2008年11月1日起实施。2010年9月,财政部、国家税务总局《关于调整房地产交易环节契税、个人所得税优惠政策的通知》(财税〔2010〕94号)规定,对个人购买普通住房,且该住房属于家庭(成员范围包括购房人、配偶以及未成年子女,下同)唯一住房的,减半征收契税;对个人购买90平方米及以下普通住房,且该住房属于家庭唯一住房的,按1%税率征收契税。2010年12月,灵宝市契税征管业务移交地方税务部门。

(七)行政事业资产管理

1. 灵宝市国有资产经营有限责任公司。2002年3月,灵宝市机构改革,撤销原国有资产管理局,成立灵宝市国有资产经营有限责任公司。同年5月,经灵宝市工商局批准登记,颁发企业法人营业执照。7月,经河南省人民政府《关于成立灵宝市国有资产经营有限公司的批复》(豫政〔2002〕94号)文批复,成立灵宝市国有资产经营有限责任公司,正科级事业单位,事业编制6名,经费财政全额供给。主要职责:受市政府授权,对市本级国有资产实施管理,依法行使全市国有资产管理行政职能;对授权范围内的国有资产依法经营、管理、转让,从事企业托管、企业重组、实物租赁,以及对国有资产经营收益进行收缴和管理。2010年底,国有资产经营有限责任公司注册资本金为30000万元。

2. 企业改制。2001年,国有资产经营有限责任公司参与、配合对原市黄金冶炼厂、原营养食品总厂、原燃料公司、原市水泥厂、原藏珠金矿、原市石墨矿、原市饲料公司、原爱普路公司等企业进行了破产、分立、重组等产权制度改革。2005年,国有资产经营有限责任公司参与配合市国有企业改制办公室对化工总厂、硫铁矿、涣池金矿、藏珠金矿、秦山金矿、义寺山金矿、樊岔金矿、安底金矿、豫灵金矿、市矿的破产清算工作,完成绿源果汁有限责任公司整体产权转让工作;组织、配合有关单位完成桐沟金矿、大湖金矿、灵湖金矿的改制工作,新组建金源矿业有限责任公司。2007 年,流通企业改制,由市国有资产经营有限责任公司牵头,负责流通企业改革清产核资工作小组业务。商业、物资、供销、医药、外贸、农机 6 类 61 户流通企业进入全面审计、核实资产阶段。同时,积极配合市黄金集团公司处置可变现资产,拨付黄金集团职工安置费用 160 万元,先期支付职工养老保险金,降低安置成本 60 万元;落实苍珠金矿破产费用 347 万元(其中,财政拨款 173.5 万元,灵宝黄金股份有限公司支付 173.5 万元),解决了破产企业遗留问题。当年 3—12 月,经过多次协调、谈判,并报灵宝市政府同意,与东方资产管理公司达成协议,由国有资产经营有限责任公司出资 1500 万元,消化原大湖金矿债务 5900 万元(其中本金 3640 万元),解除了较大的债务隐患。2008 年,国有资产经营有限责任公司积极参与、配合企业改制,妥善安置国有企业职工。豫西水泥公司政策性关停,国有资产经营有限责任公司会同工业局、水泥厂对职工逐一审核,一次性发放安置金 313 人 350 万元,使原企业职工得到了妥善安置。按照市流通企业领导小组的总体进度要求,6 月下旬,对外贸公司职工的安置工作基本结束。2004 年 6 月,黄金集团公司与黄金公司政企分离后,按照《灵宝市政府十二届第四次常务会议纪要》(灵政纪〔2007〕9 号)精神,国有资产经营有限责任公司着力解决黄金集团公司资产变现,11 月处置黄金大厦变现 1465 万元,盘活闲置 10 余年的资产,使原企业职工得到了妥善安置。2009 年,金城水泥有限责任公司因政策性关停实行企业改制,对涉及身份置换的 108 人逐个核实、认定,发放社保"五金"、身份置换金及技术改造等 450 万元;逐项完成对物资、医药流通企业改制 756 人核实、认定、身份置换以及 1270 万元社保"五金"、债务偿还等资金的发放工作;妥善处理黄金集团公司改制涉及身份置换的 176 人核实、认定事宜,发放社保"五金"和身份置换金 249 万元。2010 年,国有资产经营有限责任公司积极参与、支持、服务企业改革,妥善处理豫西水泥有限责任公司因政策性关停而引发的上访事件,逐个核实、认定、退还 255 人的股本总计各项资金 73.21 万元。

3. 资产处置。2003 年,国有资产经营有限责任公司委托灵宝市审计局对函谷关镇、灵化集团、市旅游局三家单位 1992 年以来对景区的投入及债权债务情况进行审计,并对景区资产作全面评估,实行国有资产授权经营管理。2005 年,国有资产经营有限责任公司对涉及撤并的东村、寺河、阳平、程村四个乡镇资产进行清查并组织移交;将交通局原省、市交通部门历年来用交通规费购置的原值 253 万元养护机械设备,作为国家股投入通达公路养护有限责任公司;将矿产开发总公司下属企业开源冶炼厂的大鹏石材厂、国贸大厦资产划拨总公司;将红线渠管理所、沟水坡水库管理所、朱乙河水库管理所、岭西电站的全部价值 11152.1 万元资产,划归灵宝市卫家磨水库管理局。2006 年,国有资产经营有限责任公司配合灵宝市教育部门,对灵宝市第一高级中学、灵宝市高级实验中学、灵宝市第一高级中学分校的资产和负债进行分离、划拨;完成中央企业秦岭金矿、中州汽轮机厂学校资产向市教委、就业局的移交;做好郑州飞机设备公司(原新卫机械厂)遗留灵宝资产摸底调查、向灵宝市政府移交的前期工作;完成城关镇、尹庄镇 6 个行政村 24298 万元资产、财务向涧西区、涧东区管委会的划拨、移交工作(其中,涧东区管委会接收 10641 万元、涧西区管委会接收 13657 万元)。同时启动对各乡镇财政所进行固定资产管理试点工作;将黄金大厦 1067.5 万元国有资产(房产及土地)委托给黄金管理局管理使用。2007 年,将郑州飞机设备公司(原新卫机械厂)遗留灵宝资产顺利移交于灵宝市城市建设投资有限责任公司。2008 年,加强和规范国有资产处置程序和国有资产产权交易行为,国有资产经营有限责任公司收回旧车 16 辆。当年,根据灵宝市人民政府《关于灵宝市金城财经投资中心拟转让灵宝华鑫铜箔有限责任公司股权的批复》(灵政〔2008〕4 号),由国有资产经营有限责任公司牵头完成华鑫铜箔公司国有股权的整体转让,评估价 2745 万元,成交价 2790 万元,被灵宝黄金股份有限公司摘牌整体收购。为推进金源矿业公司股改及上市进程,国有资产经营有限责任公司牵头,对金源矿业公司的四项资产——鑫农化工有限公司(原化肥厂)、城市建设投资有限责任公司19.07% 股权、华鑫铅业40%股权、函谷大酒店8号楼和火锅城评估值约1.3亿元进行转让。函谷大酒店8号楼和火锅城以244万余元完成转让,城市建设投资有限责任公司19.07%股权以6260.71万元完成转让。2009年,国有资产经营有限责任公司完成金源矿业鑫农化工公司财务审计、资产评估及整体产权6850万元;完成灵宝市文化广场文化馆一层房屋1229万元的评估、转让工作;完成原市委党校资产747万元评估及转让工作。当年还参与、指导金源矿业公司石墨矿破产及资产转让工作,组织和协调黄金投资公司二矿区资产转让及矿权土地评估。2010年,灵宝市开展全国统一的行政事业单位资产清查工作,范围涉及全市292个行政事业单位,资产额143014.35万元。当年,函谷关景区移交城市建设投资有限责任公司工作亦圆满结束。

4.国有资产经营。2002年9月,国有资产经营有限公司联合5家发起人成立的灵宝黄金股份公司正式揭牌。2006年1月,黄金股份公司在香港主板顺利发行H股,募集资金9.899亿港元。同时,国有资产经营有限责任公司代表政府出资组建了灵宝市城市投资有限公司;代表政府出资1000万元、约占8%股份,完成灵宝市农村商业银行股份有限公司注资。2010年,由国有资产经营有限责任公司牵头主持,经多次谈判,以500万元补偿解决了市属企业与中国汇达资产公司4亿元的债权债务问题;以281万元补偿,解决了灵宝市黄金机械有限公司等4户与中国长城资产公司的2000余万元的债务问题。当年,国有资产经营有限责任公司还代表政府出资2亿元,注册成立聚鑫产业聚集区。

5.国有资产收益收缴。2001年,督促改制企业市水泥有限责任公司、市绿源果汁有限公司国家股收益入库,完成股份制企业国有资产收益入库238万元。国有资产经营收益收缴入库2002年完成695万元,2003年完成595万元,2004年完成2080万元,2005年完成3536万元,2006年完成6922万元,2007年完成3620万元,2008年完成8539万元,2009年完成9088万元,2010年完成3356万元。

(八)政府采购管理

2003年6月,经灵宝市编制委员会批准成立灵宝市政府采购办公室。其主要职责:执行国家有关政府采购法律、法规、规章及政策;管理和监督全市政府采购活动;受理政府采购活动中的投诉事项;管理和监督政府采购代理机构。为充分体现政府采购公开、公平、公正原则,灵宝市共建成包括汽车维修、印刷、电脑、家具、家电等类别,493家供应商、各类专家164人的信息库,为采购工作实现规范化、科学化管理奠定了良好基础。2003—2010年,灵宝市共组织政府采购3331次,完成采购金额11.85亿元,节约资金1.74亿元,节约率13.41%。

(九)农业综合开发

1999年,灵宝市成立农业综合开发公司,开发资金由原支农周转金生成(1999年以前称农业周转金)。资金的用途、性质不变;仍以收取2‰占用费的方式借给用款单位,按照合同规定日当月收回继续周转使用,对逾期不还的加收15‰占用费。借款对象是乡村、集体、农口企事业单位发展种养殖业、农产品加工业和小型农田水利建设项目。2003年,财政部、省财政厅相继发出通知,停止支农周转资金业务,只收不放。2004年以后发生的借款大部分为财政局预算科暂借的国库周转资金。2001—2010年,灵宝市共计发放农业综合开发周转金1825万元,收回1657.6万元,2010年末资本金为2412.4万元。

(十)财政强农、惠农资金管理

强农、惠农资金是指各级财政安排用于农业、农村、农民的各项资金投入,包括农村基础设施建设资金、农业生产发展资金、农业和农民的直接补贴资金、农村社会事业发展资金等。惠农政策对保持灵宝农村社会稳定和促进农村经济发展发挥了重要作用。

1.种粮直补和综合直补

2004年,国家为了稳定粮食产量,确保种粮面积,满足城乡居民以及加工业的用粮需要,同时也为了减轻农民负担,对种粮成本给予适当补贴。2006年又增加了农资综合补贴,统称种粮直补。河南省以2002年农村税费改革核定的种粮面积为基数,扣除当年国家依法征用和合法占用以及退耕还林等减少面积后的实际面积计算补贴。自2004年始,灵宝市按照国家政策,对全市农民实行种粮补贴和农资综合直补。2001—2010年,累计向种粮农民发放补贴资金20980.84万元,年直补面积70余万亩,受益农户15万户。

2004—2010 年三门峡市灵宝市种粮直补和综合直补统计表

表 93

年　度	面　积（万亩）	标准(元/亩)			补贴金额（万元）	受益农户（万户）
		合　计	种　粮	综　合		
2004	74.16	6.48	6.48		480.56	15
2005	73.78	6.51	6.51		480.28	15
2006	72.51	20.08	8.3	11.78	1456	14.9
2007	71.05	34.75	8.51	26.24	2469	14.7
2008	71.115	75.44	8.72	66.72	5365	14.5
2009	71.115	75.44	8.72	66.72	5365	14.5
2010	71.115	75.44	8.72	66.72	5365	14.5

2. 退耕还林补贴

自 2000 年始，为了调整农业产业结构，进一步优化环境，国家对农村坡度在 25 度以上的耕地实施退耕还林政策。退耕使农户减少了粮食产量，为弥补损失，国家对退耕造林的农户每年每亩补助 100 公斤小麦。2004 年始，补助小麦改为折合现金 140 元，直接向农户兑现。退耕还林计划由国家统一下达，2005 年后停止，灵宝市累计退耕还林 15.9 万亩。2006—2010 年，灵宝市持续按 15.9 万亩退耕面积补贴，累计向农民补助小麦 1670 万公斤，补助资金 17150 万元，受益 1.6 万户农户。

2000—2010 年三门峡市灵宝市退耕还林补贴统计表

表 94

年　度	当年计划亩数（亩）	累计亩数（亩）	补助情况	受益农户（户）
2000	20000	20000	200 万公斤小麦	3000
2001	40000	60000	600 万公斤小麦	7000
2002	27000	87000	870 万公斤小麦	9000
2003	45000	132000	1848 万元	13000
2004	7000	139000	1946 万元	14000
2005	20000	159000	2226 万元	16000
2006		159000	2226 万元	16000
2007		159000	2226 万元	16000
2008		159000	2226 万元	16000
2009		159000	2226 万元	16000
2010		159000	2226 万元	16000

3.农作物良种补贴

良种补贴,是指国家对农民选用优质农作物品种而给予的补贴。目的是鼓励农民使用优良作物种子,提高良种覆盖率,增加主要农产品特别是粮食的产量,改善产品品质,推进农业区域化布局、规模化种植、标准化管理和产业化经营。2004年,国家开始实施优质小麦良种补贴政策,2008年增加玉米、棉花种子补贴。2004年,推广优质小麦良种补贴1.5万亩,补贴资金15万元,涉及5个乡镇5210农户。2005年,推广优质小麦良种补贴25万亩,补贴资金250万元,涉及除东村乡、寺河乡外15个乡镇406个行政村75095农户。2006年,推广优质专用小麦良种补贴25万亩,补贴资金250万元,涉及15个乡镇421个行政村67411农户。2007年,推广优质小麦良种补贴25万亩,补贴资金250万元,涉及15个乡镇430个行政村84608农户。2008年,推广优质粮食作物良种补贴40.245万亩,补贴资金402.45万元。其中:玉米良种补贴8.5698万亩85.698万元,涉及313个行政村28490农户;小麦良种补贴31.6752万亩316.752万元,涉及424个行政村67813农户。2009年,推广农作物良种补贴61.563万亩,补贴资金636.14万元。其中:棉花良种补贴4.102万亩61.53万元,涉及12个乡镇1个区237个行政村;玉米良种补贴21.122万亩211.22万元,涉及15个乡镇2个区406个行政村66869农户;小麦良种补贴36.339万亩363.39万元,涉及15个乡镇2个区416个行政村70580农户。2010年,推广农作物良种补贴68.7854万亩,补贴资金709.208万元。其中:玉米29.91万亩299.954万元,涉及17个乡(镇、区)408个行政村77300农户;棉花4.1万亩61.5万元,涉及12个乡镇247个行政村15600农户;小麦34.7754万亩347.754万元,涉及17个乡(镇、区)403个行政村63000户农户。

2004—2010年三门峡市灵宝市农作物良种补贴统计表

表95

年　度	作物种类	播种面积(万亩)	补贴金额(万元)	户数(户)
2004	小麦	1.5	15	5210
2005	小麦	25	250	75095
2006	小麦	25	250	67411
2007	小麦	25	250	84608
2008	玉米	8.5698	85.698	28490
	小麦	31.6752	316.752	67813
2009	棉花	4.102	61.53	—
	玉米	21.122	211.22	66869
	小麦	36.339	363.39	70580
2010	玉米	29.91	299.954	77300
	棉花	4.1	61.5	15600
	小麦	34.7754	347.754	63000
合　计			2512.798	

4. 农机具购置补贴

农机购置补贴,是指国家对农民个人、农场职工、农机专业户和直接从事农业生产的农机作业服务组织,购置和更新农业生产所需的农机具给予的补贴,目的是促进提高农业机械化水平和农业生产效率。

按照党中央、国务院部署,财政部、农业部于2004年共同启动实施农机(具)购置补贴政策。当年,中央安排补贴资金0.7亿元,在66个县(市)首批实施。此后,中央财政不断加大投入力度,补贴资金规模连年大幅增长,实施范围扩大到全国所有农牧县和农场。灵宝市是首批实施农机(具)购置补贴的66个县(市)之一。当年,中央财政下拨灵宝市农机(具)购置补贴资金35万元,拉动农民自筹资金140万元,享受补贴农户25户,补贴农机(具)90台(件),其中:购置大、中型拖拉机25台。

2007年,中央财政分两批下拨农机购置补贴资金90万元,实际完成补贴资金90.1万元,拉动农民和农机服务组织自筹资金388.7万元,享受补贴的农户和农机服务组织87户(个),补贴购置机具196台(件)。其中:购置大、中型拖拉机78台。

2008年各级财政安排灵宝市农机购置补贴资金250万元。其中:中央财政资金200万元,三门峡市、灵宝市财政资金35万元,灵宝市烟办配套资金15万元。当年实际完成补贴资金250.53万元,拉动农民和农机服务组织自筹资金760万元,享受补贴农户和农机服务组织515户(个),补贴购置机具622台(件)。其中:大、中型拖拉机60台,谷物联合收割机22台,手扶拖拉机365台。

2009年,各级财政共安排灵宝市农机补贴资金785万元。其中:中央财政补贴760万元,省级保护性耕作叠加补贴6万元,三门峡市林果业特色农机化示范点叠加补贴10万元,灵宝市保护性耕作叠加补贴和特色林果业农机化示范点叠加补贴9万元。当年各级财政实际补贴资金785.4万元,享受补贴农户1976户,农业服务组织5个,拉动农民及其农业服务组织投资1800万元,补贴机具2872台(件)。其中:补贴大、中型拖拉机119台,小麦联合收割机39台,玉米联合收获机16台,手扶拖拉机610台,微耕机(含田园管理机)603台,饲料加工机械224台,卷帘机190台,拖拉机配套农具及其他机械1071部(件)。

2010年,灵宝市共争取农机购置补贴资金730万元。其中:中央财政补贴720万元,三门峡市特色农机化示范点叠加补贴10万元。共补贴农户1983户,补贴农业服务组织5个,拉动农民和农业服务组织投资1588万元,补贴机具2618台(件)。其中:补贴大、中型拖拉机114台,联合收割机59台,手扶拖拉机428台,微耕机(含田园管理机)495台,卷帘机231台,饲料加工机械104台,拖拉机配套农具及其他机械1187部(件)。

2004—2010年,灵宝市共争取农机购置补贴资金1890万元。其中:中央财政资金1805万元,灵宝市财政配套资金35万元,灵宝市烟办配套资金15万元,省级保护性耕作叠加补贴资金6万元,三门峡市林果业特色农机化示范点叠加补贴资金10万元,灵宝市保护性耕作叠加补贴资金和特色林果业农机化示范点叠加补贴资金9万元,三门峡市特色农机化示范点叠加补贴资金10万元。共补贴农户及农业服务组织4586户,补贴机具6398台(件)。其中:补贴大、中型拖拉机396台,联合收割机120台,手扶拖拉机1403台,微耕机(含田园管理机)1098台,卷帘机231台,饲料加工机械328台,拖拉机配套农具及其他机械2822部(件)。

2004—2010 年部分年份三门峡市灵宝市农机具购置补贴统计表

表 96

年　度	中央资金（万元）	自筹资金（万元）	补贴机具（台）	补贴农户（户）
2004	35	140	90	25
2007	90	388.7	196	87
2008	200	760	622	515
2009	760	25	2872	1976
2010	720	10	2618	1983
合　计	1805	1323.7	6398	4586

5. 农村沼气

2008 年，灵宝市投资农村户用沼气建设项目 1692.8 万元(其中，中央补助资金 164 万元、省级配套及补贴资金 118.28 万元)，建成沼气池 4860 个，面积 1000 立方米(含沼气池、储污池、沉淀池)。农村沼气服务网点建设投资 24.8 万元(其中，中央补助 12 万元)，建成服务网点 8 个。2009 年，灵宝市农村户用沼气建设项目投资 472.5 万元(其中，中央补助 126 万元，地方财政配套 25.2 万元)，建成沼气池 1050 个。农村沼气服务网点建设总投资 28.51万元(其中，中央补助 6 万元，地方财政配套 6 万元)，建成服务网点 4 个。2010 年，灵宝市农村户用沼气建设项目投资 900 万元(其中，中央补助 240 万元，地方财政配套 24 万元)，建成沼气池 2000 个。农村养殖小区和联户沼气项目投资 60 万元(其中，中央补助 21.6 万元，地方财政配套 4.32 万元)，供气户数达到 180 户。农村沼气服务网点建设投资 71 万元(其中，中央补助 35 万元，地方财政配套 15 万元)，建成服务网点 10 个。

6. 测土配方施肥

灵宝市测土配方施肥项目始于 2005 年。当年，推广测土施肥面积 40 万亩，完成土样采集 3958 个，安排试验示范点 26 个，落实配方肥示范田乡镇 10 个，面积 1000 亩。2006 年，完成土样采集 2020 个，对 134 户农户进行长期定点调查，当年化验检测土壤样品 2006 个 15647 项次，植株样品化验检测样品 200 个 1040 项次，完成“3414”田间肥效小区试验和校正试验 40 个。2007 年，推广配方肥 12130 吨，项目区共完成测土配方施肥推广 66.5 万亩，占总任务 12000 吨的 101.1%；施用面积达 30.32万亩，占任务 30 万亩的 101%。当年，还开展多种形式的测土配方施肥项目宣传活动和技术培训：印发科普宣传材料 3.8 万份，科技赶集 26 场次，举办技术讲座 21 期，举办现场会 18 场次，制作宣传横幅 20 条，分区域分乡镇发放施肥建议卡 50078 份；组织乡镇技术骨干 5210 人次，农户技术夜校培训 5 万余户。

7. 农业保险

(1) 养殖业保险

①能繁母猪保险：2007 年 8 月，灵宝市开展政策性农业保险养殖业保险业务，能繁母猪保额 1000 元/头，保费 60 元/头。能繁母猪保费中央财政负担 50%，地方财政负担 30%(市、县按 3 ∶ 7 比例)，养殖户负担 20%。

2007—2010 年，灵宝市共承保养殖户能繁母猪 13.9 万头，中央财政补贴 417 万元，三门峡市财政补贴 75.06 万元，灵宝财政配套 175.14 万元，共计 667.2 万元。农业保险补贴资金通过财政部门拨付给农业保险经办机构，保险公司理赔金额 764 万元。

②奶牛保险：2009—2010 年，灵宝市共承保养殖户奶牛 1.16 万头，每头奶牛保费 200 元，养殖户负担 40%，国家财政负担 60%，每头认赔 5000 元。国家财政共补贴资金 139.2 万元，养殖户负担 92.8

万元,保险公司理赔金额202.4万元。

(2)种植业保险

①烟叶保险:2009年6月,灵宝市试点推广烟叶生产保险,保额500元/亩,保险费率4.8%,保费24元/亩。保费由财政补贴50%,烟草公司承担40%,农户承担10%(财政每亩补贴12元、烟草公司每亩补贴9.6元、农户每亩承担2.4元)。当年承保烟叶5.2万亩,县(市)财政投入资金62.4万元,保险公司理赔金额98万元。2010年,承保烟叶4.17万亩,县(市)财政投入资金50.04万元,保险公司理赔金额58万元。

②玉米保险:2009年,灵宝市开展政策性玉米保险业务,保额190元/亩,保费11元/亩。保费由中央财政补贴40%,省级财政补贴25%,市级财政补贴5%,县(市)级财政补贴10%,农户承担20%。当年,灵宝市投保玉米保险15.9万亩,中央财政补贴69.96万元,省财政补贴42.73万元,市财政补贴8.75万元,县(市)财政补贴17.49万元,保险公司理赔金额146万元。

③苹果保险:2008年,灵宝市开展政策性苹果保险业务,每亩保费50元,种植户负担20%,国家财政负担80%,最高赔付每亩1000元。当年灵宝市投保苹果1.4万亩,财政补贴56万元,保险公司理赔6.5万元。

8.农村劳动力转移培训

2004—2010年,灵宝市财政累计投入437.89万元,完成农村劳动力转移"阳光工程"培训13617人。"阳光工程"培训主要是引导外出务工人员增加技能,培训人员必须实行劳动力转移。专业设置市场营销、计算机、焊工等。在强化农民外出务工就业基础上,"阳光工程"主要开展农业、农村重大工程项目、促进农民创业、规范和扶持农民专业合作社组织发展6个方面内容培训,专业设置为驾驶与维修、计算机、沼气、农村经纪人、拖拉机驾驶员、村级动物防疫员等。

9.奶牛、能繁母猪补贴

(1)奶牛补贴。为稳定和增加奶牛养殖数量,提高奶牛养殖规模化、标准化水平,2007年始,政府对奶牛养殖户实施补贴,标准每年500元/头。其中存栏200头以上的奶牛养殖场(户)由省财政补贴,存栏20~199头奶牛的养殖场(户)由市财政补贴,存栏19头以下养殖场(户)由县(市)财政补贴。

是年,灵宝市奶牛补贴6477头,补贴资金323.85万元。

(2)能繁母猪补贴。2007年国家实施能繁母猪补助政策,补贴标准为每年50元/头。其中中央财政补助60%(30元),市、县财政分别按12%、28%(6元、14元)配套。本年度灵宝市补贴能繁母猪2.21万头,补贴资金110.5万元。2008年,能繁母猪补贴标准提高到每头100元,当年补贴能繁母猪4.9613万头,补贴资金496.13万元。

10.大、中型水库移民后期扶持补贴

2006年7月1日始,国家对全国大、中型水库农村移民实行统一的后期扶持政策,按照每人每年600元标准,连续扶持20年。对2006年6月30日前搬迁的纳入扶持范围的移民,从2006年7月1日起再扶持20年;对2006年7月1日以后搬迁的纳入扶持范围的移民,从其完成搬迁之日起扶持20年。2006年7月至2010年6月,灵宝市共发放大、中型水库移民后期扶持补贴资金19606.2万元。

11.林业生态建设和天然林保护

(1)灵宝市生态建设工程。2007年,河南省委、省政府提出建设"生态河南"目标。2007—2010年,灵宝市共完成生态林营造52.88万亩,创建林业生态乡镇4个、生态村100个,占任务的104.4%。共投入财政资金8429.91万元[其中省级补助3432.23万元、市级补助893.68万元、县(市)配套4104万元]。灵宝市获"河南省绿化模范县(市)"和"林业生态县(市)"称号,生态林营造检查连年位居全省前列;川口乡、尹庄镇被授予省级生态模范乡镇,故县镇河西村被授予全国生态文化村称号。

(2)城郊大环境点缀工程及核桃、大枣等基地建设。2008年,灵宝市安排发展桃核、大枣、杜仲良种基地建设专项资金86万元,2009年安排254万元。2010年,安排大环境绿化点缀工程及大枣、杜仲基地建设专项资金150万元,以建设"四大基地"(水源涵养林基地、水土保持林基地、生态能源林基地、用材林及工业原料林基地)、"四绿"(绿色城区、绿色村镇、绿色通道、绿色景区)、"一网络"(生态廊道网络)为重点,构筑点线面结合的综合林业生态体系。全力攻坚,打造亮点,强力实施各重点区域绿化工程。把函谷关景区绿化、灵函高速引线两侧通道绿化、城郊涧河两侧点缀增彩等作为林业重点工作来抓,进一步提升了绿化档次。狠抓精品工程建设,每年每个乡镇每项工程至少要建成两个精品点。如阳平镇、五亩乡、苏村乡、故县镇的水源涵养林工程,朱阳镇、豫灵镇、故县镇的核桃、杜仲基地建设工程等重点区域绿化工程已初具规模。截至2010年底,灵宝市发展核桃基地5万亩,大枣基地1.5万亩,杜仲基地1万亩,完成城郊大环境绿化工程植树380万株,累计完成造林5.7万亩。

(3)天然林工程保护资金。天然林保护工程是从根本上遏制生态环境恶化、保护生物多样性、促进社会经济的可持续发展为目标的国家中长远计划工程。2000年,灵宝市开始实施天然林保护工程,上级财政下拨天然林保护工程资金464万元,截至2010年,各级财政累计下拨灵宝市天然林工程保护资金3768万元。2006年前天然林保护支出列在林业支出类中,从2007年开始,天然林保护支出列入环境保护支出类中。

(4)发展果品林项目。为了巩固灵宝市果品产业的支柱地位,鉴于全市大面积果树严重老化,新老果树面临接续不力的情况,灵宝市采取多种措施发展果品林项目。2007年,灵宝市人民政府出台实施新植果树补贴政策,本级财政预算将安排专项资金,专门用于新植果树补贴,鼓励农民大力发展果品产业。2007—2009年,本级财政每年投入果树补贴500万元,新发展果树面积10万亩。2010年,财政安排补贴资金250万元,栽植果树5万亩。2007—2010年,灵宝市财政累计补贴资金1750万元,果树面积由2007年的74.6万亩,发展到2010年的109.6万亩,新扩大苹果面积35万亩。果品林项目补贴政策的实施,有效地促进了灵宝苹果产业发展,新栽植的果树已逐年进入结果期,为农民增收奠定了坚实基础。

12.农村基础设施建设

(1)"村村通"工程

①农村道路。2003年支出910万元,主要用于川—管、赵—川公路建设。2004年支出770.5万元,其中上级补助资金640.5万元,县(市)财政配套资金130万元,完成程村至营田等"村村通"工程项目112个,验收里程227.6公里。2005年支出1055.99万元,其中上级补助资金855.99万元,县(市)财政配套资金200万元,完成G310至朱家窝等"村村通"工程项目22个,验收里程65.04公里。2006年农村公路建设支出3655万元,其中上级补助资金2669万元,县(市)财政配套资金511万元,完成X026至北田等"村村通"工程项目173个,验收里程307.53公里;新改建Y022朱阳至马河口等县乡公路4条,完成里程17.4公里,上级补助资金475万元。2007年支出5387.34万元,其中上级补助资金2557.74万元,县(市)财政配套资金313.6万元,完成X009至北社等"村村通"工程项目174个,验收里程30.71公里;新改建柳林至灵洛交界等县乡公路10条,完成里程125.91公里,上级补助资金2516万元。2008年支出4817万元,其中上级补助资金688万元,县(市)财政配套资金100万元,完成南卿至下庄等"村村通"工程项目32个,验收里程68.8公里;新改建安家底至河西等县乡公路10条,完成里程120.1公里,上级补助资金3184万元,县(市)财政配套资金450万元;完成上磨头桥等农村公路危桥改造项目5座共300延米,上级补助资金395万元。2009年农村公路建设支出4249.8万元(上级补助资金1013万元),完成南泉至墙底等村村通公路60条共计101.3公里;新改建Y008冯佐至梨园等县、乡公路17条共计152.4公里,上级补助资金3048万元,县(市)财政配套资金188.8万元。2010年支出1913万元(其中:上级补助资金378万元,市、县财政配套资金50万元),完成朱阳至干沟等村村通公路24条共计37.8公里;新改建Y011芋园至豫陕交界等县乡公路11条共计61.5公里,上级补助资金1230万元;完成卫家磨桥等农村公路危桥改造项目3座共计213延米,上级补助资金255万元。

②农村电视。2000年6月,灵宝市"村村通广播电视"工程建成,解决了最后21个村群众收看广播电视难问题。2001—2007年,灵宝市相继投入81万元,持续推进"村村通"工程建设,先后消除了76个广播电视"盲村"。

(2)安全饮水

2001年,灵宝市投资543万元(其中中央补助220万元),建成机井7眼,提水站12座,引水2处,旱窖1处35个,解决大王、阳店、川口等11个乡镇22个村17819人、4497头牲畜的饮水问题。2002年,灵宝市投资729.4万元(其中中央补助292万元),建成机井16眼,提水站3座,引水10处,水窖12处834个,解决阳平、故县、豫灵等15个乡镇41个村23500人、4328头牲畜的饮水问题。2003年,灵宝市投资839.8万元(其中中央补助229.4万元),建成机井27眼,提水站6座,引水14处,水窖10处,解决川口、寺河、东村等16个乡镇57个村22100人、5768头牲畜的饮水问题。2005年,灵宝市投资432万元(其中中央补助192万元),建成机井17眼,提水站7座,引水12处,解决焦村、五亩、朱阳等16个乡镇36个村12000人、3000头牲畜的饮水问题。2006年,第一批投资612万元(其中中央补助272万元),建机井2眼,引水20处,解决朱阳镇22个村17000人的饮水问题;第二批投资273万元(其中中央补助122.8万元),解决函谷关、五亩、豫灵等5个乡镇8个村7000人的饮水问题;第三批投资390万元(其中中央补助175.5万元),建成机井9眼,提水站12座,集雨旱窖1处,解决西闫、阳平、故县等10个乡镇22个村10000人的饮水问题。2007年,投资1080万元(其中中央补助486万元),建成机井、提水站埋设管道等,解决函谷关、焦村、苏村等13个乡镇36个村27000人的饮水问题。2008年,农村饮水安全工程项目投资400万元(其中中央补助240万元,地方配套96万元),建设豫灵镇豫灵村、太张村的饮水管网延伸工程等,解决8000人的饮水安全问题(其中饮用高氟水5880人,苦咸水2120人)。2009年,投资2579万元(其中中央补助1547万元,地方配套619万元,群众自筹413万元),解决豫灵、焦村、朱阳等9个乡镇34个村51576人的饮水安全问题(饮用高氟水51576人)。2010年,投资650万元(其中中央补助390万元,地方配套182万元,群众自筹78万元),解决大王、苏村、阳平3个乡镇10个行政村13000人的饮水安全问题(其中高氟水10600人,缺水2400人)。农村饮水安全工程(第二批)项目总投资520万元(其中中央补助312万元,地方配套160万元,群众自筹48万元),共解决农村民8000人的饮水安全问题(其中污染水2150人,缺水5850人);解决农村学校师生4000人的饮水问题。

(3)小型病险水库除险加固

2002年,沟水坡水库除险加固工程项目投资2400万元(其中中央补助资金1200万元),完成大坝坝基防渗处理、坝体裂缝灌浆和下游坝坡的稳定处理。2007年,朱已河水库除险加固工程项目投资977万元(其中国家建设资金787万元,地方配套190万元)。该水库控制流域面积19平方公里,总库容440万立方米,是一座以防洪、灌溉、供水为主的小型(一)类水库。该库于1957年12月动工兴建,1959年12月建成投入运行,坝顶高程550.5米,正常蓄水位546.7米,死水位537米,兴利库容214万立方米,死库容90万立方米。该库设计洪水标准为50年一遇,设计洪水位为549.36米,相应库容383万立方米,校核洪水标准为500年一遇,校核洪水位为550.39米,设计灌溉面积3.6万亩。2008年,窄口水库除险加固工程总投资12434.68万元[其中中央补助6625万元、省级配套3313万元、县(市)级配套2496.68万元]。该项目位于灵宝市五亩乡长桥村南,距灵宝市区22公里,属黄河支流弘农涧河中游的一座大(二)型水库,以防洪为主,兼顾灌溉、发电、旅游、水产养殖、供水等综合利用。该库控制流域面积903平方公里,平均年径流量1.55亿立方米,总库容1.85亿立方米。工程主要建设内容为:主坝648米高程以上坝体开挖回填、坝体塑性砼防渗墙、左右坝肩帷幕灌浆、观测设施重建和完善、非常溢洪道改为副坝等;溢洪道闸室及泄槽段拆除加固、滑坡体处理、泄洪洞加固改造、灌溉洞进口段拆除重建、机电设施、闸门金结改造更新处理等。水库除险加固工程建设项目的实施,将彻底消除工程存在的安全隐患,提高防洪能力和标准,确保灵宝城区、沿河乡镇25万名人民群众生命财产及国家几条主要交通大动脉的安全。提升水库的管理水平,可多蓄水4000万立方米,增加灌溉面积4.8万亩,提高灌溉效益427万元,防洪效益2500万元。同时保证水库旅游、养殖和发电效益的正常发挥,为下游的工业和生活供水提供可靠保障,社会经济效益突出。

(4)农家书屋

2008—2011年,灵宝市共申请创建农家书屋337家,投入资金671.4万元(其中,中央财政337万元、省财政134.8万元、市财政134.8万元、本级财政64.8万元)。

13.家电下乡补贴

2008年4月,灵宝市实施家电下乡国家补贴政策。家电下乡产品补贴标准按照最终销售价格的13%给予补贴,资金由中央财政和省级财政负担(其中中央80%、省级20%)。产品由最初的彩电、冰箱(含冰柜)、手机三大类逐步扩展到彩电、冰箱(含冰柜)、手机、洗衣机、电脑、空调、热水器(含储水式电热水器、燃气热水器、太阳能热水器)、微波炉、电磁炉、电动自行车十大类。每户每类家电下乡产品补贴数量不得超过2台(件)。2007年12月至2010年,灵宝市销售家电下乡产品87071台(件),兑付补贴资金2154万元,75340户农户受益。

14.汽车、摩托车下乡补贴

2009年3月,国家对农民报废三轮汽车、换购轻型载货车及购买1.3升以下排量的微型客车等,给予一次性财政补贴,享受补贴政策的产品包括微型载货车、轻型载货车、微型客车和摩托车。实施时间:汽车2009年3月1日至2010年12月31日;摩托车2009年2月1日至2013年1月31日。2009年3月至2010年末,灵宝市共发放汽车、摩托车下乡补贴1724万元,补贴汽车、摩托车12395辆。

15.石油价格改革补贴

2006年,灵宝市实施石油价格改革补贴。至2010年末,共发放石油价格补贴1642.1万元。

(十二)工资管理

2001—2002年,灵宝市行政事业单位干部职工工资管理,由单位根据市工资管理部门审批的工资标准编制年度预算,经财政部门审核后,按月拨付到各单位,由单位自行发放。2003年,灵宝市实行国库集中支付改革,建立以国库单一账户体系为基础、资金缴拨以国库集中收付为主要形式的国库管理制度。至此,预算单位统发工资、津贴补贴支付等业务,也全部纳入国库单一账户体系运行。

第六节 卢氏县

一、概 况

卢氏县位于豫、陕两省接合部,县域总面积4004平方公里,辖9个镇10个乡352个行政村,人口38万人,是河南省面积最大、人口密度最小、平均海拔最高的深山区县。卢氏县始建于西汉元鼎四年(公元前113年),2100多年来县名未改、城址未移,是河洛文化的重要发祥地之一、河南省13个革命老苏区县之一。县境跨越长江、黄河两大流域,境内有河流涧溪2400多条;崤山、熊耳、伏牛三山雄踞,共有大小山峰4037座。地貌特征可以概括为"三山三河两流域、八山一水一分田"。

卢氏县生态优美,环境宜人,全县森林覆盖率达69.34%,南部山区超过90%,大气环境质量优良天数达90%以上。县域矿藏有10大类52种,潜在经济价值超万亿元。县域内有各种植物2400余种,野生中药材1200余种,是全国十大中药材基地县之一,有"一步三药""中华天然药库"之称;有野生动物400余种,国家重点保护野生动物46种;旅游资源单体284个,其中8个主类、29个亚类、54个基本类型,被誉为"中原绿宝石""豫西后花园"。

二、财政体制

(一)河南省对卢氏县财政体制

2009年以前,卢氏县一直执行三门峡市对县(市、区)的财政管理体制。

2009年6月,省财政对卢氏县实行财政直管。新体制从调动地方政府加快发展、增收节支积极性角度出发,在深入贯彻落实科学发展观、进一步调整收入分配体制、推动经济发展方式转变、促进产业集聚、鼓励保护环境和节约资源、优化财力分配结构、促进财政收入稳定增长、推动区域协调发展等方面有着积极的作用。

1.财政预算管理体制

河南省财政对直管县的管理方式是计划单列,直管县是省辖市的组成部分,仍隶属于省辖市。省直管县权限扩大体现在财政体制由省财政直接核定、财政结算与省财政直接办理。省直管县财政预、决算和申报财政补助资金,直接上报省财政厅;省财政批复决算、安排转移支付、下达专项补助和单独结算事项时,直接核定下达到省直管县。同时,为了维持省辖市统计口径的完整性,省直管县财政在报送省财政有关资料时,要抄报省辖市财政汇总;省财政在直接下达省直管县结算事项时,也要在省辖市下以“其中”形式将省直管县单独列出。

2. 财政收入划分

在收入划分方面具体划分为共享收入、县级财政固定收入。

(1)共享收入

①一般预算收入:增值税中央75%,县级25%;企业所得税中央60%,县级40%;个人所得税中央60%,县级40%;排污费中央10%,省级10%,县级80%;矿产资源补偿费中央50%,县级50%;探矿权、采矿权价款收入中央20%,县级80%。

②基金预算收入:散装水泥专项收入省级10%,市级10%,县级80%;墙体材料专项收入省级10%,市级10%,县级80%;残疾人就业保障金收入市级10%,县级90%;育林基金省级10%,县级90%。

(2)县级财政固定收入

营业税、资源税、城市维护建设税、房产税、印花税、城镇土地使用税、土地增值税、车船税、耕地占用税、契税、烟叶税、水资源费、教育费附加、探矿权采矿权使用费、行政性收费、罚没收入、国有资本经营收入、国有资源(资产)有偿使用收入、其他收入除共享收入外的其他基金收入等。

3. 财政结算办法

按照“存量不动、确保既得利益”原则,核定省直管县各项体制结算基数。省直管县对所属省辖市本级财政的基数性上解,以2008年为基数专项上解省级,由省财政专项补助所属省辖市。省辖市对省直管县的基数性补助和追加专款,以2008年为基数专项上解省级,由省财政直接补助直管县。

以2008年为基数,核定省直管县上划中央“两税”完成数和税收返还基数。从2009年起,省财政对省直管县税收返还增量按各县上划中央“两税”增长率的1∶0.3系数返还。

以2008年为基数,核定省直管县增值税、营业税、企业所得税、个人所得税、资源税、罚没收入和社会抚养费收入基数。

以2007年、2008年两年加权平均数(2007年权重为1/3,2008年权重为2/3)核定省直管县耕地占用税收入基数,营业税、企业所得税、个人所得税、耕地占用税、城镇土地使用税、土地增值税、资源税、房产税8项收入(地方留成部分)大于省核定的收入基数增量部分,按照规定上解比例上解省财政。其中:增值税、营业税、个人所得税、耕地占用税、罚没收入和社会抚养费增量上解比例为20%;企业所得税增量上解比例为15%;资源税增量上解比例为30%。以后年度实际收入低于收入基数时,当年不上解,也不再调整收入基数。

市、县征收的矿产资源费就地分别缴入中央与市、县金库,对缴入市、县金库部分,年终结算上解省级20%。

(二)三门峡市对卢氏县财政体制

1. 基数核定

2002年,根据三门峡市财政局《关于核定所得税收入分享改革基数返还额的通知》(三财预〔2002〕673号)精神,三门峡市对卢氏县企业所得税收入基数按2000年实际完成数乘以2001年1—9月实际增长率计算核定,个人所得税收入基数按2001年实际完成数为基数核定。

2. 财政收入增量上解

2004年,三门峡市对卢氏县实行财政收入增量上解政策。县级营业税、企业所得税、个人所得税、耕地占用税、城镇土地使用税、土地增值税、资源税、房产税8个税种比2003年增收部分,市级分成30%。

(三)卢氏县对乡镇财政体制

2001年,按照“财权与事权相结合、以分税制财政体制为核心、统一领导、分级管理、统筹兼顾、适当向乡镇倾斜”的指导原则,卢氏县对乡镇实行“划分收入、核定支出、定额上解(或补助)、增收全留、自求平衡”的财政管理体制。乡镇收入范围包括:资源税的70%,城镇土地使用税、土地增值税、耕地占用税的50%以及农业税、农业特产税、增值税、营业税、个人所得税、企业所得税、车船税、印花税收入。支出范围包括乡镇文化、政府、财政所、公疗等各项行政事业性支出和乡镇政府机关所属未上划县级管理的二级机构支出。

2006年1月,按照"统一领导、分级管理"原则,实行县乡"分税制"财政管理体制,完善"分级决策、分级负责、分灶吃饭、自求平衡"的财政约束机制。合理界定乡镇的财权和事权,使财权和事权相结合,增强乡镇生财、聚财、理财的责任感和主动性,规范财政体制形式,便于操作。在划分县乡收支,确保中央、省、市集中财力的前提下,对乡镇实行"划分收入、核定支出、定额补助或上解,增收全留,短收自负、自求平衡"的财政管理体制。

1. 县乡财政收支范围划分

乡镇财政收入按照企业属地划分,改变原来按照企业性质划分的办法,县本级将原来入库县级的企业税收下划企业所在乡镇,增加乡镇收入,相应增加乡镇收入基数。县乡财政收入具体划分为:乡级财政固定收入、县级财政固定收入、县乡共享收入。

2. 乡镇财政固定收入

乡镇财政固定收入是指乡镇管辖区域内企业、个体工商户以及其他经济组织缴入地方金库(不含缴入中央、省、市金库的收入)的各项税收。

3. 县乡共享收入

按照乡镇辖区地域划分,企业、个体工商户、其他经济组织缴入地方金库(不含缴入中央、省、市金库的收入)的增值税、营业税、个人所得税、企业所得税、资源税,辖区乡镇分享50%,县级分享50%。

4. 重点建设项目实现的税收

凡属中央、省、市、县财政投资的大型重点项目实现的税收属于县级收入。2009年1月,卢氏县对原体制进行了调整,实行"统一领导、分级管理"的原则,对乡镇实行"划分收入、核定支出、定额补助或上解、增收全留、短收自负、自求平衡"的县乡分税制财政管理体制。

(1)县乡财政收入范围划分

乡镇财政收入按照企业属地划分。县乡财政收入具体划分为:县级财政固定收入、乡级财政固定收入、县乡共享收入。

(2)县与乡镇事权和支出范围的划分

根据县与乡镇政府事权的划分,乡镇财政主要承担乡镇政权机关运转所需经费以及本区域的经济、事业发展支出,具体包括乡镇政府机关及乡镇机构改革后属于乡镇管理的二级机构。凡属乡镇范围内的预算内、外支出原则上全部划归乡镇管理。

(3)专项补助

专项补助主要包括农村税费改革转移支付补助、取消农业税转移支付补助、提高村级经费转移支付补助。

(4)体制补助或上解基数

乡镇核定收入基数加上县级专项补助后,收入大于支出的,定额上解县财政,核定为体制上解基数;支出大于收入的,核定为体制补助,县财政对乡镇实行定额补助。

(5)增量分配

乡镇实现的增收部分在保证中央、省、市财政集中财力的前提下,对乡镇实行超收全留,但超收返还最多不得超过200万元。超过200万元的设立财政贡献奖,20%奖励乡镇。营业税、企业所得税、个人所得税、资源税、房产税、城镇土地使用税、土地增值税、耕地占用税8个税种,乡镇当年实现收入超过包干基数(耕地占用税以2005年收入为基数)部分30%列入专项上解,由县财政统一上解省级财政。

三、财政收入

(一)一般预算收入

2001—2010年,卢氏县采取多种措施,保障了财政收入持续、稳定、快速增长。2010年,卢氏县财政一般预算收入完成28169万元,为2001年5238万元的5.38倍,年均增长20.6%。2001—2010年累计完成收入129520万元,为全县经济社会又好又快发展提供了财力保障。

2001—2010 年三门峡市卢氏县一般预算收入完成情况表

表 97 单位:万元

项 目	2001 年	2002 年	2003 年	2004 年	2005 年	2006 年	2007 年	2008 年	2009 年	2010 年	合 计
一般预算收入合计	**5238**	**5774**	**6243**	**7207**	**10038**	**12116**	**14069**	**18600**	**22066**	**28169**	**129520**
税收收入	3903	4685	4892	5300	7117	8955	9778	13877	17407	24042	99956
增值税	659	563	534	742	1142	1564	1722	2097	1700	1977	12700
营业税	429	609	699	1335	1554	2312	3251	3482	5053	5295	24019
企业所得税	239	43	22	69	268	242	363	1137	1066	1660	5109
企业所得税退税											0
个人所得税	502	356	310	465	585	708	791	1144	641	5130	10632
资源税	105	137	153	229	293	602	903	1276	2444	3793	9935
固定资产投资方向调节税				2							2
城市维护建设税	152	131	132	154	169	230	303	306	348	450	2375
房产税	92	121	99	114	122	184	217	302	213	225	1689
印花税	8	11	9	13	22	63	85	94	81	119	505
城镇土地使用税	9	7	9	36	45	52	136	251	166	182	893
土地增值税				10	12	11	59	91	188	268	639
车船使用和牌照税	3	9	27	22	29	46	53	47	72	103	411
屠宰税	34	18									52
筵席税											0
农业税	149	685	665	395							1894
农业特产税	1482	1959	2197	1650	2656						9944
牧业税											0
耕地占用税	6	3	1	13	10	29	98	241	755	863	2019
契 税	34	33	35	51	210	183	231	130	157	330	1394
烟叶税						2729	1566	3279	4523	3647	15744
非税收入	1335	1089	1351	1907	2921	3161	4291	4723	4659	4127	29564
国有资产经营收益		22		443	43	181					689
国有资本经营收入							6	480			486
国有资源(资产)有偿使用收入							57	190	701	770	1718
国有企业计划亏损补贴											0
行政性收费收入	487	275	244	711	1101	1548	1088	1094	1975	1443	9966
罚没收入	581	474	815	396	1160	793	1548	1713	1106	633	9219
海域场地矿区使用费收入											0
专项收入	180	254	207	286	567	435	594	1013	797	792	5125
其他收入	87	64	85	71	50	204	998	233	80	489	2361

(二)政府基金收入

2001—2010年,卢氏县累计完成基金收入20800万元。其中2010年完成收入9072万元,为2001年390万元的23倍。基金收入的持续快速增长,弥补了预算资金的不足,支持了各项事业的健康发展。

四、财政支出

(一)一般预算支出

按照财政部统一规定,2001—2006年卢氏县一般预算支出类别为"类""款""项""目"四个级次。支出内容有"基本建设支出"等28项。2001—2006年累计支出153506亿元,年均支出25584亿元。2005年12月27日,经国务院批准,政府收支分类改革正式进入实施阶段。支出功能分类主要反映政府活动的不同功能和政策目标。根据社会主义市场经济条件下政府职能活动情况及国际通行做法,将政府支出分为类、款、项三级。2007年,卢氏县实施政府收支分类改革,至2010年累计支出324531万元,年均支出81133万元。

2001—2010年,卢氏县累计完成支出478037万元,年均支出47803万元。2010年,卢氏县完成财政支出108658万元,为2001年的9倍。其中:一般公共服务支出10529万元,占9.7%;教育支出19702万元,占18.1%;社会保障和就业支出15972万元,占14.7%;农林水事务支出11792万元,占10.9%。

2001—2006年三门峡市卢氏县政府收支分类改革前一般预算支出完成情况表

表98　　单位:万元

项　目	2001年	2002年	2003年	2004年	2005年	2006年	合　计
一般预算支出合计	**11785**	**18428**	**20392**	**25394**	**36187**	**41320**	**153506**
经济建设支出	436	1512	2958	3359	5272	2349	15886
基本建设支出	239	1436	2852	3267	5070	2204	15068
企业挖潜改造资金	120						120
地质勘探费					70		70
科技三项费用	77	76	106	92	132	145	628
流动资金							0
农林水利气象支出	1940	2884	2913	4596	4939	5201	22473
支援农村生产支出	286	302					588
农业综合开发支出							0
农林水利气象等部门的事业费	1118	1918	1807	3194	3524	3683	15244
工业交通等部门的事业费	58	49	97	275	82	61	622
流通部门事业费	44	42	67	83	77	41	354
文体广播事业费	434	573	942	1044	1256	1416	5665
社会文教费支出	5239	6840	8493	9708	12664	17390	60334
教育事业费	3818	4486	4929	5699	7679	7444	34055
科学事业费	20	19	20	19	23	25	126
卫生经费	483	850	1440	1683	1864	2207	8527
税务等部门的事业费	447	673	821	1074	1485	2238	6738
抚恤和社会福利救济费	312	513	881	814	1101	1708	5329

续表 98

项　目	2001 年	2002 年	2003 年	2004 年	2005 年	2006 年	合　计
行政事业单位离退休经费						3321	3321
社会保障补助支出	159	299	402	419	512	447	2238
国防支出							0
行政管理费支出	3085	4247	4447	5133	8109	7171	32192
行政管理费	2002	2779	3070	3240	4442	4185	19718
外交外事支出							0
武装警察部队支出							0
公检法司支出	934	1262	1170	1611	2504	2109	9590
城市维护费	149	206	207	282	1163	877	2884
其他支出	1085	2945	1581	2598	5203	9209	22621
政策性补贴支出	102	140	139	163	184	287	1015
支援不发达地区支出	80	38	95	51	311	25	600
海域开发建设和场地使用费支出							0
车辆税费支出					794	1324	2118
专项支出	191	251	209	260	1580	423	2914
其他支出	712	2516	1138	2124	2334	7150	15974
总预备费							0

2007—2010 年三门峡市卢氏县政府收支分类改革后一般预算支出完成情况表

表 99　　单位:万元

项　目	2007 年	2008 年	2009 年	2010 年	合　计
一般预算支出合计	**54086**	**64928**	**96859**	**108658**	**324531**
一般公共服务	8288	9558	10823	10529	39198
外　交					0
国　防				217	217
公共安全	2988	3144	4714	6469	17315
教　育	11013	16103	18209	19702	65027
科学技术	237	672	784	791	2484
文化体育与传媒	728	960	1075	1393	4156
社会保障和就业	11091	7425	11743	15972	46231
医疗卫生	3536	4784	6030	9929	24279
环境保护	3446	5733	4152	4299	17630

续表99

项　目	2007年	2008年	2009年	2010年	合　计
城乡社区事务	1643	1540	4392	6101	13676
农林水事务	4668	8086	13331	11792	37877
交通运输	1001	2327	10756	7654	21738
工业商业金融事务	1314	2179			3493
采掘电力信息等事务			271	761	1032
粮油物资储备管理等事务			2106	555	2661
金融监管支出			1000	38	1038
商业服务业等事务				1402	1402
国土资源气象等事务				2575	2575
住房保障支出				2407	2407
地震灾后恢复重建支出					0
其他支出	4133	2417	7473	6072	20095

(二)基金支出

2001—2010年,卢氏县累计完成基金支出46979万元。其中:2001年支出281万元,结余45万元;2010年支出13198万元,结余1374万元。2010年支出为2001年的46倍。

五、财政改革

(一)财政收支分类改革

按照财政部《政府收支分类改革方案》要求,2007年1月,卢氏县实施政府收支分类改革。按照“公开透明、符合国情、便于操作”原则,建立包括收入分类、支出功能分类和支出经济分类在内的政府收支分类体系,形成相对稳定的既反映政府职能活动又反映支出性质、既有总括反映又有明细反映的支出分类框架,为全方位的政府支出分类改革创造了有利条件。

(二)部门预算制度改革

2003年,卢氏县实施部门预算制度改革。部门预算编制实行“一上一下”和“二上二下”的编制程序:“一上”,部门上报预算建议草案;“一下”,财政部门下达部门预算控制数;“二上”,部门反馈预算安排意见;“二下”,财政部门正式批复预算。

部门预算编制坚持和完善财政事权和支出责任划分,夯实财政收入稳定增长机制;优化支出结构,健全厉行节约长效机制,从严控制一般性支出原则;聚焦社会民生等重点目标;巩固预算绩效管理成果,提升中期规划引领作用,深化预算和政府购买服务等信息公开;着力构建全面规范、公开透明的现代预算制度。

部门预算编制适应经济发展新常态,确保收入增长与经济社会发展水平相适应,与财税政策相衔接;支出预算安排与财政承受能力相适应,确保量入为出、收支平衡。加大对脱贫攻坚、基本民生、基础设施、公共服务、产业转型升级等支持力度。增强预算执行的约束性和稳定性,做到量力而行、有保有压。把绩效管理、预算评审的理念和要求融入部门预算管理各个环节,提升工作质量,强化预算评审结果和绩效评价结果的有效应用。充分发挥中期规划引领作用,确保年度预算与经济社会发展总体规划和中期财政规划相衔接,提高预算编制的前瞻性、可持续性。

(三)政府采购制度改革

2001年,卢氏县政府采购办公室成立,编制1人,初步制定采购程序,建立规章制度,探索开展政府采购工作新路径。2002年,制定《卢氏县2002年政府采购目录通知》,为政府采购工作开展提供政策依据。2003年,制定《卢氏县2003年政府集中采购目录》,对政府采购行为进行规范。在采购监管中,从项目申报、资金审核、采购执行到资金支付等各个环节,严格采购流程,确保合规运行。2009 年,制定《卢氏县 2009 年政府采购目录及限额标准》,健全完善采购操作规程。经过多年实践,卢氏县政府采购制度逐步完善,采购范围不断扩大,采购项目由少到多,采购方式从单一走向多样化,采购资金规模逐年增高。2001—2010 年,卢氏县共组织政府采购项目 1320 个,完成采购金额 62863.88 万元,节约资金 5837.52 万元,平均节约率 9.3%。

(四)财政国库集中支付改革

2003 年,卢氏县实行国库集中支付改革,建立以国库单一账户体系为基础、资金缴拨以国库集中收付为主要形式的国库管理制度。所有财政性资金纳入财政单一账户体系管理,收入直接缴入国库或财政单一账户,支出通过财政单一账户体系支付到商品和劳务供应者或用款单位。当年,财政国库集中支付中心相继制定《关于进一步加强财政国库集中支付制度的规定》《财政国库集中支付业务指南》《财政国库集中支付内部操作规程》《财政国库集中支付中心工作制度及岗位职责》等一系列工作制度,为之后工作开展提供了政策依据。实行国库集中支付改革的核心,是将全县 172 个预算单位全部纳入财政国库集中支付中心管理。2004 年,卢氏县财政国库集中支付中心将全县 286 个(含乡级)单位财政全额供养人员的工资信息统一归集,规范了财政供养人员工资发放。2009 年,卢氏县财政国库集中支付中心深化国库集中支付制度改革,推进"支付在中心、核算在单位"的管理模式,按照"规范、高效、安全、可控"的原则,在保障资金安全前提下,扩大支付监督范围,弱化代理会计核算。3 月,全县 172 家集中核算报账单位全部退出代理核算记账,实现强化支付、弱化核算记账的改革目标。财政国库集中支付管理改革,既整合了财政资金,集中了有限财力,又规范了资金的管理分配,有效遏制了资金滥支乱支、严重浪费以及由此产生的各种腐败现象,严肃了工作纪律,强化了党风、政风及廉政建设,并相继获市级"文明服务示范窗口""先进工作单位""文明服务窗口"等称号。

(五)非税收入管理改革

2005 年,建立"政府非税收入征收管理监管系统",卢氏县财政部门设立专人负责非税收入项目库的动态维护,将全县执收执罚 100 多个单位全部收费信息录入"政府非税收入监管系统"。2006 年,卢氏县所有非税收入单位统一使用卢氏县政府非税收入缴款通知书,非税收入征管从规范程序、体制管理着手,按照"收支两条线"要求,充分利用非税收入监管系统,实行"票款分离"办法,由缴款单位或缴款人直接缴入"县非税收入资金专户",建立"单位开票、银行收款、财政统管"的网络管理模式,严格实行"收支两条线"规定。县财政部门设立专人负责非税收入项目库的动态维护,将所有执收执罚单位的全部收费信息录入"县级非税收入监管系统"。2007 年,卢氏县强化非税收入管理监督检查工作,加大"以票控费"和"以票控缴"力度,加强监督检查、确保应收尽收。对执收、执罚单位开展非税收入专项检查,重点抓好涉及民生、收费项目多的单位开展非税收入和票据使用监督检查工作,做到监督与征管同步,以查促收、以查补漏、以查促管。2010 年 7 月,根据河南省财政厅《关于按预算外资金管理的收入纳入预算管理的通知》(豫财预〔2010〕163 号)精神,卢氏县出台一套非税收入"收支两条线"改革管理制度,2011 年 1 月 1 日实施,将预算外资金收入(不含教育收费)全部纳入预算管理。

(六)乡财县管财政体制改革

2003 年 12 月,根据《关于印发卢氏县乡镇村财务管理暂行办法的通知》(卢政办〔2003〕95 号)要求,在各乡镇财税所成立乡村财务服务中心。从 2004 年起,各乡镇村组资金全部纳入乡村财务服务中心统管,业务由县财政局会计股监管。2004 年 9 月,为确保乡镇基本支出需要、缓解乡镇财政困难、防范和化解乡镇债务风险、维护农村基层政权和社会政治稳定,根据三门峡市委、市政府《关于开展乡镇财政管理方式改革的意见》,卢氏县在全县开展乡镇财政管理方式改革,实行乡财县管。乡财县管改革的主要内容:一是以乡镇为独立核算主体,实行预算编制、账户设置、收付方式、采购办理、票据管理等集中统一的财政管理方式,由县财政局直接管理并监督乡镇财政收支;二是调整乡镇财税所管理体制和职能,取消乡镇财政总预算、财政信用资金会计,由县财政局代理核算乡镇各项财政资金的收支活动。2004年,全县19个乡镇财税所全部安装新版村组核算软件,实现从手工记账到计算机记账的转变,从而彻底解放了财税所会计人员烦琐的记账模式。全县352个行政村的账务全部由乡镇财税所代理,对预防村组干部腐败起到了明显作用。

(七)农村税费改革

2002年,农村税费改革在全省范围内全面推行。税费改革后,对在农业税计税土地上生产的农业特产品只征收农业税,不再征收农业特产税,新的农业税税率统一按7%核定,并按农业税额的20%征收农业税附加。为保证农村税费改革的顺利实施,卢氏县成立了由县委书记任组长、县长任副组长、17个成员单位组成的农村税费改革工作领导小组。领导小组下设办公室,办公室设在财政局,由局长任办公室主任,具体工作由农税股负责。根据工作实际,制定了《卢氏县农村税费改革试行方案》,经省农村税费改革领导小组批准,确定卢氏县农村税费改革后,年应征收农业税金额为865万元,其中正税721万元,附加144万元。同改革前2001年负担相比,减负64.2%,亩均负担25.8元,亩均减负58.3%;人均负担26.5元,人均减负64.2%,减负比例都在省规定的30%以上。2004年,按照《河南省降低农业税税率实施方案》精神和有关规定,卢氏县农业税税率由2002年农村税费改革时核定的7%下调到4%,降低3个百分点,农业税附加随农业税正税同步降低,全县完成农业税总额395万元,比2002年减少470万元,再一次减轻了农民负担。2005年,全省免征农业税及附加。至此,农业税这一古老税种宣告终结。

(八)工资制度改革

1.2001年工资制度改革。2001年,按照《国务院办公厅转发人事部、财政部关于调整机关工作人员工资和增加离退休人员离退休费四个实施方案的通知》(国发〔2001〕14号)规定,从2001年1月1日起,卢氏县机关行政人员基础工资标准由每人每月180元提高到230元,级别工资标准由十五级至一级每人每月85~720元提高到115~1156元。2001年,按照《国务院办公厅转发人事部、财政部关于调整事业单位工作人员工资和增加离退休人员离退休费四个实施方案的通知》(国发〔2001〕70号)规定,从2001年1月1日起,卢氏县调整事业单位工作人员工资构成中的固定部分。固定部分调整后,活的部分按国家规定的工资构成比例相应提高。

2.2006年工资制度改革。2006年,按照国务院《关于改革公务员工资制度的通知》(国发〔2006〕22号)规定,卢氏县改革公务员现行工资制度,完善机关工人岗位技术等级(岗位)工资制及津贴补贴制度,健全工资水平正常增长机制,实行年终一次性奖金。同时,开展事业单位工作人员收入分配改革,建立岗位绩效工资制度。岗位绩效工资由岗位工资、薪级工资、绩效工资和津贴工资四部分组成,其中岗位工资和薪级工资为基本工资。

六、财政管理

(一)预算管理

2001年,卢氏县实行部门预算管理,编制内容包括收入预算和支出预算。收入预算包括财政预算内拨款、预算外资金和其他各项收入;支出预算包括人员支出、公用经费、专项支出和其他支出。

(二)国库管理

国库单一账户体系是指实行财政国库集中支付后,用于所有财政性资金收支核算管理的账户体系,主要由国库单一账户、财政零余额账户、单位零余额账户、预算外资金财政专户、特设专户和主要银行账户构成。2003年,实行国库单一账户改革,账户设置由多头开户变为单一账户。支付方式由单位自行支付变为财政直接支付和授权预算单位支付,资金存放方式由分散存放在预算单位改为统一存放在财政部门,资金结算方式由先存款后支付改为先支付后清算,预算执行信息反馈方式由事后反馈变为实时反馈。

(三)行政政法财务管理

行政财务管理的主要职责是拟订行政性经费(包括行政、政法、外事经费)的财务管理制度;制订部门、单位和项目资金使用的财务管理办法;研究提出行政性经费开支标准和定额;会同分管部门、单位研究提出部门年度经费预算和专项资金预算安排建议;负责监督分管部门预算的执行;对专项资金追踪问效;审核、批复分管部门和单位的年度决算等。

1. 一般公共服务财务管理。一般公共服务财务管理包括人大、政协、党政机关、民主党派、人民团体等机关人员经费和业务活动经费。2001—2010年,在确保人员经费的基础上,努力提高业务活动经费,保障了一般公共服务活动的顺利开展。

2. 公共安全财务管理。公共安全财务管理包括公安、检察、法院、司法等部门人员经费和业务活动经费。按照公共财政的要求,把保障政法单位履行职能的基本需要作为财政支出优先安排项目,经费保障水平逐年提高,公安机关公用经费标准2008年每人每年1.7万元,检察院、法院2008年每人每年1.6万元。

3. 差旅费管理。2001—2010年,卢氏县仍执行1996年三门峡市财政局制定的差旅费标准。随着经济社会发展,原补助标准已明显偏低,省市财政分别于2007年、2008年相继出台新的差旅费管理办法。由于卢氏县财力紧张,至2010年底,尚未执行新的标准。

(四)教科文财务管理

1. 科技三项经费。科技三项经费是各级政府为支持科技事业发展而设立的新产品试验费、中间试验费和重要科研项目补助费。卢氏县每年的科技三项费用都根据需求足额安排,科技支出按照一般公共预算支出的1.5%安排,并随着财政收入的增长而逐年提高。

2. 文化专项资金。2001—2010年,为繁荣农村文化市场,各种资金投入不断增加,主要资金有农村电影公益性放映场(次)补贴、舞台艺术送农民补贴、中央补助乡镇文化站设备购置专项资金、文化信息资源共享工程专项资金、农家书屋工程专项资金、乡镇文化站综合建设专项资金、中央补助地方文化体育与传媒事业发展专项资金等。这些资金的投入,有力地保障了农村各项文化工作的正常开展。

3. 计划生育事业费。2001—2010年,卢氏县委、县政府不断完善计划生育利益导向机制,实行计生奖励、计生困难家庭扶助救助、计生户养老、医保等优惠政策,不断加大对人口与计划生育工作的支持力度。卢氏县对人口与计划生育的奖励扶助政策主要有:①凡领取独生子女父母光荣证的夫妻,在子女满14周岁前,由户籍所在地县级以上政府将独生子女父母奖励由原来每人每月5元以上,提高到每人每月不低于20元。②对符合生育第二个子女条件而自愿终身只生育一个子女的夫妻,一次性给予不低于2000元的奖励。③城市在职独生子女父母退休时,一次性各发给不低于2000元的奖励。④对再婚夫妇各有一个子女和双女户采取绝育措施的均给予一次性奖励500元。⑤对农村领取独生子女父母光荣证的家庭和计划生育双女家庭,夫妇年满60周岁后,发放奖励扶助金每人每年不低于840元。⑥对农村领取独生子女父母光荣证的家庭和计划生育双女家庭,夫妇年龄在55～60周岁的,每人每年发放300元奖扶金。⑦对农村独女户母亲年龄达到49周岁以上的,每年每户给予500元的养老奖励补助金。

4. 教育支出。卢氏县根据国家政策,逐年增加教育经费投入,逐步落实农村义务教育"两免一补"政策,实施免费九年义务教育。2001—2010年,政府对教育总投入达到115602.2万元,其中2010年教育投入23496.3万元,是2001年4433.8万元的5.3倍。政府对教育大量投入,促进了全县教育事业的发展。2001年始,卢氏县实施中小学危房改造工程、寄宿制学校建设等项目。十年间累计投入财政资金18640万元,完成中小学危房改造工程388个,改造面积1.23万平方米,消除危房7.9万平方米。2001年始,卢氏县农村中小学教职工工资由县财政统一发放,全县所有教职工工资执行县、乡同一标准。2005年,卢氏县全面落实"两免一补"政策,对农村义务教育阶段学生全部免除学杂费和免费提供教科书,对家庭困难寄宿生实行生活费补助。在全县范围内实行免费九年义务教育。

2005年,家庭困难寄宿生实行生活费补助标准为小学、初中每生每年200元。2010年提高至小学每生每年500元、初中每生每年750元。2009年,按照国务院统一要求,卢氏县着手清理化解农村义务教育"普九"债务。经各方通力协作,截至2010年底,基本完成债务的清理化解工作。

(五)项目建设资金管理

1. 教育、医疗卫生基础设施建设项目

2004年,投入资金200万元,改建新建校舍及综合楼5320平方米;投入资金477万元,用于新建县中医院传染病区、朱阳关等16个乡镇卫生院建设项目。2005年,投入资金165万元,新建三官庙等4幢学校教学楼;投入资金140万元,扩建城关镇门诊综合楼、动物防疫站。2006年,投入资金787万元,新建实验楼二幢、教学楼两幢;投入资金66.5万元,建设城关镇卫生院、卢氏县计划生育指导站。2007年,投入资金892万元,新建教学楼1栋;投入资金575万元,新建卢氏县医院门诊综合楼、磨沟口乡卫生院。2008年,投入资金1003.9万元,用于改建朱阳关镇等5所农村中学宿舍楼、食堂;投入资金225万元,用于改建县妇幼保健院及县中医院门诊楼;投入资金122万元,用于城关镇等6所计划生育服务站建设;投入资金36万元,用于沙河、狮子坪乡动物防疫体系建设。2009年,投入资金937万元,用于沙河乡等5所农村中学校舍改造;投入资金358万元,用于改建横涧等6个乡镇卫生院及8个村卫生室项目建设;投入资金31.8万元,用于乡镇动物防疫体系项目建设。2010年,投入资金260万元,用于卢氏县特殊教育学校项目建设;投入资金2258万元,用于卢氏县医院、五里川镇中心计划生育五福站、五里川镇及朱阳关镇卫生所项目建设。

2. 地方公检法司建设项目

2004年,投入资金322万元,用于卢氏县法院审判庭、卢氏县看守所及沙河乡等4个乡镇司法所基建项目。2006年,投入资金40.7万元,用于东明镇等7个乡镇司法所基建项目。2007年,投入资金177万元,用于改建卢氏县拘押收教场所;投入资金42.3万元,用于官道口镇法庭建设。2008年,投入资金23.2万元,用于范里等4个乡镇基层司法所建设。2009年,投入资金193.1万元,用于卢氏县拘留所和东明镇、城关镇公安派出所项目建设。2010年,投入资金1748.8万元,用于卢氏县看守所和8个乡镇公安派出所建设及公安局、司法局业务技术用房建设。

3. 城乡供排水系统建设项目

2004年,投入资金610万元,新建县城日供2万吨配水厂一个。2006年,投入资金352万元,用于农村安全饮水工程,惠及群众1.8万人。2007年,投入资金575.5万元,用于补助城镇规划内建成及在建供水管网;投入资金840.62万元,用于农村安全饮水工程,惠及群众2.72万名。2008年,投入资金200万元,用于五里川镇供水管网建设;投入资金21万元,用于官道口等乡镇上下水管网建设奖励;投入资金1012万元,用于农村安全饮水工程,惠及群众2万人。2009年,投入资金845万元,用于范里镇、官道口镇供水工程;投入资金1557万元,用于农村安全饮水工程,惠及群众3万人。2010年,投入资金596万元,用于官道口镇、朱阳关镇农村安全饮水工程。

4. 生态环境保护项目

2004年,投入资金427万元,完成退耕还林、封山育林3万亩。2005年,投入资金117万元,用于天保公益林营造;投入资金394万元,用于封山育林、退耕还林项目;投入资金33万元,用于大鲵保护区改建项目;投入资金15万元,用于救护车及配套仪器设备购置和土肥检测项目建设;投入资金100万元,修建中里坪电站2136万立方米水库1座;投入资金870万元,用于卢氏致先矿业、杨家湾铁锌矿、玉皇山地质公园等环境治理项目。2006年,投入资金181万元,完成天保公益林保护1.1万亩、退耕还林1.6万亩;投入资金343万元,用于卢氏县大鲵自然保护区项目救护中心、繁育基地等土建工程及设备购置。2007年,投入资金230万元,完成封山育林2万亩、退耕还林1.8万亩;投入资金60万元,用于补助污水处理厂建设项目;投入资金102.5万元,用于补助减排建设项目;投入资金997万元,用于县城生活垃圾处理建设项目。2008年,投入资金365万元,完成荒山造林1万亩、封山育林1万亩、东湾林场林木良种基地建设项目;投入资金300万元,用于卢氏县熊耳水泥有限公司淘汰落后产能项目奖励补助;投入资金726万元,用于卢氏一高新校区可再生能源建筑应用示范项目补助;投入资金800万元,用于卢氏县日处理生活垃圾120吨垃圾场建设项目;投入资金800万元,用于污水处理厂建设项目。2009年,投入资金223.6万元,用于天然林保护工程;投入资金220万元,专项用于农村电气化及小水电代燃料项目;投入资金712万元,完成荒山造林2万亩;

投入资金 85 万元,用于幼林抚育试点示范项目;投入资金 82 万元,用于环境检测和环保监察执法标准化建设项目;投入资金 464 万元,用于城关等 8 个建制镇垃圾处理设施建设项目;投入资金 1128 万元,用于朱阳关镇衙役沟泥石流勘察治理建设项目。2010 年,投入资金 857 万元,用于沙、洛河治理工程项目;投入资金 300 万元,用于卢氏县涧北小水电代燃料项目;投入资金 787.8 万元,完成天然林封山育林 2 万亩及退耕还林、荒山造林、森林保护项目、淇河林场新造落叶松基地示范项目;投入资金 1691.29 万元,用于 209 国道后瑶峪段铅锌矿区地质环境治理和官坡镇罗家沟泥石流应急勘查治理、夜长坪钼矿项目、清南铁矿项目和乡镇基层国土资源所建设项目。

5. 农业农村建设项目

2004 年,投入资金 200 万元,用于五里川镇基础设施建设项目。2007 年,投入资金 120 万元,对徐家湾等 8 个乡镇实施灾后排水设施重建项目;投入资金 57.27 万元,用于 46 个行政村活动场所建设项目。2009 年,投入资金 400 万元,用于农村危房改造项目;投入资金 887 万元,用于磨沟口乡双龙湾等 3 个易地搬迁试点工程及城关镇以工代赈示范建设项目;投入资金 10 万元,用于官道口镇新坪村等 5 个生态文明村建设项目补助;投入资金 405.4 万元,重点解决农村沼气及服务网点建设;投入资金 136 万元,用于潘河等 6 个乡镇文化站建设项目。2010 年,投入资金 3311 万元,用于全县各乡镇易地扶贫搬迁试点工程和全县农村危房改造项目;投入资金 216 万元,用于城关等 9 个乡镇综合文化站建设项目;投入资金 120 万元,用于横涧乡、范里镇等 13 个乡镇农村沼气建设项目;投入资金 220 万元,用于杜关镇供水管网工程项目;投入资金 20 万元,用于生猪标准化规模养殖场建设项目。

6. 乡镇公路及“村村通”建设项目

2003 年起,卢氏县实施“村村通”公路建设,对农村公路建设补助标准为 10 万元/公里。当年投入资金 131.6 万元,修建 13 条道路 26.6 公里。2005 年,投入资金 80 万元,用于磨沟口等 3 个乡镇 4 条新建公路项目;投入资金 2567.26 万元,修建“村村通”道路 70 条 261.48 公里。2006 年,投入资金 920 万元,用于五里川等 19 个乡镇农村客运站及汽车站建设项目;投入资金 1800 万元,修建“村村通”道路 53 条 180 公里。2007 年,投入资金 2820 万元,修建“村村通”道路 83 条 281.24 公里。2008 年,“村村通”道路补助标准调整为 15 万元/公里。当年投入资金 2294 万元,修建道路 55 条 207.33 公里。2009 年,投入资金 3787 万元,修建“村村通”道路 50 条 330.16 公里。2010 年,投入资金 250 万元,用于磨口乡龙驹至后虎峪公路建设项目;投入资金 811 万元,修建“村村通”道路 24 条 54.5 公里。

7. 水利设施建设项目

2006 年,投入资金 418 万元,用于双龙湾水电站建设项目;投入资金 1896 万元,用于中里坪水电站建设和小水电代燃料项目。2007 年,投入资金 31 万元,用于重点小流域治理南峪建设项目;投入资金 229 万元,用于葫芦湾水库除险加固工程。2008 年,投入资金 57.27 万元,用于黄河中上游水土保持建设项目;投入资金 759 万元,专项补助库容 347 万立方米以上石门、双庙水库除险加固项目;投入资金 218 万元,用于洛河南岸防洪河堤续建工程项目;投入资金 721.5 万元,用于治理小流域水土流失项目。2009 年,投入资金 214 万元,用于洛河南岸横涧段防洪堤建设项目;投入资金 135 万元,专项补助葫芦湾水库除险加固工程项目;投入资金 1743 万元,用于沙、洛河治理工程项目;投入资金 943.5 万元,用于老鹳河上游水土流失治理项目。2010 年,投入资金 104.79 万元,用于卢氏县葫芦湾水库、石门水库、双庙水库小型病险水库除险加固项目及重大水利工程项目。

8. 廉租房及其他建设项目

2008 年,投入资金 680 万元,用于洛神苑小区 162 套廉租房新建项目。2009 年,投入资金 3600 万元,用于卢园广场及 80 米绿化带建设项目。

(六)强农惠农资金管理

1. 农作物良种补贴。2008 年,卢氏县开始实施小麦良种补贴政策。当年完成良种补贴面积 21.84 万亩,补贴良种 178 万公斤。2009 年,卢氏县增加玉米、棉花良种补贴,实现小麦、玉米、棉花良种补贴全覆盖。补贴标准为小麦、玉米 10 元/亩,棉花

15 元/亩。其中:玉米良种补贴 11.97 万亩,资金 119.66 万元;棉花良种补贴 1500 亩,资金 22500 万元;小麦良种补贴 19.93 万亩,资金 199.33 万元。2010 年,卢氏县玉米、棉花良种补贴采取现金直补方式直接补贴给农民。玉米补贴面积 20.82 万亩,每亩 10 元,累计发放补贴资金 208.17 万元。棉花补贴面积 468.5 亩,每亩 15 元,累计发放补贴资金 0.7 万元。小麦良种补贴采取“种子售价折扣补贴”方式,共落实小麦补贴面积 20.96 万亩,补贴资金 209.61 万元。

2.退耕还林补贴。2002—2010 年,卢氏县完成退耕还林 40.08 万亩。其中退耕地造林 5.38 万亩,配套宜林荒山造林 24.8 万亩(含封山育林 9.9 万亩),涉及全县 12 个乡镇 157 个行政村 14221 户。退耕地按林种分为生态林 40 万亩,占总面积的 99.8%;经济林 0.07 万亩,占总面积的 0.2%。

2002—2003 年,卢氏县退耕还林每年补助小麦 100 公斤/亩,补助现金(管护费)20 元/亩,退耕还林第一年提供造林种苗补助费 50 元/亩。

2004 年,卢氏县退耕还林由粮食补助改为现金补助,原每年补助小麦 100 公斤/亩改为补助现金 140 元/亩。原现金补助(管护费)20 元/亩、种苗补助费 50 元/亩政策继续执行。

2009 年 8 月,卢氏县落实国务院《关于完善退耕还林政策的通知》(国发〔2007〕25 号)精神,继续对退耕农户延长一个周期的现金补助(生态林补助 8 年,经济林补助 5 年),按退耕地 70 元/亩、生活补助费 20 元/亩标准执行,并与管护任务挂钩。

3.大中型水库移民后期扶持补贴。2006 年 7 月 1 日起,国家对全国大中型水库农村移民实行统一的后期扶持政策,按照每人 600 元/年的标准,连续扶持 20 年。对 2006 年 6 月 30 日前搬迁纳入扶持范围的移民,从 2006 年 7 月 1 日起再扶持 20 年;对 2006 年 7 月 1 日以后搬迁纳入扶持范围的移民,从其完成搬迁之日起扶持 20 年。2006 年 7 月至 2010 年 6 月,卢氏县累计发放大中型水库移民后期扶持补贴资金 2532.52 万元。

4.天然林保护补贴。2000 年 12 月,卢氏县开始实施天然林资源保护工程。在管护方面,建立以划分责任区承包管护为主体、结合封山设卡管理和在出入境处设置管护督检站为辅助的三级管护网络,配置护林员 900 余人,对全县 21.6 万亩国有林地、331.3 万亩集体林地进行有效管护。同时,对全县 393 名工程区富余职工予以妥善安置。2001—2010 年,卢氏县累计投入天然林保护工程资金 9663 万元(中央财政 8021 万元、省级配套 1642 万元)。

5.农村沼气补贴。卢氏县农村沼气项目建设始于 2008 年,补助标准为 1200 元/户。2008—2010 年,上级下达农村沼气建设项目资金 414.96 万元,项目涉及 18 个乡镇 39 个行政村,其中 2008 年实施沼气项目 1508 户,2009 年 950 户,2010 年 1000 户,三年累计实施沼气项目 3458 户,建设沼气服务网点 19 个。

6.农村安全饮水工程。2005—2010 年,卢氏县共安排农村饮水安全项目资金 5174 万元,建成农村饮水安全工程 157 处,解决了 219 个行政村 11.72万人的饮水困难。

(七)企业财务管理

1.工业企业

从 2003 年开始,卢氏县迎来国有企业改革的重要时期。为完成国有企业改革任务,卢氏县成立国有企业清产核资领导小组,下设破产清算小组,对全县国有企业进行清产核资。卢氏县国有企业包括水力发电站、面粉厂、水泥厂、冶炼厂、无机化工厂、机械厂、三门峡第三制药厂、刨花板厂、制线厂、辉锑矿、木材公司、造纸厂、罐头厂、食品厂、发酵厂、印刷厂、农机大修厂等。在政府的引导下,企业改革公开向社会募集资本,号召社会各界可参股、配股、收购、兼并、重组卢氏县国有工业企业,充分发挥市场在资源配置中的功能和作用,对卢氏县国有工业企业进行彻底改革。对落后淘汰产能、高能耗产能、资源枯竭产能、产业结构不合理的国有企业,如冶炼厂、无机化工厂、机械厂、刨花板厂、制线厂、辉锑矿、木材公司、造纸厂、罐头厂、食品厂、发酵厂、印刷厂、农机大修厂等,直接破产清算;对通过嫁接改造能够重现市场活力的水泥厂、三门峡第三制药厂,则通过市场融资、股份制改造让其继续存活,使其成为卢氏县企业的主力军和领头羊;对涉及国计民生、城市生产生活供应的卢氏县电力公司、面粉厂、自来水公司、三个小型水力发电站，通过现代企业制度建立和资源优化整合，其国有企业性质不变。卢氏县电力公司因属城市供电企业，根据其行业管理优势上划国家电网公司管理。三个小型水力发电站通过重新组合成立卢氏县水利电力实业开发总公司，对其资产统一整合、统一管理、统一经营。卢氏县面粉厂和卢氏县自来水公司涉及国计民生和城市供应，国有企业整体框架结构不变。

2. 商品流通企业

国有商业企业、供销合作企业在社会主义建设初期，为城乡居民生产生活物资供应提供了重要保障，在计划经济体制中发挥了不可替代的作用。1978 年，国家实行改革开放，个体工商户、私营企业应运而生，其灵活多变的经营模式，使商品流通领域公有制经济的地位受到冲击。在个体、私营企业的冲击下，卢氏县百货公司、五交化公司、食品公司、副食品公司、饮食服务公司、调味品公司、建材公司、煤炭公司、饲料公司、粮油议价公司、粮管所、供销合作社及其下属基层社等公有制企业受到影响，经营状况日益困难。20 世纪 90 年代，这部分企业主要以承包经营的方式勉强维持。随着市场经济改革的不断深入，在市场经济的大潮中，经过优胜劣汰，无法持续经营的企业已经破产，能够生存下来的，主要通过资产租赁维持运营。这些企业为 20 世纪 70—80 年代所建，房屋多为土木结构，资产本身没有太大商业价值，但所处位置均属县城核心商业区，点多面广，潜在的商业价值很高。长期以来，这些区域供水、供电、污水处理已影响到城市居民的生活质量，城市基础设施建设急需升级改造和功能提升，如果对其并购、重组，则对未来城市建设规划造成一定的影响。因此，卢氏县多数公有制商品流通企业仍维持原有企业性质不变。因粮食企业涉及国计民生，具有重要的战略地位，卢氏县粮食商品流通企业通过重新整合，组建了卢氏县为民粮油储备储运有限责任公司、卢氏县军粮供应、卢氏县粮食储备库等国有粮食商品流通企业。

卢氏县经济体制改革相对滞后。2005 年县国有工业企业改革基本完成，除涉及国计民生的粮食加工企业、城市供水、供电企业保留国有性质外，多数企业破产，部分企业重组。经过此轮改革，县工业企业所剩无几，工业基础十分薄弱。利用本地资源，因地制宜发展农业生产，拉伸农业产业链条，加快招商引资，发展卢氏县特色农业经济迫在眉睫。为了创造良好的营商环境，2008 年卢氏县成立了产业集聚区管委会，并将县城以东洛河两岸地段划分为产业集聚区。2009 年，为解决中小微企业融资难、融资贵问题，专门成立了卢氏县中小企业投资担保公司。经过政府历届领导的努力，至 2010 年，卢氏县民营企业数量和规模成倍增长，为卢氏县经济可持续发展奠定了良好基础。

3. 中小微企业经营状况

(1)纳入河南省财政企业信息平台企业状况

自 2003 年起，卢氏县国有工业企业进行了一次彻底的改革。改革后城镇国有商业企业、农村供销合作社日渐退出历史舞台，而一些中小微企业、新型经济主体、合作社在国家一系列政策的推动下迅速萌芽发展。2006 年，卢氏县首家非国有企业三门峡华阳食品有限公司，纳入了河南省财政企业信息管理系统。为了给国家宏观经济政策提供准确、真实、可靠、完整的企业会计信息，对一些长期无生产、无经营、无人员的“僵尸”国有商业企业、粮食企业、供销合作社等，县财政局向省财政厅申请让其退出河南省财政企业信息管理系统。为增加财政企业信息平台企业户数，县财政局不断与商务、工信部门沟通，支持鼓励经营状况良好、资产规模较大、发展前景乐观、财务管理规范的企业，纳入财政企业信息管理系统。对于一些长期不报送报表、财务人员不稳定、财务管理不规范的企业，要求其退出河南省财政企业信息管理平台。对没有纳入河南省财政企业信息管理平台的企业，不得申报上级财政项目资金。为控制企业财务信息质量，县财政局专门制定了企业财务信息质量考核办法，对企业会计报表报送的及时性、财务数据的准确性、财务分析的精深度等，进行考核评分。

(2)企业金融贸易经济政策

从1978年改革开放至2010年,卢氏县中小微企业、新型经济主体、合作社等企业从无到有,在城市经济的辐射带动下,经受了2008年全球经济危机的考验。其间,除前述国有企业改革外,国家还出台一系列宏观经济政策。具体到县级城乡经济发展的政策有:为改善生态环境,2002年全面启动退耕还林工程;为减轻农民负担,2003年逐步实施全面取消农业税征收政策;为深化农村经济体制改革、稳定农业生产、鼓励广大农民种粮积极性,2004年开始对种粮农户进行粮食补贴;为推动社会主义新农村建设、扩大内需、拉动农村市场消费,2006年开始在全县城乡推动了"万村千乡"市场工程;为保护农业生产、增强农业抗风险能力、提高广大农户风险意识,2007年卢氏县全面开展了农业保险工作;为了拉动经济增长、扩大内需、应对全球经济危机,2007年始陆续实施家电下乡、汽车摩托车下乡及家电以旧换新政策;为改善营商环境、拉伸产业链条、增强企业凝聚力、向心力,2008年卢氏县成立产业集聚区管委会,2009年在县城以东洛河两岸规划产业集聚区,集中力量加快产业集聚区土地征收及规划建设工作,使企业尽快在产业集聚区安家落户;为缓解中小微企业融资难问题,2009年成立政府性融资担保平台中小企业投资担保有限公司;为扩大就业、应对危机,持续加大下岗职工小额担保贷款支持范围和力度;为促进农业生产、支持涉农企业发展,2009年开展涉农贷款增量奖励,激励金融机构加大对涉农贷款支持力度;为应对经济危机、保市场保稳定、促进产业升级、结构调整,积极向上争取先进制造业发展资金、特色中小企业发展资金、外经贸易区域协调发展资金、中小企业市场开拓资金、市场检测资金等,引导企业良性发展,充分发挥财政资金"四两拨千斤"的作用。

(八)社会保障财务管理

1. 社会保险基金管理

按照财政部《社会保障基金财政专户管理暂行办法》规定,社会保险基金纳入财政社保专户,实行收支两条线管理。(1)2006年,卢氏县养老保险基金实行市级统筹,2001—2010年累计发放退休人员养老金17419万元。(2)2006年4月,卢氏县生育保险基金由县医保中心转交三门峡市管理,2006—2010年累计支出38.26万元。(3)2008年11月,卢氏县失业保险基金实行市级统筹,2001—2010年累计支出2453.28万元。(4)2010年11月,卢氏县工伤保险基金实行市级统筹,2006—2010年累计支出251.28万元。(5)2010年,卢氏县城镇职工医疗保险参保人数由2001年的2300人增至1.76万人,累计支出7188万元。(6)2010年,城镇居民医疗保险参保人员为1.5万多人,2008—2010年累计支出393万元。(7)2004年,卢氏县开始实施新型农村合作医疗制度,至2010年底,人数由25.71万增至32.48万,累计支出13477万元。(8)2010年,卢氏县实施城乡居民养老保险,全县参保缴费16.35万人,占全县16~59周岁农村居民20.23万人的80.8%;全县累计征缴养老保险金1685.05万元,为全县3.7万名60周岁以上老人发放养老保险金2394.26万元。

2. 就业再就业扶持

(1)再就业资金。2001—2010年,卢氏县筹措再就业资金6700余万元,主要用于支持卢氏县国有企业改制过程中落实企业与职工解除劳动关系涉及的经济补偿、养老、医疗、失业等补助资金,开发公益性岗位,安排"40""50"人员,下岗失业职工、农民工技能培训,企业小额担保贷款政策等。

(2)阳光工程。2005—2010年,卢氏县财政累计投入300余万元,完成"阳光工程"培训8023人。2005—2008年,"阳光工程"培训主要是由农业局、科技局和人社局联合组织外出务工培训,要求培训人员必须实现转移就业,专业设置市场营销、计算机、焊工等。2009—2010年,在强化农民外出务工就业的同时,"阳光工程"重点围绕农业农村重大工程项目、促进农民创业、规范和扶持农民专业合作社组织发展等六个方面进行培训,专业设置驾驶与维修、计算机、沼气、农村经纪人、拖拉机驾驶员、村级动物防疫员等。

3. 农村最低生活保障

2006年,卢氏县实施农村最低生活保障救助政策。当年享受8575人,补助标准为840元/人·年。2007年,卢氏县农村享受最低生活保障人数10927

人,补助标准提高到1000元/人·年,支付低保资金330.94万元。2008年,卢氏县农村享受最低生活保障人数11016人,补助标准提高到1100元/人·年,支付低保资金598.29万元。2009年,卢氏县农村享受最低生活保障人数18548人,补助标准提高到1200元/人·年,支付低保资金1095.94万元。2010年,卢氏县农村享受最低生活保障人数19981人,补助标准1200元/人·年,支付低保资金1476.74万元。

4. 城市最低生活保障

2006年,卢氏县享受城市居民最低生活保障人数3486人,补助标准每月104元/人,支付低保资金240.26万元。2007年,卢氏县享受城市居民最低生活保障人数3573人,补助标准提高到每月130元/人,支付低保资金247.16万元。2008年,卢氏县享受城市居民最低生活保障人数3884人,补助标准提高到每月165元/人,支付低保资金734.74万元。2009年,卢氏县享受城市居民最低生活保障人数3866人,补助标准提高到每月195元/人,支付低保资金724.95万元。2010年,卢氏县享受城市居民最低生活保障人数3954人,补助标准每月195元/人,支付低保资金700.28万元。

5. 困难群体医疗救助

2006年8月25日,卢氏县颁发《卢氏县城市医疗救助实施办法》,建立城市医疗救助制度。2008年4月出台的《卢氏县城乡医疗救助(暂行)办法》规定,享受农村医疗救助的对象为经县民政部门批准的农村五保对象、城乡低保对象且已纳入农村新型合作医疗者。救助病种:再生障碍性贫血、白血病和败血病、重大器官移植、恶性肿瘤、慢性肾衰竭(尿毒症)、急性脑中风、脑出血、心肌梗塞、肝炎、肝硬化、肝腹水、糖尿病后期、无主严重车祸或其他严重意外事故、大面积烧伤。截至2010年底,累计拨付困难群众医疗救助资金378万元。

6. 农村五保供养

2005年,卢氏县执行新的农村五保供养政策。截至2010年底,全县有分散五保供养对象1385人,集中五保供养对象1078人,累计拨付五保户供养资金1876.46万元。

7. 医疗卫生体系建设

截至2010年底,卢氏县共有各级各类医疗卫生机构403个。其中县直8个,乡镇卫生院22个,村级卫生所373个。2001—2010年,累计筹资5390多万元,完成卢氏县医院旧房、危房改造,扩建卢氏县急救中心,建成卢氏县中医院门诊综合楼。并先后完成卢氏县防疫站、保健站建设和卫校的易地搬迁。累计新建、扩建医疗用房3.8万平方米,添置千元以上医疗设备850余件(台),固定资产和1991年底相比增长6倍,医疗卫生服务、疾病控制、卫生监督体系初步形成。医疗卫生基础设施的改善,显著提高了诊疗技术水平,为全县广大城乡居民提供了较完备的医疗卫生保障服务。

(九)福利体彩惠民工程

福利、体育彩票专项资金使用情况。2001—2010年,卢氏县投入福利彩票专项资金332万元,修缮乡镇敬老院8个,改善了454名五保老人的生活条件。投入体育彩票专项资金258万元,其中用于大型群众体育运动会补助26万元,购置体育活动器材22万元,公民体质监测及群众体育科研经费167万元。

(十)会计事务管理

2005年颁布的《河南省会计从业资格管理实施办法》规定,具备国家教育行政主管部门认可的中专以上(含中专,下同)会计类专业学历(或学位)的,自毕业之日起两年内(含两年),免试会计基础、初级会计电算化课程。2010年3月,河南省财政厅修订的《河南省会计从业管理办法》规定,会计从业资格考试实行无纸化,会计人员继续教育全部实行网上教育。2001年4月,卢氏县获财政部中华会计函授总校授予的“先进函授站”称号。2002年12月,获河南省财政厅授予的中华会计函授学校“先进函授站”“示范性函授站”称号。

(十一)行政事业单位工资管理

2001—2002年,卢氏县行政事业单位干部职工工资管理,由单位根据县工资管理部门审批的工资标准编制年度预算,经财政部门审核后,按月将工资拨付到各单位,由单位自行发放。2003年,国库集中支付改革后,每年初,各单位将工资管理部门审批的工资标准报财政部门审核,财政部门按月将工资拨付到财政零余额账户,由银行将工资直接支付到干部职工个人账户。

第七节　开发区

一、概　况

1992年4月,经三门峡市人民政府批准,设立三门峡贸易开发区。1995年3月5日,经河南省人民政府批准,三门峡贸易开发区升格为省级经济技术开发区。2005年12月8日,经国家发展和改革委员会审核后更名为"河南三门峡经济开发区"。2008年12月,经河南省人民政府批准,设立三门峡经济技术产业集聚区。经济技术产业集聚区总面积10.9平方公里,辖6个行政村(向阳、后川、三里桥、南关、山前、山后),常住人口3.2万人。

2001—2010年,三门峡经济技术开发区坚持"工业富区、商贸兴区、科技强区、文化旅游活区"发展战略,大力发展科技含量高、附加值高、高利税、无污染、外向型企业,以商贸带动开发,集商贸、科技、工业、旅游为一体,走多种成分并举、技工贸结合、多业并进的全方位综合开发之路,在促进三门峡经济发展,推进工业化、城镇化进程中发挥了重要作用,成为三门峡市发展现代化特色城市的新城区、高新技术产业示范区、全市对外开放的窗口。

二、财政体制

2001—2010年,三门峡市财政局本着"尊重历史,分级管理"的原则,在财政管理体制上给予开发区优惠政策,为开发区经济的健康稳定发展提供了政策保障。

2002年11月20日,根据三门峡市财政局《关于核定所得税收入分享改革基数返还额的通知》(三财预〔2002〕673号)要求,开发区个人所得税以2001年实际完成数为基数,企业所得税基数以2000年实际完成数乘以2001年1—9月企业所得税实际增长率计算确定。2004年2月24日,根据《三门峡市人民政府关于调整市与县(市、区)财政管理体制的通知》(三政〔2004〕9号)中提出的"打破按企业隶属关系划分收入的管理体制,实行按税收划分收入,市与县(市、区)按比例共享"原则,对开发区财政体制作了调整。同年,三门峡市财政局《关于核定市与县(市、区)体制调整基数的通知》(三财预〔2004〕24号)核定,自2004年起,开发区金融保险营业税、个人利息所得税收入上解基数为77万元。2009年11月,根据三门峡市财政局《关于重新明确市与县(市、区)财政体制有关基数核定问题的通知》(三财预〔2009〕817号)精神,从2009年起,县(市、区)消费税和增值税税收返还增长率按上划中央消费税和增值税增长率的1∶0.3系数确定。

三、财政收入

(一)一般预算收入

2001—2010年,开发区采取多种措施,不断加大税收征管力度,保障了财政收入的持续稳定增长。2010年,开发区财政一般预算收入完成8508万元,为2001年1253万元的6.8倍,年均增长23.7%。十年累计完成收入38125万元,为全区经济社会又好又快发展提供了财力保障。2010年,开发区财政一般预算收入完成69028万元,为2001年9657万元的7.15倍,年均增长24.4%。

(二)政府基金收入

2001—2010年,开发区累计完成基金收入175万元。基金收入的足额征收,弥补了预算资金的不足,支持了各项事业的发展。

2001—2010 年三门峡市开发区一般预算收入完成情况表

表 100　　单位:万元

项　目	2001 年	2002 年	2003 年	2004 年	2005 年	2006 年	2007 年	2008 年	2009 年	2010 年	合　计
一般预算收入合计	**1253**	**1300**	**1402**	**2080**	**2708**	**3513**	**4350**	**6008**	**7001**	**8508**	**38123**
税收收入	1149	1207	1288	1824	2245	3175	3989	5402	5828	8197	34304
增值税	196	201	210	356	561	864	1039	1815	1720	1256	8218
营业税	464	641	675	771	1053	1472	1685	2065	2430	3121	14377
企业所得税	239	90	94	113	128	203	476	341	183	373	2240
个人所得税	71	51	94	138	116	185	127	155	171	243	1351
资源税	—	—	—	—	—	—	—	—	—	—	—
城市维护建设税	65	59	77	90	112	189	206	278	303	377	1756
房产税	68	91	55	63	101	155	183	186	349	250	1501
印花税	7	2	5	25	11	27	80	53	49	85	344
城镇土地使用税	10	4	2	12	30	50	136	360	412	422	1438
土地增值税	—	—	1	1	2	11	49	100	53	139	356
车船使用和牌照税	1	33	26	25	12	19	8	49	81	93	347
屠宰税	—	—	—	—	—	—	—	—	—	—	
农业税	3	6	7	4	—	—	—	—	—	—	20
农业特产税	1	—	—	—	—	—	—	—	—	—	1
烟叶税	—	—	—	—	—	—	—	—	—	—	
耕地占用税	—	—	—	—	119	—	—	—	77	1745	1941
契　税	24	29	42	226	—	—	—	—	—	93	414
非税收入	104	93	114	256	463	338	361	606	1173	311	3819
国有企业计划亏损补贴	—	—	—	—	—	—	—	—	—	—	—
行政事业性、罚没收费收入	76	67	62	23	291	2	—	147	124	—	792
专项收入	27	26	33	229	169	284	348	288	297	297	1998
国有资源(资产)有偿使用收入	—	—	—	—	—	—	13	171	261	14	459
其他收入	1	—	19	4	3	52	—	—	491	—	570

四、财政支出

(一)一般公共预算支出

按照财政部统一规定,2001—2006 年开发区一般预算支出类别为“类”“款”“项”“目”4 个级次。支出内容有“基本建设支出”等 28 项。

2001—2006 年累计完成支出 15208 万元,年均支出 2534.7 万元。2004 年,开发区深化部门预算编制改革,细化预算标准,以全面提高预算编制的科学性、完整性。对单位预算内外资金统一管理、统一编制、统筹安排;对专项支出预算,在认真评估的基础上,细化到每一个项目。优先安排工资性支出、社会保障和再就业支出,保证教育、科学、农业和卫生等重点支出需要。当年,一般预算支出完成 2660 万元,较上年 2628.1 万元增长 5.7%。2007 年,开发区实行政府收支分类改革,预算支出按照新的分类科目标准编制。至 2010 年,五年间一般预算支出完成29968万元。2010年,开发区地方财政一般预算支出突破亿元大关,完成10511万元,较上年8525万元增长23.3%,为2001年预算支出1437万元的7.31倍。

(二)基金支出

2001—2010年,开发区累计完成基金支出14462万元,年均支出1446.2万元。其中2010年支出11226万元,为2001年1166万元的9.6倍。

2001—2006年三门峡市开发区政府收支分类改革前一般预算支出完成情况表

表101　　单位:万元

项　目	2001年	2002年	2003年	2004年	2005年	2006年	合　计
一般预算支出合计	**1417**	**1585**	**2517**	**2660**	**3129**	**3730**	**15038**
经济建设支出	155	286	1313	450	250	250	2704
基本建设支出	152	283	1310	445	210	210	2610
企业挖潜改造资金支出	—	—	—	—	20	20	40
科技三项费用支出	3	3	3	5	20	20	54
城市维护费支出	—	—	—	—	—	—	—
地质勘探费用支出	—	—	—	—	—	—	—
农林水利气象支出	76	51	36	105	108	108	484
支援农业生产支出	64	10	—	—	—	—	74
农业综合开发支出	6	6	—	—	—	—	12
农林水气象等部门事业费支出	6	35	—	—	—	—	41
农业支出	—	—	23	89	73	73	258
林业支出	—	—	12	15	30	30	87
水利和气象支出	—	—	1	1	5	5	12
社会文教费支出	162	205	233	244	361	361	1566
教育支出	131	158	160	169	213	259	1090
科学支出	—	—	—	—	—	—	—
文体广播事业费支出	8	13	17	31	32	43	144
医疗卫生支出	23	34	56	44	54	59	270
行政管理费支出	439	388	457	536	613	857	3290
行政管理费支出	389	349	422	486	563	786	2995
公检法司支出	50	39	35	50	50	71	295
社会保障支出	9	19	21	16	28	44	137
抚恤和社会福利救济费支出	7	17	19	14	26	42	125
行政事业单位离退休支出	—	—	—	—	—	—	—
社会保障补助支出	2	2	2	2	2	2	12
其他事业费支出	216	203	208	592	869	816	2904

续表 101

项　目	2001 年	2002 年	2003 年	2004 年	2005 年	2006 年	合　计
工业交通等部门事业费支出	216	86	78	483	703	533	2099
流通部门事业费支出	—	—	—	—	—	—	—
其他部门事业费支出		117	130	109	166	283	805
其他支出	360	433	249	717	777	1294	3830
政策性补贴支出	—	—	—	—	—	1	1
支援不发达地区支出	—	—	—	—	—	—	—
车辆税费支出	—	—	—	—	—	—	—
专项支出	27	27	33	229	169	433	918
其他支出	333	406	216	488	608	860	2911

2007—2010 年三门峡市开发区政府收支分类改革后一般预算支出完成情况表

表 102

单位:万元

项　目	2007 年	2008 年	2009 年	2010 年	合　计
一般预算支出合计	**4697**	**6235**	**8525**	**10511**	**29968**
一般公共服务支出	1399	1850	2305	3041	8595
公共安全支出	102	105	123	111	441
教育支出	622	865	1011	1528	4026
科学技术支出	100	140	170	248	658
文化体育与传媒支出	1	1	9	24	35
社会保障和就业支出	125	129	198	255	707
医疗卫生支出	99	130	130	161	520
节能环保支出	240	128	794	275	1437
城乡社区事务支出	818	1129	1502	1428	4877
农林水事务支出	147	431	553	800	1931
交通运输支出	—	—	1	—	1
资源勘探电力信息等事务支出	—	—	9	400	409
商业服务业等事务支出	35	32	—	905	972
国土资源气象等事务支出	—	—	—	12	12
粮油物资管理事务支出	—	—	445	73	518
住房保障支出	—	—	—	—	—
其他支出	1009	1295	1275	1250	4829

五、财政改革

(一)政府收支分类改革

按照财政部《政府收支分类改革方案》要求，2007年1月，开发区启动政府收支分类改革。按照"公开透明、符合国情、便于操作"原则，建立包括收入分类、支出功能分类和支出经济分类在内的政府收支分类体系，形成相对稳定的既反映政府职能活动又反映支出性质、既有总括反映又有明细反映的支出分类框架，为之后全方位的政府支出分类改革创造了有利条件。

(二)农村税费改革

2002年3月28日，《河南省人民政府关于全面推行农村税费改革的通告》颁布，宣告农村税费改革工作在河南省全面铺开。2005年3月，根据国务院《关于全面推进农村税费改革试点工作的意见》(国发〔2003〕12号)精神，全面免征农业税及附加，结束了延续2000多年的农民缴纳"皇粮国税"的历史。当年，开发区认真落实农业税免征政策，精简村组干部，压缩村级开支。加强减轻农民负担监督管理，清理和规范涉农行政事业性收费，切实加强对农村学生就学、农民建房、结婚登记、计划生育指标审批等过程中各种涉农收费管理，为农村经济社会发展创造了良好环境。

(三)预算外资金(非税收入)改革

2004年，开发区认真执行"票款分离"制度，按照"单位开票、银行收款、财政统管"原则，从规范收缴分离和罚缴分离入手，充分发挥票据源头控制作用。当年，完成预算外收入215万元，比上年增收96万元，增长81%。2006年初，开发区正式开通非税收入监管系统，实现了非税收入管理的规范化和科学化，有效避免了执收单位随意占压、挪用财政资金现象，加快了财政资金周转速度，提高了财政资金使用效率。当年，非税收入监管系统归集缴款通知书2100余笔，归集非税收入资金260万元，提前完成非税收入任务。2007年，开发区认真清理、撤并行政事业单位银行账户，规范各单位账户管理。严把财政票据使用关，全年票据核销率达到91.4%。7月，按照三门峡市优化经济发展环境工作领导小组《三门峡市开展涉企行政事业性收费专项清理工作实施意见的通知》(豫三开〔2007〕25号)精神，认真清理行政许可收费项目，有效遏制乱收费现象的发生。同时，继续坚持收支两条线管理，将部分行政事业性收费、罚没收入和政府性基金收入纳入预算管理，一定程度上缓解了财政压力。2010年，重点加强机动车交易市场、房租收入管理，理顺管理渠道。对房租等国有经营性收益加强监控，防止财政收入流失。全年非税收入完成468.2万元，比上年增长61.1%。

(四)国库集中支付管理改革

2003年7月1日，根据河南省人民政府办公厅《关于贯彻财库〔2001〕24号文件精神，做好财政国库管理制度改革工作的通知》(豫政办〔2001〕132号)要求和三门峡市人民政府国库管理制度改革会议精神，开发区全面实施以单一账户体系为基础、资金缴拨以国库集中收付为主要形式的财政国库管理制度改革。经三门峡经济技术开发区管委会《关于成立三门峡经济技术开发区财政局国库科和国库集中支付中心的批复》(豫三开〔2003〕40号)文件批准，设立开发区财政局国库科和开发区财政国库集中支付(核算)中心。当年纳入国库集中支付中心管理的预算单位15个，完成账务交接22套，清理银行账户28个，清理资金252万元。11月，开发区启动村组财务集中支付体制改革，村组财务纳入由国库集中支付的村组财务服务中心统一管理。2004年起，开发区彻底改变了长期沿袭的以拨列支的资金清算办法，开辟了预算单位根据指标直接到支付中心报账、由代理银行与人行国库进行实时清算的资金拨付新渠道，在全市首家实现真正意义上的零余额账户。2006年，开发区全面清理核查、重新审批行政事业单位银行账户，国库集中支付制度不断完善，支付范围逐步扩大，直接支付比例达到62%。2007年，开发区在全市率先实施新的财政收支分类科目改革，推行新的国库集中支付软件，提高了财政管理水平，使财政支出更加清晰地反映出政府职能。当年共支付资金11500万元，其中直接支付7700万元，占总支出的67%。

六、财政管理

(一)预算管理

2001年，开发区实行部门预算管理，编制内容包括收入预算和支出预算。收入预算包括财政预算内拨款收入、预算外资金和其他各项收入；支出预算包括人员支出、公用经费、专项支出和其他支出。

(二)国库管理

1. 单一账户管理

国库单一账户体系是指实行财政国库集中支付后,用于所有财政性资金收支核算管理的账户体系,主要由国库单一账户、财政零余额账户、单位零余额账户、预算外资金财政专户、特设专户和主要银行账户构成。2003 年,开发区实行国库单一账户改革,账户设置由多头开户变为单一账户。支付方式由单位自行支付变为财政直接支付和授权预算单位支付,资金存放方式由分散存放在预算单位改为统一存放在财政部门,资金结算方式由先存款后支付改为先支付后清算,预算执行信息反馈方式由事后反馈变为实时反馈。

2. 专户管理

2003 年,按照“集中管理,统一核算,统一记账,专款专用,监管分离”的管理模式,开发区将财政专户纳入财政局国库股实行集中核算。

(三)社会保障

1. 新型农村合作医疗

2007 年,开发区正式启动新型农村合作医疗制度,全区 7796 名农民参加新农合,参保率达 97.6%。财政部门按每人每年 26 元补助,当年共安排新农合资金 23 万元。2009 年,足额安排新型农村合作医疗补助资金,按规定及时拨付到位。2010 年,足额安排新型农村合作医疗补助资金14.5 万元,缓解了群众看病难、看病贵问题。

2. 城乡低保

2006 年,开发区实施农村最低生活保障制度,按每人每月不低于 20 元的标准实施补助。2007 年,提高城乡低保保障水平,实行动态管理下的应保尽保。城市低保每人每月由 75 元提高到 80 元,并及时增发液化气、猪肉涨价等临时补贴。农村低保每人每月由 20 元提高到 30 元。2008 年,开发区再次提高城市低保保障范围和保障标准,实现了动态管理下的应保尽保。城市低保对象由 2000 年末的 10 余人增加到 390 余人,低保标准由年初每人每月 165 元提高至 180 元,人均补差标准提高 95 元。农村低保最低补差标准,由每人每月 30 元提高至 50 元。当年,发放城市居民最低生活保障金 51.9 万元,发放农村低保金 13.4 万元。2009 年,进一步完善居民最低生活保障制度,提高保障标准。城市低保标准提高到每人每月 210 元,比上年提高 30 元。当年分别拨付城、乡居民最低生活保障补助金 92.5 万元、27.9 万元,发放五保户供养金、抚恤金、城乡医疗救助金、其他农村社会救济金共 38.4 万元。2010 年,城乡居民最低生活保障补助资金支出分别为 98 万元、34.1 万元,同比分别增长5.9%、22.2%。安排农村五保户供养、抚恤、城乡医疗救助、其他农村救济金支出 50.2 万元,同比增长30.7%。为缓解物价上涨的压力,适时向特困群体发放临时价格补贴 41580 元,受惠群众 1081 人次。

3. 强农惠民政策落实

(1)粮食直补和综合直补

2004 年,开发区实施粮食补贴和农业税降点工作。当年共发放种粮补贴 2 万元,亩均补贴 7.47元,加上降低农业税税率 3 个百分点后,全区农业税由 2002 年的 7.4 万元减为 4.2 万元,减收 3.2 万元。通过发放种粮补贴和降低农业税税率,与 2003 年相比,农民人均负担 3 元,减负 64.7%;亩均负担降为 8 元,减负 66.7%。2005 年,开发区全面落实农业税免征工作。1069 户农民顺利领到直补资金存款折,2 万元直补资金全部兑付到户。2006 年,对种粮农民直接补贴由往年的 7.47 元/亩增至 9 元/亩。综合补贴按全省统一标准 11.78 元/亩,两项补贴合计20.78元/亩。开发区共有 1035 户农民享受到该项政策,共计补贴 5.5 万元。2007 年,国家再次提高对种粮农民直接补贴标准。省分配粮食补贴资金 10 万元,在执行全省统一农资直补标准 26.24 元/亩的基础上,开发区提高粮补标准,由 2006 年的 9 元/亩提高至 11.3 元/亩,每亩增加补贴款 2.3 元,两项补贴合计 37.54 元/亩。2009 年,开发区全面落实对种粮农民直接补贴和农资综合直补政策。3 月份,1038 户种粮农民通过“一折通”顺利领到 20.79 万元补贴资金。年终,开发区财政局被三门峡市财政局授予粮食直补和综合直补工作先进单位。2010 年,区财政部门进一步加大对农民的补贴力度,全年发放种粮补贴和农资综合直补资金 1038 户 20.79 万元。

(2)“两免一补”政策落实

2005 年,开发区全面落实农村义务教育阶段学生“两免一补”政策。当年享受“两免一补”政策的农村贫困户、独生子女、其他特殊原因经济困难家庭学生50人,春季80元/人,秋季90元/人,春、秋两季共计补助资金0.85万元。2006年,全面落实“两免一补”政策。将农村小学财政预算内安排的公用经费标准由生均10元/年调整为生均20元/年,“两免一补”政策累计惠及学生100人次,财政补助资金0.88万元。2007年,上级下达“两免一补”资金10.9万元,全部免除农村义务教育阶段学生学杂费,累计免除100人次家庭贫困学生的课本费。区财政安排4.5万元资金,对市补助覆盖不到的困难家庭学生,实施免除学杂费补助。

(3)住房补助和廉租住房补贴

2009年,开发区落实三门峡市人民政府办公室《三门峡市城市中低收入家庭购买普通商品房财政补助暂行办法》(三政〔2009〕40号)精神,向市财政争取资金12万元,本级配拨18万元,用于城市中低收入家庭购买普通商品房的财政补助。2010年,实行住房补贴户动态管理。每季度,由符合住房补贴条件的城镇居民出具申请,经开发区房管局初审,上报市住房和城乡建设局批准,待资金拨付到位予以发放。当年发放廉租房补贴(第一批)53户10.1万元,年人均标准624元。

第八节　产业集聚区

一、概　况

2009年,根据三门峡市委、市政府《关于进一步加快三门峡产业集聚区(工业园)建设发展的决定》(三发〔2009〕21号)精神,三门峡产业集聚区依托资源优势和产业基础,以铝工业、节能照明、先进装备制造、能源、高新技术等产业为重点,大力实施招商引资,发展产业集群,增强自主创新力,提升产业竞争力,为建设“开放、魅力、富裕、和谐”三门峡,跻身中原崛起第一梯队发挥重要作用。产业集聚区总面积100平方公里,一期规划面积31.73平方公里,建成区面积8万平方公里,下辖1个办事处18个行政村(陕县6个,灵宝市12个)和陕县原种场,总人口6.3万人。

截至2010年底,产业集聚区建设道路近30公里,铺设给、排水管道约18公里,累计完成基础设施投资约11亿元,入驻规模以上企业45家,从业16600余人。产业集聚区功能逐步完善,集聚态势基本形成,平台效应初步显现。

2010年,三门峡产业集聚区列入县(市、区)管理序列,也是财税体系运行第一年。当年,全社会固定资产投资完成43.9亿元,比上年增长54.5%,超出市下达目标34.5个百分点;企业主营业务收入完成147亿元。先后被省政府授予“先进三门峡工业园”“河南省循环经济试点单位”“河南省示范三门峡工业园”“河南省新型工业化产业示范基地”等称号。

二、财政体制

2010年8月,为支持产业集聚区经济快速发展,三门峡市委、市政府规定,原三门峡工业园范围内原有企业,不论性质和隶属关系,均按照属地管理原则,全部纳入三门峡产业集聚区财税管理。三门峡产业集聚区形成的财政收入按照2∶8比例分成,20%上缴市财政,80%留产业集聚区。留成部分主要用于基础设施建设、公共服务设施建设、新农村建设、生态环境建设以及自主创新体系建设。

三、财政收入

2010年,产业集聚区一般公共预算收入完成5070万元,为市政府下达一般预算收入目标的112.7%。

2010 年三门峡市产业集聚区一般预算收入完成情况表

表 103　　单位:万元

项　目	金　额	项　目	金　额
一般预算收入合计	**5070**	房产税	133
税收收入	4936	印花税	43
增值税	193	城镇土地使用税	290
营业税	1496	耕地占用税	2100
企业所得税	104	非税收入	134
个人所得税	46	专项收入	78
资源税	337	行政事业性收费收入	47
城市维护建设税	194	罚没收入	9

四、财政支出

2010 年,产业集聚区一般公共预算支出完成 8227 万元,政府性基金支出完成 1294 万元。

2010 年三门峡市产业集聚区一般支出完成情况表

表 104　　单位:万元

项　目	金　额	项　目	金　额
一般预算支出合计	**8227**	农林水事务	912
一般公共服务	617	资源勘探电力信息等事务	1155
公共安全	3	商业服务业等事务	87
科学技术	100	住房保障支出	15
文化体育与传媒	14	其他支出	1198
社会保障和就业	539	政府性基金支出	1294
医疗卫生	293	社会保障和就业	1209
环境保护	1080	农林水事务	72
城乡社区事务	2214	其他支出	13

五、财政改革

(一)国库集中收付改革

国库集中支付制度改革是财政管理体制改革的重要组成部分,也是从源头上预防和治理腐败的一项重要工作。

2010 年 1 月 1 日,产业集聚区接入三门峡市财政支付内网,启用河南省财政预算执行系统。"三门峡产业集聚区管理委员会办公室""三门峡产业集聚区管理委员会经济发展服务局""三门峡产业集聚区管理委员会社会事业局""三门峡产业集聚区管理委员会财政局"等 8 家单位开设零余额账户,纳入财政预算执行系统,实施分户核算。同时,系统安装财务软件,规范财务记账和会计档案的保存。通过改革,建立了财政预算执行系统,实现了财政集中支付系统化。

(二)“金财工程”建设

2010年6月,根据省财政厅“金财工程”一期建设要求,产业集聚区财政局正式启动财政应用支撑平台系统建设。该平台对现有的预算管理系统、预算执行系统、工资统发系统、非税收入管理系统、财税库银横向联网系统、CA认证及IT运维7个业务软件,采用接入模式接入平台。平台应用之后,实现财政系统内部、财政系统上下游之间、财政与相关其他部门间信息共享和数据交换,适应财政改革和管理的需要。

为确保“金财工程”应用支撑平台建设的顺利进行,产业集聚区财政局成立平台建设领导小组,下设业务组和技术组。

六、财政管理

落实各项惠农政策

2010年,产业集聚区发放农村低保金93.4万元,受益2425人;五保供养金17.2万元,受益113人;抚恤补助金57.2万元,重点优抚对象113人;救灾、救济支出53.9万元(其中,临时救济3.3万元,倒房重建补助22.4万元,生活救济28.2万元);临时价格补贴2万元,惠及229人;专项生活补贴11.84万元,惠及2630人;新型农村合作医疗补助7.5万元,惠及2501农户;发放小麦良种补贴18.66万元,玉米、棉花良种补贴20.38万元,退耕还林补贴6.5万元。为确保各项惠农政策落到实处,将农民负担监督卡发放到每个农户,向社会公开举报电话,加大对加重农民负担行为的监督、检查力度。产业集聚区全年无违规政策出台,未发生计生、土地、报刊订阅、殡葬、用水用电、农民专业合作社等方面乱收费、乱罚款及乱摊派问题。

第十二章　人　物

一、市财政局历任副县级以上领导

高战荣，男，汉族，1962年7月出生，河南灵宝人，中共党员，中国社会科学院企业管理专业在职研究生，高级会计师。1979年9月至1981年7月在河南洛阳林业学校读书，1981年10月至1989年9月在河南省宜阳县财政局工作，先后任企业股会计、总预算会计，1984年4月至1989年9月任副局长，其间于1985年9月至1987年9月在河南财经学院财政金融系学习。1989年10月至1996年4月在三门峡市财政局工作，先后任行财科科长、预算科科长。1996年5月至1997年1月任三门峡市财政局副局长、党组成员兼三门峡市国有资产管理局局长，1997年2月至2002年1月任三门峡市财政局副局长、党组成员，2002年2月至2007年6月任三门峡市财政局党组书记、局长。

吕万松，男，汉族，1957年10月生，河南渑池人，中共党员，在职研究生，高级会计师。1978年9月至1980年12月在河南商丘商业学校财会专业学习，1980年12月至1983年1月在渑池县知青办任会计，1983年1月至1984年8月在渑池县水泥厂任主办会计。1984年8月至1997年8月在渑池县财政局工作，1989年8月任渑池县财政局副局长，1994年5月任渑池县财政局局长。1997年8月至2000年12月在三门峡市信托投资公司工作，任党组副书记、常务副总经理，1998年7月任党组副书记、董事长、总经理，2001年1月至2001年8月任三门峡市信托投资公司清算组副组长。2001年8月至2005年5月任三门峡市人民政府副秘书长、三门峡市城市信用社党委书记、理事长。2005年5月至2007年6月任三门峡市政府副秘书长、三门峡市城市信用社党委书记。2007年6月至2009年9月任三门峡市财政局党组书记、局长。

宋　东，男，汉族，1969年7月出生，河南淮阳人。1991年7月参加工作，中共党员，本科学历。1987年9月至1991年7月，在郑州大学计算机科学系学习。1991年7月至1991年10月，在河南省财政厅办公室工作。1991年10月至1996年3月，任河南省财政厅预算处工作，1993年2月定科员。1996年3月至1998年12月，任河南省财政厅预算处副主任科员。1998年12月至2003年4月，任河南省财政厅预算处主任科员。2003年4月至2009年9月，任河南省财政厅社会保障处副处长，其间于2004年5月至2005年5月，驻新蔡县东湖村开展艾滋病防治帮扶工作，任工作队队长。2009年9月至2009年12月，任河南省财政厅农业处副处长。2009年10月至2010年1月，任河南省财政监督检查六处主任。2010年1月任三门峡市财政局党组副书记、局长。

付　扬，女，汉族，1949年8月出生，河南南阳人，中共党员，中专学历，会计师、注册会计师，三门峡市第四届政协委员。1967年7月至1980年1月先后在开封地区造纸厂、开封地区制药厂、洛阳地区偃师水泵厂担任出纳和会计工作，1980年1月至1984年4月任洛阳地区日杂公司计财科副科长，1984年4月至1986年4月任洛阳地区审计局副科长，1986年5月至1991年3月任三门峡市财政局综合科科长，1991年3月至1996年2月任三门峡市财政局副局长，1996年2月至2002年3月任三门峡市财政局党组成员、副局长，2002年3月任三门峡市财政局党组成员、调研员。

周拥军,男,汉族,1960年2月生,河南渑池人,中共党员,在职研究生,会计师。1977年8月至1978年3月在渑池县张村供销社工作,1978年4月至1980年7月在洛阳林校上学,1980年8月至1982年4月在渑池县英豪镇政府工作,1982年5月至1984年7月在渑池县团委工作,任办公室主任。1984年8月至1986年8月在河南电大中文系党政管理专业学习,1986年9月至1990年3月在三门峡市团委工作,1987年4月任三门峡市团委办公室副主任,1989年11月任办公室主任。1990年4月至1995年10月先后任三门峡市财政局人事教育科科长、局机关党总支副书记。1995年10月至1996年12月任三门峡市财会学校校长。1997年1月至2007年7月任三门峡市财政局党组成员、三门峡市国有资产管理局局长。1999年5月至2007年8月任三门峡市财政局党组成员、副局长,其间2001年1月至2002年兼任三门峡市信托资产管理公司党组书记、总经理。

张建存,男,汉族,1961年7月生,河南灵宝人,中共党员,在职研究生。1975年9月至1981年8月在灵宝市豫剧团工作,1981年8月至1985年7月在洛阳文化艺术学校学习,1985年7月至1986年4月在洛阳地区文化局工作。1986年4月至1993年3月在三门峡市文化局工作,先后任办公室副主任、计财科副科长、计财科科长。1993年4月至1993年9月在三门峡市驻郑办事处负责全面工作。1993年9月调入三门峡市财政局,1994年1月任三门峡市国资局副局长。1995年10月任三门峡财会培训中心主任,1996年12月至1997年1月兼任金泉宾馆总经理,1997年1月任三门峡市预算外资金管理局局长,1999年4月任三门峡市财政局党组成员、副局长。2003年3月任三门峡市非税收入管理局局长,2004年8月任三门峡市人民政府国有资产监督管理委员会党委委员、副主任,2008年10月兼任三门峡市信托资产管理公司党组书记、经理,2010年1月任三门峡市粮食局党委书记。

陈社强,男,汉族,1960年3月生,河南陕县人,中共党员,在职研究生。1976年7月至1986年4月在陕县从事教育工作。1986年4月至1996年12月在三门峡市教委工作,先后任办公室副主任、主任等职。1996年1月至1996年12月在三门峡市工业领导小组从事企业改革工作。1997年1月至2007年8月在三门峡市财政局工作,其间于1997年1月任三门峡市财经职业中等专业学校校长,1998年7月至2007年7月任三门峡市财政局党组成员、三门峡市财经学校校长兼党支部书记。

范社民,男,汉族,1964年3月生,河南伊川人,中共党员,在职研究生,高级会计师,河南省预算会计研究会理事。1983年9月至1985年7月在焦作财校学习。1985年8月至1988年7月在渑池县财政局工作,1987年9月为办事员,1987年2月任企业股股长,1988年6月为科员。1988年8月到三门峡市财政局工作,1994年4月任副科级协理员,1997年3月任预算科科长。2002年3月任三门峡市财政局副局长、党组成员。1993年3月参加中央财经学院财政理论培训班学习,1993年11月获会计师职称,1996年6月获河南省财经学院会计专业大专学历,1998年4月获中国社会科学院企业管理专业研究生学历,1998年10月参加中共三门峡市委党校第2期中青年干部培训班学习,1999年11月获中央党校经济管理专业本科学历。2001年10月当选三门峡市城市信用社监事会理事,2005年1月获高级会计师职称。

雷　萍,女,汉族,1960年10月出生,河南洛宁人,中共党员,本科学历。1979年8月至1986年4月在三门峡工商银行工作。1986年4月至2002年3月在三门峡市委组织部工作,先后任科员、副科级组织员、正科级组织员,1993年6月任办公室副主任,1996年7月任办公室主任,1997年12月任干教科科长。2002年3月调任三门峡市财政局党组成员、纪检组长,2008年12月任三门峡市财政局党组成员、副局长。

董友忠,男,汉族,1955年3月出生,河南淮阳人,中共党员,本科学历。1974年12月至2002年10月在中国人民武装警察部队三门峡市消防支队服役。1974年12月入伍，1990年2月任副营职助理员、助理会计师，1990年7月至1996年2月先后任后勤科副科长、后勤科科长、后勤处处长（副团职）职务（其间1995年6月取得郑州大学法律系本科学历），1996年3月任副支队长（副团职），1998年12月任政治委员（正团职），2000年2月至2000年5月在河南省委党校第21期处长进修班学习。2002年11月转业至三门峡市财政局工作，任党组成员、工会主席、助理调研员。

袁书钦，男，1956年12月出生，河南偃师人，中共党员，高级农艺师，本科学历，三门峡市拔尖人才。1978年10月至1981年9月，在百泉农专植保专业学习。1981年10月至1986年4月，在河南省洛阳地区农牧局植保站工作。1986年4月至2001年12月在三门峡市农业局工作，1987年3月任植保站副站长，1991年3月任站长，1998年7月任总农艺师、党组成员。2001年12月任三门峡市扶贫开发办公室党组成员、纪检组长。2005年9月任三门峡市扶贫开发领导小组办公室（市农业综合开发领导小组办公室）党组成员、副主任。2010年1月任三门峡市财政局党组成员、调研员。

翟海燕，男，汉族，1971年7月出生，河南渑池人，中共党员，高级会计师，复旦大学经济学硕士。1989年7月至1991年7月，在河南省物资学校学习。1991年7月至1992年11月在渑池县人大工作。1992年11月至1995年4月，在三门峡市物资局工作，1994年4月被定为科员。1995年5月到三门峡市财政局工作，1996年5月考取会计师资格。1996年12月取得中央党校经济管理专业本科学历，1997年6月自考取得河南大学汉语言文学专业专科学历，1997年6月任副主任科员，1999年10月任预算科副科长。1999年12月自考取得河南大学汉语言文学专业本科学历，2003年2月任预算科总会计师，2005年12月任预算科科长。2010年7月任三门峡市财政局党组成员、副局长。

郝营景，女，汉族，1958年4月29日出生，河南淮阳人，中共党员，本科学历，会计师。1976年12月至1979年12月在原三门峡市财政局从事农业财务、农税、预算会计等工作，1980年1月至1986年3月在预算科任总预算会计。1987年任副科级协理员，1991年任三门峡市财政局预算科副科长。1994年10月任行政事业科科长。2002年3月任三门峡市财政局助理调研员。

王继功，男，汉族，1956年5月出生，河南孟津县人，中共党员，本科学历，会计师。1974年4月至1979年1月孟津县马屯乡测量队计划内临时工，1979年1月至1981年3月河南省会计学校工业会计专业学习，1981年3月至1986年5月洛阳地区财政局工作，1984年4月任办公室副主任。1986年5月到三门峡市财政局工作，1986年7月任办公室副主任，1987年5月任会计科副科长，1988年6月任三门峡市信托投资公司财务部主任，1990年4月任三门峡市财政局商业科科长，1995年5月任基建科科长，2002年9月至2005年9月任预算科科长，2005年9月任三门峡市财政局助理调研员。

康平森，男，汉族，1963年10月出生，河南伊川人，中共党员，本科学历，助理会计师。1980年11月至1985年5月，在武汉军区服役，任战士排职保管。1985年5月至1989年8月，在总后勤部黄陂军需仓库服役，1988年6月任正连职助理员。1987年7月获武汉大学经济学专业专科学历。1989年8月至1999年9月，在二炮工程技术总队服役，1992年12月任后勤处财务股股长，1995年3月任后勤处副处长，1996年3月任后勤处处长，1998年3月任技术总队安装三团副团长。1999年9月转业至三门峡市财政局工作，2000年5月任主任科员，2002年9月任办公室主任，2008年12月任三门峡市财政局副调研员，2010年7月任三门峡市财政局副局长、党组成员。

任海水，男，汉族，1964年12月生，河南偃师人，中共党员，本科学历，会计师。1982年9月至1984年7月在河南省焦作财会学校学习，1984年7月至1986年5月在洛阳地区财政局工作，1986年5月到三门峡市财政局工作，1987年8月任科员，

1997年4月任预算科副科长,2003年2月任国库科科长,2010年7月任三门峡市财政局副调研员。

二、市财政局所属单位历任副县级以上领导

刘玉侠,男,汉族,1956年10月出生,河南三门峡人,中共党员,高级会计师。1974年3月至1976年3月三门峡市湖滨区崖底村知青。1976年3月至1984年12月部队服役。1984年12月至1987年11月河南省偃师县、新安县人武部工作。1987年11月至1990年11月三门峡市湖滨区政府办公室工作。1990年11月至1994年11月三门峡市财政局技改处工作,1991年5月定科员,1992年1月任副科级办公室主任,1993年7月取得河南省委党校政治专业函授大专学历,1994年11月至1998年7月任三门峡市财政局人教科科长,1996年5月兼机关党总支副书记,其间于1997—1998年参加三门峡市灯泡厂"转抓练增"工作队,1993年8月至1995年12月中央党校函授学院本科班经济管理专业学习。1998年7月至2002年3月任三门峡市财政局助理调研员。2002年3月至2008年10月任三门峡市财经投资公司经理。2008年10月任三门峡市财经投资公司经理(正县级)、党支部副书记。

刘建中,男,汉族,1959年6月出生,河南卢氏人,中共党员,在职研究生,经济师。1977年8月至1980年2月为卢氏县张麻大队下乡知青,1980年2月至1982年6月在卢氏县农行工作,1981年3月招干。1982年6月至1983年6月在中国农业银行洛阳地区中心支行工作,其间于1983年6月至1986年7月河南广播电视大学金融专业学习。1986年7月至1987年2月在三门峡市农行储蓄科工作。1987年2月至1988年9月任三门峡市湖滨区农行副行长。1988年9月至1990年8月任三门峡市农行信用合作社工作,先后任管理科副科长、科长。1990年8月至1997年8月在中国银行三门峡支行工作,先后任计划信贷科科长、桥东办事处主任、存汇科科长。1997年8月至2000年1月任三门峡市信托投资公司副总经理,1997年9月任党组成员。2000年1月至2010年1月任三门峡市信托国有资产管理公司副经理、党组成员,2005年9月兼任党组副书记。2010年1月享受三门峡市财经投资公司正县非领导职务待遇。

刘灿烽,男,汉族,1962年10月出生,河南汝阳人,中共党员,本科学历。1982年8月至1986年3月在洛阳地区财政局工作。1986年3月至1990年10月在三门峡市财政局工作,1986年9月任工交科副科长。1990年10月至2002年7月在三门峡市国资局工作,1990年10月任工交科科长,1994年5月任副局长。2002年7月任三门峡市财政国库集中支付中心主任,2005年9月任三门峡市财政国库集中支付中心主任(副县级)。

张世军,男,汉族,1965年5月出生,河南洛阳人,中共党员,本科学历。1985年8月至1986年4月在洛阳地区财政局工作,1986年4月至1992年3月在三门峡市财政局农财科工作,先后任办事员、科员。1992年3月至1994年5月下派陕县锻炼,任陕县财政局副局长。1994年5月至1997年3月任三门峡市财政局行财科副科长。1997年3月至2005年9月任三门峡市非税收入征收管理局副局长,2005年9月任三门峡市非税收入征收管理局局长。

李爱军,男,汉族,1956年10月出生,河南渑池人,中共党员,本科学历。1974年3月至1984年7月在渑池县农技站工作。1984年7月至1985年9月在渑池县原农场工作。1985年9月至1989年12月在渑池县农技推广中心工作,1989年3月录干。1989年12月至1996年7月在渑池县西阳乡工作,1989年12月任副乡长,1991年9月任副书记,1993年2月任乡长。1996年7月至1998年1月任渑池县英豪镇党委书记。1998年1月至2002年1月任渑池县城关镇党委书记兼人大主席。2002年1月至2005年9月任渑池县财政局局长、党委书记。2005年9月任三门峡市财政投资公司党支部书记,2008年10月任三门峡市财经投资公司副经理(副县级)。

杨景保,男,汉族,1961年11月出生,河南渑池人,中共党员,本科学历,高级会计师。1980年9月

至1983年8月在新乡地区卫生学校学习,1983年8月至1985年9月在渑池县池底乡卫生院工作,1984年9月任副院长。1985年9月至1991年2月在渑池县卫生局工作,1987年9月定为科员。1991年2月到三门峡市财政局工作,1992年10月任办公室副主任,1997年3月任社会保障科科长,2003年2月任综合科科长,2010年7月任三门峡市政府财政监督检查局局长(副县级)。

李红伟,男,汉族,1965年11月出生,河南临汝人,中共党员,本科学历,高级会计师。1985年7月至1986年5月在洛阳地区财政局工作。1986年5月至2010年7月在三门峡市财政局工作,1987年8月任办事员,1989年5月任科员,1993年3月任外经科副科长,1997年3月任外经科科长,2002年9月任行政政法科科长。2010年7月任三门峡市农业综合开发办公室主任(副县级)。

张　旻,男,汉族,1969年8月出生,河北滦县人,中共党员,本科学历,经济师。1990年8月至1991年6月在三门峡市黄金管理局工作,1991年6月至1997年10在三门峡市黄金设计院工作,1994年12月任工民建室主任(正科级),1996年6月至1996年12月参加市"转、抓、练、增"工作组派驻三门峡市耐火材料厂工作队工作。1997年10月至2010年7月在三门峡市财政局工作,1998年2月任社会文教行政财务开发公司副经理(正科级),2003年2月任三门峡市契税征收管理所所长,2010年7月任三门峡市农村综合改革工作办公室主任(副县级)。

刘同会,男,汉族,1963年1月出生,河南汝阳人,中共党员,本科学历,政工师。1980年12月至1982年10月中原量仪厂技校学习,1982年10月至1985年5月三门峡市中原量仪厂工作,1985年5月至1995年4月三门峡市中原量仪股份有限公司工作,1991年8月录干(1988年12月获河南大学汉语言文学专业自学考试大专学历)。1995年4月至2010年7月在三门峡市财政局工作,1995年6月定为科员。1997年4月任人事教育科副科长,2003年2月任机关党委专职副书记,2010年7月任三门峡市国有资产管理办公室主任(副县级)。

第十三章 大事记

(2001.1—2010.12)

2001 年

1 月

9 日,市委决定:任命周拥军为三门峡市信托国有资产管理公司经理,免去其三门峡市国有资产管理局局长职务。

29 日,三门峡市政府印发《关于落实河南省利用亚行贷款豫西农业综合开发项目 2002 年度配套资金的通知》。

2 月

7 日,《河南日报》公布《2000 年度省级文明单位名单》,三门峡市财政局、三门峡市财经职业中等专业学校被河南省委、省政府命名为 2000 年度省级文明单位。

28 日,全市财政工作会议召开。各县(市、区)财政局局长、国资局局长、预算股(科)股(科)长、企业股(科)股(科)长、办公室主任及市财政局各科(室)、局属单位负责人等 100 余人参加会议。会议传达贯彻全省财政工作会议精神,总结回顾 2000 年全市财政工作,并对做好 2001 年财政工作提出明确要求。

3 月

27 日,三门峡市委、市政府召开全市农村税费改革工作会议,贯彻落实全省农村税费改革工作会议精神,动员部署全市农村税费改革工作,标志着农村税费改革在三门峡市全面启动。

5 月

20 日,全市 2001 年度会计专业技术资格考试圆满结束。全市共设 3 个考点,82 个考场,考生达 2462 人。

27 日,三门峡市珠算协会组织参加由中国珠算协会和台湾商业会联合举办的 2001 年海峡两岸珠算通信比赛。市直和各县(市、区)有关单位和学校共 1950 人(其中:成人组 820 人,中学生组 330 人,小学生组 760 人,幼儿园组 40 人)参加了比赛。

6 月

8 日,三门峡市举行第四届少儿珠心算比赛。来自灵宝、渑池、陕县及市区各小学、幼儿园的 11 个代表队、85 名小选手参加了比赛。市人大常委会副主任马恒军、市政协副主席任新堂及市财政局、教委、科协、民政局等单位的领导观看了比赛。

20 日,市财校举行省级文明单位揭牌仪式,市委常委、常务副市长赵继祥参加揭牌仪式。

7 月

12 日,全市财政系统纪检监察工作会议召开。会议传达了全省财政系统纪检监察工作会议精神,部署了下半年纪检监察工作。

8 月

31 日,三门峡市财政局组织各县(市、区)财政局局长及市直有关部门主管财务工作的领导赴焦作市参观财政支出管理改革经验。

9　月

3日,三门峡市财政局印发《关于编制2002年市级部门预算的通知》(三财预字〔2001〕130号),明确了编制2002年市级部门预算的指导思想和原则、编制内容、具体要求及需要注意的几个问题。

4日,中共三门峡市委、三门峡市人民政府印发《关于全面推行财政支出管理制度改革的意见》(三发〔2001〕25号)。文件明确了该项改革的指导思想、改革目标、改革的基本内容和相关措施。

6日,全市财政支出管理改革工作会议召开。会议传达贯彻了省有关会议精神和市委、市政府《关于全面推行财政支出管理制度改革的意见》,部署了全市财政支出管理改革工作。

27日,河南省地方政府负债问题研讨会在三门峡市召开。省财政科研所所长陈冬红,安阳、郑州、商丘、鹤壁、三门峡及三门峡市各县(市、区)财政局科研人员共40余人参加了研讨会。

10　月

29日,三门峡市财政局印发《关于市直党政机关、事业单位公务接待活动实行定点的通知》。

11　月

7日,三门峡市委、市政府召开全市财税工作座谈会,传达全省财政局长座谈会精神,部署下一步财政税收工作。市财政、税务、金融等单位的领导及各县(市、区)有关负责人参加座谈。市委常委、常务副市长赵继祥出席会议并讲话。会议研究部署了所得税改革具体措施。

7—8日,三门峡市财政局邀请郑州大学法学院副教授程宪平举办了由各县(市、区)主管财政工作的县(市、区)长、财政局局长及全局干部参加的WTO法律知识讲座。该讲座系统地讲述了WTO的基本法律规则及加入WTO后对中国经济发展的深远影响。

13—15日,三门峡市委常委、常务副市长赵继祥深入各县(市、区)调研财税工作。赵继祥对各地积极贯彻落实全市财税工作座谈会精神给予肯定,并对当前及今后一段时期如何做好财税工作发表了重要意见。

19日,三门峡市财政局邀请财政部财政科研所所长、研究员、博士生导师贾康到三门峡市举办"公共财政支出管理制度改革"专题讲座。市委常委、常务副市长赵继祥,各县(市、区)主管财政工作的县(市、区)长、财政局局长、预算科科(股)长,市直有关部门主管财务的领导及市财政局全体干部职工等300余人听取了讲座。

是月,市政府推出医疗保险制度改革配套方案,印发《市直国家公务员医疗补助暂行办法》《市本级职工大额医疗费补充保险暂行办法》《市属企业离休干部医疗费用管理暂行办法》,对医疗保险制度改革有关政策作出明确规定。

12　月

3日,三门峡市委常委、常务副市长赵继祥带领市财政局班子成员奔赴山西省运城市学习财政支出管理制度改革先进经验,并主持召开了市财政局领导班子座谈会,就三门峡市财政支出管理制度改革工作提出具体要求。

4日,中共三门峡市委 三门峡市人民政府《关于市直机构改革的实施意见》(三发〔2001〕32号)文件通知,撤销三门峡市国有资产管理局,职能并入三门峡市财政局。

18日,金泉宾馆举行开业5周年暨荣膺三星级旅游涉外饭店庆典仪式。三门峡市领导张立发、张兰印、赵继祥,市中级人民法院院长郑泽中,市政府秘书长张建峰等出席庆典仪式。

31日,三门峡市召开市级财政国库集中统一支付制度改革动员大会,安排部署市级财政国库管理制度改革工作。这标志着以国库集中单一账户体系为基础、资金缴拨以国库集中收付为主要形式的财政国库管理制度将从2002年1月开始在市直行政事业单位全面推行。

2002年

1　月

1日起,三门峡市在市直单位全面实施以国

库单一账户体系为基础、资金缴拨以国库集中收付为主要形式的财政国库管理制度改革,在全面推进财政支出管理制度改革方面迈出了关键性的一步。

30日,全市财税工作会议召开,各县(市、区)常务副县(市、区)长,财政、国税、地税等部门负责人参加会议。市委常委、常务副市长赵继祥到会并就做好当年的财税工作提出具体要求。

3 月

6日,市财政局局长高战荣在四届人大二次会议上作《关于三门峡市2001年财政预算执行情况和2002年财政预算(草案)的报告》。

15日,市财政局印发《三门峡市市级预算资金拨付管理局内操作规程》(三财字〔2002〕11号),明确了市级预算资金拨付管理内容、管理职责、资金审核与拨付及监督管理方面的内容。

15日,市财政局印发《三门峡市市级预算资金拨付管理暂行办法》(三财字〔2002〕12号),对市级收入收缴程序、市级部门预算的下达与调整、市级预算资金年度分月用款计划的编报及审批、财政国库集中支付中心报账程序、监督管理方面提出明确要求。

19日,市政协主席张兰印,副主席韦守信、邵兰芳、张世峰、郭恩奇、李鸿滨和秘书长柴俊璞与部分政协委员,一同视察了市行政审批服务中心和市财政国库集中支付中心,对两个中心取得的显著成效给予高度评价。

27日,全市农村税费改革工作会议召开,贯彻市委三届八次全体(扩大)会议和全省财政、税务工作会议精神,安排部署当年的财税工作。会议要求各级党委、政府一定要把思想统一到党中央、国务院的决策和市委、市政府的部署上来,切实增强责任感,做到认识到位、工作到位、措施到位,确保全市的农村税费改革工作真正取得实效;要认真把握重点环节,推动农村税费改革顺利进行;要切实加强领导,确保农村税费改革任务的圆满完成。

31日,中共三门峡市委印发《关于表彰2001年度驻村工作先进集体和优秀个人的决定》,三门峡市财政局和卢氏、陕县两县财政局一并被评为2001年度驻村工作先进派出单位,李红伟、卢国迎、张世军、赵见晓被评为2001年度优秀驻村工作队员。

4 月

11日,三门峡市财政局11名驻村队员自带被褥和炊具,在副局长范社民的带领下,奔赴湖滨区高庙乡位家沟、羊虎山、王家岭3个行政村开展驻村帮扶工作。

是月,市财政局驻湖滨区磁钟乡寺庄村工作队队长赵见晓被河南省委、省政府授予"全省优秀驻村工作队员"称号。

5 月

8日,三门峡市委常委、常务副市长赵继祥到陕县调研。赵继祥在与县、乡干部座谈时强调,农村税费改革要确保农民负担明显减轻、不反弹,确保乡镇机构和村级组织正常运转,确保农村义务教育经费正常需要。

9日,三门峡市财政局召开全市财政监督检查工作会议,对全市2002年会计信息质量检查工作进行了安排部署。

15日,三门峡市领导连子恒、郭秀荣、赵继祥到市级财政国库集中支付中心考察指导工作。在认真听取了市财政局局长高战荣关于财政支出管理制度改革和加强财政内部管理的汇报之后,市领导对三门峡市财政工作取得的明显成效给予充分肯定,并对工作中存在的问题和下步工作提出明确要求。

22日,三门峡市委常委、常务副市长赵继祥带领市财政、国税、地税部门负责人到义马市、渑池县调研。赵继祥强调,各级党委、政府要把农村税费改革当作一项重点工作、中心工作来抓,要把工作做实、做细,发现问题要及时研究解决。同时要求各级政府、财税部门站在讲政治的高度,采取切实措施,下大力气抓好增收节支工作。

26日,三门峡市2002年度全国会计资格考试工作圆满结束。全市报名考生2199人，其中报考中级资格考试1318人，初级资格考试881人。全市共设2个考点，69个考场。省财政厅副厅长张鹤喜，市领导赵继祥、马恒军、姚龙及省派巡视员和有关部门负责人到考场督查。

26日，三门峡市珠算协会组织参加了由中国珠算协会和台湾商业会联合举办的第十一届海峡两岸珠算通信比赛。市直和各县（市、区）学校1744人参加了比赛。省财政厅巡视员张鹤喜、市珠算协会会长高战荣等领导到赛场观看了比赛。

27日，河南省召开增收节支电视电话会议。会议通报了前4个月全省财政税收形势，对全省增收节支工作进行总体部署。市委常委、常务副市长赵继祥及市财政、国税、地税部门负责人在三门峡市分会场参加会议。省会议结束后，赵继祥就三门峡市贯彻落实会议精神提出明确要求。

28—29日，三门峡市委常委、常务副市长、市农村税费改革领导小组副组长赵继祥带领有关部门负责人到卢氏县、灵宝市调研，就农村税费改革和增收节支工作提出具体要求。赵继祥强调，当前县、乡、村要集中领导、集中精力、集中人员，全力以赴投入农村税费改革中。各级党委、政府要严格执行省委、省政府关于农村税费改革的“十不准”，确保农村税费改革圆满完成。

30日，三门峡市委常委、常务副市长赵继祥带领市财税部门的负责人深入市国税、地税部门和湖滨区，就财税收入和农村税费改革工作进行调研。赵继祥强调，要深入贯彻全国、全省增收节支电视电话会议精神，充分认识当前增收节支工作的重要性和必要性，增强责任感、紧迫感，采取切实有效措施，加大增收节支力度，确保圆满完成全年的财政税收任务。各级、各部门要进一步加强对农村税费改革工作的领导，将农村税费改革和有关配套改革措施结合起来，同步进行，确保工作任务圆满完成。

6　月

1—3日，河南省农村税费改革督导组深入三门峡市检查、督导农村税费改革工作。督导组深入了解三门峡市农村税费改革进展情况，对三门峡市取得的成绩给予充分肯定。市委常委、常务副市长、市农村税费改革领导小组副组长赵继祥看望了督导组一行，并介绍了三门峡市农村税费改革工作情况，听取了督导组的反馈意见。

3日，全省政府采购工作研讨会在三门峡召开。洛阳、焦作、三门峡等地市财政局的代表及省机电设备有限公司和省招标服务有限公司中介机构的代表参加会议。

6日，市财政局及国税系统联合组织380余名干部职工到三门峡硖石监狱接受警示教育。

12日，三门峡市人民政府办公室转发市财政局《关于市直行政事业单位报账员管理规定的通知》（三政办〔2002〕72号），明确了市直行政事业单位报账员的岗位职责、岗位资格和工作要求，以及确定或调整报账员的程序。

21—25日，由河南省监察厅副厅长储亚平率领的省农村税费改革督导组到三门峡市检查督导农业税夏征工作。督导组一行听取了三门峡市关于农村税费改革进展情况的工作汇报，先后深入陕县、卢氏、灵宝等地乡镇、村组调查了农业税夏征情况，并对三门峡市农村税费改革工作给予充分肯定。

7　月

1日起，《三门峡市市直行政事业单位会议和公务接待定点管理暂行办法》生效。

15日，三门峡市财政投资评审中心成立。挂三门峡市预算评审委员会牌子，规格相当于正科级，人员编制3名，经费实行全额预算管理。

15日，三门峡市人民政府办公室《关于印发三门峡市财政局职能配置、内设机构和人员编制规定的通知》（三政办〔2002〕87号）文件批复，成立三门峡市契税征收管理所，规格相当于正科级，人员编制4名，经费财政全额预算管理。

8　月

5日，三门峡市委常委、常务副市长苏新华到市财政局调研。苏新华对市财政局的工作，特别是财政支出管理制度改革给予充分肯定，并强调，财政部门要继续发扬团结拼搏、锐意改革的精神,进一步挖掘增收潜力,坚定不移地推进财政支出管理制度改革,促进三门峡市经济持续稳定健康发展。

8—12日,三门峡市人大常委会副主任马恒军、王文章、常修德,秘书长王志新等带领部分人大代表,对三门峡市农村税费改革及财政支出管理制度改革工作进行调研。市委常委、常务副市长苏新华听取了代表们的反馈意见。

17日,河南省财政厅副厅长、省税改办副主任杨舟在三门峡市政府党组成员赵光超的陪同下,到渑池县就农业生产受灾、人畜饮水困难以及农村税费改革进展情况进行调查研究。

9 月

13日,三门峡市农村税费改革宣传工作会议召开。会议通报了全市农村税费改革的进展情况,商讨安排下一步农村税费改革宣传工作。全市宣传部门和财政部门的负责同志参加会议。会议指出,农村税费改革是全市广大农村和近160万名农民的头等大事,也是三门峡市委、市政府的一项中心工作,全市各级新闻宣传部门要进一步深刻认识农村税费改革宣传工作的重大意义,加强领导,把税费改革的宣传工作作为近期的一个重点抓紧抓好,造就舆论声势,进一步推动全市税费改革向纵深发展。

10 月

15日,三门峡市财政支出管理制度改革座谈会召开,各县(市、区)财政局局长及预算、国库、政府采购、信息网络建设等部门的负责人参加会议。会议对全市财政国库制度改革总体运行情况进行了回顾,并对2003年全面推进县乡两级国库制度改革工作作了部署。

28日,亚洲开发银行新闻团到三门峡市考察豫西农业综合开发项目进展情况。市委常委、常务副市长苏新华在座谈会上致辞。

11 月

9日,亚洲开发银行豫西农业综合开发项目主管官员一行深入到三门峡市偏远农村陕县东凡乡崔家村、陕县大延洼乡韩洼村考察苹果改良、野酸枣嫁接项目的实施情况。随后还察看了槐扒黄河供水工程、义马市水厂及三门峡市农村牛、羊养殖等情况。对于项目的实施情况,考察团给予一致好评。

15—16日,河南省财政厅常务副厅长范立新在三门峡市市长连子恒、常务副市长苏新华的陪同下视察了三门峡市财政支出管理制度改革工作。在实地考察和听取汇报后,范立新指出,三门峡市的改革工作措施得力,行动迅速,在部门预算方面实现了早编、细编和微机编审,在财政国库管理制度改革方面实现了科学管理、规范运作,同时进一步加大了政府采购的力度,取得了明显成效,为全省地市级财政支出管理制度改革提供了可资借鉴的经验。在充分肯定成绩的同时,范立新还对三门峡市今后的财政支出管理制度改革工作提出了明确要求。

18日,三门峡市财政局在市电视台演播大厅举行"三门峡市政府采购法规电视知识竞赛",来自市直和各县(市、区)的8个代表队参加比赛。市人大常委会副主任马恒军、市政协副主席韦守信及市委纪检委、市财政局、市审计局等部门的负责人莅临现场。大赛经过激烈角逐,渑池县代表队获一等奖,湖滨区、卢氏县代表队获二等奖,陕县、义马、开发区代表队获三等奖。市直及灵宝市代表队获组织奖。

28日,由三门峡市财政局产权交易中心和三门峡市拍卖行共同举办的旧公务车辆拍卖会在烟草大厦举行。此次拍卖会不仅为国家增加财政收入9.1万元,也为三门峡市产权交易进入市场开辟了新途径。

12 月

9日,在河南省财政厅举办的全省政府采购法规电视知识竞赛决赛中,三门峡市代表队荣获集体三等奖和个人优秀选手二等奖。这次竞赛活动,来自全省18个地市和省直单位的21个代表队参加了比赛。经过预赛,三门峡市、平顶山市等6支代表队进入决赛。

2003 年

1　月

1 日起,三门峡市在市级开始实施以国库单一账户体系为基础、资金缴拨以国库集中收付为主要形式的财政国库管理制度改革。

23 日,三门峡市财政局 2002 年总结表彰大会召开。会议总结了 2002 年财政工作,通报表彰先进单位和先进个人,并对 2003 年工作作具体安排部署。会议还部署安排作风纪律整顿和党风教育活动。

2　月

10 日,市财政局局长高战荣在四届人大四次会议上作《关于三门峡市 2002 年财政预算执行情况和 2003 年财政预算(草案)的报告》。

11—12 日,河南省委常委、常务副省长王明义带领省计委、财政、林业、水利等部门的有关负责人到三门峡市调研。市领导申振君、连子恒、孙金献、苏新华、赵光超及市政府秘书长张建峰等陪同。市林业、计委、财政、水利、公安等部门负责人也随行参加了调研活动。跟随王明义前来调研的有省计委副主任张运达、省财政厅副厅长杨舟、省林业厅副厅长赵顼霖、省水利厅副厅长郭永平等。在对三门峡市退耕还林和春季绿化造林情况进行调研的同时,王明义一行还考察了灵宝市卫家磨水库、三门峡快速通道工程建设情况,察看三门峡市行政审批中心和三门峡市财政国库集中支付中心的具体运行情况。

14 日,三门峡市财政局开展竞争上岗活动,通过民主推荐、公开演讲、结合业务考试成绩等几项综合记分评定,对局机关 14 个科级职位进行了竞争上岗,最终 12 名德才兼备的人员脱颖而出。

21 日,《河南农村报》刊发通讯《一心为民的李少民》,报道了三门峡市财政局驻湖滨区高庙乡位家沟村工作队长李少民肩负组织重托、恪守为民之责,在地处大山深处的位家沟一心为民的驻村事迹。

3　月

7 日,全市财政工作会议召开。会议传达贯彻了全省财政工作会议精神,总结了 2002 年全市财政工作。市人大常委会副主任马恒军、市政协副主席邵兰芳等出席会议。市委常委、常务副市长苏新华出席会议并讲话。

6—14 日,河南省政府检查组对三门峡市 2002 年农村税费改革转移支付等 4 项资金使用情况进行专项检查。省政府检查组对三门峡市本级、陕县和灵宝市本级以及陕县的张湾乡、观音堂镇和灵宝市的西阎乡、尹庄镇等地除农村饮水专项资金外的 4 项资金进行了重点检查。市委、市政府对这次检查中暴露出来的问题高度重视,责成有关部门、县(市)和乡镇按要求进行自查自纠,认真进行了整改、纠正。整改情况于 5 月 23 日以市政府文件上报省政府检查组。

18 日,三门峡市召开全市社会保障工作会议。会议提出,继续完善社会保障筹资机制,调整财政支出结构,加大对社会保障资金的投入,进一步健全我市的社会保障体系。会议要求各级社会保障部门加强各项社会保障及再就业资金的管理和监督,完善财政部门内部的监督制约机制,对社会保障中的资金发放做到公开、透明、公正、规范,使财政社会保障补助资金通过补助专户专项调拨,以确保资金安全完整及时足额到位。

10—21 日,三门峡市财政局开展机关作风纪律整顿活动。集中查摆了在思想作风、工作作风、行风建设等 4 个方面存在的 70 余个问题,并剖析了存在问题的根源。在此基础上,制定整改措施 45 项,重新制定规章制度 39 项,修改完善规章制度 125 项。

22—23 日,三门峡市举行 2003 年度会计从业资格考试,报考 630 人,参考 488 人,共设 30 个考场,参考率 77.5%。

4　月

8 日,《中国财经报》二版头条刊发通讯《白面书生是怎样变成庄稼汉的——河南省三门峡市财政局驻位家沟帮扶工作队剪影》,对市财政局驻位家沟工作队的驻村事迹进行专题报道。

7日,市财政局驻湖滨区位家沟工作队队长李少民被河南省委、省人民政府授予“全省优秀驻村工作队员”称号。

30日,渑池县召开县级财政国库管理制度改革动员大会,为三门峡市在县级全面推行财政国库管理制度改革起到了良好的示范带头作用。

5　月

13日,根据市编委《关于成立三门峡市政府采购服务中心的批复》(三编〔2003〕2号)文件,成立三门峡市政府采购服务中心,其性质为自收自支事业单位,隶属于市财政局管理,规格为正科级,编制8名(从会计公司事业编制中划入)。该中心成立之后,市政府采购办只负责监管工作,不再承担具体的采购任务,标志着三门峡市政府采购“管”“办”分离正式实施。

20日,三门峡市政协主席张兰印,副主席韦守信、邵兰芳带领部分政协委员一行4人到市财政局进行考察。市财政局副局长范社民汇报了三门峡市财政收支形势和财政支出管理制度改革情况。

23日,河南省人民政府印发《河南省人民政府关于表彰全省农村税费改革工作先进集体和先进工作者的决定》(豫政〔2003〕15号),三门峡市被授予河南省农村税费改革先进集体称号,高战荣、符彦升、韩玉峰、刘改琴4人获河南省农村税费改革先进工作者称号。

27日,全省三夏、夏粮收购暨深化农村税费改革工作电视电话会议结束后,三门峡市召开农村税费改革电视电话会议,部署下一步农村税费改革工作。副市长张君贵、赵光超出席会议。会议要求,各级各部门要下大力气,不折不扣地全面落实“三个确保”,克服困难,强力推进农村税费改革各项配套政策。

6　月

5日,以省纪委常委任建华为组长的省纪委督查组到三门峡市检查指导反腐倡廉工作。督查组一行到市财政国库集中支付中心视察。市财政局副局长范社民、纪检组长雷萍详细汇报了全市财政国库管理制度改革和市级国库集中支付中心运行情况。督查组对三门峡市在反腐倡廉和财政国库管理制度改革等项工作中取得的成绩给予充分肯定。要求今后进一步深化改革,完善制度,加大查处力度,纠正不正之风,加强党风廉政建设,净化社会环境。

至月底,三门峡市财政国库集中支付中心运行一年多来,所有市直行政事业单位的财政性资金已全部纳入财政国库集中支付中心统一管理,总计代理市直行政及全供事业单位的会计核算168户。通过改革,规范了预算执行程序,增强了政府的调控能力,提高了支出的透明度,为财政调整分配结构、优化资源配置提供了基础依据。为进一步扩大改革成果,市财政局2003年以来把国库管理制度改革重点放在了县(市、区)级。至6月底,渑池、义马、卢氏、灵宝、开发区等县(市、区)财政国库集中支付中心已投入运行。

7　月

7—9日,河南省财政厅、省审计厅、省农业综合开发办联合验收小组在市政府副市长赵光超和市财政局、市农开办领导陪同下,对三门峡市2002年农业综合开发项目进行了验收。2002年三门峡市农业综合开发分别在卢氏潘河乡,灵宝苏村乡、尹庄镇,陕县东凡乡,渑池果园乡、西村乡实施,共投入开发资金1679万元,其中中央投入541万元,省财政投入233万元,市财政配套120万元,县财政配套123万元,项目区群众自筹662万元。

18日,三门峡市财政学会、会计学会第二届暨珠算协会第三届会员代表大会召开。三门峡市委常委、市委宣传部部长李立江、市人大常委会副主任马恒军、市政协副主席韦守信出席会议并讲话。市委副秘书长、市委政研室主任张国成,市委宣传部副部长、市社科联主席刘小英及市科协、市民政部门的负责人出席会议并讲话。大会审议通过了“三会”上届理事会工作报告和新修订的章程,依照章程选举产生了新一届理事会及其领导机构,安排部署了今后的学(协)会工作。全市各条战线的财政、会计、珠算理论和实际工作者180多名代表参加会议。

22日,三门峡市召开财政综合暨非税收入管理工作会议,总结交流工作经验,研究分析全市国民经济运行情况及当前财政经济形势,并对今后工作进行部署。

22日,市财政局印发《创建学习型系统的意见》,就学习的目的、意义、目标、内容、原则、措施等作出明确规定。

28—29日,国家税务总局农业税管理局局长徐嘉彤一行对三门峡市农村税费改革工作进行检查指导,并对三门峡市农村税费改革工作给予充分肯定。三门峡市委常委、常务副市长苏新华专程看望了检查组的人员。

8　月

6日,在三门峡市团委举行的“三门峡市青年突击队授旗仪式”上,三门峡市财政国库集中支付中心获“三门峡市青年突击队”称号。

12日,全市亚洲开发银行贷款豫西农业综合开发项目现场会在渑池召开,副市长赵光超出席会议并讲话。

9　月

7日,三门峡市2003年度全国会计专业技术资格考试工作圆满结束。全市报考考生2018人,其中,报考中级资格1190人,初级资格828人。

16日,三门峡市召开农村税费改革表彰暨财政工作座谈会,传达贯彻了全省财政局长座谈会精神,表彰了全市农村税费改革先进集体和先进工作者,总结回顾了三门峡市农村税费改革及前8个月的财政工作,安排部署了下一步农村税费改革及后几个月的财政工作。市委常委、常务副市长苏新华出席会议并讲话。

至中旬,三门峡市2003年度会计信息质量检查工作全面结束。根据河南省财政厅统一部署,三门峡市从6月下旬起抽调85人组成12个检查组对21个单位2002年会计信息质量进行了检查。对查出的会计基础工作薄弱以及会计核算中存在的问题进行了及时处理、处罚,并提出整改意见。

28日,三门峡市财政局举行“金泉杯”迎国庆演讲比赛。

10　月

15日,三门峡市财政局、市电业局组织本单位400余名领导干部及要害部门工作人员,在市人民检察院的协调组织下,到市电业局会议中心进行预防职务犯罪警示教育。

28日,三门峡市财政局举行庆十一“金泉杯”演讲赛。市文明委、市直工委、团市委、开发区文明委等部门的领导到场并给予高度评价。

31日至11月2日,三门峡市2003年度注册会计师考试在市外国语小学举行。全市共报考804人,1864科。河南省财政厅,三门峡市财政局、市审计局、市保密局等有关领导到现场巡查。

11　月

12日,三门峡市乡村财务管理体制改革工作会议在义马市召开。会议总结推广了义马市乡村财务管理体制改革试点工作经验,全面启动三门峡市乡村财务管理体制改革工作。会议指出,乡村财务管理体制改革是三门峡市立足农村情况、促进农村经济发展和社会稳定而作出的重大举措。会议要求各地站在全局的高度,深刻认识到乡村财务管理体制改革的重大意义,尽快建立全新的乡村财务管理体制,促使乡村财务管理体制走上规范化、制度化、科学化的轨道。

12　月

15日,在全省财政系统金财工程建设评比中,三门峡市财政局信息管理工作被评为第1名,获评“全省财政系统金财工程建设先进单位”。年初以来,市财政局在全国率先开创了地市(县)国库集中支付管理模式,采用数据集中、统一管理,保证了县级国库集中支付的顺利进行。建立了直通乡级的宽带网,为顺利实现市、县、乡(村)集中核算,打造了良好平台。部门预算软件通过两年的实施,为全市细化部门预算编制、规范管理创造了良好环境。

31日,三门峡市委常委、常务副市长苏新华在市财政局、人行三门峡中心支行等有关部门负责人的陪同下,看望慰问市财政、税务、金融部门坚守工作岗位的干部职工。

2004年

1 月

1日,三门峡市财政局率先在全省财政系统推行网上移动办公。此次实行网上办公的单位为市财政局机关各科(室)、局属各单位和部分县(市、区),内容包括河南省财政厅,三门峡市委、市政府及市直各部门等外来文件处理,市财政局内部各科(室)(单位)形成的文件草稿,向领导报送的信息、报表(包括月、季、年报)、工作计划、要点、总结、汇报材料、资料及请示报告,会议通知等。实行网上移动办公后,既加强和规范了公文运转流程的安全性,提高了工作效率,节约了经费开支,同时开创了全省财政系统的又一先河,为全省财政系统全面推行网上移动办公积累了经验。

1日起,按照“集中管理,统一开户,分户核算”的原则,全市76个乡镇全部撤销乡属行政事业单位和各村、组银行账户,成立乡镇村财务服务中心,集中管理和核算乡直和行政村的所有收入和支出。通过改革,精简压缩了村组干部,节约了村组经费,专项资金乱支滥提现象得到遏制,在一定程度上解决了一些农村的深层次矛盾。

4日,三门峡市正式启用市级非税收入银行代收、财政监督监管系统。该系统投入运行后,通过代收银行、财政部门、执收执罚单位之间的微机联网,财政部门可以对市本级非税收入实现实时监控,彻底改变以前非税收入管理工作中存在的不能及时掌握非税收入项目、标准、金额的动态情况及信息不畅等被动局面,杜绝银行压票现象,大大加快财政资金的周转速度,实现政府非税收入管理的规范化、科学化、网络化。

15日,三门峡市财政局2003年度工作总结表彰大会召开。会议总结2003年财政工作,通报表彰先进单位和先进个人,并对2004年工作作了具体安排部署。

2 月

10日,全市财政工作会议召开。会议总结了2003年度全市财政工作,并就贯彻市委经济工作会议和全省财政工作会议精神、做好2004年全市财政工作作了统一安排。会议要求全市各级财政部门必须站在全局的高度,增强做好财政工作的责任感和紧迫感,全面完成全年的财政工作任务,促进财税工作再上一个新台阶。

12日,三门峡市召开全市珠心算先进单位、优秀教练、优秀选手表彰大会,对在全省第二届“鹤立杯”少儿珠心算听算比赛中取得优异成绩的先进单位、优秀教练和优秀选手进行了隆重表彰。

18日,三门峡市委常委、代理市长李文慧主持召开会议,听取市直财税部门工作汇报。对全市财源建设和财政工作李文慧提出要求:一是进一步树立科学的发展观,聚精会神搞建设,一心一意谋发展。二是充分调动各方面的积极因素,迅速掀起财源建设新高潮。市直各部门在做好本级财源建设的同时,要加强对各县(市、区)的工作指导。财源建设比较好的县(市、区)要继续巩固,再接再厉,力争再上一个新台阶;财源建设比较薄弱的地方要加快发展,迎头赶上,达到全市区域间财源建设协调、平衡发展。要建立财源建设的考核体系,加大奖惩力度,形成全社会齐抓财源建设的局面,推动经济发展。三是大力发展工业化,努力培植支柱财源。各级政府要加强政策引导,大力发展非公有制经济和多种成分相结合的混合所有制经济,围绕资源上项目,依靠科技办工业,大力培育骨干财源企业,把工业总量做大。要大力实施名牌战略,尽快培育一批在全省、全国数得上、叫得响的大企业、大集团,形成一批科技含量高、市场前景广、产品竞争力强的名牌企业,成为全市的支柱财源。

25日,三门峡市召开部分县(市、区)乡镇村财务管理体制改革汇报会。湖滨区、陕县、灵宝市的纪检委书记、常务副县(市、区)长、财政局局长、会计科长以及部分乡镇党委书记参加会议。

3　月

19日至21日，河南省政府督查组一行对三门峡市贯彻全省农村教育工作会议，特别是“三保”（保工资、保安全、保运转）经费落实情况进行了专项督查。副市长乔心冰陪同检查。省督查组先后深入到陕县、卢氏县的6所农村中小学明察暗访，对三门峡市中小学教职工工资发放等工作给予高度评价。

20日，三门峡市计委、市财政局、供销社、审计局及人行三门峡市中心支行、农发行三门峡分行等部门联合召开各县（市、区）相关部门分解落实三门峡市供销合作社财务挂账工作会议，安排部署具体工作方案，并成立三门峡市供销社财务挂账分解落实领导小组，负责协调、指导各项工作的开展。

25日，三门峡市召开部分县（市、区）乡镇村财务管理体制改革汇报会。湖滨区、陕县、灵宝市的纪检委书记、常务副县（市、区）长、财政局局长、会计科长以及部分乡镇党委书记参加会议。会议听取了3个县（市、区）乡镇村财务管理体制改革进展情况汇报，市财政局局长高战荣、市纪检委副书记王铁创先后作了讲话。市委副书记、纪检委书记郭秀荣到会并讲话。

27—28日，三门峡市2004年度会计从业资格考试在市外国语小学举行。省财政厅有关领导到现场巡查。全市共报考863人，比上年略有增长。

4　月

8日，三门峡市财政局召开财政对种粮农民直补改革工作会议。各县（市、区）财政局主管局长、商贸科长参加会议。

5　月

1日，三门峡市财政局李少民《弯弯的山路》一书由中国文联出版社出版发行。该书以日记、散文、诗歌等形式，从一个侧面反映了三门峡市财政局驻湖滨区位家沟村工作队落实省委决策，实践“三个代表”，为山区群众解疑难、办实事的风雨历程，全书共40余万字，被称为省、市驻村工作的一个亮点。

10日，全省对种粮农民直接补贴工作开展以来，三门峡市各级党委、政府高度重视，采取有效措施，粮食补贴通知书已全部发放到农户手中。农民将凭本人身份证和粮食补贴通知书，到基层财政所等额抵顶农业税及附加。

10日，三门峡市降低农业税税率工作正式启动。根据省政府决定，河南省农业税税率由原来核定的7%下调到4%，降低3个百分点；农业税附加随农业税正税同步降低。据初步测算，仅此一项政策，全市共减轻农民负担2575万元，其中农业税正税2146万元，农业税附加429万元。

12日，三门峡市召开全市财政局长座谈会，各县（市、区）财政局局长、预算科科长及市财政局有关人员参加。会议传达了全省财政局局长、地税局局长座谈会和全省降低农业税税率工作会议精神，研究分析1—4月全市财政收支形势及存在问题，安排部署下一步加强收入征管的具体措施、农业税降点以及向种粮农民直接补贴等工作。

14日，三门峡市财政局举行全市财政系统庆七一演讲比赛。此次演讲比赛共有来自各县（市、区）财政局和市财政局的24名选手参加比赛。经过激烈角逐，卢氏县代表队的揣园和市财校的付素华获得一等奖。

16日，三门峡市协算协会组织参加的全国第13届海峡两岸珠算通信比赛圆满结束。市直及各县（市、区）共有1536人参赛，其中：社会大中专组870人，小学组456人，珠心算组210人。

19日，河南省委副书记、纪检委书记李清林在三门峡市领导连子恒、郭秀荣、赵继祥等的陪同下到三门峡市财政国库集中支付中心考察，市财政局局长高战荣及支付中心主任刘灿烽向各位领导汇报了三门峡市财政支出制度改革的运行情况以及改革以来取得的显著成效，李清林书记等省、市领导对三门峡市财政支出制度改革取得的成效给予了肯定。

23—25日，河南省农业综合开发验收组对三门峡市2003年度农业综合开发项目进行了验收，省验收组按照“每个省辖市随机抽取1个开发县代表该市接受省级验收”的既定程序，重点抽查了三门峡市渑池县。三门峡市2003年度农业综合开发项目顺利通过省级验收。

28—29日，三门峡市2004年度会计专业技术资格考试在三门峡中专和市外国语小学举行。省财政厅有关领导到现场巡查。三门峡市共报考考生1915人，其中报考中级资格1166人，初级资格749人。

6　月

2日，三门峡市召开整顿统一着装工作会议。会上，市财政局局长高战荣、市监察局局长张万斌分别就如何做好整顿统一着装工作进行具体部署。市委常委、常务副市长苏新华到会并讲话。苏新华要求各地、各部门站在维护人民群众利益的高度，按照“谁主管、谁负责，谁着装、谁纠正”的原则，抓紧推进工作，确保如期完成任务。

12日，三门峡市财政局召开农业税降点暨粮食直补工作会议。会议要求，坚决维护农民的根本利益，该减的农业税一定要减下去，该征的农业税一定要征上来，绝不允许搭车收费和搞政策棚架。

28—29日，三门峡市委常委、常务副市长苏新华带领市财政局等有关单位负责人到陕县、义马和渑池检查上半年财税任务完成情况和项目建设进展情况。

至6月底，自年初三门峡市级非税收入监管系统运行以来，纳入政策非税收入监管系统管理的执收执罚单位188个，执收执罚项目674项，监管率达96%，乱收费、乱罚款现象得到有效遏制。

7　月

13日，三门峡市召开农村中小学危房改造工程工作会议，进一步统一思想，明确任务，落实措施，确保三门峡市农村中小学危房改造工程顺利实施。副市长乔心冰出席会议，并同市教育局、市发展计划委员会、市财政局、市扶贫办的负责人一起，与各县（市、区）签订了目标责任书。

13—14日，河南省发改委正厅级巡视员陈清波一行到三门峡市，检查督导夏粮收购、国有粮食企业改革、粮食直补和农业税降点工作进展情况，并充分肯定了三门峡市取得的成绩。

13—14日，三门峡市财政局集中组织中层以上干部通过看录像、听讲座、讨论座谈等多种形式，学习《中国共产党党内监督条例（试行）》《中国共产党纪律处分条例》《中华人民共和国行政许可法》，以及任长霞先进事迹和财政系统领导科学探索等内容，进一步增强了全局上下干事创业的使命感、危机感和责任感。

21日，《三门峡日报》发表《村民读懂你的心》和《那山那路那人》两篇评论，对市财政局驻村干部李少民撰写的驻村纪实《弯弯的山路》（中国文联出版社出版）给予充分肯定，并对其一心为民的驻村精神和所带领的工作队事迹给予了高度评价。

22日，三门峡市召开全市工商、地税、药品监督管理、质量技术监督4个省垂直管理系统非税收入“收支两条线”情况专项检查工作会议，要求省垂直管理部门和单位建立自查工作责任制，督促所属单位认真开展自查工作，并积极配合好有关部门的检查活动。

8　月

2日，三门峡市召开整顿统一着装工作会议，传达全省整顿统一着装工作会议精神，通报全市整顿统一着装工作进展情况，部署下一阶段任务。会议要求，各级、各部门要提高认识，明确责任，认真开展重点检查，坚决纠正和严肃查处违规着装行为，进一步推动三门峡市整顿统一着装工作深入开展。

4日，三门峡市召开对种粮农民直接补贴工作座谈会。

10—12日，河南省2004年度会计人员继续教育师资培训在三门峡市金泉宾馆举行，来自郑州、洛阳等10个省辖市各级会计管理机构负责人及担任会计继续教育培训工作的师资人员240余人参加了为期3天的会计新理论培训。

14日，由河南省财政、监察、纠风等部门组成的整顿统一着装工作检查组到三门峡市，检查指导前一阶段的整顿统一着装工作，并对三门峡市整顿统一着装工作给予充分肯定。6月以来，在市政府的统一组织下，财政、监察、纠风等部门密切配合，积极落实各项整顿措施，全市涉及整顿的36个部门、单位除市交通局60名超限监控人员暂未脱装外，其余单位全部脱装。整顿统一着装工作共涉及整顿人员5036人，收回服装4914套、标志5748个，上缴服装已全部封存。

9　月

1日起，三门峡市启动会计证换发会计从业资格证书工作。凡2004年8月20日前在三门峡市取得有效会计证的人员，同时符合有关条件的，可到所在地财政部门申请换发会计从业资格证书。全市换证工作12月31日结束，原会计证自2005年1月1日起自行失效。

15日，全市优秀财政财会论文及调研报告成果集——《公共财政改革探索》一书由中国广播电视出版社出版发行。该书共收录论文、调研报告68篇，计35.1万字。其作者大多是全市财政、会计战线上的骨干力量，他们结合自身财政、会计工作实践，从不同角度揭示三门峡市财政、会计改革进程，深入分析改革中存在的热点、难点问题，并提出许多新的观点和对策，对改革进行积极探索，对财会实际工作具有一定的指导和借鉴意义。

15日，三门峡市财政局干部薛登昌所著的《战地日记》由远方出版社出版发行。该书以日记形式真实地记录了1984年7—12月作者在老山前线的作战经历。

16—17日，河南省会计学会2003—2004年度学术研讨会在三门峡市金泉宾馆召开。省财政厅领导刘荃、谭恩河、张鹤喜，会计处处长杨文林及全省各地从事会计管理与理论研究的专家学者100余人参加会议。市委统战部部长张高登到会致欢迎辞。

17—19日，三门峡市2004年度注册会计师考试在市外国语小学举行。省财政厅及市财政局、审计局、保密局等有关领导亲临现场巡查。当年全市报考考生625人，共报考1472科。

28日，全市财政工作会议召开。会议传达贯彻市委四届四次全会、市政府经济形势分析会和全省财政工作会议精神，总结前8个月预算执行及财政工作，研究推进“乡财县管”改革、退耕还林粮食补助资金发放及加强契税管理等事项，安排部署四季度的主要工作。

10　月

11日，河南省人大预工委副主任裴群国一行3人在市人大常委会副主任李景才等的陪同下，对三门峡市财政国库管理制度改革工作及业务运作情况进行了检查，裴群国在检查后对三门峡市财政国库集中支付改革取得的成就给予充分的肯定。

25日，三门峡市委常委、常务副市长苏新华主持召开财税形势分析会，认真研究前9个月全市财政收支形势，分解下达后几个月各部门的征收任务。市财政局、市国税局、市地税局负责人分别汇报了前9个月各项收入完成情况。苏新华强调，要全力以赴打好第四季度税收攻坚战，确保全年税收任务圆满完成。

11　月

1日起，三门峡市76个乡镇全面推行“乡财县管”。“乡财县管”是三门峡市继财政支出管理制度改革、乡镇村财务管理体制改革之后在财政管理方式上的又一重大改革。其核心内容是“预算共编、账户统设、集中收支、采购统办、票据统管”。

12日，三门峡市委副书记、市长李文慧，市委常委苏新华，市政府秘书长张建峰在市财政、国税、地税等部门负责人的陪同下，先后到市国税局城区分局办税大厅、市地税局直属分局办税大厅，实地察看税收征收情况，慰问一线工作人员，听取了市财政局、市国税局、市地税局负责人的汇报，要求各地、各有关部门要对财税征收工作进行再动员、再部署，确保全年各项目标任务的实现。

至20日，三门峡市财政一般预算收入当年完成10.046亿元，比上年同期增收28048万元，增幅达38.7%。这是三门峡市建市以来财政一般预算收入首次突破10亿元大关。

至月底，自1月1日市级非税收入监管系统运行以来，市级纳入政府非税收入监管系统管理的执收执罚单位共有188个,执收执罚项目862项,监管率达98%,使乱收费、乱罚款现象得到有效遏制;纳入市级非税收入监管系统的财政收入为18521万元,占收入任务目标的128%,比上年同期增长13%,提前超额完成了全年征收目标任务。

是月,三门峡市财政投资评审中心正式开展业务。

12 月

2—5日,三门峡市财政局组织7个县(市、区)信息人员和会计人员,对新的核算软件安装及系统初始化进行培训,为"乡财县管"改革的顺利进行奠定了基础。

7日,三门峡市财政局召开"青年职工岗位技能竞赛"总结会。

14—15日,河南省财政厅缓解县乡财政困难协作调研农村公共财政组第一次协作调研会议在三门峡市金泉宾馆召开。此次协作调研会议由三门峡市财政局牵头组织,南阳市、许昌市、漯河市、邓州市财政局的部分办公室主任和文秘副主任及文秘人员参加会议,就农村公共财政建设问题展开了协作调研。

15日,三门峡市"乡财县管"系统全面实现网上运行。

至年底,随着"乡财县管"改革的稳步推进,三门峡市初步形成市县乡村四级会计集中核算制度,财政资金的管理和财务监督真正做到"横到边、竖到沿",不仅增强了政府宏观调控能力,而且从源头上预防和遏制了各种腐败现象的滋生,实现了财政管理制度的创新,促进了经济的健康有序发展。

2005 年

1 月

1日,市财政局收到河南省财政厅对三门峡市财政系统通报表彰的特急电报。通报中,省财政厅对三门峡市财政系统在2004年所取得的突出成绩给予了高度赞扬,认为在过去的一年中,三门峡市各级财政部门按照做大经济和财政"蛋糕"的要求,抓住经济发展的有利时机,采取有力措施,强化收入征管,收入组织工作取得了突出成绩,超额完成了省财政厅下达的奋斗目标,为全市经济社会事业发展提供了有力的资金保障,同时,也为全省财政收入的稳定快速增长作出了积极贡献。省财政厅希望三门峡市各级财政部门在新的一年中继续发扬艰苦奋斗、能打硬仗的工作精神,自觉服务于经济社会发展大局,求真务实,真抓实干,再接再厉,依法征收,应收尽收,确保财政收入持续、稳定增长,为全省经济社会快速协调发展作出新的、更大的贡献。

6日,三门峡市政府印发《关于对全市财税系统表彰的决定》,明确指出:2004年全市财税系统广大干部职工认真贯彻中共十六届三中、四中全会和市委四届四次全会精神,围绕"加快发展、维护稳定、狠抓落实"的工作大局,顽强拼搏,艰苦奋斗,财政收支规模创历史最高水平,为全市经济全面协调可持续发展作出了突出贡献。希望全市财税系统在今后的工作中发扬成绩,再接再厉,进一步加大改革力度,落实稳健的财税政策,依法加强税收征管,不断优化支出结构,为三门峡市提前实现全面建设小康社会、跻身中原崛起"第一梯队"作出新的更大的贡献。

10日,全市财政工作会议召开,传达全国、全省财政工作会议和市委经济工作会议精神,回顾总结2004年全市财政工作,安排部署2005年财政收支计划和工作重点。

21日,三门峡市委副秘书长、市直工委书记靳跃军专程到市财政局为全体干部职工上党课,对开展共产党员先进性教育活动的背景、必要性和重大意义等作了深刻阐述。

31日,三门峡市财政局召开保持共产党员先进性教育动员大会,对教育活动进行动员和再部署,标志着市财政局先进性教育活动全面启动。

31日,三门峡市财政局召开2004年度工作总结暨表彰大会。会议对2004年度财政工作作了总结回顾,通报表彰了先进单位和个人,对2005年工作作出统一部署。

2 月

24 日，经三门峡市财政局党组研究决定，农业综合开发公司与财经投资公司合署办公。

25 日，河南省委副书记、纪委书记李清林一行来到保持共产党员先进性教育活动联系点渑池县财政局，就党员先进性教育活动与该局党员进行座谈，并对该局党员先进性教育活动开展情况给予了充分肯定。

下旬，三门峡市对全市 6 万余名农村贫困家庭学生实行“两免一补”，即对农村义务教育阶段贫困家庭学生免费提供教科书、免杂费和补助寄宿生生活费。全市共筹集“两免一补”资金 933 万元，其中：中央财政补助资金 297 万元，省级补助资金 318 万元，市级配套资金 318 万元。

3 月

1 日，经过两个多月的考察策划和设备购置、安装，三门峡市财政局文件传输系统正式启用，这使三门峡市财政系统信息化建设走在了全市前列。

10 日，三门峡市财政局先进性教育活动领导小组办公室召开新时期保持共产党员先进性具体要求大讨论座谈会，局党组书记、局长高战荣等中心组成员出席会议并讲话。

11 日，三门峡市财政局举办保持共产党员先进性教育活动演讲赛。

12—14 日，河南省财政厅副厅长鲁轶一行 6 人到三门峡市就财政收支情况开展专题调研。

15 日，三门峡市召开财税工作座谈会，全市财政、国税、地税部门的主要负责人和各县（市、区）常务副县（市、区）长、财政局局长参加会议，市长李文慧、常务副市长苏新华出席会议并讲话。会议分部门、分县（市、区）对 2004 年度和 2005 年前两个月的财政收支工作进行了全面的总结，重点分析了财政收支管理中存在的主要问题和薄弱环节，研究制定了下一步加强收支管理的主要措施。会议要求，各级党委、政府和各级财税部门要认清形势，振奋精神，克服困难，励精图治，全力以赴加强收入管理，再打一场硬仗。

18 日，三门峡市财政局、市公安局联合召开全市落实县级公安机关公用经费保障标准工作会议，明确各县（市、区）公安机关公用经费保障标准，各县（市、区）财政、公安部门人员参加会议。

21 日，三门峡市 2005 年春季农村义务教育“两免一补”资金发放工作全面展开。

22 日下午，三门峡市财政局召开保持共产党员先进性教育活动领导小组办公室扩大会议，传达市委先进性教育领导小组文件，安排部署共产党员先进性教育活动转段工作。

23 日，三门峡市财政局财政信息工作在河南省地市级财政信息直报点中总分第一名，被财政部授予全国财政信息工作先进单位称号。同时，局办公室主任康平森获全国财政系统信息工作组织奖，贺宏民获全国财政系统信息工作先进工作者称号。

25 日上午，三门峡市财政局召开保持共产党员先进性教育领导小组会议，总结学习教育阶段工作，讨论了分析评议阶段的实施方案，部署第二阶段工作。领导小组组长、局党组书记、局长高战荣就第二阶段的工作提出具体要求。

25 日下午，三门峡市财政局召开保持共产党员先进性教育活动总结暨转段动员大会。市委第八督导组组长雷雨川等出席会议并讲话。局党组书记、局长高战荣对全局学习阶段工作进行了回顾和总结，并对分析评议阶段提出具体的要求。

26—27 日，三门峡市 2005 年度会计从业资格考试在市外国语小学举行，全市共有 632 人参加考试。省财政厅有关领导到现场巡查。

28 日，应三门峡市委、市政府的邀请，国家开发银行河南分行行长戎耿等一行 9 人到三门峡市进行了为期两天的考察。市委书记连子恒、市长李文慧和副市长赵光超等会见了戎耿一行，并对戎耿到三门峡市考察表示热烈欢迎。戎耿一行考察了三门峡市涧河治理、快速通道、污水处理厂等基础设施和公用设施项目建设情况，并参观了三门峡市容和市政建设概貌。

29 日，三门峡市市长李文慧、副市长赵光超会同财政、发改委、建委等相关部门负责人，与戎耿一行就建立融资平台利用开行资金、实行银地合作等进行会谈。李文慧市长指出,各相关部门和单位要顾全大局,密切协作配合,积极开展工作,尽早促成与开行的合作,为三门峡市城市建设和经济发展提供强大的资金支持。

4 月

6日,全市2004年度农业综合开发土地治理项目建设流动现场会在渑池县召开。市开发办、市财政局有关领导,有关县(市)财政局主管局长、农业股长,扶贫办主管农开的主任、业务骨干,项目区乡镇长等参加了会议。现场会先后到渑池县西村乡、陕县张汴乡和灵宝市阳店镇参观考察。

11—19日,三门峡市财政局局长高战荣带领相关科(室)负责人到全市各县(市、区)逐一调研,在每个县(市、区)选择1~2个乡和部分村委会及学校调查农村税费改革后村级经费保障情况、乡财县管改革情况以及对种粮农民直接补贴、退耕还林直补资金发放和向农村困难家庭学生实行“两免一补”等政策落实情况,并与各县(市、区)党政主要领导和财税部门进行座谈,共同分析经济发展形势、财政收支形势及收入管理的薄弱环节,在实事求是的基础上,进一步明确各县(市、区)2005年财政收入奋斗目标,全省财政局局长、地税局局长座谈会明确的财政收入奋斗目标已全部分解到各县(市、区),为完成全年财政收入目标奠定了基础。

28日,湖滨区交口乡南梁村彭英泽、张善德、张同昌3位老人在近千名群众的欢呼声中,竖起一座高达3米的感恩碑。碑的正文是:“感谢国务院,拥护共产党。种地给补贴,耕田不纳粮。农民得实惠,一心奔小康。雨露泽华夏,党恩永不忘!”碑的另一面是:“2005年3月14日十届全国人民代表大会三次会议通过,对农民实行免征农业税并继续种粮补贴,惠民政策得人心、合民意,我们感恩泽德,以志纪念,子孙万代永远不忘。”

5 月

1日,义马市《农村最低生活保障暂行办法》实施。该市是河南省农村低保工作试点县(市)之一,也是三门峡市最早实行农村低保的县(市)。

11日,市政府第43次常务会议决定以市财经投资公司为依托建立三门峡市融资平台。

15日,按照中国珠算协会统一部署,三门峡市圆满完成了第14届海峡两岸珠心算比赛三门峡赛区的参赛组织工作。全市共参赛1536人,其中154人获得优胜奖,1人获优秀教练奖。由于组织得力,参赛人数多,获第14届海峡两岸珠心算通信比赛组织特等奖。

17日,市财政局组织全体干部职工到市群艺馆参观“西柏坡精神”展览。

21—22日,三门峡市2005年度会计专业技术资格考试在市中专和市外国语小学举行。全市报考考生1804人,其中报考中级资格1200人3226科,报考初级资格604人1208科。

30日,市财政局召开创建国家级文明单位动员大会,党组书记、局长高战荣作了题为《团结一致,全力以赴——为创建国家级文明单位而努力奋斗》的讲话。

30日,三门峡市对种粮农民直接补贴资金1334.98万元全部兑现完毕。这项工作自3月中旬开始,全市直补工作涉及84个乡镇、农场,1328个行政村、11414个村民组,受益农户达399388户。

30日,河南省人民政府《关于免征农业税的通知》(豫政〔2005〕26号)正式印发,三门峡市按照省政府的统一部署,对全市40余万户农民实行了全面免征农业税,全市共减征农业税3176万元,其中正税2647万元,附加529万元,全市农民户均减负79.3元,人均减负20元。

31日,三门峡市政府印发《关于成立三门峡市政府信用建设领导小组的通知》(三政〔2005〕55号),文件中明确了信用建设领导小组的人员组成和工作职责,并明确办公地点设在市财政局,市财经投资公司经理刘玉侠兼任办公室主任。

6 月

8日,三门峡市召开财政税收收入分析会。市委常委、常务副市长苏新华到会并作讲话。会议对前5个月的财政税收形势进行了认真分析,财政、国税、地税部门负责人分别作了发言。

9日，三门峡市召开全市财政工作座谈会，贯彻落实6月8日全市财税工作座谈会精神，研究分析前5个月财政收支形势，安排部署确保上半年财政收入实现时间任务“双过半”的具体措施；传达贯彻全省免征农业税工作会议精神，并对下一步全市清理党政机关领导干部拖欠公款，落实市委、市政府向社会公开承诺的十件实事、两免一补和对种粮农民直接补贴政策落实“回头看”等工作进行安排。

10日，为进一步巩固农村税费改革成果，健全防止农民负担反弹的有效约束机制，将农民负担监督管理纳入规范化、法治化的轨道，三门峡市各级财政部门通过一个多月的努力，顺利完成了乡到县、县到省、市到省各级宽带网络，成为全省唯一一个宽带到乡的省辖市。

10日，三门峡市政府印发《关于成立三门峡市财经投资公司董事会的通知》（三政〔2005〕62号），通知明确其董事长由市财政局局长高战荣兼任，市财政局助理调研员董友忠、市财经投资公司经理刘玉侠任董事。

17日，三门峡市召开全市政府采购专项检查工作会议，市监察局、市财政局、市审计局等部门的领导出席会议并讲话，各县（市、区）监察、财政等部门的负责同志参加会议。会议对全市政府采购专项检查工作进行了统一部署。

17日，由三门峡市财政、农业两部门组织召开的全市农村劳动力转移培训阳光工程会议和培训班在烟草大厦举行，标志着三门峡市2005年阳光工程正式启动。

30日，三门峡市召开全市契税征管工作会议，传达贯彻6月24日召开的全省契税工作座谈会精神，安排部署全市契税征管工作。各县（市、区）主管财税工作的领导和财政、农税部门的负责人，市契税征管工作领导小组成员单位的领导，以及市直各单位负责人和财务负责人参加会议。省财政厅农税局局长韩伟参加会议并讲话，市委常委、常务副市长苏新华到会并讲话。

30日，河南省财政厅农税局局长韩伟到三门峡市财政局行政服务中心窗口检查指导工作。

7　月

1日，三门峡市财政局召开双先表彰暨保持共产党员先进性教育活动总结会。

1日起，三门峡市区城市居民最低生活保障标准由原来的每人每月130元提高到150元，进一步加大了对城市居民最低生活保障的投入力度。

1日起，三门峡市实行以市为单位的企业职工基本养老保险市级统筹。其基本模式为“五统一”：统一企业基本养老保险制度，统一基本养老保险费率，统一管理使用基本养老保险基金，统一企业养老保险经办机构和人员管理，统一实行基本养老金社会化发放，建立和完善离退休人员养老保险数据库。市级统筹与现行的县级统筹相比，保障能力增强，覆盖范围拓宽，统筹层次提高，基金抗风险能力加强，不同县（市、区）企业负担水平将趋均衡。

10日，三门峡市税收收入专项检查自查工作圆满结束。该项工作历时近两个月，在国税、地税、农税部门配合下，重点对2004年1月1日至2005年3月31日的税收征管情况开展专项自查，主要检查各种税款的征收是否及时足额入库，先征后返、缓征、减免情况是否符合税收政策及有无利用“四假企业”骗取税收优惠。自查结果表明，三门峡市各应税单位和个人应缴税款321575.1万元，已缴税款260632.9万元（含缴纳上年欠税3853万元），享受各种税收优惠64504.2万元，欠缴税款291万元，自查补缴税款43万元。

18日，卢氏县举行农机具购置补贴颁机仪式，标志着三门峡市农机具购置补贴工作全面结束。是年，全市共安排农机具购置补贴资金75万元，其中省级补贴60万元、市级补贴15万元；继2004年在灵宝市、渑池县实施农机具购置补贴的基础上，2005年分别在陕县、卢氏县实施，共补贴农机购机户277户，带动农民购机资金310余万元，购置农机具511台（套）。其中，大型拖拉机47台、小型拖拉机230台、大型配套机具70套、小型配套机具164套。这一补贴政策的实施，对加快三门峡市农业机械化进程，推进农业现代化建设，促进农业增效、农民增收、农村经济发展将发挥重要作用。

8　月

20日,三门峡市召开清理规范津贴补贴工作会议。各县(市、区)财政局局长、综合科(股)科(股)长、预算科(股)科(股)长参加会议。会议传达了省8月18日清理规范津贴补贴工作会议精神,安排部署了全市清理津贴补贴工作。

31日,全市已累计征收契税3500万元,提前4个月完成了省财政厅下达的全年契税任务,是上年同期的6.2倍,创历史最高水平。

9　月

5—6日,三门峡市财政局局长高战荣带领局办公室、预算科、教科文科、农业科等科(室)人员到灵宝、卢氏调研。高战荣一行先后到灵宝市大王、阳平、川口和卢氏县官道口、杜关、东明镇等地中小学和困难学生家中深入调查了解秋季"两免一补"政策落实情况,农业良种补贴工作进展情况,学校危房改造情况等。

12日,市财政局组织全体干部职工到三门峡市预防职务犯罪警示教育基地——三门峡硖石监狱接受警示教育。

13日,三门峡市优质小麦良种补贴券发放工作开始。发放工作涉及灵宝市、渑池县的31个乡镇,596个行政村,125158户农户,总计发放补贴券430万元。

14日上午,三门峡市在卢氏县官道口镇举行"两免一补"资金发放仪式,标志着三门峡市2005年秋季"两免一补"资金发放工作正式启动。省教育厅副厅长杨智磊、三门峡市副市长郭绍伟及市县财政、教育等有关部门领导出席发放仪式。

22日,三门峡市召开全市财税工作座谈会,市委常委、常务副市长苏新华出席会议并讲话。会议分析了三门峡市1—8月的财政收支情况,研究了进一步加强财政收支管理及税收征管的具体措施。各县(市、区)主管财税工作的县(市、区)长、财政局局长,市财政局、市国税局、市地税局领导班子成员及主抓税收征管的业务科长参加了座谈会。

25日,三门峡市举办三门峡市第四届少儿珠心算听算比赛,此次比赛共有来自灵宝、陕县、渑池、义马及市区有关小学、幼儿园的16个代表队的82名少年儿童。市财政局、市教育局、市科协等部门有关领导亲临赛场并为获奖单位和个人颁发了奖品和获奖证书。

25日,全市2005年秋季农村义务教育"两免一补"工作全面结束。全市有91818名农村义务教育阶段学生享受"两免",约占在校生人数的35.5%,比春季提高13.8个百分点,其中贫困寄宿生80%享受到生活费补助。

26日,三门峡市第五届运动会落下帷幕,三门峡市财政局获得市直机关组总分第一。在市五运会和市直三运会上市财政局组成了近200人的代表团,参加了18个项目中的15个,参加人数是市直单位中最多的,同时也是参赛项目在全市最多的代表团。

28日,由三门峡市财政局牵头的河南省部分地市"县乡财政体制改革研究"课题协作会在三门峡市金泉宾馆召开。参加会议的有来自鹤壁、郑州、安阳、济源、许昌等6个市财政局的代表,省财政科研所所长何晞到会并讲话。

10　月

26日,三门峡市财政局被三门峡市政府授予2001—2005年度全市体育工作先进集体称号。

31日,三门峡市会计信息质量检查工作全面结束。按照财政部统一部署,检查的重点是地方金融、房地产、食品和煤炭等企业2004年度会计资料的真实性、完整性以及执行国家有关法律法规和统一会计制度的情况。全市由127人组成19个检查组,检查企业30家,其中国有及国有控股企业9家、集体企业3家、私营企业12家、其他企业6家。查出违纪违规金额5564.48万元,对违纪较重的23家企业下达了处理处罚决定,对违纪较轻的7家企业下达了关注函。

11　月

17日,财政部农业司褚利明一行4人在河南省财政厅副厅长杨舟、三门峡市政府副市长张君贵的陪同下,对国家级贫困县卢氏进行了实地调研。

19—20日,三门峡市财政局、市珠算协会组队赴郑州参加河南省第四届少儿珠心算听算比赛,三门峡市有11名小朋友获得优秀选手称号,2名小朋友获得优胜选手称号。

21—25日,根据三门峡市人民政府的申请,受省政府委托,省危改领导小组组织农村中小学危房改造工程验收团,分3个验收小组,先后对三门峡市5个县(市)的46所学校危房改造工程进行了检查验收。2003年底至2005年11月中旬,三门峡市“危改”工程累计投入资金9093.73万元,已改造完工项目学校518所,完成危房改造面积237996平方米。通过检查,验收团认为,三门峡市危房改造工作领导重视、措施得力、工作扎实、成效显著。

12　月

15日,三门峡市委书记连子恒,市委副书记、市长李文慧,市委常委、常务副市长苏新华等领导专门听取了市财政局关于2005年财政收入预计完成情况和2006年财政收支预算初步安排意见的汇报,对2005年全市财政工作给予了高度评价,并对2006年的财政工作提出了明确要求。

16日,三门峡市社会科学界联合会召开“2004年度优秀社科成果”颁奖大会,市财政局《公共财政改革探索》(主编:高战荣;副主编:田金志范社民李少民,中国广播电视出版社出版)一书被评为一等奖。

27日,河南省财政厅、教育厅联合印发《关于对全省2005年农村义务教育“两免一补”工作进行表彰的通报》(豫财力教〔2005〕324号),三门峡市因成绩突出,被评为一等奖,并获400万元奖励。

28日,三门峡市与国家开发银行开发金融合作协议签字仪式举行。国家开发银行河南分行行长戎耿,市领导连子恒、李文慧、苏新华、孙金献等出席签字仪式。三门峡市首批实施国家开发银行贷款项目达13个,贷款金额为5.682亿元。市委副书记、市长李文慧与戎耿分别在合作协议上签字。

31日,三门峡市财政国库集中支付中心举行“省级青年文明号”揭牌仪式。三门峡市委常委、常务副市长苏新华与市财政局党组书记、局长高战荣出席仪式并揭牌。

2006年

1　月

1日,三门峡市财政局收到河南省财政厅《关于表彰三门峡市财政局的决定》的特急电报。决定中指出:“2005年,你市各级财政部门抓住经济发展的有利时机,依法加强收入征管,努力做大财政‘蛋糕’,优化支出结构,加快支出进度,财政保证能力得到新的提高,为地方经济和各项事业发展作出了重要贡献。截至2005年12月31日,你市一般预算收入完成16.63亿元,为预算的122.6%,比上年增长39.5%;支出完成31.57亿元,比上年增长35.6%,为全省圆满实现一般预算收入500亿元、支出1000亿元目标作出了积极贡献。经研究,决定对你市财政局给予通报表彰。希望你们发扬成绩,再接再厉,开拓创新,努力做好2006年预算执行和各项重点工作,保持地方财政收入稳定较快增长,确保财政工作在‘十一五’规划开局之年取得新的更大的成绩。”

1日,河南省第二批新型农村合作医疗试点工作在陕县、灵宝两县(市)全面展开。

5日,中共三门峡市委三门峡市人民政府颁发《关于对全市财税系统予以表彰的决定》,决定指出:“2005年,全市财税系统深入贯彻党的十六大和十六届四中、五中全会精神,全面落实科学发展观,牢牢把握‘加快发展,维护稳定,狠抓落实’的工作大局,深化财政体制改革,依法组织财税征收,科学安排财政支出,强化财政监督管理,超额完成了各项责任目标。全年全市一般预算收入达到16.6亿元,为年预算的122.6%,比上年增长39.5%,净增4.7亿元,收入总量和年增速度在全省的位次分别前移了5位和4位。全市财政支出达到33.9亿元,比上年增长35%,净增8.7亿元。财政收支规模净增额再创历史最高水平,为全市经济社会全面协调可持续发展作出了突出贡献。为鼓励先进,市委、市政府决定对全市财税系统予以表彰。希望全市财税系统的广大干部职工继续发扬成绩,再接再厉,进一步推进财税改革,加强财源建设,强化税收征管,壮大财政实力。全市各级、各部门要向财税系统学习,认真落实市委四届六次全会精神,解放思想,求真务实,扎实工作,开拓创新,为跻身中原崛起第一梯队、提前实现全面建设小康社会作出新的更大的贡献。”

6日,三门峡市召开全市财政工作会议。各县(市、区)主管财政工作的副县(市、区)长、财政局局长、办公室主任、预算科(股)科(股)长、农税科(股)科(股)长、会计科(股)科(股)长及市直单位负责人等260多人参加会议。会议总结回顾了2005年及“十五”期间全市财政工作,安排部署了“十一五”特别是2006年财政工作,表彰了全市粮食直补工作、“两免一补”工作先进集体、先进工作者及会计工作先进单位、优秀会计工作者。市委常委、常务副市长苏新华出席会议并讲话,市人大常委会副主任李景才,市政协副主席李鸿滨出席会议。

17日,市财政局组织市财政系统迎新春联欢会。

19日,中共三门峡市委三门峡市人民政府颁发《关于命名表彰第八批专业技术拔尖人才的决定》(中国共产党三门峡市委员会(决定)三文〔2006〕6号),授予刘书文等5名在各条战线上作出突出贡献的优秀知识分子为第八批“三门峡市专业技术拔尖人才”称号。三门峡市财政科研所所长李少民为受表彰的5名“拔尖人才”之一。

2 月

7日,三门峡市财政局印发《关于下达2006年春季农村义务教育“两免”补助资金的通知》(三财预〔2006〕109号),将市级配套资金230.8万元,连同中央及省补助资金707.3万元总计938.1万元“两免”资金全部下达到各县(市、区),各县(市、区)也积极行动起来,标志着三门峡市2006年春季农村义务教育“两免一补”工程全面启动。

15日,三门峡市财政局局长高战荣主持召开局长办公会,对建立局领导和各科(室)工作联系点制度作了统一安排,将全市7个县(市、区)及市本级分别明确为局领导及机关各科(室)联系点,每名领导干部带领3个科(室)联系1个县(市、区),把对各县(市、区)的联系工作作为日常重点工作之一,定期了解财政收支预算完成情况、重要财政政策落实情况、各项财政改革进展情况等,分析并帮助解决实际工作中存在的问题,督促各项工作按期完成。

18日,三门峡市2006年春季“两免一补”工作圆满结束。全市共发放“两免一补”资金1191.11万元,其中“两免”资金949.3万元(中央省市级安排“两免”资金938.1万元、卢氏县财政安排“两免”资金11.1万元),“一补”资金241.81万元,有91889名农村义务教育阶段家庭贫困学生享受“两免”资助,24274人享受“一补”资助。

22日,以河南省财政厅国库处副处长王俊岭为组长的省“两免一补”工作督导组对三门峡市2006年春季“两免一补”工作进展情况进行了为期两天的督导检查,对三门峡市政策落实情况和扎实细致的工作表示满意。

3 月

6日,三门峡市2005年会计管理工作在全省综合评比中获“会计管理工作一等奖”,受到省财政厅通报表彰,这是三门峡市连续3年获此殊荣。

6日,在河南省举行的五一巾帼奖表彰大会上,渑池县财政国库集中支付中心获“五一巾帼奖”,同时被授予河南省“五一劳动奖状”。

8日,三门峡市财政局被省妇联授予“三八红旗集体”称号。

14日,三门峡市财政局被授予“全国财政系统信息工作先进单位”,朱志军获全国财政系统信息工作组织奖,贺红民被评为全国财政系统优秀信息员。《三门峡市提前安排预计超收收入》被评为2005年度全国财政系统好信息。

17日,在全省财政科研工作会议上,三门峡市财政局被授予“全省财政科研先进单位”称号。

26日,三门峡市2006年度会计从业资格考试在三门峡职业技术学院举行,河南省财政厅有关领导亲临现场巡查。全市共报考1281人2018科,实际参考1754科,综合参考率86.92%。

4　月

14日,三门峡市直补办召开专题会议,全面安排部署三门峡市对种粮农民直接补贴和综合直补工作,拉开全市直补工作序幕。按照全省统一部署,2006年三门峡市大幅度增加对农民直接补贴力度,全市将向农民发放直接补贴资金3971万元,其中粮食直补资金1679万元,综合直补资金2292万元,全市补贴总金额为上年的3倍,平均每亩补贴20.42元。

26日上午,三门峡市委副书记、市长李文慧,副市长乔心冰,市政府秘书长张建峰及市财政局、市农业局、市农机局、市发改委等部门的负责人深入渑池县陈村乡,了解粮食直补等各项惠农政策的落实情况。李文慧强调,各地、各部门要扎实做好惠农政策的落实工作,切实做到对农民的政策补贴一分不能少、一户不能漏、一天不能拖,让广大农民群众充分享受到党的惠农好政策,感受到我们的政府是为广大群众办实事的政府。

5　月

9—10日,三门峡市政协主席张兰印,副主席郭恩奇、李鸿滨、李琳、姚龙和秘书长吴群慈以及部分政协常委、委员,深入陕县、灵宝市和卢氏县部分乡镇的粮补发放现场、学校、卫生院、敬老院以及五保户家中,了解财政惠农政策落实情况。张兰印强调,各地、各有关部门要积极争取更多的项目和资金,让全市农民群众得到更大的实惠。

10—11日,河南省以工代赈检查组一行5人由组长郭金荣带队到三门峡市对卢氏县2003年、2004年以工代赈资金管理情况进行了全面检查,检查结束后,检查组对该县以工代赈工作给予高度评价。

15—19日,以省财政厅政法处处长鲁玉为组长一行6人的省粮食直补工作督导组对三门峡市粮食直补工作进行了为期5天的检查督导。通过走村串户深入调查,省督导组对三门峡市粮食直补工作给予了充分肯定。

20—21日,三门峡市2006年度会计专业技术资格考试在市中专和市外国语小学举行。省财政厅领导到现场巡查。当年全市报考考生1776人4313科,其中:报考中级资格1206人3173科,报考初级资格570人1140科。

26日,河南省副省长史济春对三门峡市财政局上报的调研文章《三门峡市县域经济发展呈现良好势头》(作者:李少民)作出批示:“三门峡市县域经济发展好、增长快,促进了社会经济的快速发展。望继续抓好项目建设,抓好支柱产业的发展。义马市在2005年全国百强县中排名164位,要力争2~3年能进入全国百强县。”市委书记连子恒,市委副书记、市长李文慧就落实省领导批示也提出要求。根据市委、市政府主要领导的批示精神,《三门峡日报》于6月2日头版将省领导批示及该调研文章全文刊发。

26—29日,三门峡市财政系统2006年“文体活动年”暨“契税杯”羽毛球比赛在市体育馆拉开帷幕。市领导李宝鸿、郭绍伟、邵兰芳和市直工委、市妇联、团市委、市文明办、市总工会、市地税、市国税等有关部门领导出席开幕式。

6　月

15日,全市财税工作座谈会在灵宝召开。三门峡市委常委、常务副市长苏新华出席会议并讲话。会议分析了前5个月全市财税形势,并针对上半年及全年财税任务完成情况研究了相关措施。

16日,三门峡市在卢氏县举行农机具购置补贴颁机仪式,标志着三门峡市2006年农机具购置补贴工作圆满结束。当年市级共安排农机具购置补贴资金50万元,比上年增加2.3倍,分别在渑池县、卢氏县和湖滨区实施,补贴农机购机户253户,带动农民购机资金332万元,购置农机具432台(套)。

18日,由三门峡市财政局、市珠算协会组织参加的全国第15届海峡两岸珠心算通信比赛圆满结束。由于组织得力、参赛人数多,市财政局获第15届海峡两岸珠心算通信比赛组织特等奖。

27日,三门峡市财政局举办迎七一演讲比赛。全局13个支部24名党员及积极分子参加了演讲。

30日,三门峡市委市直工委组织召开的市直机关庆祝中国共产党成立85周年暨表彰先进大会上,三门峡市财政局机关党委被评为"十佳红旗党组织";高战荣被授予"十佳党建第一责任人"称号;杜燕平被授予市直"百名优秀党员"称号。

30日,三门峡市政府出台《三门峡市农村居民最低生活保障暂行办法》和《三门峡市农村救助暂行办法》。

30日,三门峡市各县(市、区)非税收入监管系统全面投入运行。

7　月

1日,全市庆祝中国共产党成立85周年暨先进性教育活动总结表彰大会上,三门峡市财政局被评为"先进基层党组织"。

1日,三门峡市《三门峡市农村居民最低生活保障暂行办法》和《三门峡市农村医疗救助暂行办法》付诸实施。即日起,全市原农村特困户全部转入农村低保,享受每人每月不低于20元的保障标准。

3—5日,三门峡市将市区现有享受低保待遇的5851户16036人的全部名单连续在《三门峡日报》公示,并公布了监督举报电话,接受群众监督和举报。

5—7日,三门峡市召开2006年财政监督工作暨会计信息质量检查工作会议。

25—27日,三门峡市财政局对全市财政系统"中国农民补贴网"的建设工作进行动员部署,并对各县(市、区)财政局及乡镇财税所有关工作人员进行网络软件培训,为全市财政系统做好"中国农民补贴网"建设工作奠定基础。

8　月

4日,三门峡市召开阳光工程实施工作会议,标志着三门峡市2006年农村劳动力转移培训阳光工程全面启动。

9日,三门峡市委书记连子恒在市财政局呈报的《三门峡市元至7月份财政收支预算执行情况》上作出批示:"战荣、东起、霍涛同志,前7个月财税部门的同志做了大量的工作,取得了很大的成绩,向同志们问好,向同志们祝贺!望再接再厉,取得更大的成绩,为三门峡经济社会发展作出更大的贡献。"1—7月,三门峡市一般预算收入完成127317万元,为年预算的68%,比上年同期增长43.6%。收入总量在全省排第9位,收入增长幅度在全省排第1位。

12—13日,三门峡市珠算协会组织全市36名少儿珠心算优秀选手赴郑参加全省第五届少儿珠心算听算比赛。经过激烈角逐,三门峡市宁海羽等26名小朋友分别获得优胜、优秀选手奖,李云霞等3名珠心算教师获优秀教练奖,市珠算协会获优秀组织奖。

23日,三门峡市2006年度优质专用小麦良种补贴券发放工作全面结束,比省规定的发放时间提前2天完成。全市小麦良种补贴券发放涉及灵宝、渑池2个县(市)、27个乡镇、637个行政村、132857户农户。小麦良种补贴面积43万亩,每亩补贴10元计430万元。

28日,河南省人民政府颁发《关于表彰全省农村义务教育两免一补工作先进集体和先进工作者的决定》(豫政〔2006〕58号),三门峡市财政局被授予"全省2005年农村义务教育'两免一补'工作先进集体"称号。

9　月

1日,三门峡市2006年秋季义务教育"两免一补"工作正式启动,义务教育阶段非农业户口学生首次被纳入资助范围。根据《三门峡市2006年秋季义务教育"两免一补"实施方案》,全市城镇困难家庭子女从2006年秋季开始,可以同步享受国家"两免一补"政策。

5日,三门峡市委常委、常务副市长苏新华在市财政局、国税局、地税局负责人的陪同下,深入部分税收征管部门和驻三门峡企业调研财税征收工作。调研中,苏新华勉励财税系统广大干部职工,要再接再厉，确保完成全年财税征收目标任务。同时希望企业搞好生产经营，力争取得更好的效益，为全市经济社会发展作出更大贡献。

8—10 日，全市财政系统“非税收入杯”乒乓球比赛在市体育馆举行，这是全市财政系统 2006 文体活动年系列活动的重要内容之一，来自各县（市、区）及市财政局共 9 支代表队参加了比赛。

18 日，三门峡市人民政府办公室转发市财政局、市教育局《三门峡市 2006 年秋季城镇义务教育“两免一补”实施方案》，发至各县（市、区）及市政府各部门执行。

26 日，三门峡市召开全市财政暨农业普查工作会议。各县（市、区）长、常务副县（市、区）长、财政局局长、统计局局长，各县（市、区）财政局办公室主任及预算科科长、国库科（股）科（股）长等参加会议。会议传达了全省财政工作会议精神，总结了 2006 年以来全市财政工作，安排部署了后几个月的财政工作及农业普查工作。市委常委、常务副市长苏新华、市人大常委会副主任李宝鸿、市政协副主席郭恩奇等领导出席会议。苏新华在讲话中充分肯定了 2006 年以来的全市财政工作，要求各级财政部门在今年后几个月里，再接再厉，顽强拼搏，圆满完成市委、市政府下达的各项工作目标，为促进全市国民经济更快更好地发展作出应有的贡献。

26 日，由三门峡市监察局、财政局、审计局、人行三门峡市中心支行联合开展的市本级行政事业单位财务管理工作专项检查正式启动。检查内容主要包括市本级行政事业单位清理银行账户、国有资产管理、落实收支两条线管理政策、专项经费使用管理等。

26 日，三门峡市将中央、省、市补助资金 994.8 万元全部发放到贫困学生手中。当年秋季全市共有 9.2 万名农村义务教育阶段家庭贫困学生享受“两免”资助。

10　月

9—10 日，河南省财政厅厅长李贵基深入三门峡市调研财政工作，市委书记连子恒，市委副书记、市长李文慧，市委常委、常务副市长苏新华，市财政局党组书记、局长高战荣等领导陪同调研。在三门峡期间，李贵基先后深入灵宝黄金股份有限公司、三门峡戴卡轮毂制造有限公司、大唐三门峡发电有限责任公司、开曼铝业（三门峡）有限公司等重点企业了解企业生产经营和项目建设情况，听取了三门峡市财政经济总体运行情况及灵宝市财政工作汇报。李贵基对三门峡市经济发展、城市建设、财政工作给予了充分肯定，并对三门峡市财政工作提出三点要求：一要强化收入征管，抓好重点税源监控，加强对预算执行情况的分析预测，严格依法征收，努力做大做强财政蛋糕，为经济社会发展提供强力资金支持；二要优化财政收入结构，提高财政收入质量；三要认真做好各项惠农政策的落实工作，把党的温暖送到广大农村的千家万户。

12 日，三门峡市财政局召开退耕还林农户粮食补助资金兑现工作会议。

15 日，财政部和人口计生委召开会议并联合发文对全国农村部分计划生育家庭奖励扶助制度和“少生快富”试点工程工作突出的 473 个先进单位进行了表彰，其中财政部门 134 个，河南省财政厅和焦作、安阳、三门峡市财政局在会上受到隆重表彰。

26—27 日，全市农税工作会议召开，各县（市、区）财政局主管农税业务的局长、农税局局长参加会议。会议通报了前三季度契税、耕地占用税收入征收情况，分析了征收管理中个别县（市）增长势头迅猛及部分县（市）收入下滑的主要原因，研究和部署了后几个月的农税征管工作。

11　月

15 日，由三门峡市监察局、财政局、审计局、人行三门峡市中心支行联合开展的市本级行政事业单位财务管理工作专项检查结束。检查资金 1.5 亿元，查处违规资金 1015 万元。

21 日，由三门峡市财政局牵头的河南省部分地市“发展农业经济的财政政策研究”协作课题研讨会在三门峡市召开。省财政科研所有关领导及安阳、平顶山、许昌、鹤壁、巩义、三门峡等省辖市财政科研所的负责人参加了会议。

21—22日,三门峡市财政局与郑州用友政务公司联合举办全市“乡财县管”及部门预算业务培训班,各县(市、区)财政局预算科(股)科(股)长、乡财县管负责人、部门预算编制及“乡财县管”业务操作人员共计40余人参加了培训。

25日,由河南省社会科学者联合会、省社会科学院、省农业厅、省改革发展研究院联合召开的河南发展高层论坛第十二次会议“扎实推进我省社会主义新农村建设”专题研讨会上,三门峡市财政科研所所长李少民撰写的《新农村建设应解决的主要问题及财政政策建议》获得优秀论文一等奖,同时还作为大会确定的全省地市级唯一一名代表在大会上作专题发言。

30日,由三门峡市纠风办、市财政局、市教育局、市物价局联合对全市教育收费情况进行的专项检查工作结束。此次检查重点抽查了10所不同层次的学校,已清退违纪资金10万元,催缴入库205万元,没收违纪资金3.8万元。全市教育收费工作得到进一步规范。

12 月

10日,三门峡市财政系统“2006文体活动年”系列赛事之三——由三门峡财会培训中心组织举办的“金泉杯”书法绘画摄影比赛活动圆满结束。此次大赛共评出获奖作品57件,其中:书法作品22件,绘画作品13件,摄影作品22件。

15日,三门峡市社会科学优秀成果评奖委员会印发《关于表彰三门峡市十佳及优秀社会科学工作者的决定》(三社科奖〔2006〕03号),评出十佳及优秀社科工作者各10名,市财政科研所所长李少民被授予“十佳社科工作者”称号(排名第一)。

17日,河南省财政厅印发《关于下达2006年基础教育“以奖代补”专项资金预算的通知》(豫财办教〔2006〕255号),三门峡市财政局因成绩突出,被评为一等奖,奖励资金200万元。

31日,三门峡市当年一般预算收入累计完成216330万元,为年预算的115.6%,比上年增长30.1%,净增5亿元。一般预算收入总量在全省列第9位,增长速度在全省列第4位。2006年,全市财政支出达到41亿元,比上年净增7亿元。收支规模净增额再创历史最高水平。

31日,河南省财政厅发来特急电报,对三门峡市财政局予以通报表彰。在通报中,省财政厅对三门峡市财政局在2006年所取得的突出成绩给予了高度赞扬,认为在过去的一年中,三门峡市各级财政部门以“三个代表”重要思想为指导,认真落实科学发展观,抓住经济发展的有利时机,依法加强收入征管,努力做大财政“蛋糕”,优化收入结构,加快支出进度,财政保障能力得到了新的提高,提前超额完成了省财政厅下达的财政收支奋斗目标,为地方经济和各项社会事业发展作出了突出贡献,同时,也为全省圆满实现省政府确定的财政收支及优化收入结构目标作出了积极贡献。在新的一年中,省财政厅希望三门峡市各级财政部门继续发扬艰苦奋斗、能打硬仗的工作精神,自觉服从和服务于经济社会发展大局,求真务实,真抓实干,再接再厉,开拓创新,确保地方财政收入持续稳定较快增长,为落实科学发展观和推进和谐社会建设作出新的更大的贡献。

31日下午,三门峡市委副书记、市长李文慧,市委常委、副市长赵光超,市政府秘书长张建峰深入市财政、税务部门和金融机构,看望慰问为年终决算而辛勤工作在一线的财税金融部门干部职工,向他们致以节日的问候和新年的祝福,勉励大家在新的一年里再接再厉,为加快推进三门峡经济社会发展再作新贡献。

2007 年

1 月

5日,在全省2006年度“两免一补”工作综合评比中,三门峡市继2005年之后再次获全省一等奖,获得奖励资金200万元。

12日,三门峡市财政局召开2006年度目标考评暨述职大会,全局32个科(室)和局属单位负责人分别向大会述职。

15日,三门峡市人民政府印发《关于对全市财税系统的嘉奖令》(三政〔2007〕3号),嘉奖令中指出："2006年，全市财税系统深入贯彻党的十六大和十六届五中、六中全会精神，全面落实科学发展观，牢牢把握'加快发展、维护稳定、狠抓落实'的工作大局，深化财政体制改革，依法组织财税征收，科学安排财政支出，强化财政监督管理，超额完成各项责任目标。全市一般预算收入达到21.6亿元，为年预算的115.6%，比上年增长30.1%，净增5亿元；一般预算收入总量居全省第9位，增长速度名列全省第4位。全市财政支出达到40.9亿元，比上年增长20.8%，净增7亿元。财政收支规模净增额再创历史最高水平，为全市经济社会全面协调可持续发展作出了突出贡献。希望全市财税系统的广大公务员继续发扬成绩，再接再厉，进一步推进财税改革，加强财源建设，强化税收征管，壮大财政实力。全市各级政府和各部门要向财税系统学习，认真落实市五次党代会精神，解放思想，求真务实，开拓创新，扎实工作，为经济社会又好又快发展和提前实现全面建设小康社会作出新的更大贡献。"

25日，三门峡市委常委、常务副市长苏新华带领市财政局局长高战荣及市国外贷款项目管理办公室成员一行与亚洲开发银行项目经理R. Bolt、官员C. Edmonds及亚行技援团专家组组长Michael. Lioyd就三门峡市亚洲开发银行贷款崤函地区高效农业综合开发项目前期准备的有关问题进行了会谈并达成了共识。此项目已被列入国家2005—2007年度利用亚洲开发银行贷款滚动规划，并被亚洲开发银行列入2007年一号工程。

2　月

6日，中共三门峡市委组织部、市人事局印发《关于表彰2006年度驻村帮扶工作先进集体和优秀个人的决定》(三组〔2007〕8号)，市财政局驻湖滨区高庙乡王家岭村帮扶工作队被授予"2006年度驻村帮扶工作先进集体"称号。

7日，三门峡市召开全市财政工作暨财政系统先进集体先进工作者表彰大会，贯彻落实市五次党代会、市委经济工作会议和全省财政工作会议精神，总结2006年财政工作，安排2007年财政收支计划和重点工作及全市行政事业单位资产清查工作，表彰了全市财政系统先进集体和先进工作者。各县(市、区)常务副县(市、区)长、财政局局长、主管行政事业资产管理工作的副局长、预算科(股)科(股)长、行政事业资产管理科(股)科(股)长，全市财政系统先进集体、先进工作者代表，市直各单位财务科长等200多人参加会议，会议由市政府副秘书长上官卿主持。市委副书记、市长李文慧，市委常委、常务副市长苏新华，市人大常委会副主任李宝鸿，市政协副主席陈雪平出席会议。李文慧在讲话中充分肯定了2006年三门峡市财政工作取得的成绩，并代表市委、市政府向全市财政系统先进单位和先进个人表示祝贺，向全市财政战线广大干部职工表示感谢。同时要求各级财政部门紧紧围绕市委、市政府对2007年工作的总体要求，抓好增收，突出重点，加强支出管理，更好地为三门峡经济社会发展服务。苏新华在讲话中强调，各级财政部门要再接再厉，苦拼实干，努力完成或超额完成全年收入计划，重点保证工资津贴支出和维护稳定方面的经费支出，保证教育、科技、农业等国家规定的支出，保证市、县重大项目支出，采取有力措施，圆满完成2007年各项财政任务。

8日，三门峡市行政事业单位资产清查工作全面展开。清查范围主要包括2006年12月31日以前经编制管理部门批准成立，执行行政、事业单位财务会计制度的各类行政事业单位、社会团体，以及执行非营利组织会计制度、并同财政部门有经费缴拨关系的社会团体等单位。

3　月

8日，三门峡市委、市政府召开全市农村工作会议，表彰2006年度全市社会主义新农村建设工作中成绩突出的先进单位。市财政局是被表彰的6个先进单位之一，所联系的渑池县仰韶乡苏门村被评为先进村。

8日，三门峡市财政局召开2007年度全市财政系统党风廉政建设工作会议。各县(市、区)财政局局长、纪检组长、监察室主任及局机关全体人员、局属单位班子成员参加会议。

21日,中共三门峡市委办公室印发《市委办公室、市政府办公室关于表彰2006年度市直包村扶贫先进单位及先进工作者的决定》(三办文〔2007〕6号),市财政局翟海燕被评为包村扶贫先进工作者。

25日,三门峡市2007年度会计从业资格考试在三门峡市职业技术学院举行。河南省财政厅有关领导到现场巡查。全市共报考1648人2992科,其中报考财经法规与会计职业道德1648科,报考会计基础1344科。

4 月

1日,三门峡市农村全部实行新型合作医疗,正式启动报销程序。2007年,三门峡市将全市160余万农民全部纳入新型农村合作医疗范围。2003年以来,三门峡市先后在卢氏、灵宝、陕县三县(市)开展了新型农村合作医疗试点。2006年,三县(市)当年受益农民43.6万人次,享受合作医疗补助2619万元。2007年,三门峡市将渑池县、义马市和湖滨区全部纳入新型农村合作医疗,使全市新型农村合作医疗的覆盖面达到100%。

9日,三门峡市财政局召开"讲正气、树新风、谋发展、促和谐"主题教育活动动员大会。

19日,三门峡市召开"财政支农资金管理年"活动布置会议,标志着三门峡市财政支农资金管理年活动正式启动。

20日,三门峡市财政局再次被河南省委、省政府评为省级文明单位。

25日,三门峡市财政局被市总工会授予"三门峡市五一劳动奖状",同时被三门峡市委宣传部、市总工会评为"三门峡市职业道德建设十佳单位"。

5 月

8日,由财政部、河南省财政厅组织的财政系统"春节回乡见闻"调研活动圆满结束,三门峡市财政局在这次活动中取得突出成绩,荣获财政部优秀调研成果三等奖1篇,省财政厅优秀调研成果一等奖1篇,二等奖3篇,三等奖4篇,同时被省财政厅评为优秀组织奖单位。

13日,由三门峡市财政局、市珠算协会组织参加的全国第16届海峡两岸珠心算通信比赛三门峡赛区参赛活动在三门峡市举行,市直及各县(市、区)共设赛场8处,有1230人踊跃参赛。

18日,三门峡市社会科学优秀成果暨优秀社会科学工作者表彰大会召开,市委常委、宣传部部长李立江到会并讲话。会上,市财政局李少民被授予"三门峡市十佳社会科学工作者"称号,并在大会上作了典型发言。

19—20日,三门峡市2007年度会计专业技术资格考试在市中专和市外国语小学举行。省财政厅领导到现场巡查。当年全市报考考生1799人4362科,其中:报考中级资格1226人3216科,报考初级资格573人1146科。

25日,三门峡市农户信息数据库初步建成。为了进一步落实好各项惠农补贴政策,2006年以来,三门峡市各级财政部门与有关部门密切配合,对全市41.3万户农民的基础资料进行收集、归并,共收集农户家庭劳动力、承包耕地面积、计税面积、当年粮食作物、经济作物种植情况、当年收入情况和近三年来粮食补贴情况等30余个主要指标,已初步建成以"农户基础信息""承包土地情况""种粮情况""对种粮农民直接补贴情况"为主的农户信息资料数据库。该数据库的建成,不仅为上级有关部门进行决策、了解农户现状提供了依据,同时也为进一步落实各项惠农补贴政策奠定坚实基础。

6 月

12日,全市财税工作座谈会在渑池县召开。各县(市、区)常务副县(市、区)长,财政、国税、地税部门负责人和相关人员参加会议。会议由市政府秘书长张建峰主持。市委常委、常务副市长苏新华出席会议并讲话。会议听取了市财政局、市国税局、市地税局及各县(市、区)财税工作情况汇报。苏新华要求各级、各有关部门要切实做好农村义务教育经费的保障工作,加大财政对农村义务教育的支持力度;严格政策,加快进度,抓紧做好规范公务员津贴补贴工作;认真做好行政事业单位资产清查收尾工作，建立健全资产管理制度，巩固资产清查成果，促进行政事业单位资产管理工作不断推进和完善；抓紧做好对种粮农民直接补贴工作，确保对农民的各项补贴及时足额兑现，把党的温暖送到千家万户。

18 日，三门峡市财政局召开科以上干部会议。全局县级领导干部、局机关副科以上干部及局属单位负责人参加会议。市委组织部沙庆家、李灵法等领导出席会议。李灵法宣读了市委的任命决定：免去高战荣三门峡市财政局党组书记、局长职务，任命吕万松为三门峡市财政局党组书记、局长。

18 日，三门峡市在全省率先出台实施《三门峡市失业保险市级统筹实施办法》。

19 日，三门峡市财政局召开科以上干部会议。市委组织部沙庆家、李灵法等领导出席会议。李灵法宣读了市委的任命决定：高战荣任中共陕县县委书记。会后，全局人员在办公楼前为其送行，合影留念。

19 日，三门峡市对种粮农民直接补贴资金和综合直补资金全部发放到位，全市直补资金全部通过"一卡通"形式发放，受益农户 39.4 万户，亩均补贴 35.49 元，全市共发放补贴资金 6808.6 万元。

29 日，在三门峡市直工委召开的庆祝中国共产党成立 86 周年暨表彰会上，三门峡市财政局被授予"十佳学习型机关"称号。

7　月

2 日，据河南省财政厅资料显示，上半年三门峡市一般预算收入完成 15.05 亿元，为年预算的60.9%，比上年同期增长 41.9%，增幅在全省 18 个省辖市排名第一，高于全省平均增幅 13.3 个百分点。

6 日，三门峡市发改委、市财政局、市农业局、市环保局、市国土资源局等单位负责人及企业代表，与亚洲开发银行驻中国首席代表涩市御、项目经理张庆丰、财务经济专家陈浪南及咨询专家组组长米克等，在就三门峡市亚洲开发银行贷款项目前期准备工作进行会谈后，双方达成了贷款考察"谅解备忘录"。

6 日，三门峡市财政国库集中支付中心全体职工在市财校举行会计电算化理论与实务竞赛。市财政局、市直工委、市总工会及市妇联有关领导前往巡视。

12 日，市财政局召开全市财政局长座谈会。各县（市、区）财政局局长、预算科（股）科（股）长、办公室主任及市财政局各科（室）、局属各单位负责人参加会议。会议听取了各县（市、区）上半年财政工作汇报，研究分析了上半年全市财政收支形势，对下半年财政工作作了统一部署。

20 日，三门峡市财政局召开 2007 年财政监督工作暨会计信息质量检查工作会议，传达全省财政监督工作会议精神，对 2006 年财政监督工作进行总结表彰，对下半年财政监督工作和会计信息质量检查作了安排部署。

8　月

1 日，三门峡市财政紧急调拨救灾资金 500 万元，用于卢氏县抗洪救灾。7 月 29—30 日，三门峡市连续遭到百年不遇的暴雨袭击，大部分乡镇降雨量超过 100 毫米，部分区域达到 200 毫米，尤其是卢氏县引发特大山洪和泥石流，给当地群众生命财产带来了惨重损失。

2 日，三门峡市财政局干部职工为遭受暴雨袭击受灾最为严重的卢氏县五里川镇受灾群众捐款 11870 元、捐赠衣物被褥 798 件（床）。

3 日，三门峡市财政国库集中支付中心被共青团中央命名为"2006 年度全国青年文明号"。

4—16 日，亚洲开发银行考察团一行 9 人对三门峡市利用亚洲开发银行贷款河南高效农业综合开发项目进行贷款评估，参与评估的还有农业部技术推广中心、河南省财政厅、省发改委，贷款评估团最终确认：项目总投资 10.8 亿元，其中计划利用亚洲开发银行贷款 6655.44 万美元（折合人民币 5.16 亿元），灵宝阿姆斯果汁有限公司、河南致先实业集团有限公司、灵宝远村天然食品有限责任公司、三门峡缘份果业有限公司等 4 家农业企业作为项目的实施单位。

8日,三门峡市财政局召开国家投资土地开发整理项目管理工作会议,安排国家投资土地开发整理项目的检查、监督、汇报工作。

10日,三门峡市启动能繁母猪补贴工作,补贴标准为每头50元,对6.12万头能繁母猪进行了补贴,补贴资金306万元。

17日,三门峡市召开全市财税工作座谈会。会议总结了前7个月的全市财税工作,分析了当前财税形势,并对后几个月的财税工作进行了安排部署。市财政局、市国税局、市地税局领导班子全体成员及主抓税收征管的业务科长及相关科(室)负责人参加会议。会议由市委常委、常务副市长苏新华主持。市委副书记、市长李文慧出席会议并讲话。

18日,三门峡市财政下达农村劳动力转移培训资金282.1万元,全年培训农村劳动力8292人,是省下达任务的118.4%,转移8096人,转移率为97.6%,带动农村劳动力转移培训10.3万人,转移农村劳动力27.6万人,实现劳务收入15.1亿元。

22日,三门峡市举行"中央国家机关出差和会议定点饭店"签约仪式。受财政部委托,市财政局代表财政部,分别与通过政府采购中标的三门峡大鹏国际酒店、三门峡宾馆、河南烟草公司三门峡分公司烟草大厦、三门峡金泉宾馆4家宾馆(饭店)签订了协议书。协议书的签订,标志着三门峡市这4家宾馆(饭店)正式成为首批中央国家机关出差和会议定点饭店。

25—26日,河南省第六届少儿珠心算比赛在省人民大会堂举行。经过激烈竞争,三门峡市少儿珠心算代表队在全省少儿珠心算大赛看心算比赛中获团体第6名的好成绩。

28日,三门峡市财政部门近一个月来多方筹措的救灾资金5850万元,已拨付卢氏县灾区,确保了灾区群众生活安置和大局稳定。

9 月

1日,随着各农村中小学陆续开学,2007年秋季农村义务教育"两免一补"工作全面推开。中央、省、市共筹措2755万元资金用于免除农村中小学学杂费,免除农村贫困学生课本费,24.4万名学生再次享受到党的政策关怀。当年秋季享受免除学杂费的对象包括:在国家扶贫开发工作重点县农村地区(含县镇)公办义务教育学校就读的学生;在其他县(市、区)农村地区(含镇)公办义务教育学校就读的学生和县城所在地公办义务教育学校就读的贫困家庭学生。资助标准为:农村初中每生每学期100元,县镇初中115元;农村小学75元,县镇小学90元;特殊教育115元。

5日,三门峡市全面完成2007年能繁母猪补贴资金发放工作。按照上级核定三门峡市2006年能繁母猪存栏数量6.12万头,每头补助50元,共补贴能繁母猪养殖户29689户,发放补贴资金306万元。

12日,按照国务院《关于完善大中型水库移民后期扶持政策的意见》、河南省人民政府办公厅《关于做好大中型水库移民后期扶持资金发放工作的通知》,三门峡市大中型水库移民后期扶持资金发放工作分别于6月和9月分两次将2006年下半年和2007年上半年扶持资金发放到移民手中,涉及移民150111人,发放扶持资金9006.66万元。

13日,三门峡市财政局、市电视台联合举办"第三届三门峡市会计知识大赛"。市人大常委会副主任李宝鸿、副市长李琳、市政协副主席陈雪平、河南省财政厅会计处等有关领导到决赛现场。全市共有7个县(市、区)代表队和9个市直单位代表队组队参赛。

20—22日,三门峡市举办全市《企业财务通则》培训班。参加这次培训班的有各县(市、区)财政局主管企业的局长、企业股长及有关人员,市直相关部门财务科长,市属企业负责人和财务负责人,市直企业化管理的事业单位负责人和财务负责人,在三门峡中央及省属企业负责人和财务负责人,以及各县(市、区)规模以上企业负责人和财务负责人。

30日,在三门峡市直机关"迎奥运"全民健身活动中,三门峡市财政局获"优秀组织奖",张世军获乒乓球个人单项冠军。

30日，三门峡市2007年度会计信息质量检查工作全面结束。此次检查重点对全市34个行政事业单位、民营企业、外资企业和地方国有企业等2006年度会计资料的真实性、完整性以及执行国家有关法律法规和统一会计制度的情况进行了检查。

10　月

15日，三门峡市财政局组织局机关全体干部职工集中收看了党的十七大开幕式。

28—30日，“迎奥运”河南省千万妇女健身活动展示大赛在郑州举行。由三门峡市财政局女职工组成的三门峡市代表队在健身秧歌(甲组)规定动作、自选动作两项比赛中分别获二等奖，同时还被大赛组委会授予体育道德风尚奖。

30日，三门峡市财政投入252万元对全市70225头能繁母猪参加保险进行补贴。

31日，三门峡市秋季义务教育“两免一补”工作圆满结束，全市共对253139名学生免学杂费，对98476名家庭困难学生免课本费，对27447名寄宿生给予生活费补助。对市直中小学740人免杂费，762人免费课本等。全市共落实“两免一补”资金3118.7万元，其中免杂费资金2255.4万元，免课本费资金577.3万元，“一补”资金286万元。

31日，三门峡市2007年小麦良种补贴圆满结束，全市补贴共涉及27个乡镇138993农户，发放良种457.5万公斤，补贴资金430万元。小麦良种补贴直接面对农民，不再发放补贴券。

31日至11月1日，在亚洲开发银行驻北京办事处，财政部、河南省财政厅、三门峡市政府与亚洲开发银行举行河南高效农业综合开发项目贷款技术讨论会议，并签发了项目贷款协定和项目协定等两个法律文件，标志着三门峡市亚洲开发银行贷款河南高效农业综合开发项目将由前期准备阶段进入实质性实施阶段。

11　月

6日，三门峡市财政国库集中支付中心举行“国家级青年文明号”揭牌仪式，团市委书记许胜高、副书记亢哲楠出席仪式并揭牌。

6日，三门峡市奶牛补贴工作启动。对存栏20～199头的37个奶牛场(户)，按照每头补贴500元的标准，对2786头奶牛进行补贴，补贴资金139.3万元。

13日，三门峡市财政局召开紧急会议，安排部署2007年度第二次石油价格改革财政补贴工作。

15日，三门峡市财政局职工王娟获“全国会计领军人才”称号。

22日，三门峡市召开全市财税工作座谈会，市财政、国税、地税部门及各县(市、区)政府主要领导参加会议。会议传达了全省加强财政收支管理工作会议精神，总结分析前10个月全市财税工作，安排部署加强财政收支管理的措施。市委常委、常务副市长苏新华出席会议并讲话。

30日，三门峡市财政局举办学习党的十七大精神培训班，邀请市委党校教师彭幸国作了《高举伟大旗帜　实现宏伟目标》的报告，全局干部职工参加了培训。

12　月

1日，三门峡市2007年农村饮水安全工程建设圆满结束，河南省政府2007年共安排三门峡市三批农村饮水安全项目，解决15.37万人饮水安全问题。第一批3.5万人项目于2月底建成通水，第二批1.97万人项目于6月底建成通水，第三批9.9万人项目于11月底建成通水，共完成投资6094.6万元，其中中央预算内专项资金(国债)2742万元、省配套1006.3万元、市配套670.3万元、县级配套335.6万元、群众自筹1340.4万元，项目共建成农村饮水安全工程230处，全面完成了省政府下达三门峡市的农村饮水安全工程建设任务，项目区群众吃上了干净、卫生、安全达标的自来水。

1日，三门峡市土地收入收缴系统正式运行，标志着三门峡市、县现行财政土地清算专户核算制度的结束和土地出让收入直接入库的开始。

4日，三门峡市财政局再次举办学习党的十七大精神培训班,邀请市委党校教师陈芳芳作了《深刻领会全面实现小康社会的新要求》的报告,全局干部职工参加培训。

15日,三门峡市农机具购置补贴工作圆满完成,共组织实施农机具购置中央、市、县级财政补贴实施县(市、区)5个,补贴资金总额223万元,比前3年补贴资金总和多48万元,其中中央补贴资金150万元,市级补贴资金50万元,县级财政配套补贴资金23万元,补贴农户282户。全市购置农机具所用资金总额达1364.75万元,其中农民自筹资金1141.75万元,购置大型拖拉机191台、联合收割机15台、配套农具367台。

15日,三门峡市财政局荣获第三届全国会计知识大赛第一赛程网上答题特别团体奖。

20日,全国经济类核心期刊《中国财经信息资料》2007年第35期刊登我国著名财经专家、财政部科研所所长贾康博士的书评《基层财政科研执着探索者的可贵成果——评李少民〈财政热点问题透视〉》,对三门峡市财政科研所所长李少民撰写的《财政热点问题透视》一书给予高度评价。

29日,河南省财政下达三门峡市专项奖励资金500万元,工作经费35万元。这是三门峡市财政教科文工作连续3年获得省财政最高奖励。据统计,2007年全市财政教育总投入达99122万元,占一般预算支出的19.2%,较上年增长43.6%。

2008年

1 月

8日,三门峡市财政局邀请市检察院预防办副处长段荣朝到局举办预防职务犯罪专题讲座,积极开展警示教育,进一步增强了全局干部职工的廉洁自律意识。

15日,三门峡市财政局召开2007年度工作总结暨表彰大会。会议传达了全国、全省财政工作会议精神,总结了2007年的财政工作,表彰了全局目标管理先进单位和先进工作者,并对2008年的工作作了安排部署。

16日,三门峡市财政局举办迎新春老干部座谈会,市财政局领导向老干部汇报了一年来的财政工作,并送上新年祝福。副市长张君贵参加座谈并讲话。

26日,三门峡市人民政府颁发《关于对全市财税系统的嘉奖令》(三政〔2008〕4号)。嘉奖令中指出:"2007年,全市财税系统深入贯彻党的十七大和市第五次党代会精神,全面落实科学发展观,牢牢把握'加快发展、维护稳定、狠抓落实'的工作大局,进一步深化财税改革,依法组织收入,科学安排支出,强化财政监督,超额完成了全年各项责任目标。全市财政一般预算收入完成29.36亿元,总量居全省第9位;比上年增长35.7%,居全省第二位。其中市本级一般预算收入完成7亿元,比上年增长58.6%,高于全市平均增速22.9个百分点。全市财政支出达到60.5亿元,比上年净增19.5亿元,增长47.7%。财政收支规模和净增额再创历史最高水平,为全市经济又好又快发展作出了突出贡献。为此,市人民政府决定:对全市财税系统予以通令嘉奖。在新的一年里,希望全市财税系统认真贯彻落实党的十七大精神,深入贯彻落实科学发展观,继续发扬成绩,再接再厉,实施稳健的财政政策,进一步推进财税改革,加强财源建设,强化税收征管,壮大财政实力;积极调整和优化财政支出结构,加强财政监督管理,提高财政资金的使用效益。各县(市、区)政府和市政府各部门要向财税系统学习,解放思想,求真务实,扎实工作,开拓创新,为全市经济社会又好又快发展和再造一个三门峡、跻身中原崛起第一梯队作出新的更大的贡献!"

2 月

19日,三门峡市召开财政工作座谈会。各县(市、区)财政局局长、预算科科长、债务科科长参加会议。会议传达了全国、全省财政工作会议精神,总结2007年财政工作,安排2008年财政收支计划和重点工作,研究讨论了落实省委、省政府和市委、市政府十件实事的具体措施。

26日,三门峡市财政局召开党风廉政建设工作会议，传达贯彻了市纪委五届三次全会精神，总结回顾2007年财政系统党风廉政建设工作，安排部署2008年党风廉政建设工作。市纪委有关领导出席会议。

3　月

5日，三门峡市财政局被中华全国妇女联合会授予2008年度“全国三八红旗集体”称号。近年来，市财政局不断创新妇女工作思路，重视培养和发展女干部，积极引导女干部职工立足本职作贡献，争先进比奉献，深入开展“双学双比”“巾帼建功”“五好文明家庭”活动和“手拉手、结对帮扶献爱心”活动，受到社会各界好评，树立了财政部门的良好形象。

7日，三门峡市财政局获由市总工会、市体育局、市文化局主办，三门峡移动通信公司协办的全市女职工“庆三八、迎奥运”健身秧歌舞大赛健身秧歌大赛金奖。

12日，三门峡市召开专题会议对清理化解农村义务教育“普九”债务工作进行安排部署。按照全省统一部署，三门峡市清理化解“普九”债务工作分为动员部署，清理核实，债务确认、方案制订和审批，债务清偿四个阶段，全部工作将于2009年底结束。

19日，三门峡市民政局、财政局联合印发《关于提高市区城市居民最低生活标准的通知》（三民文〔2008〕5号）：“经三门峡市人民政府批准，市区城市居民最低生活标准从2008年1月份起从165元提高到180元。”

27日，三门峡市财政局新农村建设联系村渑池县仰韶乡苏门村被河南省委评为新农村建设先进单位。

30日，三门峡市2008年度会计从业资格考试在三门峡职业技术学院举行，河南省财政厅有关领导亲临现场巡视。全市共报考1972人3520科，实际参考3038科，综合参考率达86.3%，参考人数和参考率均比上年有较大幅度的增长。

4　月

1日，新修订的《三门峡市市直机关和事业单位差旅费管理办法》正式实施。该办法调整规范了开支项目，适当提高了开支标准，扩大了执行范围。

8日，三门峡市财政科研工作被河南省财政厅评为2007年度全省财政科研先进单位，受到通报表彰。

10日，三门峡市财政局对局属单位2007年的财务收支管理情况展开审计监督。

5　月

8—11日，三门峡市“迎奥运”财政系统第二届球类运动会的首场赛事“财经投资杯”篮球比赛在三门峡体育馆举办，市人大常委会副主任亢伊生、副市长张君贵、市政协副主席姚龙等出席5月8日举行的开幕式。

11日，由三门峡市财政局、市珠算协会组织参加的全国第17届海峡两岸珠心算通信比赛三门峡赛区参赛活动在三门峡市举行。市财政局、市教育局、市科协等部门领导到市直赛区巡视指导。全市设赛场4处，795名少年儿童踊跃参赛。

12日，为全面掌握退耕还林政策执行中存在的问题，三门峡市财政局、市林业局联合对全市退耕还林工程实施情况及资金落实情况展开检查，检查涉及6个县（市、区）的16个乡镇30个行政村，面积达11万余亩。其中，重点对全市12个乡镇的24个村120户农户进行入户询问调查，面积达709亩。从检查情况看，全市退耕地保存面积50.43万亩，保存率达96.4%；粮食补助应发41132.9万元，实发40769.6万元，对检查出的问题及时进行了纠正。

15日，三门峡市财政局干部职工为四川省汶川县地震灾区捐款34360元。

15日，全市财政反腐倡廉建设工作会议召开。会议回顾总结了2007年全市财政系统党风廉政建设及反腐败工作，安排部署2008年财政反腐倡廉及“廉政建设年”工作重点，举行2008年党风廉政建设目标责任书签订仪式。

19日，三门峡市财政局召开财政信息网络安全会议。

19日，中国驻菲律宾大使馆与亚洲开发银行正式签署了河南高效农业综合开发利用亚洲开发银行贷款项目的贷款协议和项目协定。贷款协议和项目协定的签署标志着三门峡市河南高效农业综合开发利用亚洲开发银行贷款项目的前期准备工作取得实质的进展。

20日,三门峡市财经投资公司向四川地震灾区捐款22万元。

22日,三门峡市财政局再次举行为四川地震灾区捐款活动,党员干部以交纳特殊党费、非党员干部以二次捐款的方式,当场捐款139011元。

24—26日,全市财政系统第二届球类运动会"灵财杯"乒乓球篮球比赛在灵宝市体育馆进行。

6　月

2日,三门峡市财政系统第二届球类运动会"渑池农税杯"羽毛球比赛结束。

3日,全市财税工作座谈会召开。会议传达了全省财政局长座谈会精神,通报了1—5月全市财政预算执行情况,进一步明确了全年收支及上半年"双过半"目标,并对今后的工作作了安排部署。市委常委、常务副市长苏新华出席会议并讲话。

9—13日,市财政局会同市公检法司部门组成联合检查组对三门峡市2007年度政法补助专款管理使用情况进行了专项检查。

12日,三门峡市房管局、市财政局联合召开全市住房保障工作座谈会。各县(市)房管局、财政局分管局长、部门负责人和负责住房保障报表统计人员参加会议。会议听取了各县(市)住房保障(廉租住房和经济适用住房)工作进展情况和廉租住房补贴资金筹措和使用情况汇报,研究部署了下一步住房保障工作重点及住房保障统计报表报送工作。

13日,由三门峡市财政局行政政法科牵头、市公安局、市检察院、市法院和市司法局抽调人员组成的行政政法补助专款执行情况检查组到卢氏检查指导工作,对卢氏县公安局、检察院、法院的政法装备配备、基础设施维修专款和办案专款的使用情况进行了专项检查,并实地查看了政法装备的配备使用情况、基础设施维修专款的使用情况。检查组对该县行政政法补助专款的执行工作给予了充分的肯定,并就一些实际问题提出了合理化建议。

19日,三门峡市财政局召开"解放思想、科学发展、奋力实现大跨越"大讨论活动动员大会。市委大讨论活动第四督导组成员、市直工委宣传部部长王成新、市文化局博物馆党支部书记赵超元到会指导。

24日,三门峡市财政局召开石油价格改革财政补贴工作会议,安排布置2008年度石油价格改革财政补贴工作。市建委、市交通局、市林业局、市农业局主管领导、科长、相关人员以及各县(市、区)财政局主管局长、经济建设科(股)科(股)长、报表人员参加会议。此次油补工作分两个阶段进行补贴:2008年5月以前成品油调价财政补贴为第一阶段,补贴时间为12个月;2008年6月20日再次调整成品油价格后的财政补贴为第二阶段,补贴时间为6个月。两次补贴金额共计3457万元。

26日,三门峡市财政局领导班子成员和各科(室)(单位)负责人赴运城市康杰中学、运城飞机场、大运汽车制造有限公司、东花园等处学习考察,并与运城市财政局的人员就财政改革、支持经济社会发展方面的做法和经验进行了交流探讨,就加强合作事宜交换了意见,表达出进一步加强交流合作、共同发展进步的良好意愿。

27日,三门峡市财政局邀请中国人民解放军洛阳外国语学院张元伟博士作《解放思想 科学发展 奋力实现新跨越》的专题报告。

30日,三门峡市出租车行业石油价格改革财政补贴全面兑付,市客运管理处在市区共设3个兑付网点,当天共兑付车辆350台,兑付资金282.72万元,占应兑付额的72.7%。

7　月

2日,全市财税工作座谈会召开,回顾总结上半年全市财税工作,安排部署下半年工作。

4日,三门峡市召开全市财政局长座谈会。会议贯彻落实了7月2日召开的全市财税工作座谈会精神,研究分析上半年财政收支形势,安排部署下半年加强收支管理的具体措施,确保全年收支目标圆满完成。

8 月

5 日至 9 月底,由三门峡市财政局、市审计局、市民政局、市体育局 4 家联合组成专项检查组对全市彩票公益金使用情况进行专项检查,共对市直 15 个单位进行了全面检查,并对陕县、湖滨区进行了重点抽查。

11 日,三门峡市财政局邀请中组部中国高级人事官员培训中心教授郭驰到三门峡举办专题讲座。

18 日至 21 日,由河南省财政厅、省监察厅、省审计厅组成的督导组到三门峡市督导政府采购执行情况专项检查工作。通过多方面的深入调查,督导组对三门峡市专项检查工作给予了高度评价,并就做好重点检查和整改提高工作提出具体要求。

9 月

6—7 日,2008 年度会计专业技术资格考试工作圆满结束。

10 月

13—17 日,三门峡市开展住房公积金管理专项治理工作。市纠风办、住房公积金管理中心、财政局、审计局等部门成立检查组,对市住房公积金管理中心下辖的义煤集团分中心、灵宝管理部、湖滨区财政局进行了检查,并提出整改措施。

15 日,三门峡市财政局举办全市廉租住房保障工作业务培训班。各县(市、区)财政、房管部门从事廉租住房保障的工作人员参加了培训。培训的主要内容包括廉租住房、经济适用房有关业务知识和廉租住房保障资金管理。

26 日,经三门峡市委研究决定,范社民任三门峡市财经投资公司书记(正县级),刘玉侠任三门峡市财经投资公司总经理(正县级),刘赞民任三门峡市财经学校校长(副县级),王百成任三门峡市财经学校支部书记(副县级)。

31 日,2009 年度会计从业资格考试报名工作圆满结束。全市共报考 2663 人,其中:市直报考 1505 人,县(市、区)1158 人。

截至 31 日,城市义务教育免杂费资金 739.8 万元全部下达各有关学校,全市 31586 名城市中小学生享受到政策资助,其中小学生 21996 人,初中生 9531 人,特教学生 59 人。免除学杂费后,继续对享受城市居民最低生活保障政策家庭的义务教育阶段学生免费提供教科书,并对家庭经济困难的寄宿生补助生活费。

截至 31 日,三门峡市会计信息质量检查工作圆满结束。此次检查全市共投入检查力量 62 人,检查单位 35 家(国有及国有控股企业 3 家、民营企业 3 家、外商投资企业 1 家、行政事业单位 28 家),延伸检查单位 3 家。查出会计核算不实金额 993.12万元,信息披露不实金额 792.3 万元,其他违规问题金额 5309.17 万元;处罚单位 25 家,已处罚款 8.2 万元,补缴财政专户收入 136.4 万元,应补交各种税款 116.04 万元。

11 月

6 日,三门峡市召开全市财税工作座谈会。会议总结了前 10 个月的财税工作,分析了面临的形势和存在的困难,对后两个月工作进行了安排部署。市委常委、常务副市长苏新华出席会议并讲话。

8 日,三门峡市 2008 年秋季城市义务教育免杂费资金 739.8 万元全部下达各中小学,全市共有 31586 名城市中小学享受到政策资助,其中:小学生 21996 人,初中生 9531 人,特教学生 59 人。

11 日,三门峡市亚洲开发银行贷款河南高效农业综合开发项目政府能力加强技援项目正式启动。该技术援助项目由中标的澳大利亚 GHDPty. 公司负责实施。项目总投资 52.5 万美元,其中亚洲开发银行赠款 40 万元,市政府配套 12.5 万美元,项目涉及灵宝、陕县。

27 日,财政部正式批准三门峡市金泉宾馆、三门峡宾馆、三门峡大鹏国际酒店、烟草大厦 4 家宾馆(饭店)为 2009—2010 年(新一轮)党政国家机关出差和会议定点饭店,并由市财政局代表财政部同4家宾馆(饭店)续签了协议书。

12　月

8日,三门峡市财政下达能繁母猪补贴资金428.4万元。其中:省级资金282.77万元(应负担752.67万元,剩余资金暂由县级财政垫付,后结算补给),市级资金145.63万元,县级资金351.246万元。每头能繁育母猪补贴100元,补贴能繁母猪125445头,通过"一卡通"直接发放到养殖户。

20日,全市政府采购执行情况专项检查圆满结束。按照河南省财政厅、监察厅、审计厅的统一部署,三门峡市财政局联合市监察局、市审计局共同组建政府采购执行情况专项检查组,从2008年5月起,在全市590个单位按照要求进行自查自纠的基础上,市财政、监察、审计共抽调53人组成14个检查组,对174个行政事业单位和8个采购代理机构进行了重点检查。通过专项检查,摸清了全市政府采购的基本情况、存在的问题及薄弱环节,促使采购人和采购机构进一步掌握政府采购法律法规制度,提高依法行政、依法采购的意识和能力,纠正了错误观念和不正当交易行为,堵塞管理与操作执行的漏洞,促进廉政建设,为建立健全科学的政府采购管理体制,加强政府采购的监督管理奠定了基础。

20日,陕县财政局被省委、省政府命名为2008年度省级文明单位。至此,市财政局和7个县(市、区)财政局全部被评为省级文明单位。

31日,三门峡市委常委、常务副市长苏新华在市长助理、市政府秘书长张建峰的陪同下,走访慰问财税和金融系统干部职工,对大家一年来的辛勤工作表示感谢,对其取得的优异成绩表示祝贺,并致以新年问候。同时希望大家在新的一年里再接再厉,再创佳绩,为三门峡市经济平稳较快发展作出新贡献。

2009年

1　月

15日上午,全市财政工作暨2008年度总结表彰会召开。各县(市、区)财政局局长、预算科科长、办公室主任和市财政局机关大楼内全体人员、局属单位班子成员等参加了会议。会议传达了全国、全省财政工作会议的主要精神,总结回顾了2008年全市财政工作,对市财政局2008年度先进单位、先进工作者、优秀党务工作者、优秀党员、文明科(室)、文明家庭、文明职工等进行了表彰,安排部署2009年财政工作重点。

15日下午,市财政局举行2009年迎新春联欢会。

19日,三门峡市召开财税工作座谈会,市直财税部门负责人和各县(市、区)主管财税工作的负责人参加会议。会议总结了2008年工作,安排部署了2009年工作。市委常委、常务副市长苏新华出席会议并讲话。

2　月

1日,三门峡市人民政府颁发《关于对市发展改革委和财政局的嘉奖令》。具体内容:2008年,市发展改革委、市财政局紧紧抓住国家"扩内需、保增长、调结构"的机遇,积极争取中央新增投资,取得了令人瞩目的成绩,全市争取新增1000亿元中央预算内投资4.03亿元,占全省争取投资总额的1/11,为促进全市经济平稳较快发展作出了突出贡献。为表彰先进,市人民政府决定:对市发展改革委、市财政局予以通令嘉奖,并对市发展改革委奖励现金10万元,对市财政局奖励现金5万元。希望受表彰的单位珍惜荣誉,再接再厉,取得更大成绩。各级政府、市政府各部门要向受表彰的单位学习,进一步解放思想,开拓创新,深入开展项目建设年活动,为促进全市经济社会又好又快发展作出新的更大的贡献。

1日,三门峡市委书记李文慧、市委秘书长赵中生、市委副秘书长张欣照到市财政局看望全局干部职工,并向大家拜年。李文慧在讲话中指出:"2008年我市财政工作在极其困难的情况下取得了巨大成绩。全市一般预算收入完成36.7亿元,比上年增长25%,增收73370万元,总量在全省保持第9位,增速居全省第3位,税收占一般预算收入的比重达 80.7%，居全省第1位。全市一般预算支出完成65.3亿元，比上年增长29.1%。这些成绩的取得是全体财政干部职工克服困难、不辞劳苦、辛勤工作的结果，我代表市委、市政府向大家表示衷心的感谢。”同时强调：“2009年经济形势不容乐观，财政工作任务更加艰巨，希望全体财政干部再接再厉，化危为机，认真落实积极的财政政策，强化收入征管，加强项目建设，多方筹措资金，为我市经济和社会事业发展提供强有力的财政支持。”

4日，由三门峡市文明办、市总工会、市妇联、共青团三门峡市委联合组织的首届三门峡市道德模范评选活动揭晓，市财政科研所所长李少民被评为“首届三门峡市道德模范”。

10日，三门峡市财政局获全国“巾帼文明岗”称号，市财政局王社琴被评为“河南省巾帼建功标兵”。

11日，河南省财政厅行政政法处处长李志刚一行3人到三门峡市督导抗旱资金拨付使用、各项惠农政策落实及预算执行等项工作。督导组先后听取了灵宝市、陕县抗旱工作汇报，并对灵宝市川口乡赵家沟村、尹庄镇留村、窄口灌区焦村镇工程改造点，陕县菜园乡曹店村、杜村、大营镇辛店村的抗旱、抗旱资金使用及惠农政策落实情况等进行了实地检查。检查结束后对三门峡市相关工作给予了充分肯定。

13日，为期两天的会计核算试点培训工作圆满结束，三门峡市财政国库集中支付中心退回预算单位会计核算试点工作正式启动。

17日，三门峡市委书记李文慧在听取财政部门工作汇报、研究2009年财政工作时强调，面对当前的经济形势，财政部门要认真贯彻落实积极的财政政策，充分发挥财政职能，积极应对金融危机，扩内需，保增长，调结构，促进经济平稳较快发展，重点抓好多方引资扩内需、帮助企业渡难关、调整结构保重点、勤俭节约干事业、强化监督抓管理5个方面的工作。

24日，在全市统战工作会议暨第二次民族团结进步表彰大会上，三门峡市财政局被市人民政府授予“三门峡市民族团结进步模范集体”称号。

3　月

2日，市财政局制定印发《三门峡市财政局“财政监督管理年”活动实施方案》，三门峡市“财政监督管理年”活动正式启动。为确保活动顺利开展，市财政局成立了以局长为组长的领导小组，抽调骨干力量组成4个检查组，与各业务科（室）协同开展检查工作。

4日，三门峡市财政局被市委、市政府授予“林业生态建设先进单位”称号。

7日，三门峡市粮食直补和农资综合直补资金全部发放到位，提前完成粮食直补和农资综合直补资金发放任务。当年全市共向种粮农民兑付补贴资金14636.53万元，受益农户39.5万户。其中：兑付粮食直接补贴资金1825.9万元，农资综合直接补贴资金12810.63万元。

8日，三门峡市财政国库集中支付中心获全国“女职工建功立业标兵岗”称号。

12日，三门峡市召开全市财政反腐倡廉建设暨“财政监督管理年”活动动员大会。各县（市、区）财政局局长、纪检组长、监督科科长、监察室主任、预算科长等200余人参加会议。会议传达了全省财政反腐倡廉建设工作会议精神，总结回顾了2008年全市财政系统党风廉政建设及反腐败工作，安排部署了2009年财政反腐倡廉及“财政监督管理年”活动工作重点。

12日，三门峡市财政局获全国财政信息工作先进单位，朱志军获全国财政信息工作先进组织者称号，张宇辉、王桂亮获全国财政系统优秀信息员称号。

16日，三门峡市开始兑付2009年上半年石油价格改革财政补贴资金。此次油补工作的补贴范围和对象为：三门峡市符合国家规定补贴条件的从事内陆捕捞及养殖并使用机动渔船的渔民和渔业企业；国有林业企业和国有林场、苗圃；城市公交企业；农村道路客运经营者、岛际和农村水路客运经营者；城市出租车司机。此次油补的补贴时限为

2009年上半年,全市共发放油价补贴资金870万元。

20日,三门峡市召开全市财税工作座谈会。会议分析了当前经济和财税工作形势,进一步明确全年和一季度收入目标,研究部署下一阶段工作。市委常委、常务副市长苏新华出席会议并讲话。苏新华要求全市各级财税部门要清醒认识当前经济和财税工作面临的严峻形势,切实增强紧迫感和责任感,积极应对,共克时艰,广泛动员,深入挖潜,千方百计加强税收征管。

23日,全市"清洁家园行动"现场会在渑池召开,会议组织全体代表专程到三门峡市财政局结对帮扶的仰韶乡苏门村参观考察,并给予一致好评。与此同时,市财政局获评全省文明单位结对帮扶工作先进单位。

26日,三门峡市财政局召开深入学习实践科学发展观活动动员大会,对全局学习实践科学发展观活动作了具体部署。

28日,三门峡市2009年度会计从业资格考试在三门峡职业技术学院举行,河南省财政厅有关领导到现场巡查。

30日,三门峡市财政局举办亚洲开发银行贷款河南高效农业综合开发项目第一期管理人员培训班。

4　月

2日,三门峡市财政局召开深入学习实践科学发展观活动专题辅导报告会。局机关及事业单位全体党员干部参加了报告会。

3日,三门峡市财政科研所所长李少民的专著《财政热点问题透视》(中央文献出版社)获首届河南省哲学社会科学普及优秀作品特等奖。据悉,此次评奖全省共申报作品326项,经省专家委会评审,省社会科学界联合会审定,有8项作品获特等奖,23项作品获一等奖,27项作品获二等奖,31项作品获三等奖。

8日,三门峡市财政局派出8个调研组,奔赴各县(市、区)对中央新增投资项目资金使用管理情况进行专项检查,对检查出来的问题制定了相应的整改措施。

10日,三门峡市财政局召开专题会议,对加强三门峡市新增中央投资项目资金使用管理工作进行深入讨论。

23日,三门峡市财政局从各业务科(室)和会计师事务所抽调21人,组成7个检查组,对全市2008—2009年扩大内需项目资金进行了全面检查。

5　月

6日,三门峡市财政局召开学习实践科学发展观活动转入第二阶段动员大会。局机关和局属单位副科级以上干部参加,市委深入学习实践科学发展观活动领导小组第8指导检查组组长武敏祥和冯建军、张江红出席会议。

10日,三门峡市汽车、摩托车下乡工作正式启动。

11日,财政部原部长、中华健康快车基金会监事长项怀诚在河南省财政厅副厅长刘荃、副巡视员梁太祥等陪同下,赴函谷关、三门峡大坝和虢国博物馆等景区参观考察,三门峡市委常委、常务副市长苏新华陪同。

11日,河南省财政厅检查组到三门峡市对扩大内需等财政专项资金开展为期两个月的全面检查。检查的主要内容是,2008—2009年度扩大内需新增中央财政投资资金、社会保障资金、中小企业信用担保体系建设资金、尾矿库专项治理资金、抗旱夺丰收应急灌溉工程建设资金、100万元以上专项资金的使用情况及财政资金安全管理情况。

14日,市财政局组织全体干部职工观看了纪念焦裕禄同志逝世45周年大会实况。

16—17日,三门峡市2009年度会计专业技术资格考试在三门峡中专和市财经学校举行。省财政厅领导到现场巡查。

17日,由市财政局、市珠算协会组织参加的全国第18届海峡两岸珠心算通信比赛三门峡赛区参赛活动在三门峡市举行。此次比赛按照省财政厅、省珠算协会统一部署,市直及各县(市、区）共设赛场 5 处，共有 1075 名少年儿童及中专学生参赛。

22 日，三门峡市召开全市治理“小金库”工作会议。各县（市、区）主管副县（市）长、纪委副书记、财政局局长、审计局局长、中国人民银行三门峡市支行行长及市直部门 260 多人参加会议。会上，市委常委、常务副市长苏新华对“小金库”治理工作提出明确要求。

23 日，三门峡市财政局机关党委被授予全市城市分行业创“五好”基层党组织活动先进基层党组织称号，郭海洋被评为全市城市分行业创“五好”基层党组织活动先进个人。

25 日，三门峡市召开全市财税工作座谈会。会议分析了当前全市财税工作形势，研究部署加强财税征管的具体措施。市委常委、常务副市长苏新华出席会议并讲话。各县（市、区）政府有关负责人及市财政局、国税局、地税局负责人参加会议。

6　月

6 日，为方便农户及时领到家电下乡补贴资金，三门峡市在全市推行了“销售网点初审并垫付补贴资金”方式，简化了家电下乡补贴资金领取手续。

12 日，三门峡市委书记李文慧，市委副书记、市长杨树平等领导同志在市财政局负责同志的陪同下，到市财经学校调研，了解财经职业教育发展情况。李文慧在调研中指出，要从战略高度重新审视和认识职业教育，把职业教育作为推动经济社会发展的突破口，深入思考谋划，加大工作力度，着力推动财经职业教育实现新发展。

12 日，三门峡市财政局协同市房产管理局组织召开全市保障性住房管理工作会议。市财政局和市房产管理局领导出席会议并讲话，各县（市、区）财政及房产管理部门的主管副局长分别作了汇报，会议就有关问题作了深入探讨。

23 日，全市财税工作座谈会召开。会议深入分析了当前经济工作和财税工作形势，认真研究了做好各项财税工作的措施，对实现时间、任务双过半的目标任务作出进一步部署。市委常委、常务副市长苏新华到会并讲话。苏新华要求各级财税部门统一思想，全力以赴，顾全大局，采取切实措施，为“决战二季度”交上一份满意的答卷。

7　月

1 日，三门峡市财政收入实现时间任务“双过半”。1—6 月，全市一般预算收入完成 218793 万元，为年预算的 54.3%，增长 7.9%。收入规模在全省排名第 9 位，收入增速在全省排名第 6 位。

1 日，三门峡市财政局举行庆七一新党员入党宣誓暨思想交流会。

1 日，三门峡市财政局主持召开黄河宾馆国有资产处置工作领导小组第一次会议，研究了三门峡市驻洛阳办事处下属黄河宾馆国有资产处置工作的有关问题，市委办、市驻洛办、市监察局、市审计局、市国土局、市建委、市财政局等单位有关负责人参加会议。

10 日，三门峡市汽车、摩托车下乡销售示范店授牌仪式现场会在三门峡经济开发区机动车交易市场举行，市委宣传部、市财政局、市商务局及三门峡经济开发区相关负责人出席授牌仪式。

16 日，三门峡市财政局召开学习实践科学发展观活动转入整改落实阶段动员大会，部署整改落实阶段各项工作。市委第八指导检查组组长武敏祥到会作指导讲话。

17 日，三门峡市财政局召开全市金财工程建设工作会议。会议要求各县（市、区）财政局要结合当地实际，及早动手，努力做好全市金财工程（一期）建设工作，各县（市、区）财政局主管副局长、信息中心主任、支付中心主任参加会议。

23 日，三门峡市召开 2009 年会计信息质量检查工作会议。对下半年财政监督工作和会计信息质量检查作了安排部署，同时对与会人员进行了业务培训。

23 日，三门峡市委书记李文慧在市财政局上报的《三门峡市财政局 2009 年上半年工作总结》上作出批示:“我市的财政工作在上半年经济形势极端困难的情况下,克难攻坚,既体现为应对危机服务,又千方百计地培育税源,实现了时间、任务‘双过半’的要求,可喜可贺。望发扬连续作战的精神,研究下半年征收工作的新特点,保发展、保民生、保正常支出,圆满完成全年的收入任务。”

24日,三门峡市召开全市财税工作座谈会。会议听取了市财政局、国税局、地税局和各县(市、区)有关负责人关于1—6月财税工作的情况汇报。会议总结回顾了上半年全市财税工作,分析了面临的财税形势和存在困难,并对当前工作作了统一部署。市委常委、常务副市长苏新华出席会议并对全市财税工作提出明确要求。

8　月

4日,市财政局被河南省委、省政府授予“支持老区建设和老促会工作先进单位”称号。

15—16日,三门峡市财政局举办财政金融知识培训班。

26日,河南省市县家电、汽车摩托车下乡补贴工作检查组一行深入卢氏县横涧乡检查家电下乡、汽车摩托车下乡补贴工作,检查结束后对该县工作表示满意。

21日,全市财税工作座谈会召开。会议深入分析了当前经济工作和财税工作形势,认真研究做好财税工作的各项措施,对圆满完成8月任务和实现全年目标作出进一步部署。市委常委、常务副市长苏新华强调,在当前战危机、保增长的特殊时期,各级政府及财税部门的广大干部职工要统一思想,振奋精神,在组织收入的工作中做到思想到位、组织到位、措施到位,推动全市财税工作平稳发展。

31日,全省庆祝新中国成立60周年对联征集活动评选结果揭晓。三门峡市财政局苗鸿伟获一等奖,杨智国和赵江波分别获三等奖和优秀奖。

9　月

1日,三门峡市提高市本级城镇职工医疗保险报销标准。一是提高城镇职工基本医疗保险报销比例,二是提高城镇职工基本医疗保险最高支付限额,三是提高大额医疗费补充保险最高支付限额,四是提高参保人员住院床位费支付标准。

4日,三门峡市纪委和市委组织部莅临市财政局召开副县级以上干部会议,宣布决定由局党组成员、副局长范社民暂时主持市财政局全面工作。

7日,三门峡市出台城市中低收入家庭购买普通商品住房补贴政策和廉租房租售并举政策,旨在进一步扩大内需,拉动投资,保持经济稳定增长。

8日,三门峡市财政局党组成员、副局长范社民主持召开党组中心组学习扩大会,研究部署了“大干三季度,奋力促‘三保’,确保全年财政收支目标圆满完成”的具体措施。

11日,三门峡市开展义务教育绩效工资兑现工作。

24日,三门峡市财政局举办庆祝新中国成立60周年“我爱我的祖国”主题演讲比赛。市总工会、市文明办、团市委、市妇联和市直工委的有关领导到会指导并担任评委。

27日,2009年三门峡市级“三支一扶”大学生工作生活补贴资金全部拨付到位。

30日,由三门峡市监察局、市财政局、市审计局联合组织的对市直行政事业单位政府非税收入的专项检查全部结束。通过检查,三门峡市本级的房屋租赁收入、广告收入及国有资产处置收入全部纳入财政管理。

24日,三门峡市财政局退休干部王国强举办“献给新中国60年华诞”个人书法作品展。展览共展出书法作品60幅。所有作品紧紧围绕并突出了“热爱祖国、歌颂祖国、祝福祖国”这一主题。

10　月

2日,三门峡市第六届运动会比赛成绩全部揭晓,市财政局在比赛中取得优异成绩。市六运会于7月28日至9月27日举行。市财政局组队参加了此届运动会市直机关组(B组)18个大项中的14个项目,参赛人数达132人次,取得了团体总分第2名和团体奖牌第4名的好成绩,并获全市“体育道德风尚奖”。

20日,全省财政系统“祖国颂”书法绘画摄影展活动评选结果揭晓。王连忠获一等奖,王国强获三等奖,三门峡市财政局获优秀组织奖。

26日,三门峡市召开全市财税工作座谈会。各县(市、区)主管财税工作的常务副县(市、区)长、财政局局长、国税局局长、地税局局长,市财政局、市国税局、市地税局领导班子全体成员和主抓税收征管的业务科长参加会议。会议的主要任务是贯彻落实市委全会和全省财税工作座谈会精神,动员财税系统广大干部职工决战四季度,确保完成全市年度财税工作任务。市委常委、常务副市长苏新华出席会议并对全市财税工作提出明确要求。

26日至11月14日,三门峡市对全市住房公积金管理中心下辖的各县管理部、义煤集团分中心、湖滨区财政局住房公积金管理科进行了专项检查。

11 月

1日,三门峡市财政局召开会议安排部署2009年“反腐倡廉宣传教育月”活动。

30日,由中央文明办、中央文明网主办的“我推荐、我评议身边好人”活动2009年11月“好人榜”名单揭晓。三门峡市财经学校马雪梅被评为“孝老爱亲好人”。

12 月

1日,三门峡市财政局召开工程建设领域物资采购和资金管理专项治理工作会议。各县(市、区)财政局局长、经济建设科(股)科(股)长及有关人员参加会议。会议传达了省财政厅副厅长鲁玉在全省工程建设领域物资采购和资金管理专项治理工作会议上的讲话精神,制定印发了《三门峡市建设领域物资采购和资金管理专项治理工作方案》,听取了各县(市、区)财政局局长就近期开展的建设领域突出问题专项治理工作情况汇报,并对全市工程建设领域物资采购和资金管理专项治理工作作了统一安排。

2日,三门峡市2009年度会计信息质量检查工作全面结束。此次检查重点对全市56家行政事业单位、民营企业和地方国有企业2008年度会计资料的真实性、完整性及执行国家有关法律法规和统一会计制度的情况进行了检查。全市共查出会计核算不实金额3129万余元,信息披露不实金额43万元,应补交各种税款116万元,其他违规问题金额1255万元,处罚单位34家,处以罚款40余万元。

3日,三门峡市财政局召开会议安排部署2009年“反腐倡廉宣传教育月”活动。该活动主要内容:一是进一步加强对财政干部的廉政教育;二是深入推进财政改革和专项治理工作,加强惩防体系建设;三是发扬艰苦奋斗精神,大力倡导勤俭节约,切实强化预算约束,从源头上制止铺张浪费,降低行政成本,努力培养和形成艰苦奋斗、勤俭节约的良好风气。

31日,三门峡市委常委、常务副市长苏新华深入市财税和金融系统基层单位和营业场所,对广大干部职工一年来的辛勤工作和取得的成绩表示感谢和祝贺,并致以元旦和新春祝福,希望他们继续发扬优良传统,再接再厉,为全市2010年经济社会全面健康发展再立新功。

2010 年

1 月

5日,三门峡市副市长周志远在市教育局局长王平灿、市财政局副局长范社民等陪同下前往市财经学校就职业教育的建设与发展情况进行调研,并实地考察了该校计算机实训基地建设情况。

7日,由三门峡市文明办、市总工会、市妇联、共青团三门峡市委联合组织的第二届三门峡市道德模范评选活动揭晓,市财会学校老师马雪梅被评为“第二届三门峡市道德模范”。

11日,三门峡市委组织部副部长范世谋、干部一科科长卫光在市财政局七楼会议室召集全局副县级以上干部会议,宣布市委常委会的决定:宋东任三门峡市财政局局长、党组副书记,范社民任市财政局党组书记、副局长。

14日,三门峡市人民政府颁发《关于对全市财税系统的嘉奖令》。具体内容:2009年,全市财税系统依法加强财税征收管理,科学安排各项支出,集中财力保运转、保民生、办大事,财税工作在应对危机中取得突破,超额完成各项责任目标。全市地方财政总收入完成68.1亿元,其中一般预算收入完成41.5亿元,比上年增长13.1%,总量在全省保持第9位,增速居全省第6位。全市地方财政支出完成101.4亿元,首次突破100亿元大关,其中一般预算支出完成85.6亿元,同比增长30.9%,增速居全省第5位,为促进全市经济社会平稳较快发展作出了突出贡献。为此,市人民政府决定:对全市财税系统予以通令嘉奖。希望全市财税系统的广大干部职工发扬成绩,再接再厉,进一步推进财税制度改革,全面加强财源建设,不断壮大财政实力;切实加强税收征管,努力实现应收尽收;合理优化支出结构,保障各项重点支出需要。全市各级政府、各部门要认真学习财税系统迎难而上、团结协作、求真务实、奋发有为的精神,进一步解放思想,振奋精神,锐意进取,扎实工作,为三门峡市经济社会跨越式发展、跻身中原崛起第一梯队作出新的更大的贡献。

29日,省财政厅纪检组长李阳一行3人到三门峡市调研财政监督工作,就财政监督制度建设、机构建设和工作开展情况进行座谈。市财政局领导、市纪检委第六纪检组组长、部分县(市、区)财政局领导和部分财政所所长参加座谈会。在听取市财政局、县(市、区)财政局及乡镇财政所开展财政监督情况汇报后,李阳对三门峡市财政监督工作给予充分肯定,同时要求各级财政部门认清形势,转变观念,树立财政"大监督"理念;加强和完善监督机构建设,要利用机构改革的契机选调复合型人才,从事财政监督工作;结合当地实际,创新监督形式,整合监督力量;总结经验,建章立制,规范和完善财政监督工作职责,推进财政监督工作不断深化与发展。

2 月

4日上午,全市财政工作会议召开。市政府副秘书长刘安强宣读了《三门峡市人民政府关于对全市财税系统的嘉奖令》,市财政局党组副书记、局长宋东传达了全省财税工作座谈会和全省财政工作会议精神,总结和回顾了2009年财政工作,认真分析了当前财政工作形势,并就2010年财政工作重点进行了统一部署。市委常委、常务副市长苏新华出席会议并讲话。

4日下午,三门峡市财政局召开2009年度工作总结暨表彰大会。会议为先进单位和先进个人举行了颁奖仪式。市财政局局长宋东总结回顾了2009年全局工作,并就2010年的重点工作进行了具体安排。

26日,三门峡市召开中等职业学校农村家庭经济困难学生免学费政策培训会议。会议学习了《河南省中等职业学校农村家庭经济困难学生和涉农专业学生免学费实施方案》,主办单位市财政局重点讲解了此次免学费政策的意义、免学费的范围及对象、免学费资金负担及拨付办法,协办单位市发展和改革委员会、市教育局、市人力资源和社会保障局对免学费标准、补助对象确定、政策实施步骤等进行了讲解和安排。

28日,三门峡市委书记李文慧专门听取了市财政局、市国税局、市地税局的工作汇报,对2009年全市财税工作给予了高度评价,并对2010年的财税工作提出了明确要求。李文慧指出,2009年,全市财税系统依法加强财税征收管理,科学安排各项支出,集中财力保运转、保民生、办大事,财税工作在应对危机中取得重大突破。全市地方财政总收入完成68.1亿元,其中一般预算收入完成41.5亿元,比上年增长13.1%,总量在全省保持第9位,增速居全省第6位。全市地方财政支出完成101.4亿元,首次突破100亿元大关,其中一般预算支出完成85.6亿元,同比增长30.9%。财政实力进一步增强,为促进全市经济社会平稳较快发展作出了突出贡献。李文慧要求各级财税部门在新的一年里，要再接再厉，顽强拼搏，确保全面完成各项财税工作任务。

3　月

3日，三门峡市2010年度粮食直补和农资综合直补资金发放工作全面展开。全市共筹措粮食直补和农资综合直补资金12249.56万元（不含卢氏县），按照省财政厅要求，将于3月20日前通过"一折通"方式把补贴资金存入每个农民的补贴存款账户。财政部门将继续严格执行"七不准"，即不准降低补贴标准；不准由村组干部代领代发存款折；不准借发存款折之机向农民收取任何费用；不准用补贴款抵扣各种收费和债务；特别是不准抵扣水费、修路等集资款项；不准截留、挤占和挪用补贴资金；不准违规向享受补贴农户以外的个人或集体支付补贴资金；不准拖延补贴兑现时间。

12日，河南省财政厅副厅长梁太祥带领教科文处有关同志到三门峡市调查中等职业学校免学费政策落实情况，三门峡市财政局局长宋东、市教育局局长王平灿、市人力资源和社会保障局副局长冯聪珍参加了座谈。

12—15日，河南省财政厅督导组一行3人在调研员马建军带领下，走村入户，对三门峡市粮食直补工作进行督导检查。三门峡市粮食直补和农资综合直补工作于3月15日全面结束，提前完成粮食直补工作任务。全市共兑付补贴资金12249.56万元，兑付率达到100%，已全部通过"一折通"方式存入每户农民的补贴存款账户。

17—18日，三门峡市财政局组成4个检查组对全市17所中等职业学校基本情况进行了详细摸底调查，共检查8所市直学校和9所县属学校，其中公办学校15所，民办学校2所。本次以核查在校生情况为主，同时调查学校设立、专业设置、涉农专业设置、收费等情况。

19日，三门峡市财政局召开全市财政反腐倡廉建设工作会议。市纪委第六纪检组全体人员，各县（市、区）财政局局长、纪检组长、监察室主任，市财政局机关及局属单位200余人参加会议。市纪委副书记、监察局长李俊江出席会议并充分肯定了市财政局领导班子对反腐倡廉建设高度重视及各项工作取得的明显成效，全面分析了当前党风廉政建设工作面临的严峻形势，要求全市财政系统要深刻认识推进党风廉政建设和反腐败斗争的长期性、艰巨性和复杂性，增强抓好财政反腐倡廉建设的责任感和紧迫感，筑牢拒腐防变和抵御风险的思想防线，不断把党风廉政建设和反腐败斗争推向深入。

28日，三门峡市2010年度会计从业资格考试在三门峡职业技术学院举行，河南省财政厅及三门峡市直有关部门领导到现场巡查。2010年三门峡市考区共报考2722人，5101科，实际参考4440科，综合参考率达87%。

4　月

16日，三门峡市举办治理工程建设领域突出问题工作检查组人员培训班，开始了对2008年1月1日至2009年12月31日已开工和正在施工3000万元以上的70个政府性项目和20余个非政府项目专项检查工作。

19日，三门峡市治理工程建设领域突出问题工作检查组分赴各县（市、区）开始全面检查工作。

22日，三门峡市财政局为玉树地震灾区举行捐款仪式，全局共580人参与，捐款40315元。

22—30日，三门峡市财政局举办庆五一迎五四职工运动会。共有280余人次参加了乒乓球、羽毛球、跳绳、拔河等8个项目的比赛，参与率达历史最高。

23日，在"世界读书日"到来之际，三门峡市财政局在全局范围内开展了"财校杯"读书心得有奖征文活动，要求每个干部职工结合自身实际，自选阅读1～3册健康有益向上的书籍，并结合实际写出心得体会。该项活动于6月10日结束。

5　月

6日，三门峡市财政国库集中支付中心为配合新址搬迁，召开市直部分预算单位报账员座谈会，就新开建设银行账户及注销商业银行账户问题进行了研究部署。

7—15日,河南省财政厅组织投资评审中心及中介机构对三门峡市本级及5个县(市、区)2008—2009年城镇污水处理配套管网建设以奖代补专项资金使用情况进行了核查,对全市专项资金的使用管理进一步予以规范,督促项目单位健全各项规章制度,加快建设步伐。

11—13日,河南省农业综合开发办公室王红处长一行3人在局长宋东等的陪同下,对三门峡市2009年农业综合开发项目进行了检查验收。验收组通过"查、问、看、听"等形式对2009年农业综合开发项目进行了验收,对三门峡市在资金管理方面的"三看三问"和"三个坚持"管理方法给予充分肯定和高度评价,并在全省范围内推广。

15—16日,三门峡市2010年度会计专业技术资格考试在三门峡职业技术学院举行。全市会计专业技术资格考试报名人数达1425人,其中报考中级资格724人1912科,报考初级资格701人1402科,考场总数达46个。实际出考1894科,综合参考率为57%。省财政厅及市直有关部门领导亲临考场巡查。

16日,由三门峡市财政局、市珠算协会组织参加的全国第19届海峡两岸珠心算通信比赛三门峡赛区参赛活动举行。此次比赛按照省财政厅、省珠算协会统一部署,市直及各县(市、区)共设赛场6处,共有1125名少年儿童及中专学生踊跃参赛,其中社会大中专组363人,幼儿园组762人。

17日,三门峡市财政局召开创先争优活动动员大会。会议学习贯彻了中央和全省、全市创先争优活动动员部署会议精神,对全局深入开展创先争优活动进行动员部署。市财政局局长宋东在会上作动员报告。

20日,三门峡市财政局召开全市"金财工程"应用支撑平台建设项目启动大会,省财政厅信息化管理办公室主任刘天增参加会议。

25日,三门峡市人大常委会副主任李宝鸿带领部分人大代表对市政府融资资金使用管理情况进行视察。代表们首先听取了市财政局《关于近年来我市城市基础设施建设项目融资资金使用管理情况汇报》,随后又到大岭路立交桥、市文体中心、郑西高铁三门峡南站广场、南环路建设等政府融资资金投资项目进行了实地考察,详细了解项目概况、工程进展及建设资金等情况。李宝鸿一行对近年来政府融资资金使用管理取得的成绩给予充分肯定,并对进一步加强政府融资资金使用管理提出指导性意见。

25日,三门峡市财政局邀请市纪委第6纪检组组长毕立东为全局干部职工作廉政准则专题报告会,通过典型案例分析,全面阐释了"八个禁止"和"52个不准",对如何在实际工作中贯彻落实廉政准则提出了指导意见。

25日至6月5日,财政部对三门峡市2007—2009年淘汰落后产能中央财政奖励资金使用情况进行了专项核查。2007—2009年三门峡市共争取中央财政淘汰落后产能资金16507万元,奖励于4个行业13家企业。

31日,三门峡市石油价格改革财政补贴工作全部结束,兑付中央财政补贴资金1092.97万元,涉及林业部门53.9万元,其中国有林业企业559052亩,补贴资金50.64万元,国有苗圃720亩,补贴资金3.26万元;城市公交标准台数464.3台,补贴资金392.9万元;农村客运标准台数534.2台,补贴资金359.59万元;出租车自然台数1280台,补贴资金282.99万元;岛际水路客运用油量512吨,补贴资金3.59万元。

6　月

2日,三门峡市财政局召开各县(市、区)财政局长座谈会,分析当前财政经济形势,对加强收入征管,确保上半年财政收入顺利实现时间、任务"双过半"作出全面部署。

2日,三门峡市财政局召开财政监督重点监督检查工作汇报会。省财政厅检查组全体人员、市纪委第六纪检组、各县(市、区)财政局局长及监督科(股)科(股)长、市直有关单位主管领导及财务负责人、市财政局有关科(室)负责人以及部分会计监督中介机构等70余人参加会议。会议的主要任务是汇报三门峡市财政监督重点监督检查五项工作开展情况,安排部署2010年财政监督重点监督检查工作。

10日,三门峡市财政局召开专题会议,就优化市级重点项目建设资金拨付程序,加快资金拨付进度等工作进行研究和部署。

11日,三门峡市召开全市财税工作会议,各县(市、区)主管财税工作的常务副县(市、区)长、财政局局长、国税局局长、地税局局长,市财政局、市国税局、市地税局领导班子成员和中层以上干部参加会议。会议的主要任务是分析前5个月全市财税工作形势,研究加强财税征收管理的具体措施,确保上半年实现财政收入时间、任务"双过半"。市委常委、常务副市长苏新华到会并讲话。

27日,三门峡市支农惠农政策第一期培训班开班典礼在市财经学校举行。根据河南省财政厅《关于开展全省农村财会人员财政支农政策培训工作的实施意见》,此次培训涉及全市76个行政乡镇、1362个自然村的财政干部及会计人员,从6月到8月分期分批进行。

28日至30日,河南省财政厅和生产力促进中心对三门峡市有关国外贷款项目的绩效评价工作进行了实地调研。

7　月

6日,三门峡市市长杨树平在市财政局上报的《我市上半年财政收入情况简析》(市委《信息专报》第28期)上作出批示:"上半年成绩来之不易,可喜可贺,下半年形势不容乐观,任务十分艰巨,请宋东同志转达市委、政府领导对财税系统同志们的感谢慰问之情,希望再接再厉,发扬好传统,争创新优势,为经济持续发展,民生持续改善,作出新的更大贡献。"

6日,根据《河南省财政厅关于开展2010年会计信息质量检查的通知》的要求,三门峡市部署开展2010年会计信息质量检查工作,统一对能源、医药企业和教育系统等行政事业单位2009年的会计信息质量进行检查。对行政事业单位的会计信息质量检查与该系统"小金库"专项治理重点检查工作一并开展,检查至8月底前结束。

28日,三门峡市财政局组织向灾区捐款活动,为三门峡市部分地区遭受特大洪涝灾害的群众捐款20450元。

29日,以三门峡市财政局副局长雷萍为队长的市财政局救灾工作队到达卢氏县文峪乡灾区,深入受灾村了解情况,开展救灾工作。

30日,三门峡市财政局局长宋东、副局长雷萍带领市财政局办公室、人事科、预算科有关人员,在卢氏县委常委,常务副县长聂红超、县财政局局长冯新理、文峪乡党委书记杜元恒等陪同下赶赴受灾一线,到村组、农户中察看灾情,对文峪乡的救灾工作作出指导和要求,并运送救灾水泥30吨。

30日,三门峡市委组织部印发《关于刘景平等37名同志职务任免的通知》(三组干〔2010〕20号)文件,任命康平森任三门峡市财政局党组成员、副局长,翟海燕任三门峡市财政局党组成员、副局长,任海水任三门峡市财政局副调研员,杨景宝任三门峡市政府财政监督监察局局长,李红伟任三门峡市农业综合开发办公室主任,张旻任三门峡市农村综合改革办公室主任,刘同会任三门峡市财政局国有资产管理办公室主任。

8　月

3日,三门峡市召开强农惠农资金清理检查工作汇报会。会议向省强农惠农资金检查组汇报了三门峡市前一阶段自查自纠工作开展情况,安排部署下一阶段省检查组的检查工作。市强农惠农资金专项清理和检查工作领导小组成员单位负责人、市强农惠农资金专项清理和检查工作领导小组办公室成员以及市财政局有关科(室)负责人等参加会议。省政府检查组组长童孟进就这次强农惠农资金清理检查的目的、意义和实施方案进行了详细的说明,并就检查工作提出了明确要求,市财政局局长宋东就三门峡市前一阶段强农惠农资金清理检查工作情况作了详细汇报,最后,市委常委、副市长张英焕就强农惠农资金清理检查工作的重要意义以及各有关部门如何做好这次检查的配合工作提出明确要求。

6日,三门峡市财政局党组书记、副局长范社民,党组成员、副局长康平森一行4人到抗洪救灾对口帮扶的卢氏县文峪乡察看灾情,深入重灾村磨上村检查灾后恢复和生产自救工作开展情况,并到4户受灾群众家中进行探望。随后又在文峪乡政府机关参加了救灾物资捐赠仪式,共捐赠2000桶食用油、2000袋面粉等价值14余万元的救灾物资。卢氏县委常委、常务副县长聂红超,副县长胡家群和县财政局局长冯新理,文峪乡党委、乡政府班子成员等参加了捐赠仪式。

9日,三门峡市召开全市财税工作会议,分析前7个月财税工作形势,研究加强财税征收管理具体措施。市委常委、常务副市长苏新华到会并讲话。

10日,三门峡市财政局党组副书记、局长宋东,党组成员、副局长康平森一行4人到抗洪救灾对口帮扶的卢氏县文峪乡察看灾情,深入重灾村检查灾后恢复和生产自救工作开展情况,并在文峪乡政府机关举行了救灾物资捐赠仪式,共捐赠人畜用水主管道11430米、支管道86070米,价值671027元的救灾物资。卢氏县委书记王振清,县委常委、常务副县长聂红超及县财政部门的人员等参加了捐赠仪式。

13日,河南省强农惠农资金检查组在深入三门峡市市直5个农口部门和卢氏、渑池、陕县等地,对4大类27项强农惠农专项资金的使用管理情况进行重点检查后,将检查情况向市政府进行反馈。省检查组组长童孟进充分肯定了三门峡市在强农惠农资金专项清理和检查工作中的六点好的做法,同时指出在强农惠农资金管理工作中存在的六个方面的问题和不足,并对下一步如何整改提出具体要求。

11日,三门峡市第11期惠农支农政策培训班结业,圆满完成惠农支农政策培训任务。从6月27日起,三门峡市共举办了11期惠农支农政策培训班,培训乡村干部和会计人员1179人。

26—27日,河南省政府农业保险工作督导组到三门峡市督导农业保险工作。27日下午,三门峡市在金泉宾馆召开农业保险工作汇报会,会议由市财政局局长宋东主持,市政府副秘书长刘安强向省督导组汇报了农业保险工作开展情况,省农业保险工作督导组黄燕茹结合对三门峡市部分地方农业保险工作检查督导情况,就如何做好农业保险工作提出了指导性意见。会议要求,各有关单位和部门要严格按照省督导组和市领导的要求,根据各自的分工,加强协作,紧密配合,促进农业保险工作更好地开展。

31日,三门峡市纪委监察局第六纪检监察组会同市财政局,成立检查领导小组,抽调专业人员对各县(市、区)2010年度救灾专项资金和物品使用情况进行督导检查。检查的主要内容是中央、省、市下拨到各县(市、区)的救灾专项资金的落实使用情况和各级社会捐助的救灾款物分配、落实使用情况。检查组采取听取汇报、查阅文件资料和深入村组实地走访等形式对救灾款物进行跟踪检查。

9 月

1日,三门峡市财政局中心机房建设及大楼综合布线改造工作圆满结束。为适应“金财工程”大平台建设要求,市财政局中心机房改扩建及大楼综合布线改造工作于2010年5月正式启动,7月底完成新机房装修及服务器、小机等主要设备的搬迁,8月完成了网络和电话楼层交换迁移工作。截至8月底,机房改造及搬迁工作圆满完成,网络设备运行环境和中心机房安全得到了全面改善,为提升局办公楼网络整体的服务质量和水平奠定了基础。

1—2日,三门峡市举办全市电子化政府采购系统操作专题培训班,各县(市、区)财政局政府采购办负责人和电子化政府采购工作人员等20余人参加了培训。

9—16日,财政部委托福建省财政厅投资评审中心对三门峡市城镇污水处理设施配套管网建设中央财政以奖代补专项资金进行评估和专项核查，对专项资金的使用管理进一步予以规范，督促项目单位健全各项规章制度，加快建设步伐。

28 日，三门峡市金泉大酒店举行四星级挂牌仪式。河南省财政厅办公室、干教中心、信息中心、后勤中心等相关处室的人员到三门峡祝贺，正市级领导赵光超出席了挂牌仪式。

10　月

11 日，三门峡市委书记李文慧在市财政局上报的《我市前三季度财政收入情况简析》（市委《信息专报》第 72 期）上作出批示：“困难很多，应当重视。确定目标，应当完成。注意研究，求实求效。”

12 日，为深入贯彻落实市委书记李文慧的批示和全市“大干四季度、冲刺全年目标”工作会议精神，市财政局召开专题会议，认真学习，周密部署，制定了决战四季度的五项具体措施，进一步加强财政收支管理，确保全年各项财政工作任务圆满完成。

13—14 日，三门峡市财政局召开 2011 年度会计专业技术资格考试网上报名布置会暨报名工作人员培训会，各县（市、区）会计科（股）长及工作人员共 20 多人参加会议。

21 日，三门峡市财政局机关党委召开“五好”党员、优秀党务工作者座谈会，向 37 名五好党员、优秀党务工作者颁发了“党员先锋岗”标牌，勉励他们发扬成绩，拉升标杆，争做先锋，再立新功，以党员的先锋模范作用深入推进创先争优活动，促进全年各项收支目标全面完成。

11　月

1 日，为积极应对物价上涨对困难群众生活的影响，三门峡市从 11 月起，为城乡低保、农村五保和享受国家抚恤补助的优抚对象发放 3 个月的临时价格补贴。发放标准分别是：城市低保、农村五保和享受国家抚恤补助的优抚对象每人每月不低于 15 元，农村低保对象每人每月不低于 10 元，确保城乡困难群众基本生活不出问题。

5 日，三门峡市开始对社会团体和国有及国有控股企业“小金库”进行重点检查。

5 日，市财政局召开全市工程建设领域物资采购和资金管理专项治理会议，会议传达了省财政厅副厅长鲁玉在全省工程建设领域物资采购和资金管理工作会议讲话精神。

17 日上午，卢氏县文峪乡党委书记杜元恒一行来到市财政局，代表文峪乡党委、乡政府向市财政局赠送“无私奉献、抗洪救灾”的锦旗。市财政局副局长雷萍、调研员袁书钦代表市财政局接受了锦旗，并与文峪乡党委、乡政府领导进行了座谈。

18 日，河南省财政系统机关党建工作座谈会在三门峡市金泉大酒店召开，省财政厅机关党委专职副书记董和生、副书记安建民和 18 个省辖市的财政局机关党委专职副书记参加会议，三门峡市委副秘书长、市直机关工委书记梅良川，市财政局党组书记范社民出席会议并致欢迎词。

18—22 日，亚洲开发银行代表团对三门峡市河南高效农业综合开发项目进展情况进行了考察。考察团通过听取汇报、现场走访，对项目实施进度、执行情况以及执行过程中遇到的问题进行了确认。最后，亚洲开发银行同河南省财政厅、项目执行机构、项目实施机构就沼气建设、审计、中期报告等问题和下一步需要开展的工作进行了探讨并达成一致。

21 日，全市资产管理信息系统全面建立，基础数据录入工作全面完成。

24—27 日，三门峡市财政局组织辖区各开发县（市）农开办主任、项目乡镇主管领导，规划设计人员共 26 人，先后到济源市、中牟县、新郑市、舞阳县、方城县农业综合开发项目区参观学习。

24 日，三门峡市财政局、市住房和城乡建设局联合召开全市保障性住房工作座谈会，传达省住房保障工作座谈会议精神，安排部署下一阶段住房保障重点工作。全市财政和住房保障管理部门 50 余人参加会议。

30 日，三门峡市直机关所属企业脱钩改制工作动员会召开。会议传达了河南省市属企业脱钩改制工作会议精神，并对市直机关所属企业脱钩改制工作进行部署，脱钩改制工作于2010年底前启动，于2011年底前基本完成。会议由副市长高战荣主持，三门峡市委常委、常务副市长苏新华出席会议并讲话。

30日至12月1日，三门峡市灾区房屋重建工作领导小组组成4个小组分别对卢氏县、灵宝市、渑池县、陕县和市产业集聚区等有政府帮建任务的5个县（市、区）倒房重建工作进行了随机抽查验收，共抽查了15个乡镇、24个村、162户政府帮建户。全市灾区倒房重建工作如期完成。

12　月

1—5日，以河南省财政厅财政监督局李志刚主任为组长的省农村义务教育普九债务化解工作检查组一行5人，对三门峡市农村“普九”债务化解工作进行了深入细致检查、审核。三门峡市农村普九债务化解工作圆满通过省检查组的验收，并得到省检查组好评。

9日，以河南省国资委党委委员、副主任马刚为组长的省政府市属企业脱钩改制督导组莅临三门峡市检查指导市属企业脱钩改制工作，副市长高战荣陪同检查。市财政局局长、市属企业脱钩改制工作联席会议办公室主任宋东就三门峡市贯彻落实全省市属企业脱钩改制工作会议情况、市属脱钩改制企业基本情况、下一步脱钩改制工作安排、国有企业改革发展情况及明年深化国企改革发展的思路、规划和重点向省政府督导组作汇报。三门峡市市属企业脱钩改制工作得到督导组的肯定。

9日，三门峡市国资办通过公开竞价的方式，处置了6辆公务用车。6辆公务用车的评估价为18.78万元，竞价成交价为27.17万元，增值8.39万元，增值率达44.68%。三门峡市纪检监察部门和有关媒体现场监督。

9—10日，河南省财政厅、省旅游局组成联合检查组，重点对三门峡市2009年政法经费保障体制改革资金及旅游发展专项资金管理使用情况进行了专项检查。检查组采取听取汇报、查阅相关文件资料、实地察看、座谈走访等形式，认真开展了检查。从这次专项检查的情况看，三门峡市严格按照河南省财政厅专款管理要求，加强领导，明确财政及项目单位各自的职责分工，做到措施到位，运作规范，监督有力，不断加大对政法经费保障体制改革资金及旅游专项资金的管理力度，保证了专款专用，无截留挪用现象发生，受到了省检查组的好评。

11日，三门峡市2010年度会计信息质量检查工作全面结束。根据财政部和河南省财政厅统一部署，三门峡市财政局依法对全市42家能源、医药企业和教育系统行政事业单位2009年度会计资料的真实性、合法性，信息披露的完整性、会计基础工作规范化进行了检查。

12日，三门峡市财经投资公司扶持的企业三门峡兴河石油设备制造有限公司成功上市。历经8年努力，被称为中原“纳斯达克”的国家区域性（河南）中小企业产权交易市场于11月12日正式开盘，三门峡市兴河石油设备制造有限公司作为第一批进场挂牌交易企业正式亮相。

12日，三门峡市对政府采购代理机构开展专项检查，以推动和深化政府采购制度改革，规范政府采购操作行为。

12日，三门峡市全面实施财政结余结转资金清理工作。此次清理结余结转资金工作主要有5项内容：一是全面清理部门结余结转资金；二是加大财政结转项目清理力度；三是加大部门结余结转资金统筹力度；四是清理财政暂存款和暂付款；五是加强国库资金管理。

16日，三门峡市2010年机关作风效能评议大会在市政法礼堂举行，全市40个单位102个重点涉企和具有公共服务职能的科（室）和二级机构参与评选。350名参评代表通过现场评议，现场统计，现场公布结果，评选出20个先进科（室）和排序后10个单位。市财政局4个科（室）参与评议，其中经济建设科、税政科入选前20名。

22日，全市财税工作会议召开。各县（市、区）长、主管财税工作的常务副县（市、区）长、财政局局长、国税局局长、地税局局长，三门峡市财政局、市国税局、市地税局班子成员及相关业务科科长，市国税局湖滨区局、开发区局局长，市地税局直属分局、开发区局局长参加会议。市委常委、常务副市长苏新华出席会议并讲话。苏新华指出，2010 年全市财税工作总体形势较好，但仍存在不容忽视的问题。苏新华要求全市财税系统开拓进取，努力工作，圆满完成当年及“十一五”目标任务。

27 日，河南省人力资源和社会保障局、省财政厅印发《关于表彰全省财政系统先进集体和先进工作者的决定》（豫人社〔2010〕196 号），三门峡市财政集中支付中心获全省财政系统先进集体称号，市财政局科研所李少民、灵宝市财政局杨社军、经济开发区苏秀霞、卢氏县财政局冯新理获全省财政系统先进个人称号。

31 日，三门峡市委常委、常务副市长苏新华前往市财税、金融系统各单位，看望并慰问干部职工。在市财政国库集中支付中心，苏新华向正在紧张工作的干部职工致以节日的问候。苏新华希望各级财政部门认真履行职责，把好财政收支关，为地方经济社会发展作出更大贡献。

附　　录

中共三门峡市委　三门峡市人民政府关于全面推行财政支出管理制度改革的意见

(三发〔2001〕25号)

为了深入贯彻落实江泽民总书记七一重要讲话精神,用“三个代表”重要思想指导和推动财政工作,进一步深化财政支出管理改革,逐步建立与社会主义市场经济相适应的公共财政基本框架,市委、市政府研究决定,在我市全面推行财政支出管理制度改革。现制定如下意见:

一、指导思想和改革目标

财政支出管理制度改革的指导思想是:以“公开公正、规范透明、高效服务”为基本目标,以加强管理、统一规划、整体推进为出发点,以建立和完善国库集中收付制度为基础,以建立涵盖整个财政收支过程的预算收入、编制、执行、监督体系为基本内容,全面推进部门预算、国库集中收付、政府采购、会计委派等改革,创新财政依法理财模式,进一步转变财政理财观念和职能,高效服务于全市社会事业发展。

通过深化改革,逐步建立一个结构合理、管理规范、约束有力、讲求效益、适应社会主义市场经济发展要求的财政支出管理机制,有效解决聚财与用财的矛盾,努力实现生财、聚财、用财的良性循环,保证党政机关正常运转,保障改革顺利进行,保障政治稳定和社会安定,促进全市经济和各项社会事业的健康发展。

二、财政支出管理制度改革的基本内容

(一)单位预算编制改革

1.改革预算编制原则,实行零基预算,细化预算编制。对各类支出取消“基数加增长”的预算编制方法,按照年度所有因素和事项的轻重缓急程度重新测算每一支出需要。对个人工资性支出,结合统发工资,按照规定标准逐人核定;对公用经费按定额标准加项目控制编制预算;对事业发展和建设性支出,进行项目论证并结合市委、市政府确定的经济和社会发展计划分类排队,实行专家评审和领导集体研究基础上的主管领导分工负责制,将年度预算编制到具体项目。

2.改革预算编制方法,实行部门预算。把预算管理的出发点和着力点转移到部门,以部门为依托,围绕加强部门预算管理,构筑宏观的预算管理体系。一是将各类不同性质的财政性资金统一编制到使用这些资金的部门,保证部门预算的完整性。二是取消中间环节和二次分配,将预算直接编制批复到部门和单位。三是部门预算从基层单位编起,主管部门负责审核、汇总、分析所属基层会计单位的收支预算建议计划,编制部门的收支预算建议计划并报财政审核。

3.实行综合财政预算,统筹安排政府可支配财力。把单位、部门专户储存的预算外资金、其他自筹资金和政府基金预算、一般预算资金全部作为预算安排对象,统一汇编到综合预算中统筹安排使用,彻底解决预算内资金、预算外资金和单位其他资金安排使用“两张皮”的问题,保证事业发展对资金的需要,提高财政的宏观调控能力。

(二)国库管理制度改革

按照社会主义市场经济体制下公共财政的发展要求,借鉴国际通行做法和成功经验,结合我市具体实际,建立和完善以国库单一账户体系为基础、收入缴纳和支出拨付程序规范的现代国库管理制度,进一步加强财政监督,提高资金使用效益,更好地发挥财政在宏观调控中的作用。其基本构架是:建立国库单一账户体系,将所有财政性资金都纳入国库单一账户体系进行管理,收入直接缴入国库或财政专户,支出通过国库单一账户体系支付到商品和劳务供应者或用款单位。

1. 规范收入收缴程序

各项税收和纳入预算管理的非税收入(包括收费、基金、罚没等收入),由缴款单位或缴款人按有关法律法规规定,直接缴库或集中汇缴入库。

各项预算外收入,按照收支两条线的要求,实行"票款分离"办法,由缴款单位和缴款人直接缴入财政专户。

规范财政收入退库。涉及从国库中退库的,严格依照有关法律、行政法规及国库管理的规定执行。

2. 规范支出拨付程序

按照不同的支付主体,对不同类型的支出,分别实行财政直接支付和财政授权支付两种方式。

财政直接支付。工资支出,由国库机构直接支付到职工个人账户;购买支出,由国库机构直接支付到收款人;转移支出,由国库直接支付到下级财政部门和用款单位。

财政授权支付。授权支付的支出主要包括未实行财政直接支付的购买支出和零星支出。预算单位根据财政授权,自行开具支付令,通过国库单一账户体系(现阶段是财政部门为其在商业银行开设的小额支出账户)将资金支付到收款人账户;实行财政集中会计核算的单位,由预算单位用财政核定的备用金直接将资金支付给收款人。

(三)全面推行政府采购

进一步规范政府采购工作程序,逐步扩大政府采购的范围和规模,对履行公共职能机构的购买性支出,都要实行政府采购,逐步提高政府采购占财政支出的比重。对全市各级党政机关、事业单位、社会团体无论使用何种资金购买政府采购目录中规定的货物、工程和服务的活动一律纳入政府采购范围,采购支出实行国库或专户集中支付。建立政府采购管理体系,将政府采购管理机构和执行机构分开设置,实现管办分离。建立、规范政府采购信息公告制度和统计分析制度,提高政府采购活动透明度。

(四)继续推行会计委派制

根据财政部、监察部印发的《关于试行会计委派制度工作的意见》,结合我市实际,制定相关配套政策,积极推进。总的方向是:在乡镇推行"乡财统管",行政村实行"组财村管,村财乡审";对经营性强、会计业务量大的事业单位、国有企业、国有控股公司或政府重点项目实行专项委派;对市属大型国有企业及国有控股企业、城市公用企业实行"财务总监制";对市县两级行政事业单位要按照"单一账户"要求逐步实行"国库集中收付制"。

三、相关措施

(一)成立财政支出管理改革领导小组,加强对财政支出管理改革工作的领导。财政支出管理制度改革涉及部门间利益的再调整,牵一发而动全身,也是社会关注的焦点。为此,市委、市政府决定成立三门峡市财政支出管理改革领导小组。组长由市委常委、常务副市长赵继祥同志担任,副组长由市政府秘书长张建峰、市财政局局长张君贵同志担任,其成员有邹援朝(市委组织部副部长)、刘兴旺(市监察局副局长)、李民生(市人事局副局长)、胡民举(市审计局副局长)、沈幸福(人行三门峡分行副行长)。领导小组下设办公室,办公室设在市财政局,张君贵同志兼任办公室主任。

(二)各级领导干部要加强对财政工作的领导,各部门、各单位要大力支持财政支出管理制度改革。各级领导干部要从讲政治的高度,统一思想,加强领导,增强改革意识,积极投身于改革,正确处理改革中的一些重大问题。各部门、各单位要树立全局观念,转变传统的理财方式,积极支持财政支出管理制度改革,采取切实有效措施,把改革推向深入。

(三)进一步明确各级政府事权范围,完善县、乡财政管理体制。要按照建立社会主义市场经济体制的要求,明确各级政府的事权划分和财政支出范围。同时按照河南省财政厅《关于农村中小学教职工工资上划县级管理的意见》,调整县(市)、区对乡镇实行的原体制形式,统一实行“核定基数,收支挂钩,定额上解(或补助),增收全留,短收不补,自求平衡”的财政管理体制。在完善乡镇财政体制和教师工资发放机制,加强财政收支管理,调整支出结构的同时,要继续搞好县乡财源建设,培养壮大财源,增加财政收入,为县乡财政的长期稳定发展奠定基础。

(四)加大组织收入力度,依法规范收入管理。坚持依法依率征税,认真清理税收政策,严禁“先征后返”和越权减免税。各级财税部门要严格按税法和预算级次将应征的税收收入及时全额征缴入库。提高收入质量,杜绝“虚假收入”行为的发生。严格执行“收支两条线”管理规定,加强财政专户管理和非税收入管理,实行预算内外资金统管的综合预算。部门所有收入要统筹安排,对单位预算外收入和纳入预算管理的行政性收费,由财政部门核定年度收入预算。凡应在部门预算收入中反映而未反映的收入,均视同“小金库”,一经发现,全额没收,并按有关规定严肃处理。

(五)合理界定财政支出范围,提高资金使用效益。通过清理界定财政供给范围,实现财政职能由计划经济体制下的生产建设型向适应市场经济体制的公共财政型转变。各级财政部门要根据部门行使的职能,重新核定其开支渠道和来源。行使行政职能的部门,支出要纳入行政管理费开支管理;对事业单位要按照其职能确定预算供给形式。

(六)建立健全各项管理制度,积极稳妥地推进改革。1.要进一步摸清“家底”,提高预算编制的准确性。各部门要全面、准确地界定本部门的职责、职能和年度工作目标;把握各项事业发展的规划和实施计划,掌握本部门机构设置、人员编制与构成;彻底清查部门占用资产、资源的情况;认真测算本部门支出范围、开支标准。2.规范预算执行,强化预算约束。部门预算确定、批复后,严禁随意调整和零星追加,除突发性事件造成的必不可少的开支按程序经批准调整预算外,其他支出项目当年财政一般不予追加,部门单位自行解决不了的一律推至下年预算时考虑。财政批复部门预算后,部门要严格执行并批复到基层单位,不得再搞二次分配和调整。3.积极探索提高预算资金使用效益的管理办法。预算确定之后,各级要根据部门和资金特点,积极完善和推行政府采购制度,对应纳入而未纳入政府采购的项目,各单位一律不准报销,否则由纪检监察机关对有关责任人进行责任追究。对建设性资金实行项目管理,对各类财政性资金使用情况要追踪检查,不断提高资金使用效益。4.建立预算运行日常监督和定期分析反馈制度。各级各部门要健全内部监督机制,加强日常监督,使内部监督检查制度化、规范化。要善于从预算执行中发现问题,为下年度预算编制提出建议和意见。各部门每季度要就预算执行中的问题向本级政府和财政部门专题报告一次。5.进一步加强会计基础工作。继续认真做好会计的日常管理和基础工作,提高会计信息质量,规范财经秩序,提高财政管理水平,有效地服务于各项社会事业发展。

(七)按照财政支出管理制度改革的要求,调整、加强财政部门内部机构,明确职责,提高工作效率。为了增强预算管理各环节的相互制约,要求预算的编制、执行、监督职能相分离,相应调整、加强财政部门内设机构职能,充实人员,使各环节相互配合又相互制约,促进预算管理的规范化、科学化。

(八)切实转变工作作风,提高工作质量。当前财政支出改革的任务十分繁重,面临的热点、难点问题多,工作的难度和压力很大。各级各部门要转变工作作风,坚持实事求是,说实话,办实事,杜绝弄虚作假现象。要开拓创新,求进步,谋发展。要狠抓落实,讲求实效,克服形式主义和官僚主义。要切实加强党风廉政建设教育,进一步规范理财行为。

(九)完善预算管理监督体系。建立由人大、审计、财政、部门构成的预算监督体系。人大监督预算的法制性、规范性;审计部门监督预算的合法性、真实性、准确性;财政监督预算的科学性、适用性、效益性;部门监督下属单位按规定执行预算。

中共三门峡市委　三门峡市人民政府

2001年9月4日

三门峡市人民政府
关于印发三门峡市市级财政国库管理制度
改革试行方案的通知

（三政〔2001〕74 号）

为积极推进财政支出管理制度改革，逐步建立以国库单一账户体系为基础、资金缴拨以国库集中收付为主要形式的财政国库管理制度，进一步加强财政管理和监督，提高财政资金使用效益，从制度上和源头上防止腐败现象发生，根据财政部、中国人民银行《财政国库管理制度改革试点方案》《河南省市县财政国库管理制度改革方案》及《中共三门峡市委、三门峡市人民政府关于全面推行财政支出管理制度改革的意见》（三发〔2001〕25 号）精神，结合我市实际，特制定本方案。

一、指导思想和基本原则

财政国库管理制度改革的指导思想是：以邓小平理论、江泽民同志"三个代表"重要思想和党的十五届六中全会精神为指导，按照社会主义市场经济体制下公共财政发展的要求，以构建公共财政基本框架为目标，逐步在我市建立以国库单一账户体系为基础、资金缴拨以国库集中收付为主要形式的财政国库管理制度，进一步加强财政收支管理，充分发挥财政监督职能，全面规范财政收支行为，切实提高财政资金使用效益，更好地发挥财政在改革和宏观调控中的职能作用。

根据上述指导思想，财政国库管理制度改革应遵循以下原则：

（一）有利于财政综合改革的原则。实行国库集中收付制必须与会计集中核算、部门预算、政府采购、农村税费改革有机地结合起来，相互配套，互为推动。

（二）有利于规范操作的原则。要合理确定财政部门、预算单位、中国人民银行国库和各代理银行管理职责，在不改变预算单位资金使用权限的前提下，使所有财政性收支活动都按规范程序在国库单一账户体系内运作。预算单位会计核算主体不变，财务责任不变。

（三）有利于管理监督的原则。增强财政收支活动透明度，在基本不改变预算单位财务管理和会计核算权限的情况下，使收入缴库和支出拨付的整个过程都处于有效的监督管理之下。

（四）有利于方便预算单位缴款、用款的原则。合理设置单一账户体系及账户功能，减少资金运行环节，使预算单位缴款、用款更加及时和便利，从而实现财政资金运行的便捷、准确、规范、高效。

（五）坚持适应性和有效性的原则。要以现有财政法律、规章和制度为基础，适应我国目前银行清算系统的现状，适用于目前地方财政管理模式；要以部门预算为依据，以指标控制为手段，以财政资金集中缴拨为主要形式，完整记录预算执行过程，准确记录每一笔财政收支信息，实现预算执行的全过程控制。

（六）坚持有利于组织实施的原则。改革方案应体现系统性和前瞻性，既要积极，又要稳妥；既要符合现代国库制度改革的基本方向，又要便于操作和分步实施。学习借鉴外地的先进经验，尽量使我市的改革少走弯路，循序渐进，逐步实现改革目标。

二、财政国库管理制度改革的主要内容

按照财政国库管理制度的基本要求，建立国库单一账户体系，所有财政性资金都纳入国库单一账户体系管理，收入直接缴入国库或财政专户，支出通过国库单一账户体系支付到商品和劳务供应者或用款单位。

(一)设立财政国库管理机构和财政国库集中支付执行机构

为加强预算执行的管理和监督,按照预算编制和预算执行相分离的原则,市财政部门应成立财政国库管理机构,负责组织部门预算的执行、财政资金调度和会计核算等工作。其在财政资金收付管理中的主要职责是:管理和监督财政国库管理制度的实施,统一拟定有关政策和规章制度;根据部门预算审核批准各单位分月用款计划,合理调度预算内外资金,审定各项拨款;组织预算执行、资金收付和财政决算编报;选择代理银行,协调相关部门工作。

根据财政部的改革要求,市财政部门应按照管办分离的原则,设立财政国库集中支付执行机构。实行"大厅式"集中办公,具体从事拨款审核、资金支付、会计核算等业务。其主要职责是:受理和审查各单位报送用款申请,并向财政国库管理机构请领资金;集中办理市直单位的资金支付和结算;建立信息管理系统,汇总资金支付和清算信息,并向财政国库管理机构提供相关信息;代理市直单位的会计核算。

(二)建立国库单一账户体系

在保证市直单位的资金使用权、领导审批权、经费开支渠道、资金性质等基本不变的基础上,清理取消财政全供行政事业单位所有银行账户,统一由财政部门设立国库单一账户体系,集中管理市直各单位财政性资金的收缴拨付。

国库单一账户体系包括:

1.财政部门在中国人民银行开设的国库单一账户。此账户为国库存款账户,用于记录、核算和反映纳入预算管理的财政收入和支出活动,并与财政国库集中支付执行机构在商业银行开设的账户进行清算,实现支付。账户按收入和支出设置分类账,收入账按预算科目进行明细核算,支出账按资金使用性质和预算科目设立分类账。

2.财政部门在商业银行开设的财政预算外资金专户。此账户为预算外资金存款账户,用于记录、核算和反映预算外资金的收入、支出活动,并与财政国库集中支付执行机构在商业银行开设的账户进行清算,实现支付。账户按收入和支出设置分类账,进行明细核算。

3.财政部门在商业银行开设的政策性资金专户。此账户为经省以上政府批准或授权财政部门开设的特殊过渡性专户,用于记录、核算和反映如粮食风险基金、社会保障基金、扶贫资金等有特殊管理要求的政策性专项资金的收支活动,并与国库单一账户、财政预算外资金专户或国家规定的其他账户进行清算。此账户按国家对各专项资金管理的特殊要求设置分类账,进行明细核算。

4.财政国库集中支付执行机构在商业银行开设的财政直接支付账户。此账户为财政直接支付账户,专项用于记录、核算和反映如工资、政府采购支出等财政直接支付款项的支付、结算活动,并与国库单一账户、财政预算外资金专户和单位小额支出账户等进行清算,期末应为零余额。此账户按资金使用性质(如工资、政府采购资金等)设置,在账户下按市直单位设置账簿进行明细核算。

5.财政国库集中支付执行机构在商业银行开设的单位小额支出账户。此账户是财政部门为预算市直单位开设的零星购买和日常支出账户,用于记录、反映和监督财政授权预算市直单位支付的财政资金和单位其他自有资金的收付活动,并与国库单一账户、财政预算外资金专户和财政直接支付账户等进行清算。账户参照银行会计制度,分单位进行明细核算。

6.财政国库集中支付执行机构在商业银行为单位开设的特设账户。此账户专门用于核算各预算单位对外订立经济合同及与其他市直单位进行资金往来业务。

鉴于目前在商业银行设立零余额账户的条件尚不具备,市财政部门在征求市人民银行意见的基础上,选择资质信誉高、管理规范、服务质量好、结算能力强的国有商业银行作为代理银行,设立财政直接支付账户。按照年初预算、批准的分月用款计划、项目进度等,先从国库单一账户和财政预算外资金专户将财政资金拨入财政直接支付账户,再由财政国库集中支付执行机构办理各预算单位的资金支付。

上述国库账户体系是结合改革方向和当前工

作实际设计的过渡性方案。今后,随着现代化银行收付系统和财政管理信息系统的建立和完善,再逐步实现由国库单一账户核算所有财政性资金的收入和支出,并通过市直各单位在商业银行设立的零余额账户处理日常支付和清算业务。

(三)改革财政收入收缴方式

1. 收缴方式。按照财政国库管理制度改革要求,将财政收入的收缴方式由目前的就地缴库、集中缴库和自收汇缴改为直接缴库和集中汇缴两种方式,取消市直各单位的财政收入过渡性账户。

2. 各项财政收入缴入国库单一账户或财政专户的方法。

(1)各项税收和纳入预算管理的非税收入(包括收费、基金、罚没收入等),由缴款单位或缴款人按有关法律、法规规定,直接缴库或集中汇缴入库。

(2)各项财政预算外资金收入,要按照票款分离办法,由缴款单位或缴款人就近交入财政部门在各商业银行开设的财政预算外资金收入户,每日清算,集中汇缴财政部门在商业银行开设的财政预算外资金专户。

(3)单位自有资金收入,由单位直接缴入财政国库集中支付执行机构在商业银行开设的单位小额支出账户。

(4)规范财政收入退库。涉及从国库中退库的资金,严格依照有关法律、法规及国库管理的规定执行。

(四)规范支出拨付程序

1. 支出类型。根据支付管理需要,财政支出分为基本支出和项目支出,具体分为以下四类:

(1)工资支出。预算单位在职人员及离退休人员的工资性支出。

(2)零星支出。预算单位零星购买和日常小额支出部分,主要是《政府采购品目分类表》所列品目以外的支出,或虽列入政府采购品目,但尚未达到规定数额的支出。

(3)购买支出。预算单位除工资支出、零星支出之外购买货物、工程项目、服务等支出。

(4)转移支出。拨付给企业或下级财政部门,资金使用未明确指定用于购买的单方面无偿转移支出,包括拨付企业的补贴和未指明具体用途的资金,以及上级财政对下级财政的一般性转移支付、税收返还、固定补助、结算补助和专项补助等支出。

2. 支付方式。按照不同的支付主体,对不同类型的支出,分别实行财政直接支付和财政授权支付。

(1)财政直接支付。由财政部门按照有关程序和支付通知,开具支付凭证,通过国库单一账户体系,直接将财政资金支付到收款人(即商品和劳务供应者,下同)或用款单位银行账户。由财政直接支付的支出包括:

工资支出,由财政国库集中支付执行机构直接支付到职工个人账户;

购买支出,由财政国库集中支付执行机构直接支付到收款人;

转移支出:由财政国库管理机构直接支付到下级财政部门或经财政国库集中支付执行机构划转到市直各用款单位。

(2)财政授权支付。预算单位根据财政授权,自行开具支付凭证,通过国库单一账户体系中的单位小额支出账户将资金直接支付到收款人账户。实行财政授权支付的支出主要包括未实行财政直接支付的小额购买支出和零星支出。

(3)财政预算安排资金年终结余的,基本支出可留给单位结转下年使用,项目支出留给单位专项使用。

(4)建立备用金制度。根据单位规模、职责特点、服务范围等条件,确定备用金数量,主要用于职工出差或零星日常开支活动及未纳入政府采购范围的其他购买支出。备用金由单位报账员(财务经办人员)管理。

3. 支付程序

(1)财政直接支付程序。财政国库集中支付执行机构根据批准的部门预算、资金使用计划及相关要求对预算单位支付申请进行合规性审核,审核无误后,向代理银行签发支付凭证,将财政资金从财政直接支付账户划拨到收款人账户。

财政直接支付主要通过转账方式进行。财政国库集中支付执行机构根据预算单位要求签发支票,由预算单位转给收款人;或由财政国库集中支付执行机构根据预算单位要求,直接签发支票给收款人。

(2)财政授权支付程序。对单位小额支出账户中用于零星支出及未纳入政府采购范围的其他购买支出,由财政部门授权预算单位在一定限额内,自行开具支付凭证,通知财政国库集中支付执行机构向收款人付款。对于转账结算金额起点以下的零星开支,可由预算单位用备用金进行支付,报账时由国库集中支付执行机构根据批准的资金用款计划,拨付差额部分到单位小额支出账户。

三、改革配套措施

(一)进一步推进预算编制改革。部门预算是实行财政国库集中支付的前提和基础。市财政部门要全面推行部门预算制度,逐步使所有财政资金的支付建立在明晰的预算基础上,为顺利实施国库单一账户制度创造条件。

(二)规范政府采购行为,扩大政府采购范围。市财政部门要在编制年度预算时增加政府采购预算表,明确当年采购范围、项目、金额,以利于在年度预算执行中逐一落实。

(三)规范支行程序,加强管理监督。财政国库集中支付执行机构要加强对预算单位资金使用的监督,建立规范严谨的支付管理程序,认真审核预算单位资金使用申请,及时办理各项资金的支付;对资料不全的申请,财政国库集中支付执行机构可以退回预算单位,要求预算单位补充完整;对不符合规定的支出有权拒绝支付。财政国库集中支付执行机构要强化服务意识,规范办事程序,制定并遵守服务承诺,提高工作效率。

(四)严格会计核算,加强信息反馈。财政国库集中支付执行机构要按照单位及资金性质和要求,设置分类账进行分户分类核算,并与财政国库管理机构、中国人民银行国库部门、商业银行和预算单位定期对账,保证有关数字完全一致。财政国库集中支付执行机构要及时编制月、季、年度会计报表,并按时向财政国库管理机构反映收支情况,为预算编制和预算执行分析提供依据。

(五)建立健全监督制约机制。财政国库管理机构要对财政国库集中支付执行机构的相关业务进行业务指导和监督;财政国库集中支付执行机构要建立健全内部岗位责任制和内部稽核制度,使内部监督检查制度化、规范化、财政监督机构要加强对财政国库管理机构和财政国库集中支付执行机构的内部审计。财政国库管理机构和财政国库集中支付执行机构要自觉接受审计、监察部门的审计监督。市人民银行要充分发挥在金融监管中的作用,加强对商业银行开户和资金清算的监控。通过各部门的有效监督和制约,确保财政资金安全运行。

(六)建立财政管理信息网络系统。主要包括:预算编制和预算执行管理系统要保证预算资金的拨付符合预算安排和支出进度要求;财政国库资金管理系统能及时反映国库一账户体系每天的支出和资金结存情况;财政收支总分类账系统要做到所有单位的所有收支账目都能够在一个系统中反映和核算。通过建立财政管理信息网络系统,保证数据信息的及时传递和会计核算的准确高效。

四、实施时间和步骤

按照"积极稳妥、循序渐进、分步实施"的原则,在学习借鉴外地先进经验的基础上,我市于2002年1月份起在市直单位全面实行以国库单一账户体系为基础、资金缴拨以国库集中收付为主要形式的财政国库管理制度。各县(市)区可根据当地实际情况,结合部门预算、政府采购、会计委派、收支两条线等工作。多层次、多形式地推进财政国库管理制度改革,争取在"十五"期间全面推行以国库单一账户体系为基础、资金缴拨以国库集中收付为主要形式的财政国库管理制度。

2001年9月4日

三门峡市人民政府
关于加强行政事业单位国有资产管理工作的意见

（三政〔2007〕7 号）

各县（市）区人民政府、市直各部门、单位：

为加强行政事业单位国有资产管理，提高国有资产使用效益，根据《行政单位国有资产管理暂行办法》（财政部令第 35 号）和《事业单位国有资产管理暂行办法》（财政部令第 36 号）等有关规定，现就加强我市行政事业单位国有资产管理工作提出如下意见：

一、提高认识，切实加强行政事业单位国有资产管理工作

行政事业单位国有资产是国有资产的重要组成部分，是行政事业单位履行职能的物质基础，是国家政权建设的物质保证。加强行政事业单位国有资产管理，管好用好行政事业资产，对于稳固政权基础，促进事业发展，公平财政分配，理顺收入分配关系，提高行政资源和政府财力的使用效益，促进党风廉政建设，从源头上治理腐败等意义重大。各级、各部门、各单位要充分认识行政事业单位国有资产管理工作的重要性，按照科学发展观的要求，切实加强对行政事业单位国有资产管理工作的领导，建立资产使用管理责任制，落实国有资产管理法定代表人负责制，明确管理机构和人员，更新管理理念，改变管理方式，全面提高综合管理水平。

二、理顺管理体制，明确行政事业单位国有资产管理工作职责

行政事业单位国有资产实行国家所有、政府分级监管、单位占有使用的管理体制。各级财政部门是代表政府行使行政事业单位国有资产管理的职能部门，负责对行政事业单位国有资产实施综合管理。各行政主管部门负责对本部门所属事业单位的国有资产实施监督管理。行政事业单位负责对本单位占有、使用的国有资产实施具体管理，承担资产安全使用、有效运转和资产保全的责任。各级财政部门、主管部门和行政事业单位要各司其职、各负其责，形成“财政部门—主管部门—行政事业单位”三个管理层次的行政事业单位国有资产监督管理体系。根据财政部令第 35 号、36 号的规定，各级财政部门要切实履行行政事业单位国有资产管理职能，行政事业单位国有资产管理职能已划入其他部门的，要尽快将职能划归财政部门。

三、建立健全规章制度，规范行政事业单位国有资产管理

积极推进行政事业单位国有资产的规范化管理，建立健全资产配置、使用、处置、评估、收益收缴等具体管理办法和信息报告、监督检查等配套规章制度，制定三门峡市行政事业单位国有资产管理实施办法，全面规范行政事业单位国有资产管理工作。各地财政部门要结合本地实际，对行政事业单位国有资产管理的职责权限、审批程序等作出具体规定，确立本级行政事业单位国有资产管理的工作规程，明确有关部门的授权事项和范围等。各主管部门和行政事业单位要研究制定本部门、本单位各类资产的购置审批制度、资产采购制度、使用管理制度、资产处置和报废审批制度、资产管理岗位奖惩制度等，规范和加强单位内部的国有资产管理工作。

四、开展行政事业单位国有资产清查工作

认真开展行政事业单位资产清查工作。通过清查，全面摸清行政事业单位现有资产的数量、构成及使用情况，澄清家底，建立起比较完备的行政事业单位国有资产数据库，为建立与公共财政相适应的行政事业单位国有资产管理新体制提供科学依据。资产清查中，各级、各部门、各单位要结合清理和规范行政事业单位津贴补贴工作，认真、如实填报办公用资产及出租、出借、投资经营资产和收益情况，不得改变现有资产使用现状，结合政府非税收入管理的有关规定，将行政事业单位各项资产处置收入、国有资产有偿使用收入全部纳入财政专户，实行收支两条线管理。切实加强财政、审计监督，对违反规定的，严格按照《财政违法行为处罚处分条例》处理，并追究单位领导责任。

五、建立行政事业单位国有资产管理信息系统

建立全市行政事业单位国有资产管理信息系统。在资产清查基础上，以清查数据为基础，实时录入行政事业单位国有资产增减变动情况，建立省、市、县、乡之间，财政部门与主管部门、行政事业单位之间的资产管理信息平台，逐步对资产购置计划、资产出租、出借、对外投资及资产处置、产权变更等资产管理事项实行网上申报、审批，实现资产动态管理，彻底改变长期以来资产管理中存在的“前清后乱”状况，更好地为加强预算管理服务。

六、推进行政事业单位预算管理与财务、资产管理相结合

进一步深化部门预算改革，增加资产预算编制内容，有计划、有步骤地推进行政事业单位资产管理与预算管理、财务管理相结合。制定与预算管理相适应的资产配置标准、配置程序和配置办法，全面提高综合管理水平。

2007年1月22日

三门峡市人民政府办公室
关于印发三门峡市财政局主要职责内设机构和人员编制规定的通知

（三政办〔2010〕72号）

各县（市、区）人民政府，开发区、工业园管理委员会，市人民政府各部门：

《三门峡市财政局主要职责内设机构和人员编制规定》已经市政府批准，现予印发。

三门峡市人民政府办公室

2010年5月10日

三门峡市财政局
主要职责内设机构和人员编制规定

根据《中共三门峡市委三门峡市人民政府《关于印发三门峡市人民政府机构改革实施意见》的通知》（三文〔2009〕132号），保留三门峡市财政局，为市政府工作部门。

一、职责调整

（一）取消已由市政府公布取消的行政审批事项。

（二）原市国有资产监督管理委员会承担的国有资产管理职责划入市财政局。

（三）原市扶贫开发领导小组办公室（市农业综合开发领导小组办公室）承担的农业综合开发职责划入市财政局。

（四）改革完善预算管理。逐步将政府非税收入全部纳入预算管理，充分发挥各部门在预算编制中的作用，完善支出标准，细化部门预算，提高预算管理的科学化和透明度。

（五）健全市和县（市、区）财力与事权相匹配的体制，加快形成统一规范透明的财政转移支付制度。较大幅度地增加一般性转移支付规模和比例，增强县（市、区）政府提供公共服务的能力；大力减少、整合专项转移支付项目，将适合县（市、区）政府管理的专项转移支付具体项目审批和资金分配工作下放给县（市、区）政府。

（六）围绕推进基本公共服务均等化和主体功能区建设，完善公共财政体系。调整优化财政支出结构，提高保障和改善民生的支出比重，合理界定财政保障范围和标准，重点增加基本公共服务投入，促进区域经济协调发展。严格控制一般性开支，降低行政成本。

（七）强化财税调节收入分配的职责，完善分配政策，完善鼓励公益事业发展的财税政策，缩小地区之间、行业之间、不同居民群体之间的收入分配差距，促进社会公平。

（八）强化财政调控经济职能，完善促进经济发展的财税政策，建立健全有利于科学发展的财政体制机制；编制国有资本经营预算，有效运用国有资本推进国有企业改革和产业结构战略性调整，增强政府调控能力。

（九）加强行政事业单位国有资产管理，建立资产管理与预算管理有机结合的管理机制，提高国有资产使用效率；加强财政监督管理，维护财政经济秩序，提高财政资金使用效益。

（十）加强对金融类企业的监督管理，代表政府履行出资人职责。

二、主要职责

（一）拟订全市财税发展规划、政策和改革方案并组织实施，分析预测宏观经济形势，参与制定各项宏观经济政策，提出运用财税政策实施宏观调控和综合平衡社会财力的建议，拟订市与县（市、区）、政府与企业、政府与居民的分配政策，完善鼓励公益事业发展的财税政策。

（二）拟订全市财政、财务、会计管理等方面的管理制度并组织实施。

（三）负责全市财政收支管理工作，承担市级财政收支管理的责任。负责编制年度市级财政预算草案并组织执行，受市政府委托向市人民代表大会报告全市和市级财政预算及其执行情况；负责编制全市年度财政决算草案并向市人大常委会报告。组织制定经费开支标准、定额，负责审核批复部门（单位）的年度预决算。完善转移支付制度。

（四）负责全市政府非税收入和政府性基金管理；编制年度市级政府性基金预算草案，汇总年度全市政府性基金预算；管理财政票据；执行彩票管理政策，管理彩票市场，按规定管理彩票公益金。

（五）组织制定全市财政国库管理制度、国库集中收付制度，指导和监督市级国库业务，按规定开展国库现金管理工作；负责制定政府采购制度，编制市级政府采购预算并监督管理。

（六）负责管理和监督市级行政、政法、教育、科学、文化、体育等支出，拟订行政事业单位财务管理制度和有关经费开支标准。

（七）负责管理和监督市级农业、林业、水利、扶贫等支出，提出支持农业发展的建议；负责拟订全市农业综合开发政策和项目、资金、财务管理工作。

（八）拟订促进全市经济发展的财政政策，负责监督管理市级财政经济发展支出；拟订全市基本建设财务制度，承担市级财政基本建设支出工作；承担全市财政投资评审管理工作。

（九）负责管理和监督市级财政社会保障、就业及医疗卫生支出，会同有关部门拟订社会保障资金（基金）的财务管理制度，编制市级社会保障预决算草案。

（十）负责全市耕地占用税和契税征收管理。

（十一）负责制定行政事业单位国有资产管理制度，并对执行情况进行监督检查。管理行政事业单位国有资产，制定资产配置标准和相关费用标准，编制市级行政事业单位国有资产购置预算。

（十二）负责制定国有资本经营预算制度，编制市级国有资本经营预算，审核和汇总编制全市国有资本经营预决算草案，收取市本级企业国有资本收益，组织实施全市企业财务制度，拟订企业国有资产管理相关制度并组织实施，负责资产评估工作；

监督管理公物拍卖。

（十三）拟订商业流通、粮食、物资、供销企业的财务管理制度；承担有关政策性补贴和专项储备资金财政管理工作；提出支持服务业发展和促进消费的财政政策建议。

（十四）承担全市金融类企业国有资产管理的有关工作；拟订全市金融类企业财务管理制度和地方政策性保险有关政策，按规定管理政策性金融业务。

（十五）执行国家有关政府债务管理的政策和制度，拟订地方性有关政策、制度，负责统一管理政府债务，防范财政风险。

（十六）负责管理全市会计工作，监督和规范会计行为，组织实施国家统一的会计制度，负责审批代理记账机构的设立，指导和监督注册会计师、会计师事务所的业务，指导和管理社会审计工作。

（十七）监督检查全市财税法规、政策的执行情况，依法查处违法违规行为；提出加强财政管理的政策建议。

（十八）制定全市财政政策研究规划，负责全市财政信息化系统建设的组织与管理工作。

（十九）承办市政府交办的其他事项。

三、内设机构

根据上述职责，市财政局设23个内设机构。

（一）办公室。负责政务综合协调工作；负责文电、机要、档案等工作；承担综合性文稿起草、政策研究、信息、新闻、保密、信访、政务公开、督查督办等工作。

（二）行政科。承担局属固定资产管理和维护工作；承担机关和有关局属单位的公务接待、财务、办公用品采购及车辆管理工作；参与机关和有关局属单位相关会议的筹备；负责综合治理机关后勤、安全保卫等工作。

（三）人事科。负责机关和局属单位的人事和机构编制管理工作；指导全市财政系统干部教育工作；指导市财经学校工作。

（四）综合科。分析预测全市宏观经济形势并提出宏观调控政策建议；拟订有关收入分配政策和改革草案；管理住房改革预算资金；会同有关方面拟订土地、矿产等国有资源收入政策；拟订政府非税收入管理制度和政策；管理政府性基金，编制年度市级政府性基金预算草案，汇总年度全市政府性基金预算；承担彩票管理的有关工作；承担清理规范公务员津贴补贴的相关工作。

（五）预算科。研究提出全市财政政策、财政体制、预算管理制度和中长期财政规划的建议；指导全市收支预算编制工作；编制年度市级预算草案和办理预算追加事宜；承担市直部门预算审核、批复、调整工作；承担市直部门支出标准体系建设及项目库管理工作；研究建立财政支出绩效评价制度和评价体系；承担市对县（市、区）的转移支付工作，汇总全市财政预算，负责编制全市年度财政决算草案并报市人大常委会审查；拟订全市地方政府债务管理制度，编制政府性债务预决算。

（六）国库科。组织全市财政收支预算执行及分析预测；拟订全市总预算会计、行政单位会计及政府会计制度；组织制定全市国库管理制度、国库集中收付制度，指导和监督县级国库业务制定和完善资金支付监督管理制度，管理财政和预算单位账户及总会计核算；负责审核汇总全市和市级年度财政总决算和部门决算；负责全市财政资金调度；承担国库现金管理的有关工作。

（七）行政政法科。承担行政、政法、党派、群团等方面的部门预算有关工作，研究提出相关财政政策，审核批复所联系部门（单位）的年度决算；拟订行政单位财务管理制度；研究提出行政性经费开支标准和定额；负责对所联系部门（单位）专项资金的使用情况进行跟踪问效和监督管理；承担全市执法部门统一着装管理工作。

（八）教科文科。承担教育、科技、文化、体育、人口计生等方面的部门预算有关工作，提出相关财政政策建议，审核批复所联系部门（单位）的年度决算，拟订事业单位通用的财务管理制度，拟订新闻、出版和电影行业的财务制度；按规定管理科技专项资金；负责对所联系部门（单位）专项资金的使用情况进行跟踪问效和监督管理；承担市级国有文化企业资产与财务管理的有关工作。

（九）经济建设科。承担发展改革、住房和城乡建设、安全生产监督、环保、交通运输、矿产资源、规划和城乡管理综合执法等方面的部门预算有关工作;提出相关财政政策建议,审核批复所联系部门(单位)的年度决算;参与拟订市本级建设投资的有关政策;拟订基本建设财务管理制度,审批市级政府投资基本建设项目竣工财务决算;审批建设单位管理费;负责对所联系部门(单位)专项资金的使用情况进行跟踪问效和监督管理。

(十)农业科。承担农业、林业、水利等方面的部门预算有关工作,研究提出相关财政政策,审核批复所联系部门(单位)的年度决算;拟订财政支农资金管理办法和有关行业事业、企业财务管理制度;管理支农专项资金和财政扶贫资金;负责对所联系部门(单位)专项资金的使用情况进行跟踪问效和监督管理。

(十一)社会保障科。承担人力资源和社会保障、民政、卫生等方面的部门预算有关工作,研究提出相关财政政策,审核批复所联系部门(单位)的年度决算,会同有关方面拟订和执行有关资金(基金)财务管理制度,监督管理市级财政社会保障、就业及医疗卫生支出;负责对所联系部门(单位)专项资金(基金)的使用情况进行跟踪问效和监督管理;编制市级社会保障预决算草案;审核全市社会保险基金预决算草案。

(十二)政府采购监督管理科。拟订全市政府采购的有关政策、制度和中长期规划;确定并调整市级集中采购目录和公开招标采购范围的限额标准;管理和监督全市政府采购活动;负责审核监督市级部门政府采购预算;受理市级政府采购活动中的投诉事项。

(十三)税政科。贯彻执行国家、省税收政策,监督税收法规政策的执行情况;承担机关有关规范性文件的合法性和有关税收条款的审核工作;根据国家授权提出税目税率调整及减免税、退税的建议;办理税款退付审查工作;负责税收增量经费管理审核税务部门申请提退的税收代征代扣手续费;负责税源调查工作;负责财政法制宣传教育工作;承担有关行政复议、行政应诉工作;办理国家赔偿事宜。

(十四)企业科。承担全市工业和信息化等方面的部门预算有关工作,负责对所分管的各项专项资金使用情况进行跟踪问效和监督管理,审核批复所联系部门(单位)的年度决算;负责市直城市公用企业财政补贴审核管理工作;提出支持全市企业改革和发展的财政政策建议;拟订国有资本经营预算制度,编制市级国有资本经营预算草案,审核和汇总编制全市国有资本经营预决算草案,收取市本级企业国有资本收益;提出市级财政支持有关行业的政策建议;组织实施企业财务制度及企业财务会计信息工作;参与拟订全市企业国有资产管理相关制度;承担全市资产评估机构资格审查及日常监督管理工作。

(十五)金融贸易科。负责全市商务、粮食、物资、供销等方面的部门预算和商业银行、农村信用社、财政融资信用担保机构国有资产的清产核资、产权登记、国有资产保值增值等监督管理工作,会审其部门年度决算和金融类企业年度决算;负责全市国有商品流通企业改制财务管理工作和金融类企业国有资本绩效考核评价;负责农业政策性保险保费拨付和有关政策性补贴资金的管理;负责粮食、食用油、猪肉等专项储备补贴资金的管理;负责全市服务业发展等项目资金申报和管理;负责小额担保贷款贴息资金、粮食风险基金、价格调节基金和散装水泥专项资金的筹集、使用和管理;负责全市公物拍卖企业资格申报和年检工作。

(十六)基层财政管理科。负责指导全市乡镇财政对各项惠农补贴和农村基础设施、公益事业发展财政投入的监督管理工作负责全市耕地占用税、契税征收管理工作;编制税收收入计划,办理税收减免等事宜

(十七)国际科。拟订国际金融组织和外国政府贷款、赠款管理制度;负责国际金融组织和外国政府贷款、赠款的全过程管理,承担项目申请、评审、对外谈判、磋商、签约、转贷(赠)以及贷(赠)款资金管理与监督工作;承担政府国外贷款资金的回收、偿还和还贷准备金的管理工作;对项目执行机构实施项目的工作进行监督管理;承办涉外经济合作与交流事务。

(十八)会计科。承担全市会计管理工作;拟订全市会计改革与发展规划,提出加强会计工作的政策建议;贯彻落实国家会计法律、法规、规章、制度;负责《会计法》等会计法律、法规执行情况的监督检

查和会计基础规范化工作;负责会计从业资格证、代理记账机构的许可审批、注册备案及监督管理工作;负责会计人员继续教育工作;组织实施会计信息化标准,指导全市会计电算化、信息化工作;按规定组织全市会计从业资格和会计专业技术资格考试工作;承担会计学会管理工作;负责全市农村会计人员管理,指导农村会计核算工作。

(十九)市国有资产管理办公室。负责制定全市国有资产管理制度,并对执行情况进行监督检查;负责市本级国有资产配置处置、调剂、出租、出借和事业单位对外投资的审批和监督管理;制定资产配置标准和相关费用标准,审核编制资产购置预算和审批购置事项;负责市本级产权登记、产权界定、产权纠纷调处、资产清查等工作;指导全市国有资产及城镇集体资产的监督管理工作;负责全市清产核资工作。内设行政资产管理科、企事业资产管理科、清产核资科,机构规格均为副科级。

(二十)市非税收入管理局。负责贯彻落实国家有关行政事业性收费、专项收入、罚没收入等政府非税收入和政府性基金的法律、法规、规章和政策;负责市本级非税收入征缴、稽查和数据信息汇总、分析;负责财政票据的印制、发放、使用、核销等工作;指导全市非税收入征收管理工作。内设征收科、稽查科、票据科,机构规格均为副科级。

(二十一)市人民政府财政监督检查局。监督全市有关部门和单位执行国家财税法规、政策和资金、账户等财政财务管理制度执行情况;监督检查涉及财政预算的执行情况、非税收入和政府性基金及时缴入国库;依法纠正和查处违反财政、财务、会计法律、法规、制度的行为;监督有关单位申报、管理和使用财政专项资金的情况;反映财政收支管理和重要财政政策执行中的重大问题,提出加强财政管理的政策建议;负责全市会计信息质量检查和行政处罚工作;受上级委托对注册会计师行业执业质量进行监督。内设监督一科、监督二科、监督三科,机构规格均为副科级。

(二十二)市农村综合改革工作办公室。负责贯彻执行国家有关农村综合改革的方针、政策;研究解决有关农村税费改革遗留问题;提出完善全市乡镇财政职能以及建立健全乡村政权组织运转经费保障机制的建议;研究制定化解乡村债务的措施,组织开展化解乡村债务工作;负责全市国有农场税费改革;负责村级公益事业建设有关工作;负责全市农村税费改革转移支付资金落实情况的监督检查;配合有关部门深化农村义务教育管理制度改革,加强涉农收费管理,提出建立减轻农民负担长效机制的政策建议等。

(二十三)市农业综合开发办公室。负责贯彻落实国家农业综合开发的方针、政策,统一管理全市农业综合开发工作;拟订农业综合开发的政策及项目、资金、财务管理制度;编制农业综合开发规划;负责中低产田改造规划和年度实施计划编制工作;负责土地治理和产业化项目管理工作;统筹安排市级财政农业综合开发资金及用于农业综合开发项目的外资;组织实施农业综合开发项目并检查项目实施情况等。

离退休干部工作科。负责机关离退休工作,指导局属单位的离退休工作。

四、人员编制

市财政局机关行政编制为110名。其中:局长1名、副局长4名;市财政局国有资产管理办公室主任1名、市财政局非税收入管理局局长1名、市政府财政监督检查局局长1名、市农村综合改革工作办公室主任1名、市农业综合开发办公室主任1名(均高配为副处级);正科级领导职数29名(含国有资产管理办公室副主任2名、非税收入管理局副局长2名、市政府财政监督检查局副局长2名、市农村综合改革工作办公室副主任1名、市农业综合开发办公室副主任1名、总会计师1名、机关党委专职副书记1名),副科级领导职数27名。

按照有关规定,核定机关工勤人员编制11名,经费实行全额预算管理。

五、其他事项

(一)市机关事业单位进人问题职责分工。市机构编制委员会办公室根据用人单位编制余缺和编制结构情况进行编制审核,同意后核发机构编制审核通知单,并在用人单位办理入减编手续后出具入减编通知单。市委组织部、市人力资源和社会保障局凭机构编制审核通知单办理人员录用、聘用(任)、调配(任)、政策性安置、工资核定、社会保障手续。市财政局凭入减编通知单和市委组织部、市人力资源和社会保障局的录用、聘用(任)、调配(任)手续办理经费核拨和工资统发。各相关部门要密切配合,各负其责,形成合力,简化办事程序,实行一站式办公和限时办结制,不得自行设置其他前置审批程序。

(二)所属事业单位的设置、职责和编制事项另行规定。

六、附　则

本规定由市机构编制委员会办公室负责解释,其调整由市机构编制委员会办公室按规定程序办理。

关于三门峡市2001年财政预算执行情况和2002年财政预算的报告

——2002年3月6日在市四届人大二次会议上

三门峡市财政局局长　高战荣

各位代表:

我受市人民政府委托,向大会作三门峡市2001年财政预算执行情况和2002年财政预算(草案)的报告,请予审议,并请各位政协委员和其他列席人士提出宝贵意见。

一、2001年财政预算执行情况

2001年,我市各级财政部门以江泽民总书记"三个代表"重要思想为指针,认真贯彻落实党中央、国务院关于财政工作的方针政策,积极推进各项财政改革和经济结构调整,适应加入WTO和市场经济的要求,逐步构建公共财政体制框架,较好地完成了全市财政预算任务。

(一)全市财政预算执行情况

市四届人大一次会议审议通过的2001年全市地方财政一般预算收入代编预算为87800万元,后经各县(市)区人民代表大会批准并报市人大备案的全市地方财政一般预算收入预算为86505万元,年度执行中县级人大常委会批准调减收入预算3468万元,农业税因灾省调减653万元,调整后一般收入预算为82384万元。执行结果,地方财政一般预算收入完成83170万元,为年预算的101%,比上年增长3.8%。主要项目完成情况是:

工商税收完成48956万元,为年预算的102.3%,比上年增长14.6%。

农业四税完成5888万元,为年预算的69.5%,比上年下降43.5%。

企业所得税完成23267万元,为年预算的142.6%,比上年增长56.6%。

罚没收入、行政性收费收入、其他收入等完成6266万元,为年预算的83.4%,比上年下降32.2%。

教育费附加收入、排污费收入等专项收入完成3297万元,为年预算的89%,比上年下降18.1%。

市四届人大一次会议审议通过的全市一般预算支出代编预算为109000万元,后经各县(市)区人代会批准,逐级汇总后的全市财政一般预算支出预算为102772万元。执行中加上上级专项追加20274万元、上年结转5029万元、动用上年结余2553万元,调入资金3508万元,超收安排786万元等,调整后的一般支出预算为139987万元,执行结果,全年财政一般预算支出累计完成129870万元,为调整后年预算(下同)的92.8%,比上年增长11.1%。主要项目完成情况是:

基本建设支出6621万元,为年预算的64.3%,比上年增长1.2倍。

企业挖潜改造支出5443万元,为年预算的

93.2%,比上年下降32.9%。

科技三项费用支出1104万元,为年预算的96.1%,比上年增长13.5%。

城市维护费支出8934万元,为年预算的96.8%,比上年增长13.7%。

支援农村生产支出4610万元,为年预算的98.9%,比上年增长9%。

文体事业费支出3994万元,为年预算的99.5%,比上年增长12.7%。

教育事业费支出27821万元,为年预算的98.3%,比上年增长22.2%。

卫生事业费支出4964万元,为年预算的100.1%,比上年增长13.2%。

行政管理费支出15326万元,为年预算的99.8%,比上年增长12.7%。

公检法司支出9549万元,为年预算的98.5%,比上年增长12.4%。

行政事业单位离退休经费支出2810万元,为年预算的100.2%,比上年增长20.5%。

城镇居民最低生活保障及国有企业下岗职工再就业补助等社会保障支出4871万元,为年预算的92.2%,比上年增长6.2%。

全市列收列支的基金预算收入完成8214万元,为年预算的116.4%,比上年增长4.5%;基金预算支出完成7101万元,为年预算的99.8%,比上年下降10%。

(二)市级财政预算执行情况

市四届人大一次会议审议通过的2001年市级地方财政一般收入预算为20500万元,实际完成21404万元,为年预算的104.4%,比上年增长10.1%。主要项目完成情况是:

工商税收完成14795万元,为年预算的104.6%,比上年增长17.6%。

企业所得税完成6367万元,为年预算的168.5%,比上年增长91.6%。

罚没收入、行政性收费收入、其他收入等完成398万元,为年预算的25.7%,比上年下降75.6%。

教育费附加、排污费等专项收入完成1267万元,为年预算的95.3%,比上年下降19.7%。

市四届人大一次会议审议通过的2001年市级一般支出预算为31302万元。执行中加上上级专项追加6192万元、上年结转2031万元、超收安排904万元、调入资金2355万元、动用上年结余942万元等,调整后的支出预算为43726万元。年终实际支出40786万元,为调整后年预算(下同)的93.2%,比上年增长8.5%。主要项目完成情况是:

基本建设支出3015万元,为年预算的90.6%,比上年增长28.3%。

企业挖潜改造支出1551万元,为年预算的100%,比上年下降49.5%。

科技三项费用支出215万元,为年预算的100%,比上年增长14.9%。

城市维护费支出5846万元,为年预算的100%,比上年增长65.2%。

支援农村生产支出802万元,为年预算的100%,比上年增长31%。

文体事业费支出1365万元,为年预算的100%,比上年增长9.6%。

教育事业费支出3137万元,为年预算的100%,比上年增长10%。

卫生事业费支出1542万元,为年预算的93.9%,比上年增长22.9%。

行政管理费支出3385万元,为年预算的100%,比上年增长20.9%。

公检法司支出2738万元,为年预算的98.3%,比上年增长22.2%。

行政事业单位离退休经费支出1663万元,为年预算的100%,比上年增长24.8%。

城镇居民最低生活保障及国有企业下岗职工再就业补助等社会保障支出3227万元,为年预算的91.2%,比上年增长11.2%。

市级列收列支的基金预算收入完成2678万元,为年预算的95.6%,比上年下降4.3%;基金预算支出完成2502万元,为年预算的80.6%,比上年下降15.3%。

2001年,全市地方财政收入在连续七年高速增长后,增幅有所回落,但财政收入的质量有了实质性的提高,财政支出结构得到了进一步调整。总的来看,整个预算运行比较平稳,中央积极的财政政策得到了较好的贯彻。目前决算正在编制,初步匡算全市及各县(市)区当年基本都能实现收支平衡。财政预算执行取得这样的结果是来之不易的,这是各级党政领导重视、关心财税工作,各级人大、政协加强对财税工作监督指导的结果,是各部门、各单位密切配合的结果,是全市财税财务战线广大干部职工努力工作、辛勤劳动的结果。一年来,为圆满完成全市财政收支预算和其他工作任务,我们重点做了以下几项工作:

继续贯彻积极的财政政策,促进经济稳定增长。2001 年,我市财政部门新争取地方国债资金 7082 万元,其中国债补助资金 6782 万元,国债转贷资金 300 万元,经过 8 年艰苦努力的亚行贷款豫西农业综合开发项目正式启动。按照公共财政的要求,财政资金不再直接投入一般生产领域,地方财政支持经济发展的方式,转向运用财政贴息等措施吸引社会投资。当年投入高新技术产业化贷款及工业结构贴息 259 万元,支持三门峡金渠制药有限公司、灵化集团等一批重点企业进行技术改造,促进了经济结构调整。投入农业结构调整 400 万元,支持优质粮棉油生产基地、优质畜产品生产基地、高科技农业示范园区建设,发挥了政策导向作用。

采取得力措施,狠抓收入征管。一是在局领导干部中推行了"三三制"工作制度,有效地促进了各县(市)区财政收入的稳定增长及其他各项工作的顺利开展。二是继续优化征收环境,强化征管手段,大力组织非税收入,使非税收入保持了良好的增长态势。三是针对各项税收政策的调整,及时调整财政工作思路,积极采取相应对策,保证了各项税收应收尽收。四是坚持依法治税,强化税收稽查,加大了对契税和耕地占用的征收力度,取得了明显效果,同时协助税务部门进一步摸清税源,积极寻找新的税收增长点,确保了全市财政收入的稳定增长。

全面推进支出管理制度改革。为推动全市财政支出管理制度改革的顺利进行,去年 9 月份以来,按照市委、市政府《关于全面推行财政支出管理制度改革的意见》精神,全面部署了财政支出管理制度改革工作,财政支出改革的力度逐步增强。一是在市直行政事业单位全面推行部门预算编制工作,按照细化、公开和透明的指导思想,在市直 180 个行政事业单位中认真科学地编制了市级 2002 年部门预算草案,进一步规范了预算执行,强化了预算约束。二是根据国库统一支付、财政代发工资及自动化办公的需要,狠抓了政府财政系统计算机网络建设,从去年元月份起对市直行政事业单位 5884 人实行了网上统发工资,减少了中间环节,确保了干部职工工资的及时足额发放。三是积极推进国库管理制度改革,制定了市级国库管理制度改革方案,筹建了国库集中支付中心,确保了国库集中支付于 2002 年 1 月 1 日投入运行。四是积极推行政府采购制度,去年全市共举办 226 次政府采购活动,采购总金额达 6872 万元,节约资金 773 万元,平均节约率达 11.26%。五是积极开展会计委派制的试点工作,至去年年底,全市已有 60 个乡镇建立了会计工作站,共委派会计 365 人,对 852 个单位实行了会计集中核算和乡财统管、村财乡监的管理模式。六是继续深化社会保障制度改革,在确保养老保险金和下岗职工基本生活保障金按时足额发放的同时,与市劳动部门研究制定了三门峡市国家公务员医疗补助、市级职工大额医疗费补充保险、市属企业离休干部医疗费用管理等暂行办法,进一步强化医疗费管理,使医疗费猛增的势头得到了有效控制。

周密部署,精心安排,做好全市解决拖欠机关事业单位职工工资与调整工资工作。去年 5 月份全省解决工资拖欠与调资会议之后,我们先后两次召开各县(市)区财政局长座谈会,研究制定方案,并积极向省厅反映困难,争取各种调资等转移支付资金 12827 万元,严格按照要求将转移支付资金分配到各有关县(市)区,并逐县检查,逐人核实,确保了全市解决拖欠工资与调资工作的顺利实施。狠抓了农村中小学教师工资上划县(市)区的管理工作,收到了良好的社会效果。

继续加强预算外资金管理,积极参与全市纠风治乱工作。一是全面落实"收支两条线"规定,积极推行"单位开票、银行代收、财政统管"的"票款分离"体制,严格审核收费标准,规范票据使用,实行以票控费,规范政府分配秩序,保障合法收费,纠正行业不正之风,使"收支两条线"规定得以进一步巩固和落实。二是积极筹备,广泛宣传,认真做好全面启用新版行政事业性收费(基金)票据的准备工作,确保“收支两条线”的规定更好地落到实处。三是继续加强对彩票市场的监管,建立对彩票机构的日常监督制度,加大彩票违纪案件的查处力度,重点打击擅自和变相发行彩票等违纪行为。四是积极参与纠风治乱工作,为减轻企业及农民负担、维护社会稳定和促进经济发展做出了应有贡献。

总之,去年以来,我市财政工作通过广大财政干部职工的顽强拼搏,取得了一定成绩,但仍存在一些不可忽视的问题:一是财政收入形势仍很严峻,增收难度进一步加大,县(市)区间不平衡现象仍然存在;二是一些企业经济效益没有明显好转,下岗职工增加,导致养老、失业保险基金征收难度加大,影响支撑能力;三是预算外资金落实“收支两条线”管理规定方面还不够深入,一些违纪现象仍时有发生。这些问题,必须认真采取措施,切实加以解决。

二、2002 年财政预算草案

(一)全市财政预算草案

根据全省财政工作会议和市委三届八次全会精神,2002 年全市预算编制及财政工作的指导思想是:以邓小平理论及江泽民总书记“三个代表”重要思想为指导,继续落实积极的财政政策,扩大内需,支持国民经济稳定增长;清理规范各种税收优惠政策,加强征管,积极组织财政收入;继续调整支出结构,保障重点支出需要,努力节约开支;稳步推进财政改革,强化财政管理,加快公共财政体制建设,以扎实的工作促进实现国民经济宏观调控预期目标和社会全面进步。

编制 2002 年预算遵循的原则是:

——依法组织收入,财政收入增长与国民经济增长相适应。

——按照“一是吃饭,二是还账,三是建设”的要求,优先安排工资性开支。保证科技、教育、农业等重点支出,努力提高社会保障支出占财政支出的比重。

——行政执法部门收费和罚没收入缴入财政专户和国库,收支彻底脱钩。

——深化部门预算,专项支出编列到具体项目。

——结合深化“收支两条线”管理改革,对单位预算内、外各项财政资金和其他收入,统一管理,统筹安排,提高部门收支的透明度,使部门预算改革与“收支两条线”管理改革相辅相成,相互促进。

——坚持量入为出,收支平衡。

根据上述指导思想和原则,结合 2002 年我市经济发展预期目标,考虑到所得税分享改革和农村税费改革等财税改革因素,2002 年全市财政收入预期目标按增长 8.5% 安排,在执行中争取略高于 GDP 的增长。其中,国税局组织增值税地方 25% 部分增长 9%,地税局组织营业税、企业所得税等地方税收增长 9%。全市收入预期目标是预测性和指导性的,各县(市)区要根据当地实际,积极稳妥地安排本级预算,增幅能高则高,宜低则低,不盲目攀比。各级收支预算经同级人民代表大会批准后,由市财政汇总报市人大常委会备案。

(二)市级财政预算草案

1. 财政收入

2002 年市级一般预算收入安排 19300 万元,同口径比上年增长 8.5%。主要项目初步安排意见是:

市国税局组织增值税地方 25% 部分 6500 万元,比上年增长 9%。

市地税局组织营业税、所得税等地方税收入 10500 万元,比上年增长 9%。

国有企业政策性亏损补贴 500 万元,与上年持平。

财政部门组织耕地占用税、契税等农税收入 250 万元。

财政部门组织行政性收费、罚没收入等 1275 万元。

专项收入 1275 万元,其中,教育费附加 550 万元,排污费收入 600 万元,城市水资源费收入 75 万元,矿产资源补偿费收入 50 万元。

2. 财政支出

根据市级财政 2002 年收入安排情况及现行财政体制算账,市级财政一般预算当年可供安排的财力预计 34016 万元,比上年决算预计财力增长 5%。2002 年增支因素多,支出压力大。支出安排上一是重点保增资、晋档、医疗改革、社会保障等个人支出部分;二是积极支持经济结构调整;三是加大对基础设施建设的投入,促进文明城市、文明景区建设,努力把我市建设成为现代化的生态自然山水城市,创建中国优秀旅游城市。

2002 年市级行政事业单位按照"零基预算"原则,按照部门预算编制要求进行编制。结合部门预算编制情况,市级 2002 年财政支出预算的主要项目初步安排意见是:

基本建设支出 250 万元,比上年下降 81%。

企业挖潜改造支出 1185 万元,与上年基本持平,主要是增加安排了财政支持工业结构调整资金。

科技三项费用 237 万元,比上年增长 10%。

城市维护费 6022 万元,比上年增长 3%。

支援农村生产支出 980 万元,比上年增长 10%。

文体事业费 1003 万元,比上年增长 8.5%。

教育事业费 3517 万元,比上年增长 10%。

卫生事业费 610 万元,比上年增长 8.5%。

行政管理费 3897 万元,比上年增长 8%。

行政事业单位离退休经费 1788 万元,比上年增长 31.9%。

公检法司支出 2755 万元,比上年增长 10%。

城镇居民最低生活保障及国有企业下岗职工再就业补助等社会保障支出 1587 万元,比上年增长 64.6%。

按照《预算法》规定,预留预备费 600 万元。

市级基金预算收入安排 2700 万元,基金预算支出安排 3214 万元(包括上年结转支出)。

需要说明的是,市级今年的预算支出盘子打得非常紧,已基本上做到了应保尽保。在预算执行中,按《预算法》要求,要严格预算约束,除特殊情况外,一般不再追加临时预算。

三、深化改革,开拓创新,确保完成今年各项财政工作任务

今年党的十六大将要召开,这是我们党和国家历史上具有重大意义的一年。做好今年的财政工作,对于保持全市社会经济的健康发展,顺利实现"十五"战略目标,具有重要意义。今年,我市财政工作将重点抓好以下几个方面:

(一)继续贯彻积极的财政政策,支持国民经济稳定增长。要继续争取国债建设资金,落实配套资金,吸引和带动社会投资,保持投资对经济的拉动力度。加强国债项目资金管理,严禁截留、挤占和挪用。要本着适度和效益的原则,加大利用外国政府贷款和国际金融组织贷款的力度,进一步发挥外资对我市经济建设的促进作用。要改进和加强对高新技术产业化贴息、工业结构调整贴息资金以及各项专项资金的使用管理,集中资金,按照市政府经济结构调整的整体战略部署,支持具有良好发展前景的重点产业项目。要进一步加强粮食风险基金的管理,推动粮食流通体制改革顺利进行。

(二)进一步转变财政职能,全面深化财政改革。一要全面推行财政支出管理制度改革,主要包括部门预算编制改革、财政国库管理制度改革、推行政府采购制度和会计委派制,要通过改革,逐步建立公共财政体系,切实保障公共支出的需要。二要深化"收支两条线"管理改革,对行政执法部门的行政性收费和罚没收入实行收支脱钩。三是要落实所得税分享改革政策,进一步完善财政体制。四是要积极推进农村税费改革,实事求是地做好税费改革的具体测算、改革方案、实施步骤的制定工作,确保在 6 月底前全面完成改革任务。

(三)完善工资保障机制,保证机关事业单位职工工资发放。按时发放行政事业人员工资,是各级政府的重要职责,是财政部门的首要任务。县级要全面建立工资专户,实行财政统一发放工资,对机构改革后编制内行政事业单位人员全部纳入统发工资范围,实行银行代发工资。农村中小学教师工资上划县级统一管理后,县级一般预算收入、税收返还收入、上级转移支付及其他可用于工资发放的资金,首先进入工资专户,优先保证教师工资发放,工资保证前不安排其他专项开支。

(四)增加社会保障支出,做好各项社会保障工作。随着经济结构调整和企业改革的不断深化,特别是我国加入 WTO 以后,部分竞争力不强的行业和企业面临新的困难,社会保障压力增大。各级财政部门要进一步加强社会保障资金的征缴管理,提高社会保障支出在财政预算中所占的比重,增加社会保障资金来源。确保国有企业下岗职工基本生活费和离退休人员基本养老金按时足额发放,政策到位,保障到人。要加大对城镇居民最低生活保障的投入,把符合条件的城市贫困居民纳入最低生活保障范围,应保尽保,改善城市低收入居民的生活状况。对于效益差,发放工资有困难的差供、自收自支单位离休人员离休费,纳入预算管理。完善离休人员医疗费保障机制,落实离休人员医疗待遇。加强监督检查,确保各项社会保障资金专款专用。

(五)进一步强化税收征管,确保全市财政收入稳定增长。进一步清理和规范税收优惠政策,严禁擅自批准减税、免税、缓税和先征后返。加大稽查力度,打击各种偷税、逃税、骗税、抗税行为。改进税收征管,推广有奖发票、定额发票等行之有效的以票控税办法。加强对饮食、服务等第三产业的税收征收管理,抓好零星税源,应征尽征,努力增加财政收入。加强国有资产收益收缴管理,防止国有资产流失。实行城镇土地垄断经营,增加政府土地有偿出让收入。依法组织收入,防止收过头税和虚收空转,提高财政收入质量。完善"票款分离"办法,加强对行政执法部门收费、罚款的收缴管理,防止和纠正因收支脱钩而应收不收、应罚不罚。

(六)切实加强财政监督管理,严肃财经纪律。一是要继续认真贯彻会计法,强化会计监督,提高会计信息质量。二是要加强对财政预算执行情况的监督检查,确保财政资金的安全和完整。三是要继续清理整顿经济鉴证类中介机构,建立起与社会主义市场经济相适应的经济鉴证类中介机构管理体制和高效的运行机制。四是要继续加强对国有资产特别是改制企业国有资产的管理和监督,确保国有资产的保值增值。五是要加强对地方金融机构的财务监管,健全政府债务的借、用、还监督制约机制,防范和化解金融风险。

(七)转变财政职能,进一步改进和加强作风建设。各级财政部门要认真学习、深刻领会党的十五届六中全会关于加强和改进党的作风建设的决定精神,按照"三个代表"的要求,以改革促进职能转变和作风建设,为全市社会经济发展提供更好的服务。要坚持改革创新,努力提高财政工作水平。要增强服务意识,努力提高工作质量和办事效率。要坚持实事求是,反对弄虚作假。要加强理论和业务学习,不断提高人员素质。要增强服务意识,坚持为民理财、科学理财、廉洁理财,努力把财政机关建设成为体现公仆形象的窗口,为民办公的窗口,为民服务的窗口。

各位代表,今年我市财税工作面临的形势仍很严峻,各项财政改革与发展的任务十分繁重。我们决心在市委的正确领导下,在人大、政协的监督、支持下,与时俱进,锐意改革,把握重点,服务大局,圆满完成各项财政工作任务,为全市社会经济的健康发展而努力奋斗。

关于三门峡市2005年财政预算执行情况和2006年财政预算(草案)的报告

——2006年1月9日在市四届人民代表大会第七次会议上

三门峡市财政局局长　高战荣

各位代表:

受市人民政府委托,我向大会作2005年财政预算执行情况和2006年财政预算草案的报告,请予审议,并请各位政协委员和其他列席人士提出意见。

一、2005年财政预算执行情况

2005年,我市财政工作在市委的正确领导和人大、政协的监督指导下,认真贯彻党的十六届五中全会和市委四届五次全会精神,大力组织收入,科学安排支出，深化财政改革，强化财政监督，圆满完成了年度收支预算。

2005年全市财政总收入预计完成236097万元，其中：一般预算收入预计完成166300万元，为年预算的122.6%，比上年净增47126万元，增长39.5%。主要项目完成情况是：增值税25%部分完成35258万元，为年预算的118.7%，比上年增长41.3%；营业税完成29569万元，为年预算的103.5%，比上年增长22.8%；企业所得税40%部分完成12862万元，为年预算的98.3%，比上年增长9.7%；个人所得税40%部分完成9339万元，为年预算的102.1%，比上年增长16%；行政性收费收入完成10937万元，为年预算的177.8%，比上年增长62.8%；罚没收入完成10269万元，为年预算的171.8%，比上年增长52.3%；专项收入完成8429万元，为年预算的127.5%，比上年增长27.8%。

2005年市级财政总收入预计完成46328万元，其中：一般预算收入预计完成36285万元，为年预算的103.7%，比上年增加3647万元，增长11.2%。主要项目完成情况是：增值税25%部分完成8108万元，为年预算的99.8%，比上年增长11.5%；营业税完成8258万元，为年预算的109.5%，比上年增长24.6%；企业所得税40%部分完成2731万元，为年预算的62.4%，比上年下降33.2%；个人所得税40%部分完成1898万元，为年预算的111.6%，比上年增长30.2%。

2005年全市财政支出339269万元，为年预算的96.6%，比上年增加87925万元，增长35%。其中：经各级人大批准的2004年全市一般预算支出194156万元。执行中加上上级追加、超收安排和上年结转，调整后全市支出预算为318990万元，实际支出315670万元，为调整预算的99%，比上年增长35.5%。主要项目完成情况是：基本建设支出27410万元，为年预算的100%，比上年增长43.5%；科技三项费用支出2443万元，为年预算的100%，比上年增长35%；城市维护费支出24121万元，为年预算的100%，比上年增长95.9%；支援农业生产、农林水事业费等支出31233万元，为年预算的99.9%，比上年增长35.5%；文体广播事业费支出10265万元，为年预算的100%，比上年增长29.7%；教育支出完成52762万元，为年预算的98.7%，比上年增长29.2%；医疗卫生支出10568万元，为年预算的98.5%，比上年增长24.5%；行政管理费支出35126万元，为年预算的99%，比上年增长36.2%；行政事业单位离退休经费支出7706万元，为年预算的99.2%，比上年增长14.7%；公检法司支出22326万元，为年预算的99.8%，比上年增长40.6%；城镇居民最低生活保障及国有企业下岗职工再就业补助等社会保障补助支出11783万元，为年预算的100%，比上年增长10.3%。

2005年市级财政支出80036万元，为年预算的92.6%，比上年增加6016万元，增长8.1%。其中，经人大批准的2005年一般预算支出48426万元，执行中加上上级追加、超收安排和上年结转，调整后的市级支出预算为74064万元，实际支出72955万元，为调整预算的98.5%，比上年增长11.1%。主要项目完成情况是：基本建设支出2685万元，为年预算的100%，比上年下降64%；科技三项费用及科学支出460万元，为年预算的100%，比上年增长11.4%；城市维护费支出12487万元，为年预算的100%，比上年增长86.1%；支援农业生产、农林水事业费等支出3524万元，为年预算的99.5%，比上年增长13.2%；文体广播事业费支出2135万元，为年预算的99.9%，比上年增长27.7%；教育支出完成6123万元，为年预算的99.3%，比上年增长19.6%；医疗卫生支出2255万元，为年预算的93.9%，比上年增长23%；行政管理费支出7714万元，为年预算的96%，比上年增长25.9%；行政事业单位离退休经费支出3174万元，为年预算的98.2%，比上年增长11.7%；公检法司支出6820万元，为年预算的99.7%，比上年增长26.1%；城镇居民最低生活保障及国有企业下岗职工再就业补助等社会保障补助支出7730万元，为年预算的99.9%，比上年增长16.5%。

2005年全市基金预算收入14465万元，为年预算的155.3%，比上年增长27%；基金预算支出23599万元，为年预算的73.3%，比上年增长28%。市级基金预算收入7086万元，为年预算的157.5%，比上年增长19.6%；基金预算支出7081万元，为年预算的57.4%，比上年下降15.5%。

2005年我市预算执行和财政工作有五个明显的特点：

一是财政收支实现历史性重大突破。2005年，全市一般预算收入完成166300万元，比上年增长

39.5%,净增47126万元,增长幅度和绝对增长额再创历史新高。总量在全省列第9位,比上年进5位。增值税、营业税、企业所得税分别比上年增长41.3%、22.8%和9.7%。资源税、契税等小税种增长尤为迅速。全市资源税完成9851万元,比上年增长1.4倍,增收5672万元。契税完成5030万元,比上年增长2.4倍,增收3555万元。县级收入增长强劲,县级一般预算收入完成130015万元,比上年增长50.2%,高于全省增幅10.7个百分点。其中:义马市和陕县分别增长77.9%和52.4%,收入突破2亿元,渑池县和灵宝市分别增长57%和38%,收入突破3亿元,卢氏县增长47.4%,收入突破1亿元。渑池、灵宝和陕县收入规模进入全省前30强,分列第14位、18位和27位。各级在加强收入管理的基础上,认真研究财政政策,大力向上争取项目和资金,全市共争取转移支付等上级补助及专项资金14.3亿元,比上年净增53357万元,增强了财政实力,缓解了收支矛盾。2005年全市支出33.9亿元,比上年净增8.7亿元,净增额相当于"十五"初期我市全年的收入水平。通过各级共同努力,超额完成了年初预算,实现了财政收支的历史性跨越。

二是财政对"三农"的投入创历史最高水平。各级认真贯彻中央对农村的各项方针政策,全年财政支农支出31233万元,比上年增加8180万元,增长35.5%,是历年投入增加最多、为农民办实事最多的一年。全市免征农业税,农民再次减负增收3500万元,并实现了种地零税负。向近40万农户兑现种粮补贴资金1335万元。发放农机具补贴75万元,带动229户农民投入资金343万元,购置大型农业机械,提高了农业现代化水平。向12万户农民发放优质专用小麦良种补贴资金430万元,对43万亩耕地改良农作物品种进行补助,为粮食丰收打下了基础。筹措资金1620万元,解决了4.5万农村人口的饮水安全问题。"两免一补"实施范围进一步扩大,全市向9.2万名农村中小学生发放"两免一补"资金2036万元,政策落实扎实到位,被评为全省"两免一补"工作一等奖,省政府奖励400万元。

三是财政对重点支出的保障能力进一步增强。各级严格执行部门预算,科学合理调度资金,确保了行政事业单位职工工资按时足额发放。农业、科技、教育等法定支出分别比上年同期增长35.5%、42.5%和29.2%,高于经常性财政收入的增长幅度。对社会保障"两个确保"和"低保"的投入力度进一步加大,基本实现了国有企业下岗职工基本生活保障制度与失业保险制度并轨,从2005年7月1日起实行企业职工基本养老保险市级"五统一"。2005年全市社会保障补助支出达到11783万元,保证了近2400名国有企业下岗职工基本生活费和3万名企业离退休人员基本养老金按时足额发放。市区最低生活保障标准由每人每月130元提高到150元。全市发放城市最低生活保障资金2864万元,4.6万城镇低收入居民按时得到了政府最低生活保障补助。全市投入五保户供养资金929万元,农村特困户救助321万元,在义马市实行农村最低生活保障制度试点,较好地安排了困难群众的生活。在保工资、保法定和重点支出的基础上,市级多渠道筹资1.2亿元,加强城市基础设施建设,进一步改善了人民群众的生产生活条件。

四是财政促进经济持续快速健康发展取得新成效。各级积极运用财税杠杆,支持经济增长方式转变和经济结构调整。筹措工业结构调整和高新技术产业化贴息资金1677万元,促进重点企业做大做强。筹措农业结构调整资金400万元,支持农产品生产与加工基地建设和龙头企业发展。大力推进国有企业改革,争取政策性破产补助3.08亿元,分离办社会职能移交三年过渡期一次性补助4330万元,减轻了企业负担。支持粮食购销企业改革,落实分流安置富余人员补助资金1452万元,拨付超储补贴用于企业改制226万元,基本解决了国有粮食购销企业"三老"问题。对农村信用社增资扩股分红财政补贴302万元,促进了农村信用社产权制度改革的顺利进行。通过多方努力,与国家开发银行首批7.5亿元的合作额度成功签约,为进一步加快城市基础设施建设,改善投资环境创造了良好条件。

五是财政管理制度改革迈出新步伐。各级进一步完善部门预算、国库集中收付、政府采购、乡镇村财务管理体制等改革措施,全市政府采购规模达40459万元,比上年增长42.9%,节约资金4640万元,节约率10.3%。财政投资评审取得新进展,市级审核政府投资项目85个,评审总额1.4亿元,其中工程预结算审减投资644万元,审减率22.7%。"乡财县管"改革全面实行,对于加强乡镇财政管理监督,控制和化解乡镇债务,缓解乡镇财政困难起到了积极有效的作用。组织开展财政收入专项检查,对越权减免税、先征后返等违反税收政策和骗取税收优惠行为进行查处,对农村中小学危房改造资金使用情况进行重点检查,认真开展会计信息质量检查,对民营企业检查实现了“零”的突破,严肃了财税纪律。开展党政机关用公款购买商业保险和党政领导干部拖欠公款清理工作,拖欠公款偿还率100%,公款购买商业保险全部清退,规范了财政财务管理。认真清理财政供养人员和行政事业单位津贴补贴,为公务员工资制度改革奠定了基础。

2005年我市预算执行和财政工作的突出成绩,是在“十五”以来财政工作的基础上取得的。几年来,各级紧紧围绕经济和社会发展大局,以“做大一个‘蛋糕’,提高两个比重,完善三个体制,深化四项改革,实现五个确保”为核心,解放思想,顽强拼搏,财政改革与发展实现了重大飞跃。具体体现为“五个突破,五个转变”:一是财政收支规模实现重大突破,全市财政实力基本实现由较弱到较强的转变。“十五”以来,全市财政一般预算收入连年高速增长,由2000年的6.5亿元(同口径)增加到2005年的16.63亿元,翻了一番多,年均增长20.5%。高于同期GDP增幅9.5个百分点。人均一般预算收入达到724元,比2000年的306元增长1.4倍。一般预算收入在全省的比重由2000年2.5%上升到2005年的3.3%。二是财政保障能力实现重大突破,基本实现由“吃饭型财政”向“建设型”财政的转变。“十五”期间,全市累计完成财政支出109.2亿元,比“九五”增加62亿元,增长1.3倍。各级按时足额发放工资,是全省工资保障做得较好的省辖市之一。农业、教育、科技等法定支出年均分别增长23.6%、15.8%、14.9%,高于同期财政经常性收入增幅。社会保障支出占一般预算支出的比重由2000年的6.4%提高到2005年的12%。五年来全市基本建设累计支出6.7亿元,城市维护费5.8亿元,分别比“九五”时期增长4.8倍和1倍,为创建全国优秀旅游城市、园林城市奠定了坚实基础。三是财政支持经济发展的方式实现重大突破,基本实现了由“直接投入”向“政策调控”的转变。各级致力于建立和完善与市场经济相适应的财政支持经济发展新途径,坚持有所为有所不为,树立从经济到财政的工作思路,变直接投入为政策调控,积极运用税收、国债、贴息、补贴等财政杠杆支持经济发展,实现了财政经济良性循环。四是农村税费改革实现重大突破,政府与农民的关系实现了由“收取”向“给予”的转变。各级以推进农村税费改革为核心,不断加大了对“三农”的支持力度。自2002年农村税费改革以来,通过分步实施,逐步减免,至2005年免征农业税,全市共减轻农民乡统筹、村提留、屠宰税、农业特产税、农业税等各种负担1.8亿元,广大农民种地不仅不交税,还得到了政府的各种补贴。全市共向种粮农民直接补贴3520万元,发放退耕还林粮食补助13552万元,发放农机补贴120万元,良种补贴445万元,广大农民实实在在地感受到了“公共财政”的温暖阳光。五是财政改革实现重大突破,实现了由“人工型、粗放型”管理向“信息化、科学化”管理的转变。各级抓住机遇,大胆探索,在财政管理体制方面进行了一系列的改革和创新,部门预算、国库集中收付、乡(村)财务管理体制改革、乡财县管等各项改革在全省乃至全国都走在前列,初步建立了与市场经济相适应的公共财政管理体系。

各位代表,2005年及“十五”以来,我市财政工作虽然取得了一定成绩,但是当前仍然面临不少困难和问题:一是全市财政收支规模虽然近年来有了长足的发展,但仍然缺乏支柱企业和重点财源,市级后续财源缺乏问题尤其突出,应当引起高度重视。二是一般预算收入、税收收入占生产总值的比重仍然较低,收入征管水平有待进一步提高。三是县乡财政困难尤其是乡镇财政困难还没有从根本上缓解,财政对农村公共产品和服务的保障能力还比较薄弱。四是经济社会发展需要与财政资金不足的矛盾仍然比较突出,财政资金供给不足与使用上的浪费现象并存,挪用、乱支滥用专项资金等违纪行为时有发生。五是财政支出管理改革以后行政事业单位财务管理弱化、企业会计信息失真等问题需要解决。六是各级政府债务沉重,债务风险冲击了预算的正常执行等。这些问题都需要在今后的工作中,积极采取措施,认真加以解决。

二、2006年财政预算草案

(一)全市财政预算草案。根据国家宏观调控政策和市委经济工作的总体部署,2006年我市财政工作和预算编制的指导思想是:以邓小平理论和“三个代表”重要思想为指导,认真贯彻中央、省委经济工作会议和市委四届六次全会精神,围绕全面建设小康社会和跻身中原崛起第一梯队的战略目标,以科学发展观为统领,狠抓增收节支,依法加强税收和非税收入征管,积极组织收入,不断壮大财政实力;调整和优化财政支出结构,保障“三农”、社会保障、公共卫生、教育、科技、生态和环境保护等重点支出需要;深化公共财政改革,加强财政财务管理,进一步提高财政资金使用效益,为全面建设小康社会和和谐社会提供财政支持。根据上述指导思想,各级安排2006年预算时要把握好以下几个方面:

一是收入安排积极稳妥。财政收入增幅略高于GDP增幅,继续提高财政收入占GDP比重和税收收入占一般预算收入的比重。

二是加强非税收入管理。优化经济发展环境,支持经济建设。

三是加强和规范地方债务管理。积极探索,制定和完善规范的债务统计、管理制度。

四是确保行政机关事业单位职工工资按时足额发放。足额安排中央统一规定的机关事业单位职工工资和津贴、补贴经费,保证国家机关正常运转和执法办案所必需经费。

五是确保法定支出增长比例。对教育、科学、农业支出高于经常性财政收入的增长幅度安排,加大对农村义务教育的投入力度。

六是合理调整财政支出结构。按照建立公共财政体系的要求,严格控制一般性支出,制止铺张浪费,降低行政成本。部门经费和业务性专项一律实行零增长,重点用于社会保障、新型农村合作医疗、城市基础设施建设和创建园林城市等支出,集中财力办大事。

根据上述指导思想和原则,结合2006年我市经济发展主要指标和2005年全市财政预算预计完成情况,2006年全市财政总收入初步安排267092万元,其中一般预算收入预期目标187000万元,同口径比上年增长15%,略高于GDP增长。分部门情况是:

国税部门组织各项地方税收47600万元,比上年增长17%;

地税部门组织各项税收87800万元,比上年增长17%;

财政及其他部门组织收入51600万元。

根据收入安排及现行财政体制算账,2006年全市财力预计24.9亿元,比2005年年初预算财力增长10.5%。全市财政收支计划是指导性的,各县(市)、区根据当地实际,妥善安排收支预算,报本级人大批准后执行。

(二)2006年市级财政收支预算草案。2006年市级财政总收入安排48796万元,其中:一般预算收入安排34800万元,同口径比上年预计收入增长10%。分部门情况是:

国税部门组织增值税及企业所得税等地方税收入15750万元,同口径比上年增长12%;

地税部门组织营业税、个人所得税、企业所得税等地方税收13750万元,同口径比上年增长12%;

契税收入600万元,同口径比上年增长20%;

行政事业性收费、罚没收入3000万元,与上年持平;

专项收入2300万元,其中排污费收入900万元,城市水资源费收入700万元,教育费附加640万元,矿产资源补偿费收入60万元;

国有企业计划亏损补贴安排500万元,与上年持平。

按照2006年一般预算收入安排和现行财政体制算账,市级2006年一般预算财力为55156万元,比2005年年初预算财力增加6730万元,增长9%,加上土地净收益800万元、地方财税附加500万元统筹安排后,当年综合财力56456万元。主要支出项目安排情况是:

基本建设支出1672万元,增长13%;

科技三项费用370万元,增长11%;

城市维护费10529万元,增长17%;

支援农业生产、农林水事业费等支出1584万元,增长11.5%;

文体广播事业费1566万元,增长12%;

教育支出6187万元,增长11%;

医疗卫生支出2247万元,增长10.5%;

行政管理费6628万元,增长8%;

行政事业单位离退休经费3215万元,增长13%;

公检法司支出5444万元,增长13%;

城镇居民最低生活保障及国有企业下岗职工再就业补助等社会保障补助支出1240万元,增长15%。

按照《预算法》规定,预留预备费800万元。

市级基金收入安排3500万元,基金支出安排3500万元。

需要说明的是:市级今年预算支出盘子打得非常紧,基本上做到了应保尽保。在预算执行中,除重大疫情、救灾等特殊情况外，按照《预算法》规定，一般不追加临时预算。

三、团结奋进，扎实工作，确保2006年预算圆满完成

2006年是“十一五”规划的开局之年，做好今年的财政工作，任务艰巨，意义重大。根据市委四届六次全会和全省财政工作会议精神，各级要重点抓好以下工作：

（一）认真落实稳健的财政政策，促进经济平稳较快发展。按照全面协调可持续发展的要求，积极运用财税政策，努力推进经济结构优化和增长方式转变。继续增加财政科技投入，支持重大科技攻关和科技成果转化，鼓励和引导企业加大研发投入，提升自主创新能力。增加并集中使用工业结构调整和高新技术产业化贴息资金，支持企业做大做强。调整规范收入分配，促进消费增长。支持发展循环经济和节约型经济。逐步实行矿业权有偿取得制度，调整矿业税费政策，促进矿产资源的合理利用和综合开发。加大对清洁生产、可再生资源、新能源开发和污染防治、生态建设等项目的支持力度。认真落实出口退税机制改革政策，营造公平竞争的财税环境，支持开放型经济和非公有制经济加快发展。认真做好国家开发银行贷款项目和资金的管理工作，加快城市基础设施建设步伐。

（二）加大财政支农力度，建设社会主义新农村。坚持把解决“三农”问题作为重中之重，在“多予”上下功夫。进一步扩大对种粮农民直接补贴和农机补贴规模。认真落实补贴政策，完善补贴办法，简化补贴程序，探索实行补贴资金“一卡通”，做到公开、规范、透明、高效，确保让农民真正得到实惠。增加农业综合生产能力建设投入。整合支农资金，重点支持中低产田改造、基本农田保护和农田水利建设。增加农村义务教育投入。在确保农村中小学教师工资按国家标准按时足额发放的同时，提高公用经费标准。继续筹措资金，实施“两免一补”，解决好农村义务教育阶段贫困家庭子女就学问题。增加农村公共卫生投入，扩大新型农村合作医疗制度改革试点范围，巩固卢氏县新型农村合作医疗改革成果，在灵宝市和陕县建立新型农村合作医疗制度。完善合作医疗筹资机制，及时足额落实财政补助资金，加强基金管理监督，防范基金风险，切实解决群众看病难问题。全面推进农村综合改革。强化村级经费和五保户经费管理监督，确保村级组织正常运转和五保户基本生活。完善农村特困户救助制度，规范管理办法。认真落实乡镇分流人员补贴及相关政策，巩固乡镇机构改革成果。增加农村“三馆”建设投入、农村饮水安全工程投入和农村劳动力培训投入，加大对农村科技发展、环境设施建设项目支持力度，促进农村社会事业发展。

（三）加大对社会发展薄弱环节支持力度，促进和谐社会建设。切实做好社会保障“两个确保”和“一个低保”工作。完善城镇基本养老保险制度，做实基本养老保险个人账户，确保企业离退休人员基本养老金按时足额发放。切实增加低保投入，确保城市低保资金按时足额发放。大力支持就业和再就业工作。进一步完善和落实小额贷款、税费减免等就业再就业优惠政策，增加再就业资金投入，妥善解决下岗职工历史遗留问题。认真落实政策，完善长效机制，做好优抚安置和企业军转干部解困工作。增加公共卫生事业投入，健全突发公共卫生事件应急机制和重大疾病防控体系。全力支持防控高致病性禽流感工作，确保防控经费和相关基础设施建设投入。支持环境保护和安全生产。环保机构经费全额纳入财政预算，排污费收入全部用于环境污染防治。完善煤炭生产安全费用制度，认真落实退耕还林补助政策，进一步改善生态环境。做好县级公安机关公用经费保障标准的落实和县级法院、检察院公用经费保障标准的制定工作，提高政法机关经费保障能力，促进社会稳定。

（四）深入开展增收节支，提高财政保障能力。改善投资环境，以项目建设为龙头，培植税源大户。大力发展二、三产业，强化涉外税收管理，加快培育新的税收增长点。坚持依法征收，应收尽收，不收过头税。密切关注经济发展形势和财源结构变化，突出薄弱环节，加大征管力度，确保税收增长与经济发展相适应，逐步提高税收收入占生产总值的比重。坚决制止和纠正越权减免税和擅自出台“先征后返”等变相减免税政策，严肃税收纪律。完善罚没收入和政府捐赠收入管理制度，提高非税收入管理水平和效率。坚持均衡支出，突出重点，提高财政资金使用效益。大力调整支出结构，确保法定支出和重点支出需要。对“三农”、公共卫生、就业和再就业、社会保障等重点资金加强监督检查,健全财政监督机制。加快会计改革步伐,加强会计基础管理和高层次会计人才培养,加强民营企业会计管理,提高会计信息质量,增强社会公信力。

(五)进一步深化财政改革,完善公共财政体制建设。完善市与县(市)区财政管理体制,规范跨县(市)区经营企业税收归属,理顺市与湖滨区税收分配关系,防止税收流失,切实做好体制调整后的收入预算管理工作。深化部门预算制度改革,逐步建立科学规范的收支分类体系。规范预算编制方式,提高预算编制的准确性、科学性。继续深化国库集中收付制度改革,完善操作程序,提高工作效率,改进服务质量。对有条件的行政事业单位开通城域网,实行远程报账,单位核算。扩大政府采购范围,提高采购资金占财政支出的比重,政府采购规模力争突破4.5亿元。进一步完善收支两条线、乡镇村财务管理体制等改革和"乡财县管"等改革措施,提高财政管理和监督水平。在行政事业单位全面实行以"财务制度公开、财务结果公开、接受群众监督"为主要内容的"两公开一监督"民主理财制度,提高财务工作的透明度。加强行政事业单位国有资产管理,全面开展行政事业单位清产核资工作,健全行政事业单位国有资产购建、使用、处置、报损报废、违法追究等规章制度,逐步建立行政事业单位国有资产管理信息系统。强化投资评审职能,拓宽评审领域,加大评审力度,提高财政资金使用效益。加强政府债务管理,防范和化解财政风险。

(六)适应新形势,研究新问题,谋求新发展。立足经济社会发展全局,对财政改革与发展中的重大问题进行前瞻性、系统性的思考和研究,进一步提高理财能力。着力研究并逐步解决四个方面的问题:一是在支持增强自主创新能力方面,要着力解决财政科技投入分散问题,支持企业提高自主创新能力,提高优势产业和产业集群自主创新能力,着力支持节能降耗技术创新。二是在扩大公共财政覆盖农村方面,要研究公共财政覆盖农村范围、水平和管理机制问题。三是在做大财政收入"蛋糕"方面,要紧紧盯住两个指标,即人均财政收入水平、一般预算收入和税收收入占生产总值的比重。四是在支持构建和谐社会方面,要立足当前,着力解决好群众最关心最直接最现实的问题,同时又要着眼长远,着力解决好涉及群众根本利益问题,努力开创财政工作新局面,谱写财政事业新篇章。

各位代表,2006年财政改革与发展的任务十分繁重,我们决心在市委的正确领导下,在人大、政协的监督、支持下,与时俱进,开拓创新,锐意改革,服务大局,努力做好各项财政工作,圆满完成2006年财政预算,为全面建设小康社会作出新的贡献。

关于三门峡市2010年财政预算执行情况和2011年财政预算(草案)的报告

——2011年2月12日在三门峡市第五届人民代表大会第六次会议上

三门峡市财政局局长　宋　东

各位代表:

受市人民政府委托,向大会报告三门峡市2010年财政预算执行情况,提出2011年财政预算草案,请予审议,并请各位政协委员提出意见。

一、2010年财政预算执行情况

2010年,在市委的正确领导和市人大、市政协的监督指导下,我市财政工作深入贯彻落实科学发展观,坚持"四个重在",以"调结构、促转型、增效益、保态势"为主线,服务大局,有效作为,预算执行情况较好,为全市经济社会发展保持好趋势、好态势和好气势提供了有力保障。

(一)全市预算执行情况

2010年,全市地方一般预算收入完成497358万元(快报数,下同),为调整后预算的106.2%,比上年增加82350万元,增长19.8%。其中税收收入376807万元,增长25.7%。地方一般预算收入加上上划中央"四税"后,财政总收入817213万元,增长21.3%。

全市一般预算支出952553万元(含上级专款和上年结转等支出),比上年增加95982万元,增长11.2%。年初全市各级人代会批准的支出预算合计582640万元,执行中,加上上级补助、发行地方政府债券、动用上年结余结转、调入资金等,调整后支出预算为961195万元。全年实际支出数为调整预算数的99.1%。

全市基金预算收入完成166627万元,为调整后预算的178%,比上年增加49633万元,增长42.4%。比年初预算和上年完成数增加较多,主要原因是土地有偿使用收入完成154914万元,为调整后预算的175.4%,比上年增加49652万元,增长47.2%。全市基金预算支出177391万元,完成预算的79.7%,比上年增加19032万元,增长12%。其中土地有偿使用支出136976万元,比上年增加14367万元,增长11.7%。

(二)市级预算执行情况

市五届人大五次会议通过的2010年市级一般预算收入为80300万元,市级财力预算为130000万元。经市五届人大常委会第28次会议批准,收入预算调整为100278万元。2010年市级一般预算收入完成100278万元,为预算的100%,比上年增加12266万元,同口径增长16.8%,市级财力为160813万元。

市五届人大五次会议通过的2010年市级支出预算为132750万元,执行中,经市人大常委会批准或备案,超收安排支出19446万元,加上上级补助、发行地方政府债券和动用上年结余、调入资金等因素,调整后支出预算为250801万元。2010年市级一般预算支出实际完成248214万元(含上级专款和上年结转等支出),为调整预算数的99%,比上年增加34368万元,增长16.1%。

市五届人大五次会议通过的市级基金预算收入为17028万元,执行中,经市五届人大常委会第28次会议批准,调整为46395万元。2010年市级基金预算收入完成46395万元,为调整后预算的100%,比上年减少9087万元,下降16.4%。市级基金预算支出28195万元,完成调整后预算的55.1%,比上年增加1413万元,增长5.3%。

经过全市上下共同努力,2010年预算任务圆满完成。财政收入不仅保持了平稳较快增长,而且优化了收入结构,提高了收入质量。全市地方税收占一般预算收入的比重达到75.8%,比上年提高3.6个百分点。一般预算增支额达到95982万元,支出进度达到99.1%,均创历史新高,为经济社会发展提供了有力的财政支撑。在经济形势较为复杂的情况下,这样的成绩来之不易。

以上快报数在决算编制中还会有所调整,决算编成后再向市人大常委会报告。

(三)2010年预算执行的措施及成效

1.财政收入在困难形势下实现了稳定较好增长,财政实力进一步增强。2010年,受宏观调控政策影响,我市支柱行业面临很大困难,氧化铝价格持续低迷,电解铝优惠电价取消,矿业生产安全形势严峻,给经济发展和组织收入工作造成很大影响。为确保财政收入稳定增长,各级坚持把组织收入放在突出位置,多策并举,积极应对,完善征管措施,深入挖潜增收,确保了财政收入持续稳定增长。2010年,市县收入同步增长,市级一般预算收入突破10亿元,同口径增长16.8%,县级一般预算收入完成39.7亿元,增长21.4%。渑池县、灵宝市、陕县和义马市一般预算收入总量分别达到10.16亿元、9亿元、6.9亿元和6.08亿元,稳居全省前30强,分别列第12、17、23和27位。

2.重点和民生支出得到了较好保障,促进了经济持续较快发展。进一步调整和优化支出结构,统筹安排预算内外资金,千方百计筹措资金,集中财力办大事、实事。津贴补贴政策得到较好落实。积极支持就业和社会保障,企业退休人员基本养老金提高到月人均1278元,城乡低保补助水平分别提高到月人均230元和60元，农村五保户集中和分散供养年补助标准分别提高到2000元和1200元。卢氏县、灵宝市新型农村社会养老保险试点工作进展顺利。继续实施"两免一补"和免除城市义务教育杂费，进一步提高农村义务教育公用经费标准。市级投入4800万元，建设外国语高中，对育才小学、七中、四中进行校舍安全改造。深化医药卫生体制改革，新农合和城镇居民医保财政补助标准由年人均不低于80元提高到不低于120元。投入资金2212万元，建设300所标准化村级卫生室。市财政投入资金2000万元，支持市中心医院病房楼建设。加大住房保障投入力度，全市建成廉租房4331套21.66万平方米，建设经济适用房777套3.91万平方米。支持省、市"十件实事"，市级大力压缩其他支出，投入"十件实事"资金近10亿元。加强财税政策研究，积极向上争取资金，全年上级补助我市收入总额45.8亿元，大大缓解了收支矛盾，使财政支出规模进一步扩大。

3. 实施积极的财政政策，财政调控经济职能得到有效发挥。争取中央新增投资9.4亿元，带动地方投资8.4亿元，拉动企业及社会投资12.2亿元，争取中央代理发行政府债券1.65亿元，利用外债资金6500万元，启动实施了一大批基础设施和民生工程项目。继续实施鼓励消费的财政政策，全市兑现家电下乡补贴4377万元，汽车摩托车下乡补贴3836万元，汽车以旧换新补贴1002万元。认真落实各项涉企财税优惠政策，统筹整合400万元支持煤炭企业兼并重组，争取省属煤炭企业办学经费补助2565万元。积极支持节能减排，12家资源节约综合利用企业通过省级认定。利用政府融资平台从国家开发银行和其他金融机构等筹措资金5.5亿元，大力支持城市基础设施建设，并积极筹划通过发行债券筹集城市建设资金，促进经济平稳较快发展。

4. 认真落实强农惠农政策，促进了城乡统筹发展。加大惠农补贴力度，兑现粮食直补、农资综合直补、农作物良种补贴、农机补贴等惠农补贴2.05亿元。投资2360万元完成2万？亩中低产田改造和高标准农田示范工程建设，投资1.03亿元支持水利设施建设。支持6个县发展特色农业以及15个产业化经营项目和51个农民专业合作组织发展。积极开展政策性农业保险工作，拨付保费补贴30万元，提高了农业生产抗风险能力。筹措8700万元支持农村公路、饮水安全工程和沼气建设，改善了农民生产生活条件。积极探索农村公益事业建设筹资新机制，基本完成农村义务教育债务化解工作。在40个贫困村实施财政扶贫"整村推进"，加快了脱贫致富步伐。

5. 进一步深化财政改革，提高了财政科学化精细化管理水平。加强"两基"建设。夯实管理基础工作，市县全面建立支出项目库和基础数据信息库，提高了预算安排的科学性和时效性。完成金财工程支撑应用平台建设，为加强财政管理提供了有力的技术支撑。加强基层财政建设，筹措资金650万元改善乡镇财政办公条件，大力开展乡镇财政和农村财会人员培训，提高了乡镇财政履职能力。进一步细化部门预算和政府性基金预算，推动实施国有资本经营预算编制，健全了政府预算体系。对上级提前告知的转移支付列入年初预算，提高了预算编制的完整性。创新专项资金管理方式，提高资金分配的规范化和透明度。加大各类资金统筹整合力度，提高了集中财力办大事的能力。建立市县行政事业单位资产管理信息平台，提高了资产监管水平。进一步完善政府采购和财政投资评审，全市政府采购规模达14亿元，节约资金1.5亿元，节支率9.7%，政府采购规模占一般预算支出的比例达14.7%。完成财政投资评审项目297个，审查金额19.3亿元，审减金额2.3亿元，审减率11.9%。建立财政"大监督"格局，进一步理顺财政监督机制，规范监督程序。对工程建设领域政府投资项目、救灾资金、小金库专项治理、非税收入、强农惠农资金、会计信息质量等进行重点检查，及时发现和整改了一批违规违纪问题，促进了财政资金安全、规范、高效使用。

6. 认真办理人大政协建议提案，促进了财政改革发展。把办理人大代表、政协委员对财政工作的建议提案同贯彻全市重大战略部署和解决人民群众关心的"热点"、难点问题相结合，确保代表、委员的良策变成实实在在的工作成果。承办市五届人大五次会议代表对财政工作的建议和市政协五届四次会议委员对财政工作的提案共 11 件,其中主办 6 件,协办 5 件。通过积极主动办理,切实解决问题,所有办件都获得了代表、委员的满意或基本满意。进一步增强人大、政协意识,认真研究市五届人大五次会议对预算报告和市五届人大常委会第 24 次会议对决算报告,市五届人大 25 次会议、26 次会议、28 次会议对预算调整情况和预算执行及调整报告制度的审议意见,制定切实可行的整改措施。制定出台了《三门峡市财政预算执行调整实施办法(试行)》,积极主动接受人大、政协监督,提高了依法行政水平。

2010 年财政预算任务的圆满完成,标志着“十一五”我市财政工作圆满结束。回顾过去的五年,全市经济社会发展取得了辉煌成就,财政改革与发展也迈上了新台阶。一是财政收支规模不断扩大,财政实力进一步增强。“十一五”时期,全市财政总收入和一般预算收入累计分别达 315.2 亿元和 178.9 亿元,是“十五”时期的 3.3 倍和 3.7 倍,年均分别增长 21.7% 和 24.5%。全市一般预算支出累计达 335.2 亿元,是“十五”时期的 3.3 倍,年均增幅 24.7%。财政实力的大幅增强,为贯彻落实各项重大决策部署、推动经济发展和社会进步提供了坚实的财力保障。二是财税政策不断完善、财政调控能力进一步增强。针对经济形势发展变化,特别是面对国际金融危机的严重冲击和影响,在认真落实积极财政政策的同时,积极运用财税杠杆战危机、保增长、调结构,财政调控手段不断健全丰富,调控的针对性、时效性和有效性显著提升,不仅有力地促进了经济平稳较快发展,也为长远可持续发展奠定了基础。三是支出结构不断优化,民生保障水平进一步提升。“十一五”期间,全市财政累计投入民生工程资金超过 150 亿元。城乡义务教育全面实现,城乡居民基本医疗保障水平显著提高,覆盖城乡的社会保障制度框架基本形成,保障性住房建设投入力度不断加大,公共文化事业加快发展。投入快速增长、覆盖范围逐步扩大、注重制度创新的财政民生保障机制日益健全。四是财政改革不断深化,财政体制机制进一步完善。调整完善了市与县(市、区)财政体制,建立县级基本财力保障机制和均衡性转移支付制度,强化了财政体制在引导科学发展方面的功能。政府预算体系框架基本形成,部门预算、国库集中收付、政府采购、投资评审、绩效评价等财政改革加快推进,非税收入征收管理日趋规范,“大监督”格局初步建立,公共财政体系进一步完善。政府性资金、资本、资产、资源统筹能力明显提升,政府调控能力进一步增强。五是财政管理不断加强,管理水平进一步提高。科学化精细化管理理念融入财政改革发展,有力地促进了财政管理,较好地保障了财政职能作用的发挥。

在肯定成绩的同时,也要清醒地认识到,我市地方财政收入虽然近年来有较大幅度的增长,但总量依然偏小,财政收入占生产总值的比重和税收收入占财政收入的比重仍然偏低,社会事业发展人均支出水平较低,基本保障能力有待进一步提高。预算编制不够细化,项目库和基础数据信息库仍不够完善;财政国库管理制度改革亟须向纵深拓展;政府采购预算编制不完整,监管力度有待进一步加强;财政管理基础工作和基层财政建设需要加强;损失浪费、挤占挪用财政资金现象时有发生,财政监督管理需要进一步加强。这些问题我们将高度重视,采取有效措施,认真加以解决。

二、2011 年财政预算安排情况

(一)2011 年全市经济财政形势

2011 年是“十二五”开局之年,总体看,今年经济形势仍然极其复杂,财政收支矛盾依然比较突出。收入方面,国家实施积极的财政政策和稳健的货币政策,中原经济区建设启动和“十二五”规划实施,城乡建设进一步提速等,有利于经济平稳较快增长,将为财政收入稳定增长打下基础。但我市经济既面临不少长期存在的深层次矛盾,又出现了一些新的困难和挑战,推进结构调整任务艰巨,节能减排任务繁重,安全生产形势严峻,区域竞争进一步加剧,资金、资源、土地等要素制约难以根本缓解,经济复苏的基础还不稳固,同时国家实施个人所得税改革、调整增值税征收范围、继续对小型微利企业实施所得税优惠政策等,都会减少收入。支出方面,增支项目多、数额大、刚性强,增支压力大于往年。落实教育规划纲要需要将全市新增财力的 50% 以上用于教育支出,加上落实中央出台的重大民生政策、应对通货膨胀压力、深化医药卫生体制改革、完善社会保障制度、提高新农合和城镇居民医保补助标准、全面推行一事一议财政奖补政策等,需要大幅增加财政投入,支出压力依然很大。

(二)2011 年财政工作和预算安排的指导思想

根据市委经济工作会议和全省财政工作会议精神,2011 年财政工作和预算安排的指导思想是:以邓小平理论和“三个代表”重要思想为指导,深入贯彻落实科学发展观,围绕全市工作大局,依法组织收入,不断壮大财政实力;加强预算编制基础性工作,细化预算编制,提高预算管理的科学化、精细化水平;大力调整支出结构,统筹兼顾、突出重点,着力促进经济平稳较快发展,着力促进经济发展方式转变,着力推动城乡协调发展,着力保障和改善民生,着力为经济社会科学发展、和谐发展提供财力保障。

(三)2011 年预算安排的原则

坚持重在统筹,积极稳妥。收入预算编制坚持实事求是、积极稳妥、留有余地,与生产总值等经济社会增长指标相适应。统筹使用一般预算和基金预算、本级财力和上级补助、部门预算和财政专项,增强政府的调控能力。

坚持集中财力,保障重点。保工资和津补贴发放,预留增人增资和工资改革津补贴调整所需资金;保正常运转,保社会稳定,保法定支出增长,集中财力确保中央、省、市确定的民生政策、重点项目及“十件实事”所需资金。

坚持压缩一般,厉行节约。公用经费实行零增长,压缩公务购车用车、公务接待费、出国(境)经费支出,减少会议、庆典、论坛等活动支出,切实降低行政成本。压缩非公益性项目投资,基础设施建设项目主要依靠筹资融资解决。

坚持优化结构,灵活运作。优化财政支出结构,促进经济发展;进一步加强财政科学化精细化管理,在国家政策没有明确禁止的前提下,打破部门界限,突破资金制约瓶颈,发挥财政资金的引导作用,加大资金资本运作力度,提高资产、资本使用效益。

(四)2011 年全市财政收入指导性计划

根据当前经济财政形势,2011 年全市一般预算收入增幅按 13% 安排,比全省预期增幅高 2 个百分点,比全市生产总值预期增幅高 1 个百分点。上述目标是指导性计划,各县(市、区)根据当地实际,妥善安排本级收入预算。

(五)2011 年市级预算安排

1. 市级一般预算收入

2011 年市级一般预算收入计划安排 90000 万元,比 2010 年完成数减少 10278 万元,同口径增长 13%。主要原因是 2010 年高速公路建筑安装营业税 10500 万元为一次性收入,省财政厅明确,从 2011 年 1 月 1 日起豫西山区高速公路建筑安装营业税为省级收入;2010 年教育系统学费和住宿费等非税收入是连续两年的收入集中入库。

(1)税收收入 74000 万元,增长 25.6%。其中:增值税 24000 万元,同口径增长 15%;营业税 20000 万元,同口径增长 15%;企业所得税 10200 万元,同口径增长 45.3%。

(2)非税收入 16000 万元,同口径增长 8%。其中:专项收入 5000 万元,下降 27.4%;行政事业性收费收入 7000 万元,同口径增长 12%;罚没收入 4000 万元,下降 32.4%。

2. 市级一般预算支出

2011 年,市级一般预算收入 90000 万元,加上上级对我市税收返还 11210 万元、一般性转移支付补助 7120 万元、县(市、区)结算财力 30670 万元,市级财力 139000 万元,比 2010 年预算财力 130000 万元增加 9000 万元,增长 6.9%。加上省财政厅提前告知专项补助 15000 万元,上年结转 2587 万元,市级共安排支出 156587 万元。当年财力安排基本支出 69100 万元,增长 13.5%,基本支出占支出总额的 49.7%;安排事业发展支出 69900 万元,增长 11%,事业发展支出占支出总额的 50.3%。主要支出项目:

教育支出 26023 万元,增长 15%。

农林水事务支出 8702 万元,增长 15%。

科技支出 1443 万元,增长 15%。

文化体育与传媒支出 3388 万元,增长 15%。

社会保障与就业支出 11582 万元,增长 18%。

医疗卫生支出 10667 万元,增长 15%。

节能环保支出 3869 万元,增长 15%。

总预备费 1500 万元,按照预算法要求安排。

以上财政收支预算安排,能够实现当年收支平衡。

3.基金预算安排

2011年市级基金预算收入安排68378万元,比2010年完成数增加21983万元,增长47.4%。主要收入项目:

国有土地使用权出让金收入63200万元,比2010年完成数增加20424万元,增长47.7%。

政府住房基金收入1800万元,比2010年完成数增加484万元,增长36.8%。

2011年市级基金安排支出53138万元,比2010年预算数增加36110万元,增长212.1%。主要支出项目:

国有土地使用权出让金支出50000万元,增长233.3%。

政府住房基金支出1800万元,增长125%。

三、2011年财政工作重点

为圆满完成2011年财政预算目标任务,重点做好以下工作:

(一)*着力推动转型升级,加快转变经济发展方式*。落实好鼓励产业集聚区加快发展的财政激励政策,引导资源配置加快向产业集聚区集中,大力培育特色产业集群。落实财税政策,支持解决进城务工人员就业、安居、子女就学、社会保障等问题,促进农村人口就近转移。完善财政科技投入方式,集中资金支持重大科技专项和产业集聚区科技创新,以技术突破带动煤化工、黄金、氧化铝、电力企业加快技术改造和产品结构调整。整合新增建设用地有偿使用费、耕地开垦费、土地复耕费等资金,引导带动社会资金,支持农村土地综合整治。健全财税激励约束机制,支持重点节能工程建设,促进循环经济发展。

(二)*着力加强财源建设,进一步增强财政实力*。进一步深化企业服务,健全企业服务长效机制,强化对市属重点企业的服务,加大财税政策宣传力度,帮助企业熟悉政策,更好地运用财政财务政策,支持重点企业做大做强,加快发展。落实好各项税费优惠政策,加快涉企财政资金拨付,提升服务企业水平。积极支持招商引资,着力培育新的收入增长点。依法加强税收征管,强化政府非税收入管理,努力做到依法征管、应收尽收,确保财政收入持续稳定增长。

(三)*着力扩大需求,促进经济平稳较快增长*。继续实施更加积极的就业政策,落实和完善相关财税政策措施,提高中低收入群体收入。全面落实鼓励消费的财税政策,增加居民即期消费。积极争取并管好用好中央投资和地方政府融资,重点支持保障性住房、水利设施、粮食生产能力工程、农业综合开发、教育卫生基础设施、节能减排和环境保护、自主创新和战略性新兴产业发展,优先安排续建、投产和收尾项目,严格控制新上项目。充分发挥财政资金“四两拨千斤”的带动作用,积极引导社会资本进入基础设施、公用事业、保障性住房、社会事业等领域,促进投资增长和结构优化。

(四)*着力加大强农惠农投入力度,推动农村改革发展*。加大农田水利建设财政投入,增强农业综合生产能力。支持中小河流治理、小型病险水库除险加固和山洪地质灾害防治。加快推进农业综合开发中低产田改造,提高农业综合生产能力。统筹运用农业专项资金,调整优化农业结构,加快特色优势农业发展。支持现代农业产业技术体系建设、农业技术推广和科技成果转化。完善农业保险保费补贴政策,提高农业生产抗风险能力。增加对种粮农民的各项补贴规模,建立全市统一的“一卡通”管理信息系统,完善惠农补贴发放机制。加大扶贫开发力度,促进财政扶贫政策与农村最低生活保障制度有效衔接。全面开展村级公益事业建设一事一议财政奖补工作。积极支持农村道路、安全饮水、户用沼气建设,改善农民生产生活条件。

(五)*着力改善民生,促进社会和谐稳定*。落实国家调整收入分配政策,降低中低收入者相对税负,强化对高收入的调节。落实义务教育学校、公共卫生和基层医疗卫生事业单位绩效工资政策,缩小公职人员收入差距。把教育作为财政优先保障的领域,围绕落实国家和省教育规划纲要,多渠道筹措经费,大幅度提高教育支出占财政支出的比重。巩固完善义务教育经费保障机制,全面落实家庭经济困难学生资助政策。支持深化医药卫生体制改革,做好卢氏、灵宝新型农村社会养老保险试点工作,将试点地区城镇无收入居民纳入养老保险范围。健全企业退休人员基本养老金、城乡居民低保、农村五保供养和优抚补助对象补助水平正常调整机制。企业退休人员月人均基本养老金在2010年基础上再提高10%左右,妥善解决未参保集体企业退休人员养老保障问题。落实好各项财税扶持政策,大力推进保障性安居工程建设。

(六)着力深化财政改革,进一步完善公共财政体系。进一步完善市与县(市、区)财政管理体制,提高县级政府社会管理和公共服务能力。推进预算管理制度改革,完善公共财政预算,细化政府性基金预算,试编社会保险基金预算。全面取消预算外资金,将所有政府性收入全部纳入预算管理。完善预算编制制度,提高预算编制科学性、准确性和精细化程度。深入推进部门预算、政府采购、投资评审等预算管理制度改革,完成会计集中核算向国库集中收付转轨,建立健全预算绩效管理制度。

(七)着力推进科学化精细化管理,提高财政资金使用效益。完善部门基础信息数据库,逐步实现对行政事业单位各类数据的动态管理。健全项目支出定额标准体系,加强项目库建设和项目预算滚动管理。加强基层财政建设,完善基层财政管理。严格财政监督,树立"大监督"理念,建立财政监督机构与预算管理机构之间工作协调机制和信息共享制度,提升财政监督合力。继续开展重大财税政策实施情况专项检查,保障政策有效落实。加强政府投融资平台管理,加快建立投融资平台财务信息统计和风险预警系统,实现对融资平台公司债务的全口径管理和动态监控。推进财政管理信息化建设,重点强化财政信息平台应用,充分发挥平台对财政经济运行分析的支撑作用。继续狠抓增收节支,坚决压缩公务接待、因公出国(境)、公务用车购置及运行维护等一般性支出,努力降低行政成本。

各位代表,2011年是"十二五"规划的开局之年,财政工作形势严峻,任务艰巨,责任重大。我们决心在市委的正确领导下,在人大、政协的监督、支持下,深入贯彻落实科学发展观,团结奋进,开拓进取,扎实工作,努力圆满完成财政预算,扎实做好各项工作,为推进富民强市,建设创新开放、富裕文明、平安和谐、生态宜居的三门峡作出新的更大贡献!

三门峡市财政局
关于印发《三门峡市市级预算管理办法》的通知

(三财预〔2005〕第537号)

各业务科室、非税收入征收局:

为进一步规范市级预算管理,强化预算约束,根据《中华人民共和国预算法》、《中华人民共和国预算法实施条例》和《河南省预算监督条例》等有关法规,对原《三门峡市市级预算管理办法(暂行)》重新修订、完善,经局长办公会研究,制定《三门峡市市级预算管理办法》,现予印发,从2005年10月1日起执行。

三门峡市财政局

2005年9月26日

三门峡市市级财政预算管理办法

第一章 总 则

第一条 为进一步规范市级财政预算管理，强化预算约束，根据《中华人民共和国预算法》、《中华人民共和国预算法实施条例》和《河南省预算监督条例》等有关法规，结合市级实际，制定本办法。

第二条 本办法适用于三门峡市市级财政预算管理。市财政局各收支管理业务科，须按本办法规定做好市级预算管理工作。

第三条 市级预算由市级各部门预算组成，各部门预算由所属各单位预算组成。市级预算采取部门预算和功能预算相结合的管理方式。

市级预算单位一般预算收支、基金预算收支、预算外资金及其他财政性资金收支均应纳入部门预算管理。

第四条 预算科负责市级财政预算综合管理工作，主管业务科负责所属部门预算管理工作；政府采购办负责政府采购预算管理工作；国库科负责年度预算的执行及决算管理工作；信息中心负责部门预算软件维护及运行工作。

第二章 预算编制

第五条 市级预算按照量入为出、收支平衡的原则编制，不列赤字。

第六条 市级部门预算编审程序：

1. 市财政局依照法律、法规和有关政策提出年度预算草案编制原则、各项定额标准，报市政府审查同意；

2. 市级各部门按财政局编制部门预算的要求编制本部门及汇总所属单位预算草案，在规定的时间内上报市财政局相关业务科。

3. 市财政局相关业务科按照各自分工对市级部门预算草案项目支出进行初审，经预算科综合平衡后连同基本支出预算形成按预算收支科目并分部门显示的市级预算收支草案，经局办公会议研究，报市政府审定。

4. 将市政府审定的预算草案以功能预算形式，提交市人民代表大会审议通过，形成市级预算，市财政局在法定时间内以部门预算形式批复市级各部门。

市级部门预算实行“两上两下”编审程序，其具体要求按年度编审文件执行。

第七条 功能预算反映的市级预算收入包括一般预算收入和基金预算收入。一般预算收入系：市级税收收入、国有资产经营收益、专项收入、行政性收费、罚没收入、其他收入等。部门预算反映的预算收入还包括市级预算外资金收入及其他财政性资金收入。

功能预算反映的市级预算支出包括：一般预算支出和基金预算支出。一般预算支出系：市级行政管理费支出，农林水、教育、科学、文化、卫生、体育等社会事业发展支出，社会保障支出，经济建设支出，价格补贴及其他支出等。部门预算反映的预算支出还包括市级预算外资金支出及其他财政性资金支出。

第八条 市级预算收入参考上一年度预算执行情况和对本年度收入预测，在充分分析市级税源和收入项目的基础上安排。按规定列入预算的收入，不得隐瞒、少列，也不得将上年非正常收入作为编制预算收入的依据。收入预算的编制要与国民经济增长率相适应。

第九条 各收入相关科、非税收入管理局在规定的时间内对下年度收入情况按税种和收入科目进行分析预测，提出市级年度收入计划的具体意见，由预算科汇总平衡后，提出市级收入预算的初步意见，经局长办公会议研究，报市政府确定，提交市人民代表大会审查批准。

第十条 市级预算支出的编制，应当统筹兼顾、确保重点，在保证农业、教育、科技支出按法定比例增长和政府公共支出合理需要的前提下，妥善安排其他各类预算支出。

第十一条 市级支出预算包括基本支出预算和项目支出预算。基本支出中人员经费按规定据实编制，公用经费实行定额管理，各项定额标准，由市财政局提出意见,报市政府确定;项目支出采用"零基预算"编制办法,根据国民经济和社会发展规划、按项目轻重缓急和财力可能分别确定。其中列入基本建设支出管理的基建投资项目、未列入基本建设支出管理的基建性投资项目和单次预算5万元以上的修缮项目还需经市财政投资评审中心或其委托的评审机构评审。

对预算单位收支,实行综合财政计划,具体编制办法和程序按照相关规定执行。

第十二条 预算科于每年6月底前提出编制下年度部门预算的指导性意见,负责编审文件的起草下发,及部门预算的统一编制工作;市直各部门于七月底前完成本部门及所属单位下年度预算的编制和申报;各支出口相关科于八月底前完成项目支出预算的收集、初审、排序,并将初审结果分别报送预算科和政府采购办;政府采购办按年度部门预算编审工作要求的时间完成政府采购预算的编审工作;预算科组织基本支出预算的编制、专项支出预算的再审及汇总平衡、政府采购预算的汇编,于十一月底前形成下年度支出预算初步意见,经局长办公会议研究,报市政府审定,提交市人民代表大会审查批准。

预算外资金收支预算,系部门预算的组成部分,其收入安排由预算科商收入业务科、非税收入管理局核定;其支出安排,涉及项目支出的,由预算科商支出业务科按项目预算编审程序办理。

第十三条 预算草案经市人民代表大会批准后执行。预算科在预算批准之日起一个月内分别向市直部门批复,落实收支计划。

在年度预算批复之前,为保证工资发放和机关事业单位正常运转,预算科可将各部门基本支出部分按照指标控制数录入预算执行系统,待预算批复后替换为正式指标。

第三章 预算执行

第十四条 预算收入征收部门,必须依照法律、行政法规的规定,及时足额征收应征的预算收入,不得擅自减征、免征或者缓征应征的预算收入,不得截留、挪用、占用或者拖欠预算收入。

各收入相关科要积极配合并监督收入征收机关依法征收预算收入,保证收入及时、足额入库。

有预算收入上缴任务的部门和单位,必须依照法律、法规的规定,将应当上缴的预算资金及时足额上缴国库,不得截留、占用、坐支或者拖欠。

第十五条 市级收入退库,按年度预算收入退库计划执行。办理退库,由主管业务科提出审核意见,经主管副局长签字后,送交预算科下达退库计划。当年未用完部分,平衡当年预算;由于政策变化,确需超预算退库,在保证收支平衡的前提下,由业务科提出意见,预算科审核,经局长办公会议研究,报市政府确定;若影响到预算收支平衡,须报人大常委会按预算调整程序办理。

第十六条 各收入相关业务科要加强收入预算执行情况分析,发现和查找增减因素及薄弱环节,针对存在问题,完善征管措施,确保应收尽收。根据部门当年收入预算完成情况,写出书面分析报告,为合理确定下年度收入预算提供依据。

第十七条 年度预算凡能够在年初分配到部门、单位的资金在年初预算批复中一次下达,对于项目实施部门不明确或进度、时间、工作量难以把握以及用于县市区的项目,作为市级待分配资金,在执行中下达。

对年初预算安排的市级待分配资金和上级追加的各项专款指标,在年度执行中,由相关业务科提出分配意见,起草支出指标文件,送预算科核对指标后,报主管副局长签发下达。年初预算未能明确到业务科的指标,由预算科商相关业务科办理。上级追加的各项专款指标,自收文之日起,应在7个工作日内办理完毕。

第十八条 在年度预算执行中如有特殊情况确需追加支出的,由预算单位申请,以主管部门名义用文件形式申报,由财政局各分管业务科提出意见,在年初预留的不可预见费限额内按以下权限和程序审批:数额在1万元以下的,由主管副局长审批;1万元以上3万元以下的,报局长审批;3万元以上10万元以下的,报主管副市长审批;10万元以上30万元以下的,报市长审批;30万元以上的提交政府常务会议审批。对按程序批准后的追加预算,由业务科起草支出预算文件,主管副局长签发下达。

第十九条 年度预算批复后,由预算科将预算单位各项指标录入支付系统,基本支出资金使用计划由国库科批复,项目支出资金使用计划由业务科批复并代录,政府采购项目,按照政府采购预算执行。

第二十条 各支出业务科要建立支出指标账，记录本级财力安排的、上级追加的及其他财政性资金安排的支出预算执行情况。每季终了5日内各业务科要主动与预算科核对支出指标账，与国库科核对拨款指标账；12月20日前与预算科核对完毕当年收支指标账，12月25日前，办理完毕当年预算拨款手续；12月20日以后，凡发生支出业务的应随时与预算科对账。各支出业务科要加强支出预算执行情况的分析和专项支出的绩效评价工作，针对执行中存在的问题提出改进意见，完善管理办法。

第二十一条 预备费的使用。根据《中华人民共和国预算法》，市级应当按照当年预算支出额的1%～3%设置预备费，用于当年预算执行中的自然灾害救灾开支及其他难以预见的特殊开支。预备费一般应控制在下半年使用。预备费的动用，由财政局提出动用方案，经主管副市长同意后，报市长审批。

第二十二条 超收安排的审批。预算科在每年的第四季度对前九个月的预算执行情况进行认真分析，测算当年收入预算完成情况，若收入超预算，需要增加支出项目的，由预算科商业务科，提出超收财力安排支出项目具体意见，经局长办公会议研究，报市政府批准后执行。

第二十三条 预算支出指标结转的处理。对年终有结余可以结转的指标，由业务科提出意见，经主管副局长同意后，送预算科汇总报局长批准。对于可结转的项目，由预算科向业务科提供“结转下年支出表”。

第四章 预算调整

第二十四条 收入预算的调整。根据上级有关收入变动的文件，随时调整市级收入预算；在执行中因特殊情况需要减少收入而必须进行的预算调整，由预算科编制调整方案，经市政府审定后提请市人大常委会审查批准。

第二十五条 支出预算的调整。根据上级追加支出指标的文件，随时调整支出预算；批准后的支出预算在执行过程中类与类之间一般不允许调整，款与款之间的调整，由业务科出具“预算指标调整通知单”，经主管副局长签字后，送预算科调整支出预算；年初安排的预算指标，在同一类款内，涉及用款单位变化的，由业务科出具“预算指标调整通知单”，经主管副局长签字后，送预算科调整支出预算；由于年度支出增加影响到收支平衡或者使原批准的预算中举借债务的数额增加的部分变更而必须进行的预算调整，由预算科编制预算调整方案，经局长办公会研究，报市政府审定后提交市人大常委会审查批准。

第五章 决 算

第二十六条 预算科于12月25日前完成本级指标账的对账，年度终了前完成与省级、县(市)区级专项指标及年度结算事项的核对、结算工作，年度终了测算收支平衡情况，并按规定的时间将决算结算有关资料报国库科。

第二十七条 国库科于每年第4季度提出编制市级部门决算的指导性意见，统一布置市级部门决算编审工作，部门决算的收集、审核工作由相关业务科负责，汇总上报工作由国库科负责。

第二十八条 国库科审核汇总编制本级财政决算草案，经局长办公会议审查同意报市政府审定后提请市人大常委会审查和批准。

第二十九条 国库科在市人大常委会批准市级财政决算之日起20日内向市级各部门批复部门决算，各部门应当自财政部门批复本部门决算之日起15日内向所属各单位批复决算。

第六章 预算监督

第三十条 市财政局自觉接受市人民代表大会及其常务委员会对市级预算、决算和财政管理工作的监督。

预算编制过程中，市财政局按要求及时向人大预工委通报预算编制有关情况并提供相关资料，按规定时间提交市级预算草案。

预算执行过程中，在每一预算年度内至少两次向市人大或其常委会作预算执行情况的报告；按规定每季度向市人大常委会报送预算执行有关资料，包括上级财力补助、转移支付、专款追加等情况，重大变动事项随时报送；对预算调整和预算变更事项应按要求向市人大常委会报批或备案。

市级财政决算草案应按照市人大批准的预算形式向市人大常委会报告,按照预算数、调整数以及实际执行数分别列出,变化大的应作出说明,并按规定提交与决算相关的其他资料。

第三十一条　市财政局自觉接受审计部门和上级财政部门对财政管理工作的监督。市级预算执行情况和决算要接受审计部门依法审计和上级财政部门的监督检查,各相关业务科应按要求提供有关资料,支持和配合审计监察工作。

第三十二条　市财政局内部要建立相互配合、相互制衡和自我约束的预算管理机制。其内设监督机构对预算编制和执行过程中财政法规、政策、制度的执行情况、财政资金运行和管理情况实行监督。

第七章　附　则

第三十三条　凡涉及财政体制调整及预算指标增减变化等方面的文件,由预算科统一编号下发。

第三十四条　本办法自2005年9月1日起执行,原《三门峡市市级预算管理(暂行)办法》》(三财预字〔1996〕76号)同时废止。

三门峡市财政局
关于印发《三门峡市财政支出绩效评价工作实施意见(试行)》的通知

(三财评〔2006〕1号)

各县(市、区)财政局、市直各单位、局机关有关科室:

为了推进我市财政支出绩效评价工作的开展,规范财政支出绩效评价工作,根据河南省财政厅的工作部署,结合我市实际情况,我们制定了《三门峡市财政支出绩效评价工作实施意见(试行)》,现予印发。在执行过程中有什么问题和建议,请及时反馈给我们,以便作进一步修改和完善。

附:《三门峡市财政支出绩效评价工作实施意见(试行)》

三门峡市财政局

2006年7月5日

三门峡市财政支出绩效评价工作实施意见(试行)

随着财政管理体制改革的逐步深入,社会公众对政府行为的"可控性"、"透明性"和"服务性"的要求越来越高,强化财政收支管理与监督,提高财政资金使用效率和绩效,已经成为财政管理工作中一项重要任务。因此,如何在现有的财政预算管理体制下做好财政监管工作,使有限的财力产生更大的绩效,是当前财政改革所面临的一项重要课题。加强财政支出的科学监控,实施财政支出绩效评价,是当前做好财政管理工作的重要方面,也是转变财政管理职能、提高财政管理水平的重要举措。

一、财政支出绩效评价的对象和内容

(一)财政支出绩效评价的对象是管理、使用财政资金的部门和使用财政资金的项目。

(二)财政支出绩效评价的基本内容根据支出的不同情况分别为:

1. 根据支出绩效的不同,进行经济绩效(包括直接和间接经济绩效)、社会绩效、特定目标绩效的评价。

2. 根据支出主体的不同,进行部门绩效和项目投资绩效的评价。部门绩效评价是指对使用(管理)财政支出的公共部门(如教育、文化、农业等)财政年度内的工作绩效进行评价。

3. 根据公共支出类别的不同,进行保障政权运转支出、保障事业发展支出、公共投资支出和调节收入分配支出等方面的绩效评价。

4. 根据支出层面的不同,进行财政支出总量、财政支出结构和财政支出绩效的评价。财政支出总量绩效评价是指对财政支出总规模所产生绩效的评价;支出结构的绩效评价是指对财政支出项目间组合绩效的评价,结构是否科学合理,对财政支出整体绩效的发挥至关重要;支出项目绩效评价是对具体支出项目所产生绩效的评价,是支出评价的细化。

二、财政支出绩效评价的制度方法

(一)财政支出绩效评价应当遵循的原则

1. 真实性原则。财政支出绩效评价所采集的资料、数据情况等必须具有真实性。

2. 科学性原则。根据不同部门、不同支出类别和项目特点,科学设计评价标准,准确、全面反映财政支出的投资规模、使用重点及综合绩效,衡量不同部门需求、管理和使用财政资金的能力。评价方法要简洁明快,合理可行,操作性强。

3. 效用性原则。财政支出绩效评价,要突出重点,通过对财政资金投向和绩效的科学分析评价,强化财政资金分配和使用责任,提出优化财政支出结构,提高财政资金使用绩效的建设性意见,为预算编制和执行提供科学依据。

(二)财政支出绩效评价的基本方法

财政支出绩效评价以成本—收益分析法为基础,统筹运用经济分析、评估、预测等各种方法。具体操作中,应注意根据不同项目、不同部门的实际情况合理选用评价方法。

1. 成本比较法。在目标绩效相同的情况下,对支出项目中发生的各种正常开支、额外开支和特殊费用等进行比较。

2. 利润率比较法。通过计算年度盈余与平均构成成本的比例关系进行评价。

3. 摊提计算法。主要用于研究某一项目支出通过年度盈余得以回收的时限,即计算投资回收期或投资风险。

4. 公众评判法。采取问卷统计、测评等方式向公众进行某项公共支出项目实施绩效情况的调查,以评判其绩效高低。

5. 因素评判法。主要用于无法用货币计量的指标评价。根据项目实施各因素功能的重要程序确定不同的分值,将定性的概念转为定量的数值。

6. 目标评价法。将当期经济绩效与目标标准进行对比评价。

7. 综合指数法。在计算多种经济绩效指标指数的基础上,根据一定的权数,对各环节或各领域的经济绩效单项指标进行综合,计算出综合经济绩效指数,从而评价总体及各环节的经济绩效水平。

8. 数理模型法。在科学设计评价指标体系、建立基础数据库和综合运用成本比较、目标评价等评价方法的基础上,建立专项支出项目数理评价模型,利用计算机信息处理技术开发绩效评价软件。

(三)财政支出绩效评价的指标设计与使用

按照财政支出评价对象的基本分类,评价指标体系主体结构设定为基本指标和补充指标两个层次。

1. 基本指标设置。基本指标按财政支出评价对象分类设置为经济建设支出项目评价指标、教育项目评价指标、科技项目评价指标、文体广播项目评价指标、医疗保障项目评价指标、农业支出项目评价指标、农业综合开发支出项目评价指标等七大类评价指标。基本指标设置以计量指标为主,由政策性指标、绩效性指标和管理性指标构成。根据评价对象的不同,基本指标的设置应分别反映部门绩效、单位绩效和项目绩效三个方面的内容。

①部门绩效指标是指以财政资金支出流向,按照财政资金使用的主体环节(部门)来设置的指标。通过反映部门绩效指标,对部门预算目标执行情况及部门预算编制的有效性和合理性进行评价。

②单位绩效指标是指为评价财政资金的具体使用单位的绩效而设定的指标。目的是评价财政资金使用单位支出项目的实施情况、目标实现情况以及产生的效果等整体情况。

③项目绩效指标是对财政投资项目和公共支出项目的综合性评价指标,具体指项目的效果指标,项目的经济性和有效性指标,项目的社会影响指标。上述指标的设置对已完成的项目绩效、作用

和影响所进行的系统的、客观的评价。

2. 补充指标设置。补充指标是根据国家对财政支出评价对象的政策和要求设定,具体可由评价工作组织机构结合具体项目的实际需要进行个案设置。补充指标可以是计算指标也可以是非计算指标。

(四)财政支出绩效评价的工作流程

1. 确定评价对象。财政部门应根据财政支出改革、管理的总体目标,以及上级主管部门关于开展财政支出绩效评价的工作部署,制订财政支出绩效评价工作计划,有目的、有重点地对区域财政收支执行情况和重要公共支出管理部门、重大财政投资项目进行评价。

2. 组建评价工作组和专家咨询组。财政部门应根据评价工作需要,从相关部门抽调业务骨干组建评价工作组,从财政、审计、计划、监察等相关部门和行业协会、科研机构、大专院校、社会中介机构聘请有关专业人员组成专家咨询组。评价工作组承担整个评价过程中的各项具体工作,并实行组长负责制;专家咨询组根据评价工作需要,负责向评价工作组提供有关政策、技术等方面的咨询意见和建议。

3. 设计评价方案,下达评价通知。评价工作组应根据有关规定,制定《评价工作实施方案》,主要内容包括评价对象、目的、依据、组织分工、实施步骤和拟用评价方法、选用评价指标、必备评价资料及其他相关要求等,并由评价工作组代表财政部门及时向评价对象下达《评价通知书》,载明相关情况,布置部门自评,并提供有关资料。

4. 督促部门自评,收集数据资料。在正式实施评价工作前,评价工作组应监督被评价的部门、单位做好自我评价工作,按照评价要求收集、核实、整理和提交反映立项决策、建设实施、生产经营等全过程的基础数据资料,并对所提交的数据资料的真实性负责。

5. 组织实施并出具评价报告。评价工作组在实施评价的过程中,应深入被评价部门(项目)调查了解有关情况,征求相关部门对被评价部门(项目)的意见;实地勘查和核对评价对象提供的基础数据资料的真实性,并按照组织分工,运用适当的评价法对评价指标进行周密计算和细化分析,全面反映被评价部门(项目)的综合绩效情况,提出对存在的问题的改进措施,在此基础上形成评价报告。

①评价报告正文应包括:评价对象的基本情况简述;说明评价依据、评价数据和资料的来源、采用的评价方法和评价标准;评价分析;评价结论;改进措施及指导性建议。

②评价报告必须客观、准确地反映评价对象的情况。评价工作人员拟定评价报告时应听取专家咨询组的意见,对影响评价结论的客观因素应在报告中予以说明。

③评价报告语言要简洁、规范,观点明确、论据充分、分析详尽,文字叙述清晰明了。

④报告附录包括评价工作有关的基础文件、数据及文字资料、评价工作人员名单等。

6. 反馈评价结果,做好工作总结。评价工作完成后,评价工作组应及时将评价结果反馈给评价对象征求意见。同时,应建立评价工作档案,进行评价工作总结,将工作背景,评价过程、初步结论、审定结果和问题、建议等形成书面材料。

三、财政支出绩效评价结果的利用

(一)评价结果应根据工作需要及时报送同级党委、政府及相关部门作决策参考。同时,可提交组织、人事等部门作公共管理部门绩效考核参考,并为加强项目监管和新上同类项目提供经验参考。

(二)评价结果应成为下一年度财政预算编制的基础,并能为优化财政支出结构和提高财政支出绩效提供信息支持。

(三)评价结果经批准后,可有选择地通过新闻媒体对外发布,增强财政资金使用透明度,加强社会和舆论监督。

各级财政部门应建立财政支出奖罚机制,根据支出绩效评价结果,对决策科学、项目实施成效不明显甚至产生负面影响的部门,给予必要的制约;对评价报告揭露的财务收支、工作质量等方面的问题,要依法进行查处,以确保资金的有效使用。

四、财政支出绩效评价的组织领导

(一)财政支出绩效评价工作是一项涉及面广、业务性强、

操作难度大的综合性工作,各级财政部门应加强对这项工作的组织领导,将其纳入财政支出决策、财政资金监管和国民经济发展预测体系,增强评价工作的规范性和约束力。

（二）合理安排评价工作经费。财政支出绩效评价工作是政府管理行为，不得向评价对象收取评价费用。属市级评价任务，评价经费由市财政统一安排；属县（市、区）、乡镇确定的评价任务，其费用由同级财政列入本级预算。

（三）加强对评价指标体系的探索与创新。各级财政部门应积极组织对试行的评价指标和评价方法的实践探索，逐步建立更加切合实际的指标体系与标准，更好地反映财政资金分配的合法性、合理性和财政支出的经济性、效率性与有效性。

财政支出绩效评价是一项创新性的工作，没有现成的经验可循。在实施财政支出绩效评价过程中，要逐步积累工作经验和方法，完善财政支出绩效评价系统，使之制度化、规范化，逐步形成一套完整的、行之有效的工作方法和评价体系。

三门峡市财政局
关于印发《三门峡市财政专项资金监督管理办法》和《关于进一步落实〈财政部门内部监督检查暂行办法〉的意见》的通知

（三财监〔2009〕6号）

各县（市）区财政局、市局各科室、局属各单位：

现将《三门峡市财政专项资金监督管理办法》和《关于进一步落实〈财政部门内部监督检查暂行办法〉的意见》印发给你们，请结合实际认真贯彻执行。

三门峡市财政局

2009年7月24日

三门峡市财政专项资金监督管理办法

第一条　为提高财政专项资金的使用效益，加大监管力度，规范监督检查工作，根据《中华人民共和国预算法》、《财政违法行为处罚处分条例》、《财政检查工作方法》等法律、法规的规定，结合我市实际，制定本办法。

第二条　本办法所称财政专项资金是指国家、地方各级人民政府及其财政部门依据有关法律、法规、规章和政策设立的、具有专门用途的财政性资金，包括中央、省、市和县（市、区）等各级财政为完成特定的行政工作任务以及经济和社会事业发展目标而安排的生产建设性、事业发展性的项目资金。

第三条　对财政专项资金实施监督，应遵循以下原则：依法行政，依法理财；职责明确，分工协作；专款专用，讲求效益；依法管理，严处违规。

第四条　实施监督方式包括：事前审核、事中检查和事后监督相结合；日常全面监督与专项重点检查相结合；资料审查与实地抽查相结合。

第五条　财政专项资金监督检查的主要内容是：

（一）专项资金下达的依据、程序是否符合有关的法律、法规；

(二)专项资金是否严格按照工程进度及时拨付到位;

(三)专项资金的使用范围及开支标准是否符合有关的法律、法规;

(四)配套资金是否及时足额到位;

(五)要求专户管理的是否按规定开设专户,单独核算,执行会计核算制度是否正确;

(六)专项资金中纳入政府采购的支出,是否符合政府采购的审批手续及程序;

(七)资金使用单位是否明确,有无多头管理和重复申报的现象;

(八)施工单位、监理单位是否具备相应的资质,项目设计、批复、开工等手续是否齐全;

(九)专项工程是否按照招投标要求,公开进行招投标,有无暗箱操作,以权谋私等行为;

(十)招标项目是否分阶段按程序申请拨款,监理、验收手续是否齐全,资金使用中财务管理是否规范,工程财务决算是否真实完整;

(十一)要求实行"报账制"管理的,是否严格执行报账制度,财务管理是否规范、开支是否合理;

(十二)已完工项目,是否严格按程序及时组织验收,有无审计报告和报经财政部门审批的工程决算,是否按有关规定办理固定资产移交、管理手续。

第六条 各有关部门和单位应积极配合财政部门组织的专项资金检查,并提供下列资料:

(一)专项资金项目可行性研究及报批、立项的有关报告、文件和资料;

(二)财政部门预算及下达专项资金的文件;

(三)项目概(预)算及投资评审结果;

(四)专项资金工程纳入政府采购的有关审批手续、项目招投标有关文件;

(五)专项资金的会计账簿、报表、凭证、银行账户资料及对账单等;

(六)施工单位、监理单位资质资料;

(七)专项资金项目有关固定资产台账及大宗采购入出库记录等;

(八)已完工项目工程竣工验收报告、工程决算等;

(九)有关财务负责人、会计人员的情况;

(十)其他有关文件、资料等。

检查人员对被查单位提供的有关资料,应妥善保管,并严格为被查单位保守秘密。

第七条 财政专项资金检查工作程序和要求按《财政检查工作方法》进行。

第八条 对财政专项资金实施监督是财政部门各职能机构的共同职责。业务部门应按照职能分工,负责提出本部门分管的专项资金及重大项目监督检查计划,对各自分管的专项资金实施经常性监督检查。监督检查部门负责组织实施和协调重点监督检查工作。

第九条 各业务部门应把通过本部门安排的各专项资金相关资料及时报送监督检查部门备案。

第十条 各业务部门应严格履行日常监管职责:

(一)制定专项资金管理办法,对数额较少、同类性质的专项资金可列入相同范畴制定资金管理办法。专项资金管理办法应包括:专项资金申报程序、申报所需资料、使用范围、支付方式、监督检查、违法违规的处理等方面的内容。

(二)加强对专项资金申报资料的审核,实行申报资料初审、复审、签审责任制,逐级把关,必要时应当对重点事项进行调查。

(三)对使用财政专项资金数额较大的项目,列为每年实施全过程监督检查的重点项目,各业务部门应根据专项资金管理办法督促项目主管部门或资金使用单位,定期报送专项资金使用反馈情况。反馈情况应包括如下内容:项目名称、使用单位、批准机关、资金来源及到位情况、资金用途、预期效益、项目进展情况、监理报告、资金使用与资金使用责任制情况、主管部门对资金使用管理方面的意见等。

第十一条 监督检查部门负责对财政专项资金的管理、拨付、使用情况进行定期或不定期的检查,根据各业务部门报送的专项资金相关资料,有针对性地选择或听取业务部门建议,选择部分专项资金进行重点检查,并对有关部门及其工作人员对本办法的执行情况加强监督检查。

第十二条 资金使用单位有下列行为之一的,财政部门按照《财政违法行为处罚处分条例》做出处理。

(一)擅自改变资金用途的;

(二)截留、挪用、挤占专项资金的;

(三)监管不力,造成专项资金损失浪费的;

(四)弄虚作假骗取财政资金的;

(五)财务决算情况不真实的;

(六)其他违纪行为。

第十三条 本办法自颁布之日起施行。

三门峡市财政局
关于支持文化产业发展的意见

(三财办〔2006〕2 号)

为贯彻落实《中共三门峡市委、三门峡市人民政府关于大力发展文化产业的意见》和《三门峡市建设文化强市规划纲要》,积极支持文化体制改革,加快文化产业和文化事业发展,结合财政职能,提出如下实施意见:

一、发挥财政职能,加大财政投入力度

一是各级财政部门要认真落实中央关于新增文化事业费主要用于农村的决定,加快农村文化设施建设和文化事业发展。二是增加对县级“三馆”建设投入。针对县级文化馆、图书馆、群艺馆建设落后,不能适应人民群众文化生活需要的状况,从2006 年起,鼓励和支持县级“三馆”建设,实行配套激励机制,对列入省级支持的“三馆”建设项目,市、县财政按项目资金 1 : 0.4 : 0.6 予以配套,优先支持县级配套资金落实项目。对“三馆”合一建设的县(市)重点予以支持。

二、创新机制,转变财政资金投入方式

各级财政部门要认真研究转变财政投入方式,逐步从“养人”为主向“养事业”为主转变;从“养单位”为主向“做项目”为主转变,提高财政资金使用效益,使财政资金能够更好地用于促进文化产业和文化事业的发展。对于公益性文化单位,要在保证基本支出的前提下,建立按照提供文化服务的质量和数量确定财政补助的机制,并积极探索多渠道筹集资金的办法,对于有一定经营能力的宣传文化单位,逐步提高具有激励机制性质的经费投入比例,建立和完善奖励机制,促使其走向市场。探索以公开招投标或委托等方式采购文化艺术产品、文化活动项目、文化科研成果等,面向全社会的文化单位实施政府采购,推动文化单位加强项目成本管理。开展财政投入绩效考评工作,建立完善文化事业单位绩效考评制度,从服务质量、服务数量、业务发展等方面实行目标考核和测评,并将考评结果与财政资金挂钩。

三、积极引导、鼓励和支持社会资本投入文化产业

要通过财政资金的扶持,引导和带动社会力量参与兴办文化产业,支持社会力量依法办文化,实现文化产业投资主体多元化。“十一五”期间,市级拟配套设立文化产业发展专项资金,对列入省文化产业发展专项资金支持的项目,市、县财政按项目资金 1 : 0.4 : 0.6 予以配套,优先支持县级配套资金落实项目。采取补助、贴息、奖励等方式,支持发展势头好,经济和社会效益明显的文化单位和具有高成长性的重点文化产业项目,引导和带动社会力量兴办文化产业,促进文化产业发展。

四、支持经营性文化事业单位转制,积极做好转制后的社会保障工作,转制前已经离退休人员,原国家规定的离退休待遇不变

转制前参加工作、转制后退休人员基本养老金的计发和调整,按照企业的办法执行。离休人员医疗保障待遇不变,医疗费转制前由财政供给的,仍按原渠道补助,转制前由单位负担的,转制后参加离休医疗统筹,对有困难的单位,财政予以补助。会同有关部门按政策规定做好经营性文化事业转制后参加养老保险、失业保险和医疗保险工作。

五、履行事业单位国有资产监管职能,加强国有资产管理

对转制的文化体制改革试点单位,要严格按照有关规定,做好资产清查、审计和资产评估工作,对于清查出的资产损失按规定报经批准后进行核销,防止国有资产流失;其资产评估和财务审计工作由同级财政部门委托有关有资质的社会中介机构进行,所需费用由同级财政负担。

三门峡市财政局

2006年1月11日

三门峡市财政局
关于规范部门预算单位政府采购行为的通知

(三财购〔2006〕5号)

市直各部门、各单位:

为规范部门预算单位政府采购行为,提高政府采购资金的使用效益,维护政府采购当事人合法权益,依据政府采购法及有关规章制度,现就部门预算单位依法、规范办理政府采购的相关事项通知如下:

一、依法编制政府采购预算

采购单位在编制下一财政年度部门预算时,对使用财政性资金采购政府采购目录以内或采购限额标准以上的货物、工程和服务的项目,应当随部门预算一起编制部门政府采购预算。

预算执行中市本级追加预算、中央下达补助专款、国债资金、动用预备费安排用于市级部门的项目,部门在申报项目时要依据政府采购目录和限额标准附报政府采购支出的具体项目,属于政府采购部分的,市财政局部门预算主管科室在下达的指标文件中要明确并相应在国库支付系统增加政府采购预算指标。

政府采购预算应尽量细化,体现可操作性,便于采购活动的实施。对应纳入政府采购范围的项目未编制政府采购预算、纳入政府采购预算未按规定实施政府采购的,按照政府采购有关规定处理。

二、坚持以公开招标为主要采购方式

公开招标是政府采购的主要方式。凡是达到公开招标数额以上的项目,必须公开招标。采购单位不得将政府采购项目化整为零多次重复采购,规避公开招标。达到公开招标数额但因特殊原因不能公开招标的,采购单位必须书面说明并提供相关依据。招标过程中,参加投标的供应商不足3家,或者评标中出现符合专业条件的供应商或者对招标文件作出实质响应的供应商不足3家的,报经同级财政部门批准后方可采取其他采购方式。

采取邀请招标、竞争性谈判、询价和单一来源方式采购的,必须按照政府采购法及有关规定的程序进行。属于协议供货和服务定点范围的项目,采购单位必须到协议供货和服务定点单位采购中标的产品和服务。

三、委托协议要明确双方权利和义务

采购单位按照财政部门批复的采购方式,自主选择具备相应资质的采购代理机构并签订委托协议,确定委托代理事项,约定双方权利和义务,并据此承担相应责任。采购单位与采购代理机构是委托与被委托的关系,采购代理机构不得采取不正当手段谋取代理业务,采购单位不得以委托业务为由提出不正当要求和倾向性意见,谋取局部或个人利益。委托协议签署后,采购单位应积极主动地协助采购代理机构开展工作。

四、采购需求的确定要体现公平公正原则,符合政策功能取向

除单一来源采购外,采购单位提出的采购需求及各项技术标准应符合国家强制性标准，招标（采购）文件不得要求或者标明特定的供应商或者产品，以及含有倾向性或者排斥潜在供应商的其他内容。评审标准和评审规则的确定不能影响评审结果的公正性。采购单位根据招标采购项目的具体情况，可以机会均等地组织人员对潜在供应商现场考察或者召开采购前答疑会，但不得单独与某个供应商接触并承诺其中标（成交）或者组织只有个别供应商参加的现场考察。

采购单位在确定采购需求时应当有助于实现国家经济和社会发展政策目标，包括保护环境，扶持不发达地区和少数民族地区，促进中小企业发展等；优先购买本国产品、节能产品（财库〔2004〕185号）以及符合国家无线局域网安全标准并通过国家认证的无线局域网产品（财库〔2005〕366号）；通过改进政府采购评审方法、首购、订购等措施给予自主创新产品优先待遇，支持自主创新和高新技术企业。

五、采购单位代表不能以专家身份参加评审委员会

评标委员会（谈判小组、询价小组）由经济、技术专家和采购单位代表组成。采购单位代表不能以专家身份参加评委会（谈判小组、询价小组），并且采购单位代表占评标委员会（谈判小组、询价小组）成员总数的比例不得超过三分之一（四舍五入）。评标委员会（谈判小组、询价小组）根据招标（采购）文件规定的评审方法和评审标准开展评审活动，采购单位代表不得干预或误导评标委员会（谈判小组、询价小组）其他成员评审，不得私下接触参与采购活动的供应商。

六、依法确定中标（成交）供应商

采用招标方式（包括公开招标和邀请招标）的，采购单位应当在收到采购代理机构评标报告后五个工作日内，按照评标报告中推荐的中标候选供应商顺序确定中标供应商；也可以事先授权评标委员会直接确定中标供应商。采购单位经财政部门批准自行组织招标的，应当在评标结束后五个工作日内确定中标供应商。中标供应商因不可抗力或者自身原因不能履行政府采购合同的，采购单位报经同级财政部门批准可以与排位在中标供应商之后第一位的中标候选供应商签订政府采购合同，以此类推。

竞争性谈判采购方式应当采用最低评标价法确定成交供应商。因项目情况复杂不宜采用最低评标价法的，可以采用综合评分法，即以综合评分法确定符合采购需求、质量和服务相等的供应商范围的分值，由在分值以上的供应商在规定时间内提出最低报价，报价最低的供应商即为成交供应商。

询价采购方式应当确定符合采购需求、质量和服务相等且报价的最低的为成交供应商。

通过资格后审（或预审）确定中标（成交）或入围供应商的，应在招标（采购）文件中事前约定，并由依法成立的评审委员会进行审定。

采购单位不得自行更改中标、成交供应商。采购单位对供应商质疑事项核查属实，需要变更中标、成交供应商的，应报同级财政部门批准。

七、认真负责地做好供应商质疑答复及投诉处理配合工作

政府采购活动出现纠纷的，应在坚持实事求是、维护当事人合法权益前提下通过平等协商方式解决。供应商坚持质疑的，采购单位或其委托的采购代理机构在收到供应商书面质疑后7个工作日内作出答复，并以书面形式通知质疑供应商和其他有关供应商，但答复的内容不得涉及商业秘密。采购单位或政府采购代理机构对供应商的质疑答复，应根据供应商质疑事项，以采购文件和法律为依据逐项作出说明，并提供相关证明材料。供应商提起投诉的，采购单位应积极配合财政部门做好投诉处理工作。

八、及时签订合同并办理资金结算

采购单位应当自中标（成交）通知书发出之日起30日内，按照招标文件和中标（成交）供应商投标文件的约定，与中标（成交）供应商签订书面合同。所签订的合同不得对招标文件和中标（成交）供应商投标文件作实质性修改，不得向中标（成交）供应商提出任何不合理的要求，不得与中标（成交）供应商私下订立背离合同实质性内容的协议。采购单位应当自采购合同签订之日起7个工作日内，按照有关规定将采购合同副本报财政部门备案。

采购单位应及时按合同约定组织验收,办理资金支付手续,不得无故拖延,更不得刁难中标(成交)供应商。年终无故未按合同约定及时办理的资金,财政部门不予结转。

采购单位出现违法违规行为的,按照《中华人民共和国政府采购法》《财政违法行为处罚处分条例》及有关规定处理。

三门峡市财政局

2006年4月3日

三门峡市财政局
关于印发《三门峡市财政专户管理暂行办法》的通知

(三财库〔2009〕7号)

各县(市、区)财政局、局属各科室、各有关单位:

现将《三门峡市财政专户管理暂行办法》发给你们,请遵照执行。

附件:《三门峡市财政专户管理暂行办法》

三门峡市财政局

2009年7月30日

三门峡市财政专户管理暂行办法

第一章 总 则

第一条 为加强财政专户资金管理,健全财政内部监督制约机制,确保财政专户资金运行安全,提高财政资金使用效益,根据有关法律、法规、制度,结合我市实际制定本办法。

第二条 本办法所称财政专户是指按照有关规定在金融机构开设的,用于存储、管理和核算具有专项用途的财政资金存款账户。

第三条 本办法适用于按照中央、省有关规定,在金融机构开设的财政资金专用存款账户。

第四条 财政专户应按照归口统一管理、严格按程序开设、同类专户归并、慎重选择开户银行的基本原则加强管理。

第二章 财政专户的开立、变更和撤销

第五条 财政专户由国库科统一管理。国库科应遵循"规范、统一、高效、精简"的原则设置财政专户。为保证专项资金安全,应选择国有、国有控股银行开立财政专户。

第六条 财政资金专户应当以国务院、财政部以及省级人民政府或省级财政部门的正式文件为依据开设。凡是经上述机关批准的原开户文件已废止、政策执行到期的,应将原专户撤销。对仍有结余资金的,应按规定将结余资金转入国库,确需单独反映的可进行分账明细核算。专户中结余资金转出后应当及时办理撤户手续。

第七条 同一性质或相似性质的专项资金,原则上只能开立一个财政专户,实行同户分账核算。

特殊情况可按资金渠道开立财政专户。已开设多个财政专户的应进行归并。

第八条　对于开立一年内没有发生资金往来业务的财政专户，财政专户原开户的政策依据变化，以及没有必要存在的财政专户，应及时办理销户手续。

第九条　需开设新专户的，应有财政部各司（局）需开设新的财政资金专户以及要求地方财政开设相关专户的相关文件，或地方省级财政部门需开设新的财政资金专户以及要求省级以下财政部门开设相关专户的相关文件，由国库科按规定统一开设新的财政专户。凡无财政部各司（局），或地方省级财政部门需开设新的财政专户相关文件的，原则上不得开设新的财政资金专户。

第三章　财政专户的拨付和核算

第十条　财政专户印鉴由市财政局法人印章、财政资金专户拨款专用章、和国库科具体经办人印章组成。预留印鉴发生变化，国库科应及时办理变更手续。

第十一条　财政专户印鉴要用专门保险柜保管，实行分人分印管理，同一经办人员不得管理全部印鉴。印鉴移交时要实行平行移交，不交叉移交。对停止使用的印鉴移交档案室保存。

第十二条　国库科配备专人负责办理银行往来业务及财政专户的管理和核算，业务科安排专人办理专户资金的拨款申请、账务核对等管理业务。

第十三条　财政专户资金实行集中管理、分账核算、统一调度。财政专户资金的支配使用权和债权债务的处置权属于各业务科，国库科负责财政专户资金的审核拨付及财政专户资金的会计核算和归档工作。

第十四条　业务科使用财政专户资金时，填报资金拨付通知单，经科室负责人、分管局领导审批后，将签章的拨款通知单及相关审批材料送交国库科，办理拨款。

第十五条　国库科按照业务科提供的专户拨款通知单及相关材料到开户银行办理拨款手续。财政专户资金拨付一律通过银行转账划转，不得以现金形式支付。

第十六条　国库科按照有关财务会计制度的规定负责财政专户资金的会计核算工作。

第十七条　建立经常性的对账制度，国库科与开户银行、业务科按月核对财政专户资金的收支、结余，以及总账和明细账的情况，做到账实相符，保证专户资金安全运行。

第十八条　业务科和国库科要积极配合审计等部门对财政专户的监督检查工作，国库科负责会计事项的解释，业务科负责业务事项和债权债务的解释。

第四章　财政专户的管理与监督检查

第十九条　除上级政府或财政部门规定设立的财政专项资金账户外，未经市政府批准，不得设立新的财政专项资金账户。

第二十条　财政专项资金按照财政专户的核算内容拨入和支付，不得擅自将不同性质的专项资金相互挪用和划转。

第二十一条　实行专户管理的财政资金，经分管局领导批准并正式行文后从财政国库拨入财政专户。

第二十二条　国库科应在清理、规范本级财政资金专户基础上，建立财政资金专户管理档案制度，对各类财政资金专户实施动态管理。

第二十三条　监督科和监察室负责对市级财政资金专户实施内部监督检查，并客观、公正地反映监督检查情况。

第二十四条　国库科和各业务科应按照监督科和监察室的要求，及时提供专户资金的申报、分配、拨付和使用情况，自觉接受财政内部的监督检查。

第二十五条　对于违反本规定的责任人，给予批评教育或通报批评。情节严重、造成严重后果的，根据《国家公务员暂行条例》及其他相关规定给予行政处分；触犯刑律的，移送司法机关处理。

第二十六条　本办法自 2009 年 7 月 1 日起执行。

本办法由市财政局国库科负责解释。

关于印发《三门峡市小额担保贷款奖励补助资金实施细则》的通知

（三财金〔2009〕37号）

各县（市）区财政局、人事劳动和社会保障局、人民银行各县（市）支行：

为做好我市小额担保贷款奖励资金管理工作，提高财政补贴资金的使用效益，根据《河南省财政厅河南省人力资源和社会保障厅中国人民银行郑州中心支行关于印发〈河南省小额担保贷款奖励补助资金管理暂行办法〉的通知》（豫财办金〔2009〕77号）精神，我们制定了《三门峡市小额担保贷款奖励补助资金实施细则》，现印发给你们，请遵照执行。

附件：《三门峡市小额担保贷款奖励补助资金实施细则》

三门峡市财政局
三门峡市劳动和社会保障局
中国人民银行三门峡市中心支行
2009年12月7日

三门峡市小额担保贷款奖励补助资金实施细则（试行）

第一章　总　则

第一条　为充分调动经办银行、担保机构和信用社区等单位开展小额担保贷款工作的积极性，促进就业工作，根据《河南省财政厅河南省人力资源和社会保障厅中国人民银行郑州中心支行关于印发〈河南省小额担保贷款奖励补助资金管理暂行办法〉的通知》（豫财办〔2009〕77号）精神，结合三门峡市实际，特制定本实施细则。

第二条　小额担保贷款奖励补助对象是全市开展小额担保贷款工作突出的经办银行，担保机构和信用社区等单位。

第三条　市财政局按照上级财政部门拨付的奖励补助资金，根据上年度各县市和市直完成目标任务情况，对考核指标对象进行奖励。

第二章　考核指标

第四条　小额担保贷款奖励补助考核指标包括：贷款发放规模及回收情况、担保基金增长、担保基金放大倍率、促进就业效果等。

（一）经办银行。积极筹措信贷资金，充分满足同级担保机构融资需求，当年完成同级担保基金余额的4倍（含4倍）以上的贷款额度，当年新增贷款发放额超过上年并且不低于当年同期担保基金增长那个比例，积极做好贷后跟踪服务工作，到期贷款回收率达到96%（含96%）以上。

（二）担保机构。完成市政府下达当年小额担保贷款发放目标任务，到期贷款回收率达到96%以上，年度同级担保基金增长5%（含5%）以上，促进当地就业效果明显。

（三）信用社区。辖区内创业培训率达到100%，建立了辖区内人员信用档案，做到一户一档，到期贷款回收率达到96%以上，做好贷后跟踪服务，按季回访率达100%。

第三章　考核奖励原则

第五条　奖励补助依据。由劳动保障部门提供市政府制定的小额担保贷款发放目标任务；担保机构提供信用社区创业培训情况、人员信用档案、按季回访率和担保基金余额；人民银行提供经办银行贷款额度、到期贷款回收率、担保基金余额的放大倍率；财政部门提供担保基金增长比例。

第六条　奖励补助资金按照当年发放小额担保贷款额度进行分配，经办银行、担保机构和信用社区分别为3∶4∶3。

第七条　能够完成市政府小额担保贷款发放目标任务且回收率达到96%的，给予奖励补助。单位各项指标经考核都合格的，在各自的分配比例里全额奖励，若个别指标完不成的，酌情扣减。扣减的奖励资金由同级财政予以结转，打入下年度奖励资金，统一安排使用。

第四章　考核奖励工作程序

第八条　小额担保贷款考核奖励办法从2008年度实施，按年度考核。

市财政局根据相关部门上报的材料进行审核，并以此分配奖励补助资金，专项用于经办银行、担保机构和信用社区工作经费，不得挪作他用。

第九条　市财政局按照本细则制定的程序对各县（市、区）进行考核。

第五章　附　则

第十条　各市、县财政局、劳动保障部门和人民银行要加强配合和协调，认真做好小额担保贷款奖励补助考核工作，确保奖励资金落实到位，发挥效应，各单位要严格把关，杜绝弄虚作假、骗取奖励资金现象的发生。

第十一条　本细则自公布之日起施行。

第十二条　本细则由三门峡市财政局附则解释。

关于印发《三门峡市财政局经费管理办法》的通知

（三财〔2009〕13号）

各科室、局属各单位：

为进一步加强局机关和局属各单位经费管理，根据有关法规、政策、制度，结合局机关和局属各单位实际情况，经局长办公会研究，制定了《三门峡市财政局经费管理办法》。现印发给你们，请结合实际，严格遵照执行。

附件：《三门峡市财政局经费管理办法》

三门峡市财政局

2009年7月24日

三门峡市财政局经费管理办法

第一条　为进一步加强局机关和局属各单位经费管理，保证资金安全高效运行，根据有关法规、政策、制度，结合局机关和局属各单位实际情况，制定本办法。

第二条 本办法适用于局机关、局属全供事业单位和自收自支事业单位。

第三条 经费是指局机关、局属各单位为开展日常工作和业务活动所发生的资金支出。具体开支范围包括:

一、公务费,包括办公费、水电费、邮电费、差旅费、会议费、交通费、招待费、材料费、文印费等;

二、专项业务费,主要是指开展某一专项业务发生的经费支出;

三、设备购置费,指购置办公设备、交通工具等所发生的费用;

四、维护修缮费;

五、其他费用,以上四项费用之外的经费支出。

第四条 局机关和信息中心、科研所、财政投资评审中心经费由局办公室统一管理。财经投资公司、非税收入征收局、财经学校、支付中心、政府采购中心(含产权交易中心、会计公司)、契税所、注册会计师协会秘书处等局属单位经费由各单位按照行政事业单位财务管理规定严格管理。

第五条 局机关和局属各单位经费实行总体控制、综合平衡、分级审批、报销审核、签字报账的原则。具体审批程序如下:

1.局机关(含信息中心、科研所、财政投资评审中心)经费报销审批程序:凡一次性开支在3000元(含)以下的,由经办人签字、科长审核、分管局领导审签,办公室主任审批;在3000元至10000元(含)之间的,由经办人签字、科长审核、分管局长审签、办公室主任审核,主管办公室的局领导审批;在10000元至30000元(含)之间的,由经办人签字、科长审核、分管局长审签、办公室主任审核、主管办公室的局领导审批,局长审批。3万元以上的大宗开支提交局长办公会研究决定。

2.财经投资公司经费报销审批程序:凡一次性开支在2000元(含)以下的,由单位内部严格按程序审批;凡一次性开支在2000元以上的,经单位内部严格按程序审批后,报主管局领导审批。1万元以上的大宗开支需公司办公会研究后请示市财政局局长同意或提交局长办公会研究决定。

3.非税收入征收局、财政国库集中支付中心经费报销审批程序:凡一次性开支在2000元(含)以下的,由单位内部严格按程序审批;凡一次性开支在2000元以上的,经请示局长同意后,由单位内部严格按程序审批。1万元以上的大宗开支提交局长办公会研究决定。

4.财经学校经费报销审批程序:凡一次性开支在2000元(含)以下的,由单位内部严格按程序审批;凡一次性开支在2000元以上的,经单位内部严格按程序审批后,报分管局领导审批。1万元以上的大宗开支需请示市财政局局长同意或提交局长办公会研究决定。

5.政府采购中心(含产权交易中心、会计公司)经费报销审批程序:凡一次性开支在2000元(含)以下的,由单位内部严格按程序审批;凡一次性开支在2000元以上的,经单位内部严格按程序审批后,报分管局领导审批。1万元以上的大宗开支需请示市财政局局长同意或提交局长办公会研究决定。

6.契税所经费报销审批程序:凡一次性开支在2000元(含)以下的,由单位内部严格按程序审批;凡一次性开支在2000元以上的,经单位内部严格按程序审批后,报分管局领导审批。1万元以上的大宗开支需请示市财政局局长同意或提交局长办公会研究决定。

7.注册会计师协会秘书处经费报销审批程序:凡一次性开支在2000元(含)以下的,由单位内部严格按程序审批;凡一次性开支在2000元以上的,经单位内部严格按程序审批后,报分管局领导审批。1万元以上的大宗开支需请示市财政局局长同意或提交局长办公会研究决定。

第六条 严格控制局机关和局属各单位经费开支,建立事前审批制度。凡召开会议、公务接待、公务出差、印刷资料、物品采购、设备购置、维护修缮及开展专项业务活动等必须事先申报,按程序审批后方可进行开支。否则财务不予报账。

(一)会议费。严格执行《三门峡市财政局会议费管理暂行办法》(三财办〔2007〕20号)。全局大型会议的规格规模、食宿标准、经费预算须经局长办公会议研究决定,由局办公室统一安排实施;各科室、局属各单位组织召开的专业性会议和政策性培训由分管局领导审批。会议须在政府采购的定点饭店召开,严格控制人数,节约会议支出。

（二）接待费。严格执行《三门峡市财政局接待费管理暂行办法》（三财办〔2007〕20 号）。全局性的重要公务接待活动由局办公室统一安排实施。局机关各科室（含信息中心、科研所、财政投资评审中心）的公务接待活动应事先填写《三门峡市财政局公务接待通知单》，经办公室主任、分管局领导审批后，由办公室统一安排。因特殊情况未经事先审批的接待活动，事后需按有关规定补办手续，否则，费用自理。财经投资公司、非税收入征收局、财经学校、支付中心、政府采购中心（含产权交易中心、会计公司）、契税所、注册会计师协会秘书处等财务独立的局属单位公务接待活动也要实行事先审批制，重要接待活动须经分管局领导批准后方可进行。要勤俭节约，严格控制接待费在经费开支中的比例，严禁接待费超支。

（三）印刷费。严格执行《三门峡市财政局印刷费管理暂行办法》（三财办〔2007〕20 号）。为节约资金，各科室、局属各单位一般文件资料的打字印刷均在单位内部完成。确需送印刷厂印刷的大批量文件资料，经分管局领导批准后方可送印，凭分管局领导的批件报账。

（四）物品设备购置费。严格执行《三门峡市财政局设备购置费管理暂行办法》（三财办〔2007〕20 号）。局机关日常办公用品的购置由局办公室统一实施，并负责保管、发放和领用登记；各科室、局属各单位购置办公家具、微机等办公设备，需经分管局领导批准。其中购置汽车或金额在 1 万元以上的开支项目，需报请局长同意或经局长办公会研究决定，并建立固定资产台账。

（五）维护修缮费。局机关和局属各单位的维护修缮等基本建设开支必须经主管局领导和局长审批后才能进行。重大基建活动需经局长办公会研究决定。

（六）差旅费。严格按《三门峡市市直机关和事业单位差旅费管理办法》（三财行〔2008〕6 号）的规定执行。出差人员乘坐交通工具的等级要严格按规定的标准执行。乘坐飞机要从严控制，出差路途较远或出差任务紧急确需乘坐飞机的，须经分管局领导批准。出差人员参加会议（含培训班），会议期间不予补助伙食补助费，在途期间的伙食补助费和交通费按差旅费开支规定执行。出差人员外出从事其他公务活动，伙食补助费和交通费按差旅费开支规定执行。出差人员由所在单位、接待单位或相关单位免费提供交通工具的，应如实申报，单位不再发放市内交通费。

第七条 局机关、局属各单位要切实加强现金管理。要严格借用现金管理。工作人员借支现金，原则上每人每次不超过 3000 元限额，由借款人填写借款单，经科长审核、办公室主任审签后到财务办理借款手续。对特殊情况需增加借款额度的，由科长审核、办公室主任签字后送主管财务局领导审签。出差人员返回后应在 15 日内报销。对已有借款尚未报销的，不再借款；对同一科室人员差旅费借款超过 1 万元的，原则上不再借款。对因特殊情况在借款后 15 日内不能报销的，财务人员要将借据及时入账。要严格控制库存现金。将库存现金控制在核定的限额内，超出库存限额的现金必须及时送存银行，确保资金安全。

第八条 局机关和局属各单位要切实加强财务管理。财务管理人员必须持证上岗，要加强财会法律法规的学习和培训，不断提高业务素质。各项经费支出必须严格执行国家、省、市有关财务管理规章制度，涉及政府采购的，必须实行政府采购。对于在省、市审计和局内部审计中发现财务人员没有严格执行财务管理制度，失职渎职的，调离财务岗位。重大违纪行为严格按有关法律法规追究责任。监督科、监察室要加强对局机关和局属各单位的财务管理监督，定期不定期对局机关和局属各单位的财务管理情况进行抽查和突击检查，对存在的问题及时纠正。

第九条 本办法是对原局机关和局属各单位财务管理的进一步完善，会议费、差旅费、接待费、设备购置费、印刷费、机关科室经费使用管理办法等具体实施细则仍按 2007 年我局下发的《三门峡市财政局关于规范局机关财务管理制度的通知》（三财办〔2007〕20 号）执行。

第十条 本办法自公布之日起执行。

风正一帆悬

——三门峡市财政局文明单位创建工作纪实

李少民

(三门峡市电视台专题片解说词)

峭山巍巍,黄河滔滔,岁月悠悠。远古的文明在这儿凝结成千古绝唱,现代的山城在这儿展示出更靓丽的画卷。黄河明珠三门峡,这是一片神奇的热土,这是一个诞生神话的地方,这是一座充满生机和魅力的城市。她在勤劳、勇敢、智慧的三门峡建设者手中,正在发生着日新月异的变迁。

在这座城市有一支敬业勤政、乐于奉献的财政队伍——三门峡市财政局。多年来,他们在市委、市政府的正确领导下,以为民理财为宗旨,以创建文明单位为载体,不断深化财政改革,倾力打造民生财政,有力地推动了全市经济和各项社会事业的蓬勃发展,连续10多年被市委、市政府授予目标管理先进单位、优秀单位、立功单位和特别贡献奖单位。开拓进取、顽强拼搏的财政人用其智慧和汗水,为三门峡的经济建设和文明创建工作添上了浓墨重彩的一笔。

多年以来,三门峡市财政局一直把文明单位创建工作作为坚持不懈的追求。1995年初,该局跨入省级文明单位的行列,2001年和2006年,又连续两次被省委、省政府命名为省级文明单位,所辖灵宝、渑池、义马、卢氏、湖滨区、开发区6个县(市)区财政局也在其指导下先后被命名为省级文明单位。在成绩和荣誉面前,他们以勤奋务实、敢为人先、追求卓越的敬业精神,焕发出更高昂的斗志,新一届领导班子又向全体干部职工发出了向国家级文明单位进军的号召。在文明单位创建的征途中,他们迈出了越来越矫健的步伐。

为了唱响文明单位创建的主旋律,三门峡市财政局始终坚持"一把手"负总责抓文明建设不动摇。他们成立了由局党组书记、局长任组长,副局长任副组长,党组成员及相关科室负责人为成员的文明单位创建工作领导小组,坚持每季度召开例会研究部署创建工作,每月听取各科室创建工作汇报,及时解决存在问题。同时还把创建工作纳入全局目标管理,分解落实到各科室的工作目标之中,使创建工作的每一个环节、每一项具体任务都落到了实处,在全局上下形成了齐抓共管、层层负责的责任网络,有力促进了创建工作的顺利开展。

为了充分发挥领导班子在文明单位创建中的战斗力和凝聚力,三门峡市财政局党组始终坚持集体领导,坚定执行党的路线、方针、政策,自觉坚持"两手抓、两手都要硬"的方针,树立和落实科学发展观及正确的政绩观,带头依法行政,廉洁从政,坚决贯彻落实民主决策、民主管理和民主监督制度,在资金分配、人事变动等重大问题上,充分发扬民主,集体研究决定,提高了班子的整体合力,有效地发挥了领导班子在创建工作中的模范带头作用。

文明单位创建的根本任务是打造一支过硬的干部职工队伍。为此,多年来,三门峡市财政局以开展经常性的教育活动为载体,不断强化财政队伍建设,先后组织开展了作风建设年、党性锻炼年、先进性教育年、道德建设年、财政资金规范管理年和廉政建设年等活动。同时还积极组织开展争创"文明科室""青年文明号""文明家庭",争当"文明职工""岗位明星""人民满意的公务员",每年都对涌现出的先进单位和个人进行隆重表彰,在全局上下形成了浓厚的争先创优氛围,对提高全体干部职工的整体素质起到了潜移默化的作用。

为了切实加强干部职工的职业道德教育,市财政局充分利用党团支部、文明学校、职工之家等教育阵地,通过设立宣传栏、观看录像及举办讲座、培训班等方式,不断加强干部职工社会公德、职业道德及爱国主义、集体主义和革命传统教育,认真贯彻落实《公民道德建设实施纲要》,促使其树立正确的世界观、人生观和价值观,对不断提高干部职工道德水平起到了积极的引导作用。

为了不断增强干部职工反腐倡廉的免疫力,市财政局经常举办反腐倡廉专题讲座和观看廉政教育、法治教育录像片,多次组织全体干部职工到硖石监狱、甘棠苑等廉政教育基地接受廉政警示教育,使全局干部职工做到了警钟长鸣,有效地增强了廉洁从政和拒腐防变的自觉性。

为了全面提高全体干部职工的业务素质,市财政局积极开展创建学习型机关活动。他们在制定措施激励干部职工刻苦钻研业务、提高学历层次的同时,还多次聘请国内著名经济学专家、社会名流和党校老师来局授课,经常开展业务技能培训、岗位练兵和技能比武,在全局形成了全员学习、终身学习的良好风尚。

为了不断提高驾驭财政工作的能力,市财政局每年都组织人员针对财政改革中的热点、难点问题进行深入细致的调查研究,形成了一系列有价值、有分量的调研报告,近年来先后有80余项调研成果被中央、省级经济类刊物采用,2项被省政府领导作出重要批示,13项在全省的评比中荣获一等奖。

为了不断增强服务意识,提高服务质量,市财政局始终坚持“首问责任制”和“限时办结制”,同时通过座谈、走访、发信函等形式广泛征求社会各界对财政部门的意见和建议,全面推行规范服务、限时服务、优质服务和主动服务,赢得了社会各界的广泛好评。在近几年市直机关政风行风评议活动中,该局的综合满意度连年名列前茅。

通过多方面的努力,三门峡市财政局干部职工的整体素质逐年提高。截至2007年底,全局工作人员有94%达到大专以上学历,63%取得中级以上业务技术职称。2003年以来有40多位同志荣获“河南省优秀共产党员”“河南省新长征突击手”“河南省青年卫士”“三门峡市劳动模范”“三门峡市专业技术拔尖人才”和“十佳社会科学工作者”“十佳岗位能手”等荣誉称号。

建立和完善各项规章制度并严格执行,是搞好各项财政和创建工作的前提条件。近年来,三门峡市财政局结合工作实际,先后建立和完善了党组议事规则、机关工作规则、财务管理制度、目标管理考评办法、考勤制度、人事教育制度、服务承诺等40余项规章制度,形成了一套完整的班子建设、队伍建设、廉政建设、党务建设、文明单位建设等在内的长效工作机制,同时还坚持月考核,季小结,半年初评,全年总评,使各项规章制度得到了全面的贯彻落实。

为了丰富干部职工的业余文化生活,三门峡市财政局组建了文体协会,成立了篮球、羽毛球、乒乓球、太极拳、秧歌队等群众性组织。通过走出去、请进来、相互交流等形式,组织篮球、羽毛球、乒乓球、跳绳、拔河比赛及书画摄影、征文演讲比赛,外展训练、大型文艺会演等文体活动60余次,不仅使全局干部职工陶冶了情操,强壮了体魄,同时也为营造文明单位创建氛围、推动财政工作上新台阶起到了促进作用。

为了给干部职工创造良好的办公和生活环境,三门峡市财政局积极向上级财政反映情况,多方筹措资金,先后建起了新的办公大楼,平整美化了办公楼前的广场;在家属区培植了草坪、竹林和常青树,实现了三季有花,四季常绿;建成了现代化计算机中心机房,启动了办公自动化系统,实现了省、市、县、乡网络互联,极大地提高了工作效率;在家属区配置了多种体育器械和老干部活动室,在办公区配置了设施先进的健身房和乒乓球室。同时,他们还对机关办公楼和家属区实行封闭式管理,聘请保安全天候值班,重点部位全部安装了视频监控系统,多年来从未发生过一起安全责任事故,连续多年被市委、市政府授予“综合治理先进单位”“安全生产先进单位”和“维护稳定工作先进单位”等荣誉称号。

多年来,三门峡市财政局在狠抓本单位文明创建工作的同时,始终不忘把文明的阳光、党的温暖,源源送到帮扶点的群众中去。1996 年至今,他们先后承包了 20 多个贫困村的帮扶任务,筹资近百万元解决了人畜吃水难、行路难、用电难等一系列问题。近年来还多次号召干部职工捐资助学、扶贫救困,已累计为卢氏特大洪涝灾害、四川特大地震灾区等捐款捐物 30 多万元,连年获得"全省驻村工作先进集体""市直帮扶工作优秀单位""帮贫扶困先进单位"等荣誉称号,为帮扶村群众脱贫致富和构建社会主义和谐社会贡献了力量。

开展文明城乡共建既是创建工作的内在要求,也是机关的社会责任。多年来,三门峡市财政局坚持同渑池苏门村开展文明共建活动。先后投入资金 10 万余元,完成该村文化大院地面活动场地的硬化工程,捐赠科技图书杂志 2000 余册、3 台电脑及 6 套体育器材。同时还积极帮助该村实施"一池三改"工程,制定村规民约,建立健全村级精神文明建设协会、红白理事会、道德评议会和禁毒协会等群众自治组织,受到了当地群众的好评和拥戴。

三门峡市财政局创建工作的蓬勃开展为各项财政业务工作高效运行加足了马力。近年来该局多方筹资数十亿元,并积极运用国债、财政补贴、转移支付、奖励等手段,大力培育和扶持了一大批重点财源建设项目、重点节能工程及生态环境治理项目,为全市经济又好又快发展做出了突出贡献。2007 年全市一般预算收入达到 29.36 亿元,较 2000 年的 6.5 亿元增长 3.5 倍。一般预算收入总量在全省由 2000 年的第 14 位上升到第 9 位,当年财政收入增幅名列全省第二。为了把有限的资金用到刀刃上,近年来他们先后推行了部门预算、国库集中收付、政府采购、乡财县管、村财乡监等一系列财政改革,多项工作走在了全省乃至全国财政系统前列,实现了财政管理由粗放型向精细化的逐步转变,受到了省财政厅和市领导的充分肯定。

为了保障和改善民生,三门峡市财政局通过调整和优化财政支出结构,不断加大对"三农"、教育、就业、社会保障、环境保护等方面的支持力度,千方百计解决群众最关心、最直接、最现实的根本利益问题。近年来,全市累计减轻农民各种负担 6.5 亿多元,向农民发放各类补贴近 4 亿元。同时还筹措资金大力支持了村村通、农村饮水安全、农村劳动力转移培训、农村义务教育"两免一补"、新型农村合作医疗制度试点等惠农项目的实施,建立和完善了覆盖城乡的社会保障体系,使广大城乡居民更多、更充分地沐浴到了公共财政的阳光。

随着创建活动的步步深入,三门峡市财政局文明创建工作赢得了方方面面的好评,先后被授予"全国'两基'工作先进单位""全国三八红旗集体""全国'三五'普法工作先进单位""创建中国优秀旅游城市先进单位"和全省"先进基层党组织""五好团支部""农村税费改革先进单位"、"反腐败抓源头工作先进集体""'两免一补'工作先进单位""扶贫开发先进集体"及三门峡市"十佳学习型单位""十佳红旗党组织""综合治理模范单位""廉政建设先进单位""十佳职业道德先进单位""治安模范先进单位""卫生先进单位""体育工作先进单位"等 60 余项荣誉称号,多次受到中央有关部委,河南省委、省政府,省财政厅和市委、市政府的奖励、嘉奖及通报表彰。

(采访三门峡市财政局负责人同期声):多年来,我们市财政局文明单位创建工作在省、市文明委的指导和关怀下,一步一个脚印,取得了显著成效,为全市经济发展和各项财政工作的开展起到了有力的推动作用。但成绩只能属于过去,未来任重道远。今后,我们将继续把文明单位创建工作作为财政部门的一项长期的战略任务,不断巩固和完善文明单位创建成果,继续发扬和保持良好的精神风貌,加大创建力度,为早日把我局建成国家级文明单位而努力奋斗!

潮平两岸阔,风正一帆悬。三门峡财政人深深懂得,成绩只能说明过去,更重要的是面向未来。他们满怀信心,正以昂扬的斗志,加倍的努力,从头做起,再铸辉煌,决心用智慧和汗水去擦亮一个更充满希望、更绚丽灿烂的明天!

2008 年 4 月 16 日

图书在版编目（CIP）数据

三门峡市财政志 ： 2001—2010 / 三门峡市财政志编纂委员会编. — 北京 ： 方志出版社, 2024. 8. — ISBN 978-7-5144 6269-2

Ⅰ. F812.9

中国国家版本馆 CIP 数据核字第 2024AL4001 号

责任编辑：王海荣
责任校对：张玉霞
责任印制：梅中英
出 版 者：方志出版社
地　　址：北京市朝阳区潘家园东里 9 号（国家方志馆 4 层）
邮　　编：100021
网　　址：http://www.zgfzcb.cn
发　　行：方志出版社图书营销中心（010-67110500）
印　　刷：三门峡日报印刷厂
开　　本：889 毫米×1194 毫米　1/16
印　　张：29.5
字　　数：901 千字
版　　次：2024 年 8 月第 1 版
印　　次：2024 年 8 月第 1 次印刷
定　　价：236.00 元